Carl-Ludwig Holtfrerich · Finanzplatz Frankfurt

CARL-LUDWIG HOLTFRERICH

FINANZPLATZ FRANKFURT

Von der mittelalterlichen Messestadt
zum europäischen Bankenzentrum

Mit einer Einleitung von
Jürgen Jeske
und einem Ausblick von
Friedrich von Metzler

VERLAG C.H.BECK MÜNCHEN

Teile der Kapitel II bis V wurden
von Carl-Ludwig Holtfrerich unter Mitarbeit
von Jörg von Bilavsky und Marion Hausmann verfaßt.

Mit 90 zum Teil farbigen Abbildungen
im Text und auf 32 Tafeln

Die Deutsche Bibliothek – CIP-Einheitsaufnahme

Finanzplatz Frankfurt : von der mittelalterlichen Messestadt zum europäischen Bankenzentrum / Carl-Ludwig Holtfrerich. Mit einer Einl. von Jürgen Jeske und einem Ausblick von Friedrich von Metzler. – München : Beck, 1999
ISBN 3 406 45184 5

ISBN 3 406 45184 5

Gesamtherstellung: Kösel, Kempten
Gedruckt auf säurefreiem, alterungsbeständigem Papier
(hergestellt aus chlorfrei gebleichtem Zellstoff)
Printed in Germany

«Eine Chronik schreibt nur derjenige,
dem die Gegenwart wichtig ist.»

Johann Wolfgang von Goethe

Warum dieses Buch entstanden ist

Die Idee, anläßlich des 325jährigen Bestehens unserer Bank die Geschichte Frankfurts als Finanzzentrum erforschen und beschreiben zu lassen, kam spontan. Sie entsprang nicht dem bei Jubiläen vielfach üblichen Bedürfnis, würdevoll zurückzublicken; treibende Kraft war für uns vielmehr die faszinierende Entwicklung, die in Frankfurt nicht erst mit der Einführung des Euro zum 1. Januar 1999 eingesetzt hat. Denn viele engagierte Persönlichkeiten aus Politik und Wirtschaft arbeiten seit langem auf das Ziel hin, Frankfurt zum führenden Finanzzentrum Kontinentaleuropas zu machen.

Der vorwärts gerichtete Blick machte aber auch neugierig, die Hintergründe und ausschlaggebenden Einflüsse dafür kennenzulernen, daß die Entwicklung Frankfurts zu einem europäischen Finanzplatz schon vor mehr als einem halben Jahrtausend begann. Zu unserer Überraschung stellten wir fest, daß es zwar Darstellungen zur Geschichte einzelner Banken gibt, aber niemand bisher die Vergangenheit Frankfurts als eines von Beginn an europäischen Finanzplatzes, dessen Erfolg gerade auch in seinen Beziehungen zu anderen Finanzplätzen zu sehen ist, durchleuchtet und beschrieben hat. Zur Schließung dieser Lücke wollen wir beitragen.

Ausgehend davon, daß die Mainmetropole seit Gründung der Frankfurter Börse im Jahre 1585 als bedeutendes Handels- und Finanzzentrum in Europa fest etabliert ist, hat das Haus Metzler mehr als Dreiviertel der daran anschließenden teils mehr, teils weniger glanzvollen Geschichte begleitet und mitgestaltet.

Was lernen wir aus der Analyse der Geschichte für Entscheidungen, die wir in der Gegenwart für die Zukunft treffen? Wir im Hause Metzler sind überzeugt, daß die zehn Generationen vor uns ein gutes Beispiel dafür gegeben haben, den Erfordernissen der wechselnden Zeiten entsprechend zu handeln. Und dabei sind unsere Vorgänger niemals von dem ehernen Grundsatz abgewichen, daß die Bewahrung der Unabhängigkeit, die seit Jahrhunderten Familien- und Unternehmensziel ist, nur dann gelingt, wenn wir uns auf das konzentrieren, was wir mindestens ebensogut können wie die anderen Marktteilnehmer. Die Kunst, dieses zu erkennen und sich von modischen Zeitströmungen nicht verführen zu lassen, scheint uns das Fundament für unsere 325jährige Geschichte und zugleich Schlüssel für künftigen Erfolg zu sein.

Daß auch die historische Entwicklung des Finanzplatzes Frankfurt mit seiner Tradition von Liberalität im Geschäftsleben und Offenheit gegenüber Ausländern und Andersgläubigen hierfür ein Beispiel ist, kann kaum überraschen, denn sie wurde von Menschen ähnlichen Schlages gestaltet. Zwar ist niemand gegen Rückschläge und Fehleinschätzungen gefeit – so auch Frankfurt zum Beispiel in der Mitte des vorigen Jahrhunderts nicht; daß aber an der Schwelle zum 21. Jahrhundert Frankfurt und die für den Finanzsektor handelnden Personen und Institutionen die Chancen und Herausforderungen erkennen und mit Wagemut und Augenmaß ihre innovativen Kräfte entfalten, ist unsere feste Überzeugung!

Das hat uns bewogen, dieses Buch auf den Weg zu bringen. Wir danken allen, die dazu beigetragen haben – insbesondere dem Autor des Hauptteils, Herrn Professor Dr. Carl-Ludwig Holtfrerich, der sich der Aufgabe mit seiner großen wissenschaftlichen Kompetenz und mit hohem Engagement angenommen hat.

Frankfurt, im Februar 1999

B. Metzler seel. Sohn & Co.

N. Enste K.-E. Fuhrmann U. von Klot-Heydenfeldt M. Korsch

F. von Metzler H.H. Reschke J. Röthig

Inhalt

Einleitung

Es gibt nicht viele Unternehmungen in Europa, die sich über 325 Jahre hinweg behauptet haben, im Wechselbad der europäischen Geschichte, im Auf und Ab von Krisen, Konjunkturen und noch dazu in ununterbrochener Kontinuität einer Familie. Das Bankhaus B. Metzler seel. Sohn & Co. ist 1674 mitten in Europa entstanden, im Heiligen Römischen Reich Deutscher Nation. Heute findet es sich wieder in der Mitte einer europäischen Wirtschafts- und Währungsunion. Insofern ist seine Geschichte auch ein Stück europäischer Geschichte. Nicht in dem Sinn, daß die Familie und das Bankhaus den Gang der Geschichte so spektakulär beeinflußt hätten wie etwa die Handels- und Finanzdynastien der Augsburger Fugger oder Welser. Die Metzlers verkörperten auch nie so viel Kapitalmacht und politischen Einfluß wie die Rothschilds, deren Aufstieg ebenfalls in Frankfurt begann. Doch sie waren in ihren Anfängen beispielhaft für das aufstrebende Wirtschaftsbürgertum in Deutschland, gelangten als Privatbankiers zu hohem Ansehen und haben immer wieder die Entwicklung des europäischen Finanzplatzes Frankfurt mitgeprägt.

«Alles menschliche Tun ist Geschichte», hat der liberale Ökonom Walter Eucken in seinem Buch *Die Grundlagen der Nationalökonomie* geschrieben. Ob später die Geschichtsschreibung davon Notiz nehmen werde, wisse man nicht. Das sei aber nicht entscheidend; denn die alltägliche Seite der Geschichte sei für die meisten, die sie miterlebten, am wesentlichsten. Ihr Leben sei ein Stück dieser Geschichte. So war es auch, als Benjamin Metzler, ein Pfarrerssohn aus dem sächsischen Vogtland, nach Frankfurt ging. Im Jahr seiner Heirat im Jahre 1674 machte er, dem damaligen Brauch entsprechend, ein eigenes Geschäft auf, eine Tuchhandlung, aus der dann das Bankhaus hervorging. Es war eine Epoche großen politischen und wirtschaftlichen Umbruchs in Europa, die den Dreißigjährigen Krieg mit sich brachte und danach den Westfälischen Frieden als eine Art Reichsgrundgesetz und als Versuch einer europäischen Friedensordnung. Europa brach auf in die Neuzeit, von der niemand wußte, was sie bedeuten würde. Es war die Blütezeit staatlicher Wirtschaftslenkung und Wirtschaftsförderung, die im Merkantilismus ihren ideologischen Ausdruck fand.

Heute, 325 Jahre später, da sich das Bankhaus Metzler anschickt, als unabhängige Investmentbank in Europa seine Rolle im 21. Jahrhundert zu finden, ist der alte Kontinent wieder im Umbruch und Aufbruch. Auch jetzt gibt es nur Zukunftshoffnungen, aber keine Gewißheiten. Auch nach der Überwindung der europäischen Teilung und dem Scheitern des Kommunismus als tragfähige Staatsform ist ein Ende der Geschichte noch nicht erreicht, wie der Amerikaner Francis Fukuyama meint. Die politische Stabilität in Europa bleibt gefährdet, wie der Kosovo-Krieg gezeigt hat, auch wenn sie zu mehr Hoffnungen berechtigt als im 17. Jahrhundert. Doch sicher ist, daß eine neue Zeit begonnen hat, vielleicht sogar eine Renaissance Europas. Zum ersten Mal in der Geschichte haben sich die großen europäischen Staaten in eine Wirtschafts- und Währungsunion eingebunden, die wiederum zu politischen Bindungen drängen wird. Erstmals gibt es auch ein europäisches Geld, das der Finanzwelt neue Dimensionen eröffnet. Und anders als damals ist nicht mehr der Staat die Triebkraft der wirtschaftlichen Dynamik, sondern der Markt mit der Sozialen Marktwirtschaft als wirtschaftspolitischem Leitbild.

Der Stadt Frankfurt am Main fällt in diesem sich neu formierenden Europa ein weiteres Mal eine Schlüsselrolle zu wie schon bei der Gründung der Bank: als europäischer Finanzplatz und inzwischen auch als Ort geldpolitischer Willensbildung. Was sich daraus entwickeln wird, ist offen. Aber wiederum hängt es von den Menschen, ihren Möglichkeiten und ihrem Willen ab, wie die Herausforderungen bewältigt werden. Das gilt vornehmlich für die wenigen verbliebenen Privatbankhäuser, die auf dem bewegten Konkurrenzfeld zwischen Konglomeraten und Konzernen ihren Platz finden müssen. Sie können ihr Geschäft nicht mit Einlagen, sondern müssen es mit Einfällen machen. Dem Bankhaus B. Metzler seel. Sohn & Co. ist dieser Balanceakt über die Jahrhunderte hinweg geglückt, es ist heute die älteste noch in Familienbesitz befindliche deutsche Privatbank. Das war kein Geschenk der Geschichte, sondern unternehmerische Leistung, wenn man bedenkt, daß die Reihen der Privatbankiers in Deutschland mehr als anderswo durch politische Erschütterungen und wirtschaftlichen Wandel gelichtet wurden.

Zu Beginn des Jahrhunderts, das jetzt zu Ende geht, zählte man im Deutschen Reich noch mehr als 2000 Privatbanken. Doch schon 1913 gab es nur noch 1221. Mit Inflation und Weltwirtschaftskrise schrumpfte ihre Zahl auf 710 im Jahr 1933 und durch Nazizeit und Krieg weiter auf rund 200 im Jahre 1955. Ende der achtziger Jahre kam es noch einmal zu einem wirtschaftlichen Ausleseprozeß, so daß am Ende 55 Privatbankhäuser (1997) übriggeblieben sind, die meisten freilich nur dem Namen nach, weil sie ihre Selbständigkeit eingebüßt haben.

Es hätte nahegelegen, im Rückblick auf 325 Jahre darüber zu schreiben, wie sich eine Privatbank am Markt und in den Wirren der Zeit behauptet hat, welchen Anteil der Einzelne am Erfolg des Ganzen trug. Doch, wie schon 1974, als die Bank 300 Jahre alt wurde, sollte auch diesmal die Tätigkeit des Bankhauses und seiner Verantwortlichen zurücktreten hinter einer Darstellung der politischen und wirtschaftlichen Rahmenbedingungen und Zusammenhänge jener mehr als drei Jahrhunderte. Denn was soll Geschichtsschreibung am Ende? Der Philosoph Karl R. Popper hat geschrieben: «Es kann keine Geschichte ‹der Vergangenheit› geben, wie sie tatsächlich gewesen ist. Es kann nur historische Interpretationen geben; und von diesen ist keine endgültig; und jede Generation hat das Recht, sich ihre eigene Interpretation zu schaffen. Aber sie hat nicht nur ein Recht dazu, sondern auch fast die Pflicht; denn hier ist wirklich ein dringendes Bedürfnis zu erfüllen. Wir möchten nicht nur wissen, in welcher Beziehung unsere Schwierigkeiten zur Vergangenheit stehen, sondern wir brauchen dieses Wissen dringend. Und wir möchten den Weg sehen, auf dem wir zur Lösung der von uns gewählten Hauptaufgaben fortschreiten können.» Natürlich hätte eine Geschichte des Bankhauses und der Familie Metzler Aufschluß geben können über die Rolle des vermögenden Bürgertums damals in den geschlossenen Gesellschaften der freien Reichsstädte und heute in einem demokratischen Gemeinwesen, über ihr kulturelles und öffentliches Engagement, über ihre europäischen Orientierungen. Doch wenn man, an Popper anknüpfend, nach Erkenntnissen zur Lösung der Hauptaufgaben fragt, drängt sich das Engagement der Metzlers für den Finanzplatz Frankfurt auf, das sich wie ein roter Faden durch die Geschichte der Bank zieht. Das geht von den Bemühungen Friedrich Metzlers im 18. Jahrhundert, in Frankfurt eine Noten- und Geschäftsbank nach dem Vorbild der Bank von England zu errichten, bis hin zu dem Engagement der jetzigen Generation für den Börsen- und Finanzplatz Frankfurt im europäischen Wettbewerb. So ist diese Darstellung des Finanzplatzes Frankfurt entstanden, die Fragen der Gegenwart mit der historischen Perspektive verknüpft. Sie bietet damit, wie der Wirtschaftshistoriker Carl-Ludwig Holtfrerich zu Recht schreibt, die Möglichkeit, Lehren aus vergleichbaren Strukturen und Situationen zu ziehen. Gewiß: Geschichte wiederholt sich nicht, es kann so und auch anders weitergehen. Doch welche Vorbedingungen notwendig, welche Antworten möglich sind, zeigt sich im Blick auf die bewegte Entwicklungsgeschichte des Finanzplatzes Frankfurt.

Betrachtet man die von Holtfrerich herausgearbeiteten Einflußfaktoren für ein Finanzzentrum, dann fallen vor allem zwei Punkte ins Auge, die im Laufe der Jahrhunderte immer wieder die Entwicklung des Finanzplatzes Frankfurt mitgeprägt haben: der Einfluß äußerer politischer Umstände und der menschliche Faktor, sprich die Problemlösungskompetenz und Innovationsbereitschaft der handelnden Personen. Bereits beim ersten großen Aufschwung des Finanzplatzes Ende des 16. und Anfang des 17. Jahrhunderts spielten äußere politische Ereignisse eine wesentliche Rolle: die Gegenreformation in Frankreich und Spanien, die zum Krieg gegen die abtrünnigen Niederlande und zum Niedergang des damals bedeutendsten nordeuropäischen Finanzzentrums Antwerpen führte und Frankfurt eine Kraftzufuhr calvinistischer niederländischer Flüchtlinge brachte. Auch der relative Niedergang Frankfurts als Finanzplatz nach 1866 wurde durch politische Ereignisse mitgeprägt: durch den Aufstieg Preußens und schließlich die Entstehung des Deutschen Reichs mit Berlin als Hauptstadt sowie durch die Gründung der Reichsbank in Berlin. Nach dem Zweiten Weltkrieg waren es ebenfalls äußere politische Umstände, die Frankfurts Wiederaufstieg als Finanzplatz einleiteten: die Bestimmung Frankfurts zur Hauptstadt des Vereinigten Wirtschaftsgebietes der amerikanischen und britischen Besatzungszone und die Ansiedlung der neugegründeten Bank deutscher Länder als Vorgängerin der Bundesbank in Frankfurt und nicht in Hamburg, wie es auch denkbar gewesen wäre. Und noch einmal später mit Blick auf Europa wurde die Politik hilfreich für Frankfurt: mit den Entscheidungen, die Deutsche Bundesbank nach der Wiedervereinigung Deutschlands in Frankfurt zu belassen und die Europäische Zentralbank ebenfalls in der Finanzmetropole am Main anzusiedeln.

Gleichwohl hätten die politischen Ereignisse und Weichenstellungen allein nicht bewirkt, was heute die Stärke des Finanzplatzes Frankfurt ausmacht: das Potential an Wissen und Fähigkeiten im Finanzgewerbe. Dieser menschliche Faktor stand auch am Anfang der Geschichte. Die kenntnisreichen, welterfahrenen und zum Teil auch vermögenden Flüchtlinge aus den Niederlanden, italienische Kaufleute sowie Zuwanderer aus deutschen Landen und nicht zuletzt die große Zahl von jüdischen Kaufleuten gaben der Stadt die Impulse, die sie brauchte, um als Finanzzentrum herauszutreten aus der Konkurrenz der Standorte. Daß dies nicht ohne gleichzeitige Offenheit und Toleranz der Stadt ging, versteht sich, war aber nicht selbstverständlich. Große katholische Handelsstädte wie Köln oder Augsburg wurden nicht zu Finanzzentren, weil es ihnen an dieser Offenheit fehlte. So wäre ohne die Zuwanderer vermutlich die Frankfurter Börse, die als Gründungsdatum 1585 nennt, nicht so schnell entstanden. Auch der eigentliche Durchbruch Frankfurts zu einem Finanzzentrum europäischer Bedeutung, der im späten 18. Jahrhundert mit dem Staatsanleihegeschäft einsetzte, entspringt einer schöpferischen unternehmerischen Leistung. Das Bankhaus Gebrüder Bethmann führte damals eine Neuerung ein, ein neues Finanzprodukt, die gestückelte, an der Börse handelbare Anleihe. Mit dieser Idee, die andere wie die Metzlers schnell aufnahmen, wurden nicht nur die Banken, sondern zugleich der Finanzplatz zum Erfolg geführt. Frankfurt wurde zu einer führenden Börse für Staatspapiere. Zu den unternehmerischen Erfolgen zählt in Frankfurt schließlich auch der Aufstieg des Hauses Rothschild als europäisches Familienimperium, das dem Platz Frankfurt durch die Verknüpfung mit anderen europäischen Plätzen internationalen Rang verschaffte. Aber nicht nur der Aufstieg, auch die Bedeutungsverluste Frankfurts im 19. Jahrhundert, als die stürmische Industrialisierung begann, als es um Unternehmensfinanzierungen durch Aktienemissionen ging, beruhten auf dem menschlichen Faktor. Die Frankfurter Bankhäuser waren mit dem guten Gang der Geschäfte zu vorsichtig geworden, nur wenige erkannten die dynamische Kraft des Neuen, der Aktie und der Aktienbanken. Die Turbulenzen der Gründerjahre schienen ihnen recht zu geben. Doch am Ende hatten sie, hatte Frankfurt unwiederbringlich Terrain verloren, vor allem gegenüber Berlin.

Nach der Stunde Null im Jahre 1945, als es um die Neuorientierung der Börse und des Finanzmarktes ging, standen sich wieder beharrende und vorwärtsdrängende Kräfte gegenüber. Daß Frankfurt es am Ende doch geschafft hat, sich innerhalb Deutschlands an der Spitze zu positionieren und die modernste Marktorganisation und Börsenstruktur in Europa zu etablieren, war kein Zufall, sondern ist dem Weitblick und der Durchsetzungsfähigkeit von Bankiers, Großbankvorständen, Börsenfachleuten und dem Vorstand der Deutsche Börse AG zu danken. Doch Märkte und Standorte sind keine Erbhöfe. Im Zuge der Europäischen Wirtschafts- und Währungsunion formiert sich das Finanzgewerbe neu, muß auch ein Finanzplatz seine Position in dem veränderten Umfeld neu definieren, müssen Rahmenbedingungen und Regelwerke auf ihre Konkurrenzfähigkeit überprüft werden, muß Frankfurt attraktiv genug werden, um einfallsreiche, vorwärtsdrängende, qualifizierte Menschen anzuziehen so wie die Konkurrenzmetropole London heute oder so wie damals, als der Sachse Benjamin Metzler nach seinen Nürnberger Lehrjahren in die aufstrebende Handels- und Finanzstadt am Main zog.

Vorwort

Das Privatbankhaus B. Metzler seel. Sohn & Co., Frankfurt am Main, feiert 1999 den 325. Jahrestag der Gründung des Familienunternehmens. Benjamin Metzler machte sich 1674 mit einer Tuchhandlung selbständig. Das Unternehmen wuchs allmählich in die Rolle einer *merchant bank* hinein. Schon in der zweiten Hälfte des 18. Jahrhunderts dominierten die banktypischen Kredit- und Geldgeschäfte vor dem Handel. Weitsicht, Klugheit und Solidität im unternehmerischen Handeln, gepaart mit gesellschaftlicher und politischer Verantwortung, bilden bis heute das Markenzeichen des Hauses Metzler. Als eines der wenigen bedeutenden Privatbankhäuser in Deutschland konnte es seine Unabhängigkeit als Familienunternehmen und ein hohes Renommee als international tätige Bank, heute vor allem im Investmentgeschäft, bewahren.

Der 325. Jahrestag der Unternehmensgründung fällt in das Jahr der Einführung des Euro und der Übertragung nationaler geldpolitischer Kompetenzen auf die Europäische Zentralbank mit Sitz in Frankfurt am Main. Es ist wohl ein Symptom der weitsichtigen Geschäftspolitik des Hauses, daß die Partnerschaft um Friedrich von Metzler, den jetzigen Träger des Familienerbes, das bevorstehende Jubiläum seiner Bank 1997 zum Anlaß nahm, die hiermit vorliegende Studie zur Geschichte Frankfurts als Finanzplatzes zu fördern, statt nur eine Geschichte seines Familienunternehmens schreiben zu lassen. Dies läßt den Sinn für Proportionen und für den «rechten Zeitpunkt» erkennen, über den die Geschäftsleitung verfügt und der ein wesentliches Element der Langlebigkeit und Zukunftsfähigkeit der Firma ausmacht.

Die Zielsetzung, eine überblicksartige Darstellung über etliche Jahrhunderte hinweg zu schreiben, und der Reichtum an Quellenauswertungen in der vorhandenen historischen Literatur zu vielen Aspekten der Frankfurter Stadt- und Finanzgeschichte haben mich veranlaßt, nur in Ausnahmefällen auf Archive zurückzugreifen, und zwar auf solche, die zur Frankfurter Geschichte bisher kaum herangezogen wurden. Für den gegenwartsnahen Schlußteil meiner Darstellung waren die aktuell publizierten Dokumente zum wichtigsten Börsen- und Finanzplatz Deutschlands von großem Nutzen.

Mein Dank gilt an dieser Stelle dem Bankhaus Metzler für die Förderung der Studie und der Gesellschaft für Unternehmensgeschichte e.V., Frankfurt am Main, vertreten durch ihre Geschäftsführerin, Andrea Schneider, und den Kollegen Manfred Pohl, für die geschäftliche Abwicklung und sachkundige Begleitung des Projekts. Meine beiden Frankfurter Mitarbeiter, Marion Hausmann und Jörg von Bilavsky, leisteten wesentliche Beiträge zu den Recherchen und zu den Textentwürfen, besonders für die Zeit bis zum 19. Jahrhundert. Frau Hausmann hat sich darüber hinaus bei der Auswahl und Beschriftung des Bildmaterials besondere Verdienste erworben. Ohne den unermüdlichen Einsatz, vor allem bei der Literaturbeschaffung, meiner Berliner Mitarbeiterinnen, Isabelle Arnold, Barbara Spannagel und Martina Wiese, hätte das Projekt nicht rechtzeitig zu Ende geführt werden können. Das gilt auch für die Erlaubnis der Freien Universität Berlin, mich für ein Jahr durch den Kollegen Gerd Hardach in der Lehre vertreten zu lassen. Schließlich gilt mein Dank Ernst-Peter Wieckenberg vom Verlag C.H. Beck, der das Entstehen dieses Buches mit seiner großen verlegerischen Sachkunde begleitet hat, und seiner Mitarbeiterin Ruth Drost-Hüttl.

Berlin, im Dezember 1998 *Carl-Ludwig Holtfrerich*

I. Was ist ein Finanzplatz? Warum und wo entsteht er?

Finanzplätze, entsprechend dem angelsächsischen Sprachgebrauch auch Finanzzentren genannt, werden häufig in einer hierarchischen Ordnung gesehen. Richard Roberts hat kürzlich die folgende gewählt:[1] 1. inländische Finanzplätze, die auf die Bedürfnisse der inländischen Kundschaft ausgerichtet sind, 2. regionale Finanzzentren, die über Staatsgrenzen hinweg die Nachfrage nach Finanzdienstleistungen einer bestimmten Wirtschaftsregion befriedigen, 3. Offshore-Plätze, d.h. Oasen mit geringer Steuerbelastung und Regulierungsdichte (z.B. die Cayman Inseln), deren Funktion als internationaler Finanzplatz wenig mit dem Finanzsystem des Landes zu tun hat, in dem sie sich befinden, und schließlich 4. globale Finanzzentren, die die Bedürfnisse einer weltweiten Kundschaft befriedigen.

Finanzplätze wie Frankfurt, die mehr als nur nationale Bedeutung haben, sind Knotenpunkte internationaler Geld- und Kreditgeschäfte sowie Kapitaltransaktionen. Es gibt eine Geographie der Finanzwelt, die ganz andere Konturen zeigt als die Geographie der Staatenwelt. Luxemburg ist politisch ein Zwerg, aber als Finanzzentrum ein Riese. Washington und Ottawa sind zwar politische Hauptstädte, aber das Finanzzentrum der USA ist New York und das Kanadas ist Toronto. Im internationalen Finanzgeschäft allerdings spielt New York eine ungleich bedeutendere Rolle als Toronto. In der Hierarchie der Finanzwelt ist New York ein globales Finanzzentrum, Toronto nur ein regionales. New Yorker Banken und Börsen wickeln mehr Geschäfte für Auftraggeber in Toronto ab als umgekehrt.

Über den Rang in der Hierarchie entscheidet auch der Umfang des jeweiligen Geschäftsvolumens. Nur im nationalen Rahmen können staatliche Vorschriften das Geschäftsvolumen eines Finanzplatzes direkt erhöhen. Z.B. ordnete ein Bundesgesetz 1863 in den USA an, daß Banken mit Bundeskonzession fortan zum Schutz ihrer Einleger Mindestreserven halten mußten, und zwar in einer hierarchischen Ordnung, die die Mittel letztlich auf den New Yorker Geldmarkt fließen ließ.

Auch wenn Parlamente über den Sitz ihrer jeweiligen Zentralbank entschieden, stärkten sie damit das Geschäftsvolumen des jeweiligen Finanzplatzes, da sich dort wegen der Rolle der Notenbank als *lender of last resort* und als Akteur, der die Geldmarktkonditionen entscheidend mitbestimmen kann, der zentrale Geldmarkt eines Landes zu etablieren pflegt. In den meisten dieser Fälle verstärkten die Politiker zwar die Finanzzentren, schufen sie aber nicht, denn diese hatten sich meist schon vorher entwickelt. Gewachsene Realitäten wurden nur staatlich anerkannt. Das galt auch für Berlin, als dort die Reichsbank 1876 ihre Tätigkeit aufnahm. New York ist insofern keine Ausnahme, als zwar das Federal Reserve Board 1913 mit Sitz in der Hauptstadt Washington, D.C., etabliert wurde, die Federal Reserve Bank of New York aber als relativ unabhängige Institution den dominierenden Einfluß innerhalb des Systems ausübte, sowohl was den inländischen Geldmarkt und die dort getätigten Offenmarktgeschäfte als auch was die Auslandsgeschäfte und den Devisenmarkt anging. Die Klein- und Stadtstaaten, wie Luxemburg und Singapur heute oder die Reichsstadt Frankfurt im 18. Jahrhundert, verdanken ihre Bedeutung als internationale Finanzzentren ohnehin nicht politischen Entscheidungen der genannten Art, wenn man davon absieht, daß das Messegeschäft als Keimzelle der Finanzgeschäfte in Frankfurt durch Privilegien und Vergünstigungen des Kaisers ermöglicht und gefördert worden war. Aber ausschlaggebend war auch in diesem Fall etwas anderes: vor allem die günstige geographische Lage, der Geschäftssinn und die Innovationsfähigkeit der Bürger sowie auf der politischen Ebene die Offenheit nach außen und die Modernisierungs- und Reformfähigkeit im Innern, um der Innovationsbereitschaft der Kaufleute und Bankiers die geschäftlichen Handlungsspielräume zu öffnen, die diesen Finanzplatz gegenüber anderen begünstigten.[2]

Nein, die Zentren der internationalen Finanzwelt ergaben sich nicht aus staatlicher Anordnung. Selbst in der Zeit streng dirigistischer Wirtschaftspolitik im Zeitalter des Absolutismus und Merkantilismus hörte die Macht des Staates über die Wirtschaft dort auf, wo es nicht um die Produktion und den Handel von Waren, sondern um die kostengünstigste Finanzierung des Außenhandels oder die zinsgünstigsten Kreditquellen für staatliche Fürstenhäuser oder bürgerliche Stadtstaaten ging. Geld und Kredit, soweit sie von den Bankiers in Form von Papier- und Buchgeld sowie anderer Finanzinstrumente geschaffen wurden und besonders wenn sie über die Landesgrenzen hinweg zum Einsatz kamen, unterlagen auch in der Frühen Neuzeit schon dem Test des «globalen» Marktes. Die Frage war: Welcher Ort bot die effizienteste und preisgünstigste Möglichkeit für Geld- und Börsengeschäfte, vor allem zur Finanzierung der Handelsströme, die sich aus den jeweiligen weltwirtschaftlichen Strukturen ergaben? Allerdings konnte staatliche Machtausübung – sei es in Form von militärischen Aktionen, z. B. Englands Sieg über die spanische Armada 1588, oder Wirtschaftskriegen, z. B. Englands Navigationsakte seit 1651 – auch Einfluß auf die Geographie der Handelswege nehmen. So wirkte sie indirekt auf den Aufstieg und den Niedergang von Finanzzentren ein. Die mit der Hauptstadtfunktion verbundene Agglomeration von Bevölkerung und Wirtschaft begünstigte in einigen Fällen die Entwicklung von internationalen Finanzzentren, so in London, Paris, Berlin und Tokio. Dazu kam, daß dort auch die jeweilige Zentralnotenbank etabliert wurde.

Obwohl staatliche Stellen die Konzentration von Finanzströmen auf einen zentralen Ort nicht anzuordnen vermögen, können sie dazu beitragen, daß die politische und rechtliche Ordnung die Sicherheit des Eigentums, der vertraglichen Ansprüche und der Währung langfristig gewährleistet und so die Risikoprämie für Geschäfte an diesem Ort klein hält. Auch durch niedrige Steuern und große Freiräume für eine optimale Gestaltung von Geschäftsbeziehungen können die politischen Entscheidungsträger ihrem Finanzzentrum im globalen Wettbewerb zu dem oft kleinen Effizienzvorsprung verhelfen, mit dem es konkurrierende Standorte hinter sich lassen kann.

Da effiziente Finanzmärkte nur unter Einsatz eines großen und gebündelten technischen Wissens, eines erheblichen organisatorischen und institutionellen Aufwands, schneller Kommunikationskanäle und einer Konzentration gut ausgebildeter und erfahrener Fachleute funktionieren können, bilden sich lokale Konzentrationen von Banken und Finanzdienstleistungen heraus, an denen das Angebot und die Nachfrage am Geld- und Kapitalmarkt gebündelt aufeinandertreffen. Dabei entstehen Größenvorteile (*economies of scale*), die die Kosten senken und die Erträge erhöhen, nicht nur bei den operierenden Banken, sondern auch bei ihren Kunden, die von günstigeren Zinssätzen und einem geringeren Volumen an betriebsnotwendiger Bargeldhaltung profitieren.[3] Über Finanzzentren laufen die Zahlungsströme zwischen verschiedenen Regionen eines Landes und zwischen dem Inland und dem Ausland, einschließlich des Geldwechsels und der Devisengeschäfte. Darüber hinaus nehmen sie auch die Wertaufbewahrungsfunktion des Geldes wahr insofern, als sie regionale, internationale und individuelle Überschüsse an Geldkapital entsprechenden Defizitgebieten und -bereichen zuführen. Sie sind die Clearingstelle für den Zahlungs- und Saldenausgleich zwischen Regionen und Ländern. Typisch ist ein großes Volumen an Arbitragegeschäften, d.h. das Ausnutzen von Preis- und Zinsdifferenzen zwischen unterschiedlichen Märkten. Finanzzentren sind auch Orte, an denen Banken und Unternehmen aus dem In- und Ausland ihre Reserven halten. Die Banken eines Finanzzentrums verfügen deshalb über einen hohen Anteil von Einlagen sowie Kreditnehmern von außerhalb. Dies trägt zum typischen Kapitalreichtum ebenso bei wie der hohe Entwicklungsstand der ortsansässigen Handelshäuser und des Gewerbes. An Finanzplätzen findet der Großteil der Kredit- und Geldschöpfung des überwiegend privaten Geschäftsbankensektors statt, d.h. der Buchgeldschöpfung und bis zur Einrichtung staatlicher Zentralnotenbanken auch der Papiergeldschöpfung. Beides unterscheidet sich von der Münzgeldschöpfung, die in fürstlicher und – bis heute – in staatlicher Regie stattfand. Bis ins 20. Jahrhundert waren meist nur die Münzen – wie heute das Papiergeld der

Notenbanken – gesetzliches Zahlungsmittel. In moderner Terminologie wird diese Art Geld als Außengeld (*outside money*) bezeichnet, insoweit bei seiner Schaffung nicht eine entsprechende Verschuldung privater Wirtschaftssubjekte entsteht, z. B. bei der Geldschöpfung durch Ankauf von Staatsschuldtiteln oder Devisen durch die Notenbank. Das Gegenstück ist Innengeld (*inside money*). Dieses können die Geschäftsbanken dadurch schaffen, daß sie auf ihre Einlagen, über die Kunden monetär verfügen können, nur einen Bruchteil an Reserven in Notenbankgeld und – in früherer Zeit – in Münzgeld halten müssen.

Durch die Geldschöpfung ihrer Geschäftsbanken in Form von *inside money* tragen Finanzzentren entscheidend dazu bei, die durch staatliche Geldschöpfung gezogenen Grenzen für die kaufkräftige Nachfrage zu überwinden und das Wachstum von Handel und Produktion zu ermöglichen. Bei Innovationen im Finanzdienstleistungssektor sind Finanzplätze in der Regel die Vorreiter. Die Banken und Versicherungen dort sind Marktführer, nicht nur in der Bestimmung des allgemeinen Zins- und Wechselkursniveaus, sondern auch in der Durchsetzung innovativer Konzepte.

Finanzzentren nahmen auch in Zeiten, in denen noch keine Zentralbanken bestanden, *Lender-of-last-resort*-Funktionen wahr. Auch Überwachungsfunktionen, eine Art Bankenaufsicht, über Provinzbanken, waren vor der Existenz entsprechender staatlicher Stellen typisch für größere Kreditinstitute an Finanzplätzen.

1. Eigenschaften und Voraussetzungen

Die moderne Fachliteratur zum Finanzsektor listet sowohl die Eigenschaften eines Finanzzentrums als auch seine Voraussetzungen in der heutigen Zeit auf.[4] Diese Kriterien aus der Gegenwart sind auch für eine historische Betrachtung nützlich. Sie helfen zu entscheiden, auf welche Tatbestände und Vorgänge sich die Untersuchung der Entstehung und Entwicklung eines Finanzzentrums auch in vergangenen Jahrhunderten konzentrieren sollte.

Zunächst zu den Eigenschaften: In Finanzzentren sind Banken, manchmal auch Versicherungen, mit ihrer typischen Rolle als «Finanzintermediäre» in weit überdurchschnittlichem Ausmaß tätig. Sie sind Mittler zwischen denen, die Geldkapital bilden, und denen, die es als Kreditnehmer produktiven oder anderen Zwecken zuführen. Dabei üben sie drei wichtige Transformationsfunktionen zum Ausgleich divergierender Kapitalangebots- und Nachfragestrukturen aus: die Größen-, die Fristen- und die Risikotransformation.[5] Zu den typischen Merkmalen eines Finanzzentrums gehört, daß dort Kredit zu niedrigeren Zinssätzen zu haben ist als anderswo.[6] August Lösch hat für die USA der Zwischenkriegsjahre empirisch nachgewiesen, daß die Zinshöhe mit der Entfernung von einem Finanzzentrum zunimmt.[7] Er erklärt dies damit, daß Finanzzentren über ein reichliches Kapitalangebot verfügen, einerseits weil die Bank- und Unternehmensgewinne dort relativ hoch sind, andererseits weil ihr großer Geldmarkt Gelder aus anderen Regionen anzieht. Entfernte und vor allem weniger entwickelte Regionen ihrerseits erwirtschaften weniger Gewinne, aus denen sie Kapital bilden könnten. Ein Teil davon fließt zur Reservehaltung ins Finanzzentrum ab. Dazu kommt, daß die Risiken und Kosten des Bankgeschäfts in weniger entwickelten Regionen größer sind als im Finanzzentrum und in seiner Nähe. Auch dies führt zu höheren Zinssätzen. Zwar fließt Kapital aus dem Finanzzentrum in die weniger entwickelten Regionen, doch nicht in dem Ausmaß, daß der Zinsunterschied ausgeglichen würde. Dies erklärt Lösch mit den höheren Kosten und Risiken des Kreditgeschäfts außerhalb des Finanzzentrums, erst recht in Regionen außerhalb des eigenen politischen Verbandes und Rechtssystems.[8]

Auf Finanzzentren konzentrieren sich die Einlagen eines Landes viel stärker, als es den Produktionsaktivitäten und der Bevölkerung in urbanen Zentren entsprechen würde. In den USA waren z. B. 1929/30 25% aller Spareinlagen bei Banken in nur vier Verwaltungsbezirken (*counties*) eingelegt, während 25% der Einzelhandelsumsätze sich auf elf und 25% der Bevölkerung sich auf 27 Verwaltungsbezirke verteilten. Nur der Großhandel war mit 25% aller Umsätze in zwei Verwaltungsbezirken noch stärker konzentriert als das Finanzgeschäft.[9] Dies unterstreicht die enge Verbindung zwischen Großhandels- und Finanzgeschäften.[10] Empirische Studien aus neuerer Zeit haben auch gezeigt, daß Finanzzentren einen überproportional großen Anteil ihrer Kredite nach außerhalb und über große Distanzen vergeben.[11] Sie sind Kapitalexportzentren in dem Sinn, daß sie Kapitalsammelstellen für kurzfristiges Kapital sind, dieses aber mit längeren Fristen, zu höheren Zinssätzen und in größeren Summen als die hereingenommenen Gelder in Form von Krediten wieder verauslagen.

Über die reinen Kreditgeschäfte hinaus bieten Finanzzentren eine Reihe verwandter Dienstleistungen an, besonders Beratungs-, Kommunikations- und Informationsdienstleistungen für die Geschäftswelt, wie Buchhaltung und technische Beratung, Zeitungen, Zeitschriften und Bücher, Bildungsstätten und wissenschaftliche Dienstleistungen sowie schließlich auch Kunst, Kultur und Unterhaltung.[12]

Es versteht sich fast von selbst, daß die Geschäfte, die für Finanzplätze typisch sind, in homogenen standardisierten Produkten vorgenommen werden, wie Aktien, festverzinsliche Wertpapiere, Standardgrößen für den Handel mit Tagesgeld, Devisen u.ä. Dies entspricht dem *wholesale banking*, das in Finanzzentren konzentriert ist, und sich vom *retail banking* unterscheidet, das über das ganze Land verstreut die Geschäfte mit Nichtbanken, d.h. allen Kunden außer den anderen Banken, abwickelt. Solche «Einzelhandelsbanken» bieten ihre Produkte weniger standardisiert an und gehen auf die individuellen Wünsche der Kunden vor Ort ein.[13]

Als Voraussetzungen eines internationalen Finanzzentrums werden in der modernen Literatur genannt: eine starke Währung, eine effiziente Infrastruktur, politische Stabilität, niedrige Steuern auf Finanzgeschäfte und ein möglichst geringes Niveau an Staatsinterventionen, d.h. eine generell auf Offenheit, Freizügigkeit und Liberalität gerichtete Wirtschafts-, Währungs- und Regulierungspolitik.[14]

2. Entwicklungsmuster

Historisch betrachtet hat sich der Großteil aller Bankgeschäfte aus Handelsgeschäften entwickelt. Aus Kaufleuten, die mit Warengeschäften Geld verdient hatten, wurden Bankiers, als sie ihr Kapital statt in weitere Warenhandelsgeschäfte in den Handel mit Geld und Kredit investierten. Charles P. Kindleberger hat den Vorgang jüngst folgendermaßen beschrieben: Der Übergang zu Finanzgeschäften setzte große Vermögen voraus, die wenn sie nicht aus einer Erbschaft von Grundbesitz, dann aus Fernhandelsgeschäften entstanden waren. Ein Kaufmann, der zu einem solchen Vermögen gekommen war, hatte dann die Option, sich aus dem Geschäftsleben gänzlich zurückzuziehen und sich entweder zur Ruhe zu setzen oder eine Rolle im öffentlichen Leben zu übernehmen. Oder er ging zu Finanzgeschäften über, die als weniger anstrengend und als risikoärmer angesehen wurden als Handelsgeschäfte mit Waren. Kindleberger datiert diesen Übergang in die Frühphase der «Handelsrevolution», die im Spätmittelalter die italienischen Handelsstädte reich machte und mit der Entdeckung neuer Seewege in der Frühen Neuzeit die Zentren des Fernhandels an den Atlantik und nach Nordeuropa verlagerte. Kaufleute seien damals zunächst zum Geschäft mit Handelswechseln und danach mit reinen Finanzwechseln übergegangen, mit denen sie Ungleichgewichte in Raum und Zeit ausglichen. Schließlich hätten sie sich von Finanziers des Handels zu Kreditgebern ausgabenfreudiger Könige und Adeliger sowie von Regierungen entwickelt. Zu gegebener Zeit sei Handelskapital zur Gründung von Banken benutzt worden. Schiffahrtsrisiken seien von den Schiffseignern auf Finanzkapitalisten übertragen und diversifiziert worden, zunächst in primitiver Form mit Darlehen, die im Falle des Schiffsuntergangs nicht zurückgezahlt werden mußten. Daraus habe sich die Schiffsversicherung entwickelt. Insgesamt hätten sich die Aktivitäten im Finanzsektor allmählich von der Finanzierung des Handels, der Produktion und des Konsums, besonders der Fürsten und Adeligen sowie der Regierungen, gelöst. Statt dessen hätten verschiedene Typen von Finanzinstrumenten ein Eigenleben entwickelt.[15]

William Parker hat in einprägsamer Form auf die Gefahr hingewiesen, die aus der Ablösung der Finanz- von Warengeschäften entstehe: Ebenso wie die Trennung von Fortpflanzung und Sex sei sie in Maßen nützlich und verbessere das Funktionieren der Märkte. Im Übermaß dagegen führe sie zur Destabilisierung, Zerrüttung und Depression.[16]

Schon 1922 war eine Vier-Stufentheorie der Entwicklung von Metropolen zu Finanzzentren vorgeschlagen worden. Als erstes entwickelt sich der Handel, der besonders als Großhandel die Märkte organisiert. In seinem Windschatten folgt ein Aufschwung der Produktionstätigkeit. Auf der dritten Stufe blüht das Transportgewerbe. Und schließlich entwickeln sich die Finanzgeschäfte zu einem dominanten Erwerbszweig.[17] Eine solche Metropole mit ihrem überproportional großen Dienstleistungssektor versorgt aber nicht nur die Bedürfnisse ihres eigenen Hinterlandes und dient als Clearingstelle für den Ausgleich der Salden zwischen regionalen Handelszentren in ihrem größeren Einzugsgebiet, sondern ist darüber hinaus mit den anderen großen Handels- und Finanzplätzen der Welt vernetzt und erbringt auch Dienstleistungen für sie. Handelszentren, also die Ausgangsbasis für die Entwicklung von Finanzzentren, entstehen vor allem dort, wo die geographischen Verhältnisse in Verbindung mit der jeweils verfügbaren Verkehrstechnik eine Unterbrechung des Transports der Handelsware erfordern. Im Mittelalter waren dies Orte an schiffbaren Flüssen mit einer flachen Stelle mit festem Untergrund und schwacher Strömung, die bei günstigem Wasserstand ein Überqueren erlaubten. Diesen Bedingungen verdankt nicht nur, wie der Name schon sagt, Frankfurt, sondern verdanken auch andere große Handelsstädte, wie Köln, London, Paris und Rom, ihre Entstehung.[18] Mit der Eisenbahn als der großen Transportinnovation des 19. Jahrhunderts lockerte sich diese geographische Bindung, was einige Orte erfolgreich als Chance nutzten, den etablierten Handels- und Finanzzentren den Rang streitig zu machen.

Kindleberger hat eine Stufentheorie für die Produktpalette von Finanzzentren vorgeschlagen.[19] Finanzgeschäfte dienten zunächst den Bedürfnissen der Fürsten und des Adels. Dann entwickelten sie sich in Verbindung mit der Ausweitung des Handels.[20] In der Folgezeit wuchsen sie weniger personengebunden mit dem Finanzbedarf von Regierungen. Auf der nächsten Stufe entwickelten sie sich mit der Nachfrage nach Investitionskapital im Transportsektor: Kanal-, Schiffs-, Straßen- und Eisenbahnbau. Dann kam die Finanzierung der Industrie. Und schließlich dominierte das allgemeine Versicherungs-, Hypotheken-, Lieferantenkredit-, Sozialversicherungs- und Konsumentenkreditgeschäft.

3. Triebkräfte der Konzentration

Es sind vier Tatbestände, die die starke räumliche Konzentration des Finanzsektors in bestimmten Städten und sogar – wie im Falle New York – in bestimmten Stadtteilen erklären können:[21] 1. der Bedarf an schnellen Informationen, 2. externe Ersparnisse, 3. die Doppelrolle der Führungsebene von Finanzinstitutionen und 4. das Volumen an notwendigem Papieraustausch.

1. Der Bedarf an schnellen Informationen ergibt sich aus der Tatsache, daß Finanzgeschäfte aus einem Handel mit unsicheren Zukunftserwartungen bestehen. Bei großer Unsicherheit war es zumindest bis zur dramatischen Senkung der Kommunikationskosten in jüngster Zeit durch die Telekommunikationsrevolution notwendig, daß die Geschäftsteilnehmer räumlich zusammenrückten, um sowohl beim Geschäftsabschluß als auch bei der Beschaffung von Informationen über die Marktentwicklung möglichst effektiv arbeiten zu können. Der direkte und laufende Kontakt zum zentralen Geld- und Kapitalmarkt reduziert die Transaktionskosten dadurch, daß nicht marktgerechte Vertragsbedingungen auf ein Minimum reduziert werden. Da die Finanzmärkte mehr als andere Märkte dem Leitbild eines vollständigen Wettbewerbs entsprechen, hängen der Erfolg und die Überlebensfähigkeit von Finanzinstitutionen in besonderem Maße vom engen Kontakt mit dem Markt ab. Der preiswerte und schnelle Austausch von Informationen und Ideen reduziert die hohen Risiken der Geschäfte.

Dazu kommt, daß große Kunden verschiedene Möglichkeiten der Anlage von Geldern und der Beschaffung von Geld und Kredit aus denselben Gründen schnell zur Verfügung gestellt haben möchten. Sie unterhalten deshalb Beziehungen zu verschiedenen Finanzinstitutionen, die es ihrerseits mit gemeinsamen Kunden zu tun haben. Die räumliche Zusammenballung des Finanzsektors kommt insofern den Bedürfnissen der Kunden entgegen. Wie in einem Einkaufszentrum finden sie schnell Verhandlungsmöglichkeiten mit verschiedenen Anbietern. Und die Nähe zum Geld- und Kapitalmarkt ermöglicht es ihnen, unter Umgehung der Banken und Versicherungen dort auch direkt als Anleger oder Mittelbeschaffer aufzutreten.

2. Externe Ersparnisse entstehen in Finanzzentren dadurch, daß die Banken dort spezialisierte Dienstleistungen gemeinsam nutzen können, die für alle die Kosten der Geschäftsabwicklung senken. Sie heißen «extern», weil sie nicht aus internen Rationalisierungsmaßnahmen der einzelnen Finanzinstitutionen resultieren, sondern daraus, daß viele Firmen gleicher und unterschiedlicher Spezialisierung an demselben Platz tätig sind, deren Dienstleistungen von den Banken, teils auf Gegenseitigkeit, in Anspruch genommen werden können. Durch die hohe Nachfrage nach den Produkten der spezialisierten Dienstleistungsunternehmen entstehen bei diesen Produktionsgrößenvorteile (*economies of scale*) und dadurch niedrigere Preise für ihre Produkte.

Dabei kann man drei Quellen der externen Ersparnisse unterscheiden:

a) Der hohe Spezialisierungsgrad, der für Unternehmen und ihre Fachkräfte im Finanzsektor typisch ist. In einem Finanzzentrum befinden sich nämlich Spezialisten mit Detailwissen über alle möglichen Sparten des Finanzwesens, der öffentlichen Hände und der produzierenden Wirtschaft, d.h. über die Institutionen, die z.B. Kredite aufnehmen oder eigenes Geld anlegen wollen. Über die Tuchfühlung mit diesen Spezialisten können Finanzinstitutionen die Risiken ihrer Anlagen vermindern, selbst dann, wenn sie keine Geschäfte untereinander betreiben.

b) Die Schaffung von Verbundvorteilen (*economies of scope*) durch gemeinsame Geschäftsaktivitäten verschieden spezialisierter Finanzdienstleister. Hier kann es sich um gemeinsame Einrichtungen, z.B. eine Börse, eine Bewertungsstelle für Wertpapiere und andere Anlageobjekte sowie eine Abrechnungsstelle für den bargeldlosen Zahlungsverkehr, oder um Kooperationen in Form von Partnerschaften, Konsortien, Allianzen u.ä. handeln.

c) Ein großes Angebot von Dienstleistungen anderer Branchen. Anwaltskanzleien müssen in Anspruch genommen werden, um die oft komplizierten Verträge bei Finanzgeschäften zu formulieren und so die Risiken der Geschäfte zu mindern. Die Druckindustrie ist notwendig, nicht nur um über spezialisierte Bücher und Nachschlagewerke den Fachleuten Grundwissen bereitzustellen, sondern auch um die vielen Formulare, Berichte, Werbetexte, Wertpapiere und Dokumente herzustellen, die die Finanzinstitutionen im Zusammenhang mit ihren Geschäften benötigen. Wegen der ohnehin notwendigen Präsenz der Druckindustrie waren Finanzzentren meist auch Zentren für die Produktion von Büchern aller Art.

3. Die Doppelrolle der Führungsebene von Finanzinstitutionen meint die Tatsache, daß das Topmanagement stärker als die Vielzahl der Bankbeschäftigten, die Routineaufgaben durchführen, auf die Informationsvorteile und die externen Ersparnisse der Finanzzentren angewiesen ist, um am Geld- und Kapitalmarkt die richtigen Dispositionen treffen und kostengünstig durchführen zu können. Daneben leiten dieselben Führungskräfte aber auch die Alltagsgeschäfte ihrer Bank, z.B. das normale Kreditgeschäft im *retail banking*, Personalentscheidungen und die Verwaltung ihres Bankhauses. Für diese Aufgaben wäre die Plazierung einer Bank im Finanzzentrum eigentlich nicht notwendig. Da aber die Anwesenheit der Führungsebene dort unerläßlich ist und diese in ihrer Doppelrolle natürlich nicht nur den ständigen Kontakt mit dem Geld- und Kapitalmarkt, sondern auch mit ihrem eigenen Unternehmen braucht, befindet sich auch ein großer Teil des Bankenapparats mit Routineaufgaben im Finanzzentrum.

4. *Das Volumen an notwendigem Papieraustausch* ist im Zeitalter der Telekommunikation sicher geringer als früher. Aber traditionell machten Geld- und Kapitalmarkttransaktionen auch den schnellen Austausch von entsprechenden Schuldtiteln erforderlich. Beim verarbeitenden Gewerbe wird weit weniger Papier bewegt. Denn Geschäftsverträge werden in größeren zeitlichen Abständen geschlossen, weil die Anpassung der Produktion an neue Marktverhältnisse längere Phasen der Planung und Umstellung erfordert. Finanzinstitutionen dagegen können und müssen rund um die Uhr auf neue Marktlagen gefaßt sein und entsprechend häufig und schnell reagieren. In der Vergangenheit mußten Salden zwischen verschiedenen Finanzhäusern, wenn nicht in bar, dann bargeldlos durch Schecks oder Überweisungsscheine ausgeglichen werden. In Finanzzentren konnte dies durch Boten schnell und ohne großes Verlustrisiko erledigt werden. Auch Zinsverluste wurden dadurch minimiert, daß die Wege kurz waren und die Transaktionen schnell erledigt werden konnten.

In einer Studie aus den neunziger Jahren hat Philip Davis die Frage nach den Ursachen der Herausbildung von Finanzzentren an bestimmten Orten mit Hilfe von Kategorien aus der Raumordnungstheorie gestellt, die zur Erklärung industrieller Standorte entwickelt worden war.[22] Dabei werden generell drei Gruppen von Einflußfaktoren unterschieden, von denen Standortentscheidungen von Unternehmen abhängen: angebotsseitige Faktoren, die Nachfrageseite und das Ausmaß externer Ersparnisse, jeweils im Vergleich zu alternativen Standorten. Speziell zur Erklärung der Agglomeration von Finanzinstitutionen an Finanzplätzen hält Davis die folgenden angebotsseitigen Faktoren für wichtig: ein liberales Niederlassungsrecht und geringe Kosten durch Regulierung; die Verfügbarkeit qualifizierten Personals zu günstigen Arbeitskosten; Steuern auf Unternehmen und deren Beschäftigte, die in Relation zu anderen Standorten unter Berücksichtigung der staatlichen Leistungen zugunsten des Finanzsektors niedrig sind; politische und ökonomische Stabilität, da davon das Vertrauen der Kunden in den Finanzsektor abhängt; und schließlich als Hauptfaktor der Angebotsseite die reichliche Verfügbarkeit von Geld und Kapital zu relativ günstigen Konditionen, die auch von der Regulierungspolitik, unter anderem von Mindestreserve- und Eigenkapitalvorschriften, abhängt.

Auf der Nachfrageseite muß ein Finanzplatz einen relativ leichten Zugang zu Kunden bieten können. Das galt traditionell für direkte persönliche Kontakte, so daß es am Finanzzentrum oder in seiner Nähe stets auch eine starke Präsenz des nicht-finanziellen Sektors der Wirtschaft geradezu als Voraussetzung für die Lebensfähigkeit des Finanzsektors gab. Die modernen Technologien der Telekommunikation haben diese örtliche Verbindung zum großen

Teil überflüssig gemacht. Was die Nachfrage betrifft, bleibt nach Davis im heutigen globalisierten Finanzmarkt für ein internationales Finanzzentrum nur die geograpische Plazierung in einer Zeitzone wichtig, die einer der Handelszeiten an den Weltbörsen in Europa, Nordamerika und Ostasien in etwa entspricht.

Mit Abstand der wichtigste Faktor für die Agglomeration von Finanzinstitutionen ist nach Davis das Potential für externe Ersparnisse. Das sind die Kostenvorteile, die einem Unternehmen ohne eigene Anstrengungen aus seiner Umgebung zuwachsen. Solche Ersparnisse resultieren für Akteure an Finanzplätzen vor allem aus dem breiteren und schnelleren Informationsfluß, der einen marktgerechteren und damit gewinnsteigernden Absatz von Finanzdienstleistungen ermöglicht. Die häufige Zusammenarbeit von Finanzdienstleistern in Konsortien und in anderen Kooperationen reduziert die Transaktionskosten wegen der Größenvorteile und der Standardisierungsmöglichkeiten. Generell gilt: Je mehr Teilnehmer am Markt sind, desto größer ist die Effizienz und Liquidität. Auch die Existenz einer Zentralbank an einem Finanzplatz ist aus ähnlichen Gründen mit externen Ersparnissen verbunden. Deren Clearing-Leistungen sowie die solcher Einrichtungen, die die Kreditinstitute am Finanzplatz selbst sich geschaffen haben, führen zu Kosteneinsparungen. Schließlich zeichnen sich Finanzplätze durch ein Angebot zahlreicher förderlicher Dienstleistungen aus: unter anderem Anwälte mit nützlichen Spezialkenntnissen, Buchhalter, Versicherungsmathematiker, Berater und Forschungsinstitute mit Spezialisierungen auf den Finanzsektor. Die am Finanzzentrum vorhandene und sich stets fortentwickelnde Sachkenntnis ist letztlich die Quelle der externen Ersparnisse.

Damit sind die Hauptursachen steigender Skalenerträge für Akteure in Finanzzentren im Vergleich zu einfachen Bankplätzen genannt. Deswegen und wegen der großen Bedeutung «versunkener Kosten» (Gebäude, der Firmenname mit seiner Tradition, die Ausbildung und Qualifizierung der Arbeitskräfte u.ä.) kann nur eine bedeutende Verschlechterung der Marktbedingungen die Akteure zum Rückzug und zum Aufbau eines neuen Finanzzentrums veranlassen. Aber immer wenn ein solcher Aufbau begonnen hat, wirkt die Generierung externer Ersparnisse wie ein kumulativer, sich selbst tragender Prozeß in Richtung einer Verstärkung der Konzentration von Finanzdienstleistungen.

4. Leitfragen

Mit der folgenden Darstellung will ich mich von anderen Publikationen zur Geschichte des Finanzplatzes Frankfurt nicht nur darin unterscheiden, daß ich die Entwicklung von der Frühen Neuzeit bis zur Gegenwart nachzeichne. Darüber hinaus möchte ich Fragen, die in der gegenwärtigen Diskussion über die Wettbewerbsfähigkeit und den Standort von Finanzzentren aktuell sind, an das historische Material herantragen und es dementsprechend strukturieren. Auch wird – soweit wie möglich – die moderne Terminologie, mit der heute Vorgänge und Institutionen auf den Finanzmärkten beschrieben werden, bei der Darstellung des historischen Stoffes verwendet. Ich verbinde damit die Hoffnung, daß das Interesse an einer Beschäftigung mit der weit zurückreichenden Entwicklungsgeschichte des Finanzplatzes Frankfurt und der Gewinn aus der Lektüre dieses Buches bei denjenigen verstärkt wird, die sich primär in der aktuellen Debatte auskennen und als (Wirtschafts-) Politiker, Unternehmer oder Arbeitnehmer aus Verantwortung für die Zukunft ihr Hauptaugenmerk auf Entwicklungen in der Gegenwart richten müssen. Zu dem Gewinn dürfte nicht zuletzt die Tatsache beitragen, daß historische Entwicklungen, faßt man sie in moderne Begriffe und stellt man an sie die Fragen der Gegenwart, erkennbar werden lassen, wie groß – trotz aller Unterschiede im historischen Erscheinungsbild und im Entwicklungsniveau – die Ähnlichkeiten zwischen Wettbewerbsproblemen und Strukturwandlungen der Finanzplätze in früheren Jahrhunderten und denen in der Gegenwart sind. Diese strukturelle Verwandtschaft unterschiedlicher Epochen bietet die Chance zum Lernen aus der Geschichte, ebenso wie wir aus der Gegenwart lernen, die uns interessierenden Fragen an die Geschichte zu richten.

Dazu zählen die Fragen nach der Rolle folgender Einflußfaktoren auf die Entwicklung eines Finanzzentrums:

- internationale Entwicklungen (auch Geographie und Handelswege, politische Vorgänge und Entscheidungen im Ausland),
- politische und gesellschaftliche Rahmenbedingungen (intern),
- Handel und Gewerbe (hier z. B. Messen, Kaufleute und Bankiers),
- Geldpolitik und Währungsverhältnisse sowie
- Innovationen und Spezialisierungen (hier z. B. Standardisierung des Wechselgeschäfts, Einrichtung der Börse, Entwicklung des Anleihemarktes).

Im wesentlichen nach diesem Muster – wenn auch der unterschiedlichen Akzentsetzungen wegen nicht immer einheitlich – habe ich die fünf Zeitabschnitte untergliedert, in die Frankfurts Entwicklungsgeschichte als Finanzzentrum in diesem Buch eingeteilt ist. Wer sich jeweils nur für einen Aspekt interessiert, ist auf diese Weise in der Lage, sich relativ schnell einen Überblick z. B. über die «Geldpolitik und Währungsverhältnisse» oder über «Innovationen und Spezialisierungen» in Frankfurt von der Frühen Neuzeit bis in die Gegenwart zu verschaffen, soweit diese für die Entwicklung des Finanzplatzes von Bedeutung waren.

II. Die frühe Entwicklung zum Handels- und Finanzzentrum bis 1648

1. Die Gunst der Natur und Privilegien des Kaisers

Als im Jahre 794 «francono furd» zum ersten Mal urkundlich erwähnt wurde, und zwar von Karl dem Großen, damals noch nicht römischer Kaiser, sondern König der Franken, lag seine Bedeutung noch nicht in seinen Fernhandels- und Finanzaktivitäten, obwohl die «Furt» durch den Main als Namensbestandteil und die Prüfung eines Plans für eine Kanalverbindung zwischen Main und Donau durch Karl den Großen darauf hinweisen, daß Frankfurt auch für den damaligen relativ begrenzten Handel eine Brückenfunktion besaß.[1] Es befand sich im Schnittpunkt mehrerer alter Handelswege: der Flußverbindung vom oberen Main und Städten wie Nürnberg, Bamberg, Schweinfurt und Würzburg bis zum Mittelrhein, d.h. Mainz, und von dort rheinauf- und -abwärts; der alten Heerstraße von Italien über den Sankt-Gotthard-Paß nach Basel und von dort westlich des Schwarz- und Odenwaldes über Heidelberg, Bensheim, Darmstadt (Bergstraße mit ihren Fruchtgärten) nach Frankfurt. Dort gabelte sich die Heerstraße in drei Landstraßen Richtung Norddeutschland: nordwestwärts über den Taunus, die Lahn und den Westerwald nach Köln; nordwärts durch die Wetterau mit ihren fruchtbaren Äckern im Tal der Nidda über Friedberg, Gießen, Marburg und Kassel nach Bremen, Hamburg und Lübeck; und schließlich nordostwärts durch das Tal des Mainnebenflusses Kinzig über Hanau, Gelnhausen, Schlüchtern, Eisenach nach Leipzig und Berlin. Die zuletzt Genannte war die Ost-West-Achse des Deutschen Reiches und wurde wegen ihrer zentralen Bedeutung schon im Mittelalter als «des Reiches Straße» bezeichnet.[2] Auf dieser Achse sollten die Messestädte Frankfurt und Leipzig jahrhundertelang im Standortwettbewerb um die Gunst der Kaufleute aus ganz Europa stehen.

Frankfurts Bedeutung lag seinerzeit darin, daß Karl der Große die Furt als Sammelpunkt seines Heeres für seine Feldzüge gegen die Sachsen benötigte. Daß es Sitz eines königlichen Kammergutes (= Domäne) mit den entsprechend stattlichen Wohn- und Wirtschaftsgebäuden für die Domänenverwalter und ihre Bediensteten sowie für das Gewerbe rund um die Bewirtschaftung des Kammerguts war, erleichterte dem Heerführer der Franken den Aufenthalt.[3] Die Möglichkeit der Jagd im Dreieicher Forst, ebenfalls im Eigentum des Königs, machte die Aufenthalte sogar standesgemäß angenehm. Um

790 gab Karl der Große mit dem Bau einer Pfalz im späteren Frankfurt zu erkennen, daß er diesem Ort eine herausgehobene Stellung im Reich auf Dauer zukommen lassen wollte. In diese Königspfalz berief er 794 eine Bischofskonferenz, das Konzil von Frankfurt, ein. Hier «überwinterten» er und seine Nachfolger regelmäßig. Nach dem Tod Karls des Großen ließ sein Sohn Ludwig der Fromme 820 Frankfurt zur repräsentativen Königspfalz ausbauen. Sowohl die Karolinger als auch die nachfolgenden Königsgeschlechter, die Ottonen, Salier und Staufer, wußten die politisch und strategisch günstige Lage Frankfurts im Reich zu nutzen. Reichstage wurden nach Frankfurt einberufen. Nachdem im Jahre 843 das Römische Reich Karls des Großen und seines Sohns und Nachfolgers Ludwigs des Frommen unter dessen Söhnen Lothar I. (Italien und Lothringen), Karl dem Kahlen (Westfranken, später Frankreich) und Ludwig dem Deutschen (Ostfranken) aufgeteilt worden war, bestimmte der Letztgenannte Frankfurt zum Hauptsitz des ostfränkischen Reiches und zur vornehmsten königlichen Pfalz.

Frankfurt fiel in diesem Zusammenhang aber auch ein besonderes politisches Privileg zu, das es vor anderen Königspfalzen auszeichnete. Zwischen 794 und 912 hielten sich die deutschen Könige fünfundsiebzigmal in Frankfurt auf, und in staufischer Zeit fanden in Frankfurt auffallend häufig Königswahlen statt.[4] Zwischen 1140 und 1250 wurde allein sechsmal der deutsche König in Frankfurt gewählt, während im gleichen Zeitraum acht weitere Wahlen an acht verschiedenen Orten im Reich bezeugt sind. Die geographische Lage in der Mitte des Reiches begünstigte Frankfurt als Wahlort der deutschen Könige. Für vier der sieben seit dem Spätmittelalter mit dem Recht der Königswahl ausgestatteten Kurfürsten lag Frankfurt in unmittelbarer Nähe (Erzbischöfe von Mainz, Trier, Köln und der Pfalzgraf bei Rhein). Aus dieser Tradition entwickelte sich ein Gewohnheitsrecht, das bald auch urkundlich fixiert wurde. In der Goldenen Bulle von 1356 wurde Frankfurt reichsgesetzlich zum Wahlort der deutschen Könige.[5] Als die Krönungen der Könige und Kaiser regelmäßig in Frankfurt stattfanden (seit 1562), wurde Frankfurt endgültig zum zentralen politischen Ort im Reich.[6]

Frankfurts Bedeutung lag also in seinen Hauptstadtfunktionen, nicht nur als Sitz von Königen und Kaisern, sondern auch als Sitz des Reichsgerichts für das ostfränkische Reich. Aber seine Bedeutung als Zentrum für Regierungsgeschäfte nahm zunächst ab, nachdem mit König Heinrich I. im Jahr 919 sächsische Herrscher die Nachfolge der Frankenkönige und -kaiser angetreten hatten. Zwar hielten Heinrichs Nachkommen, die Ottonen, noch gelegentlich Reichstage und Kirchenversammlungen in Frankfurt ab, aber Heinrich I. selbst hatte Frankfurt bezeichnenderweise nie betreten. Die Regierungsgeschäfte verlagerten sich zeitweise nach Norddeutschland.[7] Doch unter den staufischen Herrschern (1150–1240) erlebte die Stadt mit der Errichtung des Saalhofs einen deutlichen Bedeutungszuwachs.[8]

Die Orte, die als Pfalzen ausgebaut wurden, besaßen für das Königtum eine besondere politische und wirtschaftliche Bedeutung. Immer wieder wurden sie mit Privilegien ausgestattet, um ihre wirtschaftliche Entwicklung zu fördern. Hinter dieser Privilegienpolitik stand das fiskalische Interesse der Herrscher. Neben Frankfurt waren es vor allem die Wetterauer Städte Gelnhausen, Friedberg und Wetzlar, von denen sich die Staufer in dieser Gegend hohe Einkünfte versprachen. Da die Privilegien (Messeprivilegien) Frankfurt wirtschaftlich attraktiv machten, stieg sowohl die Anzahl neuer Abgabeverpflichteten als auch die Höhe der Abgabesummen, die seit dem 12. Jahrhundert nicht mehr nur in Naturalleistungen, sondern vermehrt in Geldzahlungen beglichen wurden. Bereits im 12. Jahrhundert wurden deshalb Kaufleute auf den Messen in Frankfurt durch Privilegien begünstigt. Die Ansiedlung einer wirtschaftlich aktiven Schicht mit hohem Vermögen war ein primäres Ziel der Privilegienpolitik der Könige.

Auch als die Regierungsgeschäfte der deutschen Monarchen in der Zeit der Ottonen und Salier vor allem von Norddeutschland aus geführt wurden, nahmen in Frankfurt die Handelsgeschäfte zu, da die Kaufleute, die sich um die befestigte Königspfalz herum niedergelassen hatten, unter dem besonderen Schutz des Königs standen (Königsfriede). Ein Vogt als Vertreter des Königs war höchster königlicher Beamter und übte, zusammen mit Schöffen aus der hohen Beamtenschaft und dem Ritteradel, die Rechtsprechung aus. Dadurch waren in Frankfurt eine relativ große Rechtssicherheit, politische Stabilität und durch die königliche Beamtenschaft auch eine relative Effizienz der öffentlichen Verwaltung, z. B. der Münzstätten und der Zollämter, gewährleistet.

Daß Frankfurt ein wichtiger Handelsplatz geworden war, geht auch daraus hervor, daß Heinrich IV. im Jahr 1074 Kaufleute aus Worms am Rhein, die per Schiff mit Frankfurt einen regen Handelsaustausch pflegten, als Dank an die Wormser Bürger für treue Dienste von königlichen Zöllen in Frankfurt freistellte.[9]

Seinen größten Aufschwung als Handelsplatz verdankte Frankfurt allerdings den Kreuzzügen, die Ende des 11. Jahrhunderts begannen. Durch sie kam die europäische Staatenwelt in Berührung mit Produkten der orientalischen Welt, für die in Europa eine große Nachfrage bestand.

Gerade für den Fernhandelsverkehr wurden die vielen Zollbelastungen zum Problem für die Kaufleute. Daß ihre Interessen bei Hofe Berücksichtigung fanden, geht unter anderem daraus hervor, daß der «Fürstenrat» Kaiser Friedrich I. Barbarossa veranlaßte, 1157 alle Zölle entlang des Mains zwischen Bamberg und Mainz aufzuheben, mit Ausnahme derjenigen zu Neustadt,

Im Messeprivileg an die Stadt Frankfurt (1240)
garantierte Friedrich II. allen Besuchern der Frankfurter Messe
seinen besonderen Schutz

Aschaffenburg und Frankfurt. Der Kaiser bestätigte 1184 die Zollfreiheit der Wormser Bürger in Frankfurt, wobei er die Position der Frankfurter Kaufleute insofern stärkte, als auch ihnen in Worms Zollfreiheit zu gewähren war, also Reziprozität per Oktroi. 1219 wurden Zoll- und Münzangelegenheiten auf einem vierzehntägigen Reichstag in Frankfurt verhandelt. Diese Maßnahmen sind auch Belege dafür, daß die Frankfurter Messe bereits ein wichtiges jährliches Ereignis von großer überregionaler Bedeutung war. Sie wurde im Zeitraum zwischen Mariä Himmelfahrt (15. August) und Mariä Geburt (8. September) abgehalten. Die früheste explizite literarische Erwähnung findet sich in hebräischen Aufzeichnungen eines Mainzer Rabbiners, Rabbi Eliezer ben Nathan, aus dem Jahr 1152 oder kurz danach.[10]

Die weitere Entwicklung der Messe in Frankfurt wurde durch die deutschen Könige nicht nur zollpolitisch gefördert. 1240 versicherte Friedrich II. der

Stadt Frankfurt in einer Urkunde, daß er alle Besucher der Frankfurter Messe unter seinen und des Reiches besonderen Schutz stelle. Schon 1227 hatte König Heinrich VII. in einem Schreiben an die Stadt Regensburg die Existenz eines Geleitschutzes für Besucher der Frankfurter Messe erwähnt.[11] 1329 erhielten Frankfurter Bürger Zollfreiheit im ganzen Reich.[12] 1330 erlaubte Kaiser Ludwig IV. den Frankfurtern, im Frühjahr jeweils eine zweite Messe abzuhalten. So kam die Fasten- oder Ostermesse zur Herbstmesse hinzu.[13]

Die Frankfurter Messe war fast von Anfang an nicht nur ein Warenumschlagplatz von regionaler, sondern auch von internationaler Bedeutung. Das galt besonders für die Herkunft der gehandelten Waren, aber auch für die anwesenden Kaufleute. 1340 wurde von Gästen aus der Schweiz, aus Flandern, Böhmen, Lothringen, vom Bodensee und von der Ostsee sowie vom «fremden Tüchermarkt» am Saalhof berichtet, auf dem niederländische und englische Tuche angeboten wurden. Es steht aber wohl fest, daß der große Transitverkehr im Handel mit Oberitalien, besonders Venedig, und mit den Donauländern auf der einen Seite sowie mit den Niederlanden und den Ostseeländern auf der anderen in den Händen der deutschen, vor allem der Frankfurter Kaufleute selbst lag.[14]

Auch muß das Geld- und Kreditgeschäft im Spätmittelalter schon eine bedeutende Rolle in Frankfurt gespielt haben. Nachdem das Laterankonzil von 1179 den Angehörigen der katholischen Kirche das Zinsnehmen verboten hatte, eröffnete sich für Juden ein fruchtbares Geschäftsfeld. Für das Jahr 1241 wurde berichtet, daß etwa 200 Juden als königliche Kammerknechte in Frankfurt lebten. Der König hatte ihnen das Monopol des Geldverleihens übertragen, sie mußten ihm im Gegenzug dafür Abgaben leisten. Durch den Pogrom 1241 wurde ihre Zahl dezimiert.[15] Doch stieg ihre Präsenz in Frankfurt und ihre Bedeutung für das dortige Wirtschaftsleben auch nach späteren Ereignissen ähnlicher Art, z.B. 1349,[16] stets wieder an (vgl. Abschnitt II3).

2. Internationale Entwicklungen

Frankfurts wirtschaftliche Entwicklung hat religiösen Feldzügen und Kriegen im Mittelalter und in der Frühen Neuzeit viel zu verdanken. Schon die Kreuzzüge des Mittelalters wirkten förderlich für die spätere Entwicklung Frankfurts zu einem Finanzzentrum.

Die günstige geographische und verkehrstechnische Lage Frankfurts an der Kreuzung der europäischen Handelsstraßen in Nord-Süd- und Ost-West-Richtung gehörte zu den notwendigen Bedingungen der Entwicklung zunächst zu einem Handels- und dann zu einem Finanzzentrum. Aber hinreichend war dies nicht. Wie schon im Mittelalter in Norditalien Finanzinnovationen und Finanzplätze dort entstanden, wo sich der internationale Handel besonders prächtig entfaltete, vor allem in Venedig, Genua, Pisa/Livorno (später mit Florenz als Gewerbezentrum und Finanzplatz), so hätte aus Frankfurt kein internationales Finanzzentrum werden können, wenn die Handelsströme auf den deutschen Handelsstraßen zu Lande sowie auf dem Main und dem Rhein gegen Ende des Mittelalters nicht in Bewegung gekommen wären. Dazu trug der «Kaufmann von Venedig» zunächst in besonderem Maße bei. Als Folge der Kreuzzüge, für die die Ritterheere des Kaisers sich vor allem auf italienischen Schiffen in den Nahen Osten transportieren ließen, kamen nicht nur die beteiligten Deutschen auf den Geschmack für die vielen orientalischen Gewürze und fanden Gefallen an den dort üblichen feinen Produkten, z.B. Seide. Die italienische Geschäftswelt nutzte ihre so gewonnenen Kontakte und Kenntnisse, um schließlich ganz Europa mit orientalischen Spezialitäten zu beliefern. Italiens geographische Lage hätte für die Wahrnehmung dieser Funktion kaum besser sein können.

Dazu kam, daß die geistige Bewegung der Renaissance von Italien ausging. Hier wurde die mittelalterliche Unterordnung und Einbindung des Einzelnen in theokratisch-universalistische Ansprüche einer genossenschaftlich organisierten, quasi-kollektivistischen Bedarfsdeckungsgesellschaft mit ihrer geringen Fähigkeit zu Innovationen und Veränderungen zuerst aufgebrochen. An deren Stelle trat mit der Rezeption der Antike durch den Humanismus seit dem 14. Jahrhundert (Dante, Petrarca, Boccaccio) allmählich ein neues Persönlichkeitsbewußtsein, das jenseits der theokratischen Ordnung mit ihren moralischen Forderungen als Steuerungselement (z.B. «gerechter Preis» statt Marktpreis[17]) die schöpferischen Möglichkeiten des Individuums im Diesseits sah. Mit wachsendem Vertrauen in die eigene Vernunft statt in die überkommene «göttliche Ordnung» begann die intensive, teils wissenschaftliche Suche nach Erkenntnissen und Verwirklichungsmöglichkeiten im naturwissenschaftlichen, gesellschaftlichen und wirtschaftlichen Bereich. Speerspitze dieser Entwicklung war das städtische Bürgertum, darunter besonders die Kaufleute, die aus dem sich entwickelnden Fernhandel zu Wohlstand gekommen waren. Sie hatten als erste von den neuen Handlungsspielräumen Gebrauch gemacht. Aber auch das Ringen der mittelalterlichen Päpste um Einfluß und Macht sowie die wachsende Wirtschaftsmacht der Kurie trugen wesentlich dazu bei, die das Individuum einengende, dogmatisch vom Jenseits bestimmte und politisch dezentralisierte Welt des Mittelalters aufzubrechen und den Einfluß von Geld und Kapital nicht nur im wirtschaftlichen, sondern auch im politischen, sozialen, künstlerischen und selbst im kirchlichen Leben zu verstärken.[18] In der davon ausgehenden Aufbruchstimmung auf wirtschaftlichem Gebiet, die den Handelskapitalismus zur Entfaltung brachte, ähnelt die

Renaissance dem Liberalismus des 19. Jahrhunderts, der den Durchbruch des Industriekapitalismus ermöglichte.

Etwa gleichzeitig begann die Modernisierung der politischen Strukturen. Seit dem späten 14. Jahrhundert wurde die politische Rolle des kleinen Feudaladels zurückgedrängt zugunsten einer Zentralisierung der Macht in den Händen von Königen und anderen Fürsten. Diese Entwicklung mündete schließlich in die Bildung absolutistischer Territorialstaaten ein. Diese Flächenausdehnung zentralisierter staatlicher Macht und die Entwicklung des Fernhandels durch die Kaufleute ergänzten und verstärkten sich. Hieraus und aus dem Finanzbedarf für ihre militärischen und zivilen Unternehmungen ergab sich für die Fürsten eine Art natürlicher Interessenkongruenz mit dem reichen Patriziat und den kapitalkräftigen Kaufleuten und Bankiers der Handelsstädte. Dazu trug auch das im 14. und 15. Jahrhundert zunächst von den italienischen Städten praktizierte Söldnersystem der Kriegführung (Kondottiere, ital. condotta = Sold) bei, das im 16. Jahrhundert europaweit zur Anwendung kam. «Das Kriegswesen wurde damals zu Lande und zur See als kapitalistisches Gewerbe von Unternehmern betrieben, die ihre Dienste dem am besten Zahlenden liehen: den Kondottieren.»[19] Kriege wurden seitdem nach der Fähigkeit der jeweiligen Herrscher entschieden, bei Kaufleuten und Bankiers Kapital aufzutreiben und Anleihen unterzubringen. Politische und militärische Konflikte wurden nun für Geschäftsleute mit Vermögen zu einer neuen Quelle von Gewinn, an der seit dem 17. Jahrhundert auch Frankfurt erheblichen Anteil haben sollte.

Die Renaissance wirkte sich auch in einer Verweltlichung und Verbreitung von Bildung und Wissen aus. Neben die kirchlichen Einrichtungen, die im Mittelalter Wissenschaft und Lehre vor allem als Theologie betrieben hatten, traten weltliche Bildungsstätten und entwickelten sich Wissenschaftszweige wie die Juristerei und Medizin. Außer den Kreuzzügen trug gerade die Entwicklung des Fernhandels mit Kleinasien und Ägypten dazu bei, daß der hohe Stand der Wissenschaft im arabischen Kulturkreis und wissenschaftliche Traditionen aus der klassischen Antike in Europa rezipiert wurden. Auch verlangte besonders die Entwicklung des Fernhandels ein großes Ausmaß an Kenntnissen über kaufmännische Techniken, Waren und Märkte, Geld und Wechselkurse, Verkehrswege, Zölle, Steuern und Freiheiten, Geographie und politische Bedingungen. Die umfassende Schulung und Bildung der Kaufleute in diesen Dingen und die Hebung des Bildungsniveaus allgemein setzten in den italienischen Handelsstädten wesentlich früher und breiter ein als in den anderen Teilen Europas. Die Universitäten von Bologna (als älteste Europas 1119 gegründet) und Padua (1222 gegründet) galten lange Zeit als die besten. Bis zum Ende des 15. Jahrhunderts waren besonders Florenz und Venedig, damals der Haupthandelsplatz der Welt, als die hohe Schule der Kaufleute Europas angesehen.

Deutsche Kaufleute waren in «ihrem» Fondaco dei Tedeschi, einem 1228 erstmals urkundlich erwähnten deutschen Kaufmannshaus nahe der Rialto-Brücke,[20] in Venedig ständig präsent, da sie auch für orientalische Märkte bestimmte Waren wegen des praktizierten Stapelprivilegs nur an venezianische Händler verkaufen und dementsprechend die Bargelderlöse nicht zum direkten Bezug orientalischer Waren, auch nicht von ausländischen Handelsschiffen im Hafen, einsetzen durften. Deshalb waren sie gezwungen, die Ware für die Märkte im nördlicheren Europa nur bei venezianischen Händlern einzukaufen.[21] Zu den Kaufleuten zählten die Fugger, Kolb, Rehlinger, Rem, Grander, Imhof, Bimmel, Besserer und Rorer.[22] Venedig war damals der Mittelpunkt des deutschen Italienhandels.

Von den Regensburger Handelsherren Wilhelm und Matthäus Runtinger ist überliefert, daß sie 1383–1407 Samt und Seidenstoffe, Baumwolle, Barchent, Gewürze, Südfrüchte, Korallen und Glas, Waren, die sie in Venedig, Bologna und Lucca eingekauft hatten, auf der Frankfurter Messe verkauften. Aus ihren Erlösen kauften sie im Gegenzug dort brabantische, niederrheinische und hessische Tuchwaren ein und verfrachteten sie die Donau abwärts nach Wien und nach Italien, um sie dort zu vermarkten. Auch Frankfurter Kaufleute betrieben den Italienhandel. So zählte die Frankfurter «Blumengesellschaft» zu den Kaufmannsgenossenschaften mit den besten Fernhandelsbeziehungen. Sie vermarktete im 15. Jahrhundert westfälische Leinwand in Venedig und kaufte im Gegenzug dort Seidenstoffe und Gewürze ein.[23] Dieses Handelshaus mit dem offiziellen Namen Wolf Blum & Cie. unterhielt im 15. Jahrhundert eine eigene Niederlassung in Venedig neben denen in Antwerpen, Lübeck und Nürnberg, für damalige Verhältnisse ein fast globales Netz von Geschäftsstellen. Auch Johann von Melem, der Ältere, der sich als gebürtiger Kölner 1454 in Frankfurt niedergelassen hatte und dort eine Handelsgesellschaft für den Tuchgroßhandel leitete, an der sein Bruder, sein Schwager und die bedeutenden Kölner Firmen der Familien Rinck und Campman beteiligt waren, und sein Nachfolger Hans von Melem, der Jüngere, pflegten über ihre eigene Vertretung in Venedig den Italienhandel.[24] Auch die folgenden Patrizierfamilien in Frankfurt betrieben im 15. Jahrhundert das Handelsgeschäft mit Venedig: die Bromm, Stalburg, Heller, Rorbach, Neuhaus und Holzhausen.[25]

Durch *learning by doing* erhielten die deutschen Kaufleute Anschauungsunterricht in den modernsten Techniken des Handels und seiner Finanzierung. Nicht nur Wechselbriefe, Girokonten und Transportversicherungen waren in Italien entstanden und breiteten sich von dort über Europa aus, sondern auch die doppelte Buchführung. Die Fugger und Welser führten sie in Deutschland ein, wo sie auch von den Kaufleuten in Frankfurt rezipiert wurde. Schon im 14. Jahrhundert waren auch italienische Geschäftsleute aus der Lombardei neben den Juden im Frankfurter Geldhandel tätig.[26] Auf den kosmopolitischen Horizont der Großkaufleute sowie die Anforderungen und Anregungen aus ihren internationalen Geschäften ist es zurückzuführen, daß sowohl ihre Bildung als auch ihr kulturelles Bewußtsein dem der Handwerksmeister und anderen Bürgerschichten einerseits und dem des Adels andererseits weit überlegen war.[27] Dies war der Nährboden für das mit den Großgeschäften stark wachsende Mäzenatentum.

Die Groß- und Fernkaufleute stießen mit ihren relativ hohen Gewinnen aus Handels- und Geldgeschäften von durchschnittlich 20–30%[28] auf den Neid und Widerstand anderer gesellschaftlicher Schichten, z.B. der städtischen Handwerker, die mit ihren Zünften die Wirtschaftsprinzipien des Mittelalters zu bewahren versuchten und die höheren Einkommen der Kaufleute als Resultat einer ungerechten Preisgestaltung zu Lasten der Allgemeinheit interpretierten. Sie fühlten sich durch die Kapitalkonzentration in den Fernhandelsunternehmen, teilweise bis hin zu monopolartigen Stellungen, in ihrer eigenen Wettbewerbskraft und Existenzfähigkeit bedroht. Sie bekämpften das Zinsnehmen als Verstoß gegen das kanonische Zinsverbot und pflegten, soweit es von Juden betrieben wurde, antisemitische Einstellungen, die sich gelegentlich in Pogromen entluden. Es waren dann die auf Kredite und deshalb auf funktionierende Finanzmärkte angewiesenen Könige und Kaiser, die Fürsten der Territorialstaaten und die in den Städten herrschenden Patrizier, die den Schutz der Juden wiederherstellten und die Praktiken der Kaufleute tolerierten oder durch Privilegien förderten und schützten.

Im Spätmittelalter entfaltete sich der Kaufmannskapitalismus, dem erst im 19. Jahrhundert der Industriekapitalismus folgen sollte, in den oberitalienischen Handelsstädten Venedig, Genua und Pisa/Livorno am stärksten. Zwar produzierten diese Handelszentren auch Massengüter für den Export. Typisch für Venedig waren die Glasindustrie und deren Pionierrolle bei der Einführung und Verbreitung der Brille über ganz Europa. Dadurch stiegen die Lebensarbeitszeit und die Rentabilität der Ausbildung von Fachkräften enorm.[29] Florenz entwickelte sich zu einem Zentrum der gewerblichen Produktion und der Kreditwirtschaft. Die Hauptquelle des sich bildenden relativen Reichtums und der Hauptgrund seiner damaligen Konzentration in Oberitalien lagen jedoch darin, daß über diese Städte ein Großteil des Welthandels abgewickelt wurde: zwischen den reichen, entwickelten Ländern, die damals in Asien lagen, vor allem China, Indien und die Länder des Nahen Ostens, und den unterentwickelten Ländern, aus denen damals Europa bestand. Die meisten in Europa gekauften Luxuswaren kamen von dort: Edelsteine, Porzellan, Seide, Messerschmiedewaren, Perserteppiche, Kaschmirwollsachen, Damastleinen, Lackwaren, Zucker u.a. Die Textilproduktion in Europa war auf den Import von Baumwolle und von Grundsubstanzen für die Färbung angewiesen: Indigo, Brasilholz, Alaun u.a. Die Apotheker bezogen eine Vielzahl ihrer Heilpflanzen aus Asien. Und die Liebe zur asiatischen Welt ging nicht zuletzt durch den Magen: Europa entwickelte einen Heißhunger auf die Welt der Gewürze Asiens, vom Pfeffer über Gewürznelken, Safran und Zimt bis hin zum Muskat.[30]

Im Gegenzug hatte Europa auf den asiatischen Märkten mit seinen Produkten einen schweren Stand. Es konnte als verarbeitetes Produkt im wesentlichen nur Wollwaren und, wie für ein relativ unterentwickeltes Gebiet typisch, vor allem Primärprodukte, nämlich Metalle, wie Quecksilber, Zinn, Kupfer und Blei, gut absetzen. Aber die Fracht dafür war bei dem geringen Wert-Gewicht-Verhältnis dieser Waren teuer und der asiatische Markt dadurch begrenzt. Die Handelsbilanz konnte nur dadurch ausgeglichen werden, daß mit Gold und Silber aus Europa bezahlt wurde. Dies trug zur Knappheit an Edelmetallen in Europa bei, die ihrerseits die Entwicklung von Buch-, Kredit- und Papiergeld zu einer attraktiven und lukrativen Alternative machte.[31] Diese Edelmetallknappheit in Europa machte das multinationale Bergwerksimperium der Fugger seit dem späten 15. Jahrhundert so gewinnträchtig. Sie wurde erst durch die Ausbeutung der Gold- und Silbervorräte Lateinamerikas durch die Spanier im 16. Jahrhundert gemildert.

Im Mittelalter und in der Frühen Neuzeit war die Wolle allerdings das mit Abstand wichtigste Handelsprodukt nicht nur in Europas Außenhandel, sondern auch im innereuropäischen Warenverkehr und spielte deshalb auch auf dem Messeplatz Frankfurt eine herausragende Rolle. Mit der Entwicklung des Orienthandels stieg die Nachfrage aus Asien nach europäischen Wollwaren stark. Die Preise für Schafwolle zogen an. Die Schafzucht nahm deshalb im 13. Jahrhundert, besonders in England und Frankreich, stark zu. In Italien blühte nicht nur der Handel mit Wollwaren, sondern in Städten wie Florenz und Mailand auch die weiterverarbeitende Wollindustrie, die konkurrenzfähiger war als die traditionelle in Frankreich. Die italienischen Städte bezogen nur noch Rohwolle und Zwischenprodukte von den Champagnemessen in Frankreich, nicht mehr die französischen Fertigwaren im Austausch gegen in Italien gefertigte Seidenstoffe. Schon in der zweiten Hälfte des 13. Jahrhunderts litten die Champagnemessen unter neuen Zollbestimmungen und unter den Kämpfen der flandrischen Städte mit den französischen Königen. 1320 kam es auf Betreiben der französischen Webergilden, die nur in den hohen Rohwollepreisen ihren Wettbewerbsnachteil sahen, zu einem Wollausfuhrverbot aus Frankreich, d.h. zu einer Verschärfung der protektionistischen Politik. Die Italiener umgingen seitdem die Champagnemessen, was zu deren Niedergang erheblich beitrug. Florenz deckte seinen Rohwollbedarf durch den Bezug englischer Wolle aus flandrischen Handelsstädten über den Seeweg, darunter aus Brügge, dessen Hochblüte in die erste Hälfte des 14. Jahrhunderts fiel. Die Weiterverarbeiter in Mailand, Monza und Como bezogen ihren Rohstoff über Köln, Basel und den Sankt-Gotthard-Paß und die in Venedig vor allem über Ulm, den Fernpaß und den Brennerpaß. Die protektionistische Politik Frankreichs förderte den Handelsverkehr zwischen England und Italien durch Deutschland und Burgund enorm. Eine entgegengesetzte Politik führte zum Abbau von Binnenzöllen auf dem Rhein. Die neuen Handelswege machten Frankfurt zum Erben der Champagnemessen, die auch bereits ein Zentrum des europäischen Zahlungs- und Kreditverkehrs (Kredite für den Konsum der Fürsten) gewesen waren, und stärkten den Handel in anderen süddeutschen Reichsstädten: in Basel, Straßburg, Mainz, Ulm, Nürnberg und Augsburg.[32]

Es gab drei große Handelsrouten, auf denen der europäisch-asiatische Handel im Spätmittelalter abgewickelt wurde.[33] Die nördlichste nutzte vor allem Landwege, ein ganzes System von Straßen, auf denen aus den inneren Provinzen Chinas und Indiens die Waren an das Kaspische Meer oder bis zum Schwarzen Meer transportiert wurden. Vom Kaspischen Meer aus wurden sie über die Wolga nach Zentralrußland und von dort teils wieder über Land bis zur Ostsee weiterbefördert; dort konnte die Hanse die Verteilung in Nordeuropa übernehmen. Vom Schwarzen Meer aus konnten die Güter per Schiff durch das Mittelmeer nach Europa weitertransportiert werden. Älter und wichtiger war allerdings die mittlere Route: Die Waren aus Fernost wurden per Schiff an die Mündung des Persischen Golfs gebracht, von dort den Fluß Tigris hinauf bis nach Bagdad und über Straßen ans Mittelmeer, vor allem nach Jaffa und nach Alexandria. Auf der südlichen Route schließlich wurden die asiatischen Waren per Schiff bis in das Rote Meer transportiert, an dessen Westküste gelöscht und von Karawanen zum Nil und von dort wieder per Schiff nach Kairo und ans Mittelmeer befördert. Diese Route war gegen Ende des Mittelalters die wichtigste, weil sie wegen des geringen Anteils an Landtransport die billigste war.

Mit Ausnahme eines Teils der nördlichen Route kamen alle drei Handelswege am östlichen Mittelmeer an. Hier übernahmen vor allem die oberitalienischen Kaufleute die Importe aus Asien, um sie in Europa weiterzuvertreiben. Von Venedig, Genua und Pisa/Livorno gingen sie entweder per Schiff über Gibraltar nach Lissabon, Brügge und London. Oder – und das wurde vor allem von deutschen Kaufleuten organisiert – sie wurden über den Sankt-Gotthard-Paß, der seit dem 13. Jahrhundert erschlossen war, nach Basel, Konstanz und Straßburg und dann auf dem Rhein bis in die Niederlande und auf den Landstraßen über Frankfurt nach Nord- und Ostdeutschland weitergeliefert, bzw. sie kamen über den Brennerpaß nach München, Augsburg, Nürnberg und Frankfurt.

Frankfurt war wegen seiner Nähe zum Rhein praktisch der Schnittpunkt der beiden deutschen Routen, während die großen Handelsstädte in den Niederlanden, vor allem Antwerpen, Brügge und Gent, im Schnittpunkt aller Handelsrouten zwischen Asien und Nordeuropa lagen. Frankfurts Lage in der Nähe des Rheins war ein entscheidender Vorteil gegenüber den anderen genannten deutschen Handelsstädten, als die oberitalienischen Städte ihre Bedeutung als Umschlagplätze für europäische Importe aus Asien verloren und die Verteilung rheinaufwärts statt von Süden nach Norden erfolgte.

Mit der Entdeckung neuer Seewege, vor allem am Ende des 15. Jahrhunderts um das Kap der Guten Hoffnung nach Fernost, mit der Entdeckung Amerikas 1492 durch Kolumbus, der auf der Suche war nach einem noch kürzeren Seeweg nach Indien, und mit der Kolonisierung des neuen Kontinents durch Spanier und Portugiesen im 16. Jahrhundert wurde die Iberische Halbinsel zum Zentrum des Kaufmannskapitalismus im südlichen Europa.[34] Ein weitsichtiger venezianischer Bankier kommentierte 1501 die Nachricht von der Umseglung des Kaps folgendermaßen: «Ob auch viele nicht sehen wollen, was da kommt, so bedeutet doch diese Nachricht mehr als der ganze Türkenkrieg und die schlimmste, die man nach dem Verlust der Freiheit selbst hören kann.»[35] Als 1506 portugiesische Handelsschiffe die erste große Pfefferladung direkt aus Indien nach Europa brachten, war das Ende der führenden Stellung der italienischen Handelsstädte vorprogrammiert. Antwerpen wurde das Venedig des 16. Jahrhunderts. Soviel kostengünstiger war der neue Seeweg, daß seitdem orientalische Gewürze in London nur halb so viel kosteten wie in Aleppo, der syrischen Handelsstadt, die noch die alten Handelsverbindungen nach Asien benutzte. Die Ausdehnung des türkischen (Osmanischen) Reiches durch die Eroberung Ägyptens 1517 beschleunigte noch den Niedergang Venedigs, während sich Genua aufgrund seiner günstigeren Lage zu den Atlantikrouten und seiner zentralen Rolle im internationalen Kreditgeschäft im 16. Jahrhundert noch relativ gut hielt.[36] Auch in Florenz blühten die Geschäfte bis weit ins 16. Jahrhundert überdurchschnittlich, weil auch in dieser Handelsstadt der Finanzsektor stark entwickelt war. Hier war als Innovation das gewinnreiche Kredit- und Anleihegeschäft mit Fürsten und dem Papst entstanden. Die Kurie ihrerseits bevorzugte zunächst Florentiner Bankiers für ihre umfangreichen Geldgeschäfte, die vor allem aus den weltweit erhobenen Abgaben resultierten, bis diese von den Fuggern Konkurrenz erhielten. Florenz unterhielt ähnlich enge finanzielle Beziehungen zum König von Neapel und zur englischen Krone und erhielt in beiden Fällen monopolartige Privilegien und Marktfreiheiten.[37]

An den Knotenpunkten der Handelsrouten wuchsen die Städte und in diesen die Güterproduktion, die Handelsaktivitäten sowie Geld- und Kreditgeschäfte zur Finanzierung des Handels. Erfolgreiche Kaufleute und Bankiers – d. h. Kaufleute, die sich auf den Handel mit Geld, Kredit und Versicherungsleistungen spezialisierten – akkumulierten große Vermögen. Damit verhalfen sie Kunst und Kultur zu neuer Blüte. Diese waren fortan weniger als im Mittelalter von religiösen Motiven geprägt, in denen der Einfluß der katholischen Kirche als universale Macht zum Ausdruck kam, sondern wandten sich weltlichen Themen und Personen sowie bürgerlichen Ansprüchen zu. Die Renaissance löste damals die Spätgotik ab. Das galt für Lissabon und Madrid im Zentrum der neuen Fernhandelswelt und für Augsburg und Nürnberg, die schon seit der Blüte der oberitalienischen Handelsstädte auf einer Haupthandelsroute des damaligen Welthandels gelegen hatten. Zu den Erscheinungsbildern dieser Entwicklung gehörten nicht nur die blühenden Handelshäuser in Lissabon und die Fugger und Welser in Augsburg, sondern auch El Greco in Madrid und Albrecht Dürer in Nürnberg. Die reich gewordenen Kaufleute und Bankiers förderten aber nicht nur Kunst und Kultur, sondern nahmen mit ihrem Geld auch politischen Einfluß zur Förderung ihrer eigenen Interessen. Sie wollten die Vielzahl kleiner Territorien schwächen, in die Europa durch den Feudalismus zerfallen war und in denen die breite Schicht adeliger Herren relativ autonom regierte und durch allerlei Abgaben, Gebühren und Hemmnisse anderer Art die Freiheit des Handelsverkehrs einschränkte. Sie unterstützten deshalb die Kämpfe der Könige gegen die Feudalherren finanziell und trugen so erheblich zur Entwicklung der zentral regierten Nationalstaaten bei. Im Gegenzug erhielten die Kaufleute von den Monarchen Handelsprivilegien und bürgerliche Freiheiten, in Deutschland vor allem die in den freien Reichsstädten. Die Fugger (mit 544000 Gulden) und Welser (mit 143000 Gulden) finanzierten 1519 sogar die Wahlgeschenke (insgesamt 852000 Gulden), die der Habsburger Karl V. an die Kurfürsten verteilen mußte, um statt des Franzosen Franz I. zum deutschen Kaiser gewählt zu werden, der dann freilich über einen großen Teil Europas regierte.[38] Um welche gewaltigen Beträge es sich dabei handelte, läßt sich daran erkennen, daß 1470, freilich fast 50 Jahre früher, Bürgerhäuser in Frankfurt am Main zu Preisen von 50–150 Gulden verkauft wurden und der ranghöchste Beamte der Stadt ein Jahreseinkommen von 150 Gulden bezog.[39] Die beiden Augsburger Handelshäuser, die durch den Asienhandel reich geworden waren, wurden unter anderem mit Privilegien im Südamerikahandel belohnt. Die Fugger sollten im weiteren Verlauf des Jahrhunderts noch viele Kreditgeschäfte mit dem Wiener Hof und den spanischen Erblanden König Philipps II. (Sohn Karls V.) machen. Aber als sich ihre Firma Mitte des 17. Jahrhunderts auflöste, hatte sie insgesamt 8 Mio. Gulden als uneinbringliche Forderungen an die Habsburger Höfe verloren.[40]

Nach dem Ende des Hundertjährigen Krieges zwischen England und Frankreich 1453, der die zuvor wichtigsten europäischen Messen außerhalb von Italien, die Champagnemessen, dem Niedergang geweiht hatte, hatte Ludwig XI., der in Frankreich acht Jahre später die Königskrone übernahm, das französische Wirtschaftsleben und seine Einbindung in den Fernhandel durch umfangreiche Privilegien für den Messeplatz Lyon gefördert; dieser wurde daraufhin zu einem bedeutenden Handels- und Finanzzentrum. Nachdem Karl V. 1535 als Konkurrenz gegen Lyon eine neue Messe in Besançon gegründet hatte, diese sich aber nicht durchsetzen konnte, mußte er ein besonderes Interesse daran haben, daß der Frankfurter Messeplatz an Bedeutung gewann. Dies trat in der zweiten Hälfte des 16. Jahrhunderts auch in einem rasanten Tempo ein, obwohl man von einem «Zusammenbruch des europäischen Handels um 1560–1570» spricht. «Allein in Augsburg fallierten von 1556–1584 nicht weniger als siebzig international bekannte Großhändler.»[41] Das lag vor allem daran, daß die hoch verschuldeten Höfe, vor allem Philipp II. in Spanien und der französische Hof, Anleihen nicht zurückzahlten. Überall dort, wo Kaufleute, wie die in Augsburg, neben ihren Warengeschäften in die Anleihefinanzierung der Höfe und deren Kriege groß eingestiegen waren, zeigte sich jetzt in aller Deutlichkeit, daß die anfangs für attraktiv gehaltenen hohen Renditen dieser Finanzgeschäfte für viele nicht mehr waren als eine auch noch unzureichende Risikoprämie.

Frankfurter Kaufleute hatten sich an diesen Anleihegeschäften mit den Fürsten damals noch kaum beteiligt. Sie blieben mit ihren Engagements, freilich auch Kreditengagements, fast ausschließlich dem Warenhandel verbunden, obwohl die 30 Frankfurter Kaufleute mit einem Vermögen von über 100000 Gulden, darunter als erster Guldenmillionär Johann von Bodeck (der Ältere, gest. 1631), in ihrer Kapitalkraft den Augburger Kaufleuten, mit Ausnahme der Fugger, in der zweiten Hälfte des 16. Jahrhunderts nicht mehr nachstanden.[42] Wegen dieser Zurückhaltung blieben den Frankfurter Handelsherren größere Vermögenseinbußen aus dem Anleihegeschäft mit Fürsten weitgehend erspart. Das war der eine Grund für die erste Hochblüte der Frankfurter Messe mit ihren Finanzgeschäften gegen Ende des 16. Jahrhunderts.

Ein zweiter lag im Niedergang des Messeplatzes Lyon. Die Stadt war mit ihren Zolleinnahmen als Bürge für staatliche Kreditaufnahme, die das französische Königshaus reichlich betrieb, herangezogen worden. Durch den Ausfall des Schuldners mit der Folge, daß Lyon als Bürge in Anspruch genommen wurde, verlor die Stadt ihre Finanzkraft und damit ihre große Bedeutung als Messe-, Börsen- und Finanzplatz.[43] Auch der Ausfall dieses Konkurrenten stärkte die internationale Rolle der Frankfurter Messe.

Dem Wachstum der Geschäfte in Frankfurt kam auch zugute, daß im 16. und frühen 17. Jahrhundert entscheidende Verbesserungen der postalischen Kommunikation zwischen den großen Haupt- und Handelsstädten Europas stattfanden, die mit dem Namen Thurn und Taxis verbunden sind. Seit 1610 spielte Frankfurt in diesem Netz, besonders für die Strecke von den Niederlanden nach Wien, mit seinem Postmeister Johann von den Birghden eine zentrale Rolle.[44] Daß dies der Entwicklung des Finanzplatzes Frankfurt sehr nützte, muß heute im Zeitalter der Kommunikationsrevolution und der Globalisierung nicht weiter erläutert werden.

Frankfurt profitierte schließlich von einem weltgeschichtlichen Vorgang größter Tragweite, dem Freiheitskampf der Niederländer gegen die spanische Herrschaft und der Gegenreformation in Frankreich. Seit 1516 trug ein Habsburger die spanische Krone, zunächst Karl V. und 1555–1598 dessen Sohn König Philipp II. Beide regierten auch über Sizilien und Sardinien, die Handelsstädte Neapel und Mailand sowie die wirtschaftlich aufstrebenden Niederlande, die damals auch Flandern und Luxemburg umfaßten. Die niederländischen Provinzen rebellierten gegen die zentralistische Politik des Katholiken Philipp II. und öffneten sich der protestantischen Bewegung calvinistischer Prägung, erst recht nachdem der Herzog von Alba im Auftrag Philipps II. 1567–1573 mit blutiger Härte, unter anderem mit der Hinrichtung des Prinzen Egmont 1568, die calvinistische Orientierung und das Festhalten an der alten ständischen und den Widerstand gegen eine absolutistische Verfassung zu unterdrücken versucht hatte. Wilhelm von Oranien, der 1568 mehrfach nach Frankfurt kam und von Ratsmitgliedern und anderen Bürgern finanzielle Unterstützung erhielt,[45] übernahm die politische Führung im Freiheitskampf der Niederländer gegen die spanische Herrschaft. Militärisch konnten sich die Freiheitskämpfer 1572 so positionieren, daß sie die Provinzen Holland und Seeland unter ihre Kontrolle bringen und den Hafen von Antwerpen blockieren konnten, und zwar vollständig, nachdem sie nach zweijähriger Belagerung im Februar 1574 Middelburg erobert hatten.[46] Die im Freiheitskampf erfolgreichen nördlichen Provinzen schlossen sich enger zusammen und erklärten sich 1581 unabhängig von der absolutistischen Herrschaft der spanischen Habsburger. Sie bildeten seit 1588 die protestantische Republik der Vereinigten Niederlande, während die ethnisch verwandten Flamen im katholischen Herrschaftsbereich der Habsburger verblieben.

Antwerpen wurde durch diesen Krieg der Gegenreformation, der sich mit Unterbrechungen bis zum Westfälischen Frieden von 1648 hinziehen sollte,[47] besonders hart getroffen. Erst blockierten die Seeleute unter den Freiheitskämpfern des Prinzen Wilhelm von Oranien die Hafenzufahrt. Vom 4. November 1576 an plünderten meuternde Soldaten in spanischen Diensten die Stadt elf Tage lang in brutaler Weise, mit insgesamt 7000 Toten unter den Bürgern und Soldaten,[48] weil ihnen Philipp II. den Sold schuldig geblieben war. Dieser hatte seit September 1575 seine Staatsschulden nicht mehr bedienen können und war dadurch natürlich kreditunwürdig geworden,[49] bis sich durch den dramatischen Anstieg der Silberzufuhren aus Potosi im heutigen Bolivien, aus Peru und aus Zacatecas in Mexiko die Staatskasse Philipps II. seit der zweiten Hälfte der 1570er Jahre kräftig wiederauffüllte. Diese Silberzufuhren, die teilweise zur Deckung der traditionellen Defizite Europas im Handel mit dem Orient dienten, halfen auch, die notorische Münzgeldknappheit in Europa zu mildern. Es wird berichtet, daß die Messen und Börsen nicht nur in Spanien, sondern an den bedeutendsten Plätzen Westeuropas mit zusätzlicher Nachfrage reagierten, wenn in Sevilla große spanische Handelsflotten mit einer Silberladung aus Lateinamerika angekommen waren. Dies war der Beginn der «atlantischen Weltwirtschaft», die die mediterran-orientalische mit Venedig als Hauptumschlagplatz ablösen sollte. Fernand Braudel weist auf ein schönes Beispiel dafür hin: Beim Pfefferhandel war lange Zeit der Fondaco dei Tedeschi das lukrative Zentrum des von deutschen Großabnehmern aufgekauften venezianischen Pfeffers. Im 17. Jahrhundert übernahmen diese zentrale Rolle im europäischen Pfefferhandel die riesigen Lagerhäuser der Holländisch-Ostindischen Kompanie.[50] Es war schon davon die Rede, daß Genua wegen seiner größeren Nähe zum Atlantik und seiner geschickteren Politik im Umgang mit den Herrschern Spaniens die Umstellung schaffte, die in Venedig weitgehend ausblieb.[51]

Für Antwerpen fielen die geschilderten Ereignisse schon in die Zeit des wirtschaftlichen Niedergangs der Stadt.[52] Als Reaktion auf die Plünderungen von 1576 flüchteten von dort zahlreiche Kaufleute, auch nach Frankfurt, einen Ort, mit dem sie wegen der intensiven Geschäftsbeziehungen vertraut waren. Nach einer langen, aber militärisch brillant durchgeführten Belagerung wurde Antwerpen, diesmal von loyalen Truppen in spanischen Diensten, am 17. August 1585 erneut erobert und gebrandschatzt. Daraufhin sperrten die aufständischen Holländer den Antwerpener Hafen in der Scheldemündung. Antwerpens Rolle als Zentrum Europas für den Handels-, Kapital-, Kredit- und Zahlungsverkehr war damit auf Dauer ruiniert. Aus Antwerpen und anderen von den Spaniern erfolgreich behaupteten und zurückeroberten Gebieten (im wesentlichen das heutige Belgien, Luxemburg und nordöstliche Teile von Frankreich, einschließlich Dünkirchen, Lille, Arras und Cambrai) flohen die «Wallonen», vor allem in die Niederlande. Die geflohenen Kaufleute und Bankiers mit ihrem Kapital und vor allem mit ihrem Humankapital, d.h. ihren Kenntnissen über Finanzmarkttechniken modernster Art, ließen sich nicht nur in Amsterdam nieder, das deshalb im 17. Jahrhundert der führende Handels- und Finanzplatz Europas war. Vielmehr kamen sie auch in die ihnen vertrauten deutschen Handelsstädte, nach Hamburg und wohl in noch größerer Zahl nach Frankfurt,[53] das für seine relativ tolerante und weltoffene Einstellung bekannt war, und zwar im Gegensatz z.B. zu den katholischen Handelsstädten Köln und Augsburg. Bis zum Edikt von Nantes 1598, das den Protestanten bis zu seiner Aufhebung 1685 Toleranz garantierte, kamen wegen der Gegenreformation auch aus Frankreich Flüchtlinge nach Frankfurt: die verfolgten Hugenotten, die im

Geschäftsleben ebenfalls besonders erfolgreich gewesen waren. In Frankfurt waren die Zugewanderten, besonders die aus Antwerpen, maßgeblich an der Ausweitung und der Modernisierung der Handels- und Finanzgeschäfte, z. B. an der Gründung der Frankfurter Börse 1585, und damit am Ausbau Frankfurts als des zentralen Finanzplatzes in Deutschland und eines der wichtigsten in Europa beteiligt.

1588 war das Jahr, in dem eine Flotte kleiner, aber wendiger Schiffe der seehandelserfahrenen Engländer unter dem Kommando von Sir Francis Drake die Spanische Armada mit ihren 130 imposanten, aber schwerfälligen Großraumschiffen im Ärmelkanal entscheidend schlug und damit den Anfang vom Ende der Weltmachtgeltung Spaniens, das 1580/81 auch Portugal unterjocht hatte, einleitete. Nicht nur die aufständischen Niederländer, auch Elisabeth die Große, um deren Gunst sich Philipp II. vergeblich bemüht hatte und die seitdem den spanischen Kolonialhandel mit von ihr autorisiertem Freibeutertum und Kaperschiffahrt auf den Atlantikrouten schmerzhaft störte, vor allem durch ihren Günstling Sir Francis Drake, sollten durch die geballte Kraft der Armada bestraft und ruhig gestellt werden. Elisabeths katholische Vorgängerin Maria I., die Blutige, war die zweite Gemahlin Philipps II. gewesen und hatte vergeblich versucht, England nach dem Abfall ihres Vaters, Heinrichs VIII., zur katholischen Kirche zurückzuführen.

Nach der Niederlage der Armada verlor Spanien seine weltwirtschaftliche Führungsposition, die es besonders seinem Kolonialreich in Lateinamerika zu verdanken hatte, an die neuen See- und Handelsmächte, die Niederlande und England. Diese beiden rivalisierten nun statt mit Spanien vorwiegend untereinander und führten gegeneinander Kriege. Im frühen 17. Jahrhundert gründeten sie koloniale Niederlassungen in Nordamerika. Typisch ist die Entwicklung von New York: 1614 als Handelsniederlassung unter dem Namen Neu-Amsterdam von holländischen Kaufleuten gegründet, wurde die blühende Hafenstadt schon 1664 von den Holländern den zahlenmäßig und militärisch überlegenen Engländern überlassen, die ihr den heutigen Namen gaben.

3. Politische und gesellschaftliche Rahmenbedingungen

Stadtherr von Frankfurt war seit dem frühen Mittelalter der deutsche König. Die unmittelbare Verwaltung der Stadt lag im Mittelalter in den Händen des Schultheißen, der die Rechte des Königs in der Stadt und im Umland für ihn wahrnahm, indem er Gerichts-, Steuererhebungs-, Verwaltungs- und Schutzaufgaben ausübte.[54] Dabei griffen die staufischen Herrscher auf die Funktionselite der Reichsministerialengeschlechter zurück, die spätestens seit der

Herrschaft Friedrichs I. Barbarossa (1152–1190) eine herausgehobene Stellung in der Stadt einnahmen. Die Tatkräftigsten unter ihnen wurden wie adelige Geschlechter mit Lehen (Königsgütern) ausgestattet. Sie stellten zum einen die wichtigsten Bindeglieder zwischen der Bürgergemeinde und dem Königtum dar, zum anderen waren sie das wichtigste Kontrollorgan des Königs in der Stadt. Aus der Schicht der verwaltungstechnisch erfahrenen Ministerialen, reichen Kaufleute und wohlhabenden Handwerker entwickelten sich die bis ins 18. Jahrhundert die Stadt beherrschenden Patrizierfamilien. Sie hatten sich in ihrer Lebensweise dem landbesitzenden Adel angenähert und gründeten ihre materielle Existenz teils auf ihre Einkünfte aus Landgütern und Hausbesitz, teils aus Amts- und Militärstellen an Fürstenhöfen in den umliegenden Territorien oder in Frankfurt selbst.[55] Dieses Patriziat setzte sich seit dem 13. Jahrhundert für die politische Selbständigkeit und die äußere Sicherheit Frankfurts sowohl politisch als auch finanziell ein.

Ziel seiner Politik war es, die unmittelbare Stadtherrschaft des Königs zurückzudrängen und die städtischen Angelegenheiten selbst zu verwalten. Politisches Instrument war der seit 1266 in den Urkunden nachweisbare Rat, der sich aus drei Bänken zusammensetzte, den Schöffen (Gerichtsfunktion) auf der ersten Bank, den Senatoren (Stadtämter) auf der zweiten und den Handwerkern auf der dritten. Da sich der Rat bis ins 17. Jahrhundert immer aus den eigenen Reihen ergänzte und von den Patriziern dominiert wurde, stellten die reichen Familien die maßgebende politische Schicht.

Trotzdem blieb Frankfurt im Zuge der Herausbildung der Reichsverfassung in Verfassungsfragen und innerstädtischen Konflikten von König und Reich abhängig. Auch bei der Abwehr von äußeren Feinden war Frankfurt als kleines Territorium auf den vom König gewährten Schutz angewiesen.[56] Auf den Privilegien, die der Herrscher der Stadt verlieh, beruhte ihre rechtliche Verfassung nach innen wie nach außen. Es handelte sich dabei im Spätmittelalter um immer neu zu erlangende, also sich im Fluß befindende Rechte, die kein absolutes Recht darstellten.

Schritt für Schritt gingen mit Einnahmen verbundene königliche Rechte (Regalien) in den Besitz der Stadt über, die seit 1311 gezielt ihre Geschicke selbst in die Hand nahm. 1329 brachte sie alle Zölle, bis auf den Brücken- und den Messezoll, an sich. 1349 erhielt die Stadt von Karl IV. die Juden und deren Besitz als Pfand. Nach und nach gelangten auch an Dritte verpfändete Regalien in die Hände der Stadt.

Für die politische Selbstverwaltung der Stadt war jedoch die Übernahme des Reichsschultheißenamtes von größter Bedeutung. Der königliche Vorstoß, das Schultheißenamt an den umliegenden Adel zu verpfänden und somit königliche Rechte an einen für die Stadt unberechenbaren Herrscher abzutreten, rief das Patriziat auf den Plan, dessen Mitglieder als Schöffen im Reichsgericht saßen. Der Rat setzte 1311 zwei Bürgermeister ein, die schrittweise die vom Schultheißen ausgeübten Tätigkeiten und die mit dem Amt verbundenen Rechte übernahmen. Dem Schultheißen blieben am Ende dieser Entwicklung nur noch eine Vertretungs- und Aufsichtsfunktion in der Stadt und der Vorsitz des Reichsgerichts.[57] Leider fehlen über den genauen Vorgang urkundliche Hinweise. Allem Anschein nach muß es aber auf finanziellem Weg zu einem Ausgleich der königlichen und städtischen Interessen gekommen sein. Die Stadt wurde nämlich verfassungsrechtlich zu einem gleichberechtigten Partner, als sie 1372 das Schultheißenamt und -gericht für 8800 Gulden von Kaiser Karl IV. erwarb.[58] Die städtische Obrigkeit war nun offiziell Träger der öffentlichen Gewalt (Gerichts-, Finanz- und Verwaltungshoheit).[59]

Die politische Unabhängigkeit vom Reich, die der Rat im Spätmittelalter errungen hatte, verhinderte einerseits, daß die Reichsstadt Frankfurt zum Spielball der Interessen des umliegenden Adels wurde.[60] Andererseits mußte Frankfurt als kleines Territorium im Mittelalter durch Städtebündnisse, diplomatisches Geschick und Königstreue seine politische und wirtschaftliche Unabhängigkeit immer wieder verteidigen. Für die Entwicklung des Finanzplatzes Frankfurt war die Privilegierung und politische Unabhängigkeit der Reichsstadt von Vorteil, da die aus Handelsbürgern bestehende städtische Elite wirtschaftlich berechenbarer blieb als die machthungrigen Territorialherren. In politischen Krisenzeiten war jedoch auch der Finanzplatz vom politischen Geschick der Frankfurter Führungsschicht und ihrer außenpolitischen Orientierung abhängig.[61] Während der Reformation und des Dreißigjährigen Krieges verstand es die politische Führung Frankfurts, die politischen und wirtschaftlichen Interessen gegenüber Dritten weitgehend zu wahren. Gerade die Patrizier waren aufgrund ihrer Tätigkeiten im Fernhandel an einer friedlichen Politik interessiert, die sich von den territorialen Streitigkeiten der Nachbarschaft fernhielt.[62] Im Innern entwickelte sich aus dem praktischen Rechtsleben ein Privatrecht, das in erster Linie von dem von Kaufleuten dominierten Schöffengericht bestimmt wurde.[63] In einem gewissen Maß entstand durch die Festlegung eindeutiger gerichtlicher Verfahrensweisen und die Beurkundung von Rechten und Pflichten Rechtssicherheit. Dabei handelte es sich meist um konkrete Regeln, weniger um die erst später typischen abstrakten Rechtsbegriffe.

Während die Entfaltung und Festigung der städtischen Autonomie für den Finanzplatz Frankfurt insgesamt positive Rahmenbedingungen schuf, sorgte die tiefer werdende soziale Kluft innerhalb der Bürgergemeinde immer wieder für störenden Zündstoff. In Frankfurt standen sich seit dem Mittelalter drei gesellschaftliche Gruppen gegenüber: die Patrizier, die Zünfte (Handwerker) und die Kaufleute. Während die Kaufleute, die nicht zum Patriziat gehörten, zu dieser Zeit politisch noch kaum in Erscheinung traten, waren es

1. Zeitgenössische Ansicht der alten Börse von Amsterdam von Job A. Berckheyde aus der Sammlung des Frankfurter Städels. Amsterdam war im 17. Jahrhundert der führende Handels- und Finanzplatz Europas

2. Der Innnenhof der «Royal Exchange» in London.
Londons Hauptstadtrolle begünstigte die Entstehung des Finanzplatzes.
Stich von Sutton Nicholls (1680–1740)

3. Ansicht Venedigs im Stile Canalettos. Finanzinnovationen und Finanzplätze wie zum Beispiel Venedig enstanden dort, wo sich der internationale Handel besonders prächtig entfaltete

4. Claus Stalburg der Reiche (1428–1474). Der Patrizier baute mit seinem Bruder Craft und seinem Schwager Hans Bromm eine große Handelsgesellschaft auf, die vor allem im Venedighandel tätig war

5. Hans Bromm (gestorben 1457). Der Großhändler dokumentierte mit seiner Aufnahme in die Patriziergesellschaft Frauenstein den Aufstieg der aus Westfalen zugewanderten Familie in das Frankfurter Patriziat. Erfolgreiche Geschäftstätigkeit und gelungene Heiratsverbindungen führten zur Aufnahme der nächsten Generation der Familie in die exklusivere Gesellschaft Alten Limpurg

6. Jakob Heller (gestorben 1522) und seine Frau Katharina von Melem (gestorben 1518). Die Bildnisse sind Teil eines Altars für das Frankfurter Dominikanerkloster, den der Kaufmann und Bürgermeister aus der Gesellschaft Frauenstein bei Albrecht Dürer und Matthias Grünewald in Auftrag gegeben hatte

7. Sebastian de Neufville (1581–1634), porträtiert von Jeremias von Winghen (1605). Der aus Antwerpen nach Frankfurt zugewanderte Glaubensflüchtling begründete eine Handlung mit flämischen Tuchen, Juwelen und Metallen und engagierte sich im Wechsel- und Speditionsgeschäft. Aus dem Geschäft ging die Privatbank de Neufville hervor, die bis 1924 bestand

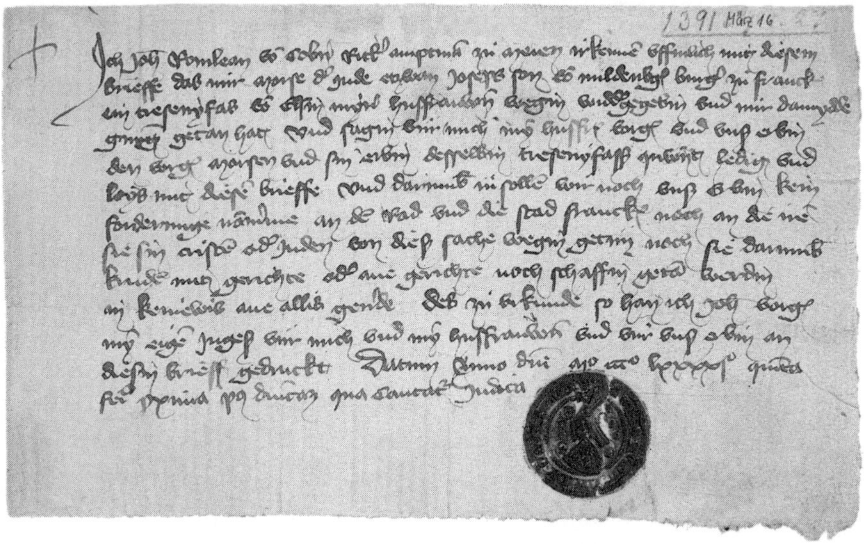

Quittung über die Rückgabe von bei Frankfurter Juden hinterlegten Pfändern (1391). Seit dem Mittelalter traten Juden als bedeutende Kreditgeber auf. Am 16. September 1390 verkündete König Wenzel einen Schuldenerlaß, in dessen Gefolge auch die Frankfurter Juden ihren adligen Schuldnern deren Pfänder (ohne Rückzahlung der Schuld) wieder herausgeben mußten

vor allem die Handwerker, ehemals Unfreie der königlichen Pfalz, die um politische Mitsprache kämpften.[64] Seit dem Erwerb des Bürgerrechts im zweiten Drittel des 12. Jahrhunderts nahmen die Handwerker am Stadtregiment teil. Der Zusammenschluß in Zünften verstärkte ihren Anspruch auf Machtteilhabe. Die zahlreichen Unruhen, die daraus erwuchsen, waren sowohl politischer als auch sozialer und wirtschaftlicher Natur. Mißwirtschaft, Amtsmißbrauch, mangelnder Nahrungsschutz (die damalige Form der Vollbeschäftigungspolitik durch Protektionismus), Bevorteilung von eingewanderten Minderheiten und der jüdischen Gemeinde waren die wesentlichen Kritikpunkte, die die Zünfte dem von Patriziern beherrschten Rat vorwarfen.

Bereits der erste größere Konflikt im Spätmittelalter (1355–1366) entstand durch die Forderungen nach politischer Mitsprache und verbessertem Nahrungsschutz, d.h. der Sicherung der Vollbeschäftigung und des Einkommens der einheimischen Handwerker.[65] Dabei waren die politischen und ökonomischen Interessen der Patrizier und Handwerker diametral entgegengesetzt. Die verlorene Schlacht von Kronberg 1389, für die die Patrizier Kriegskosten in Höhe von über 100000 Gulden zu begleichen hatten, führte kurzfristig zu einem verstärkten Einfluß der Handwerker in den politischen Gremien.

Weil der Rat die Schulden nicht allein tragen konnte, drängte er den Kaiser zu einer Verfassungsänderung, durch die der Rat um 20 Mitglieder auf 63 erweitert und der Anteil der Handwerker vergrößert wurde. Nachdem jedoch die schlimmsten finanziellen Wunden geheilt waren, nahm der Kaiser 1408 die Verfassungsänderung auf Bitte des Rates wieder zurück. Den Handwerkern gelang es nicht, die Aufrechterhaltung der kaiserlichen Zugeständnisse zu ihren Gunsten zu erreichen.[66] Weiterhin waren Besitz und Macht ausschlaggebend. Die Privilegierung der adeligen Gesellschaften und die berufliche und soziale Abschottung nach unten blieben bestehen und verstärkten sich noch. Nach einer Periode, in der immer wieder kleinere Krisen auftraten, kam es zwischen Rat und Handwerkern erneut zu Auseinandersetzungen, die im vier Jahre andauernden Fettmilchaufstand (1612–1616) kulminierten.[67] Zunächst hatten die Handwerker Forderungen nach mehr politischer Mitsprache durch Protestgebärden teilweise durchsetzen können. Dennoch kam es 1614 zu einer gewaltsamen Erhebung unter der Führung des Lebkuchenbäckers Vincenz Fettmilch, die sich gegen den Rat und die vor allem aus wirtschaftlichen Gründen verhaßte jüdische Gemeinde Frankfurts richtete. Sie wurde niedergeschlagen und mit der Auflösung und dem Verbot der Zünfte und der bürgerlichen Gesellschaften beantwortet. Fettmilch und andere Anführer des Aufstands wurden am 28. Februar 1616 hingerichtet. Der institutionell organisierte Widerstand gegen die Ratsmacht war gebrochen und bedeutete zunächst eine politische Niederlage für die Bürgerschaft.[68]

Zwar hatten die Handwerker durch ihren Protest einen auf Vermittlung des Reichs ausgehandelten Bürgervertrag erkämpft und einige Kontrollorgane erzwungen. Doch mit ihrem gewaltsamen Vorgehen gegen den Rat und die jüdische Gemeinde verwirkten sie ihre politischen Einflußmöglichkeiten im 17. Jahrhundert. Die Patrizier gingen auch aus dieser Auseinandersetzung, in der sie das Reich unterstützte, gestärkt hervor. Bis ins 18. Jahrhundert hinein blieben die Patrizier, die sich seit dem 15. Jahrhundert immer stärker vom Handelsgeschäft zurückgezogen hatten, die politische Führungsschicht in der Stadt. Um die Mitte des 16. Jahrhunderts befanden sich die großen Vermögen vor allem in ihren Händen, obwohl sie fast nur noch Rentiereinkommen bezogen.[69] Wollte der Rat aber trotz des politischen Sieges im frühen 17. Jahrhundert Unruhen verhindern, mußte er bei seiner Politik in erster Linie den Nahrungsschutz der Handwerker gewährleisten.

Als besonders vorteilhaft für die Entfaltung des Finanzplatzes Frankfurt erwies sich die Tatsache, daß die Patrizier zu einem großen Teil dem Handelsstand angehörten oder angehört hatten. Die relativ liberale Haltung des Rates gegenüber Zugewanderten und den Juden in der Stadt, die gewerblich, handels- und finanztechnisch innovativ wirkten, trug entscheidend zur Entstehung des Handels- und Finanzzentrums Frankfurt bei. Der Frankfurter Rat begünstigte deshalb vor allem den Großhandel und die Juden.[70]

Ein Blick auf die Bevölkerungsentwicklung und die Berufsstruktur zeigt, wie stark sich die sozialen Strukturen in Frankfurt zwischen dem 14. und 17. Jahrhundert veränderten. Während Frankfurt im Spätmittelalter und in der Frühen Neuzeit an politischer Selbständigkeit und ökonomischer Stärke gewann, stieg die Bevölkerungszahl anfangs nur geringfügig. 1378 hatte Frankfurt ca. 10000 Einwohner, 1440 waren es ca. 9000, und um 1500 lag die Einwohnerzahl wieder bei ca. 10000. Damit gehörte Frankfurt im 15. und zu Beginn des 16. Jahrhunderts zu den Mittelstädten des Reiches. Die größeren Handelsstädte Europas zählten damals bereits über 50000 Einwohner, Venedig, Neapel, Florenz und Mailand sogar 80–100000.[71] Die größte deutsche Stadt im 15. Jahrhundert war Köln mit 40000 Einwohnern.

Eine Steuerliste aus dem Jahre 1241 belegt aber die wirtschaftliche Kraft, die Frankfurt bereits in sich vereinigte. Allerdings konzentrierte sich diese Finanzkraft zum größten Teil auf die wenigen reichen Handwerker und den Kaufmannsstand in Frankfurt.[72] 1420 tauchten auch kleinere und mittlere Vermögen auf. Die Handwerker machten die mittlere Einkommensschicht aus, nur ca. 15% besaßen über 400 Gulden, was auf einen bescheidenen Wohlstand der Handwerker schließen läßt. Fast die Hälfte der Frankfurter Bürger besaß kein steuerpflichtiges Vermögen. Über die größten Vermögen verfügten im Jahr 1354 Kaufleute, Händler und Wechsler, 1495 das grundbesitzende und Handel betreibende Patriziat.[73]

Der Kaufmannsstand in Frankfurt rekrutierte sich zunächst aus den Patrizierfamilien, die sich seit dem 13. Jahrhundert im Fernhandel engagierten, sich aber im 14. und 15. Jahrhundert nach und nach aus dem Handelsgeschäft zurückzogen.[74] Das zahlenmäßige Gewicht der Kaufmannschaft in Frankfurt ist für diesen Zeitraum nur schwer zu bestimmen, da Produzenten- und Händlertätigkeit häufig in einer Hand lagen. Nach der Handelsgeschichte von Alexander Dietz scheint sich bereits im 15. und 16. Jahrhundert die Zahl der Kaufleute und Spekulanten, die von auswärts kamen, erhöht zu haben. Die meisten Neubürger, die im 14. und 15. Jahrhundert nach Frankfurt kamen, stammten zunächst noch aus dem ländlichen Bereich. Im Laufe des 15. Jahrhunderts überwog dann der Anteil der Neubürger, die gewerbliche Berufe ausübten. Der überwiegende Teil der Neubürger stammte jedoch noch aus der näheren Umgebung.[75]

Den für die Entwicklung des Finanzplatzes Frankfurt wichtigsten Umschwung in der Sozial- und Berufsstruktur brachten die Einwanderungswellen zwischen 1554 und 1585,[76] die sich demographisch, wirtschaftlich und politisch auswirkten.[77] Während 1555 Frankfurt ca. 12000 Einwohner zählte, waren es bei Ausbruch des Dreißigjährigen Krieges (1618) über 20000.[78] Dieser Bevölkerungsanstieg war auf die im Zuge der Gegenreformation nach Frankfurt eingewanderten protestantischen Glaubensflüchtlinge aus den Niederlanden (einschließlich des heutigen Belgiens), Frankreich und in geringerer Zahl auch aus England zurückzuführen. Vor allem die Eroberung der europäischen Handelsstadt Antwerpen durch spanische Truppen 1585 veranlaßte viele Kaufleute protestantischen («reformierten») Glaubens, nach Frankfurt zu kommen.[79] 1595 zählte man schon ca. 4000 Glaubensflüchtlinge in Frankfurt, die als Beisassen (Einwohner mit Aufenthaltsgenehmigung und Arbeitserlaubnis, aber ohne politische Rechte) hier seßhaft wurden bzw. das Bürgerrecht erhalten hatten. Das entsprach einem Anteil von 15–20% an der Gesamteinwohnerzahl. Der überwiegende Teil der Flüchtlinge kam aus den Spanischen Niederlanden (Antwerpen). Die Wahl Frankfurts als Zufluchtsort lag zum einen in der geographisch günstigen Lage begründet. Viele Immigranten wollten sich nicht zu weit von ihren Heimatorten entfernen. Zum anderen war den meisten gewerbe- und handeltreibenden Flüchtlingen Frankfurt als attraktive Messestadt bekannt, die ihnen auch berufliche Chancen bot. Teilweise verteilten sich die Immigrantenfamilien aber auch über das ganze Reich, um ein weitverzweigtes Netz von Handelsverbindungen aufzubauen. Zwischen 1550 und 1600 zogen 400 Kaufleute allein nach Frankfurt zu.[80]

Die relativ liberale Einwanderungspolitik des Frankfurter Rates war ohne Zweifel von fiskalischen Interessen bestimmt. Von den zahlreichen Einbürgerungen und den Wirtschaftsaktivitäten versprach sich der Rat auf Dauer eine Verbesserung der Stadtfinanzen. Allerdings berührte die liberale Haltung des Rates auch die innerstädtischen Konflikte. Langfristig mußten sich die einheimischen Handwerker, Gewerbe- und Handeltreibenden durch die neue Konkurrenz bedroht fühlen. Vielfach verfügten die Flüchtlinge über ein den Einheimischen überlegenes handwerkliches, gewerbliches, handels- und finanztechnisches Fachwissen sowie über zahlreiche Geschäftsverbindungen.

Um Konflikte und soziale Unruhen zu vermeiden, betrieb der Rat nur zeitweise eine restriktive Einwanderungspolitik. Insgesamt aber wurde dadurch die Ansiedlung der für den Finanzplatz so wichtigen sozialen Gruppe der immigrierten Kaufleute nicht wesentlich gestört. Zahlreiche eingewanderte Familien gehörten dann im 18. und 19. Jahrhundert zu den wirtschaftlich und sozial führenden Gesellschaftsschichten in Frankfurt. Zunächst jedoch war den meisten von ihnen die politische Mitsprache noch verwehrt. Ein geflügeltes Wort dieser Zeit brachte aber die wirtschaftliche Bedeutung der Eingewanderten treffend zum Ausdruck. Es hieß, daß die Katholiken die Kirchen, die Lutheraner die Macht und die Reformierten das Geld in Frankfurt besäßen.[81]

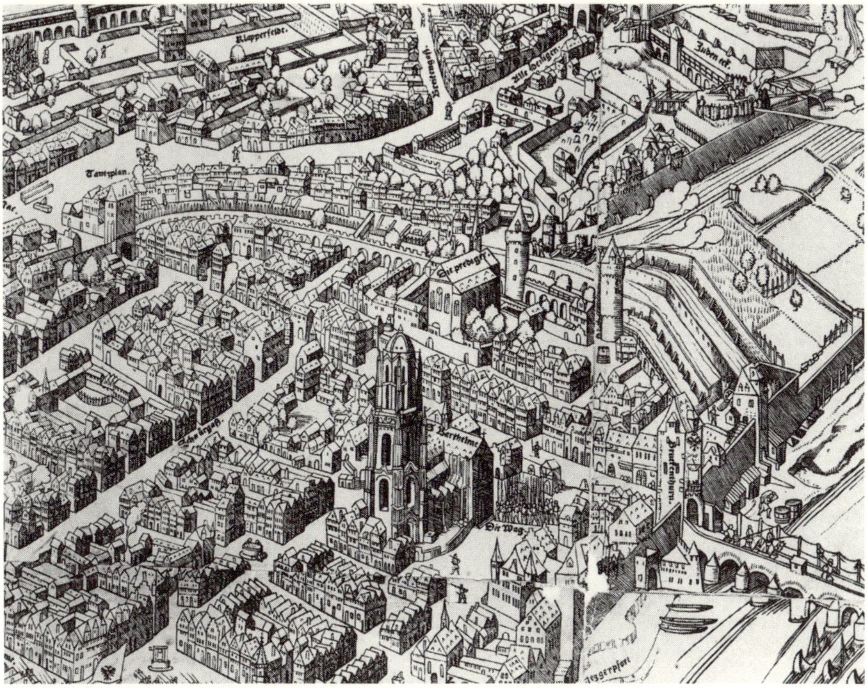

Belagerung Frankfurts im Schmalkaldischen Krieg (1552).
Zeitgenössische Darstellung von Konrad Faber von Kreuznach.
Im Norden ist die Judengasse mit ihrer engen Bebauung deutlich zu erkennen.
Aus den beengten Verhältnissen der Frankfurter Judengasse stammten
zahlreiche Hoffaktoren und Bankiers

In zeitlicher Parallele dazu wuchs auch die jüdische Gemeinde in Frankfurt. Vor dem ersten Judenpogrom 1241 zählte die jüdische Gemeinde ca. 200 Personen. Nach dem zweiten und dritten Pogrom von 1349 und 1500 schwankte die Anzahl der Gemeindemitglieder zwischen 30 und 200 Juden. Seit 1554 wuchs dann auch die Zahl der Juden kontinuierlich von 550 auf 2700 Personen im Jahre 1612 an.[82] In dieser Zeit entstand in Frankfurt neben der christlichen Gemeinde eine organisierte jüdische Gemeinde. Die Juden, die im Mittelalter Kammerknechte des Königs gewesen waren, siedelten in Frankfurt im ehemaligen Königsbezirk, und zwar im Bereich der Fahr- und Saalgasse, wo sich im Spätmittelalter der Handel konzentrierte.[83] Bis 1348 genossen die Juden das gleiche Bürgerrecht wie die Christen und zahlten dem König zu ihrem Schutz Abgaben. Schon 1331 übertrug der König den Schutzauftrag der Stadt, weil er ihn direkt nicht mehr ausüben konnte. Seit 1363 regelte dann die Stättigkeit (Verordnung über die Rechte und Pflichten der Juden) das Zusammenleben zwischen christlicher und jüdischer Gemeinde in der Stadt. Da die Stättigkeit auf jeweils ein Jahr befristet war, konnte der Rat die Ansiedlung und damit die Ausdehnung der jüdischen Zuwanderung kontrollieren. Seit 1462 mußten die Juden in die Judengasse umziehen, die auf dem Wollgraben außerhalb der früheren Stadtbefestigung errichtet worden war. Der Rat der Stadt hatte dies angeordnet, nachdem auf Drängen der Kirche Kaiser Friedrich III. wiederholt die Umsiedlung der Juden aus der Nähe des Mains und des Doms befohlen hatte. Die Juden nannten in Erinnerung an ihre ägyptische Knechtschaft ihr so entstandenes Ghetto in Frankfurt «Neu-Ägypten».[84]

Die Stättigkeit regelte zugleich auch die beruflichen Erwerbsmöglichkeiten der Juden in Frankfurt. Seit dem 14. Jahrhundert basierte die Erwerbstätigkeit der Juden weniger auf dem ihnen erlaubten Fern- und Großhandel als vielmehr auf dem Geldhandel. Das im Mittelalter geltende Zinsverbot (Wuchergesetze) für Christen und das Verbot für Juden, ein zünftiges Handwerk zu betreiben, führten fast zwangsläufig zur Spezialisierung der Juden im Finanzgeschäft. Im Spätmittelalter und der Frühen Neuzeit entstand somit eine kleine Gruppe wohlhabender und mit dem Geldgeschäft vertrauter Juden in Frankfurt, die auch als Hoffaktoren für die umliegenden Territorialherren Geschäfte abwickelten und als Geldgeber fungierten.[85] Auch die Frankfurter Patrizier gehörten im 17. Jahrhundert zu den Gläubigern der jüdischen Geldverleiher. Aus diesem Grund ist es leicht verständlich, daß die wirtschaftlichen Beschränkungen der Stättigkeit in manchen Fällen gelockert wurden. Nicht zuletzt an dieser den Nahrungsschutz der Frankfurter Bürger betreffenden Politik entzündeten sich zwischen 1612 und 1616 die sozialen Unruhen, die zur Vertreibung der Juden in Frankfurt und zur Ermordung vieler von ihnen führten. Mit der Niederschlagung der Zünfte und der Restauration der Ratsmacht erhielten auch die Juden 1616 eine neue Stättigkeit, die ihre Position in der Stadt sicherte, wenn sie sie auch nicht mit der übrigen Bevölkerung gleichstellte.[86]

Die innerstädtische Verfassung blieb weiterhin umstritten. Sie und die sozialen Konflikte wirkten bis ins 18. Jahrhundert hinein politisch und wirtschaftlich auch hemmend. Der mittelalterliche Bürgerverband, der als Schutz- und Unterstützungsgemeinschaft entstanden war, wehrte sich auch weiterhin gegen Innovationen und Fremde.[87] In wirtschaftlicher Hinsicht wirkte dabei besonders der Nahrungsschutz hemmend. Oft war eine freie wirtschaftliche Entfaltung nicht möglich, weil der Besitz des Bürgerrechts an den Besitz von Grundeigentum, die Ausübung eines Handwerks oder das Betreiben eines Handelsgeschäfts geknüpft war. Im 17. Jahrhundert war noch mehr als die Hälfte der Einwohner nicht im Besitz des Bürgerrechts. Die Mehrheit lebte im Beisassenschutz oder als Fremde in der Stadt und verfügte weder über aktive noch über passive politische Rechte.[88]

Trotzdem veränderte sich mit der Einwanderung der niederländischen Flüchtlinge und dem Anwachsen der jüdischen Gemeinde zu Beginn des

17. Jahrhunderts die gesellschaftliche und berufliche Struktur Frankfurts grundlegend. Die in Frankfurt seßhaft gewordenen Handels- und Kaufmannsfamilien und die wohlhabenden jüdischen Hoffaktoren bestimmten als soziale Gruppen den Auf- und Ausbau des Finanzplatzes Frankfurt maßgeblich. Sie waren es auch, die im Laufe des 18. Jahrhunderts in politischer und sozialer Hinsicht an Einfluß gewinnen sollten.

4. Handel und Gewerbe

«Weither suchen die Völker sie auf und wandern die Menschen, denn für die Waren der Welt ist sie der wimmelnde Markt.» Mit diesen Worten beschrieb 1510 der bedeutende deutsche Humanist Ulrich von Hutten die Frankfurter Messe. Um diese Zeit hatte nach den Entdeckerfahrten der Portugiesen und Spanier ein allgemeiner Aufschwung des europäischen Handels- und Finanzgeschäfts eingesetzt, von dem auch die Frankfurter Messe profitierte. Die Existenz und der Erfolg des Messehandels bildeten die Grundlage für die Entstehung des Finanzplatzes Frankfurt. Der An- und Verkauf von Waren bedingte eine Auseinandersetzung mit dem Geldgeschäft und seinen Techniken. Das Finanzgeschäft blieb aber in dem hier betrachteten Zeitraum noch eng mit dem Handel verbunden. Nur schrittweise löste sich das Geldgeschäft vom Handel und wurde zum eigenständigen und markantesten Geschäftszweig in Frankfurt, der erst im 18. und 19. Jahrhundert seine Gewinne vor allem dem steigenden Finanzbedarf der deutschen und europäischen Fürsten verdankte.

Im frühen und zu Beginn des hohen Mittelalters war der Markt (Frühform der Messe) in Frankfurt nur Umschlagplatz für Waren aus der näheren Umgebung.[89] Auch das städtische Gewerbe (Bäcker, Metzger, Schmiede, Ackerleute etc.) produzierte zunächst nur für den lokalen Bedarf. Von einheimischen oder fremden Kaufleuten oder einer regelmäßig stattfindenden Messe hört man bis zur Jahrtausendwende nichts. Es ist aber anzunehmen, daß seit der Wahl Frankfurts zur Königspfalz der Franken ein Markt existiert haben muß, der im 9. Jahrhundert das Gefolge der Könige versorgte. Grundnahrungsmittel wie Getreide, Hafer, Wein und Käse müssen bereits angeboten worden sein. Luxusgüter für den Adel gab es im nahegelegenen Mainz, das seine Vorrangstellung als Fernhandelsplatz gegenüber Frankfurt bis zum Ende des 14. Jahrhunderts behauptete.[90] Handwerker und einfaches Gewerbe müssen sich zu dieser Zeit in Frankfurt auch niedergelassen haben, da man sie für die Instandhaltung des Königsgutes benötigte.

Doch schon bevor der Stauferkönig Friedrich II. 1240 urkundlich den anreisenden Kaufleuten Geleitschutz garantierte, war Frankfurt als Messe-

und Handelsplatz in der näheren Umgebung bekannt.[91] Frankfurt war aufgrund seiner zentralen Lage im Reich – zehn Handelsstraßen und ein Fluß durchkreuzten die Stadt – zum Wahlort (und später auch zur Krönungsstätte) der deutschen Könige geworden. Der Aufenthalt des Königs und seines Gefolges zog Handelsleute aus allen Gegenden Europas an. Hier, wo die begüterten Fürsten und Lehensmänner zusammenkamen, versprach man sich den größten Absatz. Aus dem Handel und der Produktion für den Eigenbedarf entwickelte sich langsam ein überregionaler Warenhandel, der seit dem 12. Jahrhundert Frankfurts wirtschaftliche Bedeutung und somit die Entstehung des Finanzplatzes Frankfurt bestimmen sollte.[92]

Mit der europäischen Ostsiedlung (Besiedlung der dünn bevölkerten Gebiete im Osten des Heiligen Römischen Reiches Deutscher Nation) und der handels- und verkehrstechnischen Anbindung der osteuropäischen Reiche an das mitteleuropäische Staaten- und Wirtschaftssystem erlangten die Messestädte am Rhein und Main größere Bedeutung für den Handel. Auch der Niedergang der Champagnemessen gegen Ende des 13. Jahrhunderts kam Frankfurt zugute.[93] In der folgenden Zeit wurde der Messeplatz Frankfurt noch mehrfach durch Privilegien begünstigt. Im Jahr 1330 erhielt Frankfurt das Recht, auch im Frühjahr eine Messe abzuhalten, und 1337 wurde die Mainzer Konkurrenz ausgeschaltet, da der Kaiser weitere Messen dieser Größenordnung im Umkreis von Frankfurt nicht mehr zu privilegieren versprach.[94] Um den Handel und die Messe zusätzlich zu fördern, hielt sich die Stadt, die bereits von einer aus dem Handel reich gewordenen Schicht von Patriziern regiert wurde,[95] mit der Erhebung von Abgaben für die Kaufleute zurück. Im Gegenteil, sie protegierte die Meßfremden, um sie nach Frankfurt zu locken. Wie wichtig die Frankfurter Messe im 14. Jahrhundert für die Kaufleute gewesen sein muß, beweist auch die Tatsache, daß der Städtekrieg (1383–1397), in den Frankfurt verwickelt war, den Messehandel nicht ernsthaft bedrohte. So kamen in der zweiten Hälfte des 14. Jahrhunderts zahlreiche Kölner Kaufleute regelmäßig zu den beiden Messen nach Frankfurt und wickelten dort auch ihre Fernhandelsgeschäfte ab. Dort verkauften sie ihre im Ausland erworbenen Güter und setzten neu eingekaufte in alle Richtungen, bis zur Ostsee, nach Frankreich und nach Italien, wieder ab. Sie und die bedeutenderen Kölner Handwerker unterhielten in Frankfurt auch ständige Lager für ihre Waren und festgemietete Läden.[96]

Im 14. und 15. Jahrhundert gehörten die Niederlande, Nord- und Ostdeutschland, Polen, Böhmen, Oberdeutschland, Ungarn und Italien zum Einzugsgebiet der Frankfurter Messe.[97] Die Warenangebote des Fern- und Großhandels bestimmten nun das Bild.[98] Der für das Messegeschäft wichtigste Handelszweig war der Tuchhandel geworden. Tuch war überhaupt der wichtigste Handelsartikel des 15. Jahrhunderts.[99]

Erst im 15. und 16. Jahrhundert kam es zu stärkeren Schwankungen des Geschäfts (unter anderem zur Verdrängung der deutschen Tuchweberei durch flandrische und englische Konkurrenz, Münzverschlechterung, Einrichtung zusätzlicher Zollstätten durch einzelne Landesherren), die der Messeplatz jedoch überstand. Als bedrohlicher sollte sich in Zukunft die Leipziger Messe erweisen, die 1497 und 1507 ihre Messeprivilegien erhielt. Seit Ende des 15. Jahrhunderts stand Antwerpen jedoch unangefochten an der Spitze des europäischen Handels- und Zahlungsverkehrs, nachdem es Brügge, wo die erste Börse außerhalb Italiens vor oder im Haus der angesehenen Kaufmannsfamilie van der Burse entstanden war, diesen Rang abgelaufen hatte. Internationale Bedeutung gewann der Messe- und Finanzplatz Frankfurt erst mit dem Niedergang des Handelsplatzes Antwerpen im 16. Jahrhundert. Im Jahre 1557 wurde Frankfurt bereits als bedeutendste Messe bezeichnet, und Kaufleute aus England, Flandern, Frankreich, Polen, Italien, Ungarn, Rußland strömten hier zusammen.[100] Der Groß- und Fernhandel faßte mit den glaubensverfolgten Einwanderern aus den Niederlanden nun in Frankfurt richtig Fuß. Fortan entstanden auch zahlreiche Verbindungen zwischen den italienischen und den niederländischen Kaufleuten. Der Finanztransfer erweiterte sich dadurch sowohl räumlich als auch hinsichtlich des Geschäftsvolumens.

Für die Entstehung des Finanzplatzes Frankfurt war jedoch die Kapitalkonzentration, die mit dem Fern- und Großhandel einsetzte, von größter Wichtigkeit. Sie führte allmählich zur Verdrängung der selbstverkaufenden Handwerker und zur Entstehung von finanzstarken Handelsfamilien (in Frankfurt die Patrizier) oder Handelsgesellschaften, die den Handwerkern die Rohstoffe zur Weiterverarbeitung lieferten und das fertige Produkt wieder selbst verkauften. Dietz hat diese Entwicklung treffend beschrieben: «Aus der Handwerkermesse auf breitester kleingewerblicher Grundlage wurde allmählich eine Großhändlermesse auf kapitalistischer Grundlage.»[101] Am Ende dieser Entwicklung stand ein neuer Messetypus, die Wechselmesse, die besonders im italienischen Piacenza ihr Zentrum hatte und zu der sich auch die Frankfurter Messe entwickelte. Den internationalen Fernhändlern diente der Warenaustausch auf den Messen nun immer mehr zu finanziellen Transaktionen. War auf dem überschaubaren lokalen Markt des frühen Mittelalters noch der Warentausch üblich, so bezahlte man im überregionalen Verkehr bald mit Geld. Eine eigens in der Messezeit dafür eingerichtete Zahlwoche diente der Abwicklung der noch offenen Geldgeschäfte. Bei der großen Anzahl von Geldsorten, die in Deutschland und im Verkehr mit anderen Ländern kursierten, entwickelte sich bald ein reges Währungsgeschäft. Immer mehr setzte sich auch die bargeldlose Zahlung mit Wechseln durch. Die auf Warengeschäfte ausgestellten Wechsel und die Währungsunterschiede bei der Bezah-

Römerhallen nach einem Holzschnitt um 1550. Die Kaufleute tätigten ihre Messegeschäfte in den Hallen der umliegenden Kaufhäuser

lung von Waren wurden zu einem eigenen gewinnträchtigen Geschäft.[102] Für den Finanzplatz Frankfurt war es im Mittelalter und der Frühen Neuzeit also immer wichtig, diejenigen Gewerbe- bzw. Handelsleute anzuziehen, die mit gewinnträchtigen Waren, wie Wein, Tuch (Seide), Juwelen und Edelmetallen, auf den Messen handelten und hohe Umsätze erzielten.[103] Der Messe- und Warenhandel begünstigte auch das Kreditgeschäft, das zumeist von jüdischen Hoffaktoren ausgeübt wurde.[104] Denn seit 1179 war es christlichen Kaufleuten verboten, Geld gegen Zins zu verleihen und sich so an Glaubensgenossen zu bereichern. Die Juden waren es dann auch, die den Warenhandel noch vor den niederländischen Einwanderern für Geld- und Kreditgeschäfte nutzten. Doch den zugewanderten Kaufleuten aus den Niederlanden blieb es vorbehalten, mit der Einrichtung einer Börse 1585 in Frankfurt das Geldgeschäft vom Handel zu lösen und den Wechselhandel voranzutreiben.[105] Einige wenige Kaufleute spezialisierten sich schon an der Wende vom 16. zum 17. Jahrhundert auf das Anleihegeschäft für Fürsten und Städte, so z. B. der Niederländer Johann von Bodeck.

Charakteristisch für einen Finanzplatz ist, wie im Einleitungskapitel bereits bemerkt, ein starkes Druckereigewerbe. Nachdem der in Mainz geborene Johannes Gutenberg 1440 den Buchdruck mit standardisierten setzbaren Metallbuchstaben erfunden hatte, entwickelten sich noch in demselben Jahrhundert nicht nur Druckereien in Deutschland, sondern bezeichnenderweise auch in den als Handels- und Finanzplätzen weit vorangeschrittenen Ländern Italien, Frankreich, England und den Niederlanden zu den weltweit führenden Herstellern von Büchern und anderen Druckerzeugnissen. 1454 verlegte Gutenberg seine Werkstatt von Mainz nach Frankfurt.[106] In demselben Jahr eroberten die Türken Konstantinopel und drangen bis nach Ungarn und Böhmen vor. Das führte im Reich zu Rüstungsmaßnahmen. Zu den finanziellen Kriegsvorbereitungen für einen Kreuzzug gegen die Türken zählte das Drucken von Ablaßbriefen in hoher Auflage durch Gutenberg, wahrscheinlich in Frankfurt, und sein «Türkenkalender für das Jahr 1455», die erste gedruckte Flugschrift politischen Inhalts.[107] Um 1480 wurde die Buchmesse Bestandteil der Frankfurter Messe, und zwar in der Buchgasse hinter der Leonhardskirche. Drucker und Verleger aus Mainz, Straßburg, Basel, Köln, Nürnberg und Venedig waren von Anfang an dabei. Vom Beginn des 16. bis ins 18. Jahrhundert war Frankfurt der bedeutendste Handelsplatz der Welt für Bücher. Zu den Bestsellern zählten neben der Bibel das Volksbuch vom Doktor Faustus, Till Eulenspiegel, die Schildbürger und Adam Riese, *Rechnung auf der Linien*. Auch gedruckte Pamphlete, Streitschriften, z. B. von Martin Luther, und Flugblätter mit Informationen und Nachrichten fanden von Frankfurt aus ihren Absatz in ganz Europa. Die Flugblätter waren die Vorläufer der Zeitungen. Seit Ende des 16. Jahrhunderts erschienen solche als «Meßrelationen» regelmäßig zu den beiden Frankfurter Messen und berichteten über Ereignisse aus aller Welt aus dem vorhergehenden Halbjahr. Wochenzeitungen verschiedener politischer Tendenz und religiöser Provenienz erschienen in Frankfurt seit 1615.[108]

Die dominierende Stellung Frankfurts war ein Symptom für eine relativ liberale, weltoffene Haltung und zugleich ein Anreiz zu deren Verstärkung. Der Erzbischof von Mainz hatte schon 1485 vergeblich versucht, den Frankfurter Rat zur Einführung einer Bücherzensur zu bewegen. Nachdem unter anderem ein Schmähgedicht auf Kaiser Maximilian in Frankfurt gedruckt und verbreitet worden war, ernannte dieser 1579 einen Bücherkommissar für die Frankfurter Messe, dem das Recht der Zensur zustand. Dies behinderte in den folgenden Jahrhunderten die Freiheit des Wettbewerbs und verlangsamte das Innovationstempo auf der Frankfurter Buchmesse.[109] Im Laufe des 18. Jahrhunderts rivalisierte Leipzig mit Frankfurt bereits um die Spitzenposition der deutschen Buchproduktion und des Buchhandels und übernahm gegen Ende des Jahrhunderts eindeutig die Führung.[110]

Als Ursachen dafür, daß der Buchhandel seit dem späten 15. Jahrhundert zunächst auf den Messen in Frankfurt am Main in besonders hoher Blüte stand, sind genannt worden: 1. seine damals außerordentlich große Bedeutung als Messehandelsplatz allgemein, 2. seine außerordentlich günstige geographische Lage und 3. der hohe Einsatz, mit dem Persönlichkeiten wie z. B. Peter

Schoeffer und Conrad Henckis Buchdruck und -vertrieb in Frankfurt entwickelten.[111] Warum Frankfurt seine Führungsposition im Buchhandel gegen Ende des 18. Jahrhundert an Leipzig verlor, läßt sich aus den schematischen Entwicklungsperioden ableiten, in die der Buchhandel in Deutschland seit der Gutenberg-Erfindung im 15. Jahrhundert eingeteilt worden ist.[112] Ungefähr in den ersten 100 Jahren bis 1564 verkaufte die Druckerei selbst oder gab ihre Produkte bei Kaufleuten in Kommission oder bediente sich fliegender Händler. In den nächsten zwei Jahrhunderten bis 1764 waren Druckereien und Verlage, d. h. Druck und Handel, schon getrennt. Dies war die Periode, in der der Absatz der Bücher über Großhändler lief. Sie und die Verleger selbst erschienen auf den Messen, weil hier die größte Nachfrage konzentriert war. In dieser Periode dominierte Frankfurt den Buchhandel, weil seine Messen die bedeutendsten in Deutschland waren. Die dritte Periode begann mit der Gründung des ersten Buchhändlervereins in Leipzig 1764. Die Verlage konzentrierten sich zu größeren Einheiten und entwickelten andere Absatzkanäle als die über Messen. Da Frankfurt diese Innovation verpaßte, sollte es seine in Deutschland führende Position im Buchhandel an Leipzig verlieren.[113]

Die stürmische Entwicklung des Druckereigewerbes schlug sich selbstverständlich auch darin nieder, daß auf der Frankfurter Messe Papier, Drucktypen und andere Inputs der Buchproduktion eine große Bedeutung gewannen. Wie an den anderen großen Handelsplätzen etablierte sich in Frankfurt in jener Zeit auch die Produktion von Druckerzeugnissen selbst. Wie im Einleitungskapitel bereits ausgeführt, entwickeln Finanzzentren wegen der Vielzahl standardisierter Kontrakte und Formulare eine relativ große Nachfrage nach Druckerzeugnissen zur Abwicklung des Geschäftsverkehrs. Wegen der Produktionsgrößenvorteile konnte an solchen Standorten die Buchproduktion kostengünstiger erfolgen als anderswo. Dazu kam die Nähe zum Absatzmarkt, zum einen wegen der großen Exportmöglichkeiten, die sich aus den bestehenden Fernhandelsverbindungen der Finanzzentren ergaben, zum andern wegen der Konsumenten vor Ort. Die Geschäftsleute, die in Frankfurt wohnten, und solche, die zu den Messeterminen in Scharen nach Frankfurt reisten, sowie die vielen Rechtsgelehrten, deren Dienstleistungen nicht nur der Rat und die Verwaltung der Stadt, sondern gerade auch die Messehändler und Bankiers benötigten, gehörten zu den gebildeten Schichten, von denen die Bücher vor allem gekauft wurden.

Frankfurts Handel und Gewerbe war aber nicht allein vom Messehandel bestimmt, auch das Handwerk und weitaus stärker der Aktivhandel (Speditions- und Kommissionshandel) waren wichtige Wirtschaftsfaktoren in Frankfurt (berufsständische Gliederung von 1387: 1. Textilgewerbe, 2. Ernährungs- und Dienstleistungsgewerbe, 3. Großhandel mit 20% der Erwerbstätigen). Das einheimische Frankfurter Gewerbe konzentrierte sich jedoch meist auf den Direktverkauf auf den Messen und die Produktion für den städtischen Bedarf. Man verdiente vor allem am Konsum der Messebesucher, der reichen einheimischen Kaufleute und an den Wahl- und Krönungsfeierlichkeiten in Frankfurt. Nur zwischenzeitlich erreichte die Frankfurter Tuchproduktion im 14. Jahrhundert eine überregionale Bedeutung. Deshalb ging mit dem langsamen Vordringen des Großhandels vom 14. bis zum 15. Jahrhundert auch die Zahl der selbständigen Handwerker um 20% zurück.[114] Im Laufe des 14. Jahrhunderts, zwischen 1320 und 1389, nahm die Zahl der Steuerzahler (Handelsleute) erheblich zu. Allerdings gab es in den Steuerlisten noch keine klare Trennung zwischen Handwerkerkaufleuten und reinen Kaufleuten. In jenen Jahren entstanden auch die ersten großen Verkaufshäuser der Patrizier in Frankfurt. Den Schwerpunkt der Handelstätigkeit bildeten der Weinhandel, später der Tuch- und Spezereiwarenhandel (Gewürze, Kaffee, Kakao etc.), den zunächst vorrangig die Patrizier als Fernhändler betrieben. Erst im Laufe des 16. Jahrhunderts zogen sie sich aus dem Geschäft zurück.[115] Neben dem christlichen Bürgertum, das diesen Fernhandel fast ganz für sich in Anspruch nahm, handelten auch die Juden mit den unterschiedlichsten Waren.[116] Allerdings erzielten sie nie das Geschäftsvolumen ihrer christlichen Konkurrenten. Diese spezialisierten sich immer mehr auf den Speditions- und Kommissionshandel, der nun relativ unabhängig von der Messe betrieben wurde und zur Keimzelle der seit dem 18. Jahrhundert entstehenden Privatbanken in Frankfurt wurde. Die meisten Frankfurter Bankiers hatten im Speditions- und Kommissionshandel, d.h. im Zusammenhang mit Warengeschäften, ihre ersten größeren finanztechnischen Erfahrungen gesammelt, so auch die Familien Metzler (seit 1674) und Bethmann (seit 1749). Im Speditions- und Kommissionshandel konnte man die höchsten Gewinne erzielen. Dabei trugen die Kaufleute auch ein beträchtliches Risiko, weil sie größere Beträge vorstrecken mußten. Oft genug gingen diese infolge kriegerischer Auseinandersetzungen verloren. Erst im späten 17. und während des 18. Jahrhunderts erzielten die Speditions- und Kommissionskaufleute in Frankfurt die höchsten Umsätze im Frankfurter Wirtschaftsleben.

Das produzierende Gewerbe vor Ort, das vor allem aus dem Handwerk bestand, spielte für die Entstehung des Finanzplatzes Frankfurt nur eine untergeordnete Rolle. Es hatte nur einen relativ geringen Kreditbedarf, den es zumeist bei den jüdischen Geld- und Pfandleihern befriedigte. Außerdem waren diese Gewerbetätigkeit und das «Auskommen» der Handwerker durch die Zunftprivilegien klar definiert und gesichert, so daß kaum Interesse an neuen Investitionen bestand, die Frankfurter Kaufleute durch Kredite hätten finanzieren können.[117] Auch gegen die eingewanderten Handwerker aus den Niederlanden und Frankreich, die rationeller arbeiteten, wurden die Frankfurter durch den Rat geschützt. Mit allen Mitteln versuchte der Rat nämlich, den sozialen Frieden zu wahren.[118]

Die Handels- und Finanzgeschäfte dominierten im 16. Jahrhundert bereits das Wirtschaftsleben der Stadt und florierten bis zur Mitte des Dreißigjährigen Krieges. Zu Beginn des Krieges (1618) blieb Frankfurt von den Kampfhandlungen noch verschont, auch wenn es vor den Toren in Höchst schon lichterloh brannte. Die Messe- und Handelsgeschäfte wurden weiterhin abgewickelt, zu mächtig war der Drang nach Ware und Geld. Auch der bereits kurz vor Ausbruch des Krieges eskalierende innerstädtische Konflikt (Fettmilchaufstand 1612–1616) konnte die Geschäftstätigkeit nicht behindern.[119]

Erst mit dem Schwedenkönig Gustav Adolf, der Frankfurt von 1631 bis 1635 unter seine Kontrolle brachte, zog der Krieg auch in die Stadtmauern Frankfurts. Viele Kaufleute scheuten nun die Stadt. Trotzdem war man in Frankfurt flexibel genug und hielt die Messe nur ab, wenn auch Gäste kamen. Doch bereits 1635 konnte die Frühjahrsmesse wegen der spanischen Söldner vor der Stadt nicht mehr abgehalten werden, außerdem wütete in ganz Deutschland die Pest.[120] Krankheit und Hungersnöte dezimierten die Frankfurter Bevölkerung, und an eine Handelstätigkeit war kaum noch zu denken. Außerdem waren viele Außenstände der Frankfurter Speditions- und Kommissionskaufleute unwiederbringlich verloren, Waren zerstört oder geplündert.[121] Nach dem Krieg erholten sich der Handel und das Gewerbe in Frankfurt wie in ganz Deutschland nur langsam. Nur der Geldmarkt erholte sich schneller. Bereits 1642 zur Herbstmesse erschien das Wechselkursblatt wieder. Doch erst in den 1650er Jahren gewann Frankfurt seine Position als führendes Handels- und Finanzzentrum zurück.

5. Geldpolitik und Währungsverhältnisse

Im Mittelalter und in der Frühen Neuzeit lag formal die Zuständigkeit für die Regelung der Reichswährung beim Kaiser, der Privilegien zur Münzprägung an einzelne Städte und Fürsten vergab.[122] So erhielt die Stadt Frankfurt 1346 das Recht zur Ausprägung von Kleingeldmünzen, 1428 das für Silbermünzen und 1555 das volle Münzrecht, d. h. auch die Einnahmen aus der Münzprägung.[123] Insgesamt gab es im 14./15. Jahrhundert im Reich etwa 500 Münzstätten. Das gleichzeitige Fehlen von reichsweiten, einheitlichen Regelungen zur Münzprägung führte zu einem Nebeneinander von Münzen unterschiedlicher Qualität, d. h. mit einem unterschiedlichen Edelmetallgehalt. Auch ausländische Münzen waren im Reich in Umlauf. Seit dem 14./15. Jahrhundert kursierten Gold- und Silbermünzen nebeneinander (Parallelwährung). Versuche, feste Kurse zwischen beiden Münzsorten einzuführen, scheiterten. Der

Frankfurter Goldtaler von 1546

Wert der Münzen wurde letztlich durch deren Akzeptanz auf dem freien Markt bestimmt. Die Territorialherren verordneten jedoch, welche Münzen in ihrem Hoheitsgebiet zulässig waren, andere mußten bei lizenzierten Geldwechslern umgetauscht werden.[124]

Die Stadt orientierte sich beim Feingehalt der in Frankfurt geprägten Münzen am Münzfuß der Kölnischen Mark und versuchte so, zugunsten ihres weitverzweigten Außenhandels zu stabilen Wechselkursverhältnissen beizutragen. Sie verbot die Verwendung fremder Münzen zur Abwicklung des Geschäftsverkehrs in Frankfurt, insoweit sie nicht traditionell in Frankfurt als Währung benutzt worden waren und nunmehr als solche von der Frankfurter Münze ausgeprägt wurden.[125] Dadurch sollte das eigene Geld, das gesetzliches Zahlungsmittel in Frankfurt war, als Währungsstandard im Handelsgeschäft gefördert werden. Jedoch waren der Aufkauf und die Ausfuhr der Frankfurter Münzen verboten, die Konvertibilität des Geldes im Kapitalverkehr war also eingeschränkt. Grund dafür war die weitverbreitete Unsitte von Landesfürsten und anderen Städten, ihre Münzen nicht wie in Frankfurt jahrhundertelang mit demselben Metallgehalt auszuprägen, sondern durch Verschlechterung des Metallgehalts bei gleichem Nennwert die Münzprägung als fiskalische Einnahmequelle zu mißbrauchen. Dadurch bestand außerhalb Frankfurts ein Interesse daran, die vollwertigen Frankfurter Münzen einzuschmelzen, sie als unterwertige Münzen wieder in den Verkehr zu bringen und sie auch im Zahlungsverkehr außerhalb der eigenen Stadt- oder Landesgrenzen möglichst weit zu verbreiten. Trotz des über fast 100 Jahre bis 1515 mehrfach bekräftigten Verbots der Verwendung nicht zugelassener Münzen in Frankfurt konnte das Eindringen unterwertiger Münzen in den Zahlungsverkehr der Frankfurter Messegeschäfte nicht verhindert werden. Hieraus ergab sich ein lebhafter Münzhandel in Frankfurter Wechselstuben. Dabei griff der Rat der Stadt insofern ein, als er zahlreiche Ausnahmen von dem Verbot zuließ, nachdem er den Feingehalt der eigenen und fremden Münzen hatte prüfen lassen und für letztere die sich daraus ergebenden «rechten» Kurse entsprechend ihrem Metallgehalt festgesetzt hatte. Nur die allzu geringhaltigen Münzen blieben verboten, wurden eingezogen und zerschlagen.

Bereits im 13. Jahrhundert hatte es Versuche gegeben, das Münzwesen durch Abkommen zwischen einzelnen Territorien zu regeln. Von besonderer Bedeutung waren dabei die Rheinischen Münzverträge: 1357 regelte ein Vertrag zwischen dem Erzbischof von Köln, dem Herzog von Jülich und den Städten Köln und Aachen unter anderem die Prägung des weitverbreiteten Rheinischen Goldguldens. 1385 bzw. 1386 abgeschlossene Verträge zwischen Köln, Trier, Mainz und der Kurpfalz begründeten den Rheinischen Münzverein, ein einheitliches Währungsgebiet, dem sich auch Frankfurt anschloß. Die Verträge regelten, welche Münzen in den Territorien gültig sein sollten, setzten Münzkurse fest und gaben Richtlinien für die Münzprägung. Die Verantwortlichen für das Münzwesen der rheinischen Territorien, die Münzmeister, trafen sich regelmäßig in Frankfurt, um Münzprobationen abzuhalten, d.h. die Münzen im Umlauf zu prüfen und schlechte gegebenenfalls aus dem Verkehr zu ziehen (zu «verrufen»), ebenso um Edelmetalle einzukaufen. Seit 1444 waren sie sogar dazu verpflichtet. Damit war Frankfurt der eigentliche Hauptsitz dieses Münzvereins. Dementsprechend wurde der Rheinische Goldgulden auch als «Der Kurfürsten bei Rhein Münze und Frankfurter Währung» bezeichnet. Wie zuvor schon der Florentiner Gulden diente der rheinische Gulden der Abwicklung des internationalen Fernhandels und breitete sich deshalb in ganz Europa aus. Er war die Recheneinheit, in der Güter von höherem Wert gemessen wurden.

Die Münzverträge konnten allerdings die spätmittelalterliche Tendenz zur Münzverschlechterung, d.h. zur Verringerung des Edelmetallgehaltes und damit zum Sinken des Wertes der Münzen, nicht aufhalten. Bei der Prägung der Goldgulden – die der kurrheinische Münzverein wie auch der Kaiser durch seine Münzpächter in verschiedenen Reichsstädten, neben Frankfurt in Nürnberg, Dortmund, Nördlingen und Basel, prägen ließen – wurde im Verlauf des 15. Jahrhunderts eine Verringerung des Feingehalts an Gold praktiziert, um durch die dadurch entstehenden Münzgewinne fiskalische Einnahmen für die Kurfürsten und den Kaiser zu erzielen. Der Kaufkraftverfall der Goldmünzen blieb nicht aus. Das zeigte sich vor allem in der Entwicklung seines Wertverhältnisses gegenüber der Kölnischen Mark. «Mark» war eine Gewichtsbezeichnung, und die Kölnische Mark mit einem konstanten Gehalt von 233,89 Gramm Silber wurde in Silbermünzen ausgeprägt. Der Gulden enthielt anfangs 3,653 Gramm Feingold, und 4 Gulden entsprachen einer Mark in Silbermünzen. Das Wertverhältnis zwischen Gold- und Silbergeld war dementsprechend 1 zu 16. 1431 war der Goldgehalt des Gulden bereits so stark verringert, daß 7 Gulden für eine Mark Silber bezahlt werden mußten, gegen Ende des Jahrhunderts sogar 8 Gulden, was einer Halbierung seines ursprünglichen Wertes entsprach. In Frankfurt wurden Goldmünzen seit 1470 nur noch in geringem Umfang, seit 1522 gar nicht mehr geprägt. Auch nachdem das Prägerecht 1555 auf die Stadt Frankfurt übergegangen war, machte diese davon bis zum Verlust ihrer Selbständigkeit und ihres Münzprivilegs 1866 über die Jahrhunderte kaum Gebrauch.

Im 16. Jahrhundert wurde auf Reichsebene versucht, die Münzwertverschlechterungen zu bekämpfen. 1500 und 1512 wurde die Kreisverfassung geschaffen, die das Reich in insgesamt zehn Kreise einteilte, den fränkischen, bayerischen, oberrheinischen, westfälischen, schwäbischen, niedersächsischen, österreichischen, burgundischen, obersächsischen und kurrheinischen Kreis. Den Kreisen oblag vor allem die Aufsicht über das Münz- und Zollwesen und die Umsetzung der Reichsbeschlüsse. Frankfurt wurde jetzt (unter anderem mit Hessen und Nassau) dem oberrheinischen Kreis zugeteilt. Allerdings hielt Frankfurt nach wie vor die Währungsbeziehungen zu Territorien des kurrheinischen Kreises aufrecht.

Reichsweite Regelungen bestanden vor allem in einer Reihe von Münzordnungen, die der Kaiser gemeinsam mit den Reichsständen erließ. Zur Durchsetzung durfte der Kaiser Kommissare zu den Frankfurter Messen und in andere Reichsstädte zur Beobachtung des Münzumlaufs schicken. Die erste Münzordnung, die Eßlinger von 1524, legte mit einer Silbermünze, dem Reichsguldiner als Vorläufer des Talers, erstmals die Prägung einer Reichsmünze fest. Als Grundgewicht für die Münze wurde die Kölnische Mark angenommen (233,89 Gramm Silber), aus der acht Guldiner geprägt werden sollten. Außerdem enthielt die Münzordnung eine detaillierte Kurstabelle (Valvationstabelle). Allerdings setzten sich die genauen Bestimmungen in der Praxis kaum durch, lediglich die Festlegung des Münzgrundgewichts sollte Bestand haben.[126]

Am 28. Juli 1551 wurde eine neue, die erste Augsburger Münzordnung verabschiedet. Diese setzte erneut den Wert des Reichsguldiners auf 72 Kreuzer fest. Der Kreuzer war während der ersten Hälfte des 16. Jahrhunderts zur gebräuchlichen Kleinmünze in Süddeutschland geworden und wurde jetzt zum Wertmaßstab für große Münzen. Der Gulden hatte sich inzwischen in Frankfurt nur als Rechnungsgulden durchgesetzt, d.h. er entwickelte sich zu einer reinen Recheneinheit, in der Geschäftsbücher geführt wurden. Ein Rechnungsgulden entsprach einer Summe von 60 Kreuzern. Bei zeitgenössischen Angaben in Gulden (fl.) handelt es sich in der Regel um diesen Rechnungsgulden. Dessen Verhältnis zum Kreuzer blieb konstant. Damit löste sich sein Wert von dem der tatsächlich gehandelten Goldgulden ab. 1551 betrug das Verhältnis des Reichsguldiners (zum Teil auch schon Taler genannt) zum Gulden 1 zu 1,2. Zwar wurde der Goldgulden in der ersten Augsburger Münzordnung noch wie der Reichsguldiner mit 72 Kreuzern bewertet, als Handelsmünze wurde er jedoch allmählich vom (venezianischen) Dukaten und dem Reichsguldiner abgelöst. Die Kursfestsetzung für den Goldgulden hatte aufgrund des steigenden Goldwertes keinen Bestand.

Hauptziel der zweiten Augsburger Münzordnung (1559) war die Beseitigung der Diskrepanz zwischen Rechnungsmünze und dem tatsächlichen Kurs der Münzen im Umlauf. So sollte der Rechnungsgulden als Reichsgulden im Wert von 60 Kreuzern geprägt werden. Die Prägung des Reichsguldiners wurde ausgesetzt, «alte» wurden erneut auf den Kurs von 72 Kreuzern festgesetzt. Diese Münzordnung konnte sich jedoch ebenfalls nicht durchsetzen: Während die süddeutschen Münzstände mit der Prägung des «Guldentalers» begannen, weigerten sich z.B. die habsburgischen Niederlande, Reichsgulden zu prägen, und forderten die Anerkennung des Talers. Darüber hinaus konnte sich der Kreuzer im Norden des Reiches nicht durchsetzen, dort blieb der Groschen die vorherrschende Kleinmünze.

Die Uneinigkeit führte zum Erlaß einer neuen Münzordnung im Augsburger Reichsabschied von 1566.[127] Darin wurde der vor allem in Norddeutschland verbreitete Taler als «Reichstaler» zugelassen und der Kurs auf 68 Kreuzer bestimmt. Der Münzfuß wurde auf neun Taler aus der feinen Kölnischen Mark festgesetzt. Mit dem Reichsabschied von 1566 hatte sich der Taler als Silberwährung im Reich durchgesetzt, der Reichstaler wurde zur «Leitmünze» Deutschlands.[128]

Die Bestimmungen von 1566 hatten einige Jahre Bestand, dann stieg der Wert des Talers beständig. Eigentlich stieg jedoch nicht der Taler, vielmehr fiel der Wert der kleineren Münzen, da der Edelmetallgehalt dieser Münzen verringert wurde. In Frankfurt setzten 1585, am Gründungsdatum der Börse, die Kaufleute der Frankfurter Messe den Kurs des Reichstalers auf 74 Kreuzer und den des Guldengroschens im Umlauf auf 64 Kreuzer fest. Durch dieses eigenmächtige Handeln gerieten die Kaufleute allerdings in Konflikt mit dem Kaiser, der in einem Mandat zur Frankfurter Messe vom 13./23. September 1597 den Reichstaler erneut auf den «amtlichen» Kurs von 72 Kreuzern festsetzte.[129] Die von den Kaufleuten bestimmten Kursverhältnisse etablierten sich jedoch in der Folgezeit als Frankfurter Rechnungswährung, einer Buchwährung zur Abwicklung von Finanztransaktionen, z.B. von Wechselgeschäften, in Frankfurt. Ähnliche Rechnungswährungen gab es auch in anderen Städten, so z.B. in Leipzig (seit 1621). Die 1585 eingeführte Frankfurter Wechselwährung bestand bis ins 18. Jahrhundert fort.[130] Mit ihrer Einführung trugen die Kaufleute zu einer relativen Stabilisierung der Währungsverhältnisse in Frankfurt bei und sicherten so dem Finanzplatz einen Standortvorteil.

Um 1600 begann sich in Norddeutschland auch der Reichstaler als Rechnungsmünze zu etablieren, der Wert der Münze im Umlauf (Speziestaler) löste sich zum Teil davon ab, so z.B. in einem Edikt des Herzogs Christian von Braunschweig-Lüneburg im September 1621, wonach ein Reichstaler (Rtlr.) acht Rechnungstalern entsprach.

Frankfurt war zu jener Zeit nicht nur ein Zentrum des europäischen Fernhandels und der größte deutsche Warenmarkt, sondern einer der wichtigsten Börsenplätze für den Münzhandel, also ein Euromarkt für den Sortenhandel, aus dem besonders die jüdischen Kaufleute in der Stadt jahrhundertelang große Gewinne erzielten.[131]

Frankfurter Kaufleute und Geldwechsler hatten sich schon im letzten Drittel des 16. Jahrhunderts über die Verbote von Geschäften mit fremden, unterwertigen Münzen – sei es durch die Reichsmünzordnungen, sei es durch die Stadt Frankfurt selbst – hinweggesetzt. Gerade in der ersten Hochblüte des Messehandels von etwa 1560 bis 1630 kursierten deswegen in Frankfurt unterwertige Münzen aus den verschiedensten Regionen Europas als Zahlungsmittel und Recheneinheit in der Abwicklung von Handels- und Kreditgeschäften. Im Zuge dieser Entwicklung verloren auch der kurrheinische und der kaiserliche Goldgulden an Bedeutung und wurden durch den zunächst 1 zu 1 gehandelten Silbertaler verschiedener deutscher Provenienzen ersetzt, unter anderem durch den Reichstaler, der durch die Münzordnung von 1524 als gesetzliches Zahlungsmittel im ganzen Reich anerkannt und auf dem Reichstag zu Speyer 1566 in seinem Silbergehalt spezifiziert («Reichsspeziestaler») und zum Wertmaßstab des deutschen Münzwesens erklärt worden war.[132] Außerdem wurden die Goldgulden durch die großen Goldmünzen verdrängt, die portugiesischen, spanischen, französischen, italienischen und ungarischen Ursprungs waren und als Dukaten, Kronen, Pistolen, Nobel und unter anderen Namen umliefen. Später wurden vor allem in Süddeutschland auch wieder Gulden geprägt, aber nicht mehr aus Gold, sondern aus Silber. Sie waren durch die Münzordnung von 1551 als gesetzliches Zahlungsmittel im Reich anerkannt worden. Da Deutschland im Gegensatz zu den Herkunftsländern der Goldmünzen relativ reich an Silber war, ging man – ganz dem sogenannten Greshamschen Gesetz entsprechend – damals hierzulande zur reinen Silberwährung über, die bis zum Münzgesetz des Zweiten Deutschen Reiches 1873, mit dem die Goldwährung eingeführt wurde, Bestand haben sollte. Der «Reichsspeziestaler» von 1566 blieb der stabile Wertmaßstab, an dem der Wert aller anderen Münzen berechnet wurde. Ihm gegenüber wurden im Laufe der Zeit die geprägten Silbertaler in ihrem Edelmetallgehalt verschlechtert. Man unterschied sie deshalb mit der Bezeichnung «Kuranttaler».[133]

Auf der Frankfurter Messe versuchten Händler, ihre Waren möglichst nicht in der anerkannten Reichswährung zu bezahlen, sondern – auch dies entsprechend dem Greshamschen Gesetz – in den ohnehin unterwertigen Kleingeldmünzen aller möglichen Territorien oder in unterwertig geprägten Großgeldmünzen. Dazu zählten wegen der intensiven geschäftlichen Beziehungen zu den belgisch-niederländischen Städten Antwerpen, Lille, Tournai, Mons, Lüttich und anderen, deren zerrüttete Finanzen eine Folge der spanischen Herrschaft in den Niederlanden waren, die dort geprägten Goldgulden. Auf Drängen der Kurfürsten des rheinischen Münzvereins und des Kaisers hatte die Stadt Frankfurt die Akzeptanz solcher Münzen 1565 verbieten müssen, ohne es zu wollen, weil dies dem Handel mit den entsprechenden Regionen abträglich war. Rund 50 Jahre lang schlug sich die Stadt Frankfurt, teils zusammen mit anderen Reichsstädten, mit diesem Problem und den dazu von den Fürsten geschickten Kommissionären herum.[134] Hier kollidierten die Interessen der Kaufleute mit denen der Fürsten, die um die Einkünfte aus ihrer eigenen Münzprägung bangten. In den anerkannten Reichs- oder ausländischen Goldmünzen zahlten die Geschäftsleute, nachdem sie sie durch das Abschneiden der Ränder («kippen») unterwertig gemacht und solche Münzen durch ungenaues Wiegen («wippen») für vollwertig ausgegeben hatten. Diese Geldfälscherpraktiken trugen ihrerseits zu einer verstärkten Inflation in Deutschland in der Zeit von 1618 bis 1623 bei, die als Kipper- und Wipperzeit bezeichnet wird.[135] Auch Wallenstein ließ nach Beginn des Dreißigjährigen Krieges in Prag große Mengen Silbergeld prägen, das nur ein Drittel des vorgeschriebenen Edelmetallgehalts enthielt. Damit finanzierte er den Ankauf beschlagnahmter böhmischer Güter.

Durch solche Praktiken waren die Münzverhältnisse während der Kipper- und Wipperzeit völlig unübersichtlich geworden. Die Ausprägung von Münzen, vor allem Kleinmünzen, mit geringem Edelmetallgehalt nahm überhand, da die Fürsten das Münzrecht als Mittel zur finanziellen Sanierung und Aufbringung der Rüstungsausgaben im beginnenden Dreißigjährigen Krieg zu nutzen suchten. Zur Beschaffung des Silbers für die Münzstätten kauften Händler hochwertige Münzen auf, die in den Münzstätten dann eingeschmolzen wurden. Anschließend wurden daraus minderwertigere Münzen ausgeprägt. Infolge der zunehmenden Verknappung der großen Silber- und Goldmünzen, die entsprechend dem Greshamschen Gesetz aus dem Zahlungsumlauf verschwanden, stiegen deren Kurse stark an. Z.B. bewertete ein Edikt des Frankfurter Rates vom 6. Juni 1622 den Taler mit vier Gulden, im folgenden Jahr wurde dieser mit bis zu 10 Gulden angesetzt.[136] Darüber hinaus gingen auf dem Höhepunkt der Kipper- und Wipperzeit viele Territorien zur Ausprägung von Kleingeld aus Kupfer anstelle von Silber über. Die Münzverschlechterung bei gleichzeitiger massenweiser Ausprägung von Münzen führte zu einer Inflation der Lebensmittelpreise.

Weil reichsweite Regelungen vorerst kriegsbedingt scheiterten, ergriffen ab etwa 1622 einzelne Territorien Maßnahmen, um die Währungsverhältnisse wieder zu ordnen. Der Reichstaler stabilisierte sich bei einem Kurs von 1,5 Gulden, so z.B. durch den Augsburger Probationsrezeß, auf den sich die im Münzwesen korrespondierenden Kreise (Fränkischer, Schwäbischer und Bayerischer Kreis) 1623 einigten, und durch ein Edikt des Frankfurter Rates vom 23. Oktober 1623. Die «Kipper- und Wippermünzen» wurden stark abgewertet. Im weiteren Verlauf des Dreißigjährigen Krieges blieb das Münzwesen im Reich und damit auch in Frankfurt relativ stabil.[137]

6. Innovationen, Finanztechniken und Spezialisierungen

Die Entwicklung Frankfurts zu einem Finanzzentrum begann am Rande der Messen. Die auf der Messe getätigten Warengeschäfte zwischen Kaufleuten waren überwiegend Kreditgeschäfte. Die Kredite wurden oft von Messe zu Messe verlängert, was allerdings den regelmäßigen Meßbesuch der Kaufleute – des Schuldners sowie des Kreditgebers – zur Voraussetzung hatte. Auch Fürsten, die den Bedarf ihrer Hofhaltungen auf den Messen deckten, taten dies häufig auf Kredit. Daneben entwickelten sich die Frankfurter Messen, genauer: die sogenannte Meßzahlwoche, die zweite Woche der Messe, zu gängigen Zahlungsterminen für das Deutsche Reich: So rechneten z.B. Kölner Kaufleute untereinander auf den Frankfurter Messen ab, Handwerkerrechnungen wurden auf die Meßtermine datiert, und Schuldzinsen auf Anleihen wurden auch dann hier fällig, wenn weder Gläubiger noch Schuldner Frankfurter waren. Die Gebrüder Fugger bestimmten in ihrem Gesellschaftsvertrag 1494 und in ihrem Sondervertrag über ihre Bergwerks- und Hüttenunternehmen die Frankfurter Messe zum Ort für die Auszahlung von zukünftigen Erbanteilen. Zwar verfügte Augsburg über mindestens ebenso kapitalkräftige Kaufleute wie Frankfurt, mit den Gebrüdern Fugger sogar über die reichste Familie Deutschlands. Aber im Gegensatz zu Frankfurt besaß Augsburg keine zentrale Bedeutung in Deutschland als Messeplatz, Zahlungsort und Geldmarkt. Auch öffentliche Abgaben wurden zu den Meßterminen in Frankfurt fällig, wie z.B. die dem Kaiser 1521 zugesagte Türkenhilfe als außerordentliche Abgabe und der «gemeine Pfennig» oder «Kammerzieler», eine regelmäßige Reichssteuer zur Finanzierung des Reichskammergerichts seit 1544. In Frankfurt wurden nach beendeten Kriegen Verträge über Militärlieferungen abgewickelt und die Forderungen der Soldtruppen abgerechnet.[138] Hier liefen also die Zahlungsströme zwischen verschiedenen Regionen und Territorien des Deutschen Reiches zusammen.

Wie hier schon angedeutet, wurden Finanzgeschäfte in Frankfurt und in anderen deutschen Handelszentren überwiegend von wohlhabenden Kaufleuten getätigt. Um 1520 bis 1550 gab es nur wenige bedeutende Handelshäuser in Deutschland, die sich nicht auch in Anleihe-, Vorschuß- oder anderen Finanzgeschäften betätigten. Bilanzvergleiche haben gezeigt, daß bei den Geld- und Kreditgeschäften das jeweils eingesetzte Kapital ungefähr doppelt so hohe Gewinne erwirtschaftete wie im reinen Warenhandel.[139] Weil dabei freilich auch die Risiken höher waren, wurden besonders für größere Geld- und Kreditgeschäfte, wie früher schon in den italienischen Handelsstädten, nunmehr auch in Deutschland Ringe und Konsortien zwischen verschiedenen Handelshäusern geschaffen. Wohl aus dem demselben Grund sollte sich der «Bankier» als eigenständiger Berufsstand erst im 18. Jahrhundert herausbilden.

Im ausgehenden Mittelalter und zu Beginn der Frühen Neuzeit wurden Finanzgeschäfte überwiegend auf Münzbasis durchgeführt. Da in Frankfurt nur wenige der zahlreichen Münzsorten im Reich gängig, d.h. zugelassen waren, mußten auswärtige Meßbesucher ihre Münzen einwechseln. Dies konnte aufgrund eines kaiserlichen Privilegs von 1346 in Frankfurt nur bei von der Stadt lizenzierten Wechslern und gegen ein oft erhebliches Aufgeld (Agio), d.h. Kursverlust für die fremde Währung, geschehen. Im Zuge der zunehmenden städtischen Finanznot wollte die Stadt selbst vom Geldwechsel profitieren und gründete zur Herbstmesse des Jahres 1402 eine eigene Wechselbank, den Frankfurter «Wessil»; jeder Geldwechsel außerhalb wurde verboten. Zusätzlich zum Geldwechselgeschäft nahm die Bank Depositen entgegen und vergab Kredite gegen Pfand. Trotz positiver Geschäftsbilanz hatte die Bank nur wenige Monate Bestand; die Ursachen der Auflösung sind unklar. 1403 wurden vier neue Banken, darunter eine rein städtische, lizenziert. Auch diese nahmen Depositen entgegen und vergaben Kredite, unter anderem vermittelten sie auch günstige Kredite an die Stadt Frankfurt.[140] Um 1418 gab die Stadt die für sie zunächst ertragreiche Institution wieder auf.[141] Ähnliche Banken gab es in anderen Städten des Reiches, so in Basel und Straßburg. Im 16. Jahrhundert zogen die jüdischen Bewohner Frankfurts das Geldwechselgeschäft vollständig an sich.[142]

Von bleibender Dauer war Frankfurts Beitrag zur Entwicklung des bargeldlosen Zahlungsverkehrs. Um von den Unwägbarkeiten des Münzwesens wenigstens in gewissem Umfang unabhängig zu sein, wurde unter Kaufleuten als ein solches Verfahren die «Skontration» durchgeführt. In der Meßzahlwoche versammelten sich die Kaufleute, rechneten die gegenseitigen Forderungen und Schulden gegeneinander auf und beglichen die Salden durch ein komplexes System gegenseitiger Überweisungen. Diese wurden im «Meßscontrobuch» jedes beteiligten Kaufmanns festgehalten, worin ein Konto für jeden Geschäftspartner geführt wurde. Die Skontration blieb bis zur Mitte des 18. Jahrhunderts im Gebrauch.[143] Sie ermöglichte einen bargeldlosen Zahlungsverkehr – unabhängig von der Existenz einer städtischen Bank: Eine Girobank, wie sie z. B. in Amsterdam (1609), Hamburg (1619) und anderen Städten zur Stabilisierung des Münzwesens eingerichtet wurde, sollte es in Frankfurt bis ins 19. Jahrhundert nicht geben. Offenbar erschien das Verfahren der Skontration als Clearing-System völlig ausreichend.[144] Darüber hinaus trug es dadurch, daß es persönliche Zusammenkünfte, also den regelmäßigen Messebesuch der Kaufleute, voraussetzte, zur Stärkung des Messe- und Finanzplatzes bei.

Förderlich war auch eine Innovation im Bereich der Besteuerung, die ihrerseits nicht auf eine Initiative der Frankfurter Geschäftsleute zurückging, ihnen aber dennoch nützte, nämlich die Einführung des «gemeinen Pfennigs» als Reichssteuer. Friedrich-Wilhelm Henning führt dazu aus: «Ab 1544 kam es dann zu einer regelmäßigen in jedem Jahr vorgenommenen Erhebung, und zwar bis zum Ende des Alten Reiches [1806]. Meistens wurden die Beträge auf der Frankfurter Messe gezahlt, so daß das Reichskammergericht regelmäßig den Pfennigmeister zusammen mit dem ältesten ‹Leser› (Aktenverwalter) dorthin schickte.»[145]

Bereits seit dem späten Mittelalter hatten sich die Frankfurter Messen auch zu einem Markt für Darlehen entwickelt.[146] Kreditnehmer waren Landesfürsten, der Kaiser und einzelne Reichsstädte. Als Kreditgeber fungierten wohlhabende Adlige, geistliche Herren, Städte sowie wohlhabende Kaufleute. Hierbei ist auffällig, daß sich Frankfurter Kaufleute nur in geringem Maße direkt an Anleihen beteiligten – obwohl sie über beträchtliches Kapital verfügten. Sie betätigten sich lieber vorsichtig und in vertrauten Geschäften als *merchant bankers,* d. h. in Finanzgeschäften, die an Handelsgeschäfte gekoppelt waren. Während sie sich einigen Darlehen an deutsche Fürsten nicht entziehen konnten, hielten sie sich in dieser Zeit vom internationalen Anleihegeschäft noch völlig fern. Als langfristige Kapitalanlage bevorzugten sie «sichere» Geldanlagen, wie den Kauf von Leibrenten oder Hypotheken.[147]

Für größere Kredite an die Fürstenhäuser war in gewissem Rahmen jedoch auch eine Absicherung möglich. So wurden solche Kredite in der Regel gegen ein Pfand vergeben, z. B. die Einkommen aus einem bestimmten Herrschaftsbereich, vor allem Landgüter und deren Erträge. Dennoch blieben einzelne Landesherren oft säumige Schuldner, die dann allenfalls durch die Aussicht, ihren Kredit gänzlich zu verlieren, zu Zahlungen motiviert werden konnten. Dementsprechend bargen solche Anleihen ein hohes Risiko für die Gläubiger. Frankfurter Kaufleute investierten denn auch nur zögerlich in solche Anleihen. Zu ihren Schuldnern gehörten im 17. Jahrhundert die Fürsten der umliegenden Territorien, die Landgrafen von Hessen-Darmstadt und Hessen-Kassel sowie Herzog Johann Philipp zu Sachsen-Altenburg, Pfalzgraf Johann

Messestände auf dem Römerberg nach einem Flugblatt von 1696. Der Messe- und Warenhandel begünstigte das Kreditgeschäft

bei Rhein, aber auch mehrere Kaiser. Als vergleichsweise sichere Geldanlage galt die Vergabe von Darlehen an Städte, da für die Rückzahlung der einzelne Bürger der Stadt haftbar gemacht werden konnte. Daher wurden für diese Kredite niedrigere Zinsen gefordert, oft nur 5% gegenüber 6–8% auf fürstliche Anleihen. Größter Schuldner Frankfurter Kaufleute war die Stadt Leipzig, die 1625 mit einer Schuldenlast von insgesamt 4 Mio. Gulden ihre Zahlungen einstellen mußte. 20 Frankfurter Handelshäuser verloren dabei 600000 Gulden, der damals reichste Frankfurter Geschäftsmann und Bankier Johann von Bodeck und seine Teilhaber mit 200000 Gulden am meisten. Weitere Darlehensnehmer des Hauses von Bodeck waren die Städte Breslau, Emden, Straßburg, Hamburg, Oppenheim, Ulm und Erfurt.[148] Auch die Stadt Frankfurt, die bis zur Mitte des 16. Jahrhunderts zu den wohlhabenden Geldgebern zählte, sah sich ab diesem Zeitpunkt gezwungen, Kredite aufzunehmen, zunächst um vom Kaiser verhängte Strafgelder für den Beitritt der Stadt zum Schmalkaldischen Bund zu finanzieren. Die Finanznot verschärfte sich in der

Folgezeit; der Schulddienst wurde bis zur Einführung einer regelmäßigen, direkten Besteuerung der Bürger (1575/76) durch die Aufnahme weiterer Anleihen aufgebracht. Der wachsende Kreditbedarf der Stadt trug zur Belebung des Frankfurter Kapitalmarktes bei.[149]

Eine Sonderform des Kredits war das sogenannte Deposito oder Meßdarlehen. Es handelte sich dabei um Kredite über runde Geldbeträge, zunächst einige hundert, später ein- bis zweitausend Gulden zu festen Zinsen. Diese Kredite wurden von einer Messe auf die nächste vergeben, häufig jedoch verlängert, auch mehrfach, sofern der Schuldner den Ruf hatte, kreditwürdig zu sein. Verlängerungen waren nicht nur im Interesse des Kreditnehmers, sondern auch des -gebers, da Depositokredite für letzteren eine gute und sichere Geldanlage darstellten. Das Depositogeschäft bot Spekulationsmöglichkeiten für Kaufleute mit internationalen Geschäftsbeziehungen, die unter Ausnützung von Zins- und Währungskursdifferenzen Gelder an einem Finanzplatz aufnehmen und an einem anderen ausleihen konnten, so z.B. für Johann von Bodeck. Noch im 18. Jahrhundert sollten sich kreditwürdige Handels- und Bankhäuser, wie Metzler und Bethmann, auf diese Weise große Geldsummen zu mäßigen Zinsen beschaffen, um so in der Lage zu sein, in höher verzinsliche Anleihen zu investieren. Die Zinsen für ein Depositodarlehen wurden am Ende der amtlichen Wechselkurse notiert. Sie lagen zwischen 1625 und 1630 bei ungefähr 6%, fielen 1639 auf 4% und etablierten sich bis 1687 in der Regel bei 5%. Formal wurde das Deposito durch die Ausstellung eines Schuldscheins oder eines Wechsels besiegelt.[150]

Der Handel mit Wechseln war der wichtigste Faktor bei der Entstehung der Frankfurter Börse. Das Wechselgeschäft wurde zunächst in Italien durchgeführt. Ab dem 13. Jahrhundert drang es über Avignon, Brügge, Amsterdam nach Lübeck, Hamburg und Danzig und über Bozen nach Konstanz, Augsburg, Ulm, Nürnberg und Frankfurt vor.[151] Die ersten Nachrichten über Frankfurter Wechsel stammen aus den letzten Jahrzehnten des 14. Jahrhunderts. In seiner «reinen» Form als Zahlungsmittel ist der Wechselbrief für Frankfurt erstmals für das Jahr 1391 überliefert.[152] Seit Beginn des folgenden Jahrhunderts entwickelt sich Frankfurt zum wichtigsten Wechselplatz im Reich, wobei der Wechselkredit zum Termin der Frankfurter Messen zur Zahlung fällig wurde.

Zunächst wurde der Wechsel von Kaufleuten als Zahlungsmittel zur Überbrückung von geographischen Distanzen und Währungsverschiedenheiten entwickelt. Ein Wechselgeschäft sah prinzipiell die Beteiligung von vier Parteien vor: Der Kaufmann (der Wechselnehmer, oder Remittent) gab einem zweiten (dem Wechselgeber, Aussteller oder Trassant) Geld, damit dieser einen Korrespondenten in einer anderen Stadt (den Bezogenen, Trassaten oder Akzeptanten, d.h. den Wechselschuldner) anwies, einem Beauftragten, dem Präsentanten des Wechsels, die festgelegte Summe Geldes an einem bestimmten Fälligkeitstag auszuzahlen. Die am Wechselgeschäft direkt beteiligten Personen wurden auf dem Wechselformular aufgeführt; in der Regel kursierten zwei Ausfertigungen, der Prima- und Secundawechsel, von denen einer direkt vom Aussteller an den Bezogenen versandt wurde, der andere vom Wechselnehmer dem Präsentanten mitgegeben wurde. In der Praxis wurden oft mehrere dieser Funktionen von derselben Person ausgeübt, so konnten Wechselnehmer und Präsentant identisch sein. Bei einem Solawechsel, dem Zahlungsversprechen eines Kaufmanns, fielen alle Funktionen in einer Person zusammen.[153] Darüber hinaus wurden Wechselgeschäfte wie auch Warengeschäfte in der Regel durch einen Makler oder Sensalen vermittelt.[154]

Vereinfacht läßt sich der Vorgang auch folgendermaßen beschreiben: Hatte ein Kaufmann an einem anderen als seinem Heimatort eine Schuld zu begleichen, zahlte er den entsprechenden Betrag in heimischer Währung bei einem Geldwechsler in seinem Heimatort ein. Dieser bestätigte in einer Urkunde, dem Wechselbrief, den Eingang und versprach, zum vereinbarten Zeitpunkt entweder selbst oder durch einen Korrespondenten am fremden Ort in fremder Währung die genannte Summe an den bestimmten Gläubiger auszuzahlen. Diese Urkunde sandte der schuldende Kaufmann seinem Gläubiger, der den Wechsel zu gegebener Zeit in seinem Heimatort einlösen konnte. Der Wechselaussteller nahm für seine Dienste eine Provision. Die Begleichung eines Wechsels erfolgte allerdings häufig nicht durch Auszahlung baren Geldes, sondern durch Skontration beim Zusammentreffen der Kaufleute auf Messen.

Von Anfang an hatte der Wechsel nicht nur eine Zahlungs-, sondern auch eine Kreditfunktion. Bei der Entstehung dieses Kreditinstruments spielte das kanonische Zinsverbot eine Rolle. Die Provision, die der Wechselaussteller nahm, wurde nicht als Zins angesehen, sondern als Entgelt für eine produktive Leistung, die darin bestand, daß die Geldsummen physisch bewegt werden mußten. In der Praxis war dies jedoch eine fiktive Leistung, weil Verrechnungen stattfanden und allenfalls ein Spitzenausgleich durch Transport von Bargeld erfolgte. Wie die Skontration fand dieser Spitzenausgleich im innereuropäischen Kredit- und Zahlungsverkehr auf den Messen statt, vom 12. bis zum Ende des 14. Jahrhunderts vor allem auf denen in der Champagne, etwa ab Ende des 15. Jahrhunderts auf denen in Lyon.[155] Zu Beginn des 17. Jahrhunderts war diese Funktion bereits auf die Frankfurter Messe übergegangen. Wechsel aus dem Handel mit Venedig, Antwerpen, Lille, Köln, Lübeck, Augsburg, Nürnberg und Basel waren hier zu den Messeterminen fällig.

Schon im 15. Jahrhundert war Frankfurt zu dem zentralen Zahlungsort im Deutschen Reich geworden und blieb es, bis die Wirren des Dreißigjährigen

Krieges dies ab etwa 1630 verhinderten. In Frankfurt tauchten aber nicht nur die auf diese Stadt gezogenen Wechsel auf, sondern es wurden dort auch Wechsel auf alle großen Handelsplätze Europas gehandelt. Die durchschnittlichen Wechselkosten betrugen 14%.[156] Dies ist nicht nur ein Hinweis auf die Einträglichkeit des Geschäfts, sondern auch auf die Höhe des Risikos, das einerseits mit dem physischen Transport von Bargeld, andererseits mit den Schwankungen der Münzkurse verbunden war. Da sich diese nun überwiegend im Handel von Wechseln auf verschiedene Währungen niederschlugen, sprechen wir seitdem bei Währungsrelationen von Wechselkursen. Erwartete Wechselkursänderungen verlockten zu Spekulationen, die nunmehr auch in Frankfurt professionell und unabhängig von Warengeschäften durch An- und Verkauf von Wechselbriefen erfolgten.[157] Gewinne ergaben sich durch die geschickte Ausnutzung von Währungskursdifferenzen zwischen Ausstellungs- und Zahlungsort. Oft wurde der Wechselkurs auch bewußt höher angesetzt als der Kurs am Zahlungsort, um so unter Umgehung des kanonischen Zinsverbots einen höheren Ertrag zu erhalten.[158] Die Wechselmakler erhielten eine Provision, die in der Regel zwischen einem Prozent und einem Promille schwankte. Auch der Bezogene, der Trassat, konnte eine Gebühr für die Einlösung eines Wechselbriefes erheben.[159]

Zur Freistellung des Wechselkredits vom Zinsverbot der katholischen Kirche trug die Tatsache bei, daß die Dienstleistung des Kaufmanns auch als im Interesse des Gemeinwesens gerechtfertigt angesehen werden konnte. Nicht zuletzt bediente sich auch die Kirche des Wechsels als Zahlungsmittel, wenn es Distanzen zu überbrücken galt.[160]

Da der Wechsel in der Regel auf einen anderen Ort ausgestellt war, verging ohnehin einige Zeit bis zur Einlösung. Aber vom vereinbarten Zeitpunkt der Einlösung hing letztlich die Frist des Kredits ab. Es war Brauch, dem Akzeptanten vom Tag der Präsentation des Wechsels an einen bestimmten Zeitraum zum Aufbringen des Geldes zu lassen (Wechselbrauch oder Uso). Bei der Nutzung des Wechsels als Zahlungsmittel fungierte ein Warenlieferant als Kreditgeber. Er erhielt nämlich die Zahlung auf seine Warenlieferung erst zu einem späteren Zeitpunkt. Bei einem reinen Kreditgeschäft agierte der Remittent als Kreditgeber, der Trassant als Kreditnehmer.

Der Wechsel war nicht nur ein Instrument zur Vereinfachung des Zahlungsverkehrs im Fernhandel. Selbst für Kaufleute, die beide an demselben Ort tätig waren, war die Verwendung dieses Instruments sinnvoll. Dann stand bei den Kaufleuten allerdings nicht die Zahlungsmittelfunktion anstelle des Bargeldes, sondern die reine Kreditfunktion im Vordergrund. Der Verkäufer konnte so dem Abnehmer seiner Waren einen Kredit einräumen, d.h. den Kaufpreis stunden, bis der Abnehmer seinerseits die Waren verkauft hatte. Wie bereits erwähnt, waren die Frankfurter Meßgeschäfte von Anfang an mit solchen Kreditgeschäften verbunden. Der verkaufende Händler als Aussteller konnte einen Wechsel auf seinen Kunden ziehen («Tratte»), worin sich dieser durch Unterschrift verpflichtete, den geschuldeten Betrag an dem genannten späteren Termin an den Aussteller oder einen von ihm bestimmten Dritten auszuzahlen. Der spätere Termin war in der Regel die nächste Messe. Von Vorteil war dies für beide Seiten. Der Verkäufer konnte so seine Umsätze über die Grenze hinaus steigern, die durch die Bargeldkaufkraft des Kunden gezogen war. Der Käufer seinerseits konnte ein wesentlich größeres Geschäftsvolumen abwickeln, als ihm mit seinem liquiden Eigenkapital allein möglich gewesen wäre. Seine Eigenkapitalrendite konnte mit dem «Leverage-Effekt», d.h. durch die Hebelwirkung des Wechselkredits auf das Geschäftsvolumen, gesteigert werden, wenn seine realisierten Geschäfte den erwarteten entsprachen. Durch die Einführung des Wechselkredits entstanden für gut disponierende Kaufleute zusätzliche Gewinnmöglichkeiten. Auch Neueinsteigern mit anfangs verhältnismäßig bescheidenen eigenen Mitteln, aber persönlicher Kreditwürdigkeit ermöglichte der Wechselkredit höhere Umsätze und dadurch ein schnelleres Aufblühen des Geschäfts.

Eine wichtige Innovation war das Indossament, durch das die Übertragbarkeit des Wechsels eingeführt wurde. Das Indossament gab dem Aussteller, dem ursprünglichen Gläubiger des Wechselkredits aus dem zugrundeliegenden Warengeschäft, die Möglichkeit, den Wechsel schon vor seiner Fälligkeit weiterzugeben, z.B. zur Begleichung von Schulden oder zur Aufnahme von Krediten seinerseits. Die Übertragungsmöglichkeit durch Indossament galt für jeden Inhaber des Wechsels. Allerdings wurde dabei jeweils ein Diskont, d.h. ein Abschlag von der bei Fälligkeit geschuldeten Summe, verrechnet. Die Differenz zwischen dem Nominalwert des Wechsels und dem Preis, zu dem er übertragen wurde, machte die Verzinsung des Wechselkredits aus.[161]

Das Indossament setzte sich in Europa nur langsam durch, zunächst in Spanien, Italien und den Niederlanden (im 16. Jahrhundert), in Frankfurt erst im 17. Jahrhundert. Es ist eine auf die Rückseite des Wechsels geschriebene Erklärung, mit der der jeweilige Inhaber («Indossant») das Eigentum und damit das Recht aus dem Wechsel auf den von ihm genannten Indossatar überträgt. In der Regel haften bei Fälligkeit neben dem Bezogenen alle Indossanten für die geschuldete Summe.

Mit der Möglichkeit des Indossierens löste sich der Wechsel von seiner Bindung an das ihm ursprünglich zugrundeliegende Warengeschäft und wurde zu einem allgemeinen Zahlungsmittel. So transformierte sich die ursprüngliche Kreditschöpfung in einen Akt der Geldschöpfung. Aus Händlern, die sich auf das Diskontieren von Wechseln spezialisierten und dadurch den Kaufleuten Bargeldliquidität zuführten, wurden Bankiers. Sie zogen ihre Gewinne nicht mehr aus der Differenz zwischen An- und Verkaufspreisen von Waren, sondern aus der Differenz zwischen dem Ankaufspreis von Wechseln und dem Wert des Wechsels bei Fälligkeit, d.h. aus dem von ihnen verrechneten Diskontsatz. Volkswirtschaftlich betrachtet, bedeutete die Funktion des Wechsels als Zahlungsmittel ein höheres Niveau der effektiven Nachfrage, und zwar mindestens in dem Ausmaß, in dem das jeweils vorhandene Wechselvolumen zum vorhandenen Bargeld-, d.h. Münzgeldvolumen, stand. Inwieweit die erhöhte effektive Nachfrage einerseits Preissteigerungen, andererseits Produktionsausweitungen bewirkte, ist eine andere Frage, die mit Exaktheit mangels Daten wohl nicht zu beantworten ist. Das 16. und frühe 17. Jahrhundert sind als Periode säkularer Inflation bekannt, die vor allem auf den Zustrom von Währungsmetall, insbesondere Silber aus deutschen Bergwerken und aus den spanischen Kolonien in Amerika, zurückgeführt wird. Die Steigerung der effektiven Nachfrage durch die Verbreitung des Wechselkredits könnte aber auch dazu beigetragen haben.[162] Jedoch geht man selbst in der heutigen Geldtheorie davon aus, daß Geldschöpfung, die aus Warenwechseln entsteht, nicht inflationär ist, sondern eine reale Erhöhung des Angebots an Waren widerspiegelt.[163] Wir wissen, daß die von Italien ausgehende, sich im 16. Jahrhundert über ganz Europa verbreitende Renaissance nicht nur Modernisierungsprozesse im geistigen, künstlerischen und wissenschaftlichen Bereich auslöste, sondern bis zum Dreißigjährigen Krieg auch in Deutschland einen tendenziellen Aufschwung von Produktion und Handel bewirkte. Es ist zu vermuten, daß das Wachstum des Wechselkredits hierzu entscheidende Beiträge geleistet hat.

In der Anfangszeit des Wechselgeschäfts gab es kaum staatliche Regelungen, in moderner Terminologie «Regulierungen», für diesen Bereich. Einzelne Vorschriften existierten gegen Ende des 16. Jahrhunderts, doch richtete sich das Wechselgeschäft hauptsächlich nach Gepflogenheiten und Gewohnheitsrecht. Konflikte wurden entweder vor besonderen Meßgerichten auf der Grundlage des Handelsbrauchs geregelt oder vor ordentlichen Gerichten, die jeweils ein Gutachten der Kaufleute (Parere) einholten.[164] Den Wechselhändlern bzw. Kaufleuten stand damit ein weiter Handlungsspielraum zur Verfügung.

Auch Frankfurt als staatliche Instanz griff mit Regulierungsvorschriften in die Ordnung des Marktes für Wechsel erst gegen Ende des 16. Jahrhunderts ein, als die Stadt als Abrechnungsstelle für den innerdeutschen und innereuropäischen Wechselverkehr bereits in voller Blüte stand. Rechtlose Zustände hatten vorher aber keineswegs geherrscht. Bei ihren Geschäften richteten sich die Händler an Traditionen und Handelsbräuchen aus und verständigten sich nach «Treu und Glauben». Da ihre Kreditwürdigkeit vom Vertrauen ihrer Geschäftspartner mehr als von allem anderen abhing, bestand für die Beteiligten stets ein Anreiz und Interesse, sich als «ehrbare Kaufleute» zu verhalten und die ungeschriebenen Regeln einzuhalten. Da es in Frankfurt im Gegensatz zu anderen Messeplätzen keine speziellen Meßgerichte gab, riefen bei Streitigkeiten die Kaufleute Frankfurts ordentliche Gerichte an, die ihrerseits von den Kaufleuten die schon erwähnten Parere einholten. Diese orientierten sich an den Handelsbräuchen.

Diese Konsensordnung löste sich mit den zunehmenden politischen und religiösen Spannungen, die sich schließlich im Dreißigjährigen Krieg 1618 bis 1648 entladen sollten, an der Wende vom 16. zum 17. Jahrhundert auf. Die ordnende Hand staatlicher Instanzen war seitdem stärker gefragt. Solche Spannungen in den Niederlanden hatten zahlreiche Kaufleute von dort in die Emigration getrieben, vor allem in das liberalere Frankfurt. Kaufleute aus Antwerpen übernahmen aufgrund ihrer europaweiten verwandtschaftlichen und geschäftlichen Beziehungen schließlich fast das gesamte Wechselgeschäft zwischen Amsterdam, Antwerpen, Hamburg, Frankfurt und Venedig.[165]

Als die Regulierungen Ende des 16. Jahrhunderts begannen, betrafen einige davon die Währungsverhältnisse (vgl. Abschnitt II5) und den Uso. Der Uso wurde zwischen 1592 und 1639 in Frankfurt mit acht Ratsedikten geregelt. Darin wurde bestimmt, daß die Wechsel in der ersten Meßwoche zur Annahme vorgelegt und bis zum Ende der zweiten bezahlt werden mußten. Für Wechsel, die zwischen den Messen präsentiert wurden, galt im allgemeinen eine Frist von 14 Tagen, die offenbar innerhalb Deutschlands üblich war. Die frühen Frankfurter Verordnungen dienten zur gesetzlichen Fixierung des bereits bestehenden Handelsbrauchs.[166]

Ein anderer gesetzlicher Eingriff in Wechselsachen betraf die Frage des Indossaments. Hier forderten die Kaufleute selbst vom Rat ein Verbot der Übertragbarkeit von Wechseln. Sie beklagten Verzögerungen und Mißbräuche, die zu Prozessen geführt hätten. Ferner sicherte für sie nur der gute Ruf der am Wechselgeschäft unmittelbar beteiligten Geschäftsleute die Zahlung. Durch eine Übertragbarkeit schien der direkte Bezug zwischen den am Wechsel ursprünglich beteiligten Personen unterbrochen und dadurch das Vertrauensverhältnis erschüttert.[167] Ein weiteres Motiv war, daß der Präsentant zu den großen Wechselmessen, wie der Frankfurter, reisen mußte, um einen nicht übertragbaren Wechsel einzulösen. Dieses Verfahren verschaffte den Meßbesuchern eine Vorzugsstellung, die durch die Übertragbarkeit bedroht wurde, da diese die Realisierung von Wechseln zu anderen Zeitpunkten und an anderen Orten ermöglichte.[168] Der Frankfurter Rat ließ zum Indossament zunächst Auskünfte von anderen Wechselplätzen einholen. Hierbei sprachen sich die deutschen Städte für, Amsterdam gegen ein Verbot aus. Anders als in Deutschland war in den Niederlanden das Indossament bereits seit einem kaiserlichen Edikt von 1537 anerkannt und wurde intensiv genutzt. Der Rat entschloß sich 1620, 1635 und 1639, das Indossament zu verbieten, allerdings mangelte es an der Durchsetzung des Verbots.[169] Die Entscheidung gegen das

Indossament sollte, wie sich später herausstellte, Nachteile für den Finanzplatz im internationalen Gefüge mit sich bringen, weshalb Gesetzgeber und Kaufleute ihre Meinung nach dem Dreißigjährigen Krieg änderten.

Im Kontext des Wechselhandels entstand in Frankfurt die Börse. Eine Börse wird durch folgende Hauptkennzeichen bestimmt: Sie dient dem Abschluß von Geschäften mit vertretbaren (fungiblen) Gegenständen und findet regelmäßig zu festen Zeiten an einem bestimmten Ort statt. Händler und Handelsobjekte sind abgegrenzt, z.B. durch eine Ordnung definiert. Auch schon damals wurde auf Börsen der Preis oder Kurs der Handelsobjekte festgelegt. Der Börsenbesuch war für die Kaufleute nicht nur zur Abwicklung von Geschäften, sondern auch zur Beschaffung von Informationen von Bedeutung.[170] Die ersten Börsen gab es im 14./15. Jahrhundert in Italien, in Lucca, Florenz, Genua und Venedig. Auch Lyon hatte ab 1464 eine Börse. Brügge verfügte im 15. Jahrhundert ebenfalls über eine Börse, deren Geschäfte jedoch bald nach Antwerpen abwanderten. 1460 war dort ein Börsengebäude errichtet worden; der Beginn der Börse wird jedoch auf 1531 datiert. Gehandelt wurden Waren und Schuldscheine. Vom Niedergang Antwerpens (siehe Abschnitt II2) profitierte neben Frankfurt vor allem Amsterdam, dessen Börse 1586 gegründet wurde. Wichtige Börsenplätze im Deutschen Reich waren Köln (1553), Hamburg (1558), Nürnberg und Lübeck (1605), Königsberg und Leipzig (1635) und – Frankfurt.[171]

Kaufmannsversammlungen gab es in Frankfurt anläßlich der Messe bereits seit spätestens 1567. Als Gründungsjahr der Börse gilt jedoch 1585. Anlaß war der Vorstoß von 82 Kaufleuten in jenem Jahr, die den Rat der Stadt um ein Edikt zur Festsetzung der Münzkurse baten. Der Rat setzte nicht nur die Kurse der Münzen fest, sondern bestimmte auch, daß eine Versammlung von Kaufleuten zu jeder Messe diese überprüfen sollte. Bald jedoch fanden solche Überprüfungen auch zwischen den Messen statt. Mit der Einrichtung dieser regelmäßigen Versammlungen wurde der Grundstein zur Börse gelegt. Die Bezeichnung Börse ist zum ersten Mal in einem Kaiserbrief aus dem Jahre 1605 überliefert. Die Zusammenkünfte fanden zunächst im Freien auf dem Platz vor dem Römer statt und bei schlechtem Wetter in der Eingangshalle. Juden durften sich auf der gegenüberliegenden Seite des Platzes, dem Samstagsberg, aufhalten. Zur eigentlichen Börse waren sie nicht zugelassen. Zu den Börsenbesuchern zählten vor allem niederländische und italienische Kaufleute, der Anteil der Frankfurter war zunächst gering. Dietz nimmt für 1585 etwa 150 Börsenbesucher an, darunter etwa zwei Dutzend Frankfurter.[172]

Zur Vermittlung von Messegeschäften – zunächst nur Waren-, ab dem 16. Jahrhundert auch Wechselgeschäften – dienten Makler. 1589 gab es in Frankfurt 48 Makler, darunter nur sechs Einheimische, deren Zahl jedoch im 17. Jahrhundert stark zunahm. Unter den Maklern gab es zahlreiche Konflikte, vor allem um die Zulassung zum Makler und zwischen vereidigten und freien Maklern (zu den ersten zählten ausschließlich christliche Makler).[173]

Besonders konfliktträchtig war von Anfang an die Kursfeststellung (der «Conto»). Am 11. April 1625 reagierte der Rat auf eine Beschwerde eines Nürnberger Kaufmanns mit einem Edikt, worin das Verfahren der Kursfestsetzung genau festgeschrieben wurde. Diese amtliche Kursfestsetzung fand zunächst nur zweimal im Jahr, zu den Messezeiten, statt. Zwischen den Messen diente der festgesetzte Kurs als Richtwert, doch war er nicht bindend. Wie an anderen Wechselplätzen verschickten Makler an ihre Kunden eigene Kurszettel. Kurz nach dem Edikt begannen sieben vereidigte Makler (fünf Kölner, ein Augsburger und ein Amsterdamer) mit der Veröffentlichung offizieller Notierungen. Der erste Kurszettel enthielt Wechsel auf zehn Plätze, darunter an erster Stelle Venedig, dann Amsterdam, Antwerpen, Lille, Lyon, Köln, Hamburg, Augsburg, Nürnberg und Leipzig. Auch die Zinsen für das Meßdarlehen (Deposito) wurden angeführt. Der Kurszettel zeigt, daß Frankfurt in Beziehung zu den wichtigsten Wechselplätzen der Zeit stand.[174]

Während des Dreißigjährigen Krieges ging der Wechselhandel zurück, von der Ostermesse 1631 bis zur Herbstmesse 1639 gab es keine Wechselnotierungen. Allerdings waren die Handelsverbindungen nicht nur für Waren-, sondern auch für Geld- und Wechselgeschäfte nie ganz unterbrochen.[175]

Auffällig ist, daß zu Beginn der Entwicklung Frankfurts zu einem Finanzzentrum wesentliche Weichenstellungen von ortsfremden oder zugezogenen Kaufleuten ausgingen. So waren an der Petition von 1585 nur 13 Frankfurter Kaufleute beteiligt, davon nur ein einheimischer, die anderen zwölf eingewanderte Niederländer. Unter den Maklern, die den Kurszettel von 1625 herausgaben, waren keine einheimischen.[176] Dies ist ein Ausweis der Bedeutung, die dem Finanzplatz von Kaufleuten anderer Städte – vor allem innerhalb des Reiches, aber auch Italiens und der Niederlande – zugemessen wurde.

III. Im Merkantilismus 1648–1806

Die Jahresdaten markieren zwei politische Ereignisse von weltpolitischer Bedeutung. 1648 endete der Dreißigjährige Krieg mit dem Westfälischen Frieden, der eine Neuordnung der territorialen, verfassungsrechtlichen und religiösen Verhältnisse in Europa schuf. 1806 steht mit der Abdankung des Kaisers Franz II. in Wien für das Ende des Heiligen Römischen Reiches Deutscher Nation. Für Frankfurt bedeutete dieses Jahr das Ende seines Status als vom Kaiser privilegierte Reichsstadt, die Besitzergreifung der Stadt durch Napoleons Beauftragte, die Einverleibung in ein Fürstentum und den Übergang der Regierungsgewalt auf den napoleontreuen Mainzer Kurfürsten Karl Theodor von Dalberg.

Wirtschaftshistorisch war diese Epoche vom Merkantilismus geprägt, der – von Frankreich schon in der ersten Hälfte des 17. Jahrhunderts ausgehend – zur dominierenden wirtschaftspolitischen Doktrin in Europa wurde. Es war eine Periode, in der Staaten ihre Kräfte durch Zentralisierung der Macht, bis hin zum Absolutismus, bündelten und die eigene Wirtschaft durch vielfältige, teils fördernde Maßnahmen im Inland, teils protektionistische Eingriffe gegenüber der Auslandskonkurrenz in Vorteil zu setzen versuchten. Prunkvolle Hofhaltung und ein starkes Militär- und Verwaltungswesen machten die Erschließung reichlich fließender Finanzquellen erforderlich. Die Förderung der Wirtschaft und die Steuer- und Zollpolitik diente unter anderem diesem Zweck. Dazu trat im 18. Jahrhundert zunehmend die staatliche Kreditaufnahme, die der Entwicklung der Banken und Finanzplätze in Europa einen gewaltigen Auftrieb gab. Das galt in besonderem Maße für Frankfurt in der zweiten Hälfte des 18. Jahrhunderts, erst recht, nachdem zu Beginn der 1790er Jahre die in Westeuropa zuvor dominierende Amsterdamer Effektenbörse durch die französische Besetzung ausgeschaltet worden war.[1] Den innovativen Schub, der den Frankfurter Kapitalmarkt um 1800 prägte, hat Hans-Peter Ullmann als Teil der «Finanziellen Revolution» jener Zeit bezeichnet.[2] Sie war dadurch charakterisiert, daß damals das historisch gewachsene Finanzwesen der alteuropäischen Welt den Anforderungen moderner Staatlichkeit nicht mehr gerecht wurde. Permanente Finanzkrisen zwangen zu einer Reorganisation der öffentlichen Schuldenwirtschaft. Die große staatliche Nachfrage nach Kredit – besonders in der napoleonischen Zeit nicht nur für militärische Zwecke, sondern auch für Reformen – ging einher mit einem zunehmenden Kapitalangebot aus der Vermögensbildung, die z. B. in Frankfurt für die zweite Hälfte des 18. Jahrhunderts nachweisbar ist. Sie ließ moderne Formen, Institutionen und Instrumente der Finanzierung und so einen aufnahmefähigen Kapitalmarkt für staatliche Anleihen entstehen, nachdem in Frankfurt und an anderen großen europäischen Finanzplätzen zuvor Geldmarktgeschäfte dominierend gewesen waren.

1. Politische und gesellschaftliche Rahmenbedingungen

Seit dem Mittelalter stand Frankfurt wegen seiner Messen, des Wein-, Woll- und Geldhandels in dem Ruf, eine besonders reiche und wohlhabende Stadt zu sein. Man sprach sogar vom «brüllenden Reichtum» der Stadt.[3] Im 14. und 15. Jahrhundert konzentrierte sich dieser Reichtum auf wenige Familien, die aufgrund ihres im Handel erworbenen Vermögens und ihres Grundbesitzes eine Vorrangstellung in der Stadt einnahmen. Diese Patrizierfamilien, die ehemaligen Reichsministerialengeschlechtern entstammten, behaupteten in Frankfurt bis zum Ende des 18. Jahrhunderts eine politische Vormachtstellung. Seit dem Mittelalter grenzte sich diese kleine und exklusive Adelsschicht immer mehr von der Bürgerschaft ab, die vor allem aus zünftisch organisierten Handwerkern und Kaufleuten bestand.[4] Einfluß auf die politischen Geschicke der Stadt konnte nur nehmen, wer in die Adelsgesellschaft hineingewählt wurde oder in die Patrizierfamilien einheiratete.

Diese gesellschaftliche Konstellation führte im 17. und 18. Jahrhundert immer wieder zu einer Reihe von Auseinandersetzungen zwischen dem Rat und der Bürgerschaft, die Mitsprache und Kontrolle forderte. Der Mißbrauch der politischen Macht, der sich in der Begünstigung eigener Familienmitglieder, finanzieller Mißwirtschaft, in überhöhten Steuern und der Bevorteilung der Juden und des Großhandels ausdrückte, kulminierte schon im frühen 17. Jahrhundert in einer von 1612 bis 1616 andauernden Konfrontationsphase zwischen den beiden sozialen Gruppen. Aus diesem Anlaß wurde eine kaiserliche Kommission eingesetzt. Unter ihrem Einfluß und Druck kam 1613 ein Bürgervertrag zustande. Aber auch dieser brachte für die Bürgerschaft keine weitreichende Teilhabe an der politischen Macht. Trotzdem bedeutete er einen Fortschritt insofern, als er einen Einstieg in die bis dahin wenig präzise Kodifizierung bürgerlicher Rechte darstellte und erste bürgerliche Instanzen schuf, die den Finanzhaushalt der Stadt kontrollieren sollten. Die allgemeine Unzufriedenheit der Bürgerschaft bestand aber weiterhin und gipfelte 1614 in der Periode des Fettmilchaufstands in blutigen Auseinandersetzungen.

Das im Anschluß an den Aufstand erlassene kaiserliche Dekret von 1616 bestätigte und befestigte bis 1715 die Vorherrschaft des Rates bzw. des Patriziats in Frankfurt. Als Erfolg der Reformbewegung war jedoch zu werten, daß die Sitze der Ratsbänke gleichmäßig auf die Patrizierfamilien verteilt wurden. Die neue Judenstättigkeit von 1616, die nun nicht mehr alle drei Jahre erneuert werden mußte, sicherte und konsolidierte die Stellung der Juden in Frankfurt. Sowohl der Kaiser als auch die Stadt profitierten finanziell von der Stättigkeit. Sondersteuern und -gebühren, die die jüdische Gemeinde abführen mußte, garantierten ihren Schutz.[5] Die Bürgerschaft blieb antiadelig und antijüdisch eingestellt und bildete über den gesamten Zeitraum den Widerpart zur Ratsherrschaft.

Über die Verfassungswirklichkeit Frankfurts in der zweiten Hälfte des 17. Jahrhunderts sind wir aus den Quellen nur schlecht unterrichtet. Die politischen Verhältnisse waren insofern stabil, als sich die politische Führungsschicht der Patrizier erfolgreich behaupten konnte. Auch weiterhin setzte sich der Rat über die Vereinbarungen des Bürgervertrags von 1613 hinweg und verhinderte die zugesagten Kontrollen des Finanzhaushalts der Stadt. Weiterhin stieg die Verschuldung der Stadt aufgrund hoher Repräsentationsaufwendungen, und die Gewerbetätigkeit der Juden wurde stillschweigend geduldet.[6] Christliche Kaufleute und Handwerker sahen auf Dauer ihren gesetzlich gewährten Nahrungsschutz bedroht. Da auch der Reichshofrat in Wien die 1705 eingegangenen Beschwerden der Bürgerschaft nicht beantwortete, änderte der Rat seine bisherige Verfassungspraxis nicht.

Aber der Widerstand der Bürgerschaft war damit noch lange nicht gebrochen. Vertreter der Bürgerschaft listeten ihre größten Beschwerden gegen den Rat auf und wandten sich direkt an die Reichsgewalt. Als am Krönungsort Frankfurt 1715 mit Karl VI. ein neuer Kaiser den Thron bestieg, wendete sich das Blatt zugunsten der Bürgerschaft. Eine kaiserliche Kommission wurde eingesetzt, und der Bürgerschaft gelang es, wichtige Kontrollinstanzen in der Verwaltung aufzuwerten und neue zu installieren. Verfassungsrechtlich fanden diese für den Rat langfristig politisch bedrohlichen Änderungen ihren Niederschlag in den kaiserlichen Resolutionen von 1716 und 1725, vor allem aber in der Haupt- und Finalresolution von 1732. Die wichtigsten Ergebnisse der Verfassungskämpfe lassen sich in wenigen Punkten zusammenfassen:[7]

Dem Ausschuß der Neuner, der seit dem Bürgervertrag von 1613 die städtischen Finanzen kontrollieren sollte, wurde dieses Recht wieder bestätigt. Ein Bürgerausschuß der 51er wurde gebildet, er stellte nun als wichtigstes Organ im Sinne des modernen Repräsentationsbegriffs die Bürgerschaft als Ganze dar. In eingeschränktem Sinne kann man von einem Parlament mit Vetorecht reden. Ihm oblag die Kontrolle der Magistratshandlungen, der Ausgaben und Grundstücksveräußerungen der Stadt. Mit der Einrichtung einer bürgerlichen Gegenschreiberei, die auf jedem Amt ein Gegenregister über Einnahmen und Ausgaben führte, das mit den offiziellen Registern kollationiert wurde, war ein weiteres wichtiges Kontrollorgan in der Verwaltungspraxis geschaffen worden. Der Ausschuß der bürgerlichen Dreier überwachte als Wahlausschuß die Schöffen-, Rats- und Ämterwahlen. Außerdem wurde der Rat durch ein neues, gerechteres, aber umständlicheres Wahlverfahren bestimmt, das auf Dauer die bürgerlichen Kräfte, vor allem Juristen und Kaufleute, begünstigte. Eine genaue Liste der städtischen Abgaben, Gebühren und Zölle wurde zusammengestellt und für jedermann zur Einsicht ausgelegt.

Mit diesen Veränderungen hatte die Struktur der Stadtverwaltung, die mit geringfügigen Änderungen bis 1866 erhalten blieb, ihre gesetzliche Grundlage gefunden. Doch die Bürgerschaft war noch im Vorhof der eigentlichen politischen Macht geblieben. Die maßgebenden politischen Entscheidungen, die gesamte Gesetzgebung und die Justiz lagen nach wie vor in den Händen des herrschaftsständisch strukturierten und mehrheitlich von Patriziern besetzten Rates. In den beiden oberen Bänken war der Einfluß der Patrizier zwar beschnitten worden, aber immer noch von ausschlaggebendem Gewicht.[8] Auf die drei Ratsbänke verteilten sich: 1. Schöffen (Patrizier und Rechtsgelehrte), 2. Senatoren (Patrizier und Kaufleute) sowie 3. Ratsmitglieder (Handwerker). Die Stoßrichtung der Bürgerschaft hin zur politischen Emanzipation war hier jedoch vorgezeichnet. Auf der Basis der Verwaltungs- und Ratskontrolle mußte man nun zu den politischen Entscheidungsebenen vordringen.

Wenn sich auch die Gesamtverfassung nicht grundsätzlich änderte, so boten doch die Kontrolle über die städtischen Finanzen und den Rat sowie die Veränderungen bei der Ratswahl erste Einflußmöglichkeiten. Die reiche Kaufmannschaft gewann in den bürgerlichen Kollegien, aber auch im Rat beständig an Einfluß.[9] Die Bürgerausschüsse, besonders der 51er, setzten sich aus wohlhabenden Handelsleuten und Bankiers zusammen. Zunehmend behinderte die bürgerliche Kontrolle das alte Patriziat bei der uneingeschränkten Ausübung seiner politischen Macht. Viele der Ratsstellen wurden vor diesem Hintergrund von den Patriziern nicht mehr wahrgenommen und von Juristen oder Kaufleuten besetzt.

Auf die Entfaltung des Handelskapitalismus hatten die Verfassungskämpfe zu Beginn des 17. und des 18. Jahrhunderts keinen direkten Einfluß.[10] Aber es wurde deutlich, daß das Handelsbürgertum an politischer Bedeutung gewonnen hatte. Für das 19. Jahrhundert, in dem das Bürgertum liberale Grundsätze der Wirtschaftspolitik einforderte, waren damit neue Konfliktlinien in Frankfurt vorgezeichnet, die zwischen dem konservativen Handwerk und dem Handelsbürgertum verlaufen sollten.

Im Vergleich zu anderen deutschen Städten und Territorien waren die durch den Dreißigjährigen Krieg verursachten Schäden in Frankfurt relativ gering ausgefallen. Aber auch hier hatten Einquartierungen und Seuchen zu einem Bevölkerungsrückgang geführt und Frankfurt wirtschaftlich geschwächt. Während im Reich durchschnittlich ein Drittel der Bevölkerung dem Krieg zum Opfer gefallen war, verlor Frankfurt bis 1655 nur ca. 16% seiner Einwohner. Außerdem sorgte eine starke Einwanderungswelle dafür, daß Frankfurts Bevölkerungszahl rasch anstieg und bereits um 1675 wieder den Stand von 1618/20 erreichte.[11]

Schon zwischen 1631 und 1650 waren 70% der in Frankfurt verzeichneten Einwohner Immigranten gewesen.[12] Die einheimische Bevölkerung hatte nur gut ein Viertel der Bevölkerung gestellt. Trotz des Siebenjährigen Krieges und der im Anschluß an die Französische Revolution ausgebrochenen Koalitionskriege im 18. Jahrhundert stieg die Bevölkerungszahl langsam, aber stetig von 24800 im Jahre 1705 auf 39204 im Jahre 1805.[13] Zu einer rasanten Beschleunigung des Bevölkerungswachstums kam es erst wieder in der zweiten Hälfte des 19. Jahrhunderts.

Die Sozialstruktur Frankfurts war auch noch im 17. und 18. Jahrhundert ständisch bestimmt.[14] An erster Stelle stand das Patriziat. Bereits im Mittelalter hatte es sich von der Handelstätigkeit gelöst und lebte aus den Einkünften seines Land- oder Hausbesitzes bzw. von Stellungen beim Militär oder an auswärtigen Höfen. Beim Patriziat handelte es sich um eine eigenständige, vom Handelsbürgertum abgekoppelte Schicht des städtischen Bürgertums, und zwar im Anschluß an die Reformation lutherischer Konfession. Ein kleiner Kreis von Familien stellte seit dem 14. Jahrhundert die politische Führungsschicht im Rat. Im Verlauf des 18. Jahrhunderts wurde diese Gruppe immer kleiner. Mitte des 18. Jahrhunderts gaben viele Patrizier ihre Ratsstellen aufgrund der kaiserlichen Resolutionen und der damit verbundenen Kontrollen auf und nahmen an umliegenden Höfen Stellungen an oder zogen sich auf ihre Landgüter zurück.[15] Insgesamt machte das Patriziat nur einen geringfügigen Prozentsatz der Einwohner aus. Es war jedoch im Mittelalter wirtschaftlich bedeutend gewesen und verfügte seitdem lange Zeit über die größte politische Macht.

Das Handelsbürgertum rangierte in der Standeshierarchie an zweiter Stelle und bestand in Frankfurt aus Vertretern aller Konfessionen: Lutheranern, Reformierten, Katholiken und Juden. In der lutherischen Stadt verfügten die nichtlutherischen Konfessionen nur über eingeschränkte Bürgerrechte (Beisassenrechte), weshalb sie auch politisch nicht in Erscheinung traten. Mit der Aufhebung der bürgerlichen Gesellschaften nach dem Ende des Fettmilchaufstands 1616 hatte neben den Handwerkern auch das Handelsbürgertum seine Standesvertretung verloren. Erst 1707 nahmen die Börsenvorsteher, seit 1713 «Deputierte des Handelsstandes» genannt, nominell und organisatorisch die Interessen der Handelsleute wahr.[16] Doch es dauerte bis zum Beginn des 19. Jahrhunderts, bis sie geschlossen vom Handelsbürgertum anerkannt wurden.[17] Die schwache Vertretung des Handelsbürgertums in den Selbstverwaltungsgremien stand im 17. Jahrhundert und am Anfang des 18. Jahrhunderts zunächst in diametralem Gegensatz zu seiner wirtschaftlichen Bedeutung. Mit den kaiserlichen Resolutionen Anfang des 18. Jahrhunderts nahm jedoch allmählich der Anteil der Handelsbürger in den wichtigsten bürgerlichen Kontrollausschüssen und im Rat zu.[18] Am Ende des 18. Jahrhunderts gehörten die Kaufleute und Bankiers auch in politischer Hinsicht zur bürgerlichen Elite, auch wenn ihr nur Kaufleute mit Bürgerrecht angehörten und zahlreiche reformierte und katholische Handelsleute ausgeschlossen blieben, von den jüdischen Kaufleuten und Geldhändlern ganz zu schweigen. Nach dem Patriziat stellten sie die zweitstärkste soziale Gruppe dar. Die Bankiers sind in der Sozialstruktur dieser Zeit schwer zu fassen. Sie tauchen in den Quellen des 17. und bis zur Mitte des 18. Jahrhunderts als eigenständige soziale Gruppe noch nicht auf. Ihre Finanzgeschäfte verbargen sich weitgehend hinter ihrer Handelstätigkeit. Erst in der zweiten Hälfte des 18. Jahrhunderts kam es verstärkt zu einer Trennung von Geldgeschäft einerseits und Kommissions- und Speditionshandel andererseits. So trat bei dem von Benjamin Metzler 1674 gegründeten Handelshaus, das seit 1744 unter B. Metzler seel. Sohn & Co. auch als Bankhaus firmierte, das Warengeschäft gegenüber dem Geld- und Kreditgeschäft seit 1760 in den Hintergrund. Friedrich Metzler, der Bedeutendste in der Ahnenreihe, hatte den Durchbruch geschafft.[19] In der geschäftlichen Korrespondenz galten die Metzlers seitdem bereits als «Bankiers».[20] 1773 bezeichneten sich dann 47 Bürger Frankfurts als Bankiers, 1834 waren es bereits 178.[21]

Am Beispiel der Familie Metzler läßt sich auch das gesellschaftliche Ansehen demonstrieren, das sich Bankiers bei den Monarchen Europas erworben hatten. Mit Schreiben vom 26. Dezember 1790 ernannte Ferdinand III., König von Sizilien, Friedrich Metzler «voll des Dankes für die Zuvorkommenheit und die Aufmerksamkeit, die Sie ihm während seines Aufenthalts in Frankfurt in Ihrem Hause erwiesen haben», zu seinem Leibbankier in der Stadt Frankfurt. Die andere herausragende Persönlichkeit der Familie Metzler in jener Zeit war Johann Wilhelm Metzler, ein promovierter Rechtswissenschaftler. Aufgrund der vielfältigen öffentlichen Pflichten, die er auch im Ausland, vor allem in Frankreich, wahrnahm, trug er erheblich zum steigenden Ansehen der Familie bei. Als Repräsentant der Stadt Frankfurt wohnte er 1804 der Kaiserkrönung Napoleons in Paris bei.[22]

Die dritte und größte Bürgergruppe der ständischen Gesellschaft stellten die Handwerker dar. Die Haupttätigkeit der Frankfurter Handwerker reduzierte sich seit dem 15. Jahrhundert auf die Versorgung der Stadtbevölkerung und der Fremden bei Messen und politischen Ereignissen in der Wahl- und Krönungsstadt Frankfurt. Zwischen den Handwerkern und dem Handelsbürgertum bestand deshalb ein starkes Abhängigkeitsverhältnis, weil das Hand-

Wappen der Familie Metzler. Benjamin Metzler, der Gründer der Firma, kam 1671 nach Frankfurt. 1674 gründete er ein Tuchhandelsunternehmen, das spätere Bankhaus Metzler. Die Traube im Zentrum des Wappens weist auf die engen Verbindungen nach Bordeaux und auf den Weinhandel hin

werk in hohem Maß vom Konsum der wirtschaftlichen Oberschicht und der Fremden abhängig war. Im Gegensatz zum Handelsbürgertum bildeten die Handwerker bis zum Ende des 19. Jahrhunderts die größte Bevölkerungsgruppe mit Bürgerrecht in der Stadt.[23] Sie waren seit Anfang des 18. Jahrhunderts zunächst direkter und umfassender im Rat vertreten als die anderen Berufsgruppen. Zwölf der 43 Ratsmitglieder waren Handwerker. Mit den Zünften und den Zunftvorstehern verfügten die Handwerker über eine wirksame Interessenvertretung, was sich in den Ratsordnungen von 1766 und 1775 niederschlug. Hier wurden der rechtliche Rahmen der Zünfte neu geordnet, die Einflußstrukturen erneuert und eine «Gewerbe- und Innungsdeputation» gegründet. Sie diente der Interessenvermittlung zwischen Rat und Zünften und besaß Gesetzesinitiative in Handwerksangelegenheiten. Die Innungsdeputation war die oberste Instanz für die Beschwerden der Handwerker. Damit hatten die Handwerker eine politische Vertretung, die alle Angelegenheiten, die den Nahrungsschutz, also ihre wirtschaftliche und soziale Stellung betrafen, auf höchster politischer Ebene regelte. Im Gegensatz zum Handelsbürgertum wurden ihre Interessen von einer zentralen politischen Instanz vertreten. Die Handwerker waren somit politisch besser gestellt als die wirtschaftlich und sozial höherstehende Schicht des Handelsbürgertums.

Aus den Handwerkern, Kaufleuten, Bankiers und Patriziern rekrutierten sich im 18. Jahrhundert drei Viertel der Bürgerschaft, das restliche Viertel setzte sich aus Advokaten, Lehrern, Pfarrern und Ärzten zusammen. Aber auch Gesellen, Tagelöhner und Gesinde konnten sich darunter befinden, und zwar solche, die das Bürgerrecht seit alters her vererbt bekommen hatten.

Das Bürgerrecht hatte insofern eine größere Bedeutung für die wirtschaftliche Entwicklung Frankfurts, als es neben dem Zugang zu politischen Ämtern auch Fragen der Gewerbeverfassung berührte.[24] Mit dem Bürgereid, den jeder Bürger zu leisten verpflichtet war, unterwarf dieser sich direkt der kaiserlichen Gewalt und erkannte die städtische Obrigkeit und ihre Gerichtsbarkeit an. Der Bürger wurde Mitglied einer Rechtsgemeinschaft, in der die Rechte und die Pflichten aufs genaueste geregelt waren und somit Rechtssicherheit gewährleistet wurde. Mit dem Bürgerrecht wurden auch gleichzeitig das Recht auf Eigentum (Haus- und Grundbesitz), das Recht zur Ausübung eines Gewerbes oder Handwerks (nur Handelsleute mit Bürgerrecht konnten uneingeschränkt Detailhandel betreiben) und der Anspruch auf Fürsorge (Witwenkassen, Krankenhäuser) erworben. Auch der Detail- und Speditionshandel, der dem Bankgeschäft entwicklungsgeschichtlich vorausging, durfte allein von Bürgern ausgeübt werden. Diese genossen Zoll- und Abgabeprivilegien. Die Vermögenssteuer (Schatzung) war relativ gering und betrug maximal 50 Gulden im Jahr. Außerdem ermöglichte erst das Bürgerrecht den Zugang zu den Zünften und bürgerlichen Gesellschaften, vor allem aber zu den politischen Ämtern. Nur der Frankfurter Bürger lutherischen Glaubens konnte in den Rat oder in die bürgerlichen Kollegien gewählt werden und ein städtisches Amt übernehmen. Der komplizierte Aufnahmeprozeß unterlag in dieser Zeit weitgehend der Willkür des Rates, war aber bis zum Beginn des 19. Jahrhunderts an keine besonderen Einkommensnachweise gebunden. Prinzipiell erhielten Bürgersöhne auf Antrag ohne Schwierigkeiten das Bürgerrecht. Dies machte die Mehrzahl der Einbürgerungen im 17. und 18. Jahrhundert aus. Doch konnten die Zugewanderten, wenn auch nur in sehr geringem Ausmaß, das Bürgerrecht durch die Heirat von Bürgerstöchtern und -witwen oder ein Aufnahmegesuch erhalten.

Über den Anteil der Bürger an der gesamten Stadtbevölkerung lassen sich für das 17. und 18. Jahrhundert keine genauen Angaben machen. Doch muß ihr Anteil auch schon zu dieser Zeit bei 50% gelegen haben.[25] Zahlreiche Bevölkerungsteile mit hohem Einkommen und Vermögen, die eine selbständige Lebensführung vorweisen konnten, waren im 18. Jahrhundert in Frankfurt von der politischen Mitsprache ausgeschlossen. Gemeinschaftsstiftend und von politischer Bedeutung war das Bürgerrecht. Reichtum und Besitz waren nicht das wichtigste Kriterium für die Zugehörigkeit zur Bürgerschaft.

Hinter dem Bürgerrecht rangierte der Beisassenstatus, ein minderes Bürgerrecht, das 1735 gesetzlich fixiert wurde. Gegen einen Vermögensnachweis von 500 Gulden und die Entrichtung einer Gebühr wurde er auf Lebenszeit verliehen. Der Beisassenstatus blieb aber personengebunden, d.h. er war nicht erblich. Das bot dem Rat immer wieder die Möglichkeit, die Zahl der Beisassen zu beschränken, was soziale Unsicherheit bedeutete. Auch in beruflicher Hinsicht sah das Beisassenrecht Einschränkungen vor. Während den Beisassen der Großhandel gestattet wurde, durften offene Läden von ihnen nicht geführt werden. Auch die Ausübung des Kommissions- und Speditionshandels war den Beisassen zunächst nicht erlaubt. Erst nach einer nicht genauer definierten Bewährungsfrist durfte diese Art des Handels von ihnen aufgenommen werden. Das Betreiben von Handelsgesellschaften mit Bürgerlichen wurde den Beisassen ebenso verwehrt wie die Ausübung eines Handwerks und der Höckerei (Krämergeschäfte). Trotz der zahlreichen Einschränkungen, die der Beisassenstatus beinhaltete, blieb man im Wechsel der verbleibenden Berufsmöglichkeiten frei, während das Bürgerrecht den Einzelnen auf einen Beruf festlegte. Viele bedeutende und vermögende Kaufleute, die sich im letzten Drittel des 17. Jahrhunderts in Frankfurt niedergelassen hatten, waren aus Gründen der Zweckmäßigkeit und wegen ihrer Konfession beim Rat nur um den Beisassenschutz nachgekommen. Es handelte sich um Vertreter des Groß- und Fernhandels, deren Familien in ganz Europa beheimatet waren und am bedeutenden Messeplatz Frankfurt nur geschäftlich vertreten sein wollten. Der Beisassenschutz verlieh den Kaufleuten eine größere Beweglichkeit und Unabhängigkeit gegenüber der Stadt, ohne daß man die Vorteile Frankfurts als Handelsplatz missen mußte.[26] So wählte zum Beispiel auch der bekannte Bankier Johann von Bodeck Ende des 17. Jahrhunderts den Beisassenschutz. Als Bürger der Stadt Frankfurt wären die Beisassen in der Wahrnehmung ihrer weitreichenden Geschäfte durch die verstärkte Rücksichtnahme auf den Nahrungsschutz der Handwerker und Gewerbetreibenden eher behindert worden. Aus diesen Gründen nahm im Verlauf des 18. Jahrhunderts auch die Anzahl der Beisassen, die dem Kaufmannsstand angehörten, in Frankfurt zu.

Das Bürgerrecht, der Beisassenstatus und die Judenstättigkeit behinderten im allgemeinen eher die freie Ausübung eines Handwerks oder Gewerbes. Der Handel mit Geld und Wechseln wurde durch die bürgerrechtlichen Bestimmungen kaum eingeschränkt, im Falle der Juden sogar durch die Berufsbeschränkungen befördert.

Von noch größerer Bedeutung als das Bürger- und Beisassenrecht war für die wirtschaftliche Entwicklung Frankfurts die Haltung des Rates gegenüber Einwanderern und Juden. Trotz der politischen und gesellschaftlichen Separierung des Patriziats bestand zunächst eine relativ große Offenheit und Bereitschaft zur wirtschaftlichen Integration neuer Bevölkerungsgruppen in Frankfurt. Dies bezog sich allerdings hauptsächlich auf die Zuwanderer, die in

Frankfurt ein Handelsgeschäft aufbauen wollten und den Nahrungsschutz nicht bedrohten. Frankfurts Ruf als zentraler und politisch unabhängiger Waren- und Geldumschlagplatz zog während des gesamten 18. Jahrhunderts Zuwanderer und Handelsbürgerfamilien, auch aus deutschen Gebieten, an, die sich dauerhaft hier niederließen. Bereits in den Konfessionskriegen war es zu regelrechten Immigrantenwellen (1554–1585) gekommen. Niederländische und wallonische Kaufleute, darunter auch zahlreiche aus Antwerpen, verlegten ihre Kontore nach Frankfurt. Nach der Aufhebung des Ediktes von Nantes 1685 folgten im 17. Jahrhundert die Hugenotten aus Frankreich. Frankfurt bildete hier aber nur eine Drehscheibe für die Flüchtlinge, die oft in den benachbarten Gemeinden Fuß faßten.[27]

Namen wie Gontard, Brevilier, de Neufville, de Bary, Passavant und du Fay spiegeln die langfristige Bedeutung und den wirtschaftlichen Aufstieg der zugewanderten Familien in Frankfurt wider. Sie brachten bereits im 16. Jahrhundert neue wirtschaftliche Impulse in die Stadt und schufen Verbindungen, die auch noch im 17. und 18. Jahrhundert eine entscheidende Rolle spielten. Im 17. Jahrhundert hatten sich bereits viele dieser Familien in Frankfurt etabliert. Im 17. und 18. Jahrhundert wanderten auch einige italienische Kaufleute (Südfrüchte- und Spezereiwarenhändler) nach Frankfurt ein (Bolongaro, Guaita), die langfristig das Handels- und Bankgeschäft ankurbelten. Die politische Mitsprache und die freie Religionsausübung wurde den meist reformierten oder katholischen Einwanderern jedoch verweigert, was einige dazu bewog, Frankfurt wieder den Rücken zu kehren. Die im Gegensatz zum 16. Jahrhundert restriktive Einwanderungspolitik Frankfurts im 17. und 18. Jahrhundert, die besonders auf Drängen der Bürgerschaft praktiziert wurde, führte deshalb auch nach der Aufhebung des Ediktes von Nantes 1685 zu keinem nennenswerten Zuwachs an Einwanderern. Allerdings sollen wenigstens 70000 Hugenotten zwischen 1685 und 1695 durch Frankfurt gezogen sein, wo sie ein Unterstützungsgeld erhielten und mit Agenten der potentiellen Aufnahmestaaten, z. B. Brandenburgs und der Niederlande, über die Bedingungen ihrer dortigen Ansiedlung verhandeln konnten.[28] Trotzdem blieb der Ruf Frankfurts als Handelsstadt für viele Kaufmannsfamilien Europas verlockend. Sie schickten ihre zweiten und dritten Söhne während des 17. und 18. Jahrhunderts nach Frankfurt, die sich mit Beisassenschutz, in den wenigsten Fällen mit Bürgerrecht niederließen.[29] Auch wenn 1750 nur 5% der Einwohner in Frankfurt den Beisassenschutz hatten, also rund 1800 Personen, so gehörten zu diesen vor allem die zugewanderten, wohlhabenden Kaufleute aus Italien, den Niederlanden und Frankreich.[30]

Auch gegenüber der jüdischen Gemeinde in Frankfurt verhielt man sich seitens des Reiches und der Stadt relativ liberal. Diese Allianz zwischen Juden und Stadtregiment gründete sich nicht zuletzt auf den adeligen Finanzbedarf.

Östliche Altstadt und Judengasse im Stadtplan von Frankfurt am Main nach Matthäus Merian d. Ä. von 1770. Der in Frankfurt ansässige Kupferstecher hatte 1624 einen weitverbreiteten Plan der Stadt gestochen, der bis 1770 in sechs weiteren Auflagen aktualisiert wurde

Auch die Bedeutung des Messe- und Finanzplatzes Frankfurt muß für die deutschen Juden attraktiv gewesen sein. Sie selbst trugen dazu bei, Frankfurt im 19. Jahrhundert zu internationaler Bedeutung zu führen, wie das Beispiel Rothschild zeigt. Im Vergleich zu anderen Städten Deutschlands war die jüdische Gemeinde in Frankfurt besonders groß.[31] Sie zählte 1709 in 200 Häusern ca. 3024 Menschen.[32] Die Judenstättigkeit von 1616 brachte den Juden erstmals eine dauerhafte Rechtssicherheit. In beruflicher Hinsicht sah die Stättigkeit aber nur bestimmte Tätigkeiten vor, die sich auf das Pfandleihe-, das Münzwechslergeschäft und den Kredithandel beschränkten. Allerdings umgingen die Juden langfristig diese Beschränkungen und betrieben Detailhandel und Handwerksberufe, was der Senat stillschweigend duldete.

Für die Entwicklung Frankfurts als Finanzplatz war die kleine Schicht der finanzkräftigen Juden von großer Bedeutung, da sie den Kreditbedarf des Patriziats und der Kaufmannschaft deckten. Der Bildung großer jüdischer Vermögen stellte der Frankfurter Rat deshalb kaum etwas in den Weg, zumal die Juden für den «Schutz», den ihnen der Kaiser und die Stadt gewährte, höhere Steuern zu zahlen hatten als nicht-jüdische Bewohner Frankfurts. Viele Hoffaktoren deutscher Fürsten kamen aus der Frankfurter Judengasse oder siedelten sich später in Frankfurt an, um ihre Geschäfte von hier aus besser abwickeln und neue Kontakte knüpfen zu können, so zum Beispiel die Gebrüder Isaak und Samuel Stern, Löw Deutz, Abraham Drach und Joseph Oppenheimer.[33] Einen zusätzlichen Anreiz mag für die Juden auch der rechtliche Freiraum des Frankfurter Ghettos geboten haben. Die Judengasse stellte innerhalb Frankfurts einen eigenen Rechtsbezirk dar, in der die jüdische Gemeinde im Finanz-, Steuer- und Bildungswesen ihre Autonomie behielt.[34] Die sozialen und wirtschaftlichen Gegensätze zwischen einheimischen Handwerkern, Gewerbetreibenden und Juden blieben im 17. und 18. Jahrhundert aber weiterhin bestehen. Die bürgerliche Elite Frankfurts schwankte in dieser Zeit in ihren wirtschaftspolitischen Entscheidungen zwischen dem wirtschaftlich konservativen Nahrungsschutz der Bürgerschaft und der Begünstigung zugewanderter Kaufleute und der jüdischen Bevölkerung.

Die politischen und sozialen Rahmenbedingungen beeinflußten den Aufstieg Frankfurts zum bedeutenden Finanzplatz nur indirekt. Der Aufstieg des Handelsbürgertums wurde politisch langsam untermauert und die wirtschaftliche Entfaltung der Einwanderer und Juden nicht wesentlich behindert, durch die Bestimmungen des Bürger- und Beisassenrechts teilweise sogar befördert. Die finanzwirtschaftlich attraktive Position verdankte Frankfurt in erster Linie seiner Stellung als freie Reichsstadt und den ihr vom Reich bereits im 13. und 14. Jahrhundert verliehenen Messeprivilegien. Sie unterstand zwar in allen ihre Verfassung betreffenden Fragen dem Reichsoberhaupt, aber sie konnte aktuelle und langfristige soziale und politische Angelegenheiten autonom bestimmen. Zwischen 1648 und 1806 wurden durch die Verfassungskämpfe die Weichen für einen größeren Einfluß bürgerlicher Schichten, auch der Handelsbürger, auf die Politik gestellt. In sozialer und wirtschaftlicher Hinsicht verlor das Handwerk an Bedeutung, während sich das Handelsbürgertum endgültig zur wirtschaftlich und sozial tragenden Schicht der Stadt entwickelte und auch zahlenmäßig zunahm.[35] Vom dirigistischen Merkantilismus der größeren Territorialherrschaften im 18. Jahrhundert, vor allem Frankreichs, konnte auch Frankfurt profitieren. Er führte nämlich zu einer Ausdehnung der gewerblichen Wirtschaft, vor allem in den Residenzstädten. Die von arbeitsteilig organisierten Manufakturen erzeugte wachsende Produktion mußte auf den Märkten auch Abnehmer finden, z.B. auf der Frankfurter Messe. Aber seinen wirtschaftlichen Aufstieg verdankte Frankfurt im 18. Jahrhundert hauptsächlich dem 1778 einsetzenden Anleihegeschäft.

2. Handel und Gewerbe

Die Messe und besonders der Handel außerhalb der Messezeiten spielten seit Ende des Dreißigjährigen Krieges (1648) bis zum Untergang des Heiligen Römischen Reiches Deutscher Nation (1806) die wichtigste wirtschaftliche Rolle für die Weiterentwicklung des Finanzplatzes Frankfurt. Das produzierende Gewerbe hingegen blieb auch in diesem Zeitraum nur von regionaler Bedeutung, wenngleich das Handwerk hohe Gewinne durch die Weiterverarbeitung von Rohstoffen und die Produktion von Luxusgütern erzielte.

Auch wenn die Umsätze im «Kaufhaus der Deutschen», wie Jacob Marperger die Frankfurter Messe 1711 nannte, am Ende des 17. Jahrhunderts stiegen und im 18. Jahrhundert konstant blieben bzw. nur geringfügig zurückgingen, wurde der Speditions- und Kommissionshandel zur eigentlichen Basis der wirtschaftlichen Entwicklung Frankfurts und zum Ausgangspunkt der weitreichenden Finanzgeschäfte des 19. Jahrhunderts. Das Bank- und Finanzgeschäft begann sich schon in dieser Periode mehr und mehr von den Handels- und Messegeschäften zu lösen, für das es lange Zeit nur eine Ergänzung war. Man kann sogar sagen, daß das Bankgeschäft zum Motor des Messe- und Handelsgeschäfts wurde.[36]

Zunächst veränderten sich durch den Dreißigjährigen Krieg jedoch die politischen und wirtschaftlichen Rahmenbedingungen für Frankfurt. Mit der Thronbesteigung des französischen «Sonnenkönigs» Ludwig XIV. (1643–1715) wurden der Absolutismus in Europa zur vorherrschenden Staatsform und der Merkantilismus zur Leitlinie der Wirtschaftspolitik. Dies bedeutete für die zuvor in einem liberalen Umfeld tätigen Handelsstädte wie Frankfurt eine schwere Behinderung ihres Fernhandels durch staatliche Dirigismen und

Beschränkungen.[37] Die Reichsstände in Deutschland hatten nach dem Westfälischen Frieden von 1648 gegenüber dem Kaiser politisch an Einfluß gewonnen und versuchten dem französischen Vorbild nachzueifern. Die Reichsstädte konnten mangels politischer Machtmittel kaum eine über die Stadt hinausgreifende Wirtschaftspolitik betreiben. Zu den wesentlichen Rahmenbedingungen für Frankfurts Handel und Gewerbe gehörte die wirtschaftliche Abhängigkeit von den absoluten Fürstentümern bzw. den entstehenden Nationalstaaten, vor allem in Holland, Frankreich und England. Die souveränen Fürstentümer wollten nun eine eigene Wirtschaftspolitik (Merkantilismus) betreiben, die darauf ausgerichtet war, durch eine importhemmende und exportorientierte Politik eine aktive Handelsbilanz zu erzielen. Deshalb versuchten die Fürsten, durch den Aufbau und die Förderung des einheimischen produzierenden Gewerbes und in staatlichen Regiebetrieben wirtschaftlich autark zu werden und durch den Warenexport die Staatseinnahmen zu erhöhen.[38] Für den Handel hatte das zur Folge, daß eingeführte Waren oft mit hohen Steuern belegt wurden. Während die europäische Wirtschaft im 17. Jahrhundert mehr und mehr Krisensymptome zeigte,[39] entwickelten sich die Handels- und Kreditgeschäfte in Frankfurt eher positiv.

Es kam Frankfurt als Reichsstadt zugute, nicht direkt politisch oder wirtschaftlich von einer Territorialmacht abhängig zu sein. Die internationalen Handelskontakte Frankfurts, die politische Neutralität der Stadt als Ort der Kaiserwahl und -krönung und die Tatsache, daß die Stadt durch ihren wirtschaftlichen Aufschwung nie zu einer militärischen oder territorialen Gefahr werden konnte, machte sie zu einem Anziehungspunkt für die europäischen Fürsten. Die Frankfurter Messe warf erhebliche Gewinne ab, weil die Fürsten hier für ihre Hofhaltung Luxusgüter einkaufen ließen und deren Finanzierung durch hier aufgenommene Kredite sicherstellen konnten.[40] Frankfurt deckte in erheblichem Umfang den Kreditbedarf der Fürsten, die als «absolute» Herrscher für den Aufbau von Gewerbe und Handel, Heerwesen und Verwaltung erhebliche Geldsummen benötigten, um gegenüber den anderen Staaten konkurrenzfähig zu bleiben.[41]

Ein Nachteil dieser politischen und wirtschaftlichen Entwicklung lag darin, daß im internationalen Handel die absolutistisch regierten Staaten oft hohe Ein- und Ausfuhrzölle (Colbertscher Zolltarif) erhoben, was den Warenverkehr für Frankfurt verteuerte. Deswegen versuchte Frankfurt, die Abgaben, die Handel und Messe betrafen, so gering wie möglich zu halten, um Kaufleute nach Frankfurt zu locken.[42]

Auch die außenpolitischen Entwicklungen, d.h. die kriegerischen Auseinandersetzungen in Europa, hatten unmittelbaren Einfluß auf die Konjunkturlage der Stadt. Da Frankfurts Handel importabhängig war, führte jede Störung des Marktes zu einschneidenden Veränderungen. So sind vor allem zwei europäische Kriege für den Handel, aber auch für das Geldgeschäft von Bedeutung gewesen. Rund ein Vierteljahrhundert nach dem Dreißigjährigen Krieg kam es 1674 erstmals zu Kampfhandlungen zwischen Frankreich und Deutschland. Gewinn zogen aus diesen Kriegszügen vor allem die Frankfurter Juden, die mit ihrem Kapital die französischen Kriegskosten finanzierten.[43] Die merkantilistische Embargopolitik, zu der auch das Verbot der Einfuhr französischer Waren während der Kriegszeit gehörte, betraf auch den Frankfurter Waren- und Messehandel, obwohl die Einbußen wahrscheinlich eher gering waren.[44] Aber die Finanzierung der kaiserlichen Truppen führte einige Frankfurter Bankhäuser an den Rand des Ruins.[45] Die zweite folgenschwere europäische Krise stellte der Siebenjährige Krieg dar, der Frankfurts Handel kurzfristig begünstigte, weil die Konkurrenzmesse in Leipzig wegen ihrer Nähe zum Kriegsschauplatz eher gemieden wurde (Frankfurt wurde dann von 1759 bis 1763 von Franzosen besetzt). Die schon während des Krieges offenbar gewordene und von Preußen zur Kriegsfinanzierung besonders intensiv betriebene Münzverschlechterung führte gerade an einem Messe- und Handelsplatz wie Frankfurt zu einer schweren Geldkrise, die durch Kaufleute und Bankiers der Stadt mitverschuldet und verstärkt wurde.[46]

Schon relativ bald nach Beendigung des Siebenjährigen Krieges bestätigte 1780 ein Mitglied der Leipziger Kommerzdeputation allerdings wieder den Aufschwung der Frankfurter Messe. Es ist hier von geringen «Commercialabgaben» [45 Kreuzer/Colli (Gewichtsangabe)], «gute[r] und wohlfeile[r] Zehrung» und der günstigen Lage am Rheinstrom die Rede.[47] Doch auch diese von den Leipziger Konkurrenten angeführten günstigen Rahmenbedingungen konnten nicht darüber hinwegtäuschen, daß die Frankfurter Messe bereits zu Beginn des 18. Jahrhunderts gegenüber der Leipziger Konkurrentin an Bedeutung verloren hatte.[48] Nicht erst der Übergang zur Mustermesse im 19. Jahrhundert führte zur Wachablösung.[49] Die für den Besuch eines Messeplatzes so entscheidende Stellung im europäischen Messezyklus veränderte sich für Frankfurt Anfang des 18. Jahrhunderts. Die Terminverschiebung der Frankfurter Fastenmesse wirkte sich für Frankfurts Messehandel langfristig negativ aus.[50] Die Leipziger Messe erlangte im 18. und 19. Jahrhundert daraufhin die Bedeutung, die Frankfurt im 16. und 17. Jahrhundert gehabt hatte. Leipzig entwickelte sich aber im Gegensatz zu Frankfurt – trotz seiner Messeerfolge – nicht zu einem bedeutenden Finanzplatz. Das Kapital in Leipzig war zu stark an die merkantilistische Wirtschaftspolitik des sächsischen Fürsten gebunden.

Während der periodisch stattfindende Frankfurter Messehandel Schritt für Schritt an relativer Bedeutung verlor, weil Leipzig für den sich wirtschaftlich entwickelnden Osten verkehrsgeographisch günstiger lag und zum Absatzort der sächsischen Industrieproduktion wurde,[51] nahm der ständig zwischen den Messen in Frankfurt stattfindende Handel zu. Und dieser bestand zu einem

Christina Barbara Metzler (1703–1793) übernahm 1757 die Leitung des Handels- und Bankhauses Metzler, da es beim Tode ihres Bruders, Johann Albrecht, noch keinen volljährigen männlichen Erben gab. 1771 übergab sie das Geschäft an ihren Neffen Friedrich Metzler

Großteil aus dem Speditions- und Kommissionshandel, aus dem seit Mitte des 18. Jahrhunderts die großen Frankfurter Bankhäuser hervorgingen.[52] Die meisten Bankiers dieser Zeit waren noch sogenannte *merchant bankers,* die das Bankgeschäft in Verbindung mit oder neben ihrer Handelstätigkeit ausübten. Zu diesem Kaufmannstyp gehörten auch die Metzlers, die 1674 zuerst eine Tuchhandlung, dann den einträglicheren Spezereiwarenhandel betrieben und erst 1760 überwiegend zum Bankgeschäft übergegangen waren.[53] Die Speditions- und Kommissionskaufleute verfügten bereits über ein finanztechnisches Spezialwissen und internationale Handelskontakte, die auch bei finanziellen Transaktionen von Nutzen waren. Die Kaufleute gewährten auf die zum kommissarischen Verkauf nach Frankfurt gesandten Waren Vorschüsse und Wechselkredite und tätigten damit de facto kurzfristige Kreditgeschäfte.

Solche Geschäfte sind für das spätere Bankhaus Metzler bereits 1728 nachweisbar, und sie wurden auch für die spätere Geschäftstätigkeit der Privatbankiers charakteristisch.[54] Die Kommissions- und Speditionsunternehmen dominierten in Frankfurt das Handels- und Finanzgeschäft (bis sich spezialisierte Bankhäuser entwickelten). Begünstigt wurde diese Entwicklung durch die Verbesserung der Kommunikationstechniken (Thurn und Taxis)[55] und die verkehrsgeographisch günstige Lage Frankfurts. Die Anbindung an den Rhein (über den Main) und die zentrale Lage in Europa machten Frankfurt zur idealen Verteilerstation für internationale Waren.

Die Handelsstruktur um 1771 gibt Aufschluß darüber, welche Handelszweige zur Kapitalakkumulation in Frankfurt beitrugen. Der Weinhandel stand an der Spitze, dann kam der Spezereiwaren-, gefolgt vom Wollwarenhandel. An vierter Stelle rangierte bereits das Bankgeschäft in Frankfurt.[56] Die Berufsgruppe der Bankiers begann sich seit der Mitte des 18. Jahrhunderts immer stärker vom Messe- und Speditionshandel zu lösen. 1773 bezeichneten sich 47 Kaufleute als Bankiers (428 waren Handwerker bzw. Kleinkaufleute, 266 waren Handelsbürger), im Jahre 1817 waren es bereits 112 Bankiers und 1834 schon 178; 1868 bezeichneten sich dann bereits 1675 Einwohner als Bankiers, was mehr als einem Drittel der 4000 in Frankfurt tätigen Kaufleute entsprach. Den Schritt zum ausschließlichen Bankgeschäft wagten die meisten Kaufleute jedoch erst, wenn sie durch ihre Handelsgeschäfte genügend Kapital angesammelt hatten. Der Aufschwung des Staatsanleihegeschäfts förderte die Ablösung des Bankgeschäfts vom Warenhandel zusätzlich. Die ersten richtig großen Finanzgeschäfte wickelte vor allem das Bankhaus Bethmann ab, das Österreich zwischen 1778 und 1796 Anleihen im Wert von 30 Mio. Gulden vermittelte. Das Bankhaus Metzler wartete zur gleichen Zeit mit erheblichen Anleihesummen für Preußen auf.[57] Erst ab etwa dieser Zeit kann von einem vom Handel unabhängigen Bankgeschäft gesprochen werden. Das Bankgeschäft verdrängte den Handel aber keineswegs. Die Prosperität des Handels kann man bis zum Beginn des 20. Jahrhunderts beobachten.[58] Am Ende des 18. Jahrhunderts setzte jedoch endgültig die berufstechnische Spezialisierung ein.

Der sich langsam entwickelnde Bankberuf hatte in der Zeit des merkantilistischen Kaufmannskapitalismus zwei Quellen: den Speditions- und Kommissionshandel und das jüdische Hoffaktorentum, aus dem in Frankfurt die Rothschild-Dynastie stammte. Für Frankfurts Wirtschaft war die relativ liberale Haltung gegenüber den Juden von entscheidendem Vorteil.[59] Jüdische Kreditgeber dominierten unter den Finanziers des Kaisers und des Frankfurter Patriziats. Die Frankfurter Kaufmannschaft war im 18. Jahrhundert ein buntes Gemisch aus deutschen und ausländischen Handelsleuten. Die relativ liberale Haltung des Rates gegenüber den erfolgreichen Geschäftsleuten begünstigte das Handels- und Bankgeschäft, das sich so immer stärker internationalisierte und von den periodischen Zusammenkünften des Messehandels unabhängiger wurde.

Auch das produzierende Gewerbe in Frankfurt zog Nutzen aus der Geschäftstüchtigkeit der Frankfurter Kaufmannschaft. Wie aus einer Eingabe der Frankfurter Zunftvorsteher, also der Handwerker, an die französischen Besatzer 1792 hervorgeht, machte «der blühende Handel» auch die weniger wohlhabenden Frankfurter «glücklich».[60] Während auf dem politischen Feld die Konfliktlinien zwischen Rat, Kaufmannschaft und Handwerkern weiter zu sozialen Spannungen führten, waren wirtschaftliche Konflikte zwischen Kaufleuten und Handwerkern in Frankfurt kaum zu beobachten, obwohl die Handwerker nicht direkt von den Exportgeschäften der Messe profitierten. Denn die gewerbliche Produktion in der Stadt ging in den Messehandel so gut wie nicht ein.[61] Die Tätigkeit der Handwerker beschränkte sich auf die Versorgung der Stadt, wobei die Lebensmittelbranche dominant war. Das Frankfurter Handwerk war vom Konsum der wirtschaftlichen Oberschicht und der Messebesucher abhängig, und damit deutete sich schon im 18. Jahrhundert Frankfurts Weg zum Dienstleistungszentrum an.

Im letzten Drittel des 18. Jahrhunderts vollzog sich auch der Übergang von der Manufaktur hin zur Fabrik, wobei man mit «Fabrik» in dieser Zeit größere Handwerksbetriebe bezeichnete, die im Unterschied zu früheren Produktionsformen bereits arbeitsteilig organisiert waren und effizienter produzierten. Meist waren die Fabriken in der unmittelbaren Umgebung der Städte angesiedelt. Frankfurt hatte sich schon früh gegen die Ansiedlung von Fabriken in der Stadt gewehrt. Die Frankfurter Bürger klagten über Lärm, Rauch und Schmutz, den die neuen Fabriken verursachten. Das wohl bekannteste Beispiel für die Anti-Industriepolitik des Frankfurter Rates ist die aus Italien eingewanderte Familie Bolongaro, die zunächst in Frankfurt eine Tabakfabrik errichten wollte, hier aber auf Ablehnung stieß. Der Erzbischof von Mainz nutzte die Chance und erteilte den Bolongaros die Genehmigung, in Höchst eine Tabakfabrik zu bauen, die er durch Steuervergünstigungen und die Bereitstellung kostengünstiger Rohstoffe zusätzlich unterstützte. Der Aufbau von Fayence- und Porzellanmanufakturen in der unmittelbaren Umgebung Frankfurts setzte diese Entwicklung fort. Dabei floß vielfach Frankfurter Kapital in die benachbarten Industrieorte, das dem städtischen Gewerbe und dessen Modernisierung verlorenging.[62]

Das meiste Kapital floß jedoch in das Staatsanleihegeschäft, das Frankfurts Stellung als Finanzplatz Nr. 1 in Deutschland bis etwa zur Reichsgründung 1871 sicherte. Zunächst brachten aber die Revolutionskriege und die französische Besetzung Frankfurts den Handel und das Gewerbe ins Stocken, zumal hohe Kontributionsforderungen erfüllt werden mußten, die weiteres Kapital abfließen ließen.[63] Der Rat der Stadt hatte Frankfurts Bankiers, darunter auch

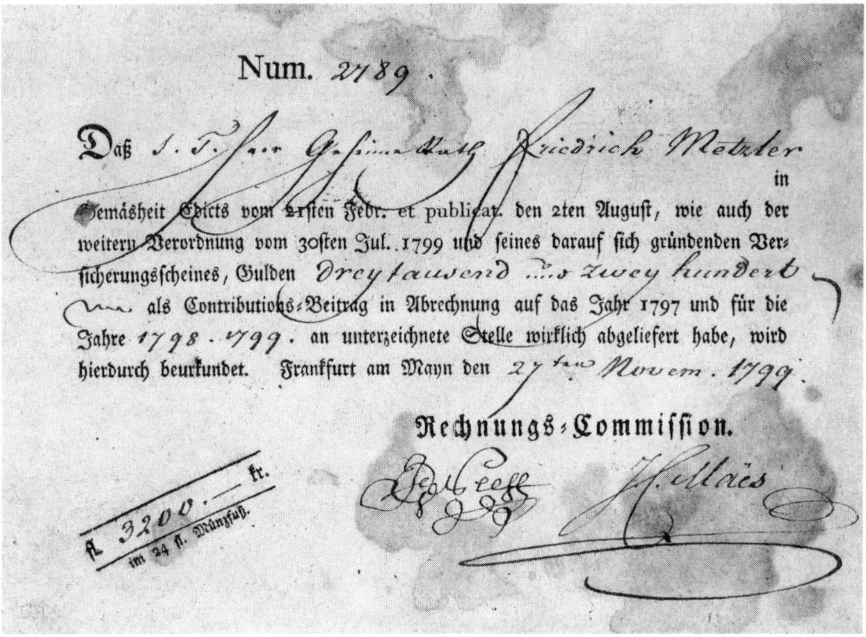

Num. 2789.

Daß J. F. Herr Geheimer Rath Friedrich Metzler in Gemäßheit Edicts vom ersten Febr. et publicat. den 2ten August, wie auch der weitern Verordnung vom 30sten Jul. 1799 und seines darauf sich gründenden Versicherungsscheines, Gulden dreytausend und zwey hundert als Contributions-Beitrag in Abrechnung auf das Jahr 1797 und für die Jahre 1798 · 1799 · an unterzeichnete Stelle wirklich abgeliefert habe, wird hierdurch beurkundet. Frankfurt am Mayn den 27ten Novem. 1799.

Rechnungs-Commission.

fl. 3200.— kr.
im 24 fl. Münzfuß.

Französische Quittung über die Zahlung des Bankhauses Metzler von 3200 Gulden als Kriegskontribution. Mehrmals wehrte die Reichsstadt die Bedrohung durch französische Revolutionstruppen durch die Zahlung einer hohen Kriegssteuer ab. Frankfurter Bankiers beteiligten sich in nicht geringem Maße an der Finanzierung

das Bankhaus Metzler, gebeten, ihre Finanzkraft der Stadt zur Verfügung zu stellen und Anleihen zu vermitteln. Wegen verspäteter Zahlungen nahmen die Franzosen im August 1796 siebzehn Frankfurter Bürger, darunter acht Ratsmitglieder, als Geiseln. In dieser Situation wurde Wilhelm Peter Metzler vom Stadtrat beauftragt, mit der französischen Besatzungsmacht Verhandlungen zu führen, um sie von der Maßlosigkeit der Forderung zu überzeugen. Dies und die Durchsetzung einiger weiterer für Frankfurts Wirtschaft und Bürger wichtiger Sicherheiten gelang ihm weitgehend.[64] Aber erst durch die entscheidenden Weichenstellungen in der nachnapoleonischen Zeit (nach 1815) erholte sich die Wirtschaft in Frankfurt wieder.

3. Geldpolitik und Währungsverhältnisse

Die noch während des Dreißigjährigen Krieges erreichte Stabilität des Münzwesens (siehe Abschnitt II5) war von kurzer Dauer; in den 1650er Jahren begann eine zweite Kipper- und Wipperzeit.[65] Abermals wurden minderwertige Münzen in großer Zahl ausgeprägt, erneut stieg der Wert des Reichstalers. Reichsweite Reformversuche scheiterten zunächst. 1665 erhöhten die drei süddeutschen Reichskreise den Reichstaler nach dem alten 9-Taler-Fuß auf 1 Gulden und 36 Kreuzer. 1667 wurde die Neuregelung durch das Reich gebilligt. Allerdings traf sie auf Protest in Nord- und Mitteldeutschland: In einem Abkommen, dem Münzrezeß von Zinna (1667), verfügten Kursachsen und Kurbrandenburg einen neuen Münzfuß von 10,5 Taler auf einer Kölnischen Mark für Kleinmünzen. Für den Taler galt weiterhin der 9-Taler-Fuß.[66] Der Münzfuß von Zinna konnte sich jedoch nicht durchsetzen: Zinnaer Münzen wurden in anderen Territorien unterschiedlich bewertet, auch prägten andere nach einem anderen Münzfuß. 1672–1675 z.B. prägte Frankfurt Taler und Gulden (2/3 Taler) nach einem 16-Gulden-Fuß.[67] Die Folge war ein großes Durcheinander an Münzsorten, das durch die verstärkte Einfuhr ausländischer Geldsorten, wie z.B. des französischen Ecu, noch verstärkt wurde.

Diesem Durcheinander sollte der Leipziger Rezeß von 1690 zwischen Kursachsen, Kurbrandenburg und Braunschweig-Lüneburg entgegenwirken, der einen neuen Münzfuß von 12 Taler oder 18 Gulden auf die Kölnische Mark einführte. Andere Münzgebiete traten dem Vertrag bei, so bereits im Dezember 1690 auch Frankfurt. 1693 übernahm der Kaiser den Leipziger Fuß, und ein kaiserliches Münzmandat legte den Wert des Reichstalers auf 120 Kreuzer oder 2 Gulden fest.[68] Dieser Wert setzte sich im Reich weitgehend durch.

Damit war jedoch den Münzwirren noch kein Ende gesetzt. Zum Ausgang des 17. Jahrhunderts stieg abermals der Wert des Reichstalers aufgrund der Ausprägung minderwertiger kleiner Münzen. Entsprechend dem Greshamschen Gesetz verringerte sich gleichzeitig die Zahl der Reichstaler im Umlauf; der Reichstaler verlor als Zahlungsmittel an Bedeutung. Aber auch andere harte Geldsorten wurden knapp. Mit der Einführung neuer Goldmünzen, z.B. des bayerischen «Karolin», versuchte man, diese Münzknappheit zu beheben. Ein weiteres Mittel war die Zulassung ausländischer Münzen (Tarifierung). So war z.B. der französische Louisd'or weitverbreitet. Die wichtigste Goldmünze jedoch blieb der Dukat, der, ursprünglich venezianisch, inzwischen von verschiedenen Münzherren ausgeprägt wurde.

Für die Silberwährung hatte sich der Münzfuß von 1566 als ungeeignet erwiesen. So wurde 1738 versucht, reichsweit einen neuen Münzfuß einzuführen, indem der Leipziger Fuß zum Reichsmünzfuß erhoben wurde. Jedoch konnte sich dieser nicht durchsetzen. So wurde z.B. in Preußen unter Friedrich dem Großen in der Graumannschen Münzreform (1750) ein neuer Münzfuß, der 14-Taler-Fuß eingeführt und so eine Stabilisierung des Münzwesens in Preußen erreicht. Während des Siebenjährigen Krieges allerdings ließ Friedrich II. minderwertige Münzen in großer Zahl zur Kriegsfinanzierung ausprägen. Erst 1764 kehrte Preußen durch «Verruf» schlechter Münzen

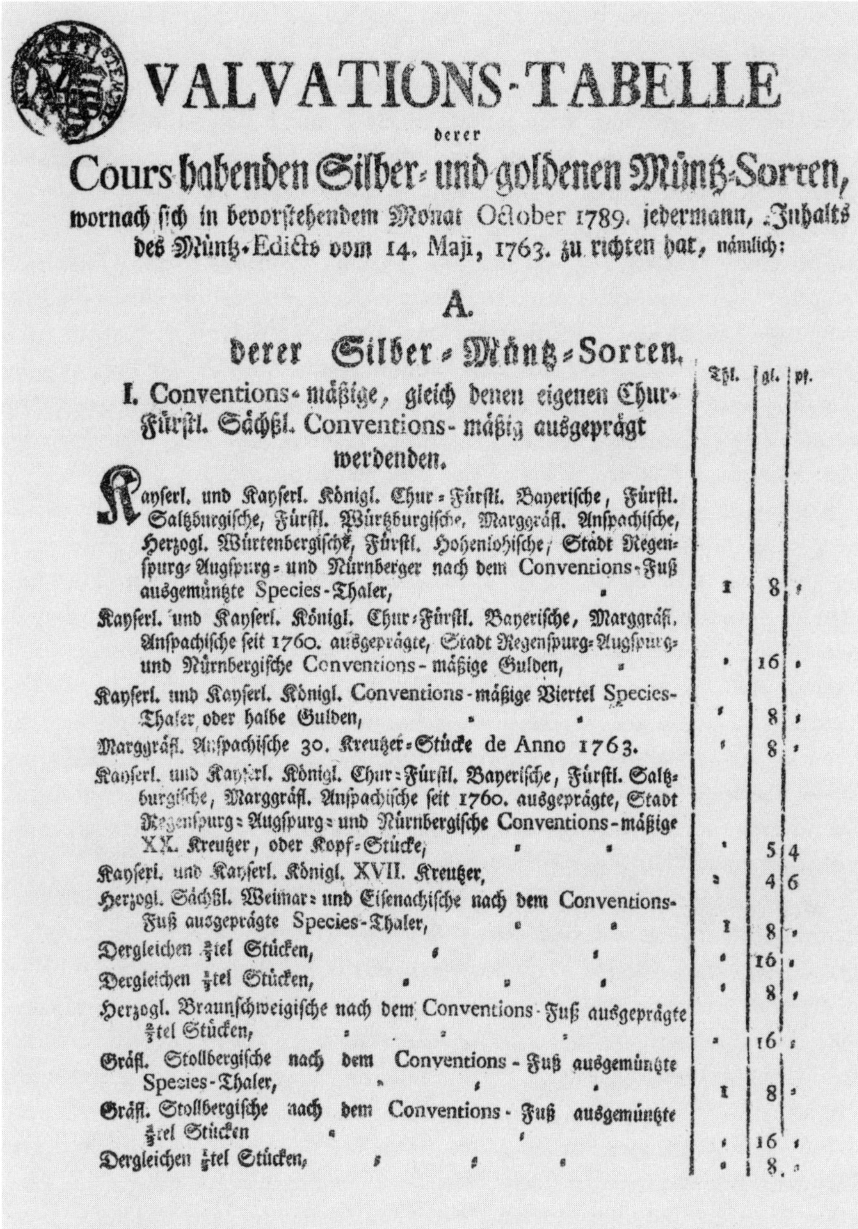

VALVATIONS-TABELLE

derer

Cours habenden Silber- und goldenen Müntz-Sorten,

wornach sich in bevorstehendem Monat October 1789. jedermann, Inhalts des Müntz-Edicts vom 14. Maji, 1763. zu richten hat, nämlich:

A.

derer Silber-Müntz-Sorten.

I. Conventions-mäßige, gleich denen eigenen Chur-Fürstl. Sächßl. Conventions-mäßig ausgeprägt werdenden.

	Thl.	gl.	pf.
Kayserl. und Kayserl. Königl. Chur-Fürstl. Bayerische, Fürstl. Saltzburgische, Fürstl. Würtzburgische, Marggräfl. Anspachische, Herzogl. Würtenbergische, Fürstl. Hohenlohische, Stadt Regenspurg- Augspurg- und Nürnberger nach dem Conventions-Fuß ausgemüntzte Species-Thaler,	1	8	-
Kayserl. und Kayserl. Königl. Chur-Fürstl. Bayerische, Marggräfl. Anspachische seit 1760. ausgeprägte, Stadt Regenspurg-Augspurg- und Nürnbergische Conventions-mäßige Gulden,	-	16	-
Kayserl. und Kayserl. Königl. Conventions-mäßige Viertel Species-Thaler oder halbe Gulden,	-	8	-
Marggräfl. Anspachische 30. Kreutzer-Stücke de Anno 1763.	-	8	-
Kayserl. und Kayserl. Königl. Chur-Fürstl. Bayerische, Fürstl. Saltzburgische, Marggräfl. Anspachische seit 1760. ausgeprägte, Stadt Regenspurg- Augspurg- und Nürnbergische Conventions-mäßige XX. Kreutzer, oder Kopf-Stücke,	-	5	4
Kayserl. und Kayserl. Königl. XVII. Kreutzer,	-	4	6
Herzogl. Sächßl. Weimar- und Eisenachische nach dem Conventions-Fuß ausgeprägte Species-Thaler,	1	8	-
Dergleichen ⅔tel Stücken,	-	16	-
Dergleichen ⅓tel Stücken,	-	8	-
Herzogl. Braunschweigische nach dem Conventions-Fuß ausgeprägte ⅔tel Stücken,	-	16	-
Gräfl. Stollbergische nach dem Conventions-Fuß ausgemüntzte Species-Thaler,	1	8	-
Gräfl. Stollbergische nach dem Conventions-Fuß ausgemüntzte ⅔tel Stücken	-	16	-
Dergleichen ⅓tel Stücken,	-	8	-

Mit solchen Valvationstabellen (hier von 1789) wurden die Kurse der Münzen festgesetzt – allerdings fanden diese Kursfestlegungen oft wenig Beachtung

die Entwicklung um. In der Folgezeit stabilisierte sich das Münzwesen in Preußen erneut.

Auch Österreich ging vom Leipziger Münzfuß ab. Es hielt zunächst am Münzfuß von 1566 fest. 1748 jedoch setzte Franz I. den Münzfuß neu auf 20 Gulden oder 10 Taler auf die Kölnische Mark fest und begründete damit einen neuen Talerfuß. Das Verhältnis von Kreuzern zu Talern blieb bei 120 Kreuzer auf 1 Taler bzw. 2 Gulden auf 1 Taler. 1753 wurde dieser Münzfuß in einem Vertrag («Konvention») zwischen Kurbayern und Österreich festgelegt, daher erhielt er die Bezeichnung «Konventionsfuß». Auch die Prägung von Teilstücken des Talers bis zum Groschen richtete sich strikt nach dem «Konventionsfuß». Zusätzlich begann Österreich mit der Ausprägung von Kupfermünzen für die kleinsten Stückelungen (Scheidemünzen). Die strikte Anwendung des Konventionsfußes sicherte eine neue Stabilität des Münzwesens in Österreich bis zu den Revolutionskriegen.

Kurbayern allerdings kündigte bereits 1754 den Vertrag. Der Konventionstaler stieg im Wert. Der 20-Gulden-Fuß konnte sich damit in Bayern nicht durchsetzen, statt dessen ging man zum 24-Gulden-Fuß über. Der hier geprägte «süddeutsche Gulden» entsprach 1 Gulden 12 Kreuzer des 20-Gulden-Fußes. Mit Ausnahme von Preußen, Bremen und Hamburg breiteten sich Variationen des 20- und 24-Gulden-Fußes in ganz Deutschland aus. Die Situation in den einzelnen Territorien konnte dabei durchaus komplex sein, wie z. B. die Verhältnisse in Frankfurt zeigen, wo verschiedene Münzfüße, der 20- und der 24-Gulden-Fuß, für verschiedene Zahlungen zugelassen waren.[69] Damit hatte sich Frankfurt eng an das süddeutsche – im Gegensatz zum preußischen – Währungssystem angelehnt.

Für den Handel und das Finanzwesen blieb nach wie vor die Frankfurter Rechnungswährung von Bedeutung. Auch diese hatte seit dem Dreißigjährigen Krieg entscheidende Veränderungen erfahren.[70] Die Münzwirren ließen es 1675/76 nötig erscheinen, neue Fassungen der Wechselordnung zu erlassen. Wie bereits bei der Wechselordnung von 1666 waren die Kaufleute auch die Initiatoren des neuen Gesetzes.[71] Dieses diente in erster Linie der gesetzlichen Festschreibung des längst gebräuchlichen «Talerzwangs», d. h. es legte fest, daß Wechselzahlungen nur in genau festgelegten, guten Sorten (Talern und Dukaten) geleistet werden durften. In der Folgezeit war diese Regelung zwischen Bankiers und kleineren Kaufleuten umstritten. Im Interesse der ersteren sicherte sie die Stabilität der 1584 eingeführten Wechselzahlung: Andere Finanzplätze (Nürnberg, Augsburg, Köln) hatten im Vorfeld vergleichbare, aber schärfere Bestimmungen erlassen. Als Folge davon fürchteten Frankfurter Bankiers, daß Münzsorten, die in jenen Städten «verrufen» worden waren, nach Frankfurt exportiert und, sofern angenommen, eine Verschlechterung der Wechselzahlung bewirken würden. Daher befürworteten sie ebenfalls strikte Regelungen. Für die Warenhändler hingegen hatte der Talerzwang einschneidende Nachteile: Die guten, groben Sorten wurden knapper, damit teurer. Daher verteuerte sich der Kauf eines Wechsels, den der Warenhändler als Zahlungsmittel jedoch benötigte.

Versuche, diesen Interessenkonflikt zu regeln, scheiterten zunächst. Erst 1736 einigten sich Bankiers und Händler, den Unterschied zwischen Wechsel- und Warenzahlung abzuschaffen. Allerdings veranlaßten die Bankiers gleichzeitig, daß die Wechselzahlung auf eine neue Grundlage, die Karolinen, gestellt wurde. Der Ratsbeschluß vom 13. März 1736 setzte dementsprechend eine neue Liste zulässiger, guter, grober Geldsorten für die Wechselzahlung in Kraft und hob gleichzeitig den Unterschied zwischen Wechsel- und Warenzahlung auf. Die letztere Bestimmung konnte sich jedoch in der Praxis nicht durchsetzen. Insofern gingen letztlich die Bankiers aus ihrem Interessenkonflikt mit den Warenhändlern als Sieger hervor. Sie hatten sich mit dem Ziel einer stabilen Währung durchgesetzt und damit den Finanzplatz gestärkt.[72] Mit der Einführung des Konventionsfußes in Frankfurt wurde ein 20-Gulden-Fuß für die Wechselzahlung verbindlich. Diese Wechselzahlung hatte bis 1843 Bestand.

Bereits im 18. Jahrhundert versuchten einzelne Territorien, Papiergeld als weiteres Zahlungsmittel neben den Münzen einzuführen.[73] Das erste Papiergeld im Reich ging auf die Initiative des pfälzischen Kurfürsten und Herzogs von Jülich-Berg, Johann Wilhelm II. (1679–1716), zurück. Er gründete 1705 in Köln eine Bank («Banco di gyro d'affrancatione»), die als erste Noten- bzw. «Zettelbank» des Reiches gelten kann.[74] 1706 gab die Bank sogenannte «Banco-Zettel» in verschiedenen Stückelungen aus. Diese «Banco-Zettel» waren übertragbar und verzinslich, sie glichen daher eher Anleihen als Banknoten im heutigen Sinne. 1759 brachte in Österreich der staatliche Wiener «Stadt-Banco» die ersten Guldenscheine in den Geldverkehr. Nach 1796, mit der Einführung eines Zwangskurses, sank jedoch die Akzeptanz der Scheine, ihr Wert fiel bis 1806 beständig. Auch der preußische staatliche «Königliche Giro- und Lehn-Banco» (gegründet 1765) emittierte ab 1766 Banknoten – allerdings in geringer Zahl. Einige weitere Territorien (Sachsen, Brandenburg-Ansbach, Schleswig-Holstein und Braunschweig-Lüneburg) brachten im Laufe des 18. Jahrhunderts Papiergeld in Verkehr, insgesamt blieb das Volumen des Umlaufs im Reich jedoch gering. Kaufleute bevorzugten den Wechsel als Zahlungsmittel. Das Mißtrauen gegenüber Papiergeld wurde verstärkt durch den Fehlschlag des Experiments von John Law in Frankreich und später durch den drastischen Verfall der während der Französischen Revolution ab 1789 herausgegebenen Assignaten, für die in den von Frankreich besetzten linksrheinischen Gebieten Annahmezwang bestand.[75]

Auch in Frankfurt waren im 18. Jahrhundert die Vorbehalte gegenüber

Papiergeld groß, Angst vor dessen Wertverfall war weitverbreitet. Ausländische Banknoten waren daher nicht zugelassen. Ein 1790 von Friedrich Metzler initiiertes Projekt einer Notenbank war im 18. Jahrhundert noch zum Scheitern verurteilt. In dem Projektvorschlag hieß es: «Auch dem Privatmann und den vielen hier Durchreisenden wird es angenehm sein, ein Institut zu kennen, welches das öffentliche Zutrauen verdient und dessen Zettel werden jedem willkommener sein als bares Geld, sobald die Anstalten so sind, daß er dieses zu jeder Zeit dafür haben kann und die Solidität dieses Instituts festgegründet und für jeden unverkennbar ist.»[76] Papiergeld wurde in Frankfurt erstmals und auch nur kurzzeitig 1826 mit den sogenannten Rechneischeinen, d.h. als Staatspapiergeld, eingeführt.[77] Erst seit 1837 waren solche Scheine dauernd im Umlauf, bis sie Mitte der 1850er Jahre durch die Banknoten der Frankfurter Bank ersetzt wurden (siehe Abschnitt IV3).

Das schon erwähnte Interesse der Frankfurter Bankiers an einer stabilen Währung hatte lange Zeit zur Ablehnung des Papiergeldes geführt. Aus demselben Motiv war eine stabile Rechnungswährung geschaffen worden, die zur Sicherung des Finanzplatzes Frankfurt beitrug. Gleichzeitig hatte sich Frankfurt im Münzwesen an die süddeutschen Territorien angeschlossen und damit der im Alten Reich festgelegten Einteilung entsprochen (siehe Abschnitt II5). Das sollte sich im 19. Jahrhundert als Nachteil erweisen.

4. Innovationen, Finanztechniken und Spezialisierungen

Das 18. Jahrhundert kann als Blütezeit des Finanzplatzes Frankfurt angesehen werden.[78] Die Entwicklung wurde vor allem durch zwei Innovationen beeinflußt, nämlich im 17. Jahrhundert durch die Zulassung des Wechselindossaments, die zunächst zur Belebung der Börse beitrug, und im 18. Jahrhundert durch die Einführung der Partialobligationen (Teilschuldverschreibungen), d.h. die Möglichkeit zur Finanzierung über Anleihen im modernen Sinn.

Nach den Wirren des Dreißigjährigen Krieges erschien eine Neuordnung des Handels – und auch des Wechselgeschäfts – dringend nötig. Wie bereits 1585 bei dem Versuch, die Währungsverhältnisse zu ordnen (siehe Abschnitt II5), ging die Initiative von den Kaufleuten aus. Diese baten 1652 in einer Petition den Rat um den Erlaß einer umfassenden Ordnung für den «Kauf- und Wechselhandel». In zwölf Punkten erläuterten sie, welche Tatbestände in einem solchen Gesetz geregelt werden sollten. Diese betrafen sowohl das Wechsel- als auch das Handelsrecht und enthielten unter anderem die Forderung nach Zulassung des Wechselindossaments, d.h. der Übertragbarkeit von Wechseln. Der Begriff Indossament leitete sich von einem Vermerk auf der Rückseite eines Wechsels – *en dos* - ab, mit dem der Wechsel auf eine weitere

Person übertragen werden konnte.[79] Die Übertragbarkeit des Wechsels war in Frankfurt 1620, 1635 und 1639 verboten worden (siehe Abschnitt II6). In Amsterdam hingegen war der Handel mit übertragenen Wechseln seit dem 16. Jahrhundert gang und gäbe. Infolgedessen hatte Amsterdam einen Großteil der Verrechnung übertragener Wechsel an sich gezogen, zum Nachteil der Frankfurter Wechselhändler.[80] Die alten Frankfurter Regelungen drohten offenbar, die Position des Finanzplatzes Frankfurt im internationalen Gefüge zu schwächen.

Der Rat der Stadt reagierte auf die Initiative der Kaufleute, indem er zwei Kommissionen einsetzte und Gutachten aus weiteren Handelsstädten des Reichs, Augsburg, Ulm, Nürnberg, Straßburg, Köln, Hamburg und Bremen, einholte. Besonders rege war auch der Briefwechsel mit der französischen Messestadt Lyon; Lyoner Regelungen zum Wechsel sollten denn auch Eingang in die Frankfurter Wechselordnung finden.[81] 1666 schließlich verabschiedete der Rat die «Erneuerte Ordnung in Wechsel- und Kaufmannsgeschäften», worin Frankfurt als erste Stadt im Reich das Indossament zuließ – es folgten Breslau (1672), Leipzig (1682), Braunschweig (1686), Danzig (1701) und Augsburg (1707/1716).[82] Damit eröffnete die Stadt frühzeitig ihren Kaufleuten und Bankiers neue Möglichkeiten im Wechselhandel, der dann auch zu einer Spezialität der Frankfurter Börse wurde.

Weitere Regelungen der Wechselordnung betrafen Gerichtsverfahren in Wechselsachen, den Uso, die Akzeptation, d. h. die Erklärung der Annahme eines Wechsels, die Bezahlung, die Skontration sowie die Einführung eines Registers der Kaufleute und der Handelsgesellschaften.[83] Die Ordnung wurde ins Niederländische, Französische, Italienische und Spanische übersetzt und an die wichtigsten Handelsplätze versandt – ein Indiz der internationalen Beziehungen der Frankfurter Großkaufleute und Wechselhändler. Neben der «Reformation» von 1578, einer Art bürgerlichen Gesetzbuches, galt sie in der Folgezeit als wichtigstes Zivilgesetz der Stadt.[84]

Zwar ließen es die Münzwirren bereits 1675/76 nötig erscheinen, neue Fassungen der Wechselordnung zu erlassen, jedoch wurde durch diese der Gehalt nicht wesentlich geändert. Der längst gebräuchliche Talerzwang, d. h. die Begleichung von in Wechselzahlung vereinbarten Rechnungen, Schulden oder Wechseln in guten, groben Geldsorten, wurde hier fixiert. Eine wichtige Änderung betraf die Zulassung der Skontration auch außerhalb der Meßzahlwoche. Damit, sowie mit der Zulassung des Indossaments, waren Finanzgeschäfte nicht mehr an die Messe gebunden, die Verrechnung von Zahlungen fand nun jeden Freitag auf der Börse statt. So waren wichtige Voraussetzungen zur Herausbildung eines ganzjährig tätigen Bankiersstandes und zur Weiterentwicklung der Börse geschaffen.[85]

Die Börse nahm im 17./18. Jahrhundert mehr und mehr Gestalt an. Bis-

Das Haus «Zum Braunfels» am Liebfrauenberg. Hier erhielt die Börse um 1694 erstmals einen eigenen Saal. Bei gutem Wetter fanden die Börsenversammlungen im Hofe statt

lang hatten die Versammlungen der Kaufleute in der Regel im Freien stattgefunden (vgl. Abschnitt II6). Auf mehrfache Anregung von Bremer Kaufleuten (1644, 1681) mietete die Börse 1694 oder 1695 endlich einen eigenen Saal in einem festen Gebäude, dem Haus «Zum Braunfels» auf dem Frankfurter Liebfrauenberg. Dennoch fanden die Börsenversammlungen bei gutem Wetter im Hof des Hauses statt. Die Versammlungen wurden während der Messen von 10 Uhr vormittags bis etwa 14 Uhr nachmittags abgehalten, außerhalb der Meßzeiten werktags ab 12 Uhr. Die Börse war also zur regelmäßigen, festen Einrichtung auch außerhalb der Meßzeiten geworden.[86]

Schon die Notwendigkeit der Finanzierung der Miete für das Haus mußte längerfristig in die Schaffung einer strafferen Organisationsstruktur münden. So wurde 1694 aus diesem Anlaß ein Börsenvorstand eingerichtet. Daneben waren im 17. Jahrhundert mehrfach Ausschüsse der Kaufmannschaft gebildet worden, so zu den Verhandlungen mit dem Rat über die Wechselordnung von 1666. 1707, in der Auseinandersetzung um den Rechtsstatus der Beisassen, konstituierten sich die Börsenvorsteher als offizielle Interessenvertretung der Kaufleute. Sie wurden damit zum Vorläufer der späteren Handelskammer. Ihre Tätigkeit bestand in der Erstellung von Gutachten, auch für Gesetzesvorhaben. So wirkten sie z.B. 1739 an der Erstellung einer neuen Wechselordnung mit. Gleichzeitig blieben sie Vorsteher der Börse. Handel und Finanzwesen waren in Frankfurt nach wie vor eng verwoben.[87]

Die Tätigkeit der Makler an der Börse wurde in drei Ordnungen geregelt, der Maklerordnung von 1685, die noch für Wechsel- und Warenmakler gemeinsam galt, der Wechselordnung von 1739 und einer weiteren Wechselordnung von 1799. Die Wechselordnung von 1739 unterschied erstmals die Wechsel- von den Warenmaklern. Diese neue Differenzierung ist ein Indiz für die zunehmende Spezialisierung der Makler auf den Wechselhandel. Die Tatsache, daß die neue Wechselordnung nicht mehr übersetzt und versandt wurde, deutet darauf hin, daß sie vor allem auf die Regelung des innerdeutschen Zahlungsverkehrs sowie auf die örtlichen Gegebenheiten zielte, weniger auf den Wettbewerb mit ausländischen Finanzplätzen.[88]

Auseinandersetzungen entzündeten sich immer wieder an der Zulassung der Makler. Außer den offiziell vereidigten Maklern existierten zahlreiche sogenannte Nebenmakler. Deren Tätigkeit war zwar verboten, jedoch konnte sich dieses Verbot kaum durchsetzen. Die Zahl der vereidigten Makler wurde gering gehalten. 1800 gab es 26, davon zwölf Waren- (sieben christliche und fünf jüdische) und 14 Wechselmakler (fünf christliche und neun jüdische).[89] Die Zulassung des ersten jüdischen Wechselmaklers hatte 1742 zu Beschwerden der christlichen Makler geführt, jedoch ohne Erfolg. Makler aus anderen Städten wurden vom Rat, der für die Zulassung zuständig war, seit 1660 abgelehnt.[90]

Auch sorgte nach wie vor die Kursfestsetzung für Konflikte unter den Maklern. Die offizielle Kursfestsetzung wurde kaum noch beachtet – ein häufiges Schicksal frühneuzeitlicher Gesetze und Verordnungen. Statt dessen versandten die Makler eigene Kurszettel an ihre Kunden. 1748 erregte der Verleger und Buchhändler Franz Varrentrapp dadurch Anstoß, daß er erstmals den Frankfurter Kurszettel in seiner Zeitung, den «Frankfurter Berichten von den Staats-, Kriegs- und Friedensangelegenheiten in und außerhalb Europas», ver-

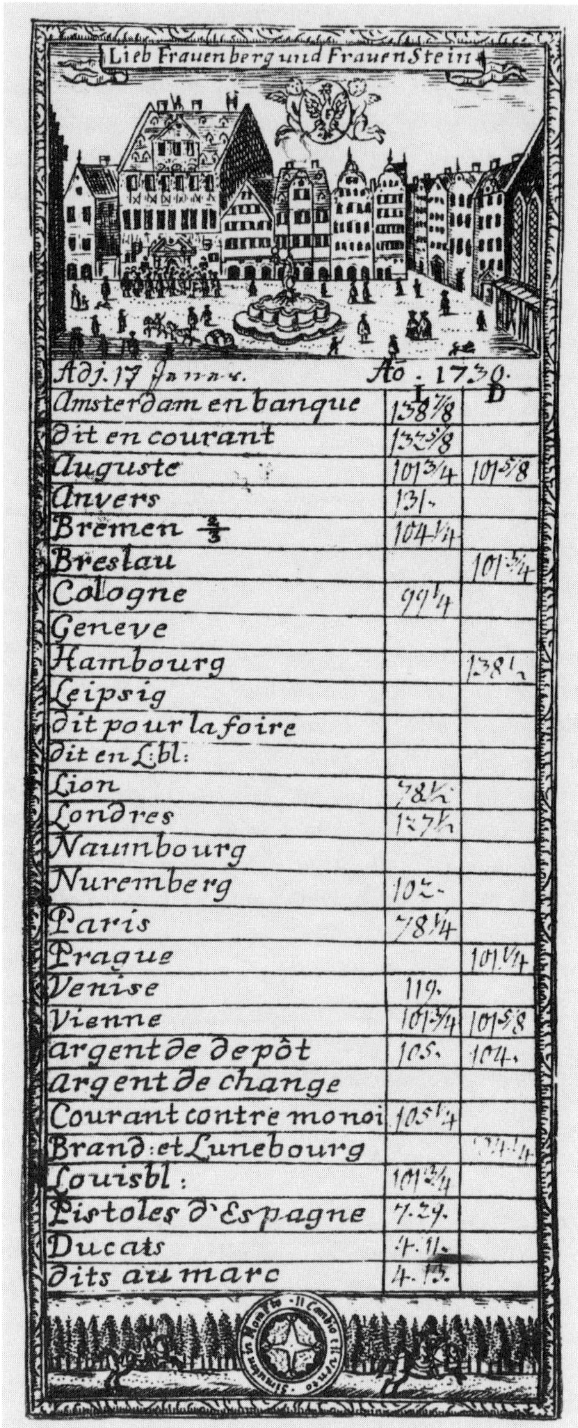

Adj. 17 Janr.	Aō. 1730.	
	L	D
Amsterdam en banque	138 7/8	
dit en courant	13[illegible] 5/8	
Auguste	101 3/4	101 5/8
Anvers	131.	
Bremen 2/3	104 1/4	
Breslau		101 3/4
Cologne	99 1/4	
Geneve		
Hambourg		138 1/2
Leipsig		
dit pour la foire		
dit en L:bl:		
Lion	78 1/2	
Londres	1[illegible]7 1/2	
Naumbourg		
Nuremberg	102 -	
Paris	78 1/4	
Prague		101 1/4
Venise	119.	
Vienne	101 3/4	101 5/8
argent de depôt	105.	104.
argent de change		
Courant contre monoi	105 1/4	
Brand: et Lunebourg		[illegible]
Louisbl:	101 3/4	
Pistoles d'Espagne	7.24.	
Ducats	4.11.	
dits au marc	4.13.	

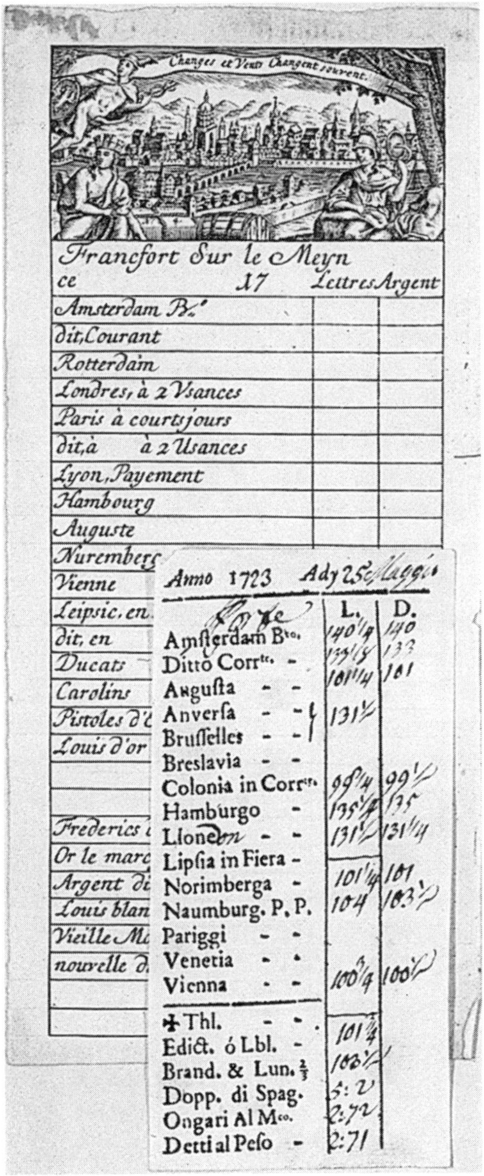

Francfort Sur le Meyn
ce 17

	Lettres	Argent
Amsterdam B.º		
dit, Courant		
Rotterdam		
Londres, à 2 Usances		
Paris à court jours		
dit, à à 2 Usances		
Lyon, Payement		
Hambourg		
Auguste		
Nuremberg		
Vienne		
Leipsic, en		
dit, en		
Ducats		
Carolins		
Pistoles d'[illegible]		
Louis d'or		
Frederics [illegible]		
Or le marc [illegible]		
Argent di[illegible]		
Louis blan[illegible]		
Vieille M[illegible]		
nouvelle d[illegible]		

Anno 1723 Ady 25 Maggio

	L.	D.
Amsterdam B.co	140¼	140
Ditto Corr.te	139⅛	133
Augusta	101¼	101
Anversa / Brusselles	131½	
Breslavia		
Colonia in Corr.te	98¾	99½
Hamburgo	135¼	135
Lione	131½	131¼
Lipsia in Fiera		
Norimberga	101¼	101
Naumburg. P. P.	104	103½
Pariggi		
Venetia		
Vienna	100¾	100½
✠ Thl.	101¼	
Edict. ó Lbl.	103½	
Brand. & Lun. ⅔		
Dopp. di Spag.	5:2	
Ongari Al M.co	2:72	
Detti al Peso	2:71	

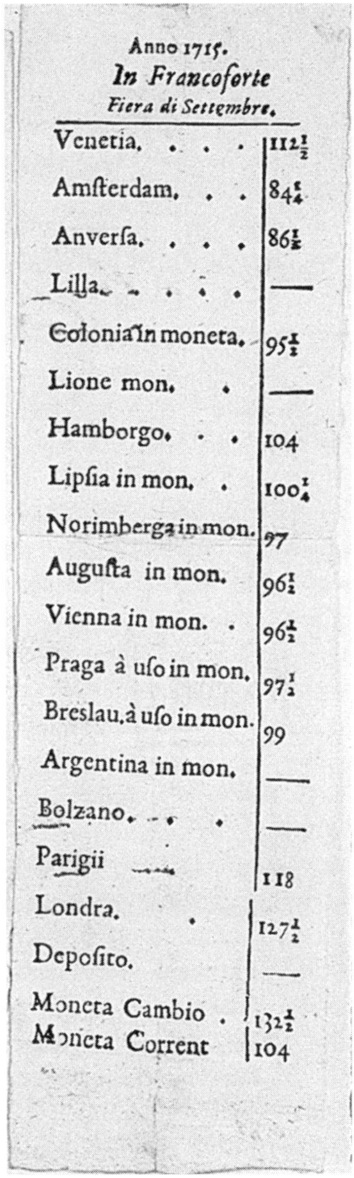

Anno 1715.
In Francoforte
Fiera di Settembre.

Venetia	112½
Amsterdam	84¼
Anversa	86⅛
Lilla	—
Colonia in moneta	95½
Lione mon.	—
Hamborgo	104
Lipsia in mon.	100¼
Norimberga in mon.	97
Augusta in mon.	96½
Vienna in mon.	96½
Praga à uso in mon.	97½
Breslau, à uso in mon.	99
Argentina in mon.	—
Bolzano	—
Parigii	118
Londra	127½
Deposito	—
Moneta Cambio	132½
Moneta Corrent	104

Formular zur Eintragung der Wechselkurse (französisch)
sowie zwei Kurszettel von 1715 und 1723

Gegenüberstehende Seite: Einer der frühesten Frankfurter Kurszettel (1730).
In ein vorgedrucktes Formular in französischer Sprache wurden in zwei Spalten
Kurse für Münzgeld (D) und Wechselbriefe (L) eingetragen

öffentlichte. Eine Klage der Makler darüber vor dem Frankfurter Rat blieb ohne Erfolg. Varrentrapp konnte seinen Kurszettel weiter veröffentlichen. Allerdings verfügte die Zensur des österreichischen Kaiserhauses bereits 1752 die Einstellung der Zeitung aus politischen Gründen.[91] Die Veröffentlichung der Kurse in einer allgemeinen Zeitung mag als Indiz für ein breiteres Interesse gelten.

Mit den hier dargestellten Regelungen und Gepflogenheiten hatte die Organisation der Börse zunehmend Gestalt angenommen. Gegenstand des Börsenhandels blieb bis ins 18. Jahrhundert allein der Wechsel. In Amsterdam hingegen wurden bereits Aktien gehandelt, zunächst die der 1602 gegründeten Ostindischen Kompanie. Seit dem 17. Jahrhundert handelte man hier auch mit Staatsanleihen. Die Amsterdamer Praxis diente Frankfurter Bankhäusern mit engen Beziehungen nach Amsterdam als Vorbild für die Einführung der modernen Emissionsanleihe an der Frankfurter Börse im 18. Jahrhundert.[92]

Anders als bei früheren Anleihen brachte bei der Emissionsanleihe nicht ein einzelner Geldgeber oder ein Konsortium die Anleihesumme auf. Hingegen wurden die Schuldverschreibungen, damals ausschließlich staatlicher Stellen, in Stückelungen in gleichen, runden Beträgen (Partialobligationen) den Anlagesuchenden an der Börse verkauft.[93] Damit wurde der Kreis der Kapitalgeber erweitert. Aufgabe des Bankiers war es, die Emission zu organisieren und Käufer für die Anleihen zu finden. Für den Kreditnehmer vermittelte der Bankier weiter die Überweisung der eingenommenen Gelder an die entsprechende Staatskasse und wickelte Zinszahlungen und schließlich die Schuldentilgung ab. Gelegentlich übernahm ein Bankhaus auch selbst einen Teil der Obligationen. In der Regel ergaben sich die Einnahmen der Bankiers jedoch nicht wie früher aus dem Zinsgewinn, sondern aus den vereinnahmten Provisionen und der Ausnutzung der Differenz zwischen Übernahme- und Emissionskurs.[94]

Diese Form der Anleihefinanzierung erwies sich als äußerst erfolgreich, da sie die Bedürfnisse des Kapitalmarktes genau erfüllte: Zum einen wurde so den Territorialstaaten ermöglicht, ihren stetig wachsenden Geldbedarf zu decken. Mit Ausnahme der preußischen zeichneten sich frühneuzeitliche Territorialherren dadurch aus, daß sie ständig über ihre Verhältnisse lebten.[95] Sie verfügten noch nicht über ein modernes Steuersystem zur Staatsfinanzierung, auch war vor der Industrialisierung das ökonomische Potential besonders kleiner Fürstentümer so gering, daß bei einer den Bedürfnissen des Staates entsprechenden Besteuerung die Wirtschaft Schaden genommen hätte. Daher blieb nur die Deckung der Finanzbedürfnisse auf dem Kreditwege, wozu die neue Technik der Anleiheemission neue Möglichkeiten erschloß. Zum anderen erfüllte die Partialobligation aber auch ein Bedürfnis der Anleger, gab es doch im 18. Jahrhundert nur wenige profitable, längerfristige Anlagemöglichkeiten für Geldkapital, das im Handel oder von Grundherren in der Landwirtschaft erworben worden war. Trotz gelegentlicher Probleme mit der Zahlungsmoral einzelner Fürsten galten Staatsanleihen als vergleichsweise sichere Anlage. Für die Bankiers reduzierte sich durch die Stückelung und Verteilung der Gesamtsumme deutlich das Geschäftsrisiko.[96] Auch bestand durch den Verkauf der Partialobligationen an der Börse für den privaten Gläubiger die Möglichkeit, aus dem Geschäft auszusteigen und sein Kapital somit wieder flüssig zu machen, in einem weitaus höheren Maße als bei anderen Anlageformen, z.B. den zuvor üblichen Anleihen oder Hypotheken. Somit trafen die Partialobligationen auf eine Marktlücke.

In Deutschland wurden die ersten Partialobligationen 1763 und 1765 von Sachsen herausgegeben und vor allem auf den Leipziger Messen gehandelt.[97] Es waren jedoch Frankfurter Bankhäuser wie Bethmann und Metzler im späten 18. sowie Rothschild im 19. Jahrhundert, die der Anleiheemission und dem Effektenhandel in Deutschland zum Durchbruch verhalfen und diese Finanztechniken zu einer Spezialität der Frankfurter Börse machten.

In Frankfurt wurde die Emissionsanleihe durch das Bankhaus Goll & Söhne eingeführt, als dieses 1768 eine 200000-Gulden-Anleihe für das Fürstentum Nassau-Saarbrücken in Form von 200 Partialobligationen zu je 1000 Gulden auflegte. Allerdings wurde diese Anleihe nicht in Frankfurt, sondern in Amsterdam auf den Markt gebracht.[98] Dies ist zum einen ein Anzeichen für die guten Beziehungen Frankfurter Bankiers nach Amsterdam. Zum anderen zeigt der Vorgang, daß in Frankfurt selbst offenbar noch kein Markt für die Unterbringung solcher Papiere vorhanden war.

Dies sollte sich jedoch bald ändern. Ein einschneidendes Datum war der Oktober 1778, in dem das Bankhaus Gebrüder Bethmann zwei große Anleihen auf den Markt brachte: So legten zu diesem Zeitpunkt Gebrüder Bethmann und Jacob Friedrich Gontard und Söhne für Kurfürst Friedrich August III. von Sachsen eine Anleihe über 200000 Taler nach dem Konventionsfuß auf. Die Anleihe wurde in 200 Obligationen zu je 1000 Talern gestückelt. Die Zinsen betrugen 5% jährlich, und die Gesamtlaufzeit des Kredits sollte bis 1784 währen.[99] Kurz zuvor hatte das Bankhaus Gebrüder Bethmann die erste österreichische Staatsanleihe von 200000 Gulden zu 4% an der Frankfurter Börse plaziert. Bereits ein Jahr später folgte eine zweite über zweimal 500000 Gulden zu 4,5% in Partialobligationen zu je 1000 Gulden, deren Laufzeit mindestens acht Jahre betrug. Die Emissionen waren erfolgreich. Der Kreditbedarf des Kaiserhauses war jedoch nach wie vor groß, so daß rasch die Auflage weiterer Anleihen folgte. In den Jahren 1778–1796 plazierte das Bankhaus Gebrüder Bethmann 54 Anleihen über insgesamt knapp 30 Mio. Gulden.[100] Die relative Größenordnung dieser Anleiheoperationen wird erkennbar an dem Preis von 11000 Gulden, den M.A. Rothschild 1784 für sein eher bescheidenes Haus in der Judengasse bezahlte, wegen der dort vorherrschenden Knappheitsverhältnisse das Doppelte von dem, was Goethes Vater nicht lange vorher für eine Villa mit 20 Räumen und großem Garten im besten Teil von Frankfurt bezahlt hatte.[101]

Die Bethmanns avancierten so zu den Bankiers des österreichischen Kaiserhauses. Allerdings bereitete die österreichische Zahlungsmoral bald Schwierigkeiten: Da Österreich infolge der Kriege gegen Frankreich seinen Verpflichtungen nicht mehr nachkommen konnte, wurde 1802 bzw. 1803 verfügt, die noch nicht getilgten Anleihen in neue umzuwandeln, die sogenannten «Bethmännischen Obligationen», die erst ab 1806 getilgt werden sollten. Die Tilgung sollte sich jedoch bis 1867 hinziehen. Auch ging Österreich dazu über, seine Zinsen in Papiergeld zu begleichen, wodurch die Attraktivität der Papiere für die Anleger nachließ. Denn Banknoten begegnete das Frankfurter Publikum nach wie vor mit Mißtrauen. Eine Lösung wurde 1816 mit der Ausgabe der Metalliques versucht, d.h. Anleihen, deren Zinsen in Münzgeld entrichtet wurden.

Trotz der dargestellten Probleme hatte das Bankhaus Bethmann beträchtlichen Gewinn aus den österreichischen Anleihen gezogen, so 5–5,5% Abschlußprovision, Verdienst am Wechselkurs und eine Provision von 1% für die Abwicklung des Zinsendienstes und der Rückzahlung des Kapitals.[102] Das Haus der Gebrüder Bethmann, deren Geschäfte nach wie vor auch den Warenhandel einschlossen, entwickelte sich zum Ende des 18. Jahrhunderts zum führenden Bankhaus Frankfurts.[103]

Im Soge der Anleiheemissionen der Bethmanns wurde die Frankfurter Börse «zugleich zu einer Effektenbörse von internationaler Bedeutung».[104] Das Bankhaus beschränkte sich nicht auf die Plazierung österreichischer Anleihen. Zwischen 1778 und 1800 vermittelte es weitere 18 Anleihen über insgesamt 20,5 Mio. Gulden an verschiedene Fürstenhäuser und Städte,[105] darunter auch 1783 die erste Frankfurter Auslandsanleihe über 500000 Gulden an das Königreich Dänemark. 1801 und 1802 folgten weitere dänische Anleihen, 1802 auch eine erste schwedische Staatsanleihe von 1,5 Mio. Reichstalern zu 5%.[106]

Andere Bankhäuser zogen nach, wie z.B. das Bankhaus Metzler, das 1779 eine erste Anleihe von 200000 Gulden für Kurbayern zu 5% herausgab. 1795 plazierte es gemeinsam mit den Bankiers Willemer eine preußische Staatsanleihe über 1 Mio. Gulden, 1796 eine zweite, beide zu 4,5%. Gleichzeitig übernahm Metzler 1794 für Preußen auch die Auszahlung englischer Subsidiengelder. Das Bankhaus war zum Interessenvertreter des preußischen Staates in Frankfurt geworden.[107] Seit 1800 trat auch der neu etablierte Mayer Amschel Rothschild in das Anleihegeschäft ein. Von 1801 bis 1806 vermittelte er elf Anleihen über insgesamt 5 Mio. Gulden.[108] Rothschild sollte in der Folgezeit zum Hauptkonkurrenten der Bethmanns werden.

8. Das «Steinerne Haus» am Römerberg (erbaut 1464). Sein Erbauer, der Kölner Großkaufmann Johann von Melem (1433–1484), war als Messebesucher in Frankfurt häufig zu Gast gewesen. 1454 heiratete er eine Frankfurter Patriziertochter und ließ sich kurz darauf in der Stadt nieder. Aquarell um 1850

9. Das Haus «Zum Fürsteneck» in der Fahrgasse. Im 14. Jahrhundert von der Patrizierfamilie Holzhausen (Patriziergesellschaft Alten Limpurg) erbaut, wechselte es mehrfach den Besitzer innerhalb des Patriziats und gelangte gegen Ende des 16. Jahrhunderts in die Hände bürgerlicher Kaufleute.
Photographie von 1907

10. Mit Münzverrufungen wie dieser (um 1480) wurde versucht, den Umlauf von Münzen mit geringem Edelmetallgehalt zu verbieten – allerdings mit wenig Erfolg

11. «Frankfurt von vier Himmelsrichtungen». Kupferstiche von Jac. Sam. Walwerth nach einer Zeichnung von Christian Stöcklein (1770)

Stöcklein del. J. J. Walwert sc.

Ansicht von Francfurt a/m. von Westen.

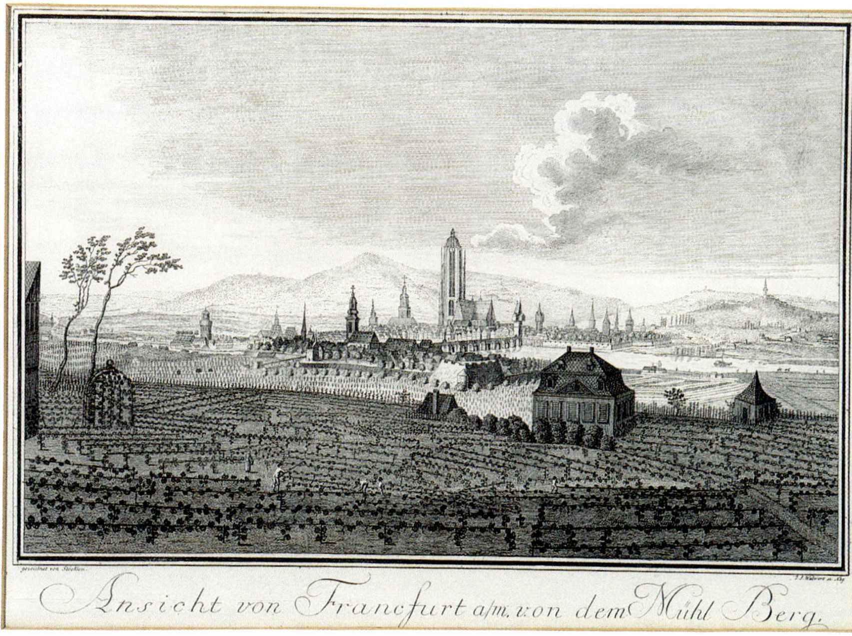

gezeichnet von Stöcklein. J. J. Walwert sc. Aug

Ansicht von Francfurt a/m. von dem Mühl Berg.

12. Friedrich Metzler (1749–1825). Unter ihm nahm das Bankgeschäft des Hauses Metzler einen mächtigen Aufschwung, unter anderem durch die Beteiligung an Anleihen für das Königreich Preußen. Friedrich Metzler legte 1790 erstmals einen Plan für eine Notenbank in Frankfurt vor

13. Simon Moritz von Bethmann (1768–1826). Unter ihm erlangte das Bankhaus Gebrüder Bethmann europäischen Rang. Bethmann hatte auch zahlreiche politische Ämter inne: Mehrfach war er in diplomatischer Mission für die Stadt Frankfurt tätig. Der russische Zar ernannte ihn zu seinem Generalkonsul beim Rheinbund, woran die Zarenbüste auf dem zeitgenössischen Ölgemälde erinnert

14. Die Judengasse nach der Beschießung der Stadt durch französische Truppen in der Nacht vom 13. zum 14. Juli 1796

Über die Struktur des Frankfurter Kapitalmarktes, sowohl hinsichtlich der Nachfrage- als auch der Angebotsseite, hat Hans-Peter Ullmann Informationen zusammengetragen.[109] Als Schuldner traten auf dem Frankfurter Kapitalmarkt zwischen 1770 und 1815 über zwei Dutzend Staaten, Territorien und Städte auf. Von 1778 bis 1796 legte Österreich Effekten im Nennwert von mehr als 43 Mio. Gulden auf. Es folgten Dänemark mit 16, Preußen mit 14 und Bayern mit 13 Mio. Gulden. Mit Beträgen zwischen 3,5 und 8 Mio. Gulden verschuldeten sich die Stadt Frankfurt selbst, das benachbarte Hessen-Darmstadt, die nassauischen Territorien, Baden und Leiningen. Noch geringere Summen hatten der napoleonische Modellstaat Westfalen, Schweden sowie Kurmainz in Frankfurt emittiert. Mit weniger als 1 Mio. Gulden waren andere weltliche und geistliche Territorien, Reichskreise und -städte am Frankfurter Kapitalmarkt aufgetreten. Österreichs Emissionstätigkeit am Frankfurter Kapitalmarkt endete 1797 abrupt. Dänische, preußische und bayerische Anleihen traten nunmehr in den Vordergrund.

Als Kapitalanbieter identifiziert Ullmann zum einen Frankfurter Investoren, darunter auch *merchant bankers*. Aber die von ihnen gezeichneten Anleihepapiere dienten ihnen nur als kurzfristige Anlage, um Schwankungen auf dem Geldmarkt auszugleichen oder um zu spekulieren. Eine langfristige Anlage in Staatspapieren hätte ihrer Geschäftsphilosophie widersprochen. Dagegen entsprach eine solche Anlage genau den Wünschen und Interessen der Verwalter von Stiftungen, Mündelgeldern und Familienfideikommissen. Diese in Frankfurt ansässige professionelle Gruppe gehörte zu den wichtigsten Anbietern am Kapitalmarkt. Am Ende des 18. Jahrhunderts traten zunehmend auch Frankfurter Kaufleute, Gewerbetreibende und andere wohlhabende Privatpersonen als Anleihezeichner auf. So zeigte sich im Nachlaßinventar der 1813 verstorbenen Katharina Elisabeth von Bethmann-Metzler, daß gut die Hälfte des Vermögens in Staatspapieren investiert war. Aber in größerem Umfang als die Frankfurter selbst und dazu noch mit wachsendem Anteil müssen die Staatsanleihen von außerhalb Frankfurts übernommen worden sein.

Zahlreiche Firmen und Privatpersonen von außerhalb unterhielten Konten bei Frankfurter Bankiers und ließen ihre Wertpapierdepots dort verwalten. Von den 1611 Konten, die im frühen 19. Jahrhundert im Bankhaus Gebrüder Bethmann geführt wurden, entfielen 53% auf Personen und Firmen in Deutschland, 16% in den Niederlanden, 10% in Frankreich und 8% in Österreich. Dazu kamen Geschäftsverbindungen mit Italien, England, Rußland, der Schweiz und mit Übersee. Man kann annehmen, daß die Übernahme von Staatspapieren auf dem Frankfurter Kapitalmarkt ähnlich strukturiert war. Denn während die anlagebereiten Gelder auf dem Amsterdamer Kapitalmarkt zu einem erheblichen Teil aus der direkten Umgebung stammten,

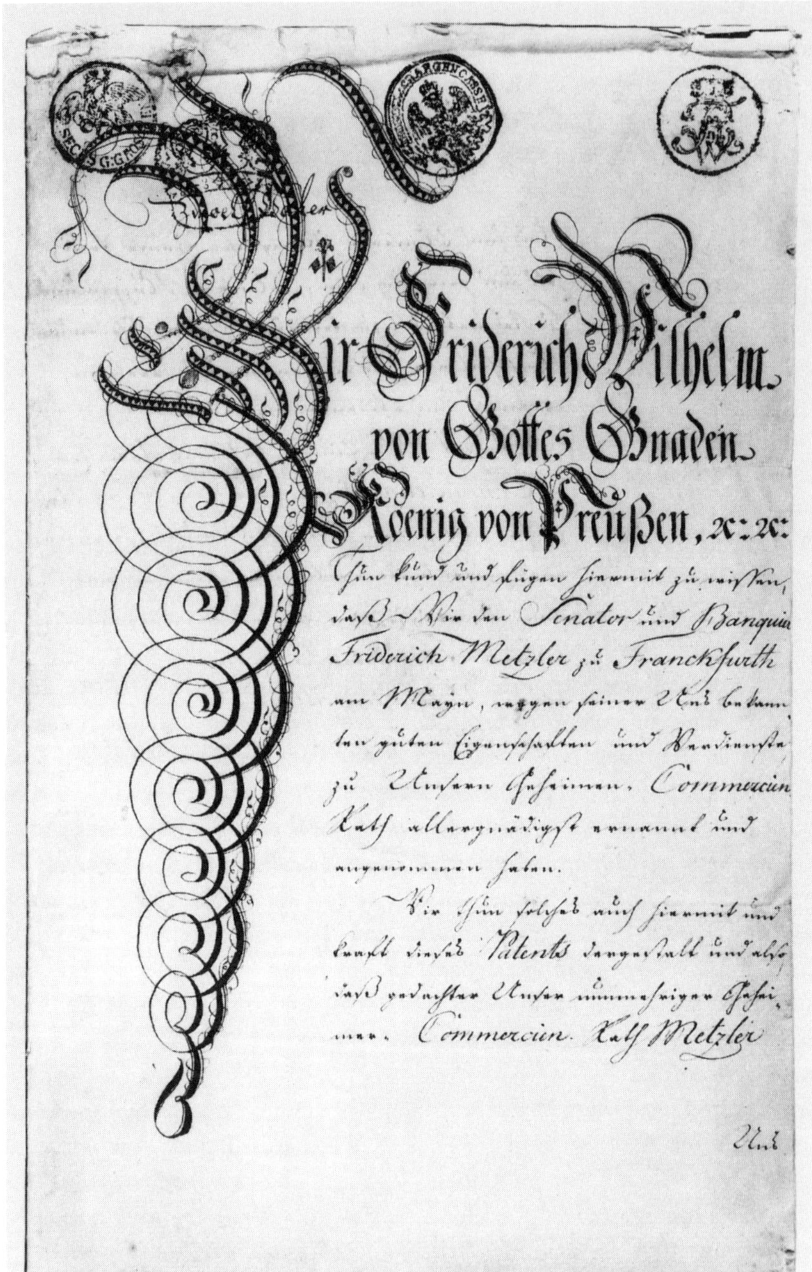
Wir Friderich Wilhelm
von Gottes Gnaden
Koenig von Preußen, xc: xc:
Thun kund und fügen hiermit zu wissen,
daß Wir den Senator und Banquier
Friderich Metzler zu Franckfurth
am Mayn, wegen seiner Uns bekann-
ten guten Eigenschaften und Verdienste
zu Unserm Geheimen Commercien
Rath allergnädigst ernannt und
angenommen haben.
Wir thun solches auch hiermit und
kraft dieses Patents dergestalt und also,
daß gedachter Unser nunmehriger Gehei-
mer Commercien Rath Metzler
Und

Ernennung Friedrich Metzlers zum preußischen «Commercien Rath» (1794). Fürsten bedankten sich bei ihren Bankiers für die erfolgreiche Vermittlung von Anleihen häufig durch die Vergabe von Titeln

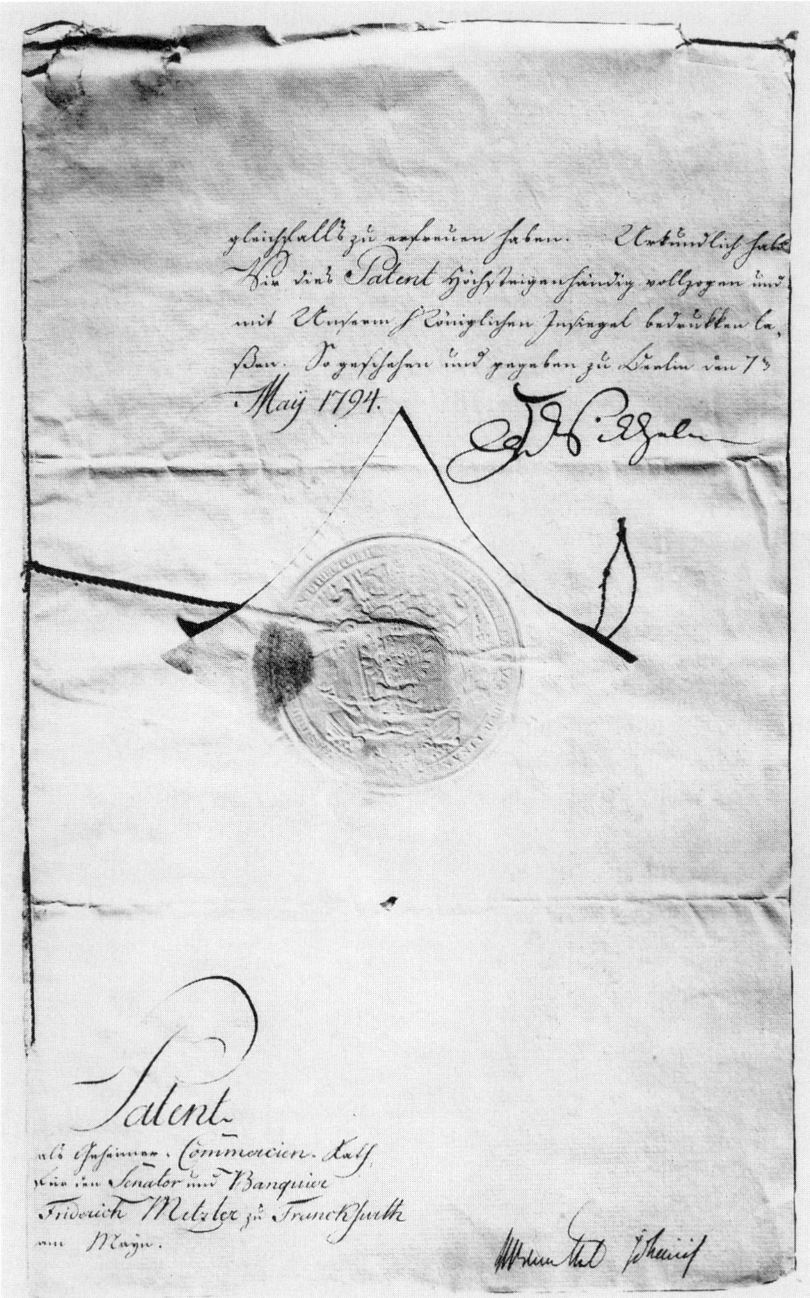

gleichfalls zu erkennen haben. Urkundlich haben Wir dies Patent Höchsteigenhändig vollzogen und mit Unserem Königlichen Insiegel bedrücken laßen. So geschehen und gegeben zu Berlin den 7. May 1794.

Patent als Geheimer Commercien Rath für den Senator und Banquier Friedrich Metzler zu Franckfurth am Mayn.

mußte der Frankfurter Kapitalmarkt seine Mittel in zum Teil entfernten Regionen Mittel-, Süd- und Westeuropas mobilisieren. Was die soziale Zusammensetzung der Anleihezeichner außerhalb von Frankfurt angeht, so zählte dazu mit Sicherheit die höhere Beamtenschaft des Alten Reiches. Dazu kamen die traditionell zum Kaiserhaus neigenden adeligen und kirchlichen Kreise Süd- und Mitteldeutschlands. Aber ein Investor überragte alle: der Landgraf und spätere Kurfürst von Hessen-Kassel. Er betrieb einen florierenden Soldatenhandel, besonders mit England. Die daraus eingehenden Gelder begann er kurz vor der Jahrhundertwende in öffentliche Anleihen auf dem Frankfurter Kapitalmarkt zu investieren, und zwar mit jährlichen Neuinvestitionen von knapp 1 Mio. Gulden und der Wiederanlage getilgter Kredite in Höhe von fast 1,5 Mio. Gulden zwischen 1801 und 1806.[110]

Neben den schon genannten Bankhäusern beteiligten sich viele andere Frankfurter Banken an Anleihe- und Wechselgeschäften. Darüber hinaus erfolgten im 18. Jahrhundert zahlreiche Gründungen von Geschäftshäusern, die sich am Bankgeschäft beteiligten bzw. sich zu Privatbanken entwickelten. So verzeichnet Erich Achterberg die Gründung von 34 Bankhäusern zwischen 1701 und 1789.[111] Dies ist ein Anzeichen für das Vorhandensein von Kapital am Finanzplatz. Auch die Tatsache, daß sich zahlreiche Staaten, darunter selbst Preußen, an Frankfurter Bankiers wandten, zeigt, wie aufnahmefähig der Finanzplatz für Kreditgesuche war.

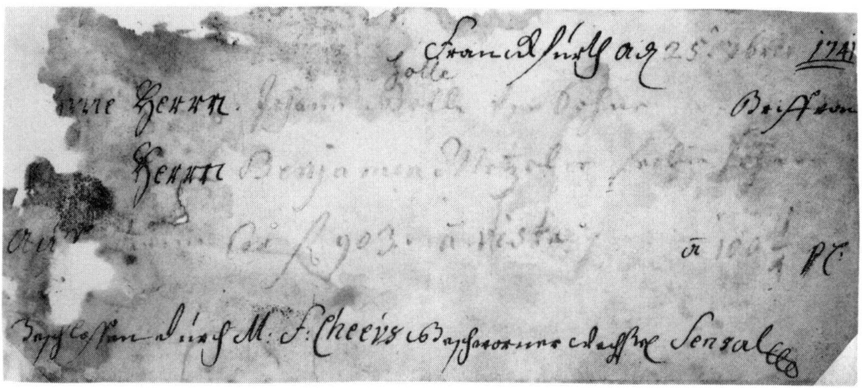

Sichtwechsel des Bankhauses Benjamin Metzler seel. Sohn & Co. (1741)

Das lebhafte Anleihegeschäft sorgte für die Schaffung zusätzlicher Infrastruktur. Das Frankfurter Rechneiamt entwickelte sich zu einer Art Depot, in dem Originalurkunden der Schuldner hinterlegt wurden. Der Hinweis auf die Hinterlegung einer Urkunde beim städtischen Rechneiamt galt als Sicherheitsgarantie. Auch Bankhäuser aus München, Karlsruhe, Stuttgart, Mannheim und Augsburg hinterlegten Urkunden der von ihnen vermittelten Anleihen in Frankfurt.[112] Dies unterstreicht die Bedeutung des Finanzplatzes vor allem für den süddeutschen Raum.

Gegen Ende des 18. Jahrhunderts wurden erstmals auch Kursblätter für die Notierungen von Staatsanleihen herausgegeben. Das erste überlieferte Frankfurter Effektenkursblatt von 1797, herausgegeben vom Wechselmakler Johann Heinrich Müller, enthielt 14 kaiserliche Obligationen und Lotterieanleihen (eine Sonderform der Anleihe, bei der ausgelost wurde, wann die Obligationen zurückgezahlt werden sollten) sowie je eine Anleihe von Jülich-Berg, dem Deutschen Orden, Frankfurt und Darmstadt. Zur gleichen Zeit enthielt z. B. der Berliner Kurszettel noch keine Anleihen.[113] Auch dies unterstreicht die Vorrangstellung Frankfurts auf dem deutschen Anleihemarkt.

Am Beispiel Berlins deutet sich allerdings auch eine Entwicklung an, die Frankfurt zu verschlafen drohte. Bereits 1756 enthielten Berliner Kurszettel Aktien zweier preußischer Kolonialgesellschaften, 1786 kamen weitere Aktien preußischer Unternehmen hinzu.[114] In Frankfurt hingegen wurde die erste Aktie, die der österreichischen Nationalbank, erst im Jahre 1820 notiert (siehe Abschnitt IV4). Aufgrund des großen Erfolgs des Handels mit Staatsanleihen war das Interesse an weiteren Anlageformen in Frankfurt offenbar zunächst gering.

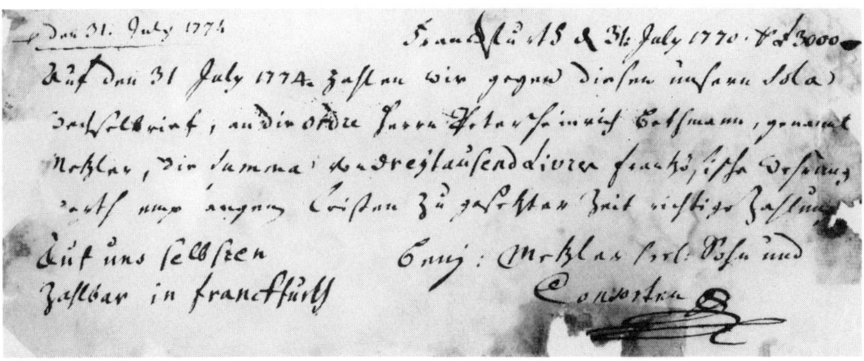

Solawechsel wie dieser des Bankhauses Benjamin Metzler seel. Sohn & Co. auf Peter Heinrich Metzler, genannt Bethmann, vom 31. Juli 1770 über 3000 französische Pfund dienten zur Überweisung größerer Geldbeträge ins Ausland

Zu den Dienstleistungen der Frankfurter Bankhäuser gehörte nach wie vor auch das Kontokorrentgeschäft, das im 18. Jahrhundert noch ausgebaut wurde. Das Bankhaus Bethmann z. B. agierte als Clearingstelle im regionalen Zahlungsverkehr, aber auch im internationalen. Zu seinen Kontoinhabern gehörten renommierte internationale Banken wie Baring (London) und Hope

(Amsterdam).[115] Frankfurt war also in die Abwicklung des internationalen Zahlungsverkehrs integriert.

Mit dem Ausbau des Wechselhandels im späten 17. Jahrhundert, der Vorrangstellung Frankfurts auf dem Anleihemarkt im späten 18. Jahrhundert und dem Ausbau des Kontokorrentgeschäfts nahm der Finanzplatz Frankfurt im Deutschen Reich eine herausragende Stellung ein und war darüber hinaus in das System der europäischen Finanzplätze eingebunden. Das späte 18. und frühe 19. Jahrhundert stellten einen vorläufigen Höhepunkt in der Geschichte des Finanzplatzes dar.

IV. Der mißlungene Übergang zum Industriezeitalter 1806–1866

1. Politische und gesellschaftliche Rahmenbedingungen

In einer historisch vergleichsweise kurzen Zeit von 60 Jahren erlebte Frankfurt zahlreiche Höhe- und Tiefpunkte seiner politischen und gesellschaftlichen Entwicklung. Französische Fremdherrschaft, Befreiungskriege, die Gründung des Deutschen Bundes, die Revolution von 1848 und die Annexion durch Preußen 1866 markieren ereignisgeschichtlich diese wechselvolle und spannungsreiche Zeitspanne in Frankfurts Entwicklung.

Während der Kriege, die im Anschluß an die Französische Revolution geführt wurden, wurde Frankfurt zweimal, 1792 und 1796, von den Franzosen besetzt. In dieser Zeit war die Stadtregierung bemüht, ihre politische Unabhängigkeit gegenüber den französischen Besatzern zu wahren. Da Frankfurt über keine eigenen Truppen verfügte, war es immer wieder auf den Beistand der Reichstruppen angewiesen, die den französischen Angriffen nicht immer standhielten. Nur dank des Reichtums und der Sorge einiger Frankfurter Bürger um die Unabhängigkeit ihrer Stadt[1] gelang es immer wieder, die von Frankreich geforderten Kontributionen zu bezahlen und damit die städtische Freiheit zu erhalten.[2]

Gegen den Expansionsdrang Napoleons konnten sich weder das Reich noch Frankfurt behaupten. Als 1806 das Heilige Römische Reich Deutscher Nation durch die Siege Napoleons an Zusammenhalt verloren hatte und sich mit der Abdankung des deutschen Kaisers Franz II. selbst auflöste, verlor auch Frankfurt seinen politischen Bezugspunkt und seine Bedeutung als Wahl- und Krönungsstätte der deutschen Kaiser. Mit der Gründung des Rheinbundes 1806, eines politischen und militärischen Zweckbündnisses deutscher Fürsten mit Napoleon, begann für die nächsten sieben Jahre in Frankfurt eine neue politische Ära. Konkret bedeutete dies den Verlust der politischen Unabhängigkeit und Selbstverwaltung. Die Stadt wurde zum Mittelpunkt eines neugeschaffenen Fürstentums, das von einem Statthalter Napoleons, dem Mainzer Kurfürsten Karl Theodor von Dalberg, regiert wurde. Bis zum Ende der napoleonischen Herrschaft in Deutschland, also bis 1813, war die politische und wirtschaftliche Elite Frankfurts in ihren Entscheidungen weitgehend von der Person Dalbergs und den neuen Verwaltungsbeamten abhängig.

N°. 254

GAZETTE DU GRAND-DUCHÉ DE FRANCFORT.

GROSHERZOGTHUM FRANKFURT

DU MERCREDI, 11 *Septembre* 1811.

Suite de Londres, du 27 Août.

La gazette de Lisbonne du 7 dit que le général Castanos va prendre le commandement de l'armée de Galice.

Six domestiques du docteur Willis sont chargés de soigner le Roi; il y en a toujours deux auprès de lui, et tous les six s'y trouvent lorsque cela devient nécessaire.

Il est arrivé à Londres des gazettes de Caracas d'une date très-récente. Elles portent que le congrès formé par toutes les provinces environnantes a nommé le général Miranda président, en lui confiant les mêmes pouvoirs que ceux dont jouit le président des Etats-Unis.

On reçoit des Etats-Unis la nouvelle que le capitaine Head, du bricq le *Cosmopolite*, arrivé à New York en trente-trois jours de la baie de Campêche, a rapporté qu'il y avoit eu dans le Mexique un combat sanglant entre les troupes du gouvernement et les révolutionnaires, et que les premières ont été défaites et ont éprouvé une perte considérable.

Des nouvelles arrivées de Cadix par un bâtiment de guerre portent que les insurgés ont éprouvé quelques défaites dans le Mexique; malgré ces revers, on pense qu'il est vraisemblable qu'ils obtiendront l'objet pour lequel ils sont armés, c'est-à-dire l'indépendance. Ils ont un grand nombre de partisans dans les principales villes de ce royaume, et l'on en a arrêté trois cents dans la seule ville de Mexico.

De Semlin, le 26 Août.

L'armée russe en Turquie est composée de 9 divisions d'infanterie (chacune de 2 régimens), de 20 à 25 régimens de cosaques, 3 de hussards, 3 de uhlans, et 13 de dragons. Cinq divisions d'infanterie et 5 régimens de cavalerie sont sur le Dniester; il n'y en a que quatre sur le Danube. Les russes ont en Serbie 3 régimens d'infanterie, 2 de dragons et un de cosaques.

De Vienne, le 4 Septembre.

La commission d'échange et d'amortissement a publié une espèce de tableau concernant l'échange des anciens billets de banque contre de nouveaux, et des billets de banque contre de la monnoie de cuivre, et contenant le bénéfice qui a résulté de ces échanges pour la caisse d'amortissement, pendant le second trimestre de 1811. Ce bénéfice étant de cinq millions de florins en billets de banque, il en a été brûlé pour cette somme le 26 août sur le glacis dans la maison à ce destinée. En conséquence, la somme des billets de banque en circulation qui étoit de 1,060,798,753 florins a été réduite à 1,055,798,753; et il ne sera mis que pour 211,159,750 florins de billets d'amortissement en circulation, au lieu de 212 millions 159,750 florins.

De Trieste, le 28 Août.

En conséquence des représentations que S. Exc. le gouverneur-général de l'Illyrie a faites au ministre de l'intérieur sur les pertes que les habitans de Nenmarkt et de Crainbourg ont essuyées lors des incendies qui ont dévasté ces deux villes les 30 mars et 18 mai, S. M. I. sur le rapport de ce ministre, a accordé la somme de 100,000 fr., savoir 70,000 pour Nenmarkt, et 30,000 pour Crainbourg. Cette somme sera partagée entre

Die «Gazette du Grand-Duché de Francfort« war die amtliche Zeitung des Großherzogtums Frankfurt 1810–1813

Die Regierungszeit Dalbergs hatte aber für Frankfurt nicht nur negative Seiten. Durch seine liberale Reformtätigkeit und die Umstrukturierung der Verwaltung nach französischem Vorbild veränderte er auch die Zusammensetzung der politischen Führungsschicht in Frankfurt. Insgesamt wuchs hier der Anteil des Wirtschaftsbürgertums, zu dem auch die Bankiers zählten.

Die Bedeutung Frankfurts als Finanzplatz und der Reichtum seiner Bürger ermöglichten es sogar bis zu einem gewissen Punkt, im neuen künstlichen Staatsgebilde politische und wirtschaftliche Interessen zu vertreten. Auch wenn zu Beginn der Herrschaft Dalbergs die Wiedererlangung der städtischen Selbstverwaltung und politischen Unabhängigkeit eine Utopie blieb, konnten einige Frankfurter, wie der Jurist Carl Friedrich Seeger oder der Juwelier Georg Steitz, an die Spitze der fürstlichen Landesbehörde aufsteigen und im wirtschaftlichen und politischen Interesse der Stadt agieren.[3]

Trotzdem verloren die alten politischen Gremien in dem neuen Staatsgebilde an politischem Einfluß. Die ehemalige politische Spitze der Stadt Frankfurt, der Rat, konnte in diesem Zeitraum lediglich ausführende Verwaltungstätigkeiten wahrnehmen. Auf städtischer Ebene standen der Gemeinde ein Maire (Bürgermeister) und drei Adjunkte (Stellvertreter) vor. Die eigentliche Macht lag aber bei der Departementsbehörde. In der großherzoglichen Verwaltung gewann zwar das Patriziat wieder an Einfluß, da auch Napoleon auf eine erfahrene politische Elite nicht verzichten konnte, aber als Gegengewicht blieben die Kollegien, Kontrollorgane der Departementsregierung, mehrheitlich von Kaufleuten besetzt. Auch im Munizipialrat des Großherzogtums, einer Versammlung aus Vertretern aller dem Fürstentum angeschlossenen Städte, gehörten 16 der 24 Mitglieder dem Handelsstand an, worin sich der politische Aufstieg des Handelsbürgertums und damit ein Elitenwandel zeigten.

Zu einer wesentlichen Einschränkung der politischen Selbständigkeit trug auch die Tatsache bei, daß die Neubesetzung der Ratsstellen, die zuvor aus den eigenen Reihen durch Kooptation möglich gewesen war, von der Zustimmung Dalbergs abhängig war.[4] Außerdem reduzierte er die Anzahl der Ratsmitglieder auf 30 Personen. Auch hier betrug der Anteil der Patrizier mittlerweile weniger als 10%, während die Anzahl der Kaufleute zunahm, was sich schon gegen Ende des 18. Jahrhunderts abgezeichnet hatte.[5]

Langfristigere Bedeutung hatte die Vereinfachung bei der Erlangung des Bürgerrechts und der damit zusammenhängenden politischen Rechte.[6] Dalberg gelang es, zumindest für die Dauer seiner Regierungszeit, das Staatsbürgerrecht in Frankfurt einzuführen. Politisch weniger privilegierte, aber wirtschaftlich einflußreiche Schichten konnten nun politische Ämter bekleiden. Vor allem die reformierten, katholischen und jüdischen Kaufleute strebten schon länger nach politischer Mitbestimmung. Als ehemaliger Kurfürst von

Mainz setzte sich Dalberg besonders für die Katholiken ein und verbesserte das Schul- und Kirchenwesen ihrer Gemeinde in Frankfurt. Aber auch die Bedingungen für die anderen christlichen Minderheiten sorgten für Verbesserungen. Deutsch- und Französisch-Reformierte, wie die Kaufleute Johann Noé Gogel und Friedrich Joseph Cleynmann, traten nun in den Rat ein. Schon bald waren die Angehörigen der reformierten Gemeinde in den politischen Gremien verhältnismäßig gut vertreten, während die Juden erst fünf Jahre nach Dalbergs Herrschaftsantritt, 1811, mit dem Bürgerrecht den Zugang zu den politischen Ämtern erhielten. Insgesamt fußte der Rat nun auf einer gesellschaftlich breiteren Basis, sowohl beruflich als auch konfessionell, was vor allem zu Lasten des Patriziats ging. Den Kollegien, die während Dalbergs Zeit nur beschränkte politische Kontrollfunktionen ausübten,[7] gehörten neben der Mehrheit von Kaufleuten auch Handwerker an, so daß die soziale Zusammensetzung der politischen Gremien noch vielschichtiger wurde.

Die wirtschaftliche und gesellschaftliche Integration der zugewanderten Kaufmanns- und Bankiersfamilien war nun auch politisch vollzogen. Konfessionelle Unterschiede traten gegenüber gemeinsamen wirtschaftlichen und politischen Interessen in den Hintergrund.[8] Besonders deutlich wurde dies 1808 bei der Gründung der Frankfurter Handelskammer, die auf eine Initiative Frankfurter Kaufleute und Bankiers verschiedenster Konfessionen zurückging. Gemeinsames Ziel war es, zum «Flor der hiesigen Handlung» beizutragen. Das Wirtschaftsbürgertum hatte die Zeit unter Dalberg genutzt, um sich eine offiziell anerkannte Interessenvertretung nach französischem Vorbild zu schaffen.

Diese Entwicklungen stießen auf eine aus ihren ständischen Strukturen langsam herauswachsende Bürgergesellschaft.[9] Schon seit dem Ende des 18. Jahrhunderts traf sich die bürgerliche Elite aus Bildung und Wirtschaft in den neugegründeten Vereinen. Kaufleute und Bankiers waren während des gesamten 19. Jahrhunderts überproportional in den Frankfurter Vereinen vertreten.[10] Hier wurde nicht nur über die politische Zukunft der Stadt diskutiert, sondern man knüpfte und pflegte auch wirtschaftliche und gesellschaftliche Kontakte. Wer als Bankier oder Kaufmann in Frankfurt erfolgreich Geschäfte abschließen und informiert sein wollte, mußte sich dieser neuen bürgerlichen Organisationsform anschließen.[11] Bekannte Frankfurter Bankiers, wie Bethmann und Metzler, waren deshalb gleich in mehreren Vereinen eingeschrieben. Nicht zuletzt über die Mitgliedschaft in den Vereinen kam es später auch zur familiären Verflechtung zwischen den einzelnen Bankiersfamilien in Frankfurt. Der hohe Kapitalbedarf Preußens, Österreichs und der neuentstehenden Industrien konnte in der zweiten Hälfte des 19. Jahrhunderts auf der Basis zugleich geschäftlicher und familiärer Bindungen von den Frankfurter Bankiers schneller und günstiger als von anderen aufgebracht werden. Die verwandtschaftlichen Beziehungen zwischen dem Bankhaus Metzler und dem Bankhaus Bethmann gehörten dabei zu den bekanntesten. Über die Vereinstätigkeit hinaus gewannen diese Schichten gegenüber dem alten Patriziat deutlich an politischem und kulturellem Einfluß, was sich dann auch in der beruflichen und sozialen Zusammensetzung der städtischen Ämter zeigte.

Nur der jüdischen Oberschicht verwehrte man zunächst noch den Zugang zu den christlichen Vereinen und den politischen Ämtern. Die wirtschaftliche Oberschicht hatte die Juden bei der Integration der anderen christlichen Konfessionen nicht berücksichtigt. Die jüdische Minderheit Frankfurts erblickte jedoch eine Chance, die in Frankreich bereits erfolgte Judenemanzipation mit Dalbergs Hilfe auch in Frankfurt herbeizuführen. In einer Denkschrift, die die jüdische Gemeinde 1806 an Dalberg richtete, formulierten die Juden ihre wirtschaftlichen Interessen in der Stadt. Gewerbefreiheit, Förderung von Industrie und Landwirtschaft und kulturelles Engagement standen dabei an erster Stelle. Vorerst ließ Dalberg die Denkschrift unbeantwortet. Lediglich eine neue Stättigkeitsordnung wurde 1808 eingeführt, die das Zusammenleben zwischen jüdischer und christlicher Gemeinde etwas liberaler gestaltete. Für Juden wurden die Verbote des Warenhandels jedoch aufrechterhalten und die Kreditvergabe von bis zu 2000 Gulden war weiterhin an die Erlaubnis der Obrigkeit gebunden.

An ihrer bürgerlichen Emanzipation mußten also die jüdischen Kaufleute und Bankiers das größte Interesse haben, letztlich erkauften sie sich das Bürgerrecht. Denn nicht aus innerer Überzeugung, sondern mit einer Ablösesumme von 440000 Gulden, die der Bankier Mayer Amschel Rothschild für seine Glaubensgenossen aufbrachte, ließ sich Dalberg zur politischen Gleichstellung der Juden bewegen. Die politische Gleichstellung der Juden im Jahre 1811 rief Unbehagen in der Bürgerschaft hervor. Die unmittelbare Vergabe des Bürgerrechts an 645 Stättigkeitsjuden, ohne vorherige Überprüfung ihrer Qualifikation, mußte zwangsläufig zu Spannungen innerhalb der Bürgerschaft führen. Es verwundert nicht, daß man nach der Regierungszeit Dalbergs zu den alten Bürgerrechtsbestimmungen zurückkehrte. Erst 1824 erlangten die Juden mit Hilfe der in Frankfurt entstandenen Bundesbehörden die privatrechtliche und 1854 die volle politische Gleichberechtigung. Der erste Schritt, die schmale Schicht der wohlhabenden Juden in die bürgerliche und politische Elite aufzunehmen, bahnte sich aber bereits 1811 mit der Wahl Mayer Amschel Rothschilds in das Wahlkollegium des Departementrates an. Nur ganz allmählich drangen Juden, und dann auch nur die wohlhabende Schicht, in das bürgerliche Vereinswesen vor.

Das Reformwerk der Franzosen, die Verwaltung der Stadt Frankfurt neu zu strukturieren und in einem gewissen Rahmen die bürgerliche Gleichheit zu

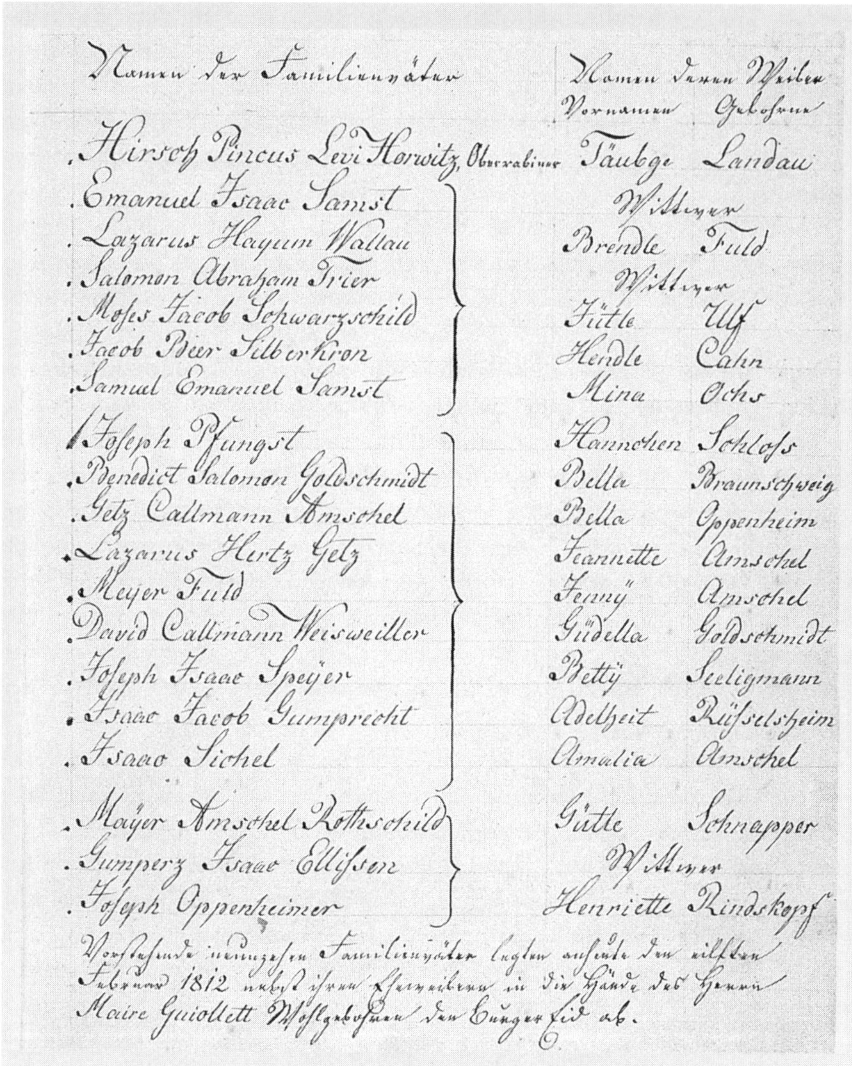

Namen der Familienväter	Namen deren Weiber Vornamen	Gebohrne
Hirsch Pincus Levi Horwitz, Oberrabiner	Täubge	Landau
Emanuel Isaac Samst	Wittwer	
Lazarus Hayum Wallau	Brendle	Fuld
Salomon Abraham Trier	Wittwer	
Moses Jacob Schwarzschild	Fütle	Ulf
Jacob Beer Silberkron	Hendle	Cahn
Samuel Emanuel Samst	Mina	Ochs
Joseph Pfungst	Hannchen	Schloss
Benedict Salomon Goldschmidt	Bella	Braunschweig
Getz Callmann Amschel	Bella	Oppenheim
Lazarus Hertz Getz	Jeannette	Amschel
Meyer Fuld	Jenny	Amschel
David Callmann Weisweiller	Gudella	Goldschmidt
Joseph Isaac Speyer	Betty	Seeligmann
Isaac Jacob Gumprecht	Adelheit	Rüsselsheim
Isaac Sichel	Amalia	Amschel
Mayer Amschel Rothschild	Gütle	Schnapper
Gumperz Isaac Ellissen	Wittwer	
Joseph Oppenheimer	Henriette	Rindskopf

Vorstehende neunzehn Familienväter legten auf heute den eilften Februar 1812 nebst ihren [illegible] in die Hände des Herrn Maire Guiollett Wohlgebohren den Bürger Eid ab.

1811 erhielten die Frankfurter Juden nach einer Verordnung des Großherzogs Carl Theodor von Dalberg das städtische Bürgerrecht. Unter den Einträgen auf der ersten Seite des «Bürgerbuchs der Juden» finden sich die Namen bekannter Bankiersfamilien, wie z.B. Rothschild

verwirklichen, konnte in der Kürze der Zeit nicht vollendet werden. Die Reformen, unter anderem die Pläne zur Einführung der Gewerbefreiheit, blieben aufgrund der schon bald einsetzenden Kriegshandlungen und der damit zusammenhängenden Finanznot des Staates ein Torso. Außerdem erwiesen sich die alten sozialen Kräfte und Traditionen der ehemaligen

Reichsstadt als zu stark, als daß die aufgezwungenen Reformen hätten fortgesetzt werden können. In anderen Städten des Rheinbundes wie Köln und Aachen, die Frankreichs Einfluß stärker ausgesetzt waren, blieben jedoch viele Reformen auch nach den Befreiungskriegen bestehen. Bereits gegen Ende des Jahres 1811, als sich die drückenden Lasten der französischen Einquartierungen und die Finanzierung des Rußlandfeldzuges Napoleons bemerkbar machten, breitete sich innerhalb der Frankfurter Bürgerschaft Unmut aus. Der Wunsch, die städtische Souveränität und die früheren sozialen und wirtschaftlichen Verhältnisse wiederherzustellen, wurde immer stärker.

Nachdem Dalberg vor den herannahenden siegreichen österreichischen Truppen 1813 geflohen war, wurden die Ratsmitglieder von 1806 wieder eingesetzt. Somit entstand in dem provisorischen Rat vorübergehend wieder ein Überhang an Patriziern, während der Anteil der Handelsbürger zwischen 1814 und 1816 kurzfristig abnahm. Für das Wirtschaftsbürgertum bestand nach den politischen Erfolgen in der Dalbergzeit die Gefahr, ins politische Abseits zu geraten. Denn es tauchte auch die Frage nach den politischen Rechten der einzelnen Konfessionen wieder auf. Die Bankiers und Kaufleute hatten das größte Interesse daran, die politische Gleichberechtigung der drei Konfessionen aufrechtzuerhalten, damit innerhalb des Wirtschaftsbürgertums keine Konflikte mehr aufkommen konnten. Eine Modifikation der alten reichsstädtischen Verfassung, die wieder in Kraft gesetzt worden war, bildete die Voraussetzung dafür, daß das Wirtschaftsbürgertum seinen politischen Einfluß behielt.[12] Eine Mehrheit aus Juristen und Großkaufleuten konnte letztlich die Wiedereinführung der reichsstädtischen Verfassung verhindern. Entscheidende Unterstützung erhielten sie von dem Generalkommissar für die ehemals von Frankreich besetzten Gebiete, Freiherrn vom Stein, der Frankfurt als Freie Stadt mit bürgerlich geprägten Strukturen wiederaufleben lassen wollte. Auch die Tatsache, daß der nach der Neuordnung Europas auf dem Wiener Kongreß entstandene Deutsche Bund seinen Sitz in Frankfurt nahm, war ein Zeichen dafür, daß man auf eine neutrale, unabhängige und selbstverwaltete Stadt setzte. Für die immer weiter schrumpfende patrizische Führungsschicht war mit dem Deutschen Bund, einem lockeren Zusammenschluß der souveränen deutschen Fürsten, das zentrale Oberhaupt, der Kaiser, weggefallen.

In den zur Beratung der Verfassung eingesetzten Gremien waren die Wirtschaftsbürger dann auch wieder mit fast der Hälfte der Sitze vertreten. Bankiers wie Simon Moritz von Bethmann und Kaufleute wie Carl August Städel und Johann Jacob Bonn standen dabei in der ersten Reihe.[13] Trotz des Übergewichts der Wirtschaftsbürger in den Gremien mußten zwischen den sozialen Kräften Kompromisse gefunden werden. Unter der Aufsicht der Bundesversammlung in Frankfurt beschleunigten sich die Entscheidungen. Denn die Angst vor einer möglichen Abhängigkeit vom Deutschen Bund oder von einem deutschen Fürsten erzwang eine rasche Lösung. Am Ende der Verfassungsdiskussionen setzte sich das Bündnis aus Kaufmannselite, liberalen Juristen und konservativen Zunfthandwerkern gegenüber den Patriziern durch. Zwischen diesen sozialen Gruppen, zwischen denen weiterhin Interessengegensätze bestanden, mußte in Zukunft die Machtbalance austariert werden.

Trotz der unterschiedlichen Positionen, die während der Verfassungsdiskussion sichtbar blieben, war die bürgerliche Einheit gerettet worden. Und was noch wichtiger war, die Erhaltung der Verfassung festigte das Selbstverwaltungsrecht der Stadt. Das Ergebnis war die Konstitutions-Ergänzungs-Akte, die ständische und moderne Elemente beinhaltete. Mit überwältigender Mehrheit nahm sie die Bürgerschaft 1816 an und legte damit die Grundlage der zukünftigen politischen Kultur der Stadt.

Zunächst machte man jedoch die meisten der Dalbergschen Reformen rückgängig. Die alten Bürgerrechtsbestimmungen wurden wieder eingeführt, und der Zugang wurde durch hohe Einkommensnachweise erschwert.[14] Auch wurde die alte Struktur des Rates, der jetzt als Senat bezeichnet wurde, wiederhergestellt, und die Trennung von Justiz und Verwaltung wurde wieder aufgehoben.[15] Der Senat blieb in seinen Befugnissen das Machtzentrum der Stadt, war für die gesamte Innen- und Außenpolitik des Stadtstaates zuständig und hatte bestimmenden Einfluß auf das Gerichts-, Finanz-, Steuer-, Bildungs- und Kirchenwesen.

Als Kontrollorgan entstand die «Ständige Bürgerrepräsentation», die aus dem ehemaligen 51er und dem Neuner-Ausschuß gebildet wurde. Hier dominierten bis 1866 die Kaufleute mit über der Hälfte der Mitglieder. Ausgerechnet in dieser Periode verlor die Frankfurter Messe ihre Spitzenposition an Leipzig und die Frankfurter Börse an Berlin.[16] Zur Aufgabe der Ständigen Bürgerrepräsentation gehörte es, die städtischen Finanzen zu kontrollieren. Einen entscheidenden Fortschritt bedeutete das Mitbestimmungsrecht bei der Besetzung neuer Senatsstellen. An die Seite der Bürgerrepräsentation trat die «Zentrale Finanz-Commission», die die Aufgaben der früheren Gegenschreiberei übernahm und das Recht besaß, dem Senat Vorschläge zur Veränderung oder Verbesserung der Finanz- und Steuerverwaltung der Stadt zu machen.

Den radikalsten Bruch mit der reichsstädtischen Verfassung stellte die Einrichtung der «Gesetzgebenden Versammlung» dar, die über ein hohes Maß an Kompetenzen verfügte und den ersten Schritt zur Repräsentativverfassung bedeutete. Grundsätzlich war sie bei allen gesetzgebenden Maßnahmen einzuberufen. Bei der Festsetzung der Steuern und am Abschluß von Staatsverträgen war sie beteiligt. Sie fungierte als Schlichtungsinstanz zwischen Bürgerrepräsentation und Senat, bei dessen Besetzung sie mitentschied. Bis 1866 entwickelte sich dieses Gremium mehr und mehr zu einer parlamentarischen Plattform mit wechselnden politischen Mehrheiten. Hier wurden die ehemals an den Reichshofrat herangetragenen Verfassungsfragen diskutiert und gelöst. Auch in diesem Gremium waren die Kaufleute und Bankiers mit einem Drittel der Mitglieder am stärksten vertreten. Bei der Besetzung der unterschiedlichen politischen Gremien stellte sich bald ein politisches Gleichgewicht zwischen den verschiedenen sozialen Schichten ein.

Von entscheidender Bedeutung für die Entwicklung des Handels- und Finanzplatzes Frankfurt war jedoch die Tatsache, daß trotz der Wiedereinführung des reichsstädtischen Bürgerrechts die ständischen und konfessionellen Unterschiede kein Hindernis mehr beim Zugang zu den politischen Ämtern darstellten. Mit Ausnahme der Juden, die 1854 ihre politischen Rechte erhielten, stand nun allen Konfessionen der Zugang zu den Senatsstellen offen.[17] Konsequenterweise führte diese Entwicklung schrittweise zum Rückgang der Patrizier im Stadtregiment und gleichzeitig zur Zunahme der Juristen, die meist aus Kaufmannsfamilien stammten. Der Anteil der Handelsbürger im Senat stieg zwar bis 1866 wieder an, aber er lag durchschnittlich nur bei 20%.[18] Sicher war auch die mit dem Amt verbundene zusätzliche Arbeitsbelastung ein Hinderungsgrund für viele Kaufleute, sich hier politisch zu betätigen, zumal die Gesetzgebende Versammlung genügend politischen Spielraum ließ.

Eng mit der Verfassungsdiskussion war die Frage nach den Befugnissen der Handelskammer verflochten, deren Einrichtung nach französischem Vorbild der Kaufmannschaft bereits 1808 unter Dalberg gelungen war.[19] Mit ausdrücklicher Orientierung an den Hamburger Verhältnissen waren die Frankfurter Kaufleute an Freihandel und an der Autonomie der Handelskammer interessiert. Die Schaffung eines Handelsgerichtes, die Revision der Wechselordnung, die Umgestaltung des Post- und Transportverkehrs und eine Revision des Abgabewesens setzten sie in den Verhandlungen durch. Die Handelskammer wurde im Laufe der Zeit zu einem ausgleichenden Element im politischen Machtgefüge der Stadt. Der Grundsatz, daß «je weniger die Staatsgewalt als solche, wenngleich wohlmeinend, in die Sphäre der Industrie eingreift, um so mehr setzt jeder einzelne seine Kräfte zunächst zu seinem Zwecke, mittelbar aber zum Besten des Staates in Tätigkeit», gewann zumindest im Handel und im Bankwesen an Gültigkeit.[20]

Die Jahre zwischen der Annahme der neuen Verfassung 1816 und den Revolutionsereignissen von 1848 verliefen relativ ruhig. Die Repressionsmaßnahmen Metternichs gegenüber den nach den Befreiungskriegen erwachten nationalen und demokratischen Kräften kamen den konservativen und gemäßigten Kräften im Frankfurter Stadtregiment bis zu einem gewissen Punkt entgegen. Sie versprachen sich von einer ruhigen, reformgeleiteten politischen Veränderung die Konsolidierung der Frankfurter Wirtschaft. Den politisch oppositionellen Kräften, mit denen auch ein Teil der wirtschaftlichen Oberschicht in Frankfurt sympathisierte, gelang es nicht, Veränderungen herbeizuführen, wie der gescheiterte Sturm auf die Hauptwache im April 1833 bewies.[21]

Auch die aus den politischen Ansprüchen des Bürgertums und dem wirtschaftlichen Unmut der Handwerker heraus entstandene Revolution von 1848 erschütterte die politische Struktur der Stadt nur mittelbar. Innerhalb der politischen Führungsschichten herrschte eine relativ konservative Geschlossenheit – und das, obwohl oder gerade weil Frankfurt neben dem Paulskirchenparlament zum Zentrum von Demokraten-, Gesellen- und Arbeiterkongressen wurde, die auch die Privilegien des Wirtschaftsbürgertums in Frage stellten. Ein Großteil der Bankiers in Frankfurt vertrat eine gemäßigt-liberale Position. Wie die Mehrheit der Paulskirchenabgeordneten befürworteten auch sie eine konstitutionelle Monarchie. Die meisten Bankiers waren Mitglieder der Casinogesellschaft, die ihre Räumlichkeiten den Gemäßigt-Liberalen unter der Führung des Präsidenten der Paulskirche, Heinrich von Gagern, für ihre Fraktionssitzungen zur Verfügung stellte.[22] Doch weder eine konstitutionelle Monarchie noch eine republikanische Demokratie standen am Ende der Revolution von 1848/49. Mit der Ablehnung der vom Parlament dem preußischen König angetragenen Krone scheiterten die Revolution und die deutsche Einheit. Wie in den anderen deutschen Staaten kehrte man auch in Frankfurt zunächst zu den alten Verhältnissen zurück. Doch das politische Gedankengut der Revolution bewirkte langfristig Veränderungen an der Frankfurter Verfassung. Zu den wichtigsten gehörten mit Sicherheit die politische Gleichberechtigung der Juden und der Abbau der Entscheidungsbefugnisse des Senats. Auch der Zugang zu den politischen Ämtern wurde vereinfacht, so daß die soziale Zusammensetzung der Amtsträger sich ausweitete.[23]

Wie stark aber Frankfurt noch seinen alten sozialen und politischen Strukturen verhaftet war, zeigt sich an der Diskussion um den Anschluß an den Preußischen Zollverein, den Frankfurt 1836 vollzog, und an der Einführung der Gewerbefreiheit 1864. Kaufleute, Bankiers und Handwerker sahen aus unterschiedlichen Motiven den Beitritt als Gefahr an. Die Kaufleute und Bankiers, weil sie zunächst ihre Unabhängigkeit gefährdet sahen und der preußischen Hegemonie mißtrauten, und die Handwerker, weil sie mit dem Fallen der Zollgrenzen auch ihre Konkurrenzfähigkeit bedroht sahen.[24] Doch der Anschluß war notwendig geworden, nachdem die Nachbarstaaten und -städte im Handels- und Messewesen an Frankfurt vorbeizuziehen gedroht hatten. Innerhalb der politischen Gremien mußte man einen Kompromiß zwischen den Interessen der Kaufleute, die die Bedeutung des Beitritts mittlerweile erkannt hatten, und dem Nahrungsschutz des Handwerks finden, um die Stabilität des sozialen Gefüges und die politische Selbständigkeit zu wahren. Deshalb garantierte man den Handwerkern, die noch immer über politischen Einfluß verfügten und ein sozialrevolutionäres Potential darstellten, die wesentlichen Punkte ihrer Zunftbestimmungen, die seit 1766 bestanden. Die Zünfte wahrten auch weiterhin ihre Monopolrechte auf bestimmte Gewerbe und Produkte. Dies war einer der Gründe für die relativ späte Einführung der Gewerbefreiheit im Jahre 1864. Auch die Bankiers zeigten sich am Aufbau fremder bzw. eigener Gewerbebetriebe kaum interessiert. Ihre Geschäftstätigkeiten wiesen mittlerweile über die Stadt- und Handelsgrenzen hinaus auf die zur Finanzierung der großen Territorialstaaten notwendigen Geldgeschäfte. Soweit es vereinzelt dennoch zur Gründung größerer Gewerbebetriebe kam, waren Kaufleute, weniger die Handwerker die Initiatoren.[25] Gemessen an der forcierten Industrialisierung im preußischen Rheinland, in Sachsen und Schlesien, blieb Frankfurt vormodern.

Trotzdem erhöhte sich die Zahl der Einwohner zwischen 1830 und 1875 auf mehr als das Doppelte von 49000 auf 103000. Die verschiedenen Berufsgruppen waren an dieser Entwicklung in unterschiedlichem Maße beteiligt. Wirtschaftlich dominiert wurde Frankfurt von den im Speditions- und Meßhandel tätigen Bürgern und den Privatbankiers, die die Stadt in der ersten Hälfte des 19. Jahrhunderts zum Zentrum des europäischen Staatsanleihegeschäfts machten. Auf der anderen Seite standen die Zunfthandwerker, die meist nur noch für den städtischen Bedarf produzierten oder zum Kleinhandel übergingen. Die steigende Einwohnerzahl war außer auf die hygienischen und medizinischen Verbesserungen im 19. Jahrhundert unter anderem auf eine Veränderung der Zunftbestimmungen während der Regierungszeit Dalbergs zurückzuführen, die auch nach 1816 weiterbestand. Seit 1816 konnten die Meister unbegrenzt Gesellen aufnehmen, was zu einem raschen Anstieg dieser Erwerbsgruppe in Frankfurt führte.

Für die Zeit zwischen 1806 und 1866 war jedoch eine Stabilität der Berufsstrukturen zu beobachten. Der sich nun langsam vom Handel lösende Berufsstand der Bankiers erhielt kaum noch Zuwachs durch Einwanderungsbewegungen, wie dies im 16. und 17. Jahrhundert so charakteristisch gewesen war. Die soziale Basis des Finanzplatzes Frankfurt bestand aus einer immer stärker von den gesellschaftlichen und familiären Bindungen getragenen Schicht von Bankiers, die sich aus sich selbst heraus ergänzte. Die konfessionellen Unterschiede zwischen den Bankiers spielten auf wirtschaftlichem Gebiet keine Rolle mehr. Der Aufstieg der Familie Rothschild zeigt, daß zumindest die jüdische Finanzelite langsam Eingang in die christlichen Bankierskreise fand. Insgesamt wuchs die Anzahl der Bankhäuser in Frankfurt von 118 im Jahre 1837 auf über 190 im Jahre 1868, was unmittelbar mit dem Eisenbahnbau und dem gestiegenen Finanzbedarf der Territorialstaaten zusammenhing, der durch finanztechnische Innovationen (Partialobligationen) befriedigt wurde. Auch der Anteil der im kaufmännischen Bereich Tätigen wuchs zwischen 1834 und 1868 relativ gleichmäßig und stand mit 30% der Beschäftigten an der Spitze der Frankfurter Erwerbsstruktur.[26] Die soziale und berufliche Zweiteilung zwischen kaufmännischer Oberschicht und handwerklichem Gewerbe blieb bis in die siebziger Jahre des 19. Jahrhunderts erhalten und sollte den Gegensatz, unterstützt von industriellen Entwicklungen, zwischen Arm und Reich in Zukunft verschärfen.[27] Der Handel und die Banken blieben auch im 19. Jahrhundert «die Seele der Stadt». Erst der Anschluß an Preußen führte zu einer Verlagerung zugunsten des Gewerbes und der Industrie und zu weitreichenden politischen und sozialen Veränderungen, die auch auf die Stellung Frankfurts als Finanzplatz Einfluß hatten.

2. Handel und Gewerbe

Drei Ereignisse waren für die Handels- und Gewerbeentwicklung in Frankfurt zwischen 1806 und 1866 von entscheidender Bedeutung. Da war zunächst die französische Besatzung, die langfristig nur geringe Spuren hinterließ. Wichtiger jedoch waren der Beitritt Frankfurts zum Deutschen Zollverein 1836 und die Annexion Frankfurts durch Preußen 1866. Im Jahr darauf erfolgte unter Preußens Führung die Gründung des Norddeutschen Bundes, 1871 die des Deutschen Reiches, was die Rahmenbedingungen für den Handel und die industrielle Entwicklung Deutschlands und damit auch für den Finanzplatz Frankfurt nachhaltig beeinflussen sollte. Die Messe, die über Jahrhunderte hinweg der Motor der wirtschaftlichen Entwicklung der Stadt gewesen war, verlor in diesem Zeitraum ihre Bedeutung für den Finanzplatz Frankfurt. Das traditionelle handwerkliche Gewerbe, das für den Finanzplatz kaum eine Rolle spielte, wurde zunehmend von der aufkommenden Industrialisierung bedroht, die die Frankfurter Wirtschaftsführer in Zugzwang brachte, jedoch erst 1864 zur Einführung der Gewerbefreiheit führte.

Die französische Besatzungszeit (1806–1813) brachte für Handel und Gewerbe nur kurzfristige Veränderungen mit sich. Zum einen wurde 1808 die Handelskammer zu Frankfurt am Main gegründet. Sie vertrat seitdem offiziell die Interessen der Frankfurter Kaufmannschaft, zu der auch die Bankiers gezählt wurden. Zum anderen wurde schon bald die wirtschaftliche Potenz Frankfurts in den Dienst der europäischen Eroberungszüge Napoleons gestellt. Wie auch in den anderen besetzten Gebieten Deutschlands nutzte der «Kaiser der Franzosen» alle Ressourcen, um seinen russischen Feldzug zu finanzieren und zu organisieren (4 Mio. Livres mußte Frankfurt allein an

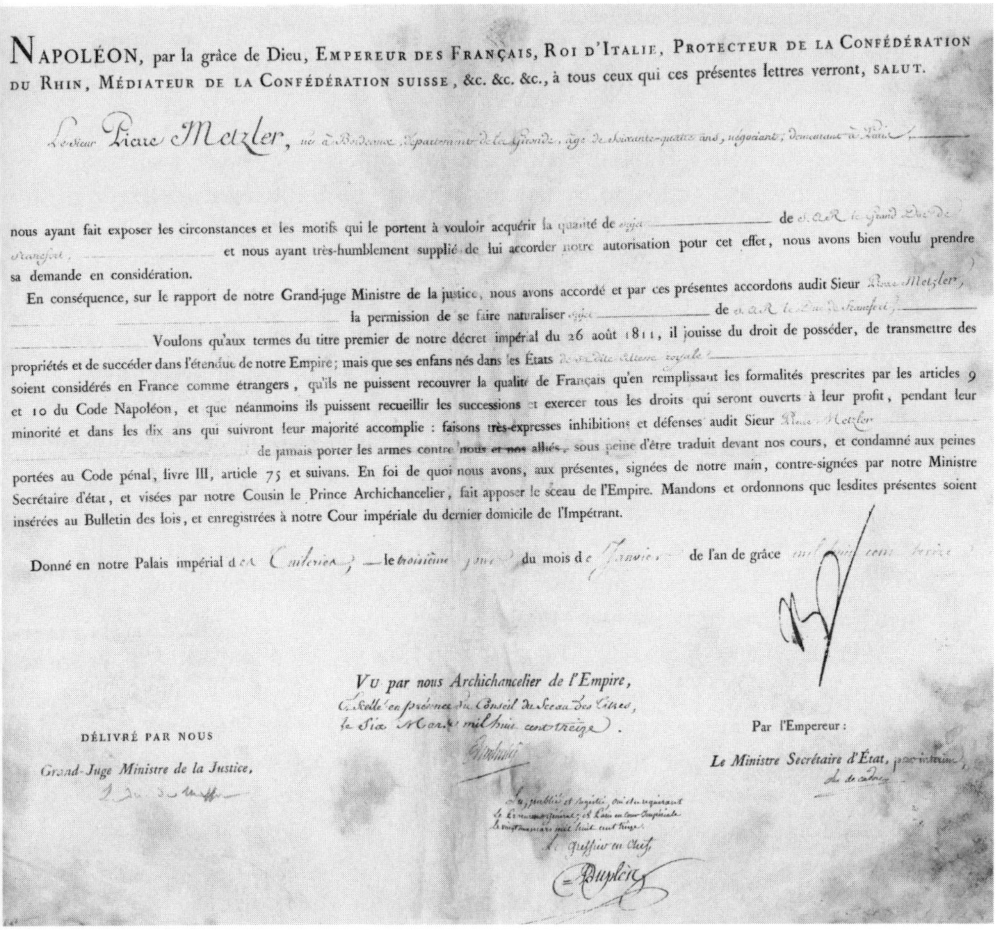

NAPOLÉON, par la grâce de Dieu, EMPEREUR DES FRANÇAIS, ROI D'ITALIE, PROTECTEUR DE LA CONFÉDÉRATION DU RHIN, MÉDIATEUR DE LA CONFÉDÉRATION SUISSE, &c. &c. &c., à tous ceux qui ces présentes lettres verront, SALUT.

Le Sieur Pierre Metzler, né à Bordeaux, département de la Gironde, âgé de soixante-quatre ans, négociant, demeurant à Paris,

nous ayant fait exposer les circonstances et les motifs qui le portent à vouloir acquérir la qualité de sujet de S. A. R. le grand Duc de Francfort, et nous ayant très-humblement supplié de lui accorder notre autorisation pour cet effet, nous avons bien voulu prendre sa demande en considération.

En conséquence, sur le rapport de notre Grand-juge Ministre de la justice, nous avons accordé et par ces présentes accordons audit Sieur Pierre Metzler, la permission de se faire naturaliser sujet de S. A. R. le Duc de Francfort. Voulons qu'aux termes du titre premier de notre décret impérial du 26 août 1811, il jouisse du droit de posséder, de transmettre des propriétés et de succéder dans l'étendue de notre Empire; mais que ses enfans nés dans les États de sadite Altesse royale soient considérés en France comme étrangers, qu'ils ne puissent recouvrer la qualité de Français qu'en remplissant les formalités prescrites par les articles 9 et 10 du Code Napoléon, et que néanmoins ils puissent recueillir les successions et exercer tous les droits qui seront ouverts à leur profit, pendant leur minorité et dans les dix ans qui suivront leur majorité accomplie: faisons très-expresses inhibitions et défenses audit Sieur Pierre Metzler de jamais porter les armes contre ~~nous et nos alliés~~, sous peine d'être traduit devant nos cours, et condamné aux peines portées au Code pénal, livre III, article 75 et suivans. En foi de quoi nous avons, aux présentes, signées de notre main, contre-signées par notre Ministre Secrétaire d'état, et visées par notre Cousin le Prince Archichancelier, fait apposer le sceau de l'Empire. Mandons et ordonnons que lesdites présentes soient insérées au Bulletin des lois, et enregistrées à notre Cour impériale du dernier domicile de l'Impétrant.

Donné en notre Palais impérial des Tuileries le troisième jour du mois de Janvier de l'an de grâce mil huit cent treize

Vu par nous Archichancelier de l'Empire,

Scellé en présence du Conseil du Sceau des Titres, le six Mars mil huit cent treize.

DÉLIVRÉ PAR NOUS

Grand-Juge Ministre de la Justice,

Par l'Empereur:

Le Ministre Secrétaire d'État,

Le Greffier en Chef,

Duplein

Napoleon erteilt dem in Bordeaux geborenen Bankier Peter Metzler im Jahre 1813 die Berechtigung, Bürger des Großherzogtums Frankfurt zu sein

Kriegskontributionen leisten). Erst nachdem Dalberg 1813 geflüchtet und die französische Fremdherrschaft in Deutschland 1814 abgeschüttelt worden war, konzentrierten sich die Frankfurter Kaufleute wieder auf die Konsolidierung und Ausweitung des internationalen Handels.

Napoleons kriegsbedingte Handelsbeschränkungen allerdings hatten nicht nur negative Seiten für die Frankfurter Kaufleute. Die Kontinentalsperre, die Napoleon im Wirtschaftskrieg gegen England einsetzte, bewirkte einerseits eine kurzfristige Belebung der Gewerbewirtschaft, da der Import und Verkauf von englischen Waren untersagt, d.h. Konkurrenz offiziell ausgeschaltet war. Andererseits profitierten Frankfurter Kaufleute von der Umgehung dieses Verbots und erzielten gerade durch das Einschmuggeln englischer Waren hohe Gewinne. Frankfurt entwickelte sich in dieser Zeit zu einem Zentrum des europäischen Schmuggels.[28]

Für kurze Zeit verlagerten sich wegen der Kontinentalsperre auch die Handelswege. Besonders Hamburg als wichtiger Import- und Exporthafen von und nach England verlor an Bedeutung, während die Binnenhandelszentren einen Aufschwung erlebten. Der Warenverkehr rheinaufwärts nahm deswegen drastisch ab, während der Handel von der Schweiz nach Frankfurt Zuwachsraten verzeichnete. In Frankfurt florierte deshalb der Kommissions- bzw. Speditionshandel. Die Zahl der Firmen, die in Frankfurt Speditionshandel betrieben, stieg zwischen 1806 und 1816 von 120 auf 148 Unternehmen.[29] Der Messehandel ging stark zurück und der Aktivhandel außerhalb der Messezeiten trat an seine Stelle. Ein wesentlicher Grund war, daß neue Produktionstechniken zu einer Ausweitung des Angebots führten. Später kam hinzu, daß die neuen Transportmittel (Eisenbahnen) den Handel schneller, kostengünstiger und direkter abzuwickeln versprachen.[30] Auch die kurzfristigen Einfuhr- und Krediterleichterungen und eine bessere Messeordnung (1836) änderten langfristig nichts mehr an der Lage.[31]

Auf dem Wiener Kongreß 1814/15 sollten Europa, vor allem aber die deutsche Staatenwelt neu geordnet werden, was unmittelbar die politische Stellung Frankfurts in Deutschland betraf und natürlich auch wirtschaftliche Folgen haben mußte. Als Freie Stadt stand Frankfurt nun in direkter Konkurrenz zu den 34 neu arrondierten Territorialstaaten. Mit der Protektion des Kaisers konnten die Stadtoberen nicht mehr rechnen.[32] Die Territorialstaaten waren nicht mehr in gleichem Maß von den Städten als Handels- und Finanzzentren abhängig. In erster Linie war es Preußen, welches zur bedeutendsten Wirtschaftsmacht in Deutschland heranwuchs. Die Einzelstaaten tendierten dazu, geschlossene Handelsräume mit festen Zollgrenzen zu bilden, was der deutsche Nationalökonom Wilhelm Roscher als den «wunderbaren Wahnsinn der Deutschen, ihren eigenen Verkehr durch Zölle zu töten»,[33] bezeichnete. Frankfurt, das sich zolltechnisch und politisch in einer Insellage befand, wurde immer stärker von Zollschranken eingekreist, was den Handelsverkehr nur behindern konnte. Die Gefahr, daß Frankfurts Handel zugunsten der größeren Territorialstaaten isoliert würde, war drastisch gestiegen. Die handelsgeographisch günstige Lage Frankfurts stellte kaum noch einen Wettbewerbsvorteil dar.[34]

Die Frage, ob Frankfurt dem von Preußen angestrebten Deutschen Zollverein bzw. seinen Vorläufern beitreten würde oder nicht, war für die wirtschaftliche Zukunft der Stadt deshalb von entscheidender Bedeutung. 1828 bildeten Preußen und Hessen-Darmstadt den preußisch-hessischen Zollverein. Kurz zuvor hatten sich Bayern und Württemberg zum Süddeutschen

Zollverein zusammengeschlossen. Mit der Gründung des «Mitteldeutschen Handelsvereins» 1828 wollten Hessen-Kassel, Nassau, Hannover, Braunschweig, Sachsen, die thüringischen Staaten sowie die Hansestädte Hamburg und Bremen den Preußen gegenüber ihre Unabhängigkeit demonstrieren. Zunächst vertraten die Frankfurter Großkaufleute und Bankiers den Standpunkt, daß Frankfurt seine wirtschaftliche Unabhängigkeit, vor allem gegenüber Preußen, behalten müsse. Metzler und andere Frankfurter Bankiers setzten sich vehement für eine uneingeschränkte Handelsfreiheit und den Abbau und die Nivellierung der Handelsabgaben ein. Die Frankfurter Großkaufleute wollten im Wege einer autonomen Handelsvertragspolitik die Zollschranken abbauen. Die Notwendigkeit einer Zollunion mit Preußen sahen sie zunächst nicht, zumal ihrer Schätzung nach lediglich ein Fünftel der in Frankfurt gehandelten Waren aus Preußen kam. Bedeutender war der Handel mit englischen Waren, und hier war Frankfurt auf den Schutz und die Hilfe Preußens nicht angewiesen. Auch die Handwerker, die in den fortschrittlichen Manufakturen Preußens eine Konkurrenz witterten, stellten sich auf die Seite der Großkaufleute und Bankiers. Die Kleinhändler und Manufakturhändler in Frankfurt hofften jedoch, von einem zollpolitischen Anschluß profitieren zu können. Zahlreiche kleine Kaufleute baten den Senat um Schutz vor den Freihandelsbestrebungen der Großkaufleute und um den Beitritt. Doch der Senat blieb unentschieden und arbeitete keineswegs auf einen Anschluß hin, zu gewichtig war der Einfluß der Bankiers und Großkaufleute im Stadtregiment.[35] Die Frankfurter Bankiers, die sich seit dem Ende des 18. Jahrhunderts immer stärker auf das Staatsanleihegeschäft spezialisiert hatten, prägten letztlich das Bild Frankfurts als wohlhabende Stadt. Das Wechselgeschäft, das aus dem Warenhandel entstanden war, wurde durch das Staatsanleihegeschäft verdrängt. Hier stiegen die Gewinne, während die Konjunktur im Handel nachließ.[36] Mit dem Anschluß an einen Zollverein sahen die Bankiers die unabhängige Stellung der Börse als Kapitalmarkt für die österreichische Monarchie gefährdet. Sie glaubten, mit ihrer Staatsanleihepolitik und mit Innovationen im Finanzsektor, wie dem Vorschlag eines zentralen Bankinstituts in Frankfurt für die Weiterentwicklung des bargeldlosen Zahlungsverkehrs,[37] den Frankfurter Handel beleben zu können. Aber die enge Verbindung von Handel und Finanzgeschäft, die den Finanzplatz Frankfurt groß gemacht hatte, löste sich zunehmend auf.

Die französische Julirevolution 1830 beschleunigte dann die Bildung des Zollvereins. Der Mitteldeutsche Handelsverein wurde gesprengt, als sich Hessen-Kassel 1831 dem preußisch-hessischen Zollverein anschloß. Jetzt mehrten sich in Frankfurt die Stimmen, die sich vom zollpolitischen Anschluß an Preußen politische Ruhe und wirtschaftliche Konsolidierung versprachen. Nachdem Bayern, Württemberg, Sachsen, die thüringischen und die beiden hessischen Staaten 1833 die Gründung des Deutschen Zollvereins zum 1. Januar 1834 beschlossen hatten, war Frankfurts Handelsvertragspolitik endgültig gescheitert. Auf den Handel der Stadt kam wegen der zollpolitischen Isolierung schwerer Schaden zu. 1834 erwog dann auch der Frankfurter Senat ernsthaft den Beitritt, zumal die marode Haushaltslage eine Fortführung der bisherigen Politik nicht erlaubte. Besonders die Großhändler hatten nun im Falle eines Beitritts mit Verlusten zu rechnen, da Kolonialwaren (Überseewaren generell) vom Zollverein mit hohen Einfuhrzöllen belegt wurden. Die Handwerker fürchteten nun die Einführung einer liberaleren Gewerbeordnung, während die kleinen Kaufleute einen größeren Warenaustausch erwarteten. Bankiers wie Metzler versuchten sich jedoch bald der neuen Strömung anzuschließen und die Handelskammer zum Instrument ihrer Interessen zu machen. Zugleich nutzte das Bankhaus Gebrüder Bethmann die anlaufende Industrialisierung des Zollvereins, um im Industriegeschäft Württembergs, Badens und Preußens Fuß zu fassen.[38] Auch das Bankhaus Metzler investierte in die neuen Eisenbahngesellschaften. Frankfurts Handel und Messe erlebten nach dem Beitritt zum Deutschen Zollverein 1836 noch einmal einen Aufschwung, der sich sofort in der Gründung 64 neuer Firmen zeigte.[39] Langfristig, also bis 1866, wurde Frankfurt nicht mehr primär als Clearing-Ort für finanzielle Forderungen genutzt, sondern als Zwischenhandelsplatz des Zollvereins. Das Sortimentsgeschäft erlebte einen Aufschwung, da durch gesunkene Transportkosten und Zölle auch kleinere Kaufleute ihre Angebote erweitern konnten.[40] Insgesamt führte der Beitritt zum Zollverein zu einer weiteren Spezialisierung im Handels- und Bankgeschäft und einem Anstieg des allgemeinen Handelsvolumens. Nicht zuletzt die Tatsache, daß Frankfurt durch seine verkehrstechnisch günstige Lage zu einem wichtigen Eisenbahnknotenpunkt in Deutschland wurde, trug dazu bei. Die Taunus-Eisenbahn, die von Frankfurt nach Wiesbaden fuhr, markierte 1839 den Anfang. Schon bald folgte der Bau weiterer Eisenbahnlinien, die Frankfurt mit den Eisenbahnnetzen in Richtung Osten, Westen, Norden und Süden verbanden. Die Anbindung Frankfurts an den deutschen Eisenbahnverkehr brachte jedoch erst allmählich den gewünschten wirtschaftlichen Aufschwung.[41]

Die handwerkliche Produktion beschränkte sich auf die Versorgung des städtischen Marktes und gab keine neuen Impulse für den Finanzplatz Frankfurt, ganz im Gegensatz zu der Entwicklung in den großen Territorialstaaten Preußen und Sachsen.[42] Aufgrund der besonderen Verfassungsverhältnisse Frankfurts, d. h. wegen der politischen Mitbestimmung der industriefeindlichen Zünfte, konnte erst 1864 die Gewerbefreiheit eingeführt werden. Es dauerte noch bis ins letzte Drittel des 19. Jahrhunderts hinein, bis man in Frankfurt erkannte, daß die Verweigerung von Industrieansiedlungen in der

Stadt zu einer weiteren wirtschaftlichen Isolierung führte.[43] Zahlreiche Auflagen (Konzessionen) erschwerten auch nicht-zünftigen Gewerbetreibenden die Fabrikansiedlung in Frankfurt. Offenbach und Höchst nutzten die Chance und entwickelten sich in dieser Zeit zu den charakteristischen Industriestädten des Rhein-Main-Gebietes.[44] Trotz des enormen Bevölkerungszuwachses zwischen 1830 und 1875 (von 49000 auf 103000) blieb die berufsständische Struktur Frankfurts relativ konstant. Frankfurts Wirtschaft basierte weiterhin auf dem Handels- und Bankgeschäft.[45]

Eine idealtypische Modernisierungselite aus Fabrikanten und Beamten, wie sie die Wirtschafts- und Sozialhistoriker für den Industrialisierungsprozeß des 19. Jahrhunderts häufig feststellen, existierte in Frankfurt also nicht. Auch die traditionellen Kaufmannsfamilien gehörten nicht eigentlich dazu. Es waren nur vereinzelte Frankfurter Bankiers, die in die neuen Technologien, besonders in Verkehr, Kommunikation und Industrie, investierten und auch dadurch den Finanzplatz Frankfurt stärkten.[46] Die Mehrzahl der Frankfurter Bankiers war in dem Sinne konservativ, daß sie das Risiko der Beteiligung an Fabrikgründungen scheute. Den Hauptteil der an der Frankfurter Börse gehandelten Effekten machten weiterhin Stadt- und Staatsanleihen aus, auch entsprechende amerikanische Bonds.[47] Auch das Handwerk verschloß sich weitgehend den modernen Produktionstechniken und verlor so den Anschluß an die Tendenzen der Zeit.

Die Annexion Frankfurts durch Preußen 1866 führte sowohl für das Gewerbe als auch für den Handel zu einer Dezentralisierung, die sich nach dem Zollvereinsbeitritt schon abgezeichnet hatte. Berlin, Residenzstadt und Hauptstadt Preußens sowie seit 1871 des Deutschen Reiches, wurde für die nächsten 80 Jahre auch zu einem Mittelpunkt des deutschen Wirtschaftslebens.

3. Geldpolitik und Währungsverhältnisse

Frankfurt als internationaler Messehandels- und Finanzplatz war traditionell geprägt durch eine außerordentliche Vielfalt an umlaufendem und gehandeltem Münzgeld sowie an Wechseln und Schuldscheinen, die in vielen Währungen zu den Messeterminen zur Zahlung fällig wurden. Die Unübersichtlichkeit und Unsicherheit entstand für die Kaufleute auch daraus, daß das Wertverhältnis der verschiedenen Geld- und Währungseinheiten zueinander ständigen Schwankungen unterworfen war und der Metallgehalt der Münzen häufig, am extremsten in der Kipper- und Wipperzeit zu Beginn des Dreißigjährigen Krieges, verschlechtert wurde, wenn die Fürsten zur Deckung von Defiziten in der Staatskasse in ihren Münzstätten den Edelmetalleinsatz in der Münzproduktion streckten und die Differenz zwischen dem aufgeprägten

Nominalwert und dem Metallgehalt der Münzen solange als Prägegewinn («Seigniorage») kassieren konnten, wie – teils bedingt durch einen verordneten Annahmezwang, teils durch die Zeitdauer, die der Markt für Anpassungsprozesse benötigte – alle anderen Preis- und Wechselkursrelationen noch nicht voll auf die Münzverschlechterung eingestellt waren.

Im Laufe des 19. Jahrhunderts sollten in Deutschland nicht nur ein drastischer Abbau der Zollschranken und damit der Handelshemmnisse sowie eine Integration der Märkte, auch durch den Quantensprung im Ausbau der Infrastruktur, vor allem des Eisenbahnnetzes, stattfinden, sondern es war auch das Jahrhundert der Konsolidierung und teilweisen Vereinheitlichung der Währungsverhältnisse. Das galt in ganz besonderem Maße schon für die Zeit vor der Gründung des Deutschen Reiches 1871 und der zwei Jahre später erfolgten Einführung der einheitlichen Markwährung. Für die Handels- und Finanzgeschäfte in Frankfurt und an anderen bedeutenden Geschäftszentren brachte die Währungsvereinheitlichung die mit jeder Standardisierung des Geldes verbundenen enormen Einsparungen an Informations- und Transaktionskosten mit sich.

Bevor die Schritte auf dem Weg zur Währungsunion in Deutschland seit den dreißiger Jahren des 19. Jahrhunderts im folgenden dargestellt werden, ist es wichtig, daran zu erinnern, daß im Unterschied zu heute der Papiergeldumlauf im 19. Jahrhundert eine untergeordnete Rolle spielte und daß nur das Münzgeld, nicht die Banknoten oder von staatlichen Stellen ausgegebene Noten, gesetzliches Zahlungsmittel war. Banknoten bekam der Durchschnittsbürger in der Regel gar nicht in die Hände. Sie waren eine Art Kreditschein über größere Beträge, mit denen die Geschäftsleute untereinander ihre Zahlungsverpflichtungen bequemer ausgleichen konnten als durch den physischen Transport einer entsprechenden Menge Münzgeld. Die Rolle von Banknoten entsprach eher derjenigen von Buchgeld heute sowie von Schecks und Überweisungen, mit denen darüber verfügt wird. Sie sind insofern in Charakter und Funktion nicht mit den Banknoten in unserer heutigen Geldwirtschaft zu vergleichen.

Die Gründung der Reichsbank 1876, die zwar Banknoten, aber damit kein gesetzliches Zahlungsmittel ausgab und die an der Emission des Münzgeldes unter der Regie der Reichsregierung nicht beteiligt war, ist insofern keine historische Parallele zur Gründung der Europäischen Zentralbank. Ich betone dies, weil entsprechende Fehlschlüsse nicht nur in der Presse, sondern auch von historisch wenig bewanderten Geldtheoretikern in der Diskussion um die Europäische Währungsunion immer wieder gezogen werden. Umgekehrt dient es dem besseren Verständnis der Währungsvereinheitlichung im 19. Jahrhundert, wenn von vornherein angemahnt wird, nicht mit den uns heute vertrauten Funktionen verschiedener Bestandteile der Geldmenge an die Betrachtung der Währungsverhältnisse in früheren Jahrhunderten heranzugehen, sondern den Blick gerade für die Unterschiede zu schärfen.

Als Resultat des Wiener Kongresses 1815 blieb es der Souveränität der in Deutschland übriggebliebenen 34 Fürstenstaaten und vier Freien Städte (Frankfurt am Main, Hamburg, Bremen und Lübeck) vorbehalten, nicht nur über ihre Zoll-, Maß- und Gewichtssysteme selbst zu bestimmen, sondern auch über ihre eigenen Münz- und Währungsverhältnisse. Für Frankfurt als Finanzplatz hatte die Schaffung des Deutschen Bundes aus souveränen Staaten Vor- und Nachteile. Sie brachte Frankfurt einen Zugewinn an dem, was man heute die «weichen Faktoren» für die Wettbewerbsfähigkeit eines Finanzplatzes nennt: Internationalität, persönliche Kontakte und Verbindungen, Reputation und eine zentrale politische Rolle. Denn Frankfurt am Main wurde zum Sitz der Bundesversammlung, des einzigen Bundesorgans, bestimmt und dadurch zu einem Ort, an dem die beteiligten Staaten – darunter auch England für Hannover, Dänemark für Holstein und Lauenburg, die Niederlande für Luxemburg und Limburg sowie natürlich die beiden mitteleuropäischen Großmächte Österreich und Preußen für die Gebietsteile, die bis 1806 zum alten Reich gehört hatten – mit ihren diplomatischen Vertretungen ständig präsent waren. Der Nachteil der Bewahrung der Souveränität der Gliedstaaten im Deutschen Bund lag für Handels- und Finanzzentren wie Frankfurt in der fehlenden Standardisierung der Grundlagen für die Abwicklung von Geschäften im gesamten Bund, darunter die Zoll-, Rechts- und Währungsverhältnisse.

Das Geldwesen im Deutschen Bund bestand in seiner Vielfalt und Unübersichtlichkeit nicht nur aus den Münzemissionen der verschiedenen Gliedstaaten mit ihren unterschiedlichen Denominationen (z.B. Taler, Gulden, Kreuzer, Schillinge, Franken, Dukaten) und selbst bei gleicher Bezeichnung mit unterschiedlichen Münzfüßen und Metallgehalten, sondern es liefen auch ausländische Münzen um, z.B. französische, englische, russische und dänische.[48] Sie wurden wegen ihres vollwertigen Metallgehalts angenommen. Dazu kam auch Papiergeld, allerdings nur solches, das als Staatspapiergeld von den Staatskassen der Gliedstaaten oder von Banken ausgegeben worden war, die von ihrem Staat ein Privileg zur Banknotenausgabe erhalten hatten.

In den nördlichen Teilen des Deutschen Bundes, auch in Preußen, hatte sich die Talerwährung durchgesetzt, in den südlichen Mitgliedsstaaten, wie in Österreich, die Guldenwährung, die auch in Frankfurt galt. Beide Münzsysteme basierten auf dem Silberstandard, bei dem der Metallgehalt in «Kölnischer Mark fein», damals eine Gewichts-, nicht Geldeinheit, ausgedrückt wurde. Als Münzfuß galt grundsätzlich, daß aus einer Kölnischen Mark fein an Silber in Süddeutschland, einschließlich der Freien Stadt Frankfurt, 24 Gulden geprägt werden sollten, demgegenüber in Preußen mit seiner

Talerwährung 14 Taler.[49] Davon abweichend wurde für den Wechselverkehr in Frankfurt (ebenso wie in Kurmainz, Kurtrier, Kurpfalz und Hessen-Darmstadt) weiterhin mit einem anderen höherwertigen Münzfuß gerechnet: 20 Gulden auf die Kölnische Mark. Bei den Münzprägungen zu den oben genannten Relationen lag ein Problem allerdings darin, daß die staatlichen Münzstätten zwar eine Taler- oder Guldenmünze gegen Hergabe der offiziell definierten Silbermenge dieser Münzen zur Verfügung stellten. Sie verlangten jedoch eine unterschiedlich hohe Prägegebühr, deren Gegenwert natürlich der Staatskasse zugute kam. Der Silbergehalt der jeweiligen Münze war deshalb nicht mit der jeweils abgelieferten Menge Silber identisch, sondern war vermindert um die Prägegebühr. Wo diese bei den normalen 3–6% lag, waren die Währungsverhältnisse relativ geordnet. Aber häufig war sie höher. In einer Quelle wird berichtet, daß sie zwischen 1820 und 1830 in den Staaten Nassau, Coburg und Hildburghausen zwischen 21% und 87% lag.[50]

Am größten war der Münzwirrwarr allerdings bei den Scheidemünzen, die als Subeinheiten von Taler (vorwiegend Groschen und Pfennige) und Gulden (vorwiegend Kreuzer und Heller) geprägt wurden. Hier gab es wesentlich größere Differenzen zwischen dem Nominalwert der Münzen und dem Wert ihres Edelmetallgehalts als bei den Hauptmünzen. Deswegen lag hier auch eine Quelle für besonders hohe Münzgewinne, d.h. Staatseinnahmen aus der Münzprägung, die die Herrscher in den Fürstenstaaten des Deutschen Bundes auch deswegen hochschätzten, weil solche Einnahmen nicht der Kontrolle durch quasi-parlamentarische Institutionen mit Budgetrechten, wie sie sich in der Verfassungsbewegung des 19. Jahrhunderts zu bilden begannen, unterworfen waren. Auch der Freien Stadt Frankfurt waren solche Einnahmen höchst willkommen. Sie prägte von 1815 bis 1837 nur Kupferheller im Wert von $^1/_4$ Kreuzer, «an denen man erheblich gewonnen hat».[51] 1814 und 1815 z.B. betrugen die Gewinne 59% des Nennwerts dieser Münzen. Als in den späteren Jahren die Gewinne zurückgingen, gab es mehrfach Auseinandersetzungen mit dem Münzmeister, dem vorgeworfen wurde, daß er für die Produktion der Münzen zuviel verlange. Von 1826 bis 1836 wurden deshalb in Frankfurt keine Kupferheller mehr geprägt, sondern nur noch Gedenkmünzen, unter anderem 1828 zur silbernen Hochzeit von Johann Friedrich Metzler, 1831 und 1832 zu Ehren von Johann Wolfgang Goethe und 1836 zu Ehren des gerade verstorbenen Nathan Mayer Rothschild (des Sohnes von Mayer Amschel Rothschild), der das Londoner Rothschild-Haus gegründet hatte.[52] Wegen des dadurch entstandenen Kleingeldmangels kamen massenhaft zahlreiche Fälschungen der Frankfurter Kupferheller in Umlauf, die angeblich vom «Ausland» eingeführt wurden. Auch andere Staaten, teils in unmittelbarer Nähe von Frankfurt, sprangen mit Massenprägungen von Pfennigen in die Lücke des fehlenden Kleingeldes, namentlich Nassau und Hessen-Darmstadt,

Reuss, Coburg, Meiningen und Hildburghausen. Schließlich sind die Prägung und Verbreitung der «Frankfurter Judenpfennige» zu nennen. Diese wurden hauptsächlich von jüdischen Geldwechslern in Frankfurt auch als Heller ausgeprägt. Sie hatten einen noch geringeren Edelmetallgehalt als die entsprechenden Münzprägungen durch staatliche Stellen, wurden wegen des chronischen Kleingeldmangels als eine Art «Notgeld» privater Emittenten akzeptiert und sollen für diejenigen, die sie herstellten und in Umlauf brachten, eine Quelle großer Gewinne gewesen sein.[53]

Die in Frankfurt benutzten Hauptmünzen kamen in jener Periode aus Prägestätten außerhalb der Stadt. Welche Münzsorten offenbar am gängigsten waren, läßt sich aus dem gescheiterten Antrag zur Gründung einer Aktienbank mit Notenausgaberecht in Frankfurt aus dem Jahr 1824 schließen. Dort war im Satzungsentwurf vorgesehen, daß die Bank nur in Brabanter Talern und groben Münzsorten, in preußischen Talern und französischen 5-Frankentalern, und zwar nach dem Wert der Brabanter Taler zu Gulden 2,42 kr. berechnet, ferner 10-, 20- und 40-Frankenstücke, und zwar nach dem Verhältnis der 5-Frankenstücke (das sind die schon genannten 5-Frankentaler, die Goldmünzen waren), auszahlen und bei Einzahlungen annehmen sollte.[54] Darin spiegelte sich noch immer die große Bedeutung der traditionellen Handels- und Finanzverflechtungen mit dem belgisch-niederländischen und dem französischen Raum und das Nebeneinander von Silber- und Goldwährung.

Eine zeitgenössische Quelle aus der Feder eines Heidelberger Professors führt beredte Klage über die «Münzplackerei», die die Münzverhältnisse der 1820er Jahre für Reisende und damit auch für Kaufleute verursachten: «Reise nur, wer davon durch Erfahrung noch nicht belehrt ist, von Frankfurt am Main nach Wittenberg durch die Gebiete von Frankfurt, Kurhessen, Weimar, Eisenach, Gotha, Preußen (Erfurt), abermal Weimar, Preußen (Naumburg), Königreich Sachsen, wieder Preußen ... Auf jeder Poststation, in jeder Schenke wird ihn die Münzplage überfallen, am meisten, wenn er zu Fuß, oder mit Mieth- oder eigenen Pferden, zumal als Frachtfuhrmann reiset, folglich genöthigt ist, öfter und länger an- und sich aufzuhalten, als bei flüchtigen Reisen mit Extrapost oder Eilwagen.»[55] Im Zeitalter der Flugzeuge und Hochgeschwindigkeitszüge ist diese Erfahrung nicht allzu weit entfernt von der eines Reisenden in Europa vor der Einführung des Euro.

Dieser handelshemmende Währungswirrwarr stand in einem krassen Gegensatz zu den relativ geordneten und einheitlichen Währungsverhältnissen in den zentralistisch organisierten führenden Wirtschaftsnationen Europas, nämlich in Großbritannien und Frankreich, Ländern, in denen die Verfassungen dem liberalen Bürgertum längst die Forderungen nach Einheit und Freiheit – dafür würde man heute sagen: Deregulierung – erfüllt hatten, um deren Durchsetzung das deutsche Bürgertum des Handels-, Finanz- und Industriekapitalismus gerade angesichts der restaurierten konservativ-feudalistischen Ordnung des Deutschen Bundes erst noch kämpfen mußte. Zwar hatte die Bundesakte von 1815 in einem Punkte dem Bürgertum, teils auch anderen Schichten wichtige Freizügigkeit und Niederlassungsfreiheit garantiert. Die Mobilität der Produktionsfaktoren Kapital (war auch schon vorher gegeben) und Arbeit war so gewährleistet worden. Aber zur Befreiung von Handelshemmnissen trug die Schaffung des Deutschen Bundes nichts bei. Zu den Forderungen der deutschen Handels- und Industriebourgeoisie gehörte die Beseitigung der inneren Zollschranken ebenso wie die Vereinheitlichung bzw. Standardisierung der Währungsverhältnisse, d.h. der Münzsysteme, da mit wenigen Ausnahmen ja nur Münzen gesetzliches Zahlungsmittel waren. In der Frage der Währungsvereinheitlichung unterschieden sich allerdings die Interessen des kaufmännischen und aufkommenden industriellen Bürgertums von denen der Bankiers und Geldwechsler. Sie verdienten natürlich am blühenden Sortengeschäft.

Mit der Gründung des Zollvereins zum 1. Januar 1834, d.h. dem Wegfall der inneren Zollschranken und der Einführung eines gemeinsamen Außenzolls, war den Interessen der Kaufleute und der produzierenden Wirtschaft ein großer Dienst erwiesen worden. Das mit 60% der Bevölkerung und der Fläche dominierende Preußen hatte auch die kleineren Fürstenstaaten zur Aufgabe ihrer Zollsouveränität unter anderem dadurch gewinnen können, daß es ihnen überproportionale Anteile an den gemeinsamen Zolleinnahmen konzedierte, die wie die Münzgewinne ebenfalls frei von Haushaltsbewilligungsrechten der sich in der Verfassungsbewegung des 19. Jahrhunderts bildenden Kontrollinstanzen waren.[56] Frankfurt, ähnlich wie Hamburg und Bremen um seine Selbständigkeit besorgt, zögerte zunächst, trat aber, aus Sorge um die Zukunft seines Messe- und Handelsgeschäfts, schon zum 1. Januar 1836 aus seiner zollpolitischen Insellage heraus und zeitgleich mit Nassau und Baden dem Zollverein bei.[57]

Das andere Anliegen der Kaufleute und der produzierenden Wirtschaft, die Vereinheitlichung der Währungsverhältnisse, wurde durch die Schaffung des Zollvereins ebenfalls vorangebracht. Die Zollvereinsverträge enthielten die Absichtserklärung, daß die Mitgliedsstaaten auf ein einheitliches Münzsystem hinwirken würden.[58] Frankfurt gehörte zu den süddeutschen Guldenstaaten, die im Münchner Münzvertrag von 1837 ihre Münzwährungen auf eine einheitliche Basis stellten. Im Hinblick auf die noch ausstehende Harmonisierung des Währungsstandards mit den norddeutschen Staaten wurde als Grundlage eines gemeinsamen Münzfußes das Gewicht gewählt, mit dem bereits in Preußen das Gewicht einer Kölnischen Mark definiert war, nämlich 233,855 Gramm Feinsilber. Daraus sollten die Münzstätten in allen Mitgliedsstaaten des Abkommens 24,5 Gulden als Silbermünzen herstellen. In Frankfurt und anderen Staaten der süddeutschen Guldenwährung bedeutete dies eine kleine Abwertung. Sie hatten vorher 24 Gulden aus der Mark Feinsilber geprägt. Freilich wurde im Wechselverkehr in Frankfurt bis 1843 zunächst noch mit dem 20-Gulden-Münzfuß gerechnet, auf den Frankfurts Finanzwelt 1766 bestanden hatte, um die Parität gegenüber den so geordneten Währungsverhältnissen in Österreich und Bayern zu halten, nachdem auf Drängen des größeren Teils der Bürger die Stadt ansonsten zum 24-Gulden-Fuß zurückgekehrt war.[59]

Die nach dem Münchner Vertrag geprägten Münzen sollten relativ einheitlich aussehen, durften aber auf einer Seite ein Bild des Landesherrn und im Fall Frankfurts das Stadtwappen tragen. Entsprechend sollte ein Halbgulden als Hauptmünze geprägt werden. Der Gulden wurde in 60 Kreuzer unterteilt. Die Hauptmünzen hatten in allen beteiligten Staaten unbeschränkte gesetzliche Zahlkraft. In einer «Besonderen Übereinkunft, die Scheidemünzen betreffend», wurde eine gemeinschaftliche Akzeptanz nur für Sechs- und Dreikreuzermünzen vereinbart, und auch nur insoweit, wie sie nach neuen Regeln mit ähnlichem Aussehen und auf einem vereinbarten Münzfuß neu ausgeprägt wurden. Für den Rest der Scheidemünzen blieben die Mitgliedsstaaten weitgehend ungebunden. Frankfurt behielt den Heller als Viertel eines Kreuzers bei, das in anderen Staaten Pfennig hieß. Einige prägten Kreuzer in Kupfer, andere in geringhaltigem Silber, darunter auch Frankfurt.[60] Gerade die Vielfalt der unterwertigen Münzen im süddeutschen Raum störte in den folgenden Jahrzehnten die ansonsten gefundene Ordnung der Währungsverhältnisse im Zollverein.

Der Münchner Münzvertrag von 1837 war nur der erste Schritt zu dem umfassenderen Dresdner Münzvertrag von 1838 gewesen, der auch die norddeutschen Zollvereinsstaaten einschloß, in denen – wie in Preußen – der Taler, unterteilt in Groschen, die Hauptmünze war. Der Münzfuß des Talers wurde so vereinbart, daß aus einer Kölnischen Mark, d.h. 233,855 Gramm Feinsilber, 14 Taler und – wie schon im Münchner Vertrag festgelegt – 24,5 Gulden geprägt werden sollten. Damit war ein Taler 1,75 Gulden wert. Ferner wurde in dem Abkommen die Höhe der Prägegebühr geregelt, und die Mitgliedstaaten wurden verpflichtet, abgenutzte Münzen durch neue, vollwertige zu ersetzen. Auch wurden die Umlaufmenge und die gesetzliche Zahlkraft der unterwertigen Scheidemünzen begrenzt. In diesem Vertrag wurden die Unterzeichnerstaaten des Münchner Münzvertrages, der als solcher fortbestand, nicht verpflichtet, die Hauptmünzen der norddeutschen Staaten als gesetzliches Zahlungsmittel gelten zu lassen, und umgekehrt, mit einer Ausnahme. Jeder Staat durfte auch eine «Vereinsmünze» im Wert von 2 Talern oder 3,5 Gulden prägen, die im ganzen Zollvereinsgebiet (mit Ausnahme von Luxemburg, das den Münzvertrag nicht mittrug) als gesetzliches Zahlungsmittel anerkannt war. Mit der Aufschrift «Freie Stadt Frankfurt» wurden sie seit 1840 auch in Frankfurt geprägt, veränderten allerdings im Laufe der Jahre mehrfach ihr Aussehen.[61] Die erste Vereinsmünze aus Frankfurt von 1840 wurde in der gerade eröffneten neuen Münzstätte geprägt und war die erste vollwertige Münze, die Frankfurt seit Jahrzehnten hergestellt hatte. Erst jetzt hatte die Stadt auch die Kapazität, die ihr nach den Verträgen zufallenden Prägekontingente auszuschöpfen.

Die Vereinsmünze hatte zwar symbolische Bedeutung für die Währungsvereinheitlichung. Aber wegen ihres hohen Wertes konnte sie sich im alltäglichen Zahlungsverkehr nicht durchsetzen. Und höhere Summen zahlten Kaufleute und Bankiers lieber in Papiergeld als in den schweren Münzen. Im Alltag setzte sich statt dessen als überall freiwillig akzeptierte «gemeinsame» Münze der preußische Taler durch, auch in den süddeutschen Staaten einschließlich Frankfurt. Berlin als Hauptstadt von Preußen nahm also währungspolitisch gegenüber Frankfurt eine absolut dominierende Position ein, und zwar schon lange bevor Frankfurt am Main 1866 dem preußischen Staatsgebiet einverleibt wurde.

Die auch allgemeinpolitisch dominante Position Preußens im Zollverein hätte nur durch einen von den süddeutschen Staaten gewünschten Beitritt Österreichs gefährdet werden können. Preußen wußte dies zu verhindern, konzedierte jedoch einen Handelsvertrag, der im Februar 1854 zwischen Österreich und den Zollvereinsstaaten geschlossen wurde, und den Wiener Münzvertrag mit Österreich vom Januar 1857. Hierin wurde der Münzfuß modernisiert, indem er von der Kölnischen Mark auf ein «Zollpfund» (= 500 Gramm) feinen Silbers umgestellt wurde. Daraus waren 30 Taler bzw. 52,5 Gulden zu prägen, womit die Parität zwischen Taler und süddeutschen Gulden gegenüber dem Dresdner Münzvertrag gleich blieb. Österreich übernahm allerdings nicht den Münzfuß der süddeutschen Guldenstaaten, sondern vereinbarte, daß der österreichische Gulden in einer Stückzahl von 45 aus einem Zollpfund feinen Silbers auszuprägen sei. Das bedeutete bereits eine Abwertung von rund 5% für den österreichischen Gulden. Eine Übernahme des süddeutschen Guldenmünzfußes hätte eine noch größere Abwertung bedeutet. Die Wertverhältnisse stellten sich nach diesem Vertrag folgendermaßen dar: 1 Taler = 1,5 österreichische Gulden = 1,75 süddeutsche Gulden. Schon dadurch, daß Österreich zum Taler eine einfachere Umrechnungsrelation wählte als zum süddeutschen Gulden, erkannte es die tatsächliche Dominanz des preußischen Talers im Zollverein an. Das kam auch in der Vereinbarung zum Ausdruck, daß nun auch eine Vereinsmünze im Wert von einem Taler von allen Münzstätten ausgeprägt werden durfte, die in allen Vertragsstaaten gesetzliche Zahlkraft erhielt. Man ging sogar noch einen Schritt weiter in der Anerkennung des preußischen Talers als unangefochtenen

Währungsstandard. Alle Eintalerstücke, die entsprechend dem Münzfuß des Dresdner Münzvertrags ausgeprägt wurden, erhielten in allen Vertragsstaaten gesetzliche Zahlkraft. Das führte dazu, daß die süddeutschen Guldenstaaten nach dem Wiener Münzvertrag 90% ihrer Hauptmünzen als Vereinsmünze in Taler ausprägten und nur noch 10% als Gulden. Vor 1857 war das Verhältnis umgekehrt gewesen. Auch Österreich produzierte erhebliche Mengen an Vereinsmünzen neben seinem eigenen Gulden.[62] Auch in Frankfurt wurden seitdem mehr Taler als Gulden geprägt.[63]

Österreich, dessen Papierwährung bei Beginn der Verhandlungen über den Münzvertrag noch nicht wieder konvertibel war, wollte zunächst unbedingt die Goldwährung einführen. Das hätte die Rückzahlung seiner Staatsschulden erleichtert, da die reichen Goldfunde in Kalifornien und Australien seit 1848 dieses Edelmetall gegenüber Silber relativ verbilligt hatten. Preußen verschloß sich dieser Forderung völlig, die ja zu einer Aufgabe des etablierten Silberstandards in Preußen und im Zollverein geführt hätte. Als Kompromiß kam es im Wiener Münzvertrag zu einer Einigung über die Einführung einer «Vereins-Handelsgoldmünze», die für Außenhandelszwecke gedacht war. Als «Krone» mit zehn Gramm Goldgehalt und dementsprechend als halbe Krone durfte nur noch sie als Goldmünze von den Münzstätten der Vertragsstaaten geprägt werden. Sie erhielt jedoch keine gesetzliche Zahlkraft. Ein festes Wertverhältnis zum Silbergeld war im Vertrag sogar ausdrücklich verboten. Die Vereins-Handelsgoldmünze stieß deshalb auf wenig Interesse.

Für Frankfurt hätte der Übergang zur Goldwährung entsprechend dem österreichischen Wunsch insofern Vorteile bringen können, als dadurch feste Wechselkurse gegenüber dem britischen Pfund und eine Vereinfachung des Zahlungsverkehrs mit dem führenden Finanzplatz London erreicht worden wären. Dieser Vorteil wäre aber auch nur dann zum Tragen gekommen, wenn im ganzen Gebiet der Vertragsstaaten das Silbergeld weitgehend hätte demonetisiert werden können, d.h. wenn ihm seine gesetzliche Zahlkraft entzogen worden wäre. Das gelang nicht einmal beim Übergang zur «hinkenden» Goldwährung im Deutschen Reich nach 1871. Eine Vergrößerung der Münzvielfalt durch zusätzliche Goldmünzen lag jedenfalls nicht im Interesse der Frankfurter Kaufmannschaft und Bankiers. Das zeigen Stellungnahmen der Frankfurter Handelskammer um die Mitte der 1860er Jahre, als der Deutsche Handelstag in Frankfurt am Main das Thema «Goldwährung und deutsche Münzverhältnisse» diskutierte.[64] Es hätte «die bedeutendste dortige [in Frankfurt] Geldmacht schon vor mehreren Jahren den Übergang zur Goldwährung in Anregung gebracht», schrieb die Handels- und Gewerbekammer zu Stuttgart in ihrer Stellungnahme. Damit kann nur das Haus Rothschild gemeint gewesen sein. Die Handelskammer zu Frankfurt schrieb dazu: «Im Laufe des verflossenen Jahrzehnts schienen die Verhältnisse des Welthandels ganz danach angetan, auf den Übergang zur Goldwährung wie auf eine unabwendbare Forderung der Zeit hinzuweisen. Seither haben sich jedoch diese Verhältnisse namentlich in Folge der Einwirkung des amerikanischen [Bürger-]Krieges so wesentlich verändert, daß die Entscheidung der vorliegenden Frage nothwendig als der Gegenwart entzogen angesehen werden muß.»[65] Dennoch kam es zu der positiven Empfehlung, die Vereins-Handelsgoldmünze durch eine Goldmünze zu ersetzen, die im Goldgehalt dem in Deutschland beliebten 20-Frankenstück entsprach. Dieser Vorschlag blieb ohne Resonanz, und die Währungsreform nach der Reichsgründung regelte das Problem in viel umfassenderer Weise.

Im Jahr der Gründung des Deutschen Reiches 1871 bestanden 76% des Bargeldumlaufs aus Münzen, 63% aus Silbermünzen. Nur der Rest war Papiergeld ohne volle Deckung, nämlich 10% Staatspapiergeld und 14% Banknoten.[66] 1866 wurden in Deutschland 59 notenemittierende Stellen gezählt, sowohl staatliche Kassen mit ihrem Staatspapiergeld als auch die staatlichen und privaten Banken mit Notenausgaberecht.[67] In der Freien Stadt Frankfurt wurde beides praktiziert.

Zur Ausgabe von Staatspapiergeld kam es in Frankfurt durch ein am 25. Februar 1826 beschlossenes Gesetz.[68] Dies war notwendig geworden, weil im Jahr zuvor der Vorschlag zur Gründung einer Aktienbank mit einer Art von Notenausgaberecht (Solawechsel) durch den Senat der Stadt abgelehnt worden war und eine von England ausgehende Handelskrise zu einer akuten Knappheit an Zahlungsmitteln in Frankfurter Wirtschaftskreisen geführt hatte. Das Rechnei- und Rentenamt, d.h. das Finanzressort der Stadt, wurde deshalb ermächtigt, sogenannte Rechneischeine mit Fälligkeit spätestens am 1. Mai 1826 gegen Hinterlegung von ungemünztem und gemünztem Gold und Silber auszugeben, und zwar von Münzen, soweit sie in Frankfurt nicht gesetzliches Zahlungsmittel waren, aber im dortigen Wirtschaftsleben eine Rolle spielten. Dazu gehörten Friedrichsd'or (überwiegend), 20- und 5-Frankenstücke, Preußische Taler, Laubtaler und Piaster. Von dem erlaubten Maximum von 1,5 Mio. Gulden wurde nur etwas mehr als die Hälfte in Anspruch genommen, darunter auch von den führenden Frankfurter Bankiers. Daß dies keine Sache für die kleinen Leute war, geht schon daraus hervor, daß als Nennwert eines Scheins 500 Gulden vorgeschrieben waren. Die Rechneischeine ihrerseits waren gesetzliche Zahlungsmittel, zu deren Annahme fremde Messebesucher aber nicht verpflichtet waren. So wurden illiquide Edelmetallwerte in Liquidität in Form von Staatspapiergeld verwandelt. Das Rechneiamt betätigte sich in der akuten Liquiditätskrise als *lender of last resort,* erfüllte also die typische Aufgabe von Notenbanken im weiteren Verlauf des 19. Jahrhunderts. Deren Banknoten hatten in der Regel allerdings keine gesetzliche Zahlkraft.

15. Das Thurn und Taxissche Palais an der Großen Eschenheimer Straße.
Hier tagte 1816–1866 die Bundesversammlung.
Aquarell von Fritz Wucherer (1938)

16. Emma Metzler, geb. Lutteroth (1827–1880), Ehefrau des Bankiers Wilhelm Peter Metzler. Ihren Salon besuchte auch Otto von Bismarck, mit dem sie später im Briefwechsel stand. Darauf bezieht sich Bismarcks liebevolle Bemerkung, er habe in Frankfurt «gemetzlert»

18. Ausschnitt aus dem «Malerischen Plan von Frankfurt am Main ...» (1864), gezeichnet von Friedrich Wilhelm Delkeskamp (1794–1872). Im Westen der Innenstadt entwickelte sich an Taunusanlage, Neuer Mainzer Straße und Großer Gallusstraße das Bankenviertel. Unter anderem hatten dort die Bankhäuser Metzler und Grunelius ihre Geschäftshäuser

17. Das Bankhaus Metzler an der Ecke Neue Mainzer Straße und Große Gallusstraße. Seit 1826 hat das Bankhaus hier seinen Geschäftssitz. Aquarell des Frankfurter Landschaftsmalers Karl Theodor Reiffenstein (1820–1893)

19. Der Metzlersche Badetempel in Offenbach, erbaut 1798 von dem französischen Architekten Salins de Montfort. Im späten 18. und frühen 19. Jahrhundert ahmten die wohlhabenden Bankiers den adeligen Lebensstil nach. Sie ließen klassizistische Villen und ausgedehnte Gartenanlagen errichten, oft außerhalb der Stadtmauern

20. Landhaus der Familie Metzler in Bonames bei Frankfurt. Das klassizistische Gebäude wurde 1827 errichtet, unter Einbeziehung des Turmes der ehemaligen Bonameser Stadtbefestigung von 1413

21. Jacob Friedrich Gontard (1764–1843). Der Frankfurter Bankier holte Friedrich Hölderlin als Erzieher für seinen Sohn ins Haus. Der Dichter verliebte sich in die Ehefrau des Bankiers, Suzette, und setzte ihr als «Diotima» in seinem «Hyperion» ein Denkmal

23. Das Palais der Familie Rothschild am Frankfurter Untermainkai. Das Gebäude wurde 1820 von Stadtbaumeister J. F. C. Hess für den jüdischen Bankier Joseph Isaak Speyer errichtet. Dieser verkaufte es 1846 an den Bankier Baron Mayer Carl von Rothschild

22. «Bethmannsches Museum». 1812 erbaute Simon Moritz von Bethmann in den Wallanlagen östlich des Friedberger Tors ein Antikenmuseum (heute «Odeon»). 1816 zog hier die Ausstellung der Marmorstatue «Ariadne auf dem Panther» des klassizistischen Bildhauers Johann Heinrich von Dannecker (1758–1841) zahlreiche Besucher aus aller Welt nach Frankfurt. Stich von C. Jügel

24. Portiers wie dieser, hier vor dem Bankhaus Metzler, bewachten im 19. Jahrhundert die Eingänge Frankfurter Banken

Als die wirtschaftlichen Auswirkungen der Julirevolution von 1830 die nächste akute Zahlungsmittelkrise in Frankfurt herbeiführten, wurde aufgrund der guten Erfahrungen von 1826 und einer Eingabe von vier Bankiers, darunter Bethmann und de Neufville, die gleiche Therapie in etwa dem gleichen Volumen eingesetzt. Auch diesmal gelang es, sonst drohende Firmenzusammenbrüche zu verhindern.

Die Frankfurter Handelskammer stand einer Notenbankgründung mit Kapital in Privathand grundsätzlich skeptisch gegenüber, setzte sich jedoch immer wieder für die Ausgabe von Rechneischeinen ein, nicht nur als Notmaßnahme, sondern teilweise auch zur Schaffung eines dauerhaften Papiergeldes, aber eben eines Staatspapiergeldes. Dazu kam es im Jahr des Münchner Münzvertrags 1837. Die in Süddeutschland weitverbreiteten Kronentalerteilstücke, besonders stark abgenutzte, ohnehin unterwertige Scheidemünzen, wurden demonetisiert, d.h., die süddeutschen Staaten und auch Frankfurt nahmen ihnen den Status eines gesetzlichen Zahlungsmittels. Da die vertraglich vereinbarten neuen Münzprägungen im Volumen von 10 Mio. Gulden, die an ihre Stelle treten sollten, nicht schnell genug zur Verfügung standen, war wieder ein erheblicher Zahlungmittelmangel entstanden, der diesmal mehrere Jahre anhielt. So wurden 1837 erneut Rechneischeine emittiert, deren Fälligkeit zunächst auf den 1. Februar 1838 angesetzt war, dann aber im Volumen von zunächst 1 Mio. Gulden in dauernder Folge jährlich prolongiert wurde. Die Stadt verschaffte sich dadurch Einnahmen, daß sie bei jeder Ausgabe bzw. Prolongation der Scheine eine Gebühr von 0,2% erhob. Als das angewachsene Finanzierungsvolumen des Eisenbahnbaus die jedes Jahr im Herbst auftretende Zahlungsmittelknappheit 1845 besonders akut werden ließ, stimmte die Stadt dem Vorschlag der Handelskammer zur Ausgabe einer zweiten Serie von Rechneischeinen im Umfang einer weiteren Mio. Gulden zu. Allerdings folgte sie nicht dem weiteren Vorschlag der Handelskammer, als hinterlegte Depositen nicht nur Edelmetallwerte, sondern auch Wechsel von solchen Verpflichteten zuzulassen, die einen guten Leumund besaßen. Hiermit wäre die Nähe zum Geschäft moderner Notenbanken deutlich in Erscheinung getreten.

Die von England über den Kontinent sich ausbreitende anhaltende Wirtschaftskrise von 1847/48, die einen Nährboden für die Revolutionen von 1848 darstellte, führte dann doch zu einer Aufweichung des Prinzips der Deckung ausschließlich in Edelmetallwerten. Jetzt wurden sogar langfristige Forderungen liquide gemacht. Für ein halbes Jahr, von März bis September 1848, erlaubte der städtische Gesetzgeber, Rechneischeine im Gesamtvolumen von 2 Mio. Gulden auch gegen Hinterlegung von gerichtlich bestellten ersten Hypotheken auszugeben. Die belasteten Grundstücke mußten innerhalb des Stadtgebiets liegen. Der halbe Wert der Hypotheken und, sofern diese noch zu bestellen waren, des ermittelten Grundstückswertes, durfte in Rechneischeinen ausgezahlt werden. Dies war eine Methode der Papiergelddeckung, die aus der Praxis der Assignaten, des Papiergelds der Französischen Revolution, verpönt war, da sie in die Hyperinflation geführt hatte. Assignaten waren als Gegenwert für konfiszierte kirchliche und andere Güter von den revolutionären Machthabern ausgegeben worden. Auch bei der Rentenmark in Deutschland, die nach der Hyperinflation 1923 eingeführt wurde, bestand die Deckung aus Hypotheken. Weder in Frankfurt 1848 noch in Deutschland nach 1923 führte die hypothekarische Deckung zur Inflation, sondern nur zur Überwindung einer Geldknappheit, die das ganze Wirtschaftsleben bedrohte. Der Fall der Assignaten in Frankreich zeigt nur, daß nicht die Methode der Deckung, sondern das Ausmaß der Geldschöpfung nach dieser Methode, d.h. das Fehlen von Beschränkungen der Notenemission, zu inflationären Problemen führt.

Neben Hypotheken und Grundstückswerten konnten Rechneischeine auch gegen Verpfändung von Obligationen der Freien Stadt Frankfurt erworben werden, und zwar zu einem Prozentsatz im Ermessen des Rechneiamts höchstens bis zur Hälfte ihres Nominalwertes. So wurden auch langfristige Schuldverschreibungen zu Geld gemacht. Wer diese Möglichkeiten der Beschaffung von Rechneischeinen im Frühjahr 1848 in Anspruch nahm, mußte dem Rechneiamt Solawechsel mit Fälligkeit spätestens im September ausstellen, die mit einem Jahreszins von 4% zu verzinsen waren. Mit der nunmehr unbaren, aber zinserwirtschaftenden Deckung tat das Rechneiamt einen wesentlichen Schritt in Richtung einer modernen Geldpolitik mit Steuerung des auf Kredit beruhenden Geldes.

Ab August 1848 wurde das Volumen an Rechneischeinen von 2 auf 4 Mio. Gulden aufgestockt. Der Liquiditätsbedarf war so groß, daß die Scheine jetzt auch gegen deponierte weitere Wertpapiere und Waren ausgegeben wurden, nämlich gegen Aktien der Taunuseisenbahn und zinstragende Inhaberschuldverschreibungen der Staaten Hessen-Darmstadt, Nassau, Württemberg und Baden. Zu den akzeptierten Waren gehörten Schaf- und Baumwolle, Rohseide und Kaffee.

Als im Sommer 1848 Frankfurter Wirtschaftskreise, die ein besonderes Interesse am Fortgang des Baus der Staatseisenbahnen hatten, von Schwierigkeiten hörten, die die Handelskammer damals bei einer Finanzierung über Anleiheemissionen sah, machten sie den Vorschlag, die Stadt selbst möge ihre eigenen Obligationen beim Rechneiamt hinterlegen und sich für die Hälfte des Nennwertes Rechneischeine ausstellen lassen. Diese Form der unfundierten Papiergeldschöpfung lehnte die Handelskammer ab und wollte den bereits durch Waren, Obligationen und Aktien gedeckten Teil auch abgebaut wissen. Nur die auf der Grundlage von Edelmetallen ausgegebenen Rechneischeine genossen das Vertrauen der Handelskammer. Dies kann wohl als Hinweis darauf gesehen werden, daß in der Handelskammer zu dieser Zeit die Interessen der Bankiers vor denen der produzierenden Wirtschaft rangierten. Das Rechneiamt folgte allerdings nicht den Empfehlungen der Handelskammer. Es verlängerte im November 1848 nicht nur das existierende Volumen ausgegebener Rechneischeine, sondern ließ auch ihre Deckung zum doppelten Betrag in Frankfurter Stadtobligationen zu. Entgegen den konservativen und restriktiven Vorstellungen der Handelskammer waren z.B. im Herbst 1850 von den 4 Mio. Gulden an umlaufenden Rechneischeinen weniger als 6% durch hinterlegtes Edelmetall gedeckt. In den folgenden Jahren bis zum 1. Februar 1856, als den Rechneischeinen der Status eines gesetzlichen Zahlungsmittels entzogen wurde, war der Anteil der Edelmetalldeckung zeitweise noch niedriger.

Gebäude der Frankfurter Bank. Nach zähem Ringen genehmigte 1854 der Rat mit der Frankfurter Bank erstmals eine Bank mit dem Recht der Notenausgabe zur Regelung des Geldumlaufs. Sie erwies sich für die Zeit bis zur Gründung der Reichsbank (1876) als erfolgreiches Modell einer «Zentralbank»

Mit der Emission der Noten der 1854 gegründeten Frankfurter Bank seit Anfang 1855 (vgl. Abschnitt IV4) waren die Rechneischeine überflüssig geworden. Dieses Banknotengeld anstelle des Staatspapiergeldes «Rechneischeine» entsprach in seiner Deckung nun allerdings den konservativen Vorstellungen der Bankiers und der Handelskammer: ein Drittel in Silberbarren oder gemünztem Bargeld, also in Edelmetall, nicht gerechnet das Gold, das neben Wertpapieren und Wechseln für die Deckung der restlichen zwei Drittel zugelassen war. Das Rechneiamt würdigte sein Geldprodukt nach der Einlösung der Scheine im Abschlußbericht als gute Lösung in außergewöhnlichen Verhältnissen. Als zu Beginn des Deutsch-Französischen Krieges 1870 die Flucht in die Liquidität die Kurse an der Börse herunter und die Konkurse in die Höhe trieb, wurde dies auch von der Frankfurter Bank so gesehen. Sie gründete zusammen mit führenden Bankhäusern die «Vereinigung zur Erleichterung von Börsentransaktionen», die unter anderem ihre Art «Rechneischeine», nämlich Golddepositenscheine bis zur Höhe von 4 Mio. Gulden in einer Stückelung von 500 Gulden, gegen Hinterlegung von Sovereigns und Napoleond'or ausgab.[69] Diese Golddepositenscheine waren zwar nicht, wie die Rechneischeine, gesetzliches Zahlungsmittel. Aber weil alle Mitglieder der Vereinigung garantierten, die Scheine wie Zahlungen in kursfähigem Geld anzunehmen, waren sie so gut wie gesetzliche Zahlungsmittel. Kooperative privatwirtschaftliche Lösungen anstelle staatlicher Maßnahmen, Verordnungen und Gesetze waren ohnehin zum Signum der Hochblüte des Liberalismus in der zweiten Hälfte des 19. Jahrhunderts geworden.

Die Noten der Frankfurter Bank waren vor allem im süddeutschen Raum weit verbreitet. Während die meisten Notenbanken («Zettelbanken») nur einen räumlich begrenzten Wirkungskreis hatten, stand das Volumen des Banknotenumlaufs der Frankfurter Bank 1866 mit fast 14 Mio. Talern nur hinter dem der Preußischen Bank in Berlin zurück, die mit 125 Mio. Talern 1866 den weitaus größten Teil aller in Deutschland umlaufenden Banknoten (179 Mio. Taler) emittiert und dieses dadurch forciert hatte, daß sie 1865 mit der Errichtung von Zweigstellen außerhalb Preußens begonnen hatte.[70] Auch hier zeigt sich, in welchem Ausmaß Berlin bei innovativen Finanzmarktprodukten Frankfurt hinter sich gelassen hatte.

4. Innovationen, Finanztechniken und Spezialisierungen

Das im 18. Jahrhundert so erfolgreich betriebene Geschäft mit Staatsanleihen blieb im 19. Jahrhundert die Spezialität des Finanzplatzes Frankfurt. Während der Napoleonischen Kriege waren die Kurse der Anleihen gefallen.[71] In der Nachkriegszeit jedoch traf der hohe Kapitalbedarf der verschiedenen Staaten –

Das Bankhaus Rothschild dominierte im frühen 19. Jahrhundert den Finanzplatz Frankfurt. Eine seiner Stärken war es, durch Familienmitglieder Zweige des Unternehmens an den wichtigsten europäischen Finanzplätzen zu etablieren, dabei jedoch den Zusammenhalt zu wahren, wie diese Illustration verdeutlicht. Im Zentrum steht der Firmengründer Mayer Amschel Rothschild (1743–1812)

zum Teil zur Konsolidierung der für den Krieg aufgenommenen kurzfristigen Schulden, zum Teil zur Schaffung neuer Infrastruktur – auf eine erhöhte Anlagebereitschaft. Der Wirtschaftsaufschwung von 1816 bis 1826 brachte eine erste Blütezeit für die Frankfurter Wertpapierbörse. Da dort zunächst fast ausschließlich Staatsanleihen gehandelt wurden, spricht man von «Fondsbörse» und datiert ihren eigentlichen Beginn in jene Periode.[72]

Das Bankhaus Gebrüder Bethmann bemühte sich erneut um österreichische Anleihen. Das Vertrauen der Anleger in diese Papiere hatte jedoch aufgrund der Inflation des österreichischen Papiergeldes stark abgenommen. Um dem entgegenzuwirken, wurde ein neuer Anleihetyp entwickelt, die sogenannten Metalliques, die sich dadurch auszeichneten, daß die Zinsen in Münzgeld nach dem Konventionsfuß ausgezahlt wurden. 1818 wurde eine Metalliques-Anleihe von einem Konsortium, an dem sich unter anderem Bethmann in Frankfurt, Baring in London und Hope in Amsterdam beteiligten, auf den Markt gebracht. Auch über die Tilgung früherer Anleihen (vgl. Abschnitt III4) konnte ein Abkommen mit dem österreichischen Staat getroffen werden. Österreichische Anleihen gewannen so erneut an Attraktivität. Neben dem Geschäft mit Österreich beteiligte sich das Bankhaus Gebrüder Bethmann an französischen Anleihen. Seine Vorherrschaft auf dem Anleihemarkt mußte es allerdings an andere Bankhäuser, so z. B. Baring aus London und um 1820 an das neu aufgestiegene Haus M. A. von Rothschild und Söhne, abtreten.[73] M. A. Rothschild hatte seine Söhne 1810 in einem neuen Gesellschaftsvertrag zu gleichberechtigten Partnern gemacht. Seitdem traten auch die Handelsgeschäfte hinter den Bankgeschäften des Hauses zurück.[74]

Ein wichtiger Grund für den Aufstieg der Rothschilds war, daß es ihnen gelang, Zweige der Firma an den wichtigen Finanzplätzen im Ausland zu etablieren.[75] Von den fünf Söhnen des Firmengründers Mayer Amschel Rothschild ging Nathan über Manchester nach London, Salomon nach Wien, Carl nach Neapel und James (Jakob) nach Paris, wo sie jeweils eine Niederlassung gründeten. Diese wurden in enger Absprache der Brüder untereinander wie ein Unternehmen geführt. Zwar hatten z. B. auch die Metzlers und die Bethmanns selbständige Unternehmen im Ausland, allerdings in Bordeaux, wo ein blühender Weinexport betrieben wurde, und nicht, wie die Rothschilds, an den wichtigsten Finanzplätzen Europas.[76] Für Geschäfte an anderen Finanzplätzen, wie London oder Paris, waren die Bethmanns, Metzlers und andere auf die Zusammenarbeit mit Bankiers vor Ort angewiesen, die zwangsläufig nicht so eng sein konnte wie die innerhalb des Rothschildschen Familienunternehmens.

Das Bankhaus Rothschild plazierte umfangreiche Anleihen an internationalen Börsen. So entschied sich 1818 nach zähen Verhandlungen die preußische Regierung, eine Anleihe von über 30 Mio. Taler bei Rothschild in London aufzunehmen. Die Obligationen dieser Anleihe wurden an den Börsen in London, Amsterdam, Hamburg, Berlin und Frankfurt plaziert. Weitere Anleihen folgten; so plazierte das Bankhaus zwischen 1826 und 1855 allein und in Konsortien Anleihen über mindestens 680 Mio. Gulden.[77]

Die herausragende Stellung des Bankhauses Rothschild im Anleihegeschäft verschaffte dessen Vertretern eine dominierende Position an der Frankfurter Börse, die gerne mit der folgenden Anekdote illustriert wird: «Während der Börsenversammlungen im Hofe des Braunfels stand er [Amschel Mayer Rothschild] bis in die späten Tage mit weißer Halsbinde, schwarzen Hosen und Frack und Filzschuhen auf einer Strohmatte – einer Vergünstigung, die nur ihm vergönnt war – und diktierte Deutschland den Diskont und die Wechselkurse. War er einmal unwohl und kam gegen Erwarten nicht, so stieg der Diskont und die Staatspapiere fielen.»[78]

Gleichzeitig gewann die Frankfurter Börse im Sog der Anleiheemissionen der Rothschilds an internationaler Bedeutung. 1829 wurde der Wertpapierhandel auf ein Volumen von ca. 1,5 Mio. Gulden geschätzt.[79] Im Mittelpunkt des Frankfurter Finanzmarktes standen zunächst die österreichischen Anleihen. Zunehmend wurden auch andere ausländische Anleihen notiert. Meyers Conversationslexikon von 1847 nennt unter den ausländischen Anleihenehmern Rußland, Preußen, Sardinien, Belgien, Neapel, Spanien, Portugal, Dänemark und Parma.[80] Die Kurszettel des Jahres 1848 führten regelmäßig 18 Arten von Staatsanleihen in 44 Emissionen an, davon sieben ausländische Arten mit 17 Emissionen. Im Vergleich dazu wurden in Berlin zwölf Arten von Staatsanleihen in 25 Emissionen aufgeführt, in Hamburg und Leipzig jeweils vier Arten in neun bzw. acht Emissionen und in Wien nur eine Art mit fünf Emissionen. Diese Zahlen zeigen klar die Vorherrschaft Frankfurts auf dem deutschen Anleihemarkt. Otto Wormser nennt in seiner Börsengeschichte Frankfurt als eine der «vier Weltbörsen dieser Jahrzehnte», neben London, Paris und Wien.[81] Im April 1855 wurden in Frankfurt 16 österreichische, drei russische, drei holländische, drei belgische, drei sardinische, drei toskanische, zwei polnische, zwei spanische Staatsanleihen sowie eine portugiesische notiert. Die meisten von ihnen hatte das Bankhaus Rothschild dort plaziert.[82]

In dieser Beziehung markiert 1849 mit der ersten US-amerikanischen Anleihe zu 6% einen Wendepunkt.[83] In der Folgezeit wurden weitere amerikanische Anleihen, so auch Anleihen amerikanischer Städte und Counties, etwa 1852 die St. Louis County Bonds zu 7% und die St. Louis City Bonds zu 6%, gehandelt. 1852 folgten die ersten amerikanischen Eisenbahnobligationen, die New York Erie Bonds, ebenfalls zu 7%. 1854 fanden insgesamt 29 amerikanische Emissionen auf dem Frankfurter Markt statt, darunter Anleihen der Staaten Kalifornien, Georgia, Illinois unter anderem zu 5–7%.[84] Auffällig sind dabei die hohen Renditen der amerikanischen Anleihen, die allerdings auch mit einem höheren Risiko einhergingen. In der ersten großen Weltwirtschaftskrise des Industriezeitalters 1857 wurden zahlreiche amerikanische Eisenbahngesellschaften insolvent. In der Folge wurde in Frankfurt eine «Schutzvereinigung Frankfurter Besitzer amerikanischer Wertpapiere» gegründet. Allein die Existenz einer solchen Vereinigung ist ein Indiz für die Bedeutung amerikanischer Papiere für den Frankfurter Markt.

In den 1860er Jahren kam eine weitere Welle von amerikanischen Anleihen auf den Frankfurter Markt, so daß Frankfurt nach London zum wichtigsten europäischen Finanzplatz für amerikanische Papiere wurde. Im Gegensatz zu London, das im amerikanischen Bürgerkrieg (1861–1865) die Südstaaten unterstützt hatte, hatten Frankfurter Bankiers entscheidenden Anteil an der Finanzierung der Nordstaaten und damit auf die richtige Seite gesetzt. Während die Anleihen der Südstaaten nach dem Bürgerkrieg wertlos geworden waren, da die amerikanische Regierung sich weigerte, diese zu übernehmen, verzeichneten die Papiere des Nordens einen starken Anstieg.[85] Der Handel mit amerikanischen Papieren wurde von Frankfurter Privatbankiers mit Familien- oder Geschäftsbeziehungen nach New York betrieben, darunter Seligmann und Stettheimer, Lazard Speyer-Ellissen und andere. Amerikanische Anleihen übernahmen für Frankfurt in den 1860er Jahren die zentrale Rolle, die österreichische Anleihen zuvor eingenommen hatten.

Im Gegensatz zum Handel mit Staatsanleihen lief das Aktiengeschäft in Frankfurt eher zögerlich an. Die erste an der Frankfurter Börse gehandelte Aktie war 1820 die der österreichischen Nationalbank. Erst 1836 wurde eine zweite Bankaktie notiert, die der Bayerischen Hypotheken- und Wechselbank, bei deren Gründung das Bankhaus Rothschild mitwirkte, dem der bayerische König Ludwig mehr Sachverstand zutraute als seinen eigenen Hofbankiers.[86] Zwischen 1837 und 1840 kamen die Aktien der Brüsseler Société Générale und die der Leipziger Bank hinzu, weitere Bankaktien nach 1850.[87]

Ab 1837 wurden in zunehmendem Maße auch Eisenbahnaktien notiert, unter anderem 1837 die der Taunusbahn, bei deren Finanzierung das Frankfurter Bankhaus Gebrüder Bethmann in einem Konsortium engagiert war, sowie weitere deutsche und österreichische Eisenbahnaktien. 1847 standen insgesamt zwölf Eisenbahnaktien auf dem Frankfurter Kurszettel. In Berlin allerdings wurden zur selben Zeit bereits 33 notiert. Weitere in Frankfurt gehandelte Aktien waren die zweier Versicherungsgesellschaften – Deutscher Phönix (1844) und Frankfurter Lebensversicherung (1845).[88] Die Entwicklung des Versicherungswesens in Frankfurt blieb jedoch hinter der an anderen deutschen Finanzplätzen, wie Hamburg, Köln und München, zurück.[89]

Industrieaktien erschienen erst in den 1850er Jahren vereinzelt auf dem

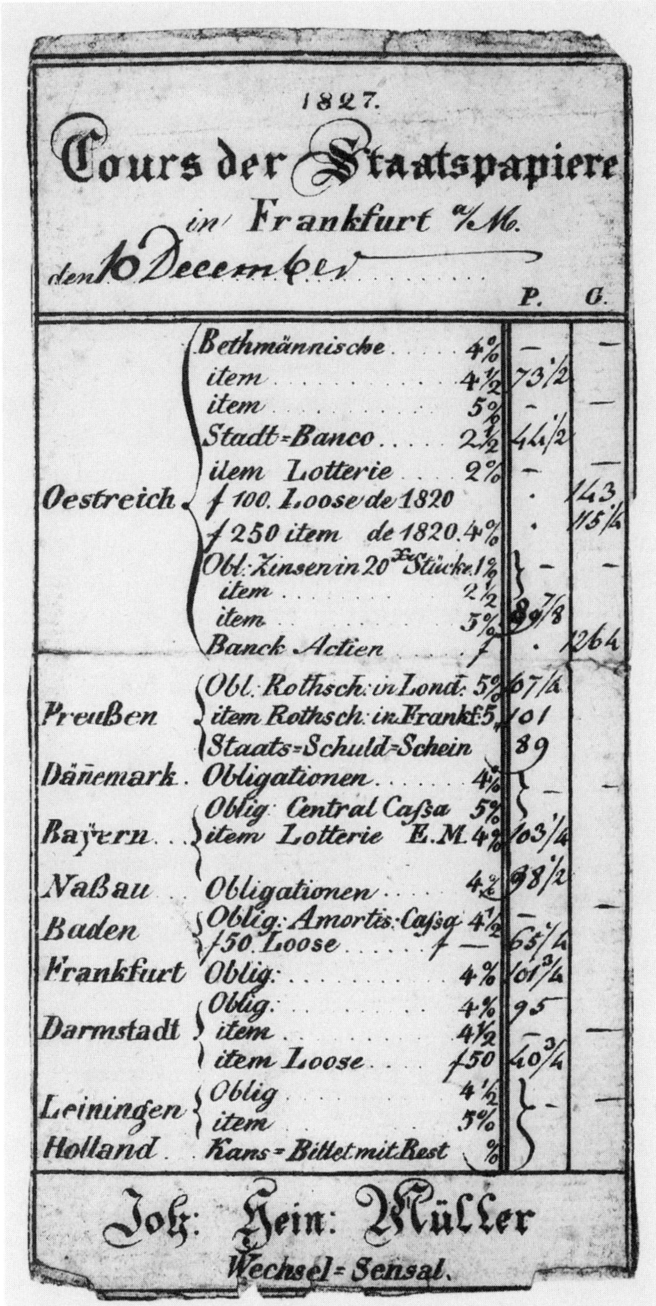

1827.

Cours der Staatspapiere

in Frankfurt a/M.

den 16 December ....

			P.	G.
Oestreich	Bethmännische	4%	–	–
	item	4½	73½	
	item	5%	–	–
	Stadt=Banco	2½	44½	
	item Lotterie	2%	–	–
	f 100. Loose de 1820		·	143
	f 250 item de 1820.	4%	·	115¼
	Obl: Zinsen in 20er Stücke	1%	–	–
	item	2½		
	item	5%	89⅞	
	Banck Actien	f	·	1264
Preußen	Obl: Rothsch: in Lond:	5%	67¼	
	item Rothsch: in Frankf.	5%	101	
	Staats=Schuld=Schein		89	
Dänemark	Obligationen	4%	–	–
Bayern	Oblig: Central Cassa	5%		
	item Lotterie E.M.	4%	103¼	
Naßau	Obligationen	4%	98½	
Baden	Oblig: Amortis: Cassa	4½	–	–
	f 50. Loose	f –	65¼	
Frankfurt	Oblig:	4%	101¾	
Darmstadt	Oblig:	4%	95	
	item	4½	–	–
	item Loose	f 50	40¾	
Leiningen	Oblig	4½	–	–
	item	5%		
Holland	Kans=Billet mit Rest	%		

Joh: Hein: Müller

Wechsel=Sensal.

Kurszettel mit Staatsanleihen (1827). Deutlich ist die herausragende Bedeutung der österreichischen Anleihen für den Finanzplatz Frankfurt gegenüber anderen Werten zu erkennen

Frankfurter Kurszettel. In diese Zeit fielen auch die Anfänge der Börsen- und Finanzpresse. Ab Jahresanfang 1854 erschien in Frankfurt der *Aktionär,* ein Wochenblatt mit dem Untertitel *Internationales Zentralorgan für den Mobilarbesitz und das Versicherungswesen,* das als selbständige Zeitschrift bis 1922 detailliert über Aktienkurse, Aktiengesellschaften und deren Hauptversammlungen, kurz über Börsenbewegungen im In- und Ausland und die diese treibenden Ereignisse berichtete.[90] Das erste täglich erscheinende Finanzblatt war allerdings seit 1. Juli 1855 die *Berliner Börsen-Zeitung.* Aber schon ein Jahr später erschien auf Initiative der beiden Bankiers mit journalistischer Neigung, Heinrich Bernhard Rosenthal und Leopold Sonnemann, die *Frankfurter Handelszeitung,* die zehn Jahre später den Namen *Frankfurter Zeitung* annahm. Als Vorläufer der Zeitung kann man den von H.B. Rosenthal seit etwa 1853/54 herausgegebenen *Geschäftsbericht* ansehen, den er an jedem Börsentag für seine Bankkundschaft herstellte und der neben dem amtlichen *Coursbericht des Wechselmakler-Syndikats* auch darüber hinausgehende Börseninformationen enthielt. Rosenthal wandte sich an Leopold Sonnemann, als er angesichts des in den 1850er Jahren stark gestiegenen Interesses für Börsengeschäfte seinen *Geschäftsbericht* in ein für die breitere Öffentlichkeit bestimmtes Handelsblatt umzuwandeln versuchte. Die daraus entstandene *Frankfurter Handelszeitung* definierte ihre Zielsetzung 1856 so: «Ein Blatt, das vom hiesigen Platze aus täglich die Interessen der Bewohner der deutschen Bundesstaaten, insbesondere aber die der immer zahlreicher werdenden Classe der Actien-Besitzer unparteiisch und sorgsam vertritt, das zugleich die Interessen der Landwirthschaft, der Fabrikindustrie und des Handels in gründlicher Weise berücksichtigt und täglich ein getreues Bild der Frankfurter Börse auf dem raschesten Wege gibt, ist ein schon länger gefühltes Bedürfnis. Die Frankfurter Handelszeitung hat sich diese Aufgabe gestellt. Sie wird die deutschen Actiengesellschaften besonders ins Auge fassen, den Fortgang ihrer Unternehmungen kritisch beleuchten und soweit als möglich die inneren und äußeren Ursachen würdigen, welche auf deren Werth Einfluß haben.»[91] Am Anfang erschien die *Frankfurter Handelszeitung* auf nur vier Seiten, gegen Ende 1856 aber schon auf acht.

Die erste Ausgabe des *Aktionärs* vom Januar 1854 führte die Aktien der Österreichischen Lloyd-Dampfschiffahrtsgesellschaft, der Rhein-Main Dampfschiffahrtsgesellschaft, der Maschinenfabrik Karlsruhe, der Gesellschaft der Kurhäuser sowie der Mineralquellen zu Homburg und Aktien der Spinnerei Ettlingen, der Württembergischen Gesellschaft für Zuckerfabrikation (Stuttgart) und der Badischen Gesellschaft für Zuckerfabrikation (Karlsruhe). Deutlich lag hier der Schwerpunkt auf dem Umland und dem süddeutschen Raum. Nach wie vor blieb jedoch der Handel in Aktien hinter dem mit Staatspapieren zurück.[92] Diese Vorliebe für Staatspapiere wurde immer wieder damit begründet, daß diese im Gegensatz zu Aktien eine sichere Anlage seien.

Dem Sicherheitsdenken der Frankfurter Bankiers zum Trotz blühte auch in Frankfurt die Spekulation. In den 1820er Jahren wurden erstmals Termingeschäfte getätigt, die in Amsterdam und London längst üblich waren. In Deutschland waren solche Geschäfte heftiger Kritik und Polemik ausgesetzt, die sich offenbar als nicht sehr wirkungsvoll erwiesen. Die Tatsache, daß der Frankfurter Fiskus 1822 erwog, Termingeschäfte mit einer Steuer von 5 Kreuzern auf Abschlüsse von 1000 Gulden zu belegen, spricht dafür, daß diese an Bedeutung gewonnen hatten. Die Steuer allerdings wurde nicht eingeführt, auch ein Verbot der Termingeschäfte wurde nicht verhängt.[93]

Beliebte Spekulationsobjekte waren auch Losanleihen. Bankiers und Losehändler kauften eine Anzahl Lose auf und verkauften Anrechte auf bestimmte Nummern für eine Ziehung, sogenannte Promessen. Wurde die entsprechende Losnummer gezogen, erhielt der Käufer («Heuerzahler») die Prämie, wenn nicht, verfiel sein Anspruch. Die deutschen Obrigkeiten suchten, diese «Promessen-» oder «Heuergeschäfte» zu unterbinden, in Frankfurt jedoch mit wenig Erfolg, da der Senat sich nicht über ein Gesetz einigen konnte. Erst 1867 wurden diese Geschäfte durch die preußische Regierung verboten. Das risikoreiche Promessengeschäft führte ebenfalls zur Einrichtung einer Versicherung gegen Kursverluste bei Losen und damit zur ersten Rückversicherungsgesellschaft.[94]

Neben Anleihen und wenigen Aktien wurden in Frankfurt nach wie vor noch Wechsel gehandelt. Ein Kurszettel vom 31. Dezember 1807 führte Brief- und Geldkurse für Amsterdam, Augsburg, Bremen, Hamburg, Leipzig, London, Lyon, Paris und Wien an.[95] Bemerkenswert ist dabei die Bedeutung des innerdeutschen Wechsels, der jedoch nach der Vereinheitlichung der Währung im Deutschen Reich wegfiel. Damit entfiel ein profitabler Geschäftszweig der Frankfurter Bankiers.

Zu den Innovationen an der Frankfurter Börse in dieser Periode gehörte auch die Gründung der Getreide- und Produktenbörse im Jahr 1862.[96]

Prägend für den Finanzplatz insgesamt blieben auch im 19. Jahrhundert die Privatbankiers, allen voran das Bankhaus Rothschild. Die im 19. Jahrhundert neu entstehenden Aktienbanken, so der A. Schaaffhausen'sche Bankverein (1848), hatten es schwer, in Frankfurt Fuß zu fassen, denn der Senat der Stadt weigerte sich bis Anfang der 1860er Jahre – wenn man von der Gründung der Frankfurter Bank 1854 absieht –, Niederlassungen oder Gründungen von Aktienbanken zu genehmigen. Wie bereits das Notenbankprojekt von Friedrich Metzler aus dem Jahr 1790[97] war auch 1825 ein Projekt zur Gründung einer Aktienbank gescheitert. Sechs führende Frankfurter Privatbankhäuser, nämlich Gebrüder Bethmann, Johann Daniel Bonn, Franz Brentano, Jb. Fr.

Gontard, Grunelius & Co. und M.A. Rothschild & Söhne, hatten 1824 beim Senat der Stadt Frankfurt die Genehmigung zu einem solchen Institut beantragt, dessen Zweck folgendermaßen beschrieben wurde: «Als Girobank den Geldumlauf zu regeln, als Escomptebank Wechsel zu diskontieren und als Leihbank Gold, Silber und Effekten zu beleihen.»[98] Den Initiatoren lag vor allem daran, die Zahlung fälliger Wechsel am Finanzplatz Frankfurt, die noch mit der Beschaffung und dem Transport großer Mengen Münzgeldes nicht nur in die Stadt, sondern auch innerhalb der Stadt verbunden war, durch Papiergeldemissionen dieses auf solider Grundlage zu errichtenden Instituts zu erleichtern. Denn zu den Fälligkeitsterminen war Bargeld in Frankfurt knapp und teuer, und somit waren die Transaktionskosten für den Wechselschuldner dort höher als an anderen erfolgreichen Handelsplätzen, wie London und Paris, wo Banken mit Papiergeldemissionen sehr zum Vorteil der dortigen Handelsgeschäfte gewirkt hatten. Für die Papiergeldausgabe sah die vorgeschlagene Satzung folgendes vor: «Die Bank stellt Sola-Anweisungen auf sich selbst aus, deren baarer Betrag stündlich bei ihrer Kasse zu erheben ist. Niemand ist jedoch zu deren Annahme gehalten, und diese hängt lediglich von dem freien Willen ab ... Die Ausgabe dieser Anweisungen kann nur im Verhältnis der baaren Bankkasse und des Portefeuilles geschehen, und jede Anweisung muß ihren vollen Gegenwerth in der Bank liegen haben.» In welchem Verhältnis Bar- und «Portefeuille-», d.h. wahrscheinlich Wechseldeckung, zueinander stehen sollten, ist nicht angegeben.

Das Projekt traf auf erheblichen Widerstand, gerade auch von seiten der Handelskammer, also der Vertretung der Kaufleute, denen das Projekt ja gerade Vorteile bringen sollte. Die Gutachter der Handelskammer, darunter auch der Bankier Gustav Metzler, sahen einstimmig die beiden wichtigsten Neuerungen, die das Projekt bringen sollte und die ganz auf der Linie der weiteren Bankenentwicklung im 19. Jahrhundert gelegen hätten, als gefährlich an, nämlich einerseits die Anonymität und begrenzte Haftung der vorgesehenen Rechtsform der Aktiengesellschaft und unter Hinweis auf abschreckende historische Beispiele andererseits die Möglichkeit der Zahlungsunfähigkeit eines solchen Instituts, die zu einer «allgemeinen Vermögenszerrüttung» führen könne. Der Senat der Stadt schloß sich diesen Bedenken an und verweigerte am 8. Februar 1825 die Genehmigung zur Bankgründung.

Ich behandle diesen Fehlversuch deshalb so ausführlich, weil er zeigt, daß es auf der einen Seite weitsichtige Frankfurter Bankiers gab, die der Stadt frühzeitig zu einer Pionierrolle bei der Durchsetzung von Aktienbanken und der Emission von Banknoten zur Erleichterung des Zahlungsverkehrs unter Geschäftsleuten verhelfen wollten. Immerhin war Frankfurt bis zur Gründung der Frankfurter Bank 1854 die einzige der vier Freien Städte des Deutschen Bundes, die noch nicht über eine Girobank mit Notenausgaberecht verfügte. Auf der anderen Seite demonstriert die ablehnende Haltung sowohl der Handelskammer als auch des Senates der Stadt Frankfurt, daß die Mehrheit offenbar das in Deutschland damals einzigartige große Erbe des Finanzplatzes Frankfurt nur bewahren und nicht den Risiken aussetzen wollte, die Pionierunternehmer mit Innovationen zwangsläufig eingehen müssen. Der Preis dafür war freilich, daß treibende Kräfte an anderen Orten die Finanzinnovationen des 19. Jahrhunderts vorantrieben und Frankfurt gleichsam nur in zweiter Reihe hinterherlief und dabei seine führende Position in Deutschland mehr und mehr verspielte und schließlich an Berlin verlor.

Modernisierungswillige Frankfurter Bankiers beteiligten sich daher erst einmal an Aktienbankgründungen außerhalb Frankfurts, nachdem ein weiteres Bankgründungsprojekt in Frankfurt 1847 gescheitert war.[99] Nach der Märzrevolution von 1848 war der Liberalismus zwar nicht in den politischen Strukturen und Verfassungen, dafür aber in der Wirtschaftspolitik, gerade auch in Preußen mit seiner etatistischen Tradition, zum Durchbruch gekommen. Zwei Geschäftsleute aus dem frühindustrialisierten Rheinland gingen Ende März 1848 ins Kabinett nach Berlin. Ludolf Camphausen, der Präsident der Handelskammer zu Köln, übernahm den Vorsitz des preußischen Staatsministeriums. David Hansemann, der Präsident der Handelskammer zu Aachen, wurde zum Finanzminister ernannt. Sie waren starke Befürworter von Aktienbanken gerade im Hinblick auf die Finanzierung des an Breite gewinnenden Industrialisierungsprozesses. Sie arbeiteten darauf hin, daß das in der allgemeinen Liquiditätskrise vom Frühjahr 1848 in Schwierigkeiten geratene Kölner Bankhaus A. Schaaffhausen schon im August 1848 die Konzession zur Umwandlung in eine Aktiengesellschaft, den A. Schaaffhausen'schen Bankverein, allerdings ohne Notenausgaberecht, erhielt. Dies war nicht nur in Preußen, sondern in ganz Deutschland die erste Aktienbank mit dem direkten Auftrag, Handel und Industrie zu fördern, sich an der Gründung von Industrieunternehmen zu beteiligen sowie das Emissions- und alle sonst üblichen Bankgeschäfte zu betreiben.[100] Erst Jahre später, als die Gründung der Bank für Handel und Industrie in Darmstadt den Frankfurtern als kapitalkräftige Konkurrenz schon drohend ins Haus stand, erteilte der Senat der Stadt Frankfurt am 1. März 1853 seine Erlaubnis zur Gründung einer Aktiengesellschaft «zur Betreibung eines Kassierergeschäfts», der «Frankfurter Vereins-Kasse», die ausschließlich das Girogeschäft zur Erleichterung des Zahlungsverkehrs und das Diskontgeschäft betreiben sollte und kein Recht zur Notenausgabe erhielt. Initiatoren waren am 6. November 1852 neben Gebrüder Bethmann folgende Kaufleute und Bankiers gewesen: Philipp Chr. Wilh. Donner, W. Ganslandt Sohn, B.H. Goldschmidt, Joh. Goll & Söhne, D. & J. de Neufville, Joh. Cyr. Schlamp, Ph. Nik. Schmidt. Auch diesmal hatten sich die Handelskammer und 16 angesehene Häuser, darunter Rothschild, gegen das Projekt ausgesprochen.[101] Aber zu diesem Zeitpunkt beugte sich der Senat der Stadt offenbar auch dem neuen Konkurrenzdruck von außen.

Im benachbarten Großherzogtum Hessen-Darmstadt hatte der Mannheimer Bankier Moritz von Haber schon 1846 um eine Konzession für eine Bank für Süddeutschland nachgesucht. Die dortige Regierung verhielt sich nicht abgeneigt. Aber die Verhandlungen über die zu treffenden Bestimmungen blieben in den Revolutionswirren von 1848 stecken. Auch Habers eigenes Bankhaus brach in jenem Jahr zusammen.[102] Kölner Bankiers, namentlich Gustav Mevissen, Abraham Oppenheim, Wilhelm Ludwig Deichmann und Victor Wendelstadt, die im frühindustrialisierten Rheinland die für die Zukunft große Bedeutung der Industriefinanzierung erkannt hatten, ergriffen erneut die Initiative, als in den 1850er Jahren ein starker industrieller Aufschwung einsetzte. Aber angesichts der restriktiven Haltung der preußischen Regierung hatten sie keine Möglichkeit, die notwendige Konzession für eine entsprechende Aktienbank aus Berlin zu erlangen. Wenn schon nicht im eigenen Staat, dann sollte eine Aktienbankgründung nach dem Muster des 1852 gegründeten französischen Crédit Mobilier am führenden Finanzplatz außerhalb Preußens, nämlich in Frankfurt am Main, stattfinden. Aber die meisten Frankfurter Privatbankiers unter Führung des Bankhauses M.A. Rothschild boten ihren ganzen Einfluß auf, um eine Konzessionierung durch den Senat der Freien Stadt Frankfurt zu verhindern. Da Oppenheim mit Haber verschwägert war und die alte, nicht zu Ende geführte Initiative Habers kannte, bedienten sich die Kölner Bankiers seiner Dienste und Verbindungen zum Großherzog in Darmstadt. Von den zwei beantragten Bankprojekten wurde die Bank für Handel und Industrie Anfang April 1853 konzessioniert.[103] Ihr zur Seite gestellt wurde seit Jahresanfang 1856 die Bank für Süddeutschland, auch sie in Darmstadt und derselben Direktion unterstellt. Die Verzögerung ergab sich, weil die Konzession an die aufschiebende Bedingung geknüpft war, daß die Initiatoren zunächst eine Aktiengesellschaft zum Bau einer Eisenbahn von Aschaffenburg über Darmstadt an den Rhein zu gründen und den Bau der Bahn finanziell zu sichern hätten. Dies gelang erst Ende 1855, als die hessische Ludwigseisenbahn-Baugesellschaft das Projekt übernahm.[104] Die unmittelbar anschließend errichtete Bank für Süddeutschland war als Notenbank konzipiert und betrieb dementsprechend auf der Aktivseite primär das Diskont- und Lombardgeschäft, nicht das Industriefinanzierungsgeschäft. Sie machte – ebenso wie die Homburger Bank,[105] die der Landgraf von Hessen-Homburg dem Frankfurter Bankier Raphael Erlanger als Notenbank konzessioniert hatte, und die Nassauische Landesbank als Notenbank in Wiesbaden – der Frankfurter Bank in unmittelbarer Nachbarschaft Konkurrenz, konnte aber nie deren Bedeutung erlangen.

Die Nachricht von der Erlaubnis zur Gründung der Bank für Handel und

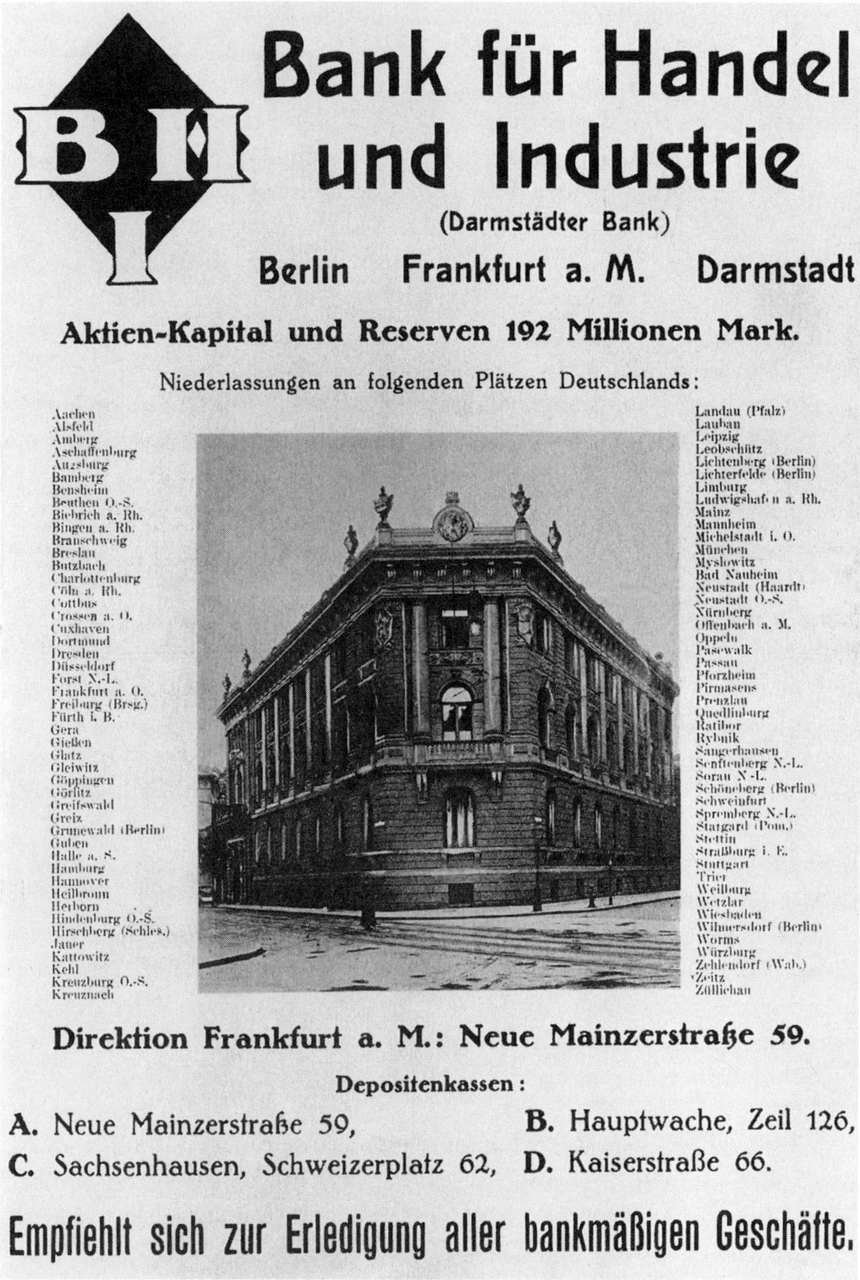

Die Bank für Handel und Industrie wurde 1853 unter der Beteiligung Frankfurter Bankiers in Darmstadt gegründet, da in Frankfurt die Konzession für eine Aktienbank nicht erteilt wurde. Befürchtungen, hier erwachse Frankfurt starke Konkurrenz, beschleunigten die Konzessionierung der Frankfurter Bank

Industrie mit Sitz in Darmstadt durch die dortige Großherzoglich Hessische Regierung, und zwar mit dem sehr hohen Kapital von 25 Mio. Gulden, erreichte Frankfurt in der ersten Aprilhälfte 1853. Gerüchte, die zuvor schon durchgesickert waren, hatten auch in diesem Fall in Frankfurt ein zwiespältiges Echo gefunden. Die Bankhäuser M.A. Rothschild und Söhne sowie Grunelius & Co. bekämpften das Projekt heftig, während Gebrüder Bethmann, Johann Goll & Söhne sowie B.H. Goldschmidt sich an der Gründung aktiv beteiligen wollten. Wenn die von den Kölner Bankiers Gustav Mevissen und Abraham Oppenheim sowie Vertretern des französischen neuen Crédit Mobilier ergriffene Initiative schon nicht in Frankfurt zu verwirklichen war, dann sollte wenigstens in der Nähe die auch von ihnen schon lange verfolgte Idee in die Realität umgesetzt werden. Deshalb traten Moritz von Bethmann, Johann Philip Petsch-Goll und B.H. Goldschmidt auch dem Aufsichtsrat bei. Die Gründung einer Bank außerhalb Frankfurts wurde auch von den süddeutschen Staaten gerne gesehen, da diese hofften, daß dem mächtigen Finanzzentrum Frankfurt hier Konkurrenz entstehen würde.[106] Während Bethmann Aktien im Nennwert von 1 Mio. Gulden zur Plazierung übernahm, versuchten die Rothschilds, die Unterbringung der Aktien an der Frankfurter Börse zu verhindern. In Berlin bauten zahlreiche Privatbankiers und Kaufleute ähnliche Schwierigkeiten für die Plazierung der Aktien auf. Das galt auch für die preußische Regierung, die in dem Projekt ein Unterlaufen ihrer eigenen Bankpolitik sah. Deshalb schlossen die Kölner Initiatoren noch im April 1853 einen Vertrag mit André und Isaac Pereire vom Crédit Mobilier und Vertretern zweier weiterer Pariser Bankhäuser ab, die ihnen das alleinige Verkaufsrecht an der ersten Aktienemisson in Höhe von 10 Mio. Gulden für sechs Monate überließen.[107]

Die Gründung wirkte auf den Senat und die Geschäftswelt in Frankfurt wie ein Schock. Anders ist es nicht zu erklären, daß sowohl die Handelskammer als auch frühere Gegner von Aktien- und Notenbankprojekten unter den Bankiers jetzt selbst die schnelle Gründung einer Aktien- und «Zettelbank» in Frankfurt betrieben. Am 24. Mai 1853 beantragten nämlich die M.A. Rothschild & Söhne sowie Grunelius & Co. zusammen mit der Frankfurter Vereins-Kasse beim Senat der Stadt die Erlaubnis zur Gründung der Frankfurter Bank. Man dürfe «den gegenwärtigen Augenblick nicht ungenützt vorübergehen lassen, wenn Frankfurts Handel nicht den Darmstädtischen Unternehmungen tributär werden solle», hieß es im beigefügten Satzungsentwurf.[108] Die Handelskammer gab kurz darauf grünes Licht. Nur wegen der mit dem Ausbruch des Krimkrieges verbundenen Unsicherheiten verzögerte sich die Zustimmung des Senates der Stadt bis zum 11. April 1854. Dann aber wurde die Frankfurter Bank entsprechend der Konzession als Aktienbank mit Notenausgabeprivileg gegründet, unter Beteiligung auch des Bankhauses Rothschild.[109]

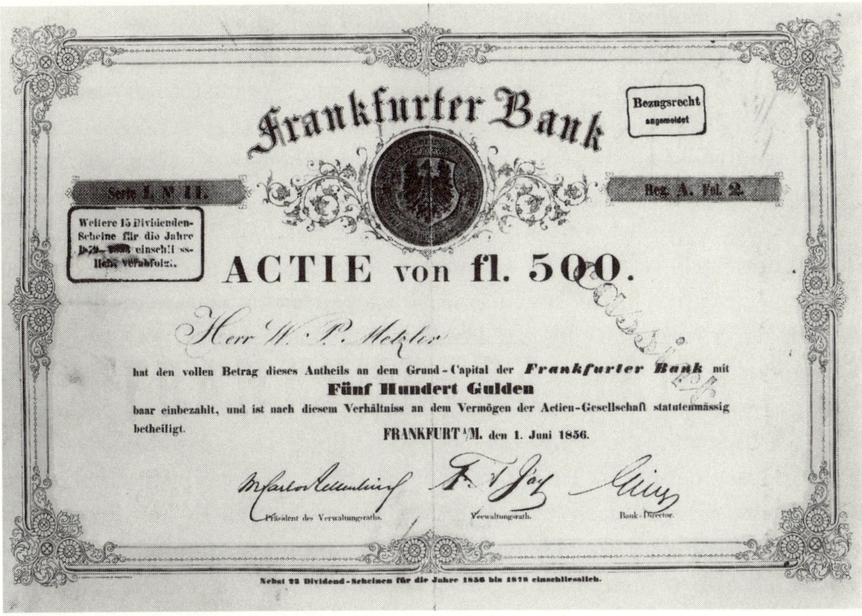

Aktie der Frankfurter Bank (1856). Vgl. Abb. auf Seite 148

Die Frankfurter Bank, mit einem Grundkapital von 10 Mio. Gulden und zunächst für 25 Jahre konzessioniert, erwies sich als erfolgreich. Sie durfte Banknoten bis zum Doppelten ihres Grundkapitals ausgeben, ab dem Jahr 1862 sogar bis zum Dreifachen, war aber verpflichtet, diese jederzeit in Münzgeld, dem gesetzlichen Zahlungsmittel, einzulösen. Die Banknoten mußten zu mindestens einem Drittel in Bargeld oder Silberbarren und für den Rest in Gold, Wechseln oder Wertpapieren gedeckt sein. Die Bank sollte auch das Girogeschäft pflegen, um nicht nur durch ihre Banknotenemission, sondern auch dadurch den Zahlungsverkehr unter den Kaufleuten und Bankiers zu erleichtern. Als Notenbank sollte sie den Geldumlauf regeln und dadurch Knappheits- und Überschußsituationen am Geldmarkt ausgleichen. Zur Ablösung des seit 1848 umlaufenden Staatspapiergeldes, der sogenannten Rechneischeine, war sie verpflichtet, dem Rechneiamt, dem Finanzressort der Stadt, einen entsprechenden Kredit zu gewähren (vgl. Abschnitt IV3). Es spricht für die solide Konzeption der Bank, daß der Reichsbank später ganz ähnliche Funktionen und Regelungen vorgeschrieben wurden. Die Frankfurter Bank hatte in diesem Sinne Modellcharakter.

Ab 1855 paßte die Frankfurter Bank in Absprache mit der Handelskammer den Geldumlauf dem Geldbedarf an. Damit hatte Frankfurt «ein modernes Geldsystem».[110] Die Noten der Frankfurter Bank hatten auch über Frankfurt hinaus große Bedeutung, und zwar vor allem in Süddeutschland. Nach der Aufhebung des Verbots des Umlaufs von Noten der Frankfurter Bank in Bayern (1861) wurde die Bank zur zweitgrößten Notenbank im Deutschen Reich nach der Preußischen Bank in Berlin, die zwar 1846 von einem reinen Staatsinstitut in eine Aktiengesellschaft mit Mehrheitsbeteiligung von Privaten umgewandelt worden war, aber nach wie vor wie eine Staatsbank von Staatsbeamten geführt und seit 1851 dem preußischen Ministerpräsidenten direkt unterstellt war.[111] Die Gründung der Frankfurter Bank fiel in die Periode eines großen Aufschwungs der beginnenden Industriewirtschaft vom Anfang der 1850er Jahre bis zur Handels- und Bankenkrise 1857, in der die «Zettelbankgründungen» in Deutschland ihren Höhepunkt erreichten. 1852 gab es erst neun Notenbanken, darunter die Bayerische Hypotheken- und Wechselbank, die schon bei ihrer Gründung 1835 das Recht erhalten hatte, Banknoten bis zu einer Gesamthöhe von 8 Mio. Gulden auszugeben. 1856 waren es 19 und 1857 sogar 29.[112] Hervorzuheben ist hier die Mitteldeutsche Creditbank zu Meiningen, die 1856 mit einem Kapital von 8 Mio. Talern mit Sitz in Meiningen gegründet wurde. Denn die Initiative zu dieser Gründung war außer von M. u. A. Strupp aus Meiningen selbst überwiegend von Frankfurter Privatbankhäusern ausgegangen, namentlich S.M. Schwarzschild, R.u.S.Sulzbach, J.J. Weiler Söhne und W.F. Jaeger, dazu Becker & Comp. aus Leipzig und Lieben Königswarter aus Hamburg.[113] Die Bank erhielt ihre Konzession von Herzog Bernhard zu Sachsen-Meiningen mit dem beantragten Notenausgaberecht. Ihr Hauptzweck sollte jedoch von Anfang an das Geschäft einer Aktienkreditbank zur Förderung von Industrie und Handel sein. Mit ihrer daraus sich ergebenden Aktivität im Gründungs- und Emissionsgeschäft für Industrieunternehmen und Eisenbahngesellschaften sollte sie sich von der Frankfurter Bank deutlich unterscheiden. Seit dem Gründungsjahr unterhielt sie in Frankfurt eine Agentur, die 1872 in eine Filiale umgewandelt wurde.[114] 1871 hatte sie eine Filiale in Berlin gegründet. 1877 verlegte sie ihren Sitz von Meiningen nach Frankfurt am Main. Dort hatte sie schon zu Zeiten ihrer Frankfurter Agentur einen Großteil ihrer Umsätze getätigt.[115] Die Mitteldeutsche Creditbank zählte zwar zu den Provinzbanken, aber wie einige andere war sie von ihrer späteren Kapitalkraft her den Berliner Großbanken durchaus ebenbürtig. Sie ging durch Fusion 1929 in der Commerz- und Privatbank auf.

Die frühe Präsenz der Mitteldeutschen Creditbank in Frankfurt änderte aber nichts daran, daß dort die Frankfurter Bank selbstverständlich die dominierende Notenbank blieb. Letztere hatte auch Aufgaben im Bereich der Abwicklung des Börsengeschäfts erhalten. So wurde der Wechselzinsfuß, der zuvor durch die Bankiers festgelegt worden war, jetzt nach festen Grundsätzen durch die Bank bestimmt. In der Folge nahm das Wechselgeschäft wieder

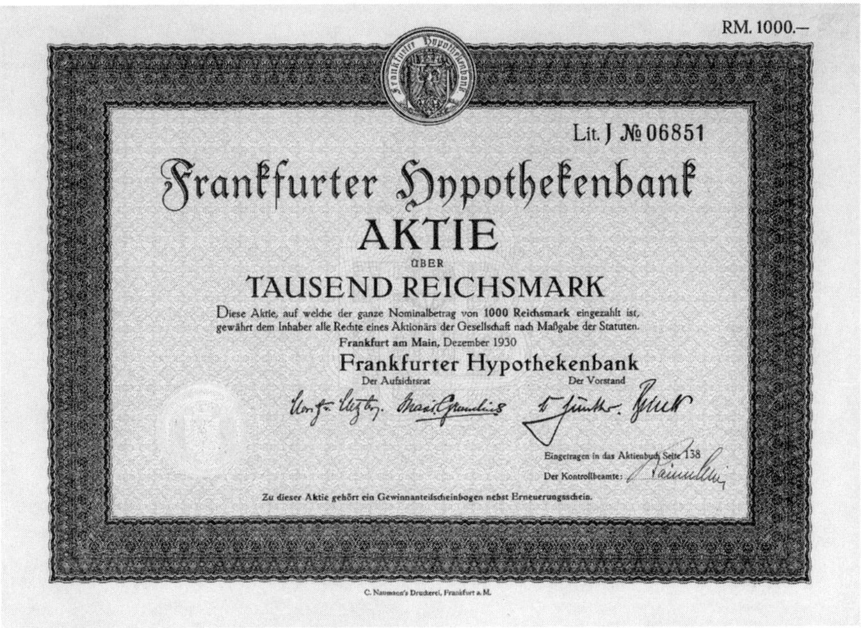
RM. 1000.–

Lit. J № 06851

Frankfurter Hypothekenbank

AKTIE

ÜBER

TAUSEND REICHSMARK

Diese Aktie, auf welche der ganze Nominalbetrag von 1000 Reichsmark eingezahlt ist, gewährt dem Inhaber alle Rechte eines Aktionärs der Gesellschaft nach Maßgabe der Statuten.

Frankfurt am Main, Dezember 1930

Frankfurter Hypothekenbank

Der Aufsichtsrat | Der Vorstand

Eingetragen in das Aktienbuch Seite 138

Der Kontrollbeamte:

Zu dieser Aktie gehört ein Gewinnanteilscheinbogen nebst Erneuerungsschein.

C. Naumann's Druckerei, Frankfurt a. M.

Aktie der Frankfurter Hypothekenbank (1930). 1862 wurde die Aktienbank auf Initiative der Bankhäuser Gebr. Bethmann und Erlanger als erste reine Hypothekenbank in Deutschland gegründet

zu. Weitere Funktionen der Bank waren die eines Giroinstituts sowie die Förderung der Depositen- und Kreditgeschäfte, welche die Bank selbst jedoch nicht betrieb.

1856 versuchten neun Privatbankiers, namentlich Philipp Donner, Sigm. Sulzbach, E. Ladenburg, B.H. Goldschmidt, W. Königswarter, Raphael Erlanger, Philipp Ellissen, F.A. Jay und Wm. Friedrich Jaeger, eine Konzession für die Gründung einer Kreditbank, eines «Frankfurter Kredit-Vereins» nach dem Modell des Crédit Mobilier, beim Senat der Stadt Frankfurt zu erhalten. Das Institut sollte «vorzugsweise auf dem Gebiete der Freien Stadt Frankfurt industrielle und sonstige den allgemeinen Wohlstand fördernde Unternehmungen aller Art» gründen. 15 Mio. Gulden waren als Gründungskapital vorgesehen. Sieben der angesehensten Bankhäuser, namentlich Joh. Goll & Söhne, Grunelius & Co., B. Metzler seel. Sohn & Co., W. Mumm & Co., D. & J. de Neufville, M.A. Rothschild & Söhne und Philipp Nic. Schmidt, legten jedoch beim Senat Protest ein, «aus Sorge um den durch Jahrhunderte bestandenen und berechtigten Ruf der Umsicht und Solidität des hiesigen Platzes». Das Projekt wurde nicht genehmigt, denn offenbar hatte das Bedürfnis nach Sicherheit und Stabilität die Oberhand behalten.[116]

Börsenversammlung im Haus «Zum Braunfels», um 1830

Erst in den 1860er Jahren gab der Frankfurter Senat seine starre Haltung auf. 1862 wurde auf Initiative der Bankhäuser Gebrüder Bethmann und Erlanger die Frankfurter Hypothekenbank als Aktienbank und erste reine Hypothekenbank in Deutschland gegründet.[117] 1863 wurden deren Pfandbriefe nach anfänglichen Widerständen der Handelskammer, die eine Art Börsenaufsichtsfunktion ausübte, zum Handel an der Börse in Frankfurt zugelassen. Für alle Börsen in Deutschland war dies ein Novum und ein Durchbruch. Ebenfalls 1862 beantragten die Frankfurter Bankhäuser W. F. Jaeger und S. Sulzbach, zusammen mit der Mitteldeutschen Creditbank, beim Herzog des thüringischen Kleinstaats Sachsen-Meiningen die Gründung der Deutschen Hypothekenbank mit Sitz in Meiningen, die unverzüglich errichtet wurde. In den nächsten zehn Jahren wurden in Deutschland 17 weitere Hypothekenbanken gegründet, darunter die Bayerische Vereinsbank in München (1869), die Preußische Central-Bodenkredit-Aktiengesellschaft in Berlin (1870) und die Rheinische Hypothekenbank in Mannheim (1870).[118] Obwohl die Stadt Frankfurt einem ersten Antrag auf Gründung einer Hypothekenbank 1856 noch nicht zugestimmt hatte, war selbst die um sechs Jahre verzögerte Gründung einer solchen Bank der Schritt, mit dem Frankfurt und seine Bankiers die danach folgende Welle entsprechender Bankgründungen in Deutschland lostraten.

1864 genehmigte der Senat die Einrichtung der Frankfurter Vereinskasse, einer Aktienbank mit der Aufgabe, den Bedürfnissen des kleinen und mittleren Handels gerecht zu werden. Im Zuge der Gewerbereform wurde 1864 auch erstmals die Niederlassung auswärtiger Banken unter ihrem eigenen Firmennamen gestattet. Als erste errichtete die Darmstädter Bank für Handel und Industrie eine Filiale in Frankfurt.[119]

Auch der Frankfurter Kurszettel hatte sich 1866 verändert: Die Aktien der Frankfurter Hypothekenbank und der Vereinskasse waren hinzugekommen sowie Hypothekenpfandbriefe der Frankfurter Hypothekenbank, der Bayerischen Hypotheken- und Wechselbank, der Schwedischen Hypothekenbank und der Österreichischen Bodenkreditanstalt. Eisenbahnaktien einiger Gesellschaften waren vom Kurszettel verschwunden, neue hinzugekommen. Auch wurden die Aktien der Frankfurter Rückversicherungsgesellschaft gehandelt. Staatsanleihen von Italien, Rußland und Finnland kamen hinzu. Das Spektrum des Kurszettels hatte sich also erweitert.[120] Gegenüber Industrieaktien übte man jedoch nach wie vor deutliche Zurückhaltung.

Hinsichtlich der Organisation der Börse gab es im 19. Jahrhundert einige Veränderungen. Zu Beginn des Jahrhunderts führte die stetige Zunahme des Börsengeschäfts dazu, daß das Börsengebäude sich als zu klein erwies. Bereits 1803 gab es erste Pläne zur Errichtung eines neuen Gebäudes, 1843 schließlich konnte das neue Börsengebäude, die sogenannte «Alte Börse» am Paulsplatz eröffnet werden.[121]

Nicht nur das Gebäude, auch die knappen Börsenzeiten, an zwei Tagen in der Woche für eine Stunde, genügten dem umfangreichen Börsengeschäft nicht mehr. 1825 beantragten 58 Bankhäuser, darunter Bethmann und Rothschild, die Einrichtung einer täglichen Nebenbörse am Abend. Diesem Antrag wurde jedoch zunächst nicht stattgegeben, aus Furcht, die an einer solchen Börse betriebenen Spekulationen könnten zum Ruin zahlreicher Familien führen. Diese Einstellung spiegelt deutlich die Vorbehalte des Frankfurter Senates gegenüber dem Börsengeschäft wider. Ungeachtet der Einwände des Senates gründeten 58 Bankiers, darunter Bethmann und Rothschild, ein «Colleg», dessen Zweck «Zeitunglesen, gesellige Unterhaltung und beliebige Besprechung» sein sollten. Dieses Kolleg wurde genehmigt. Sein Name wurde 1836 in «Effektensozietät» geändert. Diese zog bald den Hauptteil des Börsengeschäfts an sich. Die Zahl ihrer Mitglieder stieg ständig, so wies sie gegen Ende der 1840er Jahre ca. 300 Mitglieder auf. Die Zusammenkünfte fanden jetzt täglich von 9 bis 12 und 3 bis 6 Uhr statt. Die Effektensozietät richtete eine Taubenpost ein, mit deren Hilfe täglich die Börsenkurse aus Paris und Madrid übermittelt wurden, so daß die Frankfurter Börse mit anderen Börsen vernetzt wurde. Als «Frankfurter Abendbörse» bestand die Effektensozietät bis ins 20. Jahrhundert fort.[122]

Die «Alte Börse» am Paulsplatz (Außen- und Innenansicht). Sie wurde 1843 als erstes eigenes Börsengebäude in Frankfurt eröffnet und löste den zu klein gewordenen Saal im Haus «Zum Braunfels» ab

Offizielle Kursblätter gab es zunächst nach wie vor in Frankfurt nicht. Börsenkurse wurden in verschiedenen Zeitungen, wie z.B. der Frankfurter Oberpostamtszeitung, veröffentlicht oder aber, wie zuvor, von den jeweiligen Wechsel- bzw. Börsenmaklern. Als besonders zuverlässig galt das Kursblatt des Maklers Abraham Sulzbach. Versuche, die Notierungen zu vereinheitlichen, scheiterten zunächst. Die Handelskammer verwies auf die Unabhängigkeit der Makler, die sich keiner «Kontrolle» unterwerfen würden. Erst infolge heftiger Kursschwankungen 1848/49 wurde das Bedürfnis nach einer einheitlichen Regelung stärker. 1850 wurde auf Veranlassung der Handelskammer ein Maklersyndikat gegründet und dessen Vorstand mit der Erstellung und Veröffentlichung eines offiziellen Börsenkursblattes beauftragt. Am 2. Januar 1851 wurde denn auch der erste «Offizielle Coursbericht der Börse zu Frankfurt a.M.», in der Form angelehnt an das Sulzbachsche Kursblatt, veröffentlicht. Neben den Frankfurter Börsennotierungen enthielt dieses Kursblatt auch Börsennachrichten und Kurse ausländischer Finanzplätze. Das offizielle Kursblatt setzte sich schließlich durch. Neben der Kursfestsetzung fiel auch die Frage der Zulassung von Aktien zur Börse in die Zuständigkeit des neuen Maklersyndikats. Die Börse erhielt so eine straffere Organisation.[123]

Nach dem erfolgreichen 18. Jahrhundert war der Finanzplatz Frankfurt im 19. Jahrhundert gegenüber Innovationen, wie der Einführung von Aktien und der Gründung von Aktienbanken nach dem Muster des französischen Crédit Mobilier, deutlich zurückhaltender. An der Börse spezialisierte man sich auf das Bewährte, nämlich auf Wechsel und Staatsanleihen, auch wenn einzelne Bankiers Neuerungen gegenüber durchaus aufgeschlossen waren. Frankfurter Bankiers rühmten sich gerne der Stabilität des Finanzplatzes. Vorübergehend schien ihnen die Entwicklung recht zu geben. So war Frankfurt z.B. von der Börsenkrise des Jahres 1848 in weitaus geringerem Maße betroffen als Berlin.[124] Gleichzeitig verpaßte man jedoch wichtige Neuentwicklungen, was in der Folgezeit die Ablösung Frankfurts als Finanzzentrum durch Berlin förderte.

V. Das Intermezzo des Finanzzentrums Berlin 1866–1945

1. Politische und gesellschaftliche Rahmenbedingungen

Die Annexion durch Preußen 1866 hatte für Frankfurt einen politischen und wirtschaftlichen Strukturwandel zur Folge. Politisch verlor die bürgerliche Elite der Stadt einen großen Teil ihrer Entscheidungskompetenz und mußte sich von Berlin mitregieren lassen: im föderativen Kaiserreich vor allem von den politischen Instanzen Preußens, in der zentralistisch verfaßten Weimarer Republik verstärkt von denen des Reiches und nach der Ausschaltung der Eigenständigkeit Preußens 1933 vor allem von der nationalsozialistischen Partei mit ihren Vertretern auf der Reichs- und bis hinunter zur Kommunalebene. Wirtschaftlich mußte sich Frankfurt nun nicht mehr nur – wie schon seit dem Beitritt zum Zollverein – der nationalen Marktsituation, sondern auch der nationalen Wirtschaftspolitik und der fortschreitenden Industrialisierung stellen.

Die politische Ausgangsposition war für Frankfurt 1866 nicht besonders günstig. Frankfurts Einstellung gegenüber Preußen war traditionell eher ablehnend bis feindlich. Zu Österreich hingegen bestand seit Jahrhunderten sowohl politisch durch die Kaiserkrönungen als auch durch die Geschäftsbeziehungen der Kaufleute und Bankiers ein sehr gutes Verhältnis. Auf eine milde Behandlung durch die preußischen Besatzer konnten die Frankfurter Bürger deshalb nicht rechnen. Daß Frankfurt im deutsch-österreichischen Krieg neutral blieb, gab keinen Anlaß zur Schonung. Drei Monate lang wurde Frankfurt von preußischen Truppen besetzt gehalten, und 50 Mio. Gulden Kontributionen waren zu zahlen. Doch entscheidender als die unmittelbaren finanziellen Belastungen war die Neuordnung der seit 1816 bestehenden städtischen Verwaltungs- und Verfassungsstruktur. Die «Ständige Bürgerrepräsentation» und die «Gesetzgebende Versammlung» wurden aufgelöst und gemäß der preußischen Gemeindeordnung durch die Stadtverordnetenversammlung und den Magistrat ersetzt.[1] Beide Organe waren den höheren preußischen Institutionen nun direkt untergeordnet. Das war unter anderem deshalb von Bedeutung, weil sich Preußen kurz nach der Annexion durch die Gründung des Norddeutschen Bundes 1867 die politische Vorherrschaft in Deutschland sicherte.

Für die seit Jahrhunderten in Frankfurt herrschende selbstbestimmte Staat-

Karikatur zur Annexion der Stadt Frankfurt durch Preußen (1866)

lichkeit bedeuteten die Annexion und das fünf Jahre später durch Bismarck geschaffene Deutsche Kaiserreich eine tiefe Zäsur. Die Grenzen des Deutschen Bundes und die kommunale Selbstverwaltung, aus der Frankfurt auch politisch häufig seine Vorteile hatte ziehen können, gehörten endgültig der Vergangenheit an. Die Frankfurter Bürgerschaft mußte ihre politische und wirtschaftliche Position in dem neuen Staatsgebilde neu bestimmen. Die Situation und die Stimmung unter den Frankfurter Bürgern schilderte Emma Metzler, die Gattin des Bankiers Wilhelm Peter Metzler, eindringlich in einem Brief vom 3. September 1866 an den preußischen Ministerpräsidenten und späteren Reichskanzler Fürst von Bismarck, den sie aus seinen acht Jahren als preußischer Gesandter bei der Bundesversammlung in Frankfurt gut kannte: «Aber was könnten unsere paar Quadratmeilen Ihrem großen Preußen nützen und könnten wir Ihnen nicht viel mehr als neutrale Macht oder vermittelnder Boden zwischen Nord- und Süddeutschland nützlich werden, ... und das würde er [der kleine Staat Frankfurt] sein, schon aus Dankbarkeit, wenn Sie ihm seine Unabhängigkeit, seine Selbständigkeit als unverdientes, aber so heiß ersehntes Geschenk wiedergeben würden.»[2] Doch diese freundliche Fürsprache erweichte weder Bismarck noch Preußen. Immerhin bewirkte sie langfristig die teilweise Rückerstattung der geleisteten Kontributionszahlungen.

Nur bedingt konnten die Frankfurter Bürger die politischen Rahmenbedingungen für den Finanzplatz Frankfurt selbst bestimmen. Frankfurt wurde verwaltungstechnisch nun ein Teil der neuen preußischen Provinz Hessen-Nassau mit dem Verwaltungssitz Wiesbaden. Auch das Plädoyer des preußischen Generals Vogel von Falckenstein für Frankfurt als Verwaltungszentrum blieb ungehört. Ganz bewußt wollte Preußen Frankfurt als Wirtschaftsmetropole nicht zu stark werden lassen.[3] Preußen erreichte durch die Schaffung und Einverleibung dieser neuen Provinz eine territoriale Verbindung zwischen Ost- (Königsberg) und Westpreußen (Rheinland). Preußen wurde nun zu einem einheitlichen Wirtschaftsraum, in dem Frankfurt nur noch eine regionale Rolle spielen sollte.

Politisch entscheidend waren die Neuordnung der politischen Gremien in Frankfurt und die Einführung des Mehrheitswahlrechtes.[4] Finanzpolitisch verabschiedete die Stadtverordnetenversammlung nun den Haushalt, den der Magistrat ihr vorzulegen hatte. Insgesamt stärkte die preußische Verwaltung die Stellung der Stadtverordnetenversammlung, also das parlamentarische Element.[5] Positiv wirkte sich die Neugliederung der kommunalen Gremien aus, weil mit ihr die Verfassungsstreitigkeiten im Bürgertum beigelegt wurden.

Im Vergleich zu der Zeit vor 1866 war der Zugang zu den politischen Ämtern erschwert und das Wahlrecht eingeschränkt worden. Fast ein Drittel der Frankfurter, die bis dahin das Bürgerrecht besessen hatten, verloren es nun. Viele Handwerker mußten nach 1866 auf ihr Bürger- und Wahlrecht aufgrund des erhöhten Zensus verzichten. Übrig blieben die bürgerlichen Kernschichten: Kaufleute, Bankiers, die freien Berufe und die reichen Handwerker. Es kam zu einer weiteren Abschottung der Gesellschaft nach unten.[6] Insgesamt entwickelte sich aber das Wahlrecht freiheitlicher als in anderen Regionen Preußens.[7] Fremde konnten nun durch den formalisierten Einbürgerungsprozeß das Bürgerrecht erhalten, nämlich dann, wenn ein bestimmtes Jahreseinkommen nachgewiesen werden konnte, das die meisten Selbständigen aufzubringen vermochten.

Erst in der Weimarer Republik (1918–1933) wurde das preußische Wahlrecht demokratisiert, d.h. auf eine breitere Bevölkerungsschicht ausgedehnt. Seit dieser Zeit waren auch Frauen berechtigt zu wählen. Im Dritten Reich verlor das Wahlrecht aufgrund des von den Nationalsozialisten praktizierten Scheinparlamentarismus seinen Sinn. Zudem verringerte die «Gleichschaltung» aller Verwaltungsebenen im zentralstaatlichen System der Nationalsozialisten auch die Einflußmöglichkeiten der Kommunalpolitiker erheblich.

Wie groß war aber noch der Einfluß und Handlungsspielraum der Kaufleute und Bankiers bzw. der Kommunalpolitiker auf die Geschicke der Stadt?[8] Zwei Fragen sind dabei von entscheidender Bedeutung für den Finanzplatz Frankfurt gewesen: 1. welche politischen und wirtschaftlichen

Ziele verfolgten die Kommunalpolitiker, also welche Parteien und Personen bestimmten in der Zeit zwischen 1866 und 1945 die Geschicke der Stadt und 2. in welcher Weise vermochten sie kommunalpolitische Ziele und die Regierungspolitik in Berlin in Einklang zu bringen.

Im Jahre 1867 setzten sich die wichtigsten städtischen Gremien nach wie vor vornehmlich aus Juristen, Kaufleuten und Bankiers zusammen.[9] Bis 1914 war in diesen Gremien eine personelle und strukturelle Kontinuität zu beobachten. 60% der Mitglieder des Magistrats stammten aus dem Bildungsbürgertum, 30% kamen aus dem Handelsbürgertum, 10% stellten die Handwerker. Für die Weimarer Republik und das Dritte Reich liegen leider keine berufsständischen Statistiken mehr vor. Auf der Ebene der politischen Akteure konnte also weiterhin von einer gleichgerichteten Interessenlage ausgegangen werden.

Im Kaiserreich vermochten die liberalen Parteien in Frankfurt der Stadtpolitik wesentliche Impulse zu geben und die wirtschaftliche Position Frankfurts zu festigen. Lange Zeit verfügten die Demokraten über die Mehrheit in der Stadtverordnetenversammlung.[10] Auch wenn die preußische Regierung in Berlin oder gar die Reichsregierung weiterhin kein politisches Interesse daran hatten, Frankfurt politisch oder wirtschaftlich zu begünstigen, arrangierte sich die Frankfurter Oberschicht, zu der selbstverständlich auch die Bankiers gehörten, schnell mit der Berliner Zentralgewalt und bekannte sich auch bald ganz offen zum neuen Nationalstaat.[11]

Die wichtige soziale Schicht der Juden war in Frankfurt schon 1856, d.h. lange vor der Einführung des preußischen Gemeindeverfassungsgesetzes am 25. März 1867, in den Genuß der bürgerlichen Gleichstellung gekommen. Wohlhabende jüdische Kaufleute und Bankiers hatten sich allerdings bereits seit Beginn des 19. Jahrhunderts in Vereinen gesellschaftlich integriert. Nach 1867 wurden einige von ihnen auch politisch aktiv und repräsentierten zu einem nicht unerheblichen Teil die gesellschaftliche Führungsschicht in Frankfurt.[12] Ihr gesellschaftliches Ansehen stieg im Kaiserreich weiter, was sich nicht zuletzt in zahlreichen Standeserhöhungen manifestierte.

Auch ihr soziales und kulturelles Engagement führte zu einer verstärkten gesellschaftlichen Integration in die städtische Oberschicht. In ihrem Mäzenatentum wetteiferten sie geradezu mit den nicht-jüdischen wohlhabenden Geschäftsleuten und Bankiers in Frankfurt. Als der Arzt Johann Christian Senckenberg 1763 das erste Frankfurter Bürgerspital mit einer Lehrstätte für die Weiterbildung Frankfurter Ärzte und Physiker stiftete, aus der 1817 die Naturforschende Senckenbergische Gesellschaft hervorging, und als der Bankier Johann Friedrich Städel 1816 testamentarisch mit 2 Mio. Gulden das Städelsche Kunstinstitut mit einem Museum und einer Kunstschule stiftete,[13] waren jüdische Kaufleute und Bankiers noch nicht mit solchen gemeinnützi-

Max Beckmann, «Eisgang» (1923). Eine Ansicht von Frankfurt aus der Zeit der Weimarer Republik aus der Sammlung des Frankfurter «Städelschen Kunstinstitutes», das auf eine Stiftung des Bankiers Johann Friedrich Städel (1728–1816) zurückgeht

gen Großtaten hervorgetreten. Das sollte sich nach 1850 ändern, als in Frankfurt zahlreiche Museen, das Opernhaus, die Rothschildbibliothek, der Palmen- und Zoologische Garten, das Goethehaus und anderes aus Stiftungen Frankfurter Bürger entstanden. Bei den privaten Stiftungen, die nach einigen Institutsgründungen seit 1896 im medizinischen und im handels- und sozialwissenschaftlichen Bereich 1914 zur Gründung der J.W. Goethe-Universität in Frankfurt führten, hatten jüdische Bankiers und Geschäftsleute 6,6 Mio. Mark, nicht-jüdische demgegenüber nur 1,8 Mio. aufgebracht.[14]

Neben ihrer beruflichen Qualifikation trug auch dies dazu bei, daß ihr Ansehen als vertrauenswürdige Geschäftspartner über die Grenzen Frankfurts und Deutschlands hinaus stieg. Trotzdem führte ihr Engagement für die Stadt nicht zwangsläufig zur Anpassung. Gerade die Söhne und Töchter jüdischer Bankiers und Kaufleute blieben in ihrem Heiratsverhalten konservativ.[15]

Auch die in Frankfurt seit der Reichsgründung schnell anwachsende Arbeiterschicht wurde zu einer wichtigen politischen Kraft.[16] Bis zum Ersten Weltkrieg vermochten die liberalen Parteien diese neue soziale Bewegung politisch zu integrieren.[17] Zunehmend konzentrierte sich jedoch die politische Macht in der Person und der Durchsetzungsfähigkeit des Bürgermeisters (Mumm, Miquel, Adickes, Voigt). Als herausragende Persönlichkeit des Kaiserreiches ist Franz Adickes zu nennen, der die Voraussetzungen für einen wirtschaftlichen Aufschwung Frankfurts schuf. Mit seiner gezielten Eingemeindungspolitik, die wegen zusätzlicher Kosten, Steuernachteilen und der Bedrohung des sozialen Friedens durch den Arbeiterzuwachs anfangs auf wenig Gegenliebe bei der Stadtverordnetenversammlung stieß, wuchs Frankfurt zu einer modernen, stärker industrialisierten Großstadt heran. Durch das hinzugewonnene Terrain wurde die Ansiedlung neuer Industrieanlagen erst möglich. Hervorzuheben ist die Eingemeindung Bockenheims 1895; sie war ein Wendepunkt in der städtischen Wirtschaftspolitik und ein offenes Bekenntnis zur Industrialisierung. Die «splendid isolation» der freistädtischen Zeit wurde aufgegeben, um den Zug der Zeit nicht zu verpassen. Verbunden damit war natürlich auch ein Anstieg der Bevölkerungszahl. Das Bevölkerungswachstum beruhte aber nicht allein auf der Eingemeindungspolitik, sondern war ganz wesentlich auf Zuwanderungsgewinne zurückzuführen.[18]

In der Weimarer Republik wurde die Frankfurter Stadtpolitik ganz wesentlich von Ludwig Landmann, einem liberalen Politiker, bestimmt. Politische Grenzen setzten ihm gerade in der Endphase der Weimarer Republik die extremen linken und rechten Parteien im Magistrat.[19] Auf wirtschaftspolitischem Gebiet vertrat er verstärkt liberale Positionen und setzte die Eingemeindungspolitik Adickes' fort.[20] Seinem Einsatz ist es zu verdanken, daß Frankfurt zum Verkehrsknotenpunkt, vor allem hinsichtlich des Flug- und Bahnverkehrs, für Deutschland und Europa ausgebaut wurde.[21]

Das Verhältnis zwischen der Kommune, der Regierung und den Ministerien in Berlin war immer auch von den persönlichen Kontakten des Bürgermeisters zu einzelnen Regierungsstellen abhängig. Landmann erwarb sich während seiner Amtszeit gute Kontakte, die jedoch nur in wenigen Ausnahmefällen die Frankfurter Verhältnisse begünstigten. Wirtschaftspolitisch wichtiger war die Tatsache, daß aufgrund der administrativen Strukturveränderungen während des Ersten Weltkrieges in Berlin eine Frankfurter Außenstelle geschaffen wurde. Sie wurde in der Weimarer Republik als «Berliner Geschäftsstelle» des Magistrats und der Handelskammer durch eine glückliche Stellenbesetzung zu einer wichtigen Quelle wirtschaftspolitischer Nachrichten aus der Regierung. Dies ermöglichte dem Frankfurter Magistrat, relativ schnell auf wirtschaftspolitische Entscheidungen aus Berlin zu reagieren.

Die Altstadt, hier der Blick vom Römer zum Dom, mit Festbeflaggung zur NS-Zeit

Als in Frankfurt die Nationalsozialisten im März 1933 die städtischen Gremien besetzten, war das «liberale» Erbe Ludwig Landmanns aus der Weimarer Zeit für die Frankfurter Stadtpolitik eher belastend. Frankfurt war für viele einflußreiche nationalsozialistische Minister und Politiker ein «jüdisch-demokratisches Nest» geblieben, dem man nicht traute. Während der 1933 gewählte Oberbürgermeister Krebs eher nationalkonservativ eingestellt war, waren die übergeordneten Behörden mit überzeugten Nationalsozialisten besetzt. Politisch und wirtschaftlich mißtraute die nationalsozialistische Spitze in Berlin also den Frankfurtern und war an einer führenden Rolle Frankfurts als Finanzplatz nicht interessiert. Lediglich die der politischen Ideologie und den späteren Kriegszielen dienenden wirtschaftlichen Interessen wurden von staatlicher Seite verstärkt gefördert. Dazu gehörten der Straßenbau und die Bezuschussung von Unternehmen zur Arbeitsbeschaffung in Frankfurt.[22]

Überblickt man die innere politische Entwicklung Frankfurts und ihr Verhältnis zur Zentralgewalt in Berlin, so bedeutete bereits die Annexion durch Preußen den Verlust der politischen Autonomie. In seinen politischen und wirtschaftlichen Entscheidungen war Frankfurt seitdem von der Zentralgewalt in Berlin abhängig, verstärkt in der Weimarer Republik und ganz besonders seit 1933.[23]

2. Handel und Gewerbe

Welchen Einfluß hatten nun die politischen und sozialen Veränderungen auf die wirtschaftliche Entwicklung Frankfurts? Nachdem sich die gesellschaftliche bzw. die wirtschaftliche Oberschicht mit der politischen Neuordnung durch Preußen arrangiert hatte, mußte schnell auf die Bedingungen und Besonderheiten des neuen nationalen Marktes reagiert werden, damit Frankfurt sich gegen die Konkurrenz im Inland behaupten konnte.

Nach 1866 fehlten jedoch zunächst ökonomische und politische Impulse.[24] Der Großhandel, der zusammen mit dem Bankgeschäft immer noch den wirtschaftlichen Schwerpunkt Frankfurts bildete, war von den neuen politischen und wirtschaftlichen Veränderungen seit 1867 strukturell zunächst am stärksten betroffen und mußte sich auf neue Absatzmärkte und Steuerbelastungen einstellen. Einige Handelsbereiche, wie der Kolonialwaren- und Textilhandel, erreichten aber weiterhin gute Ergebnisse.

Die Banken vertrauten noch immer auf die solide Basis ihres Staatsanleihegeschäfts. Doch auf die Privatbanken, die Frankfurt zum Finanzplatz ersten Ranges gemacht hatten, wirkte sich der mit der Reichsgründung forcierte Industrialisierungs- und Konzentrationsprozeß langfristig besonders nachteilig aus. Viele Frankfurter Privatbanken mußten im Kaiserreich ihr Geschäft liquidieren bzw. mit den neuen Großbanken fusionieren, so auch das Bankhaus Rothschild im Jahre 1901. Trotzdem war in Frankfurt der Anteil der im Bank-, Börsen- und Versicherungswesen Beschäftigten zwischen 1882 und 1933 im nationalen Vergleich am höchsten (vgl. Tabelle 1). Außerdem bestätigen die Gewerbesteuereinnahmen aus dem Jahre 1907, daß das Bankgeschäft zu diesem Zeitpunkt noch immer der umsatzstärkste Gewerbezweig Frankfurts war. Frankfurt zählte weiterhin zu den reichsten deutschen Städten. 1911 lag das Durchschnittsvermögen pro Kopf der Bevölkerung fast doppelt so hoch wie in Berlin.[25]

Tabelle 1: Beschäftigte im Finanzsektor an verschiedenen deutschen Finanzplätzen 1882, 1895, 1907, 1925 und 1933

	Frankfurt am Main	Berlin	Hamburg	Düsseldorf	Köln	München	Stuttgart
1882							
Beschäftigte[1] gesamt	53088	517150	128089	k.A.	61522	117538	50325
in Kreditinstituten u.ä.	1837	5589	1154	k.A.	418	843	483
im Versicherungsgewerbe	285	1410	532	k.A.	321	332	231
1895							
Beschäftigte gesamt	93620	765348	271369	70030	13423	211927	75913
in Kreditinstituten u.ä.	1917	6663	2101	170	613	1381	631
im Versicherungsgewerbe	749	2706	1991	185	880	958	690
1907							
Beschäftigte gesamt	144932	1061088	397914	117161	198127	278142	128432
in Kreditinstituten u.ä.	2655	9168	3281	559	964	2255	961
im Versicherungsgewerbe	1327	6374	3540	557	1685	2141	2221
1925							
Beschäftigte gesamt	239491	2183947	550192	208148	334132	358180	186129
in Kreditinstituten u.ä.	6991	55221	9117	2654	5004	7213	3139
im Versicherungsgewerbe	2680	18745	6128	2060	3248	4140	3148
1933							
Beschäftigte gesamt	201821	2266821	560874	236643	356399	379032	255467
in Kreditinstituten u.ä. und im Versicherungsgewerbe	8726	79078	14416	5892	9443	12142	7683

Quellen:

1882: Kaiserliches Statistisches Amt (Hg.), Berufsstatistik nach der allgemeinen Berufszählung vom 5. Juni 1882. Statistik des Deutschen Reichs, N.F., Bd. 3,2: Berufsstatistik der deutschen Großstädte, Berlin 1884.

1895: Kaiserliches Statistisches Amt (Hg.), Berufs- und Gewerbezählung vom 14. Juni 1895. Statistik des Deutschen Reichs, N.F., Bd. 107,1: Berufsstatistik der deutschen Großstädte, Berlin 1897.

1907: Kaiserliches Statistisches Amt (Hg.), Berufs- und Betriebszählung vom 12. Juni 1907. Statistik des Deutschen Reichs, Bd. 207: Berufsstatistik, Abt. 6: Großstädte, Berlin 1910.

1925: Statistisches Reichsamt (Hg.), Volks-, Berufs- und Betriebszählung vom 16. Juni 1925. Statistik des Deutschen Reichs, Bd. 406: Berufszählung. Die berufliche und soziale Gliederung der Bevölkerung in den deutschen Großstädten, Berlin 1929.

1933: Statistisches Reichsamt (Hg.), Volks-, Berufs- und Betriebszählung vom 16. Juni 1933. Statistik des Deutschen Reichs, Bd. 457: Berufszählung. Die berufliche und soziale Gliederung der Bevölkerung in den Großstädten, Berlin 1936.

[1] Beschäftigte sind Arbeitnehmer plus Selbständige plus mithelfende Familienangehörige.

Trotz des Widerstandes der einflußreichen Schicht von Großkaufleuten und Bankiers, die der Ansiedlung industrieller Betriebe ablehnend gegenüberstanden, machte die Industrielle Revolution auch vor den Toren Frankfurts nicht halt.[26] Zunächst hatte die seit 1864 bestehende Gewerbe- und Niederlassungsfreiheit in Frankfurt nur geringe Auswirkungen. Erst mit der Gründung des Norddeutschen Bundes 1867 und der Einführung der Freizügigkeit (uneingeschränkte Möglichkeit, sich in Deutschland niederzulassen und das Bürgerrecht zu erwerben), kam es zu einem allmählichen wirtschaftlichen Aufschwung in Frankfurt. Die industrielle Entwicklung wurde durch die zahlreichen Eingemeindungen, die seit 1877 durchgeführt wurden, und neue Arbeitskräfte, die trotz hoher Steuern, aber mit der Aussicht auf höhere Löhne als im Reichsdurchschnitt nach Frankfurt zogen, befördert.[27] Frankfurt entwickelte sich nicht zuletzt wegen des sozialen Drucks, also wegen des Zuzugs und der Verarmung breiter sozialer Schichten in der Zeit der Hochindustrialisierung, zu einer modernen Großstadt. Letztlich entschieden die Rohstoffarmut der Region und die verkehrsgünstige Lage Frankfurts das Wirtschaftsprofil. Frankfurt wurde zum Sitz vieler weiterverarbeitenden Industriezweige (Veredelung). Chemie, Maschinenbau und Elektroindustrie entwickelten sich zu den führenden Wirtschaftszweigen in Frankfurt.[28] Größere industrielle Produktionsanlagen entstanden vor 1866 vor allem an den Rändern Frankfurts in Bockenheim, Fechenheim, Griesheim und Höchst.[29] Gezielt gingen die Stadtpolitiker auch an die Verbesserung der Verkehrswege, so mit der Kanalisierung des Mains, die 1883 in Angriff genommen wurde, und dem Bau des Westhafens, der den Handel entlastete, weil die Frachttarife auf den Wasserwegen niedriger waren als die Eisenbahntarife. Schon nach kurzer Zeit nahm der Frankfurter Hafen in puncto Verkehrsentwicklung Platz sechs unter den deutschen Binnenhäfen ein. Auch der 1888 eröffnete Hauptbahnhof, der bis vor kurzem noch der größte in Europa war, verbesserte langfristig Frankfurts Infrastruktur.[30] 1924 bildeten Frankfurter Kaufleute ein Konsortium, das zusammen mit der Stadt Frankfurt und der Junkers Luftverkehr AG die Südwestdeutsche Luftverkehr AG aus der Taufe hob, die ein Jahr darauf an der Gründung der Deutschen Lufthansa AG beteiligt war. Bereits 1925 war Frankfurt Mittelpunkt eines Luftverkehrsnetzes, und auch die Verlagerung des Warenverkehrs von der Schiene auf den Lastkraftwagen nahm langsam Konturen an.[31] Im Dritten Reich wurde Frankfurts Wirtschaft verstärkt durch den staatlichen Dirigismus bestimmt. Aufrüstung und Wehrhaftmachung wurden zu den beherrschenden Leitmotiven der staatlichen Wirtschaftspolitik.[32]

Zur genaueren Einschätzung der Handels- und Gewerbeentwicklung in Frankfurt können die seit dem Kaiserreich durchgeführten Arbeitsstättenzählungen bzw. Berufsstatistiken dienen. Dieses Zahlenmaterial, das für die

Die Eröffnung des «Lufthafens Rhein-Main» am südlichen Rand des Frankfurter Stadtwalds (8. Juli 1936)

größeren Städte des Deutschen Reiches vorliegt, gibt Aufschluß über die Entwicklung der Beschäftigungsstruktur, die indirekt die Wirtschaftsstruktur der Stadt widerspiegelt. Ein Blick auf diese Zahlen ermöglicht den Vergleich der Beschäftigtenzahlen zwischen den einzelnen in Frankfurt ansässigen Branchen und den Vergleich zwischen den deutschen Großstädten hinsichtlich der im Finanzsektor Beschäftigten. So läßt sich annäherungsweise erschließen, welche Rolle Frankfurt als Finanzplatz im Deutschen Reich noch gespielt hat.

1882, also elf Jahre nach der Gründung des Deutschen Reiches, waren von insgesamt 53088 Beschäftigten 1837 im Geld-, Bank- und Börsengeschäft tätig, das waren immerhin noch 3,5% aller Beschäftigten. Berlin, das langsam die Führung im Finanzsektor übernahm, stellte nur gut 1%. Die Beschäftigtenzahlen im Frankfurter Versicherungswesen lagen absolut gesehen mit nur 285 Beschäftigten relativ niedrig. Aber mit 0,5% aller Beschäftigten lag Frankfurt hier im großstädtischen Durchschnitt. Nur allmählich verlor der Finanzplatz Frankfurt nach den Zahlen der Tabelle 1 gegenüber anderen Finanzplätzen an Bedeutung. Innerhalb Frankfurts stand der Waren-, Speditions- und Kommissionshandel mit 20% aller Beschäftigten an erster Stelle. Das Bekleidungsgewerbe lag mit 13,8% an zweiter, die im Staats- und

Gemeindedienst Beschäftigten befanden sich mit 10,9% an dritter, das Bauhandwerk kam mit 6,2% an vierter Stelle. Selbst die Nahrungs- und Genußmittelbranche konnte mit 5,3% mehr Beschäftigte aufweisen als der Finanzsektor.

Nachdem die zweite Phase der Industrialisierung am Ende des 19. Jahrhunderts eingesetzt hatte und Deutschland eine bisher nie dagewesene langandauernde Konjunktur erlebte, sank der prozentuale Anteil der im Geld-, Bank- und Börsenwesen Beschäftigten 1895 auf 2%, also nach 13 Jahren fast auf die Hälfte. In absoluten Zahlen stieg die Beschäftigung in diesem Sektor jedoch. In dieser Zeitspanne stieg auch die Zahl der im Versicherungsgewerbe Tätigen auf 0,8% aller Beschäftigten an. Absolut stieg die Zahl der Beschäftigten dieser Branche sogar um das Dreifache. Dominant blieb in Frankfurt weiterhin der Waren-, Speditions- und Kommissionshandel mit 15774 (16,8%) Beschäftigten, gefolgt vom Bekleidungs- und Reinigungsgewerbe mit 13493 (14,4%) und dem staatlichen Dienst mit 9050 Beschäftigten (9,7%) an dritter Stelle; an vierter Stelle das Baugewerbe mit 7016 Beschäftigten (7,5%). Der Kreditsektor stand auf einer Stufe mit dem Druckereigewerbe: 1917 Beschäftigte (2%) zu 1967 Beschäftigten (2,1%).

Bis 1907 hatte sich die Zahl der Erwerbstätigen (insgesamt) um über 50%, die Zahl der im Kreditwesen Beschäftigten aber nur um 38,4% erhöht. Die Zahl der im Versicherungsgewerbe Tätigen war dagegen stärker von 749 auf 1327 angestiegen. Weiterhin lagen in Frankfurts Branchenspektrum 1907 der Handel mit 23644 Beschäftigten (16,3%) an erster, das Bekleidungsgewerbe mit 15307 (10,6%) an zweiter sowie Staatsdienst und freie Berufe mit 13045 Beschäftigten an dritter Stelle (9%) (das Verkehrsgewerbe befand sich an vierter). Im Kreditsektor war der Anteil der Beschäftigten auf 1,8% zurückgegangen, während er im Versicherungsgewerbe (0,9%) leicht angestiegen war.

In der Periode, die geprägt war durch den Ersten Weltkrieg, die große Nachkriegsinflation bis November 1923 und die Stabilisierung von Währung und Wirtschaft im Jahr 1924 sowie zahlreiche weitere Eingemeindungen, war Frankfurts Erwerbstätigenzahl erneut gestiegen, von 144932 im Jahr 1907 auf 239491 im Jahr 1925, also um 65% (Frankfurt war die sechstgrößte deutsche Stadt in der Weimarer Republik). Das Kreditwesen zählte nun 6991 (2,9%) Erwerbstätige, das Versicherungswesen 2680 (1,1%), was gegenüber der Vorkriegszeit einen deutlichen Anstieg bedeutete. Trotzdem blieben weiterhin der Handel mit 22,6%, das Verkehrswesen und das Bekleidungsgewerbe mit jeweils 8,6% führend. Aber auch die modernen Industriezweige Maschinenbau (6,6%) und Elektrotechnik (4,7%) rangierten in den zwanziger Jahren bereits weit vor dem Kreditsektor.

Im Jahr der nationalsozialistischen Machtübernahme 1933, etwa ein halbes

Jahr nach dem Höhepunkt der Weltwirtschaftskrise in Deutschland, war die Zahl der Arbeitslosen mit 21% noch sehr hoch. Die Zahl der Erwerbstätigen war zwischen 1925 und 1933 um 16% von 239491 auf 201821 gesunken, die Zahl der Beschäftigten im Finanzsektor von 9671 auf 8726 ebenfalls.[33] An erster Stelle rangierte auch 1933 weiterhin das Handelsgewerbe, jetzt aber dicht gefolgt von der metallverarbeitenden und -gewinnenden Industrie. Im Vergleich mit anderen deutschen Großstädten war der Abstand zwischen den in Handel und Verkehr und den in der Industrie und im Handwerk Beschäftigten relativ gering (121124 gegenüber 93274). Das traditionell starke Bekleidungsgewerbe rangierte auch jetzt wieder an dritter Stelle (Gesundheitswesen an vierter Stelle). Der Finanzsektor (Versicherungen, Banken und Börsen) nahm in der Reihenfolge erst Rang 9 ein.

Über den gesamten Zeitraum, der in Tabelle 1 betrachtet wird, behauptete sich in Frankfurt das Handelsgewerbe gegenüber allen anderen Branchen. Der Finanzsektor verlor bis zum Ersten Weltkrieg relativ gesehen an Bedeutung. Erst in der Weimarer Republik und im Dritten Reich kam es zu einer langsamen Erholung.

Im Vergleich zu den anderen deutschen Großstädten lag im Jahr 1882 Frankfurt mit seinem Beschäftigtenanteil im Finanzsektor mit Abstand am höchsten (4,0%), gefolgt von Stuttgart (1,42%), Berlin (1,35%) und Hamburg (1,31%). Frankfurts Rangstelle änderte sich auch im Jahre 1895 noch nicht, wenn auch der Beschäftigtenanteil im Finanzsektor in Frankfurt auf 2,85% abgenommen hatte. Auch in Berlin, das sich zum Finanzplatz Nr. 1 in Deutschland entwickelt hatte, war dieser Anteil leicht gefallen (auf 1,22%), in Stuttgart (auf 1,74%) und Hamburg (auf 1,51%) dagegen gestiegen. Im wesentlichen sah das Bild auch 1907 noch so aus. Bemerkenswert ist, daß Stuttgart – gemessen am Beschäftigtenanteil – sich bis dahin zum Versicherungsstandort Nr. 1 in Deutschland entwickelt hatte. 1925 waren Berlin und Stuttgart mit einem Beschäftigtenanteil im Finanzsektor von jeweils 3,4% an Frankfurt (4,0%) recht nahe herangerückt. Am stärksten hatte sich München nach vorne geschoben, von 1,6% im Jahr 1907 auf 3,2% im Jahr 1925, d.h. auf den 4. Rang. Aber auch an den anderen deutschen Finanzplätzen war eine deutliche Zunahme der im Finanzsektor Beschäftigten, sowohl in absoluten Zahlen als auch im Anteil an der Gesamtbeschäftigung, zu beobachten. 1933 hatte Berlins Beschäftigtenanteil im Finanzsektor (3,5%) den von Frankfurt (4,3%) immer noch nicht erreicht. München (3,2%) hatte sich auf den 3. Rang vor Stuttgart (3,0%) vorgeschoben. Freilich hatte Berlin nach den absoluten Beschäftigtenzahlen im Kredit- und Versicherungswesen schon seit 1882, dem Jahr der ersten Berufs- und Gewerbezählung im Deutschen Reich, die mit Abstand führende Position belegt.

Insgesamt beweisen diese Zahlen, daß Frankfurt noch immer eine Beschäf-

Sitzungssaal des Bankhauses Metzler Ende des 19. Jahrhunderts

tigtenstruktur aufwies, in der der Dienstleistungssektor den ersten Platz einnahm. Dies galt nicht nur in der Stadt selbst (im Vergleich der Branchen), sondern auch im nationalen Vergleich. Frankfurt blieb auch während des Intermezzos Berlins als des führenden Finanzplatzes in Deutschland (von etwa der Reichsgründungszeit bis 1945) eine vom Bank- und Versicherungswesen relativ stark geprägte Stadt. Vergleicht man jedoch die Finanzplätze der Tabelle 1 hinsichtlich der absoluten Zahl der Beschäftigten im Finanzsektor, so rangierte Frankfurt in allen betrachteten Jahren weit hinter Berlin, ab 1895 auch hinter Hamburg, ab 1907 zusätzlich hinter München und 1933 sogar auch hinter Köln. Um 1870 hatte es weniger als deutsche, sondern als europäische Bankenmetropole gegolten,[34] vor allem wegen der Aktivitäten der Rothschilds, der Bethmanns und der Metzlers. In den Jahren zwischen dem Ersten und dem Zweiten Weltkrieg war es – wie die anderen deutschen Finanzplätze außer Berlin – nur noch ein Bankenzentrum von primär regionaler Bedeutung.

3. Geldpolitik und Währungsverhältnisse

Bereits in der Verfassung des Norddeutschen Bundes vom 26. Juni 1867 war festgelegt, daß neben dem Maß- und Gewichtssystem auch die Ordnung des Münzsystems und die Festsetzung der Grundsätze für die Emission von gedecktem und ungedecktem Papiergeld in die Gesetzgebungskompetenz und die Aufsicht des Bundes übergingen. Das gleiche galt für die allgemeinen Bestimmungen über das Bankwesen. Frankfurt gehörte nun wegen seiner Annexion durch Preußen, genau wie Nassau und Kurhessen, dem Norddeutschen Bund an. Weil aber die süddeutschen Staaten in diesem Verbund noch fehlten, kam es vor der Gründung des Deutschen Reiches noch nicht zu konkreten Schritten in Richtung einer Währungsvereinheitlichung. Allerdings wurde der Norddeutsche Bund 1870 mit zwei Gesetzen auf dem Gebiet der Kontrolle des Papiergeldwesens tätig: mit dem Banknotensperrgesetz und dem Staatspapiergeldsperrgesetz.

Das Staatspapiergeldsperrgesetz betraf Frankfurt, wie die anderen Mitgliedsstaaten, nur hinsichtlich künftiger geldpolitischer Handlungsspielräume. Frankfurts Staatspapiergeld, die schon behandelten Rechneischeine, war nach dem Beginn der Banknotenemission der Frankfurter Bank 1856 aus dem Verkehr gezogen worden. Das Gesetz verbot nunmehr die weitere Ausgabe von Staatspapiergeld bzw. machte sie von einer gesetzlichen Erlaubnis des Norddeutschen Bundes abhängig. Das bereits ausgegebene aber blieb in 20 Territorien noch im Umlauf. Das war auch nötig, weil es häufig an anderen Kleinzahlungsmitteln fehlte. Im Zuge der Währungsvereinheitlichung nach der Gründung des Deutschen Reiches mußte auch diese Vielfalt beseitigt werden. Dem diente die Emission von Reichskassenscheinen seit 1874, die der Reichskanzler den Bundesstaaten zur Einlösung ihres einzelstaatlichen Papiergeldes zur Verfügung stellen sollte.[35]

Das Banknotensperrgesetz war Ausdruck der Tatsache, daß die Streitfrage, ob im zukünftigen Bankwesen ein staatliches Notenbankmonopol mit einer Zentralbank oder ein freies Notenbankwesen mit einer Vielzahl gleichberechtigter Privatnotenbanken, wenn auch jeweils einzelstaatlich konzessioniert, vorzuziehen sei, zugunsten des Monopolmodells vorentschieden worden war. Es machte die Gründung neuer «Zettelbanken» sowie eine Erhöhung der Notenkontingente der bereits bestehenden Zettelbanken von einem Bundesgesetz abhängig. Letzteres betraf natürlich auch die Frankfurter Bank, die seit der Annexion Frankfurts durch Preußen 1866 nicht mehr Zentralbank eines souveränen Staates, sondern in gewissem Sinne nur noch preußische Provinzbank war. Auch die erteilten, meist zeitlich befristeten Konzessionen konnten nur durch ein Bundesgesetz verlängert werden und standen dann unter dem

Die Zurückhaltung der Frankfurter Bankiers bei der Entscheidung für eine Münzreform trug dem Finanzplatz Frankfurt deutliche Nachteile gegenüber Berlin ein

Vorbehalt der Kündigung mit einjähriger Frist.[36] Auf die süddeutschen Staaten wurde dieses Gesetz erst zum Jahresanfang 1872 ausgedehnt, nachdem 1871 dort noch die Badische Bank in Mannheim und die Württembergische Notenbank in Stuttgart ihre Geschäfte aufgenommen hatten.[37] Deren Notenemission stand im süddeutschen Raum in starker Konkurrenz zu derjenigen der Frankfurter Bank.

Nach der Gründung des Deutschen Reiches und der Einführung der Markwährung und noch vor der Gründung der Reichsbank zum 1. Januar 1876 stand die Vereinheitlichung der Währung außer bei den Münzen auch bei den Banknoten an. Im Münzgesetz von 1873 wurde auch die Umstellung der Banknoten auf die neue Markwährung bis zum 1. Januar 1876 angeordnet. Noten von weniger als 100 Mark Nennwert waren seitdem nicht mehr zulässig. Damit verloren Zettelbanken, deren Emissionen in kleinen Stückelungen, teils herunter bis zu 1 Taler, erfolgt waren, ihre Geschäftsgrundlage. Das Bankgesetz vom März 1875, das unter anderem die Gründung der Reichsbank zum Beginn des nächsten Jahres vorsah, ermächtigte das Reich auch, die Geschäfte von Privatnotenbanken außerhalb ihres Konzessionsgebiets – d.h. außerhalb des Teilstaats, von dem sie ihre Konzession erhalten hatten – zu beschränken. Dies lief bei Bewahrung der erworbenen und respektierten Rechte dieser Banken in ihren jeweiligen Herkunftsstaaten gerade in kleineren Territorien auf einen «freiwilligen Zwang» hinaus, das Notenemissionsrecht aufzugeben. Zwölf von 32 Notenbanken taten dies sogleich. Weitere 16 folgten bis 1905, darunter die Frankfurter Bank. Die jeweiligen Notenemissionskontingente fielen dann an die Reichsbank. Dies war die Preußische Bank, die Preußen dem Reich verkauft hatte. Sie hatte ohnehin mit fast zwei Dritteln des gesamten Banknotenumlaufs in Deutschland schon vor ihrer Transformation in die Reichsbank eine dominierende Position. Am Vorabend des Ersten Weltkrieges existierten neben der Reichsbank nur noch die Notenbanken der neben Preußen größeren Flächenstaaten: Sachsen, Baden, Bayern und Württemberg.

Auch die Frankfurter Bank hatte Noten im Gegenwert von weniger als 100 Mark ausgegeben, und zwar 50-, 35-, 10- und 5-Guldenscheine. Nur mit ihren Scheinen über 100 und 500 Gulden hatte sie von Anfang an über diesem Nennwert gelegen.[38] Die neuen gesetzlichen Bestimmungen des Reiches griffen, und zwar nicht nur in diesem Punkt,[39] erheblich in die Geschäftspraktiken der Frankfurter Bank ein. Nach 1876 pendelte sich das Volumen emittierter Noten auf weniger als die Hälfte der zuvor üblichen Beträge ein, mit denen die Bank häufig bis an die höchstzulässige Grenze, das Doppelte ihres Grundkapitals von anfangs 10 Mio. Gulden süddeutscher Vereinswährung, herangegangen war. Statt dessen stellte sich die Frankfurter Bank seit 1876 auf den Ausbau des verzinslichen Depositengeschäfts um, das ihr, wie das Depotgeschäft (d.h. die Verwahrung und Verwaltung von Wertpapieren), ab jenem Jahr erlaubt war. In den beiden Jahren bevor sie 1901 ihr Notenemissionsrecht aufgab, hatte das Depositengeschäft ein größeres Volumen erreicht als die verbliebene Banknotenemission.[40] Ansonsten bestanden die Passivgeschäfte der Bank, zu einem allerdings etwas kleineren Teil, aus Inkassogeschäften, verbunden mit der Führung von Girokonten, darunter denen aller Bankfirmen am Platze. Diese Art Verrechnungsverkehr und Förderung des bargeldlosen Zahlungsverkehrs kam einem lange bestehenden Bedürfnis der

Frankfurter Bankiers und darüber hinaus der Gewerbetreibenden und Händler entgegen. Lange nachdem andere große Handelsstädte, wie Hamburg und Bremen, Girobanken errichtet hatten, kam auch Frankfurt in den Genuß dieser Vereinfachung des Zahlungsverkehrs. In den letzten zwei Jahrzehnten des 19. Jahrhunderts stieg die Bank auch in das Effektenkommissionsgeschäft ein. Aber erst im 20. Jahrhundert durfte sie ihr Depotgeschäft auch als mündelsichere Vermögensbank unter der Aufsicht des preußischen Staates betreiben.[41]

Wie stark sich die Frankfurter Bank der typischen währungspolitischen Verantwortung einer Zentralbank bewußt war, und zwar zu einer Zeit, als die Reichsbank noch nicht existierte, wurde in der Börsenpanik und Geldkrise kurz vor und nach Ausbruch des Deutsch-Französischen Krieges im Juli 1870 deutlich. Die Frankfurter Handelskammer schilderte die Krisensymptome so: Die Nachricht von der Emser Depesche erreichte die Börse in Frankfurt. «Eine Deroute sondergleichen war die Folge. Geld war nicht zu beschaffen, die Eingehung von Prolongationen nicht möglich. Es wurden daher Exekutions- und Notverkäufe massenhaft zu jedem Kurse vorgenommen. Das entsetzte Privatpublikum, welches in seiner Angst die Ersparnisse langer Jahre der Arbeit wertlos geworden glaubte, trat gleichfalls als Verkäufer auf und verschleuderte gegen Barzahlung seinen Besitz zu unerhörten Preisen. ... Jedermann war nur auf die Schaffung von barem Gelde bedacht.»[42] In dieser Situation reagierte die Frankfurter Bank mit dem klassischen Rezept eines *lender of last resort*. Sie erhöhte den Zinssatz für ihre Ausleihungen bis auf 8%, war aber zu diesem Satz mit größtem Einsatz darum bemüht, durch Diskontierung und Vorschüsse Liquidität in den Finanzplatz hineinzupumpen. Als dies nicht reichte, wurde von den führenden Bankfirmen vor Ort eine «Vereinigung zur Erleichterung von Börsentransaktionen» gebildet. Sie diskontierte Wechsel in Höhe von 5 Mio. Gulden gegen Verpfändung von Anleihen der Vereinigten Staaten, die mit 60% ihres Kurswertes angerechnet wurden. Die Mittel für den Wechselankauf stellte wiederum die Frankfurter Bank zur Verfügung, allerdings unter der Bedingung einer kollektiven Bürgschaft der Mitglieder der Vereinigung. Nicht nur amerikanische Staatsanleihen wurden in dieser Kooperation zwischen Privatbankiers und der Frankfurter Bank zu Geld gemacht, sondern auch ausländische Goldmünzen. Die Vereinigung gab bis zu einer Gesamthöhe von 4 Mio. Gulden Golddepositenscheine im Nennwert von 500 Gulden gegen Hinterlegung von Sovereigns und Napoleond'ors bei der Frankfurter Bank aus. Weil alle Mitglieder der Vereinigung sich verpflichteten, diese Scheine wie gesetzliches Zahlungsmittel zu akzeptieren, waren sie, zumindest in der Finanzwelt, so gut wie «kursfähiges» Geld, d. h. gesetzliches Zahlungsmittel.

Es war also die Frankfurter Bank, die wie eine moderne Zentralbank in jenen kritischen Tagen am meisten dazu beitrug, daß die Liquiditätskrise gemeistert wurde. Die Handelskammer würdigte dies im Vergleich zum Verhalten anderer Verantwortungsträger der Finanzwelt so:

«Gegenüber der energischen Unterstützung, welche die Bank dem Platze angedeihen ließ und um den sie sich die größten Verdienste erwarb – ihr Wechselportefeuille stieg binnen Monatsfrist um 10 Mio. Gulden –, konnte man ein gleiches von der Vereinskasse nicht sagen. Sie verlangte die sofortige Zurückzahlung der hinausgegebenen Darlehen unter Androhung des zwangsweisen Verkaufs der hinterlegten Unterpfänder. Angesichts des allgemeinen Unwillens ... ward jenes Zirkular wieder außer Kraft gesetzt. Ebensowenig war sich das Haus Rothschild seiner Aufgabe bewußt. Es schloß hermetisch seine Kassen, verweigerte jede Diskontierung und Vorschußgewährung und entzog die ihm zufließenden Gelder dem Markt. In den Tagen der größten Beängstigung trat es sogar als Verkäufer von fremden Wechseln und von Wertpapieren auf, wodurch es die allgemeine Erregung noch verstärkte. In den Handelskreisen ward daher ganz allgemein die Errichtung einer Filiale der Preußischen Bank in Frankfurt für unerläßlich bezeichnet, die denn auch im Juli des nächsten Jahres ihre Wirksamkeit begann.»[43]

Der siegreiche Krieg, die damit verbundene Reichsgründung und die Unterzeichnung des Friedensvertrags am 10. Mai 1871 im Hotel Schwan in Frankfurt machten, wie es damals im Volksmund hieß, aus den «Muß-Preußen» in Frankfurt «Plaisir-Preußen». Auch für die Finanzwelt in Frankfurt war die mit dem siegreichen Krieg verbundene Reichsgründung von Vorteil. Jetzt war sie wieder, und zwar auf Dauer, mit dem süddeutschen Raum verbunden, für den sie traditionell in besonderem Maße innerhalb Deutschlands die Funktion eines Finanzzentrums ausgeübt hatte, eine Rolle, die durch die Annexion durch Preußen seit 1866 zumindest gefährdet erschienen war.

Allerdings bedeutete die der Reichsgründung schnell folgende Währungsvereinheitlichung, verbunden mit dem Übergang zur Goldwährung und der Schaffung der Reichsbank, daß zuvor einträgliche Geschäftsfelder verlorengingen. Die 1871 in Frankfurt errichtete Filiale der Preußischen Bank wurde zum 1. Januar 1876 in eine Reichsbankhauptstelle umgewandelt. Da die Reichsbank, wie die Frankfurter Bank, nicht nur Bank der Banken war, sondern ihre Geschäfte auch direkt mit privaten Kunden und Unternehmen durchführte, erwuchs der Frankfurter Bank durch die Anwesenheit der Reichsbank vor Ort ein starker Wettbewerber. Das galt für den Inkasso- und Giroverkehr insofern, als die Reichsbankhauptstelle eine Abrechnungsstelle, eine Art Clearinghouse, einrichtete, die prinzipiell über das ganze Reichsbanknetz funktionierte. Das war ein Vorteil für die Kunden, aber ein Nachteil für die Frankfurter Bank. Bei dieser schlief auch das Devisengeschäft allmäh-

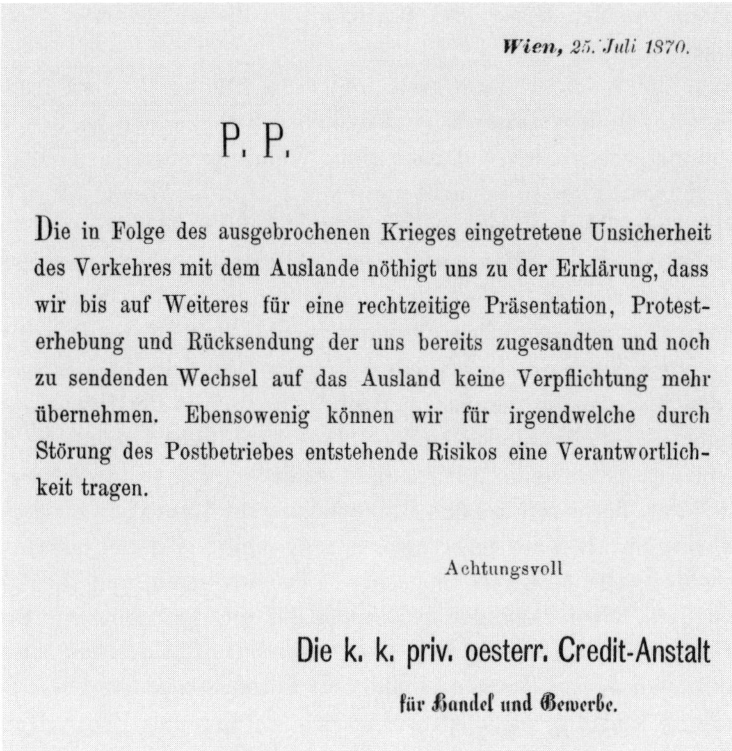

Wien, 25. Juli 1870.

P. P.

Die in Folge des ausgebrochenen Krieges eingetretene Unsicherheit des Verkehres mit dem Auslande nöthigt uns zu der Erklärung, dass wir bis auf Weiteres für eine rechtzeitige Präsentation, Protesterhebung und Rücksendung der uns bereits zugesandten und noch zu sendenden Wechsel auf das Ausland keine Verpflichtung mehr übernehmen. Ebensowenig können wir für irgendwelche durch Störung des Postbetriebes entstehende Risikos eine Verantwortlichkeit tragen.

Achtungsvoll

Die k. k. priv. oesterr. Credit-Anstalt

für Handel und Gewerbe.

Schreiben der Österreichischen Creditanstalt anläßlich des Deutsch-Französischen Kriegs (1870/71)

lich ein, weil die Reichsbank das Geschäft mit Wechseln auf ausländische Plätze an sich zog. Obwohl die Frankfurter Bank ihr Notenemissionsrecht erst 1901 aufgab, hatte sie sich mit der Gründung der Reichsbank faktisch zu einer reinen Geschäftsbank zurückentwickelt. Die Noten, die sie ausgab, waren ebensowenig wie die der Reichsbank gesetzliches Zahlungsmittel. Im Grunde genommen waren sie Anweisungen, wie Schecks, die den Inhaber berechtigten, sich eine bestimmte Summe in gesetzlichen Zahlungsmitteln von der ausstellenden Bank auszahlen zu lassen. Erst 1909, gewissermaßen in Vorbereitung auf den Eventualfall eines Krieges mit seinen Finanzierungsnotwendigkeiten auch durch Papiergeldemissionen, wurden durch eine Novelle zum Bankgesetz die Reichsbanknoten zum gesetzlichen Zahlungsmittel erklärt, nachdem der Reichsbank schon ab 1906 erlaubt worden war, auch Banknoten mit einem geringeren Nennwert als 100 Mark in Umlauf zu bringen, und zwar Geldscheine zu 50 und 20 Mark, da die im Volumen beschränkten Reichskassenscheine mit diesen Nennwerten nicht mehr ausreichten, um den Bedarf der Wirtschaft an diesen kleineren Noten zu befriedigen.[44]

Zurück zur Reichsgründungszeit und zum Münzgeld, dem damaligen gesetzlichen Zahlungsmittel. Wirtschaftskreise hatten schon in den 1860er Jahren immer wieder den Ruf nach einer Währungsreform in Deutschland laut werden lassen. Sie sollte nicht nur – wie zuletzt im Wiener Münzvertrag von 1857 – feste Wechselkurse zwischen verschiedenen Münzsystemen schaffen, sondern auch ein allen gemeinsames Münzgeld mit der Bezeichnung «Mark» und dezimaler Unterteilung einführen und darüber hinaus zur Vereinfachung des internationalen Zahlungsverkehrs den Übergang zur Goldwährung, dem Standard der damals führenden Handels- und Wirtschaftsmacht der Welt, Großbritannien, herbeiführen, auch in der Erwartung, daß Frankreich und die damit verbundene, 1865 geschaffene Lateinische Münzunion von ihrem bimetallischen Standard schließlich zur Goldwährung übergehen würden. Besonders auf der dritten Tagung des Deutschen Handelstages in Frankfurt am Main am 25. September 1865 und in späteren Jahren wurde dies gefordert. Der Kongreß Deutscher Volkswirte setzte sich ebenfalls für diese Ziele ein.[45] Bedenken, den in Deutschland, mit Ausnahme von Bremen, praktizierten Silberstandard durch Gold zu ersetzen, waren vor allem mit dem Argument der zu «kurzen Golddecke» unterlegt worden. Diese Bedenken wurden hinfällig, nachdem Frankreich als Ergebnis des Krieges mit Deutschland verpflichtet worden war, seine Kriegsentschädigung in Höhe von 5 Mrd. Francs weitgehend in Gold zu zahlen.

Noch im Dezember 1871 brachte das erste Münzgesetz des Reiches («Gesetz betreffend die Ausprägung von Reichsgoldmünzen») den Einstieg in die Markrechnung mit dezimaler Unterteilung und in die Goldwährung. Seitdem konnten – allerdings nur auf Rechnung des Reiches, noch nicht im Auftrag von jeder Privatperson – Goldmünzen im Wert von 10 und 20 Goldmark nach einem auf Dauer festgelegten Münzfuß geprägt und in Umlauf gebracht werden. Sie erhielten gesetzliche Zahlkraft. Das vorhandene Silbergeld blieb allerdings ebenfalls in Umlauf und unbeschränkt gesetzliches Zahlungsmittel. Aber die Ausprägung von neuem Silberkurantgeld wurde den Einzelstaaten untersagt. Scheidemünzen konnten sie dagegen weiterhin in Umlauf bringen. In Frankfurt tat dies die Münzstätte, die allerdings 1866 in die Hände des preußischen Staates übergegangen war.

Das Münzgesetz von 1873 trieb die Reform weiter voran. Es bestimmte, daß an die Stelle der bisher geltenden Landeswährungen die Reichswährung treten sollte. Dementsprechend wurden die Landesmünzen durch mehrere Verordnungen bis Anfang 1876 außer Kurs gesetzt und durch reichseinheitliche Münzen, darunter eine zusätzliche Goldmünze im Wert von 5 Mark, ersetzt. Der Reichskanzler konnte den Münzstätten nun auch die Ausprägung von Goldmünzen auf private Rechnung gestatten. Nur der bisherige Silbertaler blieb als gesetzliches Zahlungsmittel neben den neuen Münzen bestehen, freilich ohne daß er neu ausgeprägt werden durfte. Das Deutsche Reich hatte so, mit Rücksicht auf preußische Interessen, einstweilen nur die «hinkende Goldwährung» verwirklicht. Erst nachdem den silbernen 1-Taler-Stücken am 1. Oktober 1907 die gesetzliche Zahlkraft entzogen worden war, diese alsdann durch Einlösung bei den Reichs- und Landeskassen aus dem Verkehr gezogen wurden und Silbermünzen nur noch als unterwertige Scheidemünzen umliefen, konnte im Deutschen Reich die Goldwährung als vollständig eingeführt gelten.

Für den Finanzplatz Frankfurt hatte nicht nur die Annexion durch Preußen 1866 Zukunftsängste in der Stadt aufkommen lassen, besonders hinsichtlich des Münzverbunds und der vielen anderen Verbindungen mit Süddeutschland. Die preußische Regierung, so befürchtete man, würde im Zweifelsfall auch den aufstrebenden Finanzplatz Berlin, die eigene Hauptstadt, gegenüber dem Finanzplatz Frankfurt bevorzugen. Die große Währungsreform nach der Reichsgründung war ein solcher Schritt zur Stärkung des Finanzplatzes Berlin. Geld-, währungs- und bankpolitische Kompetenzen wurden zentralisiert und bei den Einzelstaaten beschnitten. Die einheitliche Goldwährung anstelle der regionalen Währungsverbünde, wie etwa Frankfurts mit Süddeutschland auf der Basis von Silbergeld, und die Reichsbank in Berlin mit ihrem Netz von Haupt- und Nebenstellen über das ganze Reich erleichterten einerseits die geschäftlichen Transaktionen. Andererseits entstand dadurch den regionalen Finanzzentren neue Konkurrenz.

Es ist deswegen interessant zu verfolgen, wie Frankfurter Bankiers und Wirtschaftskreise sich zu den Entwicklungen äußerten. Deutlich wird dies in den Zielsetzungen, Bestrebungen und Stellungnahmen der Handelskammer zu Frankfurt am Main. Nach der Vereinigung mit Preußen war ihr ganzes Streben im währungspolitischen Bereich darauf gerichtet, die bestehenden Verhältnisse mit ihren Unterschieden zu Preußen zu bewahren und Verluste von Kompetenzen und Einrichtungen abzuwehren, was ihr auch weitgehend gelang. So durfte Frankfurt die Guldenrechnung beibehalten und brauchte nicht zur Rechnung in Talern, dem preußischen Währungsstandard, überzugehen. Die gesetzlichen Bestimmungen über den Umlauf von Papiergeld blieben bestehen, und die Münzstätte in Frankfurt wurde erhalten.[46]

Als nach der Reichsgründung die Münz- und Papiergeldreform in Angriff genommen wurde, äußerte sich die Handelskammer in zahlreichen Stellungnahmen dazu.[47] Sie stand allen Reformvorschlägen sehr zurückhaltend gegenüber. Die Stellungnahmen der Kammer bestanden zum größten Teil aus Protesten und Bedenken gegen die beabsichtigten Neuerungen. Sie wurden bei der Regierung, dem Bundesrat, dem Reichstag, dem Handelstag und den übrigen Handelskammern vorgebracht. Im Handelskammerprotokoll vom 12. August 1874 ist festgehalten, daß besonders zwei sehr einflußreiche Mitglieder der Kammer, nämlich Heinrich Philipp Petsch-Goll (später Kammerpräsident) und Freiherr von Rothschild, die sich schon seit dem Abschluß des Wiener Münzvertrags von 1857 nur schwer mit den neuen Verhältnissen hatten anfreunden können, immer wieder ihre Bedenken gegen alle von Norddeutschland ausgehenden Reformvorschläge geltend machten, von denen man eine Benachteiligung Frankfurts befürchtete. Mit ihrer kritischen Haltung zur Währungsreform verspielten die Frankfurter Handelskammer und die dahinter stehenden Bankiers natürlich die Chance, an der Währungs- und Bankreform in führender Position gestaltend mitzuwirken, wie es der Bedeutung des Finanzplatzes Frankfurt eigentlich gerecht geworden wäre. Die Handelskammer plädierte für eine Münzeinheit, die dem französischen Franc, insbesondere dem silbernen 5-Franc-Stück, entsprochen hätte, dem sie ohnehin gesetzliche Zahlkraft in Preußen verschaffen wollte. Dies war eine im europäischen Handel weithin akzeptierte Münze, die am Finanzplatz Frankfurt wegen seiner internationalen Verbindungen allgemein und wegen seiner traditionellen Beziehungen zu französischen Handelsstädten und dem 1871 annektierten Elsaß-Lothringen im besonderen eine sehr wichtige Rolle spielte, zumal die süddeutschen Finanzverwaltungen vom Reich erhebliche Beträge in silbernen 5-Franc-Stücken aus den französischen Reparationszahlungen erhalten hatten, für die sie vor allem in Frankfurt Anlage- und Tauschmöglichkeiten suchten.

Der Wunsch nach einer Anbindung an den französischen Franc entsprang allerdings auch der traditionsreichen kosmopolitischen Einstellung der Frankfurter Kaufleute und Bankiers. Sie strebten jenseits der Währungsvereinheitlichung in Deutschland eine internationale Vereinheitlichung des Münzwesens an. Frankreich war dies im Verbund mit Belgien, Italien und der Schweiz durch die Schaffung der Lateinischen Münzunion 1865 gelungen, und zwar auf einem Doppelwährungsstandard. Auch hatte die Regierung Napoleons III. 1867 eine Währungskonferenz nach Paris einberufen, auf der 19 europäische Staaten und die USA vertreten waren. Hier war es um die Frage eines weltweiten Münzstandards gegangen, z. B. durch die Gleichstellung von 5 US-Dollar mit einem Pfund Sterling und 25 französischen Franken.[48] Ähnliche Vorstellungen prägten die Stellungnahme der Frankfurter Handelskammer. Wenn schon die Mark-Währung eingeführt werden sollte, so sollten die Münzen mit ihrem Metallgehalt in einem solchen Verhältnis zu den Standardmünzen in Frankreich, England und Österreich stehen, daß sie auch dort bequem genutzt werden könnten. 1867 war Preußen nicht bereit gewesen, sein Münzsystem dem französischen anzugleichen, was zum Scheitern der Währungskonferenz in Paris beigetragen hatte.

Auch wehrte sich die Handelskammer in dieser Reformphase gegen den Übergang zu einer reinen Goldwährung und wollte am Silberstandard zumindest als Teil einer Doppelwährung festhalten, weil in den Deutschland umgebenden Staaten teils die Doppelwährung, teils die reine Silberwährung galt. Als Mitglied der Handelskammer wies Carl von Rothschild in einem längeren Gutachten noch 1874 auf die Gefahren der Goldwährung hin. Der Frankfurter Kammer ging es zu dieser Zeit primär immer um die Schaffung einer internationalen Münze. Ob Gold oder Silber, war als grundsätzliche Frage demgegenüber zweitrangig. Wichtig war diese Frage nur unter dem pragmatischen Aspekt, auf welcher Basis bei den bestehenden Währungsverhältnissen in den westlichen und südlichen Nachbarstaaten, vor allem den zur Lateinischen Münzunion gehörenden, eine politisch durchsetzbare Chance für eine Währungsangleichung auch mit Deutschland bestand.[49]

Allerdings war auch die Einführung der Goldwährung mit der Mark als Währungseinheit nicht ein eigensinniger Provinzialismus, als welchen ihn Frankfurter Wirtschaftskreise zunächst gesehen haben mögen. Dahinter stand der Wunsch anderer als Frankfurter Wirtschaftskreise nach stabilen Währungsrelationen mit der Hauptwährung und dem größten Warenmarkt der Welt, England. In der Woge nationaler Begeisterung zur Reichsgründungszeit kam selbstverständlich eine sichtbar engere Anbindung der deutschen Währung an das britische Pfund, etwa durch eine Münzkonvention mit England, nicht in Frage. Aber Ludwig Bamberger, einer der stärksten Befürworter der Goldwährung im Reichstag und in der öffentlichen Diskussion, sagte im nachhinein: «Wir haben das Gold gewählt, nicht weil Gold Gold ist, sondern weil England England ist.»[50] Das britische Münzsystem diente tatsächlich auch als Vorbild für die deutsche Münzreform nach der Reichsgründung.[51] Die Frankfurter Handels- und Finanzverbindungen aber waren eben nicht primär auf England ausgerichtet, sondern seit Jahrhunderten in erster Linie auf das kontinentale West- und Südeuropa. Der Dissens der Frankfurter Handelskammer in der Währungspolitik mit der offiziellen Linie in Berlin beruhte letztlich also auf einem Unterschied in der Einschätzung der Vorteile, die eine Anbindung der deutschen Währung an England und seinen Sterlingraum einerseits und an Frankreich und seine Währungszone andererseits bringen würde. Erst 1882, als die Anfänge der Goldwährung in Deutschland schon fast zehn Jahre zurücklagen, gab die Frankfurter Handelskammer ihre Vorbehalte und Widerstände gegen die Einführung der Goldwährung auf und schwenkte mehrheitlich in das Lager der Befürworter der reinen Goldwährung in Deutschland ein.[52]

Auch in der Frage der Schaffung und Organisation der Reichsbank vertrat die Handelskammer in ihrer Stellungnahme zum Entwurf eines Bankgesetzes aus dem Jahr 1874 eine deutlich andere Position als die offizielle in Berlin.

Während die Reichsbank in diesem Entwurf und später tatsächlich dem Reichskanzler direkt unterstellt wurde, hielt die Handelskammer demgegenüber «in erster Linie eine mit sehr reichlichen Mitteln und weitgehenden Befugnissen ausgestattete, aber von politischen Rücksichten unabhängige selbständige deutsche Zentralbank» für erstrebenswert.[53] Mit dieser Ansicht wäre sie auch mehr als 100 Jahre später in der jüngeren Diskussion der Frage der Unabhängigkeit von Notenbanken in den europäischen Staaten und der EU als Ganze gut aufgehoben und auf der erfolgreichen Seite gewesen.

Das galt allerdings nicht für ihre Kritik an dem angestrebten Monopol der Reichsbank für die Emission von Banknoten. Es sei von höchster Wichtigkeit, daß solide private Zettelbanken neben der Reichsbank fortbeständen. Hier zeigte sich das in jahrhundertelanger Tradition gewachsene Vertrauen des liberalen Frankfurter Bürgertums in die regulierende Kraft des Wettbewerbs, dem auch staatliche Einrichtungen ausgesetzt werden müßten.[54] Dementsprechend wehrte sich die Frankfurter Handelskammer im Vorfeld auch dagegen, daß das Bankgesetz vom 14. März 1875 der Frankfurter Bank bei Beibehaltung der Obergrenze der Notenausgabe von 30 Mio. Gulden bzw. des Gegenwerts in Mark ein nicht durch «Barvorrat»[55] zu deckendes Notenkontingent von maximal nur 10 Mio. Mark vorschrieb. Doch blieb auch diese Intervention fruchtlos. Zwar durfte die Frankfurter Bank, wie jede Notenbank, die Obergrenze für den ungedeckten Notenumlauf überschreiten. Aber für diesen Fall sah das Bankgesetz eine sogenannte Notensteuer von 5% auf den überschießenden Betrag vor. Da das Zinsniveau damals unter diesem Prozentsatz zu liegen pflegte, konnten mit einem Überschreiten des Notenkontingents keine Gewinne mehr erwirtschaftet werden. So wurde ohne ein grundsätzliches Verbot die Emissionstätigkeit der neben der Reichsbank fortbestehenden «Zettelbanken» effektiv beschränkt. Wie stark dies die relative Bedeutung der Frankfurter Bank beeinträchtigte, geht auch daraus hervor, daß diese noch 1870 hinter der Preußischen Bank die zweitwichtigste Notenbank in Deutschland gewesen war. Bei der Zuteilung der ungedeckten Notenkontingente durch das Bankgesetz von 1875 rangierten außer der Reichsbank mit ihren 250 Mio. Mark die 1875 gegründete öffentlich-rechtliche Bayerische Notenbank, die in jenem Jahr das Notenprivileg der Bayerischen Hypotheken- und Wechselbank übernahm,[56] mit 32 Mio. und die Sächsische Bank zu Dresden mit knapp 17 Mio. Mark noch vor der Frankfurter Bank mit ihren 10 Mio., die gleichauf lag mit der Württembergischen Notenbank, der Badischen Bank und der Bank für Süddeutschland.[57]

Dies macht es verständlich, daß sich die Frankfurter Bankiers von Berlin nicht gut behandelt fühlten. Das galt nicht nur für die Reichsregierung, sondern auch für die preußische Regierung. Sie ordnete im Zusammenhang mit dem Bankgesetz an, daß die Noten aller Privatnotenbanken, also auch der

Frankfurter Bank, bei den öffentlichen Kassen nicht mehr anzunehmen seien. Sie wurden seitdem nicht nur von den Steuer- und Zollbehörden, sondern auch von der Post und den Staatseisenbahnen, sogar in Frankfurt selbst, zurückgewiesen.[58] Und dies stand in einem auffälligen Gegensatz zu der Bereitwilligkeit der süddeutschen Staaten, die Noten der Frankfurter Bank im Zahlungsverkehr ihres jeweiligen Territoriums wie gewohnt zu akzeptieren.

Auch in anderer Hinsicht verlor der Finanzplatz Frankfurt durch die Gründung der Reichsbank in Berlin an Bedeutung. Als die Regierung 1877 die Reichsbank beauftragte, neue Reichsschatzscheine am Geldmarkt unterzubringen, protestierte die Frankfurter Handelskammer dagegen, daß die Reichsbank diese nur in Berlin, nicht auch in der Reichsbankhauptstelle in Frankfurt zum Verkauf anbot. Die entsprechenden Eingaben vom 18. und 31. Mai 1877 an den Reichsfinanzminister blieben auch in diesem Fall erfolglos. Auch das Argument, daß der Diskontsatz in Frankfurt häufig niedriger sei als in Berlin, weil von Frankfurter Firmen weniger diskontierfähiges Wechselmaterial angeboten werde als von Berliner Firmen, änderte die Haltung des Finanzministers und die Praxis der Reichsbank nicht.[59]

Auch sollte Berlins Politik gegen das Notenprivileg der Privatnotenbanken, darunter das der Frankfurter Bank, fortgeführt werden. Mit einer Novelle vom 7. Juni 1899 zum Reichsbankgesetz wurde vorgeschrieben, daß der Diskontsatz der Reichsbank auch für die Diskontgeschäfte der Privatnotenbanken gelte, sofern sie ihr Notenemissionsrecht behalten wollten. Nur wenn er unter 4% lag, durften sie ihn noch um bis zu einem Viertel Prozentpunkt unterbieten.[60] Damit sollte vermieden werden, daß bei drohendem Goldexport eine restriktive Diskontpolitik der Reichsbank von den Privatnotenbanken ausgehöhlt würde. Zwar wurde ähnliches schon seit 1887 aufgrund einer freiwilligen Vereinbarung – man kann auch sagen: eines Kartells – zwischen der Reichsbank und den Privatnotenbanken praktiziert, aber anscheinend weniger strikt. Jedenfalls hatte die Frankfurter Handelskammer zugunsten der Frankfurter Bank heftig gegen den Gesetzentwurf protestiert, der zunächst gar keine Abweichungen vom Reichsbankdiskont vorsah. Die historisch gewachsene dezentrale Struktur der Handelsgeschäfte in Deutschland verlange, daß man auch beim Diskontgeschäft Rücksicht auf die örtlichen Gegebenheiten nehmen könne. Die Frankfurter Bank habe entsprechend der Empfehlung des Reichsbankgesetzes ihr Depositengeschäft über das Volumen ihres Notenumlaufs hinaus ausgebaut. Solides Geschäftsgebaren mache es erforderlich, daß die Bank nicht nur Teile der Notenemission, sondern auch die Depositen durch den Ankauf besten Wechselmaterials decken könne. Zum Diskontsatz der Reichsbank sei dies aber nur in Hochzinsphasen möglich.[61] Zwar lag die schließlich in der Gesetzesnovelle erlaubte Abweichung vom Reichsbankdiskont im Trend der Forderungen der Handelskammer.

Aber für die Frankfurter Bank war dieses Korsett zu eng. Ihre Leitung entschied, daß man unter den neuen Bestimmungen auf das Notenprivileg verzichten müsse, um dann im Wechselankauf von den einengenden Bestimmungen frei zu sein. Sonst wäre es nicht einmal möglich, auch nur die zur Notendeckung erforderlichen Wechsel, geschweige denn diejenigen zur Deckung der Depositen, zu beschaffen.[62] Die Generalversammlung der Bank beschloß am 26. März 1901, auf das Notenprivileg der Bank zu verzichten. Auch dieses Kontingent fiel damit an die Reichsbank. Mit dem Ablauf des Jahres 1901 galten die Noten nicht mehr als Zahlungsmittel, sondern bis zum Ablauf der Einlösungspflicht Ende 1903 nur noch als Schuldscheine.

Mit dem Ende dieser rudimentären Zentralbankfunktion fiel Frankfurt als Finanzplatz im währungspolitischen Bereich noch weiter hinter Berlin zurück. Daran änderte auch die Tatsache nichts, daß der Frankfurter Bank anstelle des verlorenen Privilegs auf ihren Antrag hin ein anderes verliehen wurde. Am 18. Dezember 1899 bestimmte sie die Preußische Staatsregierung zur Hinterlegungsstelle für Mündelvermögen, zunächst für die Dauer des Notenprivilegs und nach dessen Auslaufen auf Dauer. Damit war die Weiterentwicklung der Bank zu einer primär vermögensverwaltenden Bank in den nächsten Jahrzehnten vorprogrammiert. 1876 hatte der Wert der offenen Depots bei der Frankfurter Bank nur 4 Mio., 1899 schon rund 700 Mio. Mark betragen. 1913 war er auf 1,2 Mrd. Mark angewachsen.[63] Das war eine gewaltige Summe, wenn man bedenkt, daß das gesamte Volkseinkommen in Deutschland 1913 rund 40 Mrd. Mark betrug.

Jedenfalls spielte Frankfurt weitgehend schon seit dem Abschluß der Münz- und Papiergeldreform Mitte der 1870er Jahre und vollständig seit der Aufgabe des Notenprivilegs durch die Frankfurter Bank 1901 keine eigenständige währungspolitische Rolle mehr. Die Qualität der deutschen Währung wurde seit der Einführung der Mark von Berlin aus gesteuert. Dem waren nun auch die Finanzgeschäfte in Frankfurt auf Gedeih und Verderb ausgeliefert. Bis 1945 sollte die deutsche Währung tatsächlich Höhen und Tiefen extremster Art durchmachen mit entsprechenden Konsequenzen für die Finanzgeschäfte im deutschen Währungsraum. Da dies nicht Frankfurt speziell, sondern Finanzgeschäfte in Deutschland generell betraf, genügt es, an dieser Stelle die verschiedenen Stadien der Geldpolitik und Währungsentwicklung nur grob zu skizzieren.

Bis zum Ersten Weltkrieg haben es die Reichsregierung mit ihrer Münz- und Bankenpolitik sowie die Reichsbank mit ihrer Geldpolitik verstanden, die Stabilität der Markwährung vor allem nach außen, z. B. in Relation zum britischen Pfund, zu gewährleisten, und das bei voller Konvertibilität in einer Epoche, die vom relativen Ausmaß des grenzüberschreitenden Kapitalverkehrs aus gesehen in gewissem Sinn ein Vorläufer der heutigen Globalisierung war. Die Preisentwicklung im Inland war zwar von teils entgegengesetzten Trends geprägt. Die Preise zogen im Gründerboom 1870–1873/74 um insgesamt fast 20%, d.h. scharf, an, fielen bis Ende der 1870er Jahre auf etwa das Ausgangsniveau von 1870 zurück, verharrten dort bis etwa Mitte der 1890er Jahre, um dann bis 1913 im Trend wieder um etwa 10% über das Niveau von 1873/74 anzusteigen.[64] Die jährlichen Änderungsraten gingen selten über die hinaus, die wir z.B. aus der schleichenden Inflation der 1960er Jahre kennen. Und das Preisniveau lag 1913 nicht sehr weit über dem Niveau 40 Jahre früher. Es war eine Zeit relativ großer Währungsstabilität, eingebettet in eine weitgehend synchron laufende Preisentwicklung auf den Weltmärkten, zu denen ja gerade durch die Einführung der Goldwährung in Deutschland ein wertstabiles Verhältnis gesucht worden war.

Für die Entwicklung der Finanzgeschäfte in Frankfurt und im Deutschen Reich generell war dies ein insgesamt günstiges währungspolitisches Klima. Geldvermögen konnte in hohem Ausmaß gebildet und vermehrt werden, nicht nur von denen, die dies hauptberuflich betrieben, vor allem den Privatbankiers, sondern von einer wachsenden Schicht der Bevölkerung, deren Fähigkeit zur Ersparnisbildung mit deutlich steigenden Realeinkommen aus Arbeit und besonders aus Unternehmertätigkeit im Verlauf der Industrialisierung bis zum Ersten Weltkrieg erheblich zugenommen hatte. In Deutschland bildete sich in diesen Jahrzehnten eine Schicht von «Rentiers» heraus, Personen, die auf ein Arbeitseinkommen oder ein Einkommen aus Unternehmertätigkeit nicht mehr angewiesen waren, um sich nicht nur einen einfachen, sondern einen gehobenen Lebensstandard leisten zu können. In «Jahrbüchern für Millionäre» machten gerade auch Geldvermögensbesitzer ihren erworbenen Reichtum im Kaiserreich öffentlich. Das Geldvermögen und das daraus entstehende Einkommen waren sogar ungleicher verteilt als das sonstige Vermögen, z.B. Realwerte wie Grund und Boden, Hausbesitz etc.[65] Daß die Einkommensverteilung in Deutschland im Verlauf der zweiten Hälfte des 19. Jahrhunderts deutlich ungleichmäßiger wurde, ist insofern auch ein Spiegelbild der sich bildenden großen Geldvermögen in den Händen einer relativ kleinen Schicht der Bevölkerung. Daß sich danach bis 1913 die Einkommensungleichheit in Deutschland nicht weiter verschärfte, obwohl die Geldvermögensbildung nominal wohl ungebrochen weiterging, dürfte unter anderem damit zusammenhängen, daß in dieser Periode die Preisentwicklung tendenziell nach oben gerichtet war. Denn selbst schleichende inflationäre Prozesse beeinträchtigen die Geldvermögensbildung und damit das Geschäftsvolumen der Institutionen des Finanzsektors zwar nicht nominal, aber real.

Das gilt erst recht für das Jahrzehnt nach Ausbruch des Ersten Weltkrieges, als die Stabilität der deutschen Währung zunächst den Erfordernissen der Kriegsfinanzierung geopfert wurde und die Große Inflation danach bis gegen

Ende 1923 von den häufig wechselnden und relativ schwachen deutschen Regierungen und der bis Mai 1922 dem Reichskanzler unterstellten Reichsbank nicht gestoppt werden konnte. Der Prozeß endete in der Hyperinflation, die vom Juli 1922 bis zum November 1923 dauerte und monatlich mehr als 50% Preissteigerung bedeutete.[66] Für die Geldvermögensbesitzer bedeutete dies einen praktisch totalen Verlust, den vorläufigen Untergang der Klasse der «Rentiers». Dementsprechend war auch die Einkommensverteilung in Deutschland nach dem Ende der Inflation wieder wesentlich gleichmäßiger als vor dem Krieg, was gerade in den traditionell besser gestellten Schichten zur Ablehnung der Weimarer Republik beitrug. Für die Kreditinstitute, ähnlich für die Versicherungen, bedeutete die große Inflation bei nominal aufgeblähten Bilanzen – geradezu spiegelbildlich zu den Verlusten der Geldvermögensbesitzer – eine dramatische Erosion ihres realen Geschäftsvolumens – je mehr sie in langfristigen Geschäften engagiert waren, wie die Sparkassen und Hypothekenbanken, um so stärker.[67] Das ganze Ausmaß der Verluste zeigt sich an den Zahlen nach der Währungsstabilisierung im Vergleich zur Vorkriegszeit. Die Bilanzsumme aller Sparkassen in Deutschland lag Ende 1924 bei 1,5 Mrd. Reichsmark. Ende 1913 hatte sie bei 20,8 Mrd. Mark gelegen. Während die Schrumpfung bei den Hypothekenbanken noch drastischer ausfiel, war sie bei den Aktienkreditbanken weniger dramatisch. Bei den am besten erfaßten Berliner Großbanken z. B. betrug die Bilanzsumme Ende 1923 1,8 Mrd. Reichsmark gegenüber 8,4 Mrd. Mark Ende 1913.[68] Hier dominierten die kurzfristigen Geschäfte, die trotz des Grundsatzes «Mark gleich Mark» auch während der Inflation an die Geldentwertung besser anzupassen waren. Dazu kam, was in der Bankenquete Ende der zwanziger Jahre folgendermaßen festgestellt wurde: «Das ganze große Gebiet des Devisenhandels gewann in jener Periode seine eigenartige Bedeutung. Das Emissionsgeschäft vervielfachte sich mit dem ständigen Bedürfnis einer scheinbaren Anpassung der Kapitalien an die Geldentwertung, und das Effektenkommissionsgeschäft nahm in einer Zeit, in der die wilden Wertumwälzungen große Teile sonst fernstehender Kreise in das Getriebe der Börse hineinzogen, eine ungeahnte Ausdehnung.»[69] Und genau dies waren typische Geschäfte der Großbanken und darüber hinaus der Privatbankfirmen. Die Beobachtungen der Enquetekommission bedeuteten, daß es in der Zeit der großen Nachkriegsinflation, nachdem die zuvor alles dominierende Kriegsfinanzierung und die Isolierung vom Ausland beendet waren, in den erwähnten Sparten des Bankgeschäfts zeitweise auch reales Wachstum gab. Die Bankenquete verweist auf folgende Symptome: Wachstum der Beschäftigung im Bankgewerbe, Erweiterungs- und Neubauten der Großbanken, zahlreiche Neugründungen von privaten Spezialinstituten und öffentlichen Banken sowie Wachstum der Zahl und des Geschäftsumfangs der Privatbankhäuser.

In Deutschland hatte es 1913 1221 Privatbankfirmen gegeben. 1925 betrug diese Zahl 1406. In der Zwischenzeit waren zwar 412 dieser Firmen aus verschiedenen Gründen ausgeschieden, aber 597, d.h. die Hälfte des Bestands von 1913 neu gegründet worden.[70] Die Privatbankiers in Frankfurt, die einen Großteil ihres Geschäfts im Devisen- und Wertpapierhandel tätigten, hat die große Nachkriegsinflation sicherlich weniger hart getroffen als z.B. die Frankfurter Sparkasse von 1822 und die Frankfurter Hypothekenbank. Weil die Privatbankfirmen dort stärker vertreten waren als an anderen Finanzplätzen, dürfte das Bankgeschäft in Frankfurt allgemein von der großen deutschen Inflation relativ weniger in Mitleidenschaft gezogen worden sein als die Bankenlandschaft anderer Finanzplätze mit Ausnahme von Berlin. Denn hier gab es neben den Privatbankhäusern die Berliner Großbanken, die ebenfalls stark im Devisen- und Wertpapiergeschäft engagiert waren und aus der Zunahme dieser Geschäfte während der Nachkriegsinflation Nutzen zogen.

Nachdem mit der Einführung der «Rentenmark» im November 1923 die Stabilisierung der deutschen Währung eingeleitet worden war, die im Oktober 1924 mit der Einführung der Reichsmark abgeschlossen wurde, mußten auch die Banken ihre Bilanzen auf die neue Währung umstellen und dabei das ganze Ausmaß der Verluste aus der Kriegs- und Inflationszeit offenlegen. Das Eigenkapital aller Banken war von 7,1 Mrd. Mark vor dem Krieg auf 2,0 Mrd. Reichsmark Ende 1924 geschrumpft. Aber die Banken konnten ihre Kreditgeschäfte nunmehr wieder auf solider Währungsbasis betreiben, jedenfalls bis zum Ende der zwanziger Jahre, bevor die Weltwirtschaftskrise einen deflationären Prozeß auslöste. Die tiefen Einschnitte, die die große Inflation in den Bilanzen der Kreditinstitute hinterlassen hatte, mußten in einem – wie Wolfgang Stützel es nannte – «regenerationsbedingten» Strukturwandel wieder rückgängig gemacht werden. Dies geschah in «Auffüllungsphasen» von unterschiedlicher Dauer für unterschiedliche Typen von Kreditgeschäften. Sie waren kurz, «wo sich die Bestände verhältnismäßig rasch umschlagen. Bei allen langlebigen Objekten aber, wie etwa bei Anlagen, Bauten oder langfristigen Darlehensverträgen, dauert es naturgemäß sehr lange, bis in der Struktur der vorhandenen Bestände, vor allem auch in ihrem Altersaufbau, ihrer Alters-‹Pyramide›, die Folgen von Krieg und Währungszusammenbruch nicht nur vernarbt, sondern ganz geheilt sind».[71] Nur für die Aktienkreditbanken ist nachgewiesen, daß sie schon 1929 ihr nominales Bilanzvolumen von 1913 wieder überschritten hatten. Alle anderen Bankengruppen blieben 1929 hinter den Vergleichszahlen von 1913 zurück,[72] auch die Privatbankhäuser.[73] Der Sparkassensektor hatte 1929 immerhin 82% seines Bilanzvolumens von 1913 wiederaufgebaut. Die Sparkassen hatten sich mehr und mehr zu Universalbanken entwickelt, seitdem ein preußischer Erlaß vom 15. April 1921 einengende Bestimmungen über den Depositen- und Kontokorrentverkehr beseitigt und ihnen die Beleihung von Wechseln, den Ankauf von Wertpapieren für Kunden sowie sonstige bankmäßige Geschäfte erlaubt hatte. Die Realkreditinstitute dagegen waren bei ihren langfristigen Geschäften verblieben. Deshalb hatten sie bis 1929 nur die Hälfte ihres Bilanzvolumens von 1913 wiederaufbauen können.

Nach 1929 ging die Preisstabilität in Deutschland erneut verloren, diesmal allerdings in umgekehrter Richtung zur Inflation und – auch ein Unterschied – im Gleichschritt mit den wichtigsten Ländern der Weltwirtschaft, vor allem mit den USA. Die Großhandelspreise in Deutschland fielen von 1928 bis 1933 um genau ein Drittel, die Lebenshaltungskosten von 1929 bis 1933 um 22%. Allein vom Jahresende 1930 auf 1931, dem Jahr der Bankenkrise, schrumpften die Kreditoren in den Bilanzen aller Banken zusammengefaßt um 18%, bei den Sparkassen mit ihrer Gewährträgerhaftung kaum, bei anderen Kreditinstitutsgruppen dafür um so mehr.[74] Obwohl die Reichsbank die Zentralbankgeldmenge ausweitete, schrumpfte die Geldmenge in ihrer heute üblichen Definition von M3 (= Bargeldumlauf + Sichteinlagen inländischer Nichtbanken + Termingelder inländischer Nichtbanken + Spareinlagen inländischer Nichtbanken), vor allem weil Bankkunden in der Krise um die Solidität der Banken besorgt waren und Einlagen abzogen. Auch die im Sommer 1931 eingeführte Devisenbewirtschaftung verengte die Geschäftsspielräume der Banken gerade an den Finanzplätzen, die wie Frankfurt traditionell internationale Verbindungen pflegten.

Das nationalsozialistische Regime stellte seine Wirtschaftspolitik zunächst ganz in den Dienst der Arbeitsbeschaffung und überwand die «Inflationsangst», mit der die Regierung Brüning ihren permanenten Kampf gegen staatliche Defizite begründet hatte. Als Spirale ohne Ende hatte Brünings Sparkurs die deutsche Wirtschaft nur immer tiefer in die Deflation hineingetrieben. Im Frühsommer 1933 wurde der Konjunkturexperte des Reichswirtschaftsministeriums Wilhelm Lautenbach in einer Unterredung über die Krisenbekämpfung von Hitler gefragt, ob Kreditexpansion nicht Inflation bedeute. Lautenbach antwortete: «Herr Hitler, Sie sind jetzt der mächtigste Mann in Deutschland. Nur eines können Sie nicht: Sie können unter den gegenwärtigen Umständen keine Inflation machen, soviel Sie sich auch anstrengen mögen.»[75] Mit Hilfe von Arbeitsbeschaffungswechseln seit 1933 und sogenannter Mefo-Wechsel[76] seit 1935 wurden reichsbankfinanzierte Arbeitsbeschaffungsmaßnahmen, unter anderem der Autobahnbau, und Rüstungsprojekte durchgeführt. Auch nachdem seit 1935 das Schwergewicht der Staatsausgaben auf die Rüstungswirtschaft verlagert und 1936 die Vollbeschäftigung erreicht worden war, ließ die Hitler-Regierung – trotz ständiger Mahnungen der Reichsbank unter ihrem Präsidenten Hjalmar Schacht – vom Rückgriff auf den Notenbankkredit nicht ab. Das inflationäre Potential

Die Hauptstelle der Frankfurter Sparkasse in der Domstraße (1929). Sparer versuchen, vor der herannahenden Weltwirtschaftskrise ihr Geld abzuheben

konnte nur noch durch einen Lohn- und Preisstopp kaschiert werden. Mit dem Vierjahresplan von 1936 baute das Regime einen dirigistischen Kontrollapparat zur Lenkung der volkswirtschaftlichen Ressourcen in die Rüstungswirtschaft auf. Das Anleihestockgesetz vom 4. Dezember 1934 hatte zuvor schon eine Obergrenze für die Dividendenausschüttung der Aktiengesellschaften eingeführt, um Aktienemissionen weniger und festverzinsliche Wertpapiere stärker attraktiv zu machen. Darüber hinaus wurden nicht – wie im Ersten Weltkrieg – in erster Linie Privatleute, sondern vor allem Sparkassen, Banken, Versicherungen, Stiftungen u.ä. gedrängt, ihre Mittel in kurz- und langfristigen Staatstiteln anzulegen und auf diese Weise die Aufrüstung für das inflationsempfindliche Publikum «geräuschlos» zu finanzieren. Seit Ende der dreißiger Jahre wurde unter anderem durch ein Emissionsverbot für Industrieobligationen der Kapitalmarkt auch direkt gelenkt.[77]

Noch vor Beginn des Zweiten Weltkrieges wurden die Reste des ausländischen Einflusses auf die Reichsbank aus den Reparationsregelungen seit 1924 und die seit 1922 bestehende Unabhängigkeit der Reichsbank von der nationalsozialistischen Regierung aufgehoben, und zwar durch die Gesetze vom 10. Februar 1937 und 15. Juni 1939. Das Reichsbankdirektorium führte zwar weiterhin die Geschäfte, war aber seitdem den Anweisungen und der Aufsicht des «Führers und Reichskanzlers» unterworfen. Damit war der Weg frei für die zweite große Inflation in Deutschland innerhalb einer Generationsspanne. Wegen des Preisstopps und der umfassenden dirigistischen Lenkung der Wirtschaft kam sie diesmal in den Preisen so gut wie gar nicht zum Ausdruck. Das ganze Ausmaß der Aufblähung monetärer Werte zeigt sich allerdings in folgenden Kennziffern. Bei Kriegsende 1945 machten die Reichsschulden fast das Fünffache des Volkseinkommens von 1938 aus. 1918 war es das Dreifache des Volkseinkommens von 1913 gewesen. Die Inanspruchnahme der Notenpresse durch das Reich hatte die Zentralbankgeldmenge (Bargeld und Guthaben bei der Reichsbank) im Zweiten Weltkrieg auf das 7,5fache ansteigen lassen, verglichen mit dem 5,5fachen im Ersten.

Bei verschärfter Devisenbewirtschaftung, mangelndem Emissionsgeschäft, Autarkiepolitik nach außen und Verrechnungshandel im Innern der angestrebten europäischen Großraumwirtschaft blieb den Banken auch in Frankfurt während des Zweiten Weltkrieges nur wenig von den Geschäften übrig, die vor allem die Großbanken und die Privatbankiers ausgezeichnet hatten, mit einer Ausnahme. Die Kreditbedürfnisse auch unersättlicher staatlicher Souveräne zu befriedigen, war ein Geschäft, mit dem gerade die Privatbankhäuser in Frankfurt seit dem späten 18. Jahrhundert, häufig auch zur Kriegsfinanzierung, die größten Erfolge erzielt hatten. Der Unterschied war nur, daß die Währung, in der seinerzeit die Obligationen kontrahiert wurden, in ihrem Wert nicht durch Manipulationen des Schuldners nach Belieben verschlechtert werden konnte. Daß dies im 20. Jahrhundert und besonders in Vorbereitung der beiden Weltkriege in Deutschland möglich war, bedeutete für die Banken bei solchen Krediten an den eigenen Staat letztlich ein unvergleichlich größeres Risiko, nämlich das des Verlustes durch eine extreme Geldentwertung, als es in früheren Zeiten die Zahlungseinstellung eines Schuldners unter den verschiedenen Souveränen, auf die Privatbankiers traditionell die Risiken ihrer Kredite zu verteilen gesucht hatten, gewesen war.

4. Innovationen und Spezialisierungen, Regulierungen und Steuern

Zu den Innovationen dieser Periode, deren Anfänge schon in die zwei Jahrzehnte zuvor zurückreichen, gehören vor allem folgende organisatorische Neugestaltungen: die Gründung von Banken als Aktiengesellschaften einerseits und der Konzentrationsprozeß im Bankensektor andererseits. Nachdem mit der Aktienrechtsnovelle des Norddeutschen Bundes von 1870 der Konzessionierungszwang für die Gründung von Aktiengesellschaften aufgehoben und die Gründung des Deutschen Reiches nach dem militärischen Sieg über Frankreich Anfang 1871 vollzogen worden war,[78] kam es, auch in Erwartung positiver wirtschaftlicher Impulse aus dem Zustrom französischer Reparationen nach Deutschland, von 1871 bis 1873 zu einer spektakulären Gründungswelle von Unternehmen in Form von Aktiengesellschaften. Die Schaffung von Großunternehmen, z.B. im Bereich des Bergbaus, der Eisen- und Stahlindustrie sowie des Eisenbahnbaus und -betriebs, machte die Mobilisierung von Kapital in einer Größenordnung erforderlich, die die Möglichkeiten der zuvor im Gründungsgeschäft dominierenden Privatbankhäuser überstieg. Deshalb ging hauptsächlich von ihnen die Initiative zur Gründung von Aktienkreditbanken aus, die damals auch als «Privatbankiers erhöhter Potenz» bezeichnet wurden.[79] Zwar waren zuvor auch schon die Notenbanken meist als Aktiengesellschaften, wenn auch nach Einzelfallkonzession, gegründet worden, z.B. die Frankfurter Bank 1854. Aber die über die Notenemission aufgebrachten Mittel waren je nach Umlaufgebiet der Noten begrenzt und standen nur für relativ kurzfristige Anlagen zur Verfügung, da ja eine Notenbank sich jederzeit in der Lage befinden mußte, ihre Banknoten, die damals nicht gesetzliches Zahlungsmittel waren, in Münzgeld einzulösen. Für die neuen industriellen Unternehmungen mußte Kapital aber langfristig zur Verfügung stehen. Das konnte im Gründerboom vor allem durch Aktienemissionen erreicht werden, weil Aktien als kleingestückeltes Teileigentum an den jeweiligen Betrieben keine Rückzahlungsansprüche mit bestimmter Fälligkeit darstellten. Dazu benötigten Industrieunternehmen auch damals die Hilfe von Emissionshäusern mit großer Kapitalkraft. Für die Schaffung solcher Banken mit ebenfalls langfristig zur Verfügung stehendem Kapital bot sich die Organisationsform der Aktiengesellschaft geradezu an.

Dabei diente in wesentlich größerem Umfang als heute Eigenkapital über die Emission von Aktien als Finanzierungsquelle von Unternehmen. Von 1883 bis 1899 ließ sich z.B. für die Aktienkreditbanken in Deutschland eine durchschnittliche Eigenkapitalquote (Kapital plus ausgewiesene Reserven in Prozent der Bilanzsumme) feststellen, die zwischen rund 35% und 40% schwankte.[80]

In Berlin war im März 1870, vor allem auf Betreiben von Adelbert Delbrück vom Privatbankhaus Delbrück Leo & Co., die Deutsche Bank als Aktiengesellschaft gegründet worden. Seine Idee dabei war, «eine große Bank zu schaffen, hauptsächlich für den überseeischen Handel, die uns unabhängig machen sollte von England und den Kreditgewährungen, die der deutsche Kaufmann nur in London fand und suchen konnte».[81] Das gleiche galt für die ebenfalls im Frühjahr 1870 gegründete Commerz- und Disconto-Bank in Hamburg. In beiden Fällen spielten auch Frankfurter Privatbankiers eine Rolle, im Fall der Deutschen Bank das Bankhaus Gebrüder Sulzbach, dessen Bevollmächtigter, der Außenhandelskaufmann Gustav Kutter, im sechsköpfigen Gründungskomitee vertreten war und das von allen das größte Aktienpaket erwarb. Im Fall der heutigen Commerzbank war neben Mendelssohn & Co. aus Berlin, M.M. Warburg & Co. und anderen Privatbankiers aus Hamburg das Frankfurter Privatbankhaus B.H. Goldschmidt im Gründungskomitee vertreten.[82]

In den Gründerjahren wurden von 1870 bis 1874 Aktien im Wert von über 5 Mrd. Mark von über 1000 Aktiengesellschaften in Deutschland emittiert. Darin enthalten sind auch die 107 Aktienbanken mit einem Kapital von 740 Mio. Mark, die 1870–1872 gegründet wurden. Von diesen waren bis 1879 aber schon 73 wieder in Liquidation gegangen.[83]

Mit den genannten beiden Ausnahmen pflegten die Aktienbanken vor allem das inländische Gründungs- und Emissionsgeschäft. Erst nach den mit der Gründerkrise 1873/74 verbundenen Rückschlägen entwickelten die Überlebensfähigen unter ihnen sich im letzten Viertel des 19. Jahrhunderts zu Universalbanken, d.h. sie pflegten nicht nur die Emission von meist industriellen Aktien und Obligationen, sondern auch von in- und ausländischen Staats- und Kommunalanleihen, den mittel- und langfristigen Industriekredit, den kurzfristigen Handelskredit, das Wechseldiskontgeschäft, den Kontokorrentkredit und das Depositengeschäft.

Adelbert Delbrück, der Initiator und Vorsitzende des Verwaltungsrates der Deutschen Bank, der mit mehr Kompetenzen ausgestattet war als der 1884 statt dessen vom Aktienrecht geschaffene Aufsichtsrat, propagierte auch ein Konzept, das zur Gründung einer kapitalkräftigen Aktienbank in Frankfurt führte. Delbrück wollte nämlich, ganz im Gegensatz zum damaligen, bis 1884 auf Exekutivaufgaben beschränkten Vorstandssprecher, Georg von Siemens, die Spezialisierung der Deutschen Bank auf das Auslands- und Überseegeschäft beibehalten. Das Inlandsgeschäft sollte separat von anderen Aktienbanken, bei deren Gründung und Leitung wiederum Privatbankiers federführend sein würden, betrieben werden. Delbrücks Plan war, an jedem bedeutenden Bankplatz in Deutschland einen «Bankverein» als Aktiengesellschaft ins Leben zu rufen. Diesem Konzept entsprechend, wurde in Frankfurt während der zweiten Jahreshälfte 1870 die Errichtung der ersten Institution dieser Art in Deutschland, des Frankfurter Bankvereins, vorbereitet, dessen Gründung auf der Basis eines Aktienkapitals von 36 Mio. Mark im Januar 1871 erfolgte. Demgegenüber war z.B. die Gründung der Deutschen Bank mit einem Grundkapital von nur 15 Mio. Mark erfolgt. Dem Gründungskomitee des Frankfurter Bankvereins gehörten folgende Frankfurter Privatbankiers an: August Andreae-Goll (Johann Goll & Söhne), Freiherr Ludwig Simon Moritz von Bethmann (Gebrüder Bethmann), Meyer Siegmund Beyfus (L. v. Steiger & Co.), Adolph B.H. Goldschmidt (B.H. Goldschmidt), Anton Hahn (L.A. Hahn), J.L. Königswarter (Marcus Königswarter), Hermann Marcuse, Theodor Stern (Jacob S.H. Stern).[84] Auffallend ist das Fehlen vieler renommierter Frankfurter Privatbankhäuser, darunter M. A. Rothschild & Söhne sowie B. Metzler seel. Sohn & Co. Ob dies eine bei diesen Häusern damals noch vorhandene Skepsis gegenüber solchen Aktienbanken ausdrückt oder das Fehlen andere Gründe hat, kann nicht festgestellt werden, ebensowenig ob das hohe Gründungskapital einen demonstrativen Kontrapunkt gegen die Attraktivität Berlins als zentralen Finanzplatzes in Deutschland darstellen sollte. Für die Gründung hatten sich auch der Wiener Bankverein und die Österreichische Bodenkreditanstalt stark gemacht,[85] was zu Frankfurts traditioneller Orientierung in Richtung Süddeutschland und Österreich paßte. Auf jeden Fall wollten die Frankfurter mit ihrem Bankverein der Bank für Handel und Industrie in Darmstadt ebenbürtig werden. Selbst dieses im Vergleich zur Rivalität mit Berlin eher bescheidene Ziel wurde nicht erreicht.

Aber immerhin breitete sich Delbrücks Konzeption von Bankvereinen für das Inlandsgeschäft von Frankfurt über Deutschland aus. Der Frankfurter Bankverein beteiligte sich nämlich an der Gründung des «Berliner Bankvereins» (übrigens mit dem bescheideneren Grundkapital von 18 Mio. Mark), des «Pfälzischen Bankvereins», Mannheim (beide 1871), des «Hamburger Bankvereins» und des «Baseler Bankvereins» (beide 1872). Dazu kamen andere Bankbeteiligungen. Möglich war dies dem Frankfurter Bankverein, solange die Geschäfte gut liefen. In der Gründerkrise brachen diese jedoch ein, so daß im November 1875 ein Kapitalschnitt beschlossen werden mußte. In der Folgezeit ging es eine Zeitlang besser. Aber 1885 wandte sich der Frankfurter Bankverein an die Deutsche Bank, die neben ihren beiden deutschen Filialen in Bremen und Hamburg nun auch für das Inlandsgeschäft eine Niederlassung in Frankfurt suchte, und bat um Liquidation und Übernahme. Die Stärke der beiden Aktienbanken hatte sich gegenüber dem Verhältnis der Grundkapitalien in der Gründungsphase 1870/71 umgekehrt. Die Deutsche Bank übernahm 1886 die Aktiva und Passiva des Frankfurter Bankvereins samt Mitarbeitern und erwarb damit erstmals eine große Filiale, die eindeutig auf das Inlandsgeschäft spezialisiert war. Sie wurde erst damit zu einer Universalbank. Die Übernahme stand im Widerspruch zu Delbrücks Konzept, das für die Deutsche Bank die Spezialisierung auf das Auslandsgeschäft vorgesehen hatte.

Die Deutsche Bank war neben der Dresdner Bank eines der ersten Institute, die die geschäftlichen Möglichkeiten erkannten und wahrnahmen, die in der Durchführung von Liquidationen lagen, d. h. die Aktien der abzuwickelnden Firmen wurden zu einem niedrigeren Preis aufgekauft, als bei der Abwicklung als Liquidationserlös pro Aktie später herauskommen würde. Dieser Aspekt konnte zurücktreten, wenn es um den Erwerb eines laufenden Bankgeschäfts als eigene Filiale ging. Im Fall des Frankfurter Bankvereins machte der Unterschied nämlich keine 5% aus. Der Übernahmevorgang demonstriert, wie weit Frankfurt trotz seiner immer noch starken Fondsbörse bei der Weiterentwicklung moderner Bankstrukturen und -geschäfte als Finanzplatz hinter Berlin zurückgefallen war und wie wenig die Reichtümer aus den Glanzzeiten der Privatbankhäuser in Frankfurt verhindern konnten, daß im Zeitalter der Aktie als Finanzierungsquelle für industrielle Investitionen und für den Eisenbahnbau Berlin als Finanzzentrum an Frankfurt, das zu lange an den traditionellen Geschäften mit staatlichen Kreditnehmern festgehalten hatte, vorbeizog.

Für das reine Liquidationsgeschäft bestand nach dem Ende des Gründerbooms reichlich Gelegenheit. So zeigte sich z.B. in den Jahren 1870–1873 Berlin mit 40 Fällen nicht nur als Spitzenreiter bei der Gründung von Banken, sondern mit 30 Fällen zwischen 1873 und 1881 ebenfalls bei den Liquidationen. Am krassesten war das Verhältnis in Dresden. Dort fanden mit 13 Fällen von Mitte 1873 bis 1881 nach Berlin die meisten Liquidationen statt. Aber es hatte von 1871 bis Mitte 1873 auch nur 14 Neugründungen gegeben. Nur die 1872 gegründete Dresdner Bank überlebte. 1881 eröffnete sie eine Filiale in Berlin, die 1884 zur Zentrale der Bank wurde.[86] Damit war Dresdens Versuch, sich als ein bedeutendes Finanzzentrum neben Berlin zu etablieren, gescheitert. An den Finanzplätzen mit langer Tradition und Erfahrung, Hamburg und Frankfurt am Main, war das Verhältnis zwischen Neugründungen und Liquidationen weit entfernt von dem in Dresden, ja mit 15 zu 9 bzw. 13 zu 8 sogar besser als in Berlin.[87] Aber in Frankfurt erlangte keine der dort neugegründeten Aktienkreditbanken überregionale Bedeutung. Nur drei waren zeitweise von regionaler Bedeutung: die Deutsche Vereinsbank (im Dezember 1871 gegründet), die Landwirtschaftliche Kreditbank (im Januar 1872 gegründet) und die Deutsche Effecten- und Wechselbank (im Juni 1872 gegründet). Aber auch sie wurden in der Folgezeit von den Berliner Großbanken übernommen.[88] Zuvor hatten allerdings auch Übernahmen und damit Konzentrationsprozesse in Frankfurt selbst stattgefunden, vor allem das, was von Paul Wallich in seiner Pionierstudie über Bankenkonzentration in Deutschland als erster Fall einer Fusion von Aktienbanken in Deutschland eingestuft worden ist.[89] Die zweite, 1865 gegründete Frankfurter Vereinskasse ging nämlich in der Deutschen Vereinsbank auf, nachdem die letztere von einem Konsortium süd- und norddeutscher, Schweizer und Wiener Banken gegründet worden war.[90] Hierin spiegelt sich auch die Region wider, für die der Finanzplatz Frankfurt noch von größerer Wichtigkeit war als Berlin.

Jakob Riesser hat in seiner großen Studie über die Bankenkonzentration bis ins erste Jahrzehnt des 20. Jahrhunderts zu den Ursachen dieses Phänomens folgendes festgestellt:[91] Die Dynamik des industriellen Wachstums in Deutschland sei sowohl in der Gesamtwirtschaft als auch im Bankenbereich mit zwei, scheinbar gegensätzlichen, Bewegungen verbunden gewesen, nämlich einerseits der Expansion und andererseits der Konzentration der Kapitalien, Kräfte und Unternehmungen. Die schärfste, sicherste und deshalb bevorzugte Waffe in diesem Prozeß sei die Aktiengesellschaft, die selbst eine Konzentration vieler kleiner Kapitalanteile mit leichter Veräußerbarkeit und Vererblichkeit darstelle. Sie besitze in höherem Grade als jede andere Unternehmensform die Möglichkeit, ihre Kredit- und Erweiterungsbedürfnisse durch Kapitalerhöhungen zu befriedigen. Dadurch komme dem Emissionsgeschäft von Banken mit einer erheblichen Kapitalkraft eine zentrale Bedeutung zu, da sie unter Umständen nicht plazierte Wertpapiere lange Zeit selbst behalten müßten. Berlin habe die übrigen deutschen Börsen besonders seit 1870 an Aufnahmefähigkeit in guten und an Widerstandsfähigkeit in schlechten Zeiten übertroffen. Dadurch hätten die Berliner Banken einen gewaltigen Vorsprung gewonnen. Gerade wenn nach Wirtschaftskrisen, wie 1873 und 1901, die Konzentrationsgeschwindigkeit zunehme, wende sich das Vertrauen der Bankkundschaft in erster Linie den Instituten zu, die während der Krise durch Unterstützung anderer, durch tatkräftiges Eingreifen an der Börse und ähnliches ihre Fähigkeiten besonders unter Beweis gestellt hätten. Oft unberechtigterweise wende sich gerade dann das Vertrauen des Publikums von den anderen Instituten, namentlich von den mittleren und kleineren Privatbankiers, ab.

In der Tat verloren auch in Frankfurt zahlreiche, auch namhafte Privatbankfirmen von der Krise 1873 bis zum Ersten Weltkrieg ihre Selbständigkeit und wurden von größeren Instituten übernommen.[92] Dazu zählt die Übernahme der Bankhäuser Carl August Sieber (1873 durch die Mitteldeutsche Creditbank, Meiningen), Gebrüder Sonneberg (1888 durch die Deutsche Unionbank, Frankfurt), J. Dreyfus & Co. (1898 durch die Commerz- und Discontobank, Hamburg, die erst dadurch gleichzeitig zu einer Filiale in Frankfurt und in Berlin gelangte, wo Dreyfus mit einer Niederlassung schon seit 1891 den engen Kontakt mit der Berliner Börse gepflegt hatte[93]), M.A. Rothschild & Söhne (1901 durch die Disconto-Gesellschaft, Berlin, die dadurch ebenfalls mit einer Filiale in Frankfurt präsent war), Erlanger & Söhne (1904 durch die Dresdner Bank, die dadurch zu einer Niederlassung in Frankfurt gelangte, und durch den A. Schaaffhausen'schen Bankverein, Köln) und Baruch Bonn (1908 durch die Pfälzische Bank, Ludwigshafen). Dies sind nur wichtige Beispiele. Soweit Zahlen verfügbar sind, sprechen sie eine noch deutlichere Sprache. Wurden im Jahr 1895 in Frankfurt noch 148 Privatbankiers gezählt, so schrumpfte diese Zahl über 122 (1899), 115 (1902) auf rund 100 im Jahr 1914.[94] Von den vier D-Banken in Berlin (Deutsche Bank, Disconto-Gesellschaft, Dresdner Bank und Darmstädter Bank) ist bekannt, daß sie in derselben Zeitspanne 50 Privatbankiers übernahmen, allerdings über ganz Deutschland verteilt.[95] Der Anteil der Privatbankhäuser an den Aktiva aller Kreditinstitute in Deutschland, der 1860 noch 35,3% betragen hatte, schrumpfte folgendermaßen: von 1880 18,5% über 1900 8,6% auf 1913 4,4%.[96]

Die große Inflation während und nach dem Ersten Weltkrieg und die mit ihr verbundene teils hektische Nachfrage der Wirtschaft nach den für Privatbankhäuser typischen Wertpapier- und Devisengeschäften unterbrach zeitweilig den Rückgang der Zahl der Privatbankhäuser, weil zahlreiche neue gegründet wurden. Die Zahlen für Deutschland insgesamt zeigen jedoch, daß der Trend der zahlenmäßigen Abnahme der Privatbankhäuser sich in dem starken Konzentrationsprozeß nach der Stabilisierung der deutschen Währung deutlich fortsetzte, bis im Dritten Reich zu dieser wirtschaftlich bedingten Entwicklung das Sterben der jüdischen Privatbankhäuser wegen der Arisierungen hinzukam.[97]

Zu den Innovationen, die der Finanzplatz Frankfurt nach seiner Annexion durch Preußen aufzuweisen hatte, muß auch der Strukturwandel in seinen Geschäftsfeldern gerechnet werden. Einerseits hatten das Speditionswesen und der Großhandel alten Stils in Frankfurt im zweiten Drittel des 19. Jahrhunderts einen deutlichen Niedergang im Vergleich zu anderen Städten, auch zu der Leipziger Messe, erlebt. «Frankfurt», schrieb die Berliner Nationalzeitung Anfang März 1867 voller Kritik, «kann und muß die größte Wohltat sich selber erweisen, dadurch, daß es nicht bloß kleinstaatlich, österreichischer Geldmarkt bleibt, sondern sich neben dem Handel mit Kredit und Geld auch auf den Handel mit Waren, auf Gewerbe und Industrie wirft. Im gegenwärtigen Augenblick noch würden, wenn Frankfurt seine Stadttore öffnete, wenn es seine Niederlassungsgesetze reformierte, wenn es dieselben Grundsätze hinsichtlich der Zugfreiheit adoptierte, durch welche Berlin, Breslau und Köln groß und reich geworden sind, alsbald die Klagen verstummen, welche über das Leerstehen und die Entwertung der Häuser, über die Kreditlosigkeit des städtischen Gewerbebesitzes usw. erhoben werden.»[98] Frankfurt habe «auf das sorgfältigste seinen kolossalen Zunftzopf bis 1863» konserviert, so daß die Gewerbe zurückgeblieben seien. Danach hätten Zuzugsbeschränkungen die gleiche Wirkung erzeugt. Erst 1867 wurde durch ein Gesetz des Norddeutschen Bundes auch dieses Hindernis für den Zuzug neuer Unternehmer und Arbeitskräfte beseitigt.

Andererseits hatten die Bank- und Börsengeschäfte in Frankfurt zur selben Zeit in vollster Blüte gestanden, allerdings in den traditionellen Bahnen der Emission und des Handels von Staatsanleihen nicht nur deutscher Fürsten und der Donaumonarchie, sondern um die Mitte des Jahrhunderts auch solcher aus Italien, Frankreich, Dänemark, Schweden und Holland.[99] Nordamerikanische Staatspapiere und Eisenbahnanleihen waren schon in den 1850er und 1860er Jahren in großem Umfang dazugekommen, 1872 in einer so hohen Anzahl wie nie zuvor.[100] 1868 plazierten Gebrüder Sulzbach russische Eisenbahnprioritäten. 1870 wurde an der Frankfurter Börse noch keine einzige Industrieaktie gehandelt, während in Berlin schon zehn dieser Papiere notiert wurden. 1880 war das Verhältnis 13 zu 341.[101] Die Frankfurter Bankiers hielten das Geschäft für zu spekulativ und zu wenig solide. Doch sollten gerade diese Eigenschaften auf die amerikanischen Eisenbahnanleihen zutreffen, deren Unterbringung Frankfurt Anfang der 1870er Jahre zum größten kontinentaleuropäischen Markt für amerikanische Wertpapiere werden ließ. 1877 waren bei 31 der insgesamt 51 US-Eisenbahnanleihen auf dem Frankfurter Kurszettel die Zinszahlungen ausgesetzt.[102] Aber ebenso wie das industrielle Gründungsfieber am Finanzplatz Berlin 1870–1873 höher gewesen war als in Frankfurt, waren auch die Wertverluste durch den Sturz der Berliner Börse wesentlich größer als in Frankfurt. Einen weiteren Rückschlag hatte die Frankfurter Börse in den 1870er Jahren als Folge des Übergangs Deutschlands zur Goldwährung zu verkraften. Die Zinsen auf österreichische Eisenbahnanleihen, für die gegenüber der deutschen Silberwährung, nicht aber gegenüber der neuen deutschen Goldwährung, eine Wertsicherungsklausel vereinbart war, wurden nun in österreichischen Silbergulden ausgezahlt, die durch den internationalen Preisverfall für Silber relativ entwertet waren.

Die Schwächung des Finanzplatzes Frankfurt, eine Voraussetzung für die Einleitung des Strukturwandels in die Moderne, hatte noch eine politische Seite. Frankfurt war die Zentrale für den Wechsel- und Wertpapierverkehr der süddeutschen Guldenländer gewesen. Noch 1860 hatten die Rothschilds ein Auflage- und Verteilermonopol für preußische Staatsanleihen im süddeutschen Raum erhalten. 1866 kündigte der preußische Finanzminister den Monopolvertrag mit den Rothschilds. Die süddeutschen Länder traten seitdem zunehmend direkt am Kapitalmarkt in Berlin anstelle von Frankfurt in Erscheinung.[103] Gegenüber Berlin konnte sich Frankfurt nach der Annexion allerdings mit seiner Forderung durchsetzen, die Guldenwährung der Stadt und damit ihre währungspolitische Einbindung in den süddeutschen Währungsraum vorerst (tatsächlich bis zur Einführung der Markwährung) bestehen zu lassen. Damit blieb zwar ein befürchteter großer Verlust von Kredit- und Wertpapiergeschäften der süddeutschen Länder in Frankfurt aus. Aber die relative Schwächung des Finanzplatzes gegenüber Berlin hielt auch diese Konzession nicht auf. Selbst in der Geschäftssparte, in der Frankfurter Bankiers im 19. Jahrhundert eine eindeutige Führungsposition aufgebaut hatten, nämlich in der Emission von Auslandsanleihen, wurden sie von Berlin auf Platz zwei verwiesen. Obwohl Frankfurter Banken und Bankiers wichtige Teilnehmer blieben, fanden nach 1870 die ganz großen Emissionen ausländischer Werte in Deutschland nur noch unter der Führung der großen Berliner Banken statt.[104]

In Frankfurt selbst war man Ende der 1860er Jahre immer noch nicht bereit, den Mangel an Industriebetrieben, die sich – wie die bereits in Großbetrieben produzierende chemische Industrie – häufig außerhalb der Stadt niederließen, als entscheidende strukturelle Schwäche der Stadt zu erkennen.[105] Noch immer stand die Förderung traditioneller Geschäftsfelder im Vordergrund, vor allem der Handel mit Geld und Kredit. Erkannt wurde in Frankfurt immerhin, daß im Innern die Verbesserung der Infrastruktur der Stadt und nach außen ihre Anbindung an die Rheinschiffahrt durch einen Kanal für größere Lastenschiffe sowie der Ausbau Frankfurts als Eisenbahnknotenpunkt notwendig seien. Die entsprechenden Anträge, die aus der Stadt nach ihrer Annexion bei der preußischen Regierung gestellt wurden, waren allerdings stärker von Handelsinteressen als von Industrieinteressen motiviert.

Der Ausgang des Deutsch-Französischen Krieges brachte noch einmal eine Sonderkonjunktur für Frankfurts traditionelle Geschäftssparten. Frankfurter Bankiers spielten eine bedeutende Rolle bei der internationalen Plazierung französischer Anleihen, mit deren Hilfe Paris seine Reparationsschulden gegenüber dem Deutschen Reich beglich. Einen Teil des Aufkommens aus den in Deutschland gezeichneten Anleihen ließ die französische Regierung in Frankfurt zurück, um darüber mit Wechseln zu verfügen. Die Zahlungsströme, die sich daraus und aus der Weiterverwendung empfangener Beträge ergaben, führten in Frankfurt wegen der Arbitragemöglichkeiten zu einem lebhaften Wechselgeschäft auf allen großen Finanzplätzen der Welt. Das war die Gelegenheit für Frankfurt, seine traditionelle Stärke als Geldmarkt für das internationale Wechselgeschäft noch einmal unter Beweis zu stellen.

Dabei spielten sogenannte Remissiers eine fördernde Rolle. Diese waren überwiegend Deutsche, die im Finanzgeschäft in Paris tätig gewesen, aber wegen des Krieges von dort ausgewiesen worden waren. Ein Teil von ihnen betätigte sich nach dem Krieg in Frankfurt, wo sie Aufträge an Pariser Bankiers und umgekehrt deren Aufträge nach Frankfurt vermittelten. Diese Art von Geschäften dehnte sich auf alle großen Börsenplätze aus. Gerade mit der Börse in London nahmen solche Vermittlungstätigkeiten einen sehr großen Umfang an.[106]

Aber Berlins Dominanz als Finanzplatz wurde immer größer. Als 1884 eine neue russische Anleihe in Deutschland aufgelegt wurde, konnte sie entgegen früheren Gepflogenheiten nur in Berlin, nicht auch in Frankfurt gezeichnet werden. Der *Aktionär* kommentierte bitter, «daß Berlin für sein großes Geschäft ein relativ mäßiges Geldreservoir hat, während Frankfurt für sein mäßiges Geschäft ein überaus großes Geldreservoir besitzt», mit der Folge, «daß bei schwierigen Liquidationen das große Berlin sehr oft bei dem kleinen Frankfurt Anleihen zu machen genötigt ist, die ihm auch jedesmal mit Bereit-

I. №5114 Mark 1000.

Strassenbahn-Anleiheschein

der

Stadt Frankfurt a. M.

REICHS-STEMPEL-ABGABE
EINS VOM TAUSEND

Abtheilung I. №5114

über

Eintausend Mark Reichswährung,

jährlich zu $3^{1}/_{2}$ vom Hundert verzinslich.

Ausgefertigt in Gemässheit des landesherrlichen Privilegiums vom 13. Juli 1899 (Amtsblatt für den Stadtkreis und für den Landkreis von Frankfurt a. M. vom 12. August 1899 No. 32 Seite 355 und Gesetz-Sammlung für 1899 No. 27 Seite 159 laufende No. 8).

Der Magistrat der Stadt Frankfurt a. M. beurkundet und bekennt hiermit, dass der Inhaber dieses Anleihescheins den Betrag von

Eintausend Mark Reichswährung,

dessen Empfang hiermit bescheinigt wird, von der hiesigen Stadtgemeinde als ein Darlehen zu fordern hat.

Dieses Kapital bildet einen Theil der in der Höhe von Zwanzig Millionen Mark Reichswährung aufgenommenen, in zwei Abtheilungen

Abtheilung I über fünfzehn Millionen Mark Reichswährung,
Abtheilung II über fünf Millionen Mark Reichswährung

eingetheilten Strassenbahn-Anleihe.

Die Verzinsung dieses Kapitals erfolgt mit **dreieinhalb vom Hundert** und die Tilgung der Anleihe, welche für jede Abtheilung mit dem nach Begebung der Anleihe folgenden 1. April beginnt, mit ein und einhalb vom Hundert jährlich unter Zuwachs der Zinsen von den getilgten Anleihescheinen, nach Maassgabe der Allerhöchst genehmigten, umseitig abgedruckten Bedingungen.

Für die Sicherheit des Kapitals und der Zinsen haftet die Stadt Frankfurt a. M. mit ihrem gesammten gegenwärtigen und zukünftigen Vermögen und mit ihrer ganzen Steuerkraft.

Frankfurt a. M., den 1. August 1899.

Der Magistrat:

Oberbürgermeister. Stadtrath.

Der Controlbeamte:

Anleiheschein der Stadt Frankfurt von 1899

willigkeit gewährt werden».[107] In Frankfurt war das Geldreservoir auch deswegen gestiegen, weil in den 1870er Jahren der Kurszettel in Frankfurt durch preußische Eisenbahnaktien stark erweitert worden war. Ende 1878 begann die preußische Regierung mit der Verstaatlichung der Eisenbahnen, indem sie niedrig verzinsliche eigene Anleihen den Aktionären im Tausch anbot. Diese entsprachen nicht dem Geschmack der Kapitalanleger in Frankfurt.[108] Sie suchten andere Möglichkeiten der Anlage mit höheren Renditen. Das boten am Geldmarkt die gelegentlichen Liquiditätsengpässe in Berlin. Am Kapitalmarkt waren es die «exotischen» Papiere, die seit 1886 angeboten wurden und wegen ihres höheren Risikos höhere Zinsen boten, z.B. Obligationen aus Portugal, Argentinien, Griechenland und China.[109] Anfang der 1890er Jahre waren Argentinien, Portugal und Griechenland zahlungsunfähig. Am anderen Ende der Risiko- und Zinspalette standen die Reichsanleihen, die zu Anfang der 1880er Jahre auf dem Frankfurter Kurszettel an erster Stelle standen und seitdem die Richtung auf dem Anleihemarkt vorgaben.

In den 1880er Jahren wurde Frankfurt nun endlich auch dem Handel mit Industrieaktien auf breiterer Basis geöffnet. Dafür setzten sich besonders die Bankhäuser Gebrüder Sulzbach, Erlanger & Söhne sowie Bass & Herz ein.[110] Der Zusammenbruch des Berliner Aktienmarkts sowohl in der Krise von 1848 als auch von 1873 hatte die Frankfurter Bankiers, die mit ihrem konservativen Anleiheemissionsgeschäft von beiden Krisen viel weniger stark betroffen waren, in ihrer Zurückhaltung gegenüber Industrieaktien bestärkt. Es war weniger bessere Einsicht, die den Frankfurter Kapitalmarkt für Industrieaktien öffnete. Es war vielmehr vor allem das Wegbrechen der vorher gepflegten Anlagemöglichkeiten. Berlin zog viel vom Frankfurter Auslandsgeschäft ab. So waren italienische Staatsanleihen, soweit sie in Deutschland plaziert wurden, in den 1870er Jahren noch bevorzugt in Frankfurt untergebracht worden, danach in Berlin.[111] Frankfurts monopolartige Stellung für den Kapitalmarkt der süddeutschen Länder war verloren. Die amerikanischen Eisenbahnanleihen sollten sich als ebenso enttäuschende Anlage wie später die «exotischen» Papiere herausstellen: Die Verstaatlichung im deutschen, wie übrigens auch im österreichischen, Eisenbahnwesen entzog dem Frankfurter Markt beliebte Anlagepapiere. Die Ende der 1870er Jahre einsetzende Konversion deutscher Staats-, Eisenbahn- und Hypothekenbankanleihen in solche mit niedrigeren Zinskupons entsprach auch nicht den Wünschen der Anleger. Erst jetzt machten Frankfurter und süddeutsche Kapitalanleger aus der Not eine Tugend und interessierten sich für Industrieaktien, d.h. für die zuvor verschmähten «spekulativen» Werte mit ihrem höheren Risiko, aber auch ihren potentiell höheren Renditen. Ende 1889 waren immerhin 79 Industrieaktien auf dem offiziellen Kursblatt der Frankfurter Börse notiert. In seiner frühen Studie über die Frankfurter Börse resümierte Otto Wormser diesen

Wandel: «So hat denn schließlich auch die Frankfurter Börse den Anschluß an die neue Zeit gefunden. Spät zwar, zu spät, um der Frankfurter Börse eine Berlin gleichberechtigte Führerstellung zu sichern, aber noch früh genug, um ihr ihre Bedeutung für das deutsche Wirtschaftsleben zu erhalten und um ihr selbst Möglichkeiten zu weiterer Entwicklung zu belassen.»[112]

Die Skepsis der Frankfurter Bankhäuser gegenüber der Industriefinanzierung hatte sich allerdings auch auf einem anderen Gebiet als an der Zurückhaltung gegenüber der Emission und dem Handel mit Industrieaktien gezeigt. Industriefinanzierung erfolgte im Deutschen Reich nämlich in erheblichem Ausmaß über Kontokorrentkredite, d.h. Buch- und Akzeptkredite, die zwar von ihrem Charakter her kurzfristig waren, aber durch Prolongationen oft mittel- und langfristig zur Verfügung standen. Die Frankfurter Bankiers bevorzugten auch im Industriezeitalter im kurzfristigen Bereich den weniger riskanten Wechseldiskontkredit, d.h. das traditionelle Instrument zur Finanzierung von Handelsgeschäften. Von den traditionsreichen Privatbankhäusern ging nur ein kleiner Teil in Richtung des modernen Industriekredits via Kontokorrent. Statt dessen entwickelten sich die Privatbankhäuser bis zum Ersten Weltkrieg mehr und mehr zu Vermögensverwaltungsbanken, zumal sie im Konkurrenzkampf um Depositen den Aktienbanken mit ihrer Publizitätspflicht und Transparenz für den Kunden unterlegen waren und für ihre Kreditgeschäfte deshalb zu einem relativ hohen Prozentsatz auf ihr eigenes Vermögen angewiesen waren.[113] In den Jahrzehnten vor dem Ersten Weltkrieg machten Bankkunden auch die Erfahrung, daß sich Verluste bei Depositen und Spareinlagen vorwiegend bei Privatbankhäusern, weniger häufig bei den größeren Aktienbanken einstellten. «Je größer das Institut und je stärker seine Kapitalkraft, desto größer ist erfahrungsgemäß auch die Sicherheit für Depositen und Spargelder», wurde in der Bankenquete von 1908/09 festgestellt.[114]

In einem organisatorischen Punkt blieb die Frankfurter Börse allerdings gegenüber allen anderen in Deutschland bis ins 20. Jahrhundert führend, nämlich in der Institution der Abendbörse. Diese hatte, von Bethmann, Metzler und Rothschild und 55 anderen angesehenen Bankiers gegründet, informell wie ein Privatclub seit den 1820er Jahren unter der Bezeichnung «Colleg», seit 1836 unter dem Namen «Effektensocietät» existiert, um Geschäfte auch außerhalb der offiziellen Börsenzeiten zu ermöglichen. Nachdem das Börsengesetz von 1896 alle privaten Nebenbörsen verboten hatte, wurde die Abendbörse in Frankfurt als offizielle Fortsetzung der Mittagsbörse eingeführt. Selbst Berlin nutzte diese zusätzlichen Handelsmöglichkeiten.[115]

Seit Anfang der 1880er Jahre gab es an der Frankfurter Börse einige organisatorische Neuerungen. Im Kurszettel wurden Aktiengesellschaften in Liquidation, entsprechend der vorherigen Frankfurter Präferenz meist Banken, und die notleidenden amerikanischen Eisenbahnpapiere in besonderen Rubriken aufgeführt. Eine Kotierungsgebühr, d.h. eine Gebühr für die Zulassung eines Wertpapiers zur Notierung an der Börse, wurde erhoben, allerdings erst seit 1893 auf der Grundlage eines festen Tarifs. Während zuvor einzelne Makler berechtigt gewesen waren, neue Wertpapiere an der Frankfurter Börse einzuführen, erhielt nun der Vorstand der vereidigten Makler, das Maklersyndikat, Mitbestimmungsrechte bei der Auswahl des Maklers, über den Emittenten ihre Papiere auf den Kurszettel bringen konnten. 1878 wurde das Mindestkapital für die Aufnahme eines Wertpapiers in das offizielle Kursblatt auf grundsätzlich 1 Mio. Mark festgesetzt. Nur für Frankfurter Unternehmen waren Ausnahmen möglich. Im ganzen blieb die Regulierungsdichte jedoch äußerst gering. Publizitätsvorschriften als Bedingung für die Börseneinführung fehlten z.B. noch völlig.[116]

Aber in der Besteuerung der Börsengeschäfte wurden Reichstag und Reichsregierung in Berlin aktiv. Das «Gesetz betr. die Erhebung von Reichsstempelabgaben» vom 1. Juli 1881 besteuerte die Emission von Aktien mit 0,5% und von Schuldverschreibungen mit 0,2% (für die von Kommunen, Hypothekenbanken mit 0,1%). Eine Börsenumsatzsteuer wurde eingeführt, indem Schlußabrechnungen über Kassa- und Termingeschäfte mit fixen, noch mäßigen Abgaben belegt wurden, nämlich 1 Mark für Termingeschäfte und ansonsten 20 Pfennige. Auch in den folgenden Jahrzehnten wurden die Termingeschäfte vom Gesetzgeber diskriminiert. Als das obige Gesetz 1885 novelliert wurde, wurde die Steuerschraube insofern angezogen, als die Börsenumsatzsteuer in prozentuale Sätze umgewandelt, d.h. faktisch – wenn auch noch mäßig – erhöht wurde, wobei Termingeschäfte, allerdings nur mit Waren, die doppelte Last zu tragen hatten. Ohne auf weitere Einzelheiten einzugehen, sei hier nur festgehalten, daß 1894 und 1900 Novellen zum Reichsstempelgesetz weitere Abgabenerhöhungen, sowohl auf die Börsenumsätze als auch auf die Schlußabrechnungen und auf die Wertpapieremissionen selbst, brachten.[117] Das Arbitragegeschäft, das in Frankfurt besonders hoch entwickelt war, erlitt durch die höheren Steuern auf Börsenumsätze erheblichen Schaden, da die naturgemäß kleinen Margen für Gewinne durch die Stempelabgaben aufgezehrt wurden. Die Frankfurter Handelskammer setzte sich für Erleichterungen auf breiter Front ein, hatte damit bei der nächsten Novellierung 1906 allerdings nur mit ihrer Forderung nach einer Steuerfreistellung des Handels mit Staatspapieren vollen und nach dem Abbau der Besteuerung von Arbitragegeschäften teilweise Erfolg. Die 1900 erreichten enorm hohen Sätze des Effektenstempels auf Wertpapieremissionen, darunter von 2% auf inländische und von 2,5% auf ausländische Aktien, blieben bestehen.

Diese Stempelsteuergesetzgebung traf die im Wertpapiergeschäft tätigen Privatbankiers härter als die Großbanken. Das hing vor allem damit zusammen, daß bei den Großbanken mehr Kauf- und Verkaufsaufträge für ein Papier einliefen, die im Wege der internen Kompensation, d.h. ohne den Gang zur Börse, abgewickelt wurden. Diese Kompensationsgeschäfte blieben bis 1900 stempelsteuerfrei. Die Privatbankiers demgegenüber drückten die 1894 stark erhöhten Sätze in viel höherem Ausmaß. In seiner Studie zur Bankenkonzentration in Deutschland urteilte Paul Wallich 1905, daß die Erhöhung der Stempelsteuer im Jahr 1894 eine der wesentlichen Ursachen für die verstärkte Konzentrationsbewegung im deutschen Bankwesen seit Mitte der 1890er Jahre gewesen sei.[118] Ihr fielen in Frankfurt – wie erwähnt – selbst so renommierte Privatbankhäuser wie J. Dreyfus & Co. (1898), M.A. Rothschild & Söhne (1901) und Erlanger & Söhne (1904) zum Opfer. Erlanger & Söhne waren übrigens besonders aktiv im Bankgründungsgeschäft gewesen. Von 1853 bis 1898 hatte sich dieses Privatbankhaus an insgesamt 19 Gründungen von Aktienbanken beteiligt.[119]

Auch das Börsengesetz vom 22.Juni 1896 wirkte sich nicht nur zum Nachteil aller deutschen Finanzplätze im internationalen Wettbewerb aus, sondern es förderte auch die Konzentrationstendenzen zugunsten der Großbanken und zu Lasten der Privatbankiers und der Provinzbanken. Zur Vorbereitung dieses Gesetzes hatte der Reichskanzler im Februar 1892 die Börsen-Enquete-Kommission berufen, die ihren Bericht im November 1893 vorlegte.

Aus Frankfurt wurde in diese Kommission auch Albert Metzler als Sachverständiger berufen.[120] Er war nicht nur ein im internationalen Geschäft erfahrener Bankier, sondern auch ein außerhalb Frankfurts anerkannter Politiker.[121] Der Bericht der Enquete-Kommission und auch der Gesetzentwurf von 1895 zielten zum einen auf eine Harmonisierung und gesetzliche Regelung der Usancen an allen Börsen im Deutschen Reich, zum anderen auf eine Einschränkung und Beaufsichtigung bestimmter Geschäfte, die der Gesetzgeber für spekulativ und potentiell unseriös hielt. Das galt insbesondere für Termingeschäfte. Der Terminhandel in Aktien von Bergwerks- und Fabrikunternehmen und von allen anderen Erwerbsgesellschaften mit einem Kapital von weniger als 20 Mio. Mark sowie Termingeschäfte in Getreide- und Mühlenfabrikaten wurden ganz verboten.[122] Im übrigen sollten Termingeschäfte nur dann rechtsverbindlich sein, wenn die Vertragspartner in ein Börsenregister eingetragen waren, das beim Handelsregister zu führen war. Für die Beteiligten war dies mit Kosten verbunden, ganz abgesehen von dem Gefühl der Entmündigung, das auch der seitdem eingesetzte Staatskommissar als Börsenaufsichtsorgan der Landesregierungen den Bankiers vermittelte. Verluste entstanden nicht nur dem Finanzplatz Frankfurt, sondern auch Berlin und allen anderen Finanzplätzen in Deutschland zum einen deshalb, weil Termingeschäfte ins Ausland verlagert wurden. Zum anderen wurden Geschäfte vom Terminmarkt auf den Kassamarkt verlegt, wo sie nur unter

Einsatz wesentlich größerer barer Geldmittel durchgeführt werden konnten. Dies zu vermeiden gehört ja gerade zum Sinn des Terminhandels. Kleine Bankiers, die die zum Kassageschäft erforderlichen großen Barmittel ihren Kunden nicht vorschießen konnten, gerieten dadurch gegenüber den großen Instituten in einen oft über ihre Existenz entscheidenden Wettbewerbsnachteil. Dazu kam die Vorschrift des Börsengesetzes, daß Aktien eines zur Aktiengesellschaft umgewandelten Unternehmens erst ein Jahr nach der Eintragung der AG in das Handelsregister zum Börsenhandel zugelassen werden durften. Zwischenzeitlich mußten also Banken, meist die, die am Gründungsgeschäft beteiligt waren, die Aktien ein Jahr lang in ihr Portefeuille nehmen und dafür die entsprechenden Barmittel binden, und das bei den hohen Risiken im Gründungsgeschäft. Dazu waren nur die großen Aktienbanken mit ihren umfangreichen Depositen in der Lage. Die Absicht dieser Vorschrift war der Schutz der Kapitalanleger, die unbeabsichtigte Wirkung hingegen die Verdrängung der Privatbankiers und der kleineren Aktienbanken aus der Industriefinanzierung.[123]

Die Frankfurter Handelskammer hatte beim Gesetzgeber in der Entstehungsphase des Gesetzes unter anderem gegen die gerade dargestellten Bestimmungen in ausführlichen Denkschriften protestiert, wie übrigens auch die Vereinigung von Berliner Banken und Bankiers, die sogenannte Berliner Stempelvereinigung, die Ältesten der Berliner Kaufmannschaft und andere Vertreter der gewerblichen Wirtschaft,[124] jeweils ohne Erfolg. Die Nachteile, die das Kreditgewerbe in Deutschland durch das Börsengesetz und seine Auslegung durch die Gerichte erfuhr, waren der unmittelbare Anlaß für die Gründung des Centralverbands des Deutschen Bank- und Bankiergewerbes in Berlin im Frühjahr 1901. Der Erste Allgemeine Deutsche Bankiertag dieses Interessenverbandes fand im Sommer 1902 in Frankfurt am Main statt. Die Reform des Börsengesetzes von 1896 stand jahrelang im Mittelpunkt der Tätigkeit des Centralverbands. Mit der Novelle zum Börsengesetz vom 8. Mai 1908 wurde ein Teil der Forderungen erfüllt, für die sich das Bankgewerbe über seinen Centralverband sowie über lokale Organisationen, wie die Frankfurter Handelskammer, eingesetzt hatte. Nun wurde der Terminhandel in Aktien von Erwerbsgesellschaften erlaubt, wenn die betroffene Gesellschaft dem zugestimmt hatte. Termingeschäfte speziell in Bergwerks- und Fabrikaktien wurden nunmehr zugelassen, aber von einer Genehmigung durch den Bundesrat abhängig gemacht.[125] Nur der Terminhandel in Getreide blieb weiterhin verboten, was von Anfang an eine Forderung agrarischer Interessen gewesen war.[126] Sie hatten seit Beginn der Diskussion um ein Verbot solcher Geschäfte fälschlicherweise im Getreideterminhandel die Ursache der hohen Preisschwankungen und gedrückter Preise gesehen. Tatsächlich drückten nach der Reduzierung des Zollschutzes durch die neue liberalere Handelspolitik des Reichskanzlers Caprivi zu Anfang der 1890er Jahre die Getreideimporte auf den Preis. Und was die Preisschwankungen anging, so wirkten Termingeschäfte wie immer eher stabilisierend als destabilisierend.

Die Frankfurter Börse hatte am Vorabend des Ersten Weltkriegs ihre strukturelle Schwäche im Bereich des Handels mit Industrieaktien längst hinter sich gelassen. Trotzdem blieben gewisse traditionelle Stärken erhalten, nämlich der Handel mit Anleihen, speziell mit Schuldverschreibungen ausländischer Staaten und Eisenbahngesellschaften. Ende 1912 wurden in Frankfurt 197 verschiedene Arten ausländischer festverzinslicher Wertpapiere gehandelt gegenüber 158 in Berlin. Von den ausländischen Effekten waren es vor allem solche aus Österreich, die ausschließlich in Frankfurt gehandelt wurden.[127]

Das darf aber nicht darüber hinwegtäuschen, daß auch in den zwei Jahrzehnten vor dem Ersten Weltkrieg die Frankfurter Börse weiter an Boden gegenüber Berlin verloren hatte. Das läßt sich am Stempelsteueraufkommen erkennen. Bis 1893 entfielen 16% des Gesamtaufkommens aus der Stempelabgabe auf die Emission von Wertpapieren auf Frankfurt und 10% der Börsenumsatzsteuer. Die dortigen Privatbankiers emittierten relativ viel, was ihrer traditionellen Stärke entsprach, waren aber an den Börsenumsätzen relativ weniger beteiligt. Im Durchschnitt der Periode 1901–1913 hatte Frankfurt in beiden Geschäftsfeldern erheblich eingebüßt. Die Abgabe auf Wertpapieremissionen kam nur noch zu durchschnittlich 5,9% aus Frankfurt, die Börsenumsatzsteuer nur noch zu durchschnittlich 5,3% mit sinkender Tendenz.[128]

Dazu dürfte beigetragen haben, daß die Anleihen ausländischer Schuldner, auf die der Kapitalmarkt und die Börse in Frankfurt besonders spezialisiert waren, mit dem wirtschaftlichen Erstarken der Schuldnerländer dorthin zurückflossen und neue Anleihen auf den inzwischen aufnahmefähigen eigenen Kapitalmärkten dieser Länder untergebracht werden konnten. Das galt insbesondere für die USA. Dieser Verlust an Anlagepapieren traf die Berliner Börse, die inzwischen mindestens ebenso stark wie Frankfurt im internationalen Anleihegeschäft engagiert war, mit gleicher Wucht. Aber Berlin fiel es leichter, mit neuen verschuldungsfreudigen Ländern, wie Rußland und China, ins Anleihegeschäft einzusteigen als Frankfurt. Außerdem war die Berliner Börse näher an der Reichs- und der preußischen Regierung. Deshalb konnte sie verlorenes Auslandsterrain auch stärker durch inländische staatliche Schuldscheine kompensieren. Es ist geschätzt worden, daß immerhin 46% aller im Deutschen Reich zwischen 1883 und 1914 emittierten Wertpapiere (51 Mrd. Mark gesamt) von den öffentlichen Händen aufgelegt wurden, während 24% des gesamten Emissionsvolumens auf Hypothekenpfandbriefe und 22% auf Aktien entfielen.[129] Schließlich konnte Berlin auch wesentlich leichter auf das Aktiengeschäft, seine Stärke seit langem, ausweichen als

Frankfurt. Während Berlin vor dem Ersten Weltkrieg im internationalen Börsenwettbewerb Weltniveau entwickelt hatte, war Frankfurt, obwohl noch immer Nummer zwei in Deutschland vor Hamburg, zur Regional- und Lokalbörse degeneriert und mit seinen vielen noch immer sehr reichen Bürgern zu einer Stadt der Rentiers mutiert.[130]

Die Entwicklungen, die sich für Frankfurts Banken und Börse in der Zeit des Ersten Weltkriegs und in der großen Inflation beobachten lassen, waren nicht innovativer Natur, sondern – wie überall in Deutschland – Anpassung an das mit Kriegsausbruch abrupt veränderte wirtschaftliche Umfeld mit der weitgehenden Kappung des Auslandsgeschäfts, der den Kapitalmarkt dominierenden Kreditnachfrage des Reiches und der inflationären Entwicklung, die sich in der Nachkriegszeit bis zur Hyperinflation 1922/23 steigerte. Die Wertpapierbörsen in Deutschland blieben während des Ersten Weltkriegs bis zum Dezember 1917 ohnehin geschlossen. Nur im Telefonhandel und bei informellen Zusammenkünften wurden Wertpapiere umgesetzt. In der Nachkriegszeit war das Börsengeschehen von einer Flucht vor der Geldentwertung in die Aktie als Sachwert und von hektischer Betriebsamkeit zur Anpassung des Aktienkapitals an die Inflation geprägt. Außerdem trieb die Flucht aus der Mark in Devisen den Wechselkurs der Mark nach unten. Die Devisenmärkte, seit 1916 praktisch geschlossen, funktionierten schon ab Frühjahr 1919 wieder weitgehend ohne staatliche Dirigismen. Auch Gesetze gegen die Kapitalflucht während der Nachkriegsinflation haben daran nicht viel geändert. Während am Devisenmarkt der Terminhandel zur Kurssicherung der Außenhandelsgeschäfte schon kurz nach dem Ende des Krieges wieder möglich war, blieb das 1914 verordnete Verbot des Terminhandels in Wertpapieren bis zum 1. Oktober 1925 in Kraft.

Allerdings ergab sich aus dem Abbau der Devisenbeschränkungen kurz nach Kriegsende für die Frankfurter (ebenso wie für die Kölner) Börse insofern eine Sonderkonjunktur, als insbesondere hier die Devisengeschäfte getätigt wurden, die mit der Abwicklung des unkontrollierten deutschen Außenhandels durch das «Loch im Westen» verbunden waren.[131] Dieses «Loch» war aus der französischen Besatzung deutschen Territoriums westlich des Rheins, mit Brückenköpfen auch auf der östlichen Seite in Mainz, Koblenz und Köln, entstanden. Da durch das «Loch im Westen» auch ausländisches Kapital in das Rheinland strömte, profitierte die Frankfurter Börse, zusammen mit der Kölner, auch davon, daß dies mit einer zusätzlichen Nachfrage nach Effekten verbunden war.

Dennoch kam Frankfurt aus Krieg und Nachkriegsinflation drastisch geschwächt hervor. Durch die Inflation war die Spezialität des Finanzplatzes Frankfurt, der Handel in festverzinslichen Wertpapieren, im realen Volumen fast zur Bedeutungslosigkeit zusammengeschrumpft. Der Vertrauensverlust in

Anleihen in deutscher Währung sollte auch nach der Währungsstabilisierung anhalten und in relativ hohen Kapitalmarktzinsen zum Ausdruck kommen. Auch schon während des Krieges war der Glanz des Reichtums in Frankfurt verblaßt. Denn die Reichsregierung hatte zunächst mit moralischen Appellen, später mit Zwangsmaßnahmen private Vermögensbesitzer und Kapitalsammelstellen veranlaßt, ausländische Wertpapiere herzugeben und durch Markwerte zu ersetzen. Wertpapiere in Fremdwährung wurden dann im Ausland zu Geld gemacht, um damit kriegswichtige Importe zu finanzieren. Gerade die reichen Frankfurter mit ihren hohen Auslandsengagements haben beim Abstoßen solcher Werte bei sinkendem Markwechselkurs zunächst zwar einen Gewinn auf dem Papier erzielt, aber nachdem ein deutscher Sieg endgültig nicht mehr erreichbar war, einen gewaltigen realen Verlust erlitten. Frankfurter Banken sollen monatlich 2–3 Mio. Mark aus solchen Fremdwährungstiteln für die Kriegsführung flüssig gemacht haben, und zwar bevor die Zwangsmaßnahmen einsetzten.[132] Das mag zwar Provisionseinnahmen für die Bankiers und Börsianer gebracht haben, die diese Geschäfte abwickelten. Aber es trug zur eigenen und zur Verarmung der Kundschaft insofern bei, als werthaltige Auslandspapiere in Vermögenswerte und Einnahmen in Papiermark transformiert wurden, deren trostloses Ende wir kennen.

Die große Inflation brachte das vorläufige Ende des traditionellen Übergewichts der festverzinslichen Wertpapiere an der Frankfurter Börse. 1913 waren nur 13% der Wertpapierzulassungen an der Frankfurter Börse auf Aktien entfallen. 1921 war dieser Prozentsatz auf 68 gestiegen.[133] Die Reichsanleihen waren nach dem Kriegsende und 1919 weit unter Pari gefallen. Obwohl sie mit 5% verzinst wurden, standen sie Mitte 1919 um fast ein Viertel tiefer im Kurs als vierprozentige Hypothekenpfandbriefe.[134] Dies war Ausdruck der verbreiteten Angst vor einem Staatsbankrott, d.h. einer isolierten Entwertung der Staatsschulden, von der private Schuldverhältnisse nicht oder nicht in demselben Ausmaß betroffen gewesen wären. Dem wirkte die Reichsregierung dadurch entgegen, daß sie Kriegsanleihen teilweise am offenen Markt zurückkaufte und bei Steuer- und Anleiheoperationen in den Nachkriegsjahren in Zahlung nahm. Auch die Reichsbank nahm über die im August 1919 gegründete «Reichsanleihe Aktiengesellschaft» im Falle nachgewiesener dringender Geldbedürfnisse Reichsanleihen von Altbesitzern zurück. Aber in keinem Fall kam mehr als der Nominalwert heraus. Demgegenüber folgte der Index der Aktienkurse in der Nachkriegszeit der Geldentwertung und galoppierte mit dieser nach oben. Gegenüber 1913 = 100 lag er 1919 bei 105, 1920 bei 205, 1921 bei 432 und 1922 bei 2059.[135] Gemessen an diesen Nominalwertentwicklungen hatten festverzinsliche Wertpapiere erst dann wieder eine Chance, als sie seit 1922 in Form von wertbeständigen Anleihen auf den Kapitalmarkt kamen, gekoppelt an Sachwerte, wie Roggen,

Kali, Kohle u.ä., oder an wertbeständige Devisen, vor allem den US-Dollar. Das sollte zwar auch der Frankfurter Börse wieder zu stärkeren Aktivitäten im Bereich festverzinslicher Wertpapiere verhelfen. Aber die Musik spielte auch im Anleihemarkt schon von da an noch stärker in Berlin als in der Vorkriegszeit. Das sollte sich in der Zeit nach der Stabilisierung der Währung noch deutlicher zeigen.

Die Periode zwischen der großen Inflation und der Weltwirtschaftskrise war nicht nur durch Konzentrationstendenzen in der Gesamtwirtschaft und im Kreditsektor geprägt, sondern auch durch Rationalisierungsmaßnahmen. In der Abwicklung von Wertpapiergeschäften schlug sich dies in der Schaffung eines Effektengiroverkehrs nieder, das Gegenstück zum bargeldlosen Zahlungsverkehr im Bereich der Übertragung von Wertpapieren. Das hatte es für die eigenen Wertpapiere der Banken und innerhalb eines Ortes bereits vorher gegeben, z.B. den Effekten-Giro des Berliner Kassenvereins schon seit 1882. Jetzt ging es darum, Entsprechendes für die Wertpapiere der Kundschaft und zwischen verschiedenen Börsenplätzen zu schaffen. Zu diesem Zweck wurden an den Hauptbörsenplätzen in den zwanziger Jahren nach dem Berliner Muster Kassenvereine gegründet. In Frankfurt wurde die Effekten-Girofunktion der Frankfurter Bank übertragen, die für die Geldinstitute ja auch im Zahlungsverkehr Giroaufgaben erfüllte. Der innerstädtische Giroverkehr wurde am 1. Dezember 1925 aufgenommen, derjenige zwischen den verschiedenen Börsenplätzen am 1. November 1926.[136] Der dafür geschaffenen Arbeitsgemeinschaft deutscher Effekten-Girobanken gehörten die Börsen in Berlin, Frankfurt am Main, Hamburg, Essen, Dresden und Köln an. 1927 wurde den beiden wichtigsten Börsen, Berlin und Frankfurt, die zentrale Aufgabe des unmittelbaren Engagement-Ausgleichs übertragen, d.h. die Giroverrechnung für die Mitglieder der Arbeitsgemeinschaft, um den Geld- und Stückeverkehr noch weiter zu verringern.[137] Durch das Depotgesetz von 1937 wurde für die Kassenvereine der Gattungsbegriff «Wertpapiersammelbanken» eingeführt, bevor Ende 1942 die Funktionen der Kassenvereine auf die Reichsbank in Berlin übergingen, die bis 1945 als einzige Wertpapiersammelbank für das Reichsgebiet übrigblieb.[138]

1925 beteiligte sich die Preußische Staatsbank (Seehandlung) durch Übernahme eines Aktienpostens an der Frankfurter Bank, in deren Aufsichtsrat sie seitdem vertreten war. Die Frankfurter Bank übernahm seitdem Dienstleistungen für das Berliner Institut, aber nicht umgekehrt. Auch hierin zeigt sich, wie weit der Finanzplatz Frankfurt in Abhängigkeit von Berlin geraten war. Die Frankfurter Bank zahlte seitdem von der Seehandlung angekaufte Wechsel in Frankfurt sofort aus. Für das Berliner Institut vermittelte sie Lombard- und Report-Geschäfte und konnte Gelder mit sofortiger Verzinsung annehmen.[139]

1926 war in Frankfurt auch die Abendbörse wieder eröffnet worden, nach wie vor die einzige in Deutschland. Die Geschäftsstunde lief von 17 bis 18 Uhr, was vor allem gewährleisten sollte, daß eine zeitgleiche Verbindung mit der geöffneten Börse in New York zustande kam. Angesichts der nunmehr besonders engen Verbindung zwischen dem deutschen und amerikanischen Kapitalmarkt war dies für Frankfurt das Nutzen einer Nische im Wettbewerb mit Berlin, in der Waagschale der beiden Finanzplätze allerdings ohne viel Gewicht.

Dennoch blieb die Frankfurter Börse von allen deutschen Börsen neben der Berliner die einzige, die die Wahrnehmung überregionaler Aufgaben in gewissem Umfang bewahren konnte. Hamburg zählte zwar zu den großen Börsen in Deutschland, war aber den Schiffahrts- und Handelsinteressen seines regionalen Wirtschaftsraums stärker verbunden als Geschäften von gesamtstaatlicher Bedeutung am inländischen und internationalen Kapitalmarkt. In Frankfurt demgegenüber wurden Spezialisierungen von nationaler Bedeutung gepflegt. Die dortige Börse nahm sich besonders der Wertpapiere der chemischen Industrie an, und zwar nicht erst nach der Gründung der I.G. Farbenindustrie AG 1925, die bekanntlich ihren Sitz in Frankfurt nahm. Auch spezialisierte sich die Frankfurter Börse in den Zwischenkriegsjahren auf das Geschäft der Gründung neuer Aktiengesellschaften. Daneben blieb freilich die Wahrnehmung regionaler Aufgaben im südwestdeutschen Raum. Als «Provinzbörse» wird man Frankfurt in dieser Zeit nicht einstufen dürfen.[140]

In einem anderen Bereich des Finanzsektors rutschte Frankfurt in den Zwischenkriegsjahren tatsächlich in eine provinzielle Rolle, nämlich im Versicherungsbereich. Die Frankfurter Allgemeine Versicherungs-AG (FAVAG) war der zweitgrößte deutsche Versicherungskonzern,[141] in dessen Aufsichtsrat Berliner Großbanken, wie die Deutsche Bank, die Disconto-Gesellschaft und die DANAT-Bank, vertreten waren. Das Unternehmen hatte nicht nur inländische, sondern auch ausländische Kredite in den zwanziger Jahren in großem Umfang beschaffen können, zumal es Bankgarantien in beträchtlicher Höhe präsentieren konnte. Die Gesellschaft hatte jedoch schon seit 1922 ihre Mittel in fragwürdige Geschäfte investiert, die nichts mit dem Versicherungsgeschäft zu tun hatten. Als die Erwartungen sich nicht erfüllten, wurden Bilanzen gefälscht, und das, nachdem auch schon in der Goldmark-Eröffnungsbilanz nach der Währungsstabilisierung die Aktiva stark überbewertet worden waren. Wegen der Fälschungen wanderten im August 1929 drei Vorstandsmitglieder der FAVAG ins Gefängnis. In den folgenden Monaten, fast zeitgleich mit dem Beginn der großen Weltwirtschaftskrise im New Yorker Börsenkrach vom Oktober 1929, stellte sich der Konkurs des Unternehmens heraus. Die Gesellschaft hatte Bürgschaften für Untergesellschaften übernommen, die ihrerseits mit großen Beträgen in die Verlustzone geraten waren, unter anderem die erst 1929 gegründete Südwestdeutsche Bank mit 16 Mio. Reichsmark und die Helios Rückversicherungs AG mit 7 Mio. Reichsmark. Insgesamt umfaßte der FAVAG-Konzern 64 Beteiligungsgesellschaften. Unter dem Druck der deutschen Regierung stützten die Banken den FAVAG-Konzern, besonders hinsichtlich seiner Auslandsschulden, um die deutsche Kreditwürdigkeit im Ausland nicht zu gefährden. Allein die Disconto-Gesellschaft hatte das Engagement bis Ende Oktober 1929 schon 250000 Dollar gekostet. Die Allianz ihrerseits übernahm die eigentlichen Versicherungsverpflichtungen der FAVAG.[142] Aber am Ende stand dennoch die Auflösung der Gesellschaft. Auch mit diesem Versuch der Gründung eines Versicherungskonzerns blieb Frankfurt der Erfolg versagt. Die Stadt blieb ein Versicherungsstandort unter «Ferner liefen», weit hinter Berlin, Hamburg, München und Köln.[143] Aber auch der andere Teil der Finanzplatzfunktionen blieb vom FAVAG-Zusammenbruch nicht unberührt. Erich Achterberg resümierte: «Die finanziellen Kräfte des Frankfurter Platzes wurden zweifellos durch diesen Versicherungsskandal nochmals fühlbar geschwächt, nachdem sie durch den ersten Weltkrieg (Auslandswerte) und die Inflation bereits zweimal, man kann ohne Übertreibung sagen, dezimiert worden waren.»[144] Der Konkurs leistete allerdings auch einen Beitrag zu einer Innovation im deutschen Handelsrecht. Er beschleunigte die Vorbereitungen eines Gesetzes, mit dem die Pflichtprüfung für Jahresabschlüsse der Aktiengesellschaften in Deutschland eingeführt wurde.[145]

Nicht nur als Börsen-, sondern auch als Bankplatz stand Frankfurt zwar wesentlich stärker da, aber eben zweitrangig hinter Berlin. Der Konzentrationsprozeß, der nach der Währungsstabilisierung wieder heftig angelaufen war, erfaßte 1929 auch eine der stärksten Aktienbanken mit einer Hauptniederlassung in Frankfurt (zusätzlich auch einer in Berlin), nämlich die Mitteldeutsche Credit-Bank. Sie wurde im Februar 1929 von der Commerzbank, die damals noch Commerz- und Privatbank hieß, übernommen. Dadurch verstärkte die Commerzbank ihre Präsenz in Frankfurt enorm. Ihr Filialnetz, das mit 242 Filialen und 110 Depositenkassen ohnehin das größte der Berliner Großbanken war, wurde in den Städten erweitert, in denen die Mitteldeutsche präsent gewesen war, so in Wiesbaden, Marburg, Hanau und Baden-Baden. Dazu kamen auch etliche Depositenkassen. Ein Rationalisierungseffekt lag natürlich darin, daß die Filialen beider Banken in den Städten zusammengelegt wurden, in denen beide vor der Fusion präsent gewesen waren und miteinander konkurriert hatten.[146]

Noch in demselben Jahr, im Oktober 1929, fand die größte Fusion der deutschen Bankengeschichte statt, nämlich die der Deutschen Bank mit der Disconto-Gesellschaft, beide Berlin. Sie firmierten seitdem unter «Deutsche Bank und Disconto-Gesellschaft», bis im Oktober 1937 der zweite Teil des

Firmennamens wieder fallengelassen wurde. Über die Größe und Stärke der beiden Berliner Großbanken hinaus gewann die Fusion auch deshalb an Bedeutung, weil sie zugleich die Norddeutsche Bank in Hamburg, den A. Schaaffhausen'schen Bankverein in Köln, die Rheinische Creditbank und die Süddeutsche Disconto-Gesellschaft, beide in Mannheim, einbezog. Während der Weltwirtschaftskrise sollte sich zeigen, daß auch die aus Fusionen großer Aktienbanken entstandenen Institute in der Bankenkrise von 1931 keinen leichteren Stand hatten als andere Kreditinstitute, im Gegenteil. Sie standen im Mittelpunkt der Erschütterungen, als der Konkurs des Nordwolle-Konzerns die Bankenkrise im Juli ausbrechen ließ. Bekanntlich war der Untergang der DANAT-Bank, die 1922 aus der Fusion der Darmstädter Bank für Handel und Industrie mit der Nationalbank für Deutschland, Berlin, hervorgegangen war, die spektakulärste Folge. Sie wurde mit der Dresdner Bank, die ebenfalls schwer angeschlagen war, zwangsfusioniert. Bei allen drei heutigen Großbanken wurden die Aktienkapitalien drastisch zusammengelegt, d. h. herabgesetzt. Die Reichsregierung und die Reichsbank (über die ihr gehörende Golddiskontbank) stützten die Großbanken dadurch, daß sie Mittel einschossen, indem sie Beteiligungen am Aktienkapital der Banken vorübergehend übernahmen: 91% im Fall der Dresdner Bank, 70% bei der Commerzbank und 35% bei der Deutschen Bank. Durch die Gründung der Akzept- und Garantiebank ermöglichten sie es den Kreditinstituten, Finanzwechsel, die grundsätzlich von der Reichsbank nicht angenommen wurden, durch eine Unterschrift dieser Bank reichsbankfähig zu machen und sich so Liquidität zu beschaffen.[147]

Eine Folge des Ausbruchs der Bankenkrise war auch, daß am 13. Juli 1931 von der Reichsregierung nicht nur zwei Bankfeiertage angeordnet wurden, sondern auch die Schließung des amtlichen Börsenverkehrs. Der amtliche Handel wurde am 3. September 1931 wieder aufgenommen, aber schon am 20. September, dem Tag der Abwertung des britischen Pfundes, wieder eingestellt. Erst am 12. April 1932 wurden die Börsen wieder geöffnet.[148] Dies traf Privatbankhäuser, die in Frankfurt relativ stärker vertreten waren als in Berlin mit seinen dominierenden Großbanken, deshalb härter, weil sie entsprechend ihrer geringeren Größe weniger Wertpapiergeschäfte für Kunden intern abwickelten und deswegen weniger Möglichkeiten hatten, ohne Einschaltung der Börse die Kauf- und Verkaufsaufträge der Kunden im eigenen Hause zum Ausgleich zu bringen.

Die andere unmittelbare Folge der Bankenkrise war die Einführung der Devisenbewirtschaftung in Deutschland. Dies bedeutete, daß Kreditinstitute ihre Devisenbestände an die Reichsbank abzuliefern hatten. Da Privatbankiers mit ihrem meist aus familiären Beziehungen entstandenen Netz weltweiter Kontakte in der Vermittlung von Auslandskrediten an die deutsche

Wirtschaft in der zweiten Hälfte der zwanziger Jahre ein besonderes Betätigungsfeld für sich erschlossen hatten,[149] war auch ihr Engagement in Devisen und am Devisenmarkt besonders hoch, was übrigens ihrer traditionell starken Stellung im Geschäft mit internationalen Kapitalbewegungen entsprach. Das Ende des deutschen Kapitalimports und die Einführung der Devisenbewirtschaftung bedeuteten für die Privatbankhäuser schwere geschäftliche Einbußen, die in vielen Fällen ihre Zukunft in den dreißiger Jahren auch dann gefährdet hätten, wenn es die Arisierungskampagne der Nationalsozialisten nicht gegeben hätte. Im Gegensatz zu den Großbanken blieben sie in der Bankenkrise bei den staatlichen Stützungsmaßnahmen unberücksichtigt. Ihre Einlagen wurden nicht staatlich garantiert, und die Kreditrestriktionen der Reichsbank wurden für sie nicht abgemildert. Zwar war auch die Arisierungspropaganda schon lange vor entsprechenden Maßnahmen schwer geschäftsschädigend für jüdische Privatbankhäuser, aber nicht alle Liquidationen waren der rassistischen Politik geschuldet. Wie schwer speziell Frankfurt von dem mit der Bankenkrise einsetzenden, diesmal aus beiden genannten Gründen besonders gravierenden Niedergang des Privatbankierstandes betroffen war, geht daraus hervor, daß die Zahl Frankfurter Privatbankhäuser, die als Zahlstellen für Dividendenausschüttungen Verbindung mit Aktiengesellschaften hatten und deshalb vermutlich im Industriefinanzierungsgeschäft tätig waren, von 24 im Jahre 1932 auf acht im Jahr 1938 zurückging. Nur in Berlin war der relative Rückgang, allerdings von einem höheren Ausgangsniveau aus, stärker, während für Deutschland insgesamt die Zahl nicht einmal auf die Hälfte sank.[150]

Insbesondere in Frankfurt fielen fast alle verbliebenen erstklassigen Privatbankhäuser der Kombination von geschwächter Geschäftsbasis und Arisierung zum Opfer: J.A. Schwarzschild, J. Dreyfus, Lazard Speyer-Ellissen, Bass & Herz, J.S. H. Stern, Ladenburg, Lincoln Menny Oppenheimer. Die Firma J. Dreyfus & Co., Niederlassung Frankfurt am Main, übertrug im Mai 1937 ihre Aktiv- und Passivpositionen auf das Bankhaus B. Metzler seel. Sohn & Co, das auch einen Teil des Personals, Konsortialbeteiligungen und die Zahlstellenfunktion (für Dividendenausschüttungen) von Dreyfus übernahm.[151] Im August 1938 kam es zu einer ähnlichen Vereinbarung der Metzler-Bank mit dem Frankfurter Bankhaus Bass & Herz, das sich von seinen jüdischen Betriebsangehörigen, einschließlich des persönlich haftenden Gesellschafters Dr. Herbert von Marx, bereits getrennt hatte. Marx hatte seine Beteiligung an seine nicht-jüdische Ehefrau übertragen, bevor diese Ehe geschieden wurde. Ein weiterer Arisierungsfall bestand darin, daß Albert von Metzler im April 1942 als persönlich haftender Gesellschafter in das ehemals jüdische Bankhaus E.J. Meyer, Berlin, eintrat.[152] Er hatte die Inhaber befreundeter jüdischer Bankhäuser zuvor regelmäßig in seinem Bankhaus versammelt, um die wirtschaftliche und politische Entwicklung und die sich abzeichnenden Gefahren und Lösungswege zu besprechen.[153] Die Gesamtzahl der Banken in Frankfurt sank von 1933 bis 1939 von 182 auf 119, d.h. um mehr als ein Drittel.[154] Während bei der Gruppe der Privatbankhäuser in Deutschland die Bilanzsumme von 1932 bis 1938 auf fast die Hälfte fiel, stieg sie bei allen anderen Bankengruppen an. Es waren aber nicht etwa die Großbanken, die am stärksten expandierten, sondern neben den Spezial- und Hausbanken sowie den Genossenschaftsbanken vor allem der Sparkassensektor. Die Sparkassen waren ohnehin in Geschäftsfelder nicht nur der Aktienkreditbanken, sondern auch der Privatbankhäuser eingedrungen, nachdem sie 1909 die passive Scheckfähigkeit erlangt hatten und damit ihre Depositen- und Kontokorrentgeschäfte ausbauen konnten und nachdem ihnen 1921 auch der Einstieg in das Wertpapiergeschäft erlaubt worden war. Seit der Bankenkrise von 1931 genossen sie dadurch einen Wettbewerbsvorteil, daß die Gewährträgerhaftung ihrer jeweiligen Gebietskörperschaften sie in den Augen der Kunden sicherer aussehen ließ als die sichtbar angeschlagenen Großbanken. Dazu kam seit 1933 das ideologische Ressentiment der Nationalsozialisten nicht nur gegen das Finanzkapital in jüdischen Händen, sondern im Großbankensektor und an der Börse überhaupt. Auch dies dürfte zu der überproportionalen Expansion des Sparkassensektors und anderer kleiner Institutsgruppen auch in Frankfurt beigetragen haben. Für die «geräuschlose» Kriegsfinanzierung waren die Sparkassen mit ihrem öffentlich-rechtlichen Charakter und ihrer wenig an Spekulationen und Risikoinvestitionen interessierten Kundschaft ohnehin besser geeignet als die traditionell auf internationale Geschäfte, Industriefinanzierung und Effektengeschäfte spezialisierten Großbanken.

Eine weitere Folge der Bankenkrise war das Reichsgesetz über das Kreditwesen von 1934, mit dem das Reich in großem Stil in die Regulierung des Finanzsektors einstieg. Dazu gehörte die Schaffung eines Aufsichtsamts für das Kreditwesen auf Reichsebene. Auch die Börsenaufsicht, die bis dahin in der Verantwortung der Länder gelegen hatte, wurde 1934 beim Reich zentralisiert. Die Zahl der Börsen wurde 1935 von 21 auf neun reduziert. So ging z.B. die traditionsreiche Kölner Börse ebenso wie die Essener in der Rheinisch-Westfälischen Börse in Düsseldorf auf. Für die Frankfurter Börse bedeutete die Zusammenlegung, daß sie die Mannheimer aufnahm und von da an den Namen «Rhein-Mainische Börse» trug, ein sinnfälliger Ausdruck davon, daß die einst glanzvolle «Frankfurter Börse» auf Provinzniveau zurückgefallen war.[155] Sowohl die internationale Abschottung Deutschlands durch die Devisenbewirtschaftung und die Autarkiepolitik des Dritten Reiches als auch der Verlust an «Humankapital» durch die Abwanderung und Ausschaltung jüdischer Bankiers trafen die Börse in Frankfurt härter als die meisten anderen. Seit Juni 1938, also schon vor der «Kristallnacht», waren

Juden vom Besuch der Börsen ausgeschlossen. Am 4. September 1939, kurz nach Beginn des Zweiten Weltkrieges, traf sich die Abendbörse in Frankfurt zu ihrer letzten Sitzung. Sie, die ihre Entstehung im 19. Jahrhundert vor allem dem Bankhaus Rothschild und anderen jüdischen Bankiers zu verdanken hatte, war ihrer Funktion beraubt worden.

Während des Zweiten Weltkrieges wurden die Börsen Opfer weiterer staatlicher Eingriffe, die vor allem verhindern sollten, daß sich Kriegsgewinne in steigenden Aktienkursen an der Börse niederschlugen. 1941 wurde einerseits ein Dividendenstopp verordnet, andererseits den Banken die Möglichkeit für Kompensationsgeschäfte im Wertpapierhandel genommen, d.h. sie durften Kauf- und Verkaufsaufträge nicht mehr intern, sondern nur noch über die Börse, verbunden mit den dort üblichen Kosten, abwickeln. Gleichzeitig wurde eine Meldepflicht für alle seit Kriegsbeginn erworbenen Wertpapiere eingeführt. Im Frühjahr 1942 wurden staatliche Kurskontrollen eingeführt und seit Anfang 1943 ein Kursstopp, also eine Obergrenze für Wertpapierkurse, die bei Umsätzen nicht überschritten werden durfte. Gleichzeitig wurden die wöchentlichen Handelstage der Börsen auf drei Tage verringert.

Der Krieg forderte dem Finanzplatz Frankfurt, wie übrigens auch allen seinen Konkurrenten in Deutschland, noch Opfer ganz anderer Art ab. Seit 1943 war Frankfurt immer wieder ein Ziel alliierter Luftangriffe, durch die die Innenstadt weitgehend zerstört wurde. Banken und Börse lagen am Ende in Trümmern. Zum Verlust der monetären Vermögenswerte traten also auch ganz handfeste reale Störungen des Geschäftslebens und der Verlust an Immobilienvermögen. Aber Finanz- und Immobilienwerte gelten wenig, wenn das ganze Wirtschaftsleben auf die Produktion von Waffen und deren Erfolg ausgerichtet ist. In Deutschland jedenfalls waren in den Weltkriegen vor allem Helden gefragt, nicht Händler und schon gar nicht Geldhändler.[156]

VI. Frankfurt redivivus 1945–1999

1. Internationale Entwicklungen

Bankenpolitik der Alliierten bis zur Teilung Deutschlands

Die totale Niederlage des Dritten Reiches veränderte die politischen, wirtschaftlichen und finanziellen Strukturen in Deutschland und der Welt grundlegend. Sie hatte nach der bedingungslosen Kapitulation im Mai 1945 nicht nur den Verlust der Gebiete jenseits von Oder und Neiße sowie die Aufteilung des restlichen deutschen Territoriums in vier Besatzungszonen zur Folge, sondern auch den Übergang der politischen Souveränität Deutschlands aus den Händen der Reichsregierung an die vier Militärregierungen und ihr gemeinsames Organ, den Alliierten Kontrollrat als Gesetzgeber für alle vier Besatzungszonen. Der Souveränitätsverlust manifestierte sich in der Währungspolitik darin, daß die Reichsbank in Berlin geschlossen wurde und nur noch im Ausland gedrucktes Papiergeld unter dem Namen «Militärmark»

Das Mainufer mit dem Eisernen Steg nach der Zerstörung

von den Alliierten in Umlauf gesetzt wurde, das neben den umlaufenden Reichsbanknoten als gesetzliches Zahlungsmittel von jedermann angenommen werden mußte.

Das Aufeinanderprallen der westlichen Konzeption von pluralistischer repräsentativer Demokratie und Marktwirtschaft mit Gewaltenteilung bzw. funktionierendem Wettbewerb als Kontrollinstanzen einerseits und der kommunistischen Ideologie von Demokratie als Diktatur des Proletariats mit Staatseigentum an den Produktionsmitteln und Planwirtschaft andererseits erfolgte nun auf deutschem Boden, der zu einem Zentrum des Kalten Krieges werden sollte.

Dabei spielte die ihrerseits in vier Sektoren geteilte alte Hauptstadt Berlin eine besondere Rolle. Schon vor dem Einrücken der westlichen Alliierten in die Hauptstadt Anfang Juli 1945 hatte Berlin die Aussicht auf eine Bewahrung seiner Rolle als des zentralen Finanzplatzes in einem wie auch immer gearteten Nachkriegsdeutschland verloren. Denn die Planungen der westlichen Alliierten über die zukünftige Rolle der Banken im deutschen Wirtschaftsleben liefen schon vor dem Kriegsende in eine ganz andere Richtung als die der sowjetischen Seite, vor deren antikapitalistischer Orientierung sich auch die Bankzentralen in Berlin fürchteten. In Antizipation der sowjetischen Bankenpolitik verlegten die Reichsbank und die Großbanken noch kurz vor der Eroberung Berlins Führungsfunktionen und Geldmittel nach Westen. So richtete die Deutsche Bank in der ersten Aprilhälfte 1945 einen «Führungsstab» aus Vorstandsmitgliedern in Hamburg ein. Die Commerzbank unterhielt dort ohnehin eine zweite Hauptverwaltung, die die Funktionen der ersten in Berlin übernehmen konnte. Die britische Militärregierung ordnete darüber hinaus im September 1945 an, daß alle Großbanken, also auch die Dresdner Bank, die noch Pläne für eine westliche Zentrale in Frankfurt am Main betrieb, eine zentrale Leitung für ihre Niederlassungen in der britischen Zone einzurichten hätten. Ende November 1945 ordnete sie als Gegenreaktion auf den bekanntgewordenen amerikanischen Dodge-Plan zur Dezentralisierung der Reichsbank- und Filialgroßbankenstruktur den Ausbau der bestehenden Reichsbankniederlassung in Hamburg zur Reichsbankleitstelle für die gesamte britische Zone an. Da auch der Wertpapierhandel an der Börse in Hamburg im Gegensatz zu anderen Finanzplätzen in Westdeutschland, z.B. Frankfurt und Düsseldorf, schon kurz nach Kriegsende wieder angelaufen war, schien Hamburg prädestiniert, Berlin als zentralen Finanzplatz in Deutschland zu beerben für den Fall, daß es mit der sowjetischen Besatzungsmacht im Alliierten Kontrollrat nicht zu einer gemeinsamen Bank- und Währungspolitik von Berlin aus kommen sollte.[1]

Die Aussichten für eine Viermächtevereinbarung waren von Anfang an schlecht. Die anglo-amerikanischen Alliierten hatten bereits in ihren Plänen für die Besatzungszeit ein schnelles Wiederingangsetzen des Bankbetriebs in ihren Zonen als notwendige Voraussetzung der Produktion und des Handels von Gütern und Diensten vorgesehen. Tatsächlich wurden in den westlichen Zonen die Kreditinstitute jeweils spätestens 10–14 Tage nach dem Einrücken der Alliierten wieder geöffnet. Im sowjetischen Einflußbereich geschah das Gegenteil, mit fatalen Konsequenzen für Berlin als Finanzzentrum. Zwar ordnete hier der neue Stadtkommandant, Generaloberst N. Bersarin, am 28. April 1945, also schon zwei Tage vor Hitlers Selbstmord, an, daß alle Finanzgeschäfte nur «zeitweilig» zu ruhen hätten. Diese Linie wurde aber durch eine Verordnung des von den Sowjets eingesetzten Magistrats der Stadt Berlin vom 5. Juni 1945 «vorläufig» auf Dauer gestellt. Die Reichsbankzentrale, die ihre Funktion als Zentralbank für Deutschland dadurch verloren hatte, wurde in die «Berliner Stadtbank» umgewandelt und erhielt ein Filialnetz aus den ehemaligen Berliner Reichsbanknebenstellen und dem Filialnetz der Sparkasse der Stadt Berlin. Alle übrigen Kreditinstitute in Berlin, gleich ob öffentlich-rechtlich, genossenschaftlich oder privat, mußten weiterhin «vorläufig» ruhen, wohl weil man der faktisch endgültigen Entscheidung den Anstrich des Vorbehalts einer Abstimmung mit den noch nicht eingetroffenen anderen Besatzungsmächten in den Westsektoren Berlins geben wollte. Sie mußten ihre Kassenbestände jedenfalls sofort an die Berliner Stadtbank abliefern.

Wie in der gesamten sowjetischen Besatzungszone lief die Bankenpolitik auch in Berlin auf die Abschaffung des Privateigentums an Banken hinaus. Während die Sowjets mit den Amerikanern in der Frage der Dezentralisierung des deutschen Bankwesens, im Gegensatz zu den Briten, durchaus konform gingen, war das Privateigentum der entscheidende Punkt, in dem sie sich von den Westalliierten grundlegend unterschieden. Nachdem die ruhenden Großbankzentralen in Berlin-Mitte, d.h. im sowjetischen Sektor, zunächst noch Auskunfts- und Abwicklungsarbeiten hatten durchführen dürfen, wurden sie im März 1946 endgültig geschlossen und mußten alle Angestellten entlassen. Die Schließung der Großbankzentralen war mit den West-Alliierten allerdings abgestimmt worden. Sie kam den Plänen der Amerikaner zur Dezentralisierung der Bankenlandschaft entgegen. Für die Briten dürfte der Schritt deswegen harmlos gewesen sein, weil die Sowjets die Banken im Ostsektor zwar physisch, aber nicht juristisch schließen konnten. Denn das Handelsregister für Firmen in Berlin wurde auch schon damals nur beim Amtsgericht Charlottenburg geführt. Das lag im britischen Sektor. Und die Briten hatten natürlich kein Interesse daran, die Großschuldner britischer Banken aus den Stillhaltekrediten der dreißiger Jahre juristisch verschwinden zu lassen.[2]

Im Potsdamer Abkommen von Anfang August 1945 hatten die Alliierten für das Nachkriegsdeutschland zwar die Föderalisierung der politischen

Strukturen und die Dekonzentrierung der Wirtschaft vereinbart. Aber sie hatten auch ausdrücklich festgelegt: «Während der Besatzungszeit soll Deutschland als eine wirtschaftliche Einheit behandelt werden.» Der Kontrollrat sollte eine gemeinsame Finanzpolitik bestimmen, ausdrücklich für die Bereiche: «Währung und Banken, landesweite Besteuerung und Zölle». Dies hätte bedeuten können, daß unter gleichen wirtschaftlichen und wirtschaftspolitischen Bedingungen in allen vier Besatzungszonen Berlin erneut die Funktion des zentralen Finanzplatzes im Nachkriegsdeutschland zugefallen wäre. Wegen der oben genannten Differenzen in den Grundpositionen der sowjetischen und der westlichen Besatzungsmächte blieben allerdings alle Bemühungen um eine gemeinsame Bank- und Währungspolitik im Kontrollrat vergeblich. Eine gemeinsame Dezentralisierungspolitik für den Bankenbereich scheiterte dort am 21. Oktober 1946 endgültig.

Daraufhin gingen die vier Zonen auch in diesem Politikbereich eigene Wege, zunächst auch jede einzelne der drei Westzonen. Die amerikanische Militärregierung trieb die Dezentralisierung der Reichsbank voran, indem sie noch vor dem Jahresende 1946 die gesetzlichen Voraussetzungen für die Gründung der Landeszentralbanken in den neu konstituierten Ländern der

I. G. Farben-Haus. Das Gebäude wurde Sitz der Verwaltung der amerikanischen Besatzungszone. Fotografie: F. Kochmann (1946)

Ankündigung der Währungsreform vom 20. Juni 1948
in der Frankfurter Lokalpresse

US-Zone schuf. Diese nahmen zu Anfang des Jahres 1947 ihre Tätigkeit auf. Als Sitz der Landeszentralbank für Hessen wurde Frankfurt am Main bestimmt.

Die auf Vereinheitlichung der Wirtschafts- und Finanzpolitik drängenden Briten und Amerikaner hatten schon sechs Wochen vor dem endgültigen Scheitern einer gemeinsamen Bankendezentralisierungspolitik im Kontrollrat der Viermächte, nämlich schon am 5. September 1946, die Gründung der Bizone zum 1. Januar 1947 beschlossen und intensivierten seitdem ihre Vorbereitungen für eine Währungsreform. Nachdem Pläne dazu auf der Viermächteebene Anfang April 1948 endgültig gescheitert waren, setzten die Westmächte auf dem Gebiet der späteren Bundesrepublik am 20. Juni 1948 ihre eigene Währungsreform ins Werk, nachdem sie in Vorbereitung darauf zum 1. März 1948 die Bank deutscher Länder gegründet und bevor sie mit Gesetz vom 5. November 1948 die Kreditanstalt für Wiederaufbau zur Verwaltung und Verteilung der Marshallplanhilfe geschaffen hatten, beide Institutionen mit Sitz in Frankfurt am Main. Die sowjetische Besatzungsmacht reagierte mit einer eigenen Währungsreform in ihrer Zone und mit der Blockade Berlins. Eine aus politischen Gründen separate Währungsreform in Berlin-West[3] war ein Ausdruck der entstandenen Insellage der Stadt und das endgültige Aus jeder verbliebenen Hoffnung für Berlin als Finanzzentrum Deutschlands. Die währungspolitischen Schritte spitzten den Kalten Krieg auf deutschem Boden enorm zu und zementierten die Teilung Deutschlands in Ost und West. Das zukünftige Finanzzentrum Deutschlands mußte deshalb im Westen liegen. Dies war die Chance Frankfurts, an seine alten Traditionen wieder anzuknüpfen. Aber warum Frankfurt und nicht Hamburg, das seit Kriegsende de facto, mindestens bis zur Währungsreform, der führende Finanzplatz in Deutschland gewesen war und mit seinem ungleich stärkeren Exporthandel und Gewerbe die entsprechende wirtschaftliche Basis für diese Rolle in der westdeutschen Wirtschaft vorweisen konnte?

Die Frage des Sitzes der Bank deutscher Länder

Die Weichenstellung für Frankfurt am Main ergab sich aus der Entscheidung der beiden angelsächsischen Besatzungsmächte in der Frage des Sitzes der Bank deutscher Länder. Damit war vorprogrammiert, daß nicht nur die in den fünfziger Jahren wieder rekonzentrierten Großbanken, sondern Kreditinstitute aus allen Sparten des Bankgeschäfts ihre Zentralen in Frankfurt ansiedeln würden und daß dadurch die Entwicklung der Frankfurter Wertpapier- und Devisenbörse andere Börsenplätze in der Bundesrepublik überholen würde. Die Entscheidung für Frankfurt entsprang weder den 1948 vorliegenden wirtschaftlichen Gegebenheiten noch besonderen Bemühungen Frankfurter Wirtschaftskreise. Auch ist ein Einfluß politischer Kräfte auf deutscher Seite nicht festzustellen. Im Gegenteil, Vertreter der deutschen Seite setzten sich, freilich vergeblich, für andere Städte als Sitz der westdeutschen Notenbank ein, wie in diesem Abschnitt noch dargestellt wird. Die Entscheidung für Frankfurt war eine rein politische Entscheidung, bei der sich die amerikanische Militärregierung gegenüber der britischen durchsetzte.

Die britische Militärregierung hatte sich an der amerikanischen Dezentralisierungspolitik im deutschen Reichsbank- und Großbankenbereich zunächst nicht beteiligt, und zwar aus folgenden Gründen. Erstens entsprach ein zentralisiertes Zentralbank- und Großbankensystem auch der britischen Tradition. Bei adäquater Kontrolle durch die Alliierten sahen die Briten, im Gegensatz zu den Amerikanern, darin nicht ein Faschismus und Remilitari-

Die Bank deutscher Länder in der Taunusanlage 4–6. Die Entscheidung der anglo-amerikanischen Militärregierungen, die westdeutsche Notenbank 1948 in Frankfurt anzusiedeln, war richtungsweisend für die Entwicklung der Stadt zum wichtigsten Finanzzentrum der Bundesrepublik Deutschland

sierung förderndes Element in Deutschland. Zweitens waren die britische Regierung und die City of London gemeinsam stark am Überleben der bewährten zentralisierten Strukturen des deutschen Bankenapparats interessiert. Nur damit glaubten sie, die westdeutsche Industrie, deren Kernstück damals noch im Ruhrgebiet, d.h. in der britischen Zone lag, schnell wieder exportfähig machen zu können. Das brannte der britischen Regierung auf den Nägeln, weil sie mit einem hohen Devisenaufwand aus ihrer eigenen Staatskasse Nahrungsmittelimporte für die sonst hungernden Menschen in der besonders dicht besiedelten britischen Zone beschaffen mußte. Die deutsche Exportwirtschaft sollte möglichst schnell in die Lage versetzt werden, diese Devisen selbst zu verdienen. Dafür hielten die Briten eine funktionierende deutsche Bankenstruktur nach traditionellem Muster für besser geeignet als eine dezentralisierte. Der dritte Grund, aus dem die Briten an einer unzerschlagenen Großbankenstruktur in Westdeutschland interessiert waren, lag in der Gläubigerposition der City of London gegenüber den deutschen Großbanken aus den schon erwähnten Stillhaltekrediten der dreißiger Jahre.

Mit der Reichsbankleitstelle und den Großbankzentralen für die britische Zone war Hamburg nicht nur wegen seiner Schlüsselrolle im internationalen Handelsgeschäft der wichtigste Finanzplatz der britischen Zone und darüber hinaus der Westzonen. Stark vertreten war das Kreditgewerbe auch in Düsseldorf, wo ein Großteil der Finanzierung der Ruhrindustrie abgewickelt worden war, und am traditionellen Handels- und Finanzplatz Köln. Die zwei bedeutendsten Finanzplätze der amerikanischen Zone, Frankfurt am Main und München, dürften vor 1948 noch weiter hinter Hamburg zurückgestanden haben als jene beiden Städte, da ihnen weder länderübergreifende zentrale Funktionen, wie Hamburg, noch die Nähe zum damals mit Abstand wichtigsten Industriegebiet Westdeutschlands mit seinen großen Finanzbedürfnissen Vorteile verschafften.

Im Oktober 1947 verständigten sich die Militärgouverneure, General Brian Robertson für die Briten und General Lucius D. Clay für die Amerikaner, darauf, die von den Briten als kontraproduktiv angesehene Dezentralisierung des Zentralbank- und Großbankensystems zum Zweck der generellen Vereinheitlichung der Wirtschaftspolitik in der Bizone auch in der britischen Zone durchzuführen.[4] Als Gegenleistung hatten die Briten den Amerikanern, wie zuvor schon auf der Viermächteebene, eine überzonale Zentralbank sowie, nach dem Modell der amerikanischen Reconstruction Loan Corporation, die Kreditanstalt für Wiederaufbau als überzonale Verteilungsstelle für Marshallplangelder und sonstige Kapitalmarktmittel abgerungen. Die Kreditanstalt sollte die vor allem für das Ruhrgebiet dringend benötigte Kapitalzufuhr erleichtern. Darüber hinaus freilich hatten die Briten den Amerikanern eine weniger die Zukunft als die akuten Finanznöte der Gegenwart betreffende Konzession abgerungen. Die USA würden fortan die Hauptlast der Finanzierung der Nahrungsmittelimporte in die Bizone tragen und die britische Staatskasse dadurch erheblich entlasten.

Im Zusammenhang mit der Ausarbeitung eines Gesetzentwurfs zur Gründung der später auf Drängen befragter deutscher Experten «Bank deutscher Länder» genannten Notenbank,[5] für die zuvor der Name «Länder Union Bank» vorgesehen war, verhandelten die Briten mit den Amerikanern in einer weiteren Frage nicht über eine Konzession, sondern über eine Entscheidung, bei der sie die Macht des Faktischen auf ihrer Seite wußten, nämlich der über den Sitz der neuen Notenbank. Die amerikanische Militärregierung hatte sich von Anfang an auf Frankfurt festgelegt. Das zeigt sich daran, daß sie in ihren frühen Gesetzentwürfen zur Errichtung der Bank deutscher Länder von November 1947 bis Januar 1948 als Sitz der Bank jeweils schon Frankfurt am Main angab, während die Briten bei ihren Entwürfen mit Pünktchen anstelle einer Ortsbenennung die Frage noch offenhielten.[6] Für die US-Militärregierung war offensichtlich maßgebend, daß die Briten ja auch der Konzentration

Die Altstadt um den Dom. Durch die schweren Luftangriffe vom Oktober 1943 und März 1944 wurde die Frankfurter Altstadt weitgehend zerstört

der verschiedenen «Verwaltungen», wie die mit Deutschen besetzten Regierungsstellen der Bizone damals hießen, in Frankfurt am Main zugestimmt hatten und daß die Bank deutscher Länder ebenfalls an diesem wahrscheinlichen Regierungssitz eines zu gründenden westdeutschen Staates angesiedelt sein müsse, ebenso wie das Federal Reserve Board in der amerikanischen Hauptstadt seinen Sitz hat.

Die britische Seite wußte sich mit fast allen Notenbankern auf deutscher Seite, insbesondere mit den beiden Vorständen der Reichsbankleitstelle Hamburg, Wilhelm Vocke und Ernst Hülse, darin einig, daß Hamburg, nicht Frankfurt, der Sitz der zu gründenden Notenbank werden solle. Sie ließ sich deshalb von der Reichsbankleitstelle ein Memorandum anfertigen, in dem die entsprechende Sitzwahl mit Argumenten belegt wurde. Ernst Hülse kam diesem Anliegen in einem auf englisch verfaßten achteinhalbseitigen Papier nach und lieferte eine ausführliche Argumentation gegen Frankfurt und zugunsten von Hamburg als Sitz der Notenbank.[7]

Die Zentralnotenbank gehöre dorthin, wo die Banken am stärksten vertreten seien, wo es die größten Börsenumsätze und wo es den meisten Zahlungsverkehr mit dem Ausland gebe. Am Sitz der Regierung komme die Notenbank zu leicht und zu stark unter den direkten Einfluß von

Regierungsstellen. Dadurch werde ihre Unabhängigkeit, die sie besonders gegenüber finanziellen Ansprüchen des Staates bewahren müsse, gefährdet. Außerdem sei es in einem föderalistisch konzipierten Staat ein Fehler, alle zentralstaatlichen Einrichtungen an einem Ort zu konzentrieren.

Als Bankenzentrum sei Frankfurt gegenwärtig nur von lokaler Bedeutung. Die Reputation Frankfurts als Finanzzentrum für Süd- und Westdeutschland sei in Wirklichkeit nur noch ein historisches Erinnerungsstück aus der Zeit der Rothschilds. Berlin und die sich allmählich entwickelnden südwestdeutschen Bankzentren hätten einen immer größeren Teil des Erbes von Frankfurt angetreten. Zwar sei die Frankfurter Börse bis zur Kapitulation 1945 noch von beachtlicher Bedeutung für den Handel mit süddeutschen Werten gewesen. Aber seitdem habe sich dieser Handel zu einem sehr großen Teil nach Hamburg verlagert. Soweit Frankfurt bis 1945 noch eine gewisse Rolle als

Notbriefkasten des Bankhauses Metzler nach der Zerstörung des Bankgebäudes durch Fliegerbomben im März 1944

Geld- und Devisenmarkt spielte, sei dies letztlich hauptsächlich das Resultat der Umsätze der Frankfurter Niederlassungen der Filialgroßbanken gewesen, die zwar nicht formal, aber tatsächlich eine Art Vorstadtrolle für ihr Filialnetz in Südwestdeutschland gespielt hätten. Mit der Bankendezentralisierung seien sie in diesen Aktivitäten jetzt aber auf das kleine Land Hessen beschränkt. Neben den Filialgroßbanken seien in Frankfurt nur Regionalbanken und Privatbankhäuser vertreten. Die zwei größten Regionalbanken, die Deutsche Effekten- und Wechselbank und die Frankfurter Bank, hätten 1939 lediglich eine Bilanzsumme von je 50 Mio. Reichsmark ausgewiesen. Und von den 30 bedeutendsten Privatbankhäusern Deutschlands seien nur die zwei kleinsten in Frankfurt ansässig: die Firma B. Metzler seel. Sohn & Co. sowie Gebrüder Bethmann, deren addierte Bilanzsumme sich gegenwärtig wohl nur auf 25–30 Mio. Reichsmark belaufe. Die seit der Kapitulation geschaffenen Bedingungen, resümierte Hülse diesen Teil seiner Ausführungen, würden es ziemlich unwahrscheinlich machen, daß Frankfurt sich zu einem zentralen oder gar führenden Bankplatz der westlichen Zonen entwickeln würde.

Ebenso stark irrte Hülse in der Einschätzung des Frankfurter Raumes als Standort für Industrie und Handel. Die bedeutende wirtschaftliche Position Frankfurts bis zum Kriegsende sei in erster Linie davon bestimmt gewesen, daß die zentrale Verwaltung des IG Farben Konzerns dort domizilierte. Die Zerschlagung des Konzerns, die Demontagen der großen Chemiefabriken und eines großen Teils der hessischen Automobilindustrie sowie die Dezentralisierung der süddeutschen Wirtschaft insgesamt hätten die Basis für die Wiedererlangung der früheren wirtschaftlichen Position Frankfurts zerstört. Von Frankfurts früherem wirtschaftlichen Hinterland im ganzen süddeutschen Raum sei nur Hessen übriggeblieben. Neben der Offenbacher Lederindustrie sowie den Resten der Chemie- und Automobilfabriken seien dort aber nur mittlere und kleinere Unternehmen tätig. Der Rahmen, in dem sich Frankfurt zukünftig wirtschaftlich entwickeln könne, sei deshalb äußerst eng. Als Handels- und vor allem Außenhandelsplatz, der unter währungspolitischem Aspekt sehr wichtig sei, werde Frankfurt kaum jemals eine dominierende Rolle spielen.

Neben seiner Hauptstadtfunktion für Westdeutschland spräche allerdings die zentrale Verkehrslage innerhalb der Westzonen für Frankfurt als Sitz der Notenbank. Doch wenn der zivile Flugverkehr wieder zugelassen werde, könne jede bedeutende Stadt in den Westzonen von jeder anderen größeren Stadt in wenigen Stunden erreicht werden. Daß fast 50 Jahre später bei der Wahl Frankfurts als Sitz der Europäischen Zentralbank die zentrale Lage des Frankfurter Flughafens als Drehkreuz für den europäischen und internationalen Luftverkehr eine entscheidende Rolle mitspielen sollte, zeigt, daß Hülse damals die Bedeutung des Luftverkehrs für Standortentscheidungen falsch einschätzte. Übertrieben hat er sicher auch mit seiner Behauptung, daß es in dem relativ kleinen Frankfurt mit seinen starken Kriegsschäden auf Jahre hinaus absolut unmöglich sein werde, die notwendigen Büroräume und Wohnungen zu finden, die für alle zentralen Regierungsstellen und die notwendige Unterbringung von deren Personal notwendig seien.

Wenn die Hauptstadt gleichzeitig das Bank- und Wirtschaftszentrum eines Landes sei, dann müsse die Notenbank auch dort ihren Sitz haben, wie zuvor in Berlin. Wo dies nicht der Fall sei, die Notenbank aber trotzdem in der Hauptstadt angesiedelt worden sei, sei dies Kräften geschuldet, die darauf abzielten, alle zentralen Organe an einem Ort vollständig dem direkten Einfluß der höchsten Staatsgewalt unterzuordnen. Dies sei durch die Verlagerung der türkischen Hauptstadt mitsamt der Notenbank vom Banken- und Handelszentrum Istanbul nach Ankara nach dem Ersten Weltkrieg geschehen. Dort habe die Notenbank in einem Vakuum operiert, und die Leitung habe häufige Reisen nach Istanbul unternehmen müssen. Auch in den USA seien wesentliche Funktionen der Federal Reserve Systems von der Hauptstadt

Luftaufnahme der Stadt Frankfurt (1952). Deutlich erkennbar ist der Beginn des Wiederaufbaus, so im Vordergrund der Wohnungsbau. Fotografie: Wilhelm Spindler

Washington, D.C., ins Bankenzentrum New York verlagert worden. In der Schweiz hätte man nur eine von drei Abteilungen der Zentralbank in der Hauptstadt Bern, die anderen beiden im führenden Bank- und Wirtschaftszentrum Zürich tätig werden lassen. In anderen Ländern sei die Trennung von Hauptstadt einerseits und Zentralbanksitz am führenden Finanzplatz andererseits vollständig durchgeführt, so in den Niederlanden, wo sich die Notenbank in Amsterdam, nicht in Den Haag befinde, und in Australien, wo die Notenbank in Sidney und nicht in der Hauptstadt Canberra ihren Sitz habe.

Zwar habe sich für die Westzonen Deutschlands noch kein Bank- und Wirtschaftszentrum herausgebildet. Abschottungstendenzen an Zonen- und Landesgrenzen hätten im Gegenteil eine Art Atomisierung der Wirtschaft geschaffen. Werde aber die wirtschaftliche Einheit der drei Westzonen hergestellt, werde sich ein Bank- und Wirtschaftszentrum automatisch herausbilden, und es könne schon jetzt mit Sicherheit prognostiziert werden, wo dieses Zentrum entstehen werde. Zweifellos liege das Gravitationszentrum sowohl des Bankensystems als auch der Industrie und des Außenhandels schon heute in der britischen Zone. Darin falle Hamburg vor allen anderen Städten schon jetzt eine dominierende Position zu. Schon vor dem Krieg sei Hamburg hinter Berlin das wichtigste deutsche Bank-, Börsen- und Wirtschaftszentrum gewesen. In Hamburg hätten die Großbanken ihre größten Zweigstellen unterhalten, die Commerzbank sogar einen Hauptsitz. Große Regionalbanken und Privatbankhäuser von Weltruf, z.B. Brinckmann, Wirtz & Co. (früher M.M. Warburg & Co.), Delbrück, Schickler & Co., Conrad Hinrich Donner und Münchmeyer & Co., hätten zur Zeit ihren Sitz in Hamburg. Es gebe etwa 100 private Bankinstitute und Firmen, die auf Kommissionsbasis in Wertpapieren handelten. Auch seien fast alle deutschen Zweigstellen ausländischer Banken in Hamburg niedergelassen sowie zahlreiche Spezialinstitute, besonders solche, die das Überseegeschäft betrieben. Schon jetzt gebe es in ganz Westdeutschland keine Stadt, die auch nur annähernd mit Hamburgs Bedeutung als Bankzentrum konkurrieren könne. Hinter Berlin habe Hamburg von allen deutschen Börsenplätzen die größten Umsätze aufgewiesen, besonders als Geldmarkt. In Devisengeschäften und im Handel mit ausländischen Wertpapieren habe die Stadt zeitweilig Berlin sogar überholt. Seit Kriegsende liege Hamburgs Wertpapierbörse mit weitem Abstand an der Spitze. Ihre Umsätze betrügen ein Vielfaches derer an der Frankfurter Wertpapierbörse und sogar der Umsätze aller anderen deutschen Wertpapierbörsen zusammengenommen.

Auch außerhalb der Bankwelt sei das Wirtschaftsleben in Hamburg sehr aktiv. 80% aller Versicherungsgesellschaften Westdeutschlands domizilierten in Hamburg. Viele Hauptverwaltungen von Industrien, besonders aus dem Ruhrgebiet, seien schon vor 1945 mit Repräsentanzen in Hamburg vertreten gewesen. Andere seien inzwischen von Berlin nach Hamburg umgezogen. Hamburg sei nach wie vor das führende Außenhandelszentrum Deutschlands. Ohne Zweifel werde die Stadt in absehbarer Zeit ihre traditionell dominante Position in der Schiffahrt und im Schiffsbau wiedergewinnen. Sobald die Zonen- und Ländergrenzen tatsächlich für das Wirtschaftsleben entfielen, würde sich Hamburg in ziemlich kurzer Zeit zu dem Bank- und Handelszentrum der Westzonen insgesamt entwickeln. Aus diesem Grund sei Hamburg schon jetzt der geeignetste Ort für den Sitz der Zentralnotenbank und würde sich in naher Zukunft zu dem einzig möglichen Ort dafür entwickeln. Frankfurt sei zwar in Zukunft möglicherweise der Sitz einer zentralen Regierung für die Westzonen, aber es habe keinerlei Aussichten, auch nur an zweiter Stelle zu einem führenden Bank- und Wirtschaftszentrum zu werden. Hülse lieferte hier ein klassisches Beispiel dafür, wie schief selbst Experten mit ihren Prognosen angesichts einer stets offenen Zukunft liegen können.

Abschließend führte er zwei politische und ein praktisches Argument gegen das von den Amerikanern gewünschte Frankfurt an. Erstens sprach er sich aus Gründen der politischen Struktur gegen eine übertriebene Konzentration zentralstaatlicher Einrichtungen in Frankfurt aus. Zweitens könne die Notenbank am Sitz der Zentralregierung zu abhängig von dieser Regierung werden. Und schließlich, drittens, existiere in Frankfurt noch für einige Zeit eine unüberwindliche Knappheit an Büroräumen und Wohnungen. Bei einer Entscheidung in der Sitzfrage zugunsten von Hamburg sei es angemessen und hinreichend, die freilich notwendige ständige Abstimmung zwischen der Notenbank und der Regierung durch die Gründung eines Verbindungsbüros der Notenbank in Frankfurt aufrechtzuerhalten.

Charles A. Gunston, der von Mai 1945 bis Januar 1946 das Bankenreferat der britischen Militärregierung geleitet hatte und seitdem von seinem «German desk» in der Bank of England maßgeblich die Bank- und Währungspolitik in Deutschland mitgestaltete, ergänzte am 21. November 1947 handschriftlich am Ende des Hülse-Papiers: «Hinzufügen: Die praktischen Schwierigkeiten, eine wirkungsvolle Länder Union Bank in Frankfurt zu gründen (Mangel an Wohnraum, einfachen Arbeitskräften, Boten etc.), sind so groß, daß es wahrscheinlich wenigstens 12 Monate dauern würde, sie in Funktion zu setzen. In Hamburg könnte sie, wenn notwendig, heute in Betrieb gesetzt werden.» Das war offenbar seine Anweisung für denjenigen, der aus dem Hülse-Memorandum ein Positionspapier der britischen Militärregierung für Verhandlungen mit den Amerikanern über die Sitzfrage machen sollte. Gunston hatte sich seit der Gründung der Bizone zu Beginn des Jahres 1947 angesichts der amerikanischen Dezentralisierungsforderungen nicht nur für die Beibehaltung einer möglichst zentral organisierten Bank- und Notenbankstruktur eingesetzt, sondern auch dafür, daß die Reichsbankleitstelle

Hamburg zum Kern der Notenbank für ganz Westdeutschland gemacht würde.[8] Er war es auch, der angesichts der amerikanischen Dezentralisierungspläne mit äußerster Hartnäckigkeit um eine Zentralnotenbank für ganz Westdeutschland kämpfte. Daß diese Institution entgegen Gunstons Präferenz für Hamburg in Frankfurt gegründet wurde, ändert nichts daran, daß der Finanzplatz Frankfurt seinen spektakulären Wiederaufstieg nach 1945 der Errichtung der Bank deutscher Länder und damit zu einem erheblichen Teil Charles A. Gunston zu verdanken hat.

Es war H.C.F. Holgate, damals Principal Control Officer der Internal Finance Division in Berlin innerhalb der Finanzabteilung der britischen Militärregierung, der den Auftrag übernahm, einen Extrakt aus den von mir berichteten Argumenten von Hülse und der Anweisung von Gunston als Positionspapier der britischen Seite zu formulieren. In seinem Exposé vom 24. November 1947 wurde kurz und knapp auf einer Seite unter Verweis auf die von Hülse breit dargestellten ausländischen Beispiele abgewogen, ob die geplante westdeutsche Notenbank besser plaziert sei in einer Stadt mit Hauptstadtfunktionen, wie London, Stockholm und Paris, oder in den jeweils bedeutendsten Handelsstädten eines Landes, wie im Falle New Yorks, Sidneys und Amsterdams.[9] Denn im amerikanischen Fall nehme New York die tatsächlichen Zentralbankfunktionen wahr, die eigentlich für die Fed-Einrichtung in Washington vorgesehen waren. Offenkundig habe man in der Bizone die Wahl zwischen Frankfurt und Hamburg. Frankfurt sei, wie Washington, D.C., das Regierungszentrum, während Hamburg, wie New York, das westdeutsche Handelszentrum sei. Das grundsätzliche Argument gegen alle Hauptstadtlösungen wurde auch gegen Frankfurt gewendet: Eine Notenbank komme dort zu leicht unter Regierungseinfluß. Für die Wahl Hamburgs sprächen darüber hinaus folgende Tatbestände: Die Stadt sei nicht nur ein Handels-, sondern auch ein Finanzzentrum. 80% der Versicherungsgesellschaften hätten dort ihren Hauptsitz. Hamburg habe eine aktive Börse. Es stehe in enger Verbindung mit dem Ausland. Es habe einen Hafen und deshalb den taktischen Vorteil des Zugangs zu den Weltmeeren. Es habe die landwirtschaftlichen Gebiete von Schleswig-Holstein auf seiner nördlichen Seite und die Industrieregionen der Bizone auf seiner südlichen. Dazu komme folgender Gesichtspunkt: Eine Zentralbank benötige entsprechende Büroräume, Personal und Ausstattung. Es würde wenigstens ein Jahr dauern, bis diese Ressourcen in Frankfurt zur Verfügung stehen würden. In Hamburg dagegen sei bereits alles vor Ort verfügbar (wohl wegen der existierenden Reichsbankleitstelle). Die Notenbank könne innerhalb eines Tages eingerichtet werden. Der Autor des Schriftsatzes schloß mit dem Hinweis, daß es Jahre dauern würde, bevor in Frankfurt genügend Unterkünfte für eine komplette Hauptstadt bereitgestellt werden könnten.

Dieses kurze Papier ging in die Verhandlungen mit den Amerikanern ein und findet sich deshalb auch in den Akten der amerikanischen Militärregierung (OMGUS).

Am 12. Januar 1948 verfaßte Wilhelm Vocke einen Bericht für die britische Militärregierung über ein Treffen in München am 9. und 10. Januar 1948, auf dem die Präsidenten der Landeszentralbanken der amerikanischen und französischen Zone und der Vorstand der Reichsbankleitstelle der noch nicht in Landeszentralbankbezirke eingeteilten britischen Zone zusammengekommen waren, um sich über den Stand der Gründung einer westdeutschen Notenbank zu beraten.[10] Die Deutschen hielten die Frage, Frankfurt oder Hamburg, zu diesem Zeitpunkt für noch offen. Vocke berichtete, daß alle Anwesenden, mit Ausnahme des Präsidenten der hessischen Landeszentralbank Otto Veit, gegen «eine Verlegung» des Zentralbanksitzes von Hamburg nach Frankfurt seien, und zwar vor allem wegen der praktisch-technischen Unmöglichkeit. Jetzt hieß es, es sei zwar ein Bankgebäude verfügbar, aber alles andere würde fehlen. Und da Frankfurt mit all den anderen offiziellen Regierungsstellen schon überbelegt sei, könne nichts beschafft werden. Die Gründung der Bank in Frankfurt würde jedenfalls sehr lange dauern.

An demselben Tag, dem 12. Januar 1948, an dem Vocke den gerade erwähnten Bericht für die britische Militärregierung verfaßte, wandte sich der Oberbürgermeister von Köln, Hermann Pünder, mit einem Brief an den Brigadegeneral John Ashworth Barraclough, Acting Regional Commissioner im Hauptquartier der britischen Militärregierung für Nordrhein-Westfalen in Düsseldorf, um Köln als idealen Sitz der geplanten westdeutschen Notenbank anzupreisen.[11] Auch er hielt es für angezeigt, die westdeutsche Notenbank nicht in Frankfurt mit seinen Hauptstadtfunktionen zu gründen, da sie nach den Erfahrungen mit der großen Inflation nach dem Ersten Weltkrieg und besonders mit der «Naziperiode» dort erneut Gefahr laufen würde, unter den Einfluß der Staatsführung zu geraten. Mit einer örtlichen Trennung könne diese Gefahr effektiv vermieden werden. Gegen Hamburg wandte er ein, daß Nordrhein-Westfalen die geeignetere Lage und Struktur mitbringe. Es sei nicht nur das größte Land mit seinen 13 Mio. Einwohnern im Zentrum der Bizone, sondern das ökonomische Herzstück Deutschlands mit seinem Konglomerat von Handels-, Industrie- und Finanzsektor. Die ökonomische Funktion dieses Landes, nämlich für die Versorgung Deutschlands und für seinen Export zu produzieren, lasse eine einseitige Interessenvertretung nicht zu. Innerhalb Nordrhein-Westfalens verdiene Köln die Präferenz. Als Banken- und Finanzplatz liege Köln erneut vor allen anderen möglichen Finanzzentren in Nordrhein-Westfalen, ein Argument, mit dem wohl Düsseldorf ausgeschaltet werden sollte. In fast allen Geschäftssparten sei der Umsatz in Köln höher als an allen anderen Finanzplätzen des Landes zusammengenom-

25. «Blick auf Frankfurt am Main von Westen» (1867) von Carl Morgenstern

26. Die «Neue Börse» kurz nach der Errichtung 1879

27. Wilhelm Peter Metzler (1818–1904). Der Bankier förderte verschiedene Künstler, darunter Franz Xaver Winterhalter, Theodor Reiffenstein und Carl Morgenstern. Seine Sammlung bildet heute den Grundstock des Frankfurter Museums für Kunsthandwerk in einem ehemaligen Wohnhaus der Familie am Schaumainkai

28. Versammlung der Frankfurter Wertpapierbörse (1908)

29. Eisenbahnanleihe der Rock Island Company (1905). Frankfurt war neben London bereits im 19. Jahrhundert der bedeutendste europäische Finanzplatz für amerikanische Anleihen

30. Inflationsgeld (1923). Noten der Reichsbank, der Reichsbahndirektion Frankfurt sowie ein Gutschein der Stadt Frankfurt mit Goetheportrait

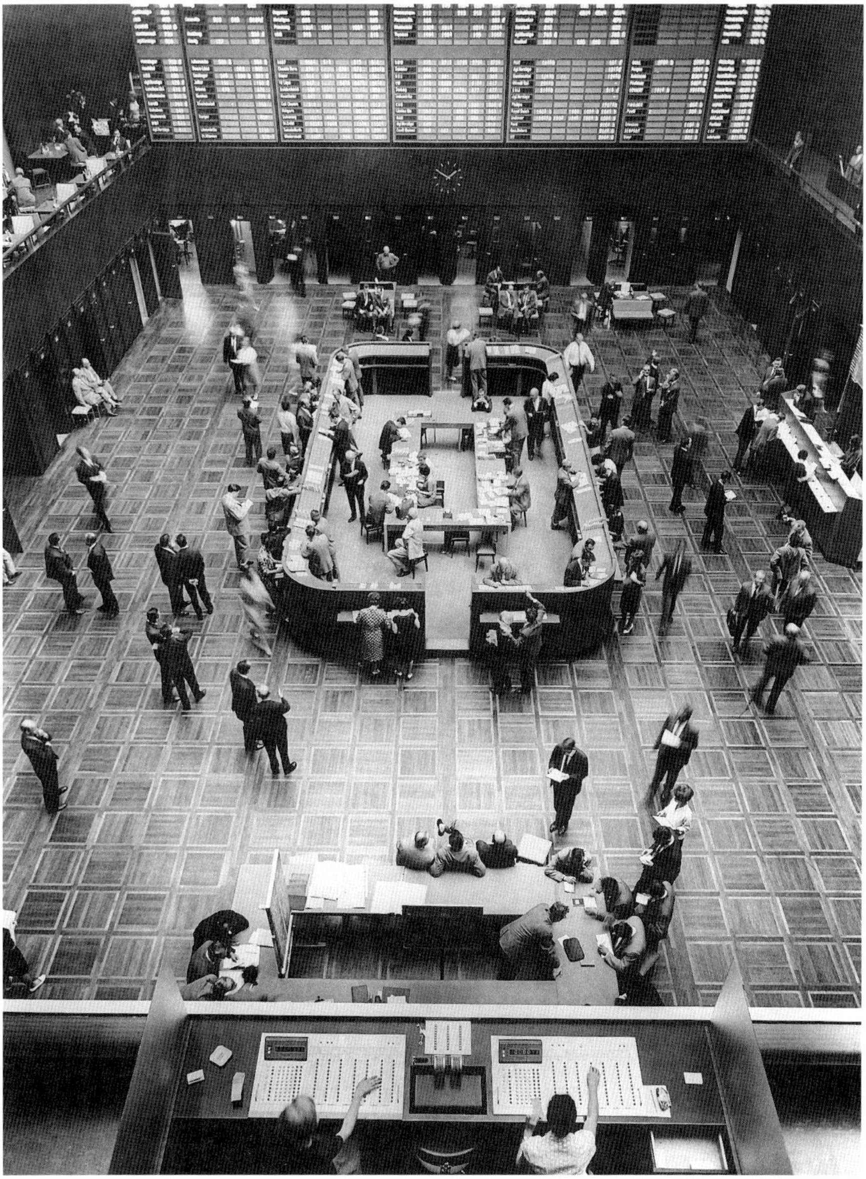

31. Parketthandel in der Frankfurter Wertpapierbörse
vor der grundlegenden Modernisierung 1989.
Fotografie: Th. Dabrowski

32. Luftaufnahme der Innenstadt mit Bankenviertel (1997).
Insbesondere die Hochhäuser der Finanzinstitute
prägen das Bild der Finanzmetropole

33. Die Europäische Zentralbank, die seit 1. Januar 1999 die Steuerung der Geldpolitik für die europäische Gemeinschaftswährung Euro übernommen hat

men. Das treffe insbesondere für das Versicherungsgeschäft zu. Außerdem könne der Name der Stadt mit ihrer weltweiten Reputation und ihren internationalen Verbindungen bei der Wahl des Sitzes des Zentralbankinstituts nicht hoch genug eingeschätzt werden.

Aus Düsseldorf wurde die Eingabe von Pünder am 20. Januar 1948 befürwortend an Sir Eric Coates, den Chef der Finanzabteilung der britischen Militärregierung, weitergeleitet. Am 26. Januar 1948 ließ dieser antworten, daß die Entscheidung schon zugunsten von Frankfurt gefallen und die gut begründete Eingabe Pünders zu spät gekommen sei, um die Entscheidung der Militärregierungen in der Sitzfrage noch zu beeinflussen.[12]

Die politische Entscheidung in der Frage des Sitzes der Bank deutscher Länder, die den Grundstein für die Entwicklung Frankfurts von einem gegenüber Hamburg und wahrscheinlich auch Köln und Düsseldorf zweitrangigen zu dem mit Abstand wichtigsten Finanzplatz in Deutschland und einem der größten in Europa legte, fiel dementsprechend etwa Mitte Januar 1948. An ihr waren nur die beiden angelsächsischen Besatzungsmächte beteiligt. Die Franzosen traten erst kurz vor der Währungsreform der Bizone und damit den Vereinbarungen über die Errichtung der Bank deutscher Länder bei. Deutsche Experten wurden im Vorfeld jedoch gehört. Mit überwältigender Mehrheit unterstützten sie das Eintreten der britischen Seite für Hamburg. Mit welchen Argumenten sich die amerikanische Besatzungsmacht den guten Argumenten für Hamburg widersetzte und auf Frankfurt bestand, ist noch unerforscht. Auch Recherchen in den in Deutschland verfügbaren mikroverfilmten OMGUS-Akten sowie in den umfassenderen Originaldokumenten in den National Archives in Washington, D.C., Außenstelle Suitland, konnten kein Dokument zutage fördern, in dem die amerikanische Seite ihr Eintreten für Frankfurt begründet und die Argumente der britischen und der deutschen Seite im einzelnen entkräftet hätte. Es ließ sich lediglich feststellen, daß Adolphe J. Warner von der Public Finance Section der Finanzabteilung der amerikanischen Militärregierung in einem Memorandum an Richard P. Aikin, den Leiter der Financial Institutions Branch innerhalb derselben Abteilung, mit Datum vom 2. Januar 1948 ausführlich zu einem von britischer Seite vorgeschlagenen Gesetzentwurf zur Gründung der «Laender Union Bank» Stellung nahm. Offenbar als Fachmann im Hintergrund gab er dabei im einzelnen Anweisungen, wie der Entwurf umgestaltet werden müsse, damit er für die amerikanische Seite akzeptabel sei. Darin hieß es zur Sitzfrage: Es solle in den weiteren Verhandlungen darauf hingewiesen werden, daß die geplante Zentralbank keine Zweigstellen haben dürfe und daß sie lediglich die Bank der Landeszentralbanken und der bizonalen Verwaltungsstellen («authorities») sei. «Ihr Sitz soll in Frankfurt sein.»[13] Daraus läßt sich schließen, daß für die amerikanische Seite eine räumliche Trennung der Bank von den bizonalen Verwaltungsstellen in Frankfurt nicht in Frage kam, der Bank ein regierungsfernes Eigenleben nur im Dienste der Landeszentralbanken also nicht ermöglicht werden sollte.

Fazit: Letztendlich verdankt Frankfurt einen entscheidenden Teil seiner Nachkriegsentwicklung zum Finanzplatz Nummer eins in Deutschland allein dem Ratschluß der amerikanischen Militärregierung. Freilich war zu diesem Zeitpunkt noch nicht abzusehen, daß auch mit dieser Sitzwahl ein wichtiges Argument der britischen und deutschen Seite nach der Gründung der Bundesrepublik zum Tragen kommen würde. Denn die räumliche Trennung der Notenbank von Regierungsstellen und dadurch die Verringerung der Gefahr politischer Einflußnahme auf die Geldpolitik sollten dadurch zustande kommen, daß entsprechend den Wünschen des ersten Bundeskanzlers Konrad Adenauer 1949 Bonn statt Frankfurt zur «provisorischen» Hauptstadt der Bundesrepublik gemacht wurde.

Das hielt den Kanzler in den fünfziger Jahren allerdings nicht von dem Versuch ab, Einfluß auf die Geldpolitik zu nehmen. So ließ Adenauer den Zentralbankrat am 26. Oktober 1950 im Bundeskanzleramt in Bonn tagen, um ihn nach dem Beginn des Koreabooms aus Sorge um das Wirtschaftswachstum

Konrad Adenauer mit Hans Tietmeyer (Präsident der Deutschen Bundesbank seit Oktober 1993). Adenauer hatte sich 1956 im Zusammenhang mit der bevorstehenden Umwandlung der Bank deutscher Länder in die Bundesbank für eine Sitzverlegung von Frankfurt nach Köln ausgesprochen, konnte sich jedoch nicht durchsetzen

und die Beschäftigung von einer drastischen Diskonterhöhung von 4% auf 6% abzuhalten. Vergeblich! Eine einprozentige Diskonterhöhung auf 5,5% am 18. Mai 1956 veranlaßte Adenauer sogar, sich fünf Tage später öffentlich von der restriktiven Geldpolitik der Bank deutscher Länder vor der Jahresversammlung des Bundesverbandes der Deutschen Industrie (BDI) im Kölner Gürzenich mit der Bemerkung zu distanzieren: «Es ist der deutschen Konjunktur ein schwerer Schlag versetzt worden; und auf der Strecke bleiben werden die Kleinen.»[14] Dieser Vorgang motivierte Adenauer, im Zusammenhang mit der bevorstehenden Umwandlung der Bank deutscher Länder in die Deutsche Bundesbank für eine Sitzverlegung von Frankfurt nach Köln, also in die unmittelbare Nähe des Regierungssitzes, einzutreten. Bei einer Beratung des Bundesbankgesetzentwurfs in der Kabinettssitzung vom 11. Juli 1956 äußerte er: «Bei der Wahl des Sitzes [der Bundesbank] sei zu beachten, daß die Tätigkeit der Bank vom richtigen Geist getragen sein müsse. Der jetzige Standort der Bank habe zu einem Sonderdasein der Bank deutscher Länder geführt. Die Bundesnotenbank müsse die politische Atmosphäre mitempfinden, da gerade auch die Bank darauf Rücksicht nehmen müsse.»[15] Auch in dieser Frage konnte sich Adenauer gegen den Widerstand der Bank deutscher Länder und anderer Mitglieder des Kabinetts, darunter vor allem Wirtschaftsminister Erhard, nicht durchsetzen. Wahrscheinlich wäre Frankfurts Entwicklung zu einem der heute führenden Finanzzentren Europas zugunsten Kölns und des nahegelegenen Düsseldorf gebremst worden, wenn sich Adenauer mit seiner Forderung, die Bundesbank nach Köln zu bringen, hätte durchsetzen können.

Strukturwandel der Weltwirtschaft

Neben der ursprünglich amerikanischen Entscheidung in der Frage des Sitzes der Notenbank kam dem Frankfurter Finanzplatz zugute, daß der Stadt eine zentrale verkehrsgeographische Lage nicht nur in Westdeutschland, sondern in Westeuropa zufiel. Das galt schon zuvor für den Verkehr auf Wasserstraßen und Schienen, aber mit dem Autobahnausbau zunehmend auch für die Personen- und Güterbeförderung auf der Straße. Gerade für die Funktion eines modernen Finanzplatzes sollte sich auch die Entwicklung eines weiteren Verkehrsträgers als große Hilfe erweisen: des Flugverkehrs. Die Tatsache, daß die USA das IG-Farben-Haus in Frankfurt als Hauptquartier der Militärregierung in ihrer Zone auswählten, zog schon den Ausbau des Frankfurter Flughafens für die Beförderung von Militärpersonen und teilweise Militärgütern nach sich. Als nach der Blockade Berlins durch die Sowjets im Sommer 1948 für fast ein Jahr die Luftbrücke für die Versorgung der eingeschlossenen Stadt eingesetzt wurde, wurde der Frankfurter Flughafen zur Bewältigung dieser

Der Frankfurter Rhein-Main Flughafen – ein wichtiger Standortfaktor für den Finanzplatz

bis dahin größten Lufttransportleistung überhaupt weiter ausgebaut.[16] Damit war in einer Zeit, als der zivile Luftverkehr in Deutschland noch keine bedeutende Rolle spielte, bereits der Grundstein für eine Entwicklung gelegt, die Frankfurt zu einem Drehkreuz für den europäischen und weltweiten Flugverkehr heranwachsen ließ. Bei der Entscheidung für Frankfurt als Sitz der Europäischen Zentralbank hat – das sei noch einmal betont – diese zentrale Lage des Frankfurter Flughafens in Europa, zusammen mit der guten Verkehrsanbindung an das Zentrum und Bankenviertel der Stadt, eine wichtige Rolle gespielt.

Die zentrale Verkehrslage in Europa wurde auch deswegen zu einem Wettbewerbsvorteil für Frankfurt, weil im Gegensatz zur Entwicklung zwischen den beiden Weltkriegen der Welthandel (im Rahmen des GATT allgemein und der innereuropäische Handel, zunächst seit 1948 im Rahmen der OEEC/EZU, dann zusätzlich seit 1952 in der Montanunion für Kohle und Stahl und schließlich seit 1958 im Rahmen der EWG mit all den weitergehenden Integrationsschritten, die bis heute damit verbunden waren) liberalisiert und integriert wurde. Dadurch hatten Plätze wie Frankfurt in großem Umfang internationale Handelsströme zu finanzieren und wurden mit den

Finanzplätzen anderer Länder in stärkerem Maße verflochten als in den Zwischenkriegsjahren. Das galt erst recht, nachdem die westeuropäischen Staaten Ende 1958 zumindest zur Ausländerkonvertibilität ihrer Währungen zurückgekehrt waren, d.h. jedem Ausländer wurde die Umtauschbarkeit der eigenen Währung garantiert. Das war der Auftakt zur Liberalisierung der internationalen Kapitalmärkte, einer Entwicklung, die besonders seit dem endgültigen Ende des Bretton-Woods-Systems fester Wechselkurse 1973 bis zur Gegenwart so weit fortgeschritten ist, daß es heute ebensowenig rein nationale Kapitalmärkte gibt, wie es im Rahmen einer nationalen Währung Kapitalmärkte einzelner Regionen oder Bundesstaaten gegeben hat. Seit den siebziger Jahren entwickelten sich die einzelnen Finanzmärkte «von nationalen Märkten mit internationalen Ablegern hin zu Teilmärkten eines weltweit integrierten Finanzsystems».[17] Unterstützt wurde diese Entwicklung durch die Politik der Deregulierung, die seit den siebziger Jahren sich weltweit durchsetzte und gerade auch für den Finanzsektor neue Freiheiten, mehr internationalen Wettbewerb, eine Vielzahl von Innovationen und Leistungssteigerungen hervorbrachte.

In der Weltwirtschaft auf dem Weg zum heutigen Stand der Globalisierung gab es für führende Finanzzentren wie Frankfurt natürlich besonders günstige Entwicklungsmöglichkeiten. Es fing damit an, daß das Ende des festen Wechselkurssystems auch im Bereich der Exportwirtschaft die internationale Diversifizierung von Währungsportfolios erforderlich machte, um Wechselkursrisiken aufzufangen. Dann stand die Aufgabe des Recycling der Petrodollars nach dem ersten Ölpreisschock von 1973 an, als ganze Aktienpakete an Ölförderländer verkauft wurden. Die Globalisierungstendenz setzte sich in den siebziger Jahren fort mit der massiven Kreditgewährung aus Industriestaaten an die Dritte Welt und an Schwellenländer in West und Ost. In den achtziger Jahren boomten Kapitalexporte und Direktinvestitionen, besonders in die USA. Der Kapitaltransfer nach Ostasien blühte bis weit in die neunziger Jahre, bis es zu den herben Rückschlägen des Jahres 1997 kam. Für ein Finanzzentrum wie Frankfurt war natürlich dieses Wachstum des internationalen Kapitalverkehrs, das weit über die auch ansehnliche Expansion des Welthandels hinausging, ein Nährboden für die Expansion der Geschäfte nicht nur nach dem Volumen mit der Folge von Kostendegression, sondern auch nach Arten und Qualität, d.h. für eine Expansion auf der Basis von Innovationen. Freilich war dies auch die Folge eines Konzentrationsprozesses, der gleichzeitig vom technischen Fortschritt, besonders den Möglichkeiten der elektronischen Datenverarbeitung und Online-Vernetzung, und von dem erhöhten Wettbewerbsdruck in einem zunehmend globalisierten Finanzmarkt ausging. Finanzgeschäfte konzentrierten sich auf immer weniger Plätze. Von allen deutschen Finanzplätzen hatte Frankfurt schon zu Beginn dieses Prozesses vor mehr als 25 Jahren mit Abstand die besten Startbedingungen, vergrößerte seitdem seinen Vorsprung gegenüber anderen westdeutschen Finanzplätzen, wie Hamburg, Düsseldorf, Köln und München, und schloß in die vorderste Reihe der großen Finanzplätze Europas, wie London, Paris und Zürich, auf.

Die zentrale geographische Lage sollte dem Finanzplatz Frankfurt, z.B. gegenüber der ursprünglich von den Deutschen und Briten favorisierten Alternative Hamburg, Wettbewerbsvorteile aus den folgenden Parallelentwicklungen verschaffen. Im Verlauf der Nachkriegsentwicklung verlagerte sich der Schwerpunkt der westdeutschen Industrie vom Ruhrgebiet in den süddeutschen Raum, ein traditionelles Operationsgebiet der Finanzdienstleister in Frankfurt. Auf internationaler Ebene kam hinzu, daß nicht nur die Bundesrepublik, sondern alle westeuropäischen Länder an der Wirtschaftswundererfahrung teilhatten und dadurch ein industrieller Ballungsraum entstand, der sich ungeachtet der Staatsgrenzen und im Rahmen der europäischen Liberalisierungsfortschritte schließlich auch frei von Handelshemmnissen von Norditalien über Österreich und die Schweiz, die Bundesrepublik im Süden und Westen und die Beneluxländer bis nach Ost- und Nordfrankreich erstreckte. Es war das Kerngebiet des wirtschaftlichen Aufholprozesses aller westeuropäischen Länder gegenüber dem weit fortgeschrittenen Produktivitätsniveau der USA, ein Prozeß, der unter den Bedingungen der Liberalisierung und Integration der Märkte im Gegensatz zur Zwischenkriegszeit funktionieren konnte und in den fünfziger und sechziger Jahren den Ländern die höchsten Wachstumsraten der Wirtschaft verschaffte, die im Ausgangsniveau den größten Rückstand aufzuholen hatten. Deshalb war das «Wirtschaftswunder» in Italien noch stärker als in der Bundesrepublik, während keine vergleichbar dynamische Entwicklung in Großbritannien ablief, weil das Produktivitätsniveau der britischen Wirtschaft weit weniger hinter dem amerikanischen zurücklag als das der anderen genannten Volkswirtschaften.[18]

Der Finanzplatz Frankfurt gewann in der gesamten Nachkriegszeit aber auch deshalb an internationaler Bedeutung, weil die D-Mark schon in der Periode der festen Wechselkurse und erst recht in den 25 Jahren danach einen relativen Stabilitätsvorsprung gegenüber anderen wichtigen Währungen genoß. Das war zu einem Teil ein Verdienst der Geldpolitik der Bundesbank, zum anderen der Unternehmer, die mit ihren Investitionsaktivitäten für vergleichsweise hohe Produktivitätsfortschritte sorgten, sowie der Tarifpartner, denen es hierzulande besser gelang als im Ausland, die Lohnerhöhungen nicht zu stark über die Produktivitätsfortschritte ansteigen zu lassen. Dadurch wurde die D-Mark nicht nur zu einer häufig aufwertungsverdächtigen Spekulationswährung, sondern auch zu einer begehrten Anlagewährung für privates

Geld und Kapital und zunehmend seit den siebziger Jahren zu einer Reservewährung, in der die Notenbanken ihre Aktiva halten.[19] Vor allem in mittel- und osteuropäischen Ländern war sie neben den weniger stabilen bzw. inkonvertiblen einheimischen Währungen sowohl vor als auch nach der Auflösung des sozialistischen Lagers ein sehr geschätztes Zahlungsmittel und als inoffizielle Parallelwährung in Umlauf.

Die Kreditvermittlung auf den unregulierten Euromärkten wurde zwar überwiegend in London und Luxemburg abgewickelt. Aber dennoch gewannen die Großbanken und andere Kreditinstitute des Finanzplatzes Frankfurt, die mit Tochterunternehmen oder Zweigstellen dort aktiv waren, auch am Hauptsitz dadurch, daß sie für ihre nationale und internationale Kundschaft anlagebereites Geld dorthin kanalisierten und Kredite von dort beschafften.

Ein großer Teil der D-Mark-Anlagen von Ausländern ging aber auch an den Euromärkten vorbei direkt in den deutschen Geld- und Kapitalmarkt bzw. als Einlage direkt in Kreditinstitute in der Bundesrepublik, wovon Frankfurter Banken besonders profitierten. Zum einen war die dortige Devisenbörse die Leitbörse für die anderen deutschen Devisenplätze; denn nur in Frankfurt griff die Bundesbank regulierend in den Devisenmarkt ein. Zum anderen brachte die Gründung des Europäischen Währungssystems (EWS) 1979, d.h. die Einführung von Interventionspunkten zur Verteidigung der Wechselkurse der am EWS beteiligten Staaten, die D-Mark wegen ihrer Stabilitätstradition in eine Schlüsselrolle. Sie wurde zur Leitwährung Europas, und in ihren Bewegungen gegenüber dem amerikanischen Dollar und dem japanischen Yen zog sie die anderen, praktisch an die D-Mark gebundenen Währungen mit.

Die Geldpolitik der Bundesbank wurde zwar entsprechend dem gesetzlichen Auftrag ausschließlich an der «Sicherung der Währung» der Bundesrepublik orientiert.[20] Aber faktisch war die Bundesbank durch das EWS zu einer europäischen Zentralbank geworden, ohne daß sie in ihrer Geldpolitik Verantwortung für konjunkturelle Entwicklungen in den anderen EWS-Staaten übernommen hätte. Auch dies erklärt das Interesse, das die EU-Partner an der Ablösung der Bundesbank durch die Europäische Zentralbank hatten. Für Frankfurt brachte die Leitwährungsrolle der D-Mark zusätzliche Umsätze an der Devisenbörse, sowohl wenn es um die Intervention der beteiligten Notenbanken zur Verteidigung von EWS-Wechselkursen ging als auch wenn außereuropäisches Kapital sich in der EU plazieren oder von dort wieder abgezogen werden wollte. Die Erweiterung der für Wechselkursschwankungen im EWS zulässigen Bandbreite auf plus/minus 15% als Reaktion auf die Devisenkrise des Jahres 1993 änderte an diesem Zustand wenig, da mit Ausnahme der britischen und vorübergehend der italienischen Währung die Bindung der anderen Währungen an die D-Mark aus Stabilitätsinteresse eng blieb.

Dazu kommt, daß Frankfurt als Anlaufstelle für den deutschen Geldmarkt durch eine besondere Markttransparenz für Ausländer attraktiv gemacht worden ist. Seit dem 12. August 1985 wurde in Frankfurt täglich ein Referenzzinssatz für inländische *floating rate notes,* d.h. der durchschnittliche Angebotszinssatz ausgewählter deutscher Banken für Ausleihungen von Drei- und Sechs-Monats-Termingeldern (seit 1990: Ein- bis Zwölfmonatsgelder) an erste Adressen im Interbankenhandel,[21] genannt FIBOR (Frankfurt Interbank Offered Rate), veröffentlicht, wodurch Frankfurt mit einer schon lange bestehenden Praxis in London gleichzog.

Die Attraktivität des Finanzplatzes Frankfurt für das Auslandskapital geht auch daraus hervor, daß schon Mitte der achtziger Jahre von den 50 größten Banken der Welt 40 in Frankfurt vertreten waren und daß 80% der in der Bundesrepublik vertretenen Auslandsbanken Frankfurt als Standort gewählt hatten. An der Frankfurter Wertpapierbörse wurden zu dieser Zeit 44% des Umsatzes ausländischer Aktien, die in der Bundesrepublik gehandelt wurden, getätigt und sogar 94% der festverzinslichen Wertpapiere ausländischer Emittenten.[22]

2. Standortentscheidungen im Inland

Nachdem die Westalliierten 1948 die Entscheidung zugunsten von Frankfurt als Sitz der Bank deutscher Länder und der Kreditanstalt für Wiederaufbau (KfW) getroffen und diesem Platz damit gegenüber den konkurrierenden Finanzzentren in Westdeutschland einen entscheidenden Wettbewerbsvorteil verschafft hatten, hing die Zukunft des Finanzplatzes Frankfurt von Entscheidungen auf deutscher Seite ab. Das galt nicht nur für Wirtschaftsjournalisten, die früher am Finanzplatz Berlin tätig gewesen waren und sich 1948 in Frankfurt niederließen, um den Wiederaufbau des Finanzplatzes Frankfurt publizistisch zu begleiten; dazu zählten Albert Oeser, sein Schwiegersohn Erich Achterberg und Volkmar Muthesius, auf dessen Initiative in jenem Jahr die Zeitschrift für das gesamte Kreditwesen gegründet wurde und der sie lange Zeit herausgab.[23] Das galt auch für Banken, und zwar trotz der Tatsache, daß sich in den ersten Jahren nach der Gründung der Bundesrepublik die drei Westalliierten mit ihrer Allied Bank Commission (ABC) noch gewisse Souveränitätsrechte für die Geld- und Bankenpolitik vorbehalten hatten, insbesondere auch für die Frage, ob der Gesetzgeber den dezentralisierten Großbanken Spielräume verschaffen würde, sich wieder zu größeren leistungsfähigen Einheiten zusammenzuschließen. Die Bundesregierung konnte es als großen Erfolg verbuchen, daß sie im Bankenbereich, im Gegensatz zu den ebenfalls dekonzentrierten Chemie- und Montanindustrien, im Frühjahr

1950 von den Alliierten aufgefordert wurde, einen gesetzlichen Neuordnungsvorschlag für die Schaffung größerer Bankbezirke zu machen. Inzwischen hatte nämlich auch die amerikanische Seite erkannt, daß die Dezentralisierung der Großbanken bis auf die Landesebene keine wirtschaftlich sinnvolle Lösung war, weil dadurch der notwendige Risikoausgleich zwischen den Regionen nur eingeschränkt möglich war. Und mit der Verhärtung des Kalten Krieges war die Stärkung der Wirtschaftskraft der Bundesrepublik auch für die Amerikaner von größerer Wichtigkeit geworden als das Durchhalten politischer Prinzipien ohne Rücksicht auf die ökonomischen Kosten. Dazu kam, daß nach der Gründung der Bundesrepublik auch juristisch eine Neuordnung des Großbankenbereichs notwendig geworden war. Die auf Landesebene dezentralisierten Nachfolgebanken waren noch immer Zweigniederlassungen der in Berlin geschlossenen, aber juristisch noch existierenden Großbanken. Eine eigene Rechtspersönlichkeit mit Sitz in dem jeweiligen Land, in dem sie tätig waren, hatten sie durch die Dezentralisierungsgesetzgebung der Westalliierten nicht erhalten.

In enger Zusammenarbeit mit Vertretern der Großbanken, besonders Hermann J. Abs, der damals die Geschäfte der KfW leitete, als Vertreter der Deutschen Bank, Carl Goetz von der Dresdner Bank und Paul Marx von der Commerzbank, wurde in zäher Kleinarbeit, auch gegen Widerstände mancher Landesregierungen, ein Gesetz vorbereitet, das nicht nur für den Bonner Gesetzgeber, sondern auch für die Westalliierten mit ihren Vorbehaltsrechten annehmbar war.[24] Das Resultat vieler Kompromisse war das «Gesetz über den Niederlassungsbereich von Kreditinstituten» (= Großbankengesetz) vom 29. März 1952. Danach war jede der drei Großbanken verpflichtet, innerhalb einer bestimmten Frist drei Nachfolge-Aktiengesellschaften aus der jeweiligen Altbank in Berlin auszugründen und die entsprechenden Vermögenswerte und Verbindlichkeiten dorthin zu übertragen. Gleichzeitig wurde die ursprüngliche Dezentralisierung der Großbanken auf die Ebene der Bundesländer insoweit rückgängig gemacht, daß sie nur noch in drei Bankbezirken, in die die Bundesrepublik aufgeteilt wurde, als getrennte Firmen tätig sein mußten. Jedes der ausgegründeten Kreditinstitute durfte seitdem nur in einem der drei folgenden Bezirke tätig sein: erstens in Norddeutschland in den Bundesländern Bremen, Hamburg, Niedersachsen und Schleswig-Holstein, zweitens in Nordrhein-Westfalen und drittens in den verbleibenden süddeutschen Bundesländern einschließlich Hessens. Die Deutsche Bank z. B. gründete die Norddeutsche Bank AG mit Sitz in Hamburg, die Rheinisch-Westfälische Bank AG mit Sitz in Düsseldorf und die Süddeutsche Bank AG aus. Zwar wurde der bedeutendste deutsche Bankier der Nachkriegszeit, Hermann J. Abs, Sprecher des Vorstands der Süddeutschen Bank. Aber zum Hauptsitz dieser Bank wurde nicht das zum wichtigsten Finanzplatz der Nachkriegszeit aufsteigende Frankfurt am Main bestimmt, also der Sitz der Bank deutscher Länder und der zuvor von Abs geleiteten KfW sowie der Sitz der von der Dresdner und Commerzbank ausgegründeten Institute für den süddeutschen Bankbezirk (der Rhein-Main-Bank AG und der Commerz- und Credit-Bank AG), sondern München. Der Hintergrund für diese Entscheidung war rein politischer Natur: Bayern, das – wie andere süddeutsche Bundesländer – aus seinen föderalen Eigeninteressen der Schaffung länderübergreifender Bankbezirke zunächst ablehnend gegenübergestanden hatte, war zu einer Zustimmung zum Gesetzentwurf im Bundesrat nur unter der Bedingung bereit, daß von den drei Großbanken im süddeutschen Bankbezirk möglichst das Nachfolgeinstitut der Deutschen Bank seinen Sitz in München nehmen solle. Während Württemberg-Baden von einer ähnlichen Forderung zugunsten von Stuttgart schließlich doch abließ, erreichte München zunächst, was es wollte. Die bayerische Seite nahm dabei aber auch die Bedingungen an, unter denen die Deutsche Bank-Gruppe sich mit München als Sitz einverstanden erklärt hatte. Von den voraussichtlich vier Vorstandsmitgliedern würden zwei in München und zwei in Frankfurt wohnen und arbeiten. Stelle die Bank nach zwei bis drei Jahren fest, daß sich die getroffene Regelung nicht bewährt habe, so habe sie das Recht, die Frage des Sitzes der Bank erneut aufzugreifen. Und schließlich stehe es im Belieben der Bank, Teile der Hauptverwaltung in Frankfurt zu betreiben, falls ihr dies notwendig erscheine. Ihre Präferenz für Frankfurt hätten die Vertreter der Deutsche Bank-Gruppe unter den gegebenen Verhältnissen kaum deutlicher ausdrücken können.

Die Politiker und Parteien auf der Bundesebene – wie übrigens auch die britische Seite in der Alliierten Hohen Kommission – hätten schon zu diesem Zeitpunkt eine vollständige Rezentralisierung der Großbanken auf dem Gebiet der Bundesrepublik der Schaffung dreier Bankbezirke vorgezogen. Es war auch der amerikanischen Seite, der Urheberin der ganzen Dezentralisierungspolitik nach 1945, schon 1952 klar, daß der Bund eine vollständige Rezentralisierung herbeiführen würde, sobald er in dieser Sache souverän würde agieren können. Da unmittelbar nach dem Großbankengesetz die Westalliierten ihre Vorbehaltsrechte in der Bankenpolitik aufgaben, wollten sie zumindest für eine Weile den Bestand des gefundenen Dezentralisierungskompromisses gewährleistet wissen. In einem nicht veröffentlichten Schreiben von Bundeskanzler Adenauer vom 27. März 1952 ließen sie sich versichern, daß die Bundesregierung in den drei Jahren nach Abschluß des Ausgründungsvorgangs nicht beabsichtige, das Gesetz zu ändern.[25] Faktisch arbeiteten die jeweiligen drei Schwesterbanken so stark aufeinander abgestimmt zusammen, daß trotz juristischer Unabhängigkeit eine weitgehend einheitliche Geschäfts- und Personalpolitik zustande kam. Die Deutsche Bank-Gruppe z.B. hielt seit 1952 in einem zweimonatigen Turnus, seit 1955 sogar monatlich sogenannte Gemeinschaftssitzungen der Vorstände der drei Nachfolgeinstitute ab, und zwar abwechselnd nicht nur in Hamburg, Düsseldorf und München, sondern auch in Frankfurt, das auf schleichendem Wege faktisch zum Hauptsitz der Süddeutschen Bank AG wurde, zumal Vorstandssprecher Abs hier wohnte und arbeitete.

In diesen frühen fünfziger Jahren dürfte allerdings der Börsenplatz Düsseldorf noch bedeutender gewesen sein als Frankfurt, und zwar aufgrund der Nähe zum alten Industrieschwerpunkt Ruhrgebiet, der erst mit der Öffnung des deutschen Energiemarktes für Ölimporte seit 1958 entscheidend geschwächt wurde. Symptomatisch war auch, daß im Niederlassungsbereich Nordrhein-Westfalen z.B. die der Deutsche Bank-Gruppe zugehörige Rheinisch-Westfälische Bank AG, Düsseldorf, eine größere Bilanzsumme aufwies als die beiden Schwesterinstitute jeweils im nord- und süddeutschen Bankbezirk.[26]

Die Nachfolgeinstitute begannen schon 1954 mit den Vorbereitungen für ein Gesetz, das das Großbankengesetz aufheben und die Rezentralisierung der Großbanken unter ihren alten Namen in der Bundesrepublik erlauben würde. Es trat nach dem Ende der von Adenauer zugesagten dreijährigen Wartefrist am 30. Dezember 1956 in Kraft. Die Deutsche Bank- und die Dresdner Bank-Gruppe fusionierten ihre jeweils drei Nachfolgeinstitute noch 1957 und trafen die für den Frankfurter Finanzplatz zukunftsträchtige Entscheidung, ihren Hauptsitz dort anzusiedeln, während die kleinere Commerzbank-Gruppe sich erst 1958 zusammenschloß. Die Commerzbank AG, die traditionell einen Hauptsitz in Hamburg gehabt hatte, entschied sich jedoch weder für Hamburg noch für Frankfurt, sondern für Düsseldorf, ein Indiz für die relative Stärke, die dieser Platz damals noch aufwies. Erst ab 1970 zentralisierte sie ihre Aktivitäten in Frankfurt. Der juristische Sitz wurde sogar erst 1990 von Düsseldorf nach Frankfurt verlegt.

Neben den Nachfolgeinstituten der drei Großbanken wurde auch Banken, die wegen der Dezentralisierungsbestimmungen der Alliierten nach dem Zweiten Weltkrieg als regional getrennte Institute gegründet worden waren, erlaubt, sich mit den gleichen steuerlichen Sonderregelungen analog zu den Großbanken zusammenzuschließen. So schlossen sich die sechs Banken für Gemeinwirtschaft in Düsseldorf, Frankfurt, Hamburg, Hannover, München und Stuttgart im Dezember 1958 zur Bank für Gemeinwirtschaft mit Sitz in Frankfurt zusammen.

Die Sogwirkung des Finanzplatzes Frankfurt auf Banken war nicht nur für die genannten Großbanken größer als die der anderen genannten Bankplätze, auch als Düsseldorf und Köln in Nordrhein-Westfalen und Hamburg und Bremen im norddeutschen Bankbezirk. Zwar waren besonders Köln, Hamburg und München attraktive Zentren für die Versicherungswirtschaft. Aber die Banken wählten meist Frankfurt, wenn es darum ging, eine Standortentscheidung für ihre Spitzeninstitute in Westdeutschland zu treffen. Und ohne Zweifel war es die Nähe zur Notenbank, die sie suchten und die bei solchen Standortentscheidungen eine weit wichtigere Rolle spielte als die zentrale geographische Lage Frankfurts in der Bundesrepublik. Kreditinstitute, im Unterschied zu Versicherungsgesellschaften, sind nun einmal angewiesen auf die Tuchfühlung mit der Institution, die die Macht hat, die Konditionen am Geldmarkt entscheidend mitzubestimmen, und die notfalls als *lender of last resort* Liquidität zur Verfügung stellen kann. In der Zeit vor Einführung der Faxgeräte, Datenautobahnen und On-Line-Möglichkeiten war die physische Präsenz der Zentralen der großen Kreditinstitute am Ort der Notenbank ebenso unverzichtbar wie zahlreiche Boten, die eilbedürftige Aufträge in Papierform physisch zu transportieren hatten.

Ein gutes Beispiel für die Anziehungskraft des Finanzplatzes Frankfurt anstelle der früheren Reichshauptstadt Berlin ist die Berliner Handels-Gesellschaft. Sie zählte zu den Großbanken in Berlin, verfügte als nur dort tätige Regionalbank jedoch nicht über ein Filialnetz in Westdeutschland, auf das sie nach der Schließung der Banken in Berlin mit ihrer Geschäftstätigkeit hätte ausweichen können. Sie «ruhte» daher für einige Jahre. Von einer schon im Juni 1945 eingerichteten Verwaltungsstelle in Berlin-Grunewald – d.h. in Berlin-West, während die geschlossene Hauptverwaltung in Berlin-Mitte, d.h. im sowjetischen Sektor, gelegen war – konnte die spätere Wiederbelebung der Bank organisiert werden. Es ist bezeichnend, daß das Berliner Institut nach der Gründung der Bank deutscher Länder als Standort für seinen eigenen Neuanfang in Westdeutschland noch 1948 Frankfurt auswählte. In jenem Jahr wurde dort die «Berliner Handels-Gesellschaft in Frankfurt am Main Aktiengesellschaft» mit einem Kapital von 10 Mio. Reichsmark/DM errichtet. Mit wesentlich geringerer Kapitalausstattung kam es 1949 nach der Lockerung der Bankensperre in den Westsektoren Berlins zur Gründung eines vergleichbaren Instituts in Berlin («Berliner Handels-Bank Aktiengesellschaft»). Beides war von vornherein als Übergangslösung konzipiert, bis der Weg wieder frei sein würde für eine Wiederaufnahme der Geschäfte unter dem traditionsreichen alten Namen. Das geschah in der ersten Jahreshälfte 1952, als die Berliner Handels-Gesellschaft als verlagertes Institut mit Sitz in Frankfurt am Main anerkannt wurde und unter diesem Namen wieder aktiv werden konnte.[27] 1954 erfolgte die Wiederzulassung auch in Berlin. Dadurch daß die Berliner Handels-Gesellschaft ihre Geschäfte hauptsächlich von Frankfurt aus betrieb und zunächst durch Übernahme kleinerer Privatbankhäuser in Kassel und Mainz sich zu einer Filialbank entwickelte, stärkte sie, wie die traditionellen Filialgroßbanken, den Finanzplatz Frankfurt. Das galt auch für ihre Fusion mit der traditionsreichen Frankfurter Bank zum 1. Januar 1970 unter dem Namen Berliner Handels- und Frankfurter Bank (BHF) mit Sitzen in Frankfurt und Berlin. Hier ergänzten sich zwei traditionelle Spezialisierungen: das Industriefinanzierungsgeschäft der Berliner Handels-Gesellschaft und die mündelsichere Vermögensverwaltung der Frankfurter Bank, von der diese sich aber nach dem Zweiten Weltkrieg zunehmend wegorientiert hatte, auch dadurch, daß sie zahlreiche Geschäftsbeziehungen und Personal von der Reichs-Kredit-Gesellschaft übernommen sowie ihr Kredit- und Auslandsgeschäft ausgebaut hatte.

Nach 1948 wurde Frankfurt als Standort für die Gründung einer Anzahl wichtiger Kreditinstitute mit Sonderaufgaben für die ganze Bundesrepublik ausgewählt. Dazu zählen die Deutsche Bau- und Bodenbank AG als Spezialinstitut für die Vor- und Zwischenfinanzierung des Wohnungsbaus, die deswegen auch die Nähe zum Geldmarkt benötigt, und die Landwirtschaftliche Rentenbank in Form eines öffentlich-rechtlichen Instituts. Letztere wurde 1949 als zentrales Refinanzierungsinstitut für die Land- und Ernährungswirtschaft gegründet.[28] Da sie sich im kurzfristigen Bereich am Geldmarkt oder über die Bundesbank finanzierte, war für sie die Nähe zur westdeutschen Notenbank von ausschlaggebender Bedeutung. Das galt auch für das Spitzeninstitut des genossenschaftlichen Bankensektors, die Deutsche Genossenschaftsbank (DG Bank), die 1949 als Deutsche Genossenschaftskasse in Frankfurt errichtet wurde. Ihre Aufgabe besteht zum einen darin, als Geschäftsbank mit einem umfassenden Leistungsangebot die lokalen Kreditgenossenschaften beim Angebot einer breiten Leistungspalette zu unterstützen und für sie an den nationalen und internationalen Finanzmärkten tätig zu sein. Als Zentralstelle für die Abwicklung des Zahlungsverkehrs im genossenschaftlichen Sektor nimmt sie zum anderen überschüssige Liquidität auf bzw. versorgt den Sektor im Bedarfsfall mit Liquidität. In dieser Funktion ist auch für sie die Nähe zum Geldmarkt und zur Notenbank von großer Bedeutung. Ähnliches gilt für die Deutsche Girozentrale/Deutsche Kommunalbank (DGZ), ursprünglich das Dachinstitut des Sparkassensektors. Sie hatte als ein aus Berlin verlagertes Institut 1950 ihre Geschäftstätigkeit in Düsseldorf aufgenommen. 1965 verlegte dieses Institut seinen Sitz von dort nach Frankfurt am Main. Der Schwerpunkt seiner Geschäftstätigkeit liegt heute im Bereich von Großfinanzierungen, sowohl der öffentlichen Haushalte und Sondervermögen als auch von Großunternehmen.

Die Hessische Landesbank, das Spitzeninstitut der Sparkassen in Hessen, hatte sich von Anfang an in Frankfurt angesiedelt. Auch die heutige Deutsche Verkehrs-Bank AG mit Sitz in Frankfurt und Berlin wurde damals als Hausbank der Deutschen Bundesbahn unter dem Namen Deutsche Verkehrs-Kredit-Bank und noch in Form eines öffentlich-rechtlichen Instituts in Frankfurt gegründet.

Institutsgründungen im Bereich der Außenhandelsfinanzierung benötigten ebenfalls die Nähe zur Notenbank und darüber hinaus zu den Zentralen der Geschäftsbanken, die bei ihrer Gründung federführend und traditionell in der Außenhandelsfinanzierung besonders engagiert waren, der Großbanken. Im Jahr 1952 wurde die Ausfuhrkredit AG (AKA) mit Sitz in Frankfurt am Main von einem Konsortium von 32 westdeutschen Banken, darunter auch das Bankhaus Metzler, gegründet, mit der damaligen Deutsche Bank-Gruppe als Konsortialführer. Auch ist die Deutsche Bank AG heute mit über 25% am Stammkapital der 1969 in eine GmbH umgewandelten AKA beteiligt. Sie ist spezialisiert auf die mittel- bis langfristige Finanzierung von Investitionsgüterexporten, vor allem in Entwicklungsländer und die früheren Staatshandelsländer. Dazu kann sie eine in den neunziger Jahren reduzierte besondere Rediskontlinie bei der Bundesbank in Anspruch nehmen. Es versteht sich von selbst, daß der Standort der Notenbank auch für die Sitzwahl der AKA entscheidend war.

Das gilt auch für die Privatdiskont AG, die 1959 in Verbindung mit der Wiedereröffnung des Privatdiskontmarktes in der Bundesrepublik in Frankfurt ebenfalls von einem Konsortium aus 85 maßgeblich im Außenhandel tätigen Banken, einschließlich des Bankhauses Metzler, gegründet wurde. Sie wurde in Personalunion mit der AKA betrieben. Nur Bankakzepte mit einer Laufzeit von 10 bis 90 Tagen, die der Finanzierung von Export-, Import- und Transithandelsgeschäften oder des grenzüberschreitenden Lohnveredelungsverkehrs dienten, waren auf dem Privatdiskontmarkt zugelassen. Die Privatdiskont AG wirkte zusammen mit der Bundesbank mit, wenn an der Frankfurter Börse täglich der Privatdiskontsatz amtlich notiert wurde. Die Privatdiskont AG kaufte und verkaufte jeweils die Spitzen, die der Geldmarkt selbst zu diesen Sätzen nicht vom Markt räumen konnte. Sie verfügte bis 1992 über ein spezielles Rediskontkontingent bei der Bundesbank, über welches sie Liquidität für die genannten Außenhandelsfinanzierungsgeschäfte beschaffen konnte. Seitdem ist ihr nur die Aufgabe verblieben, täglich einen Referenzzinssatz für inländische Schuldscheine mit variabler Verzinsung (*floating rate notes*) zu ermitteln und zu veröffentlichen, die schon erwähnte «Frankfurt Interbank Offered Rate» (FIBOR), eine Aufgabe, die ihr im Zusammenhang mit Deregulierungsmaßnahmen auf dem deutschen Finanzmarkt 1985 übertragen worden war. Seit Beginn der Europäischen Währungsunion zum 1. Januar 1999 ist der FIBOR durch den EURIBOR (= Euro Interbank Offered Rate) ersetzt worden. Dieser wird als durchschnittlicher Angebotszinssatz für entsprechende Ausleihungen von bis zu 57 europäischen, darunter 12 deutschen, Banken täglich ermittelt.[29]

Die genannten Institute waren alle auf die Nähe zum Geldmarkt und damit zur Notenbank, die dessen Konditionen entscheidend mitbestimmt, angewiesen. Das galt so nicht für Kreditinstitute, die vorwiegend das langfristige Finanzierungsgeschäft betreiben. So wurde die Industriekreditbank AG, die sich der mittel- und langfristigen Unternehmensfinanzierung, vor allem für die nicht emissionsfähigen Klein- und Mittelbetriebe widmete, Ende März 1949 nicht in Frankfurt, sondern in Düsseldorf nahe dem Industrieschwerpunkt Ruhrgebiet gegründet. Sie spielte eine zentrale Rolle bei der Umsetzung des Investitionshilfegesetzes von 1952, durch das die gewerbliche Wirtschaft verpflichtet wurde, 1,2 Mrd. DM zugunsten der Grundstoffindustrie aufzubringen, vor allem zugunsten der Montanindustrie an der Ruhr, deren noch gebundene Preise die Erwirtschaftung ausreichender Investitionsmittel nicht zuließen. Gleichermaßen konnten die Hypothekenbanken und sonstigen Realkreditinstitute auf die geographische Nähe zur Notenbank und zum zentralen Geldmarkt verzichten, da ihre typischen Geschäfte sowohl auf der Aktiv- als auch auf der Passivseite, d.h. sowohl bei der Kreditvergabe als auch bei der Refinanzierung, langfristiger Natur sind. Sie verteilen sich deshalb eher kundenorientiert über regionale Finanzzentren in der ganzen Bundesrepublik, darunter Frankfurt am Main, ohne dort in besonderer Konzentration vertreten zu sein. Allerdings verloren die Hypothekenbanken in der Wiederaufbauphase der Bundesrepublik nach und nach ihre Selbständigkeit dadurch, daß vor allem die Großbanken mit Sitz in Frankfurt Mehrheitsbeteiligungen erwarben.[30]

Ähnliches galt für die Privatbankhäuser. Besonders seit Mitte der sechziger Jahre haben viele der nach dem Zweiten Weltkrieg noch übriggebliebenen Privatbankiers ihre Firmen geschlossen. 1954, 1959 und 1965 existierten in der Bundesrepublik jeweils noch 212. Bis 1977 war ihre Anzahl fast dramatisch auf 97 geschrumpft.[31] In den folgenden zehn Jahren gaben per Saldo nur acht weitere Privatbankiers ihre Firmen auf. Nach 1987 verstärkte sich der Schrumpfungsprozeß wieder, so daß 1997 nur noch 58 Privatbankhäuser in der Bundesrepublik existierten.[32] Von diesen hatten aber fast alle ihre Selbständigkeit eingebüßt. Sie sind von größeren Kreditinstituten, teilweise auch aus dem Ausland, übernommen worden. Diese wollten entweder mit dem Firmennamen eines Privatbankiers vor allem ihrer vermögenden Privatkundschaft eine exklusivere Alternative zum Angebot der gleichen Leistungen im Mengengeschäft des eigenen Hauses bieten oder – wie im Fall übernehmender Auslandsbanken – sich ein Standbein für Geschäfte in der Bundesrepublik verschaffen. Heute jedenfalls ist B. Metzler seel. Sohn & Co. mit Sitz in Frankfurt am Main das älteste und eines der wenigen Privatbankhäuser der Bundesrepublik, die noch selbständig operieren und nicht im Eigentum eines größeren Kreditinstituts oder eines anderen Unternehmens stehen. Dagegen ist das ebenfalls traditionsreiche Frankfurter Bankhaus Gebrüder Bethmann 1982 von der Bayerischen Vereinsbank übernommen worden.

Die Anziehungskraft des Finanzplatzes Frankfurt auf solche Privatbankhäuser, die ihren Sitz traditionell an anderen westdeutschen Finanzplätzen haben, zeigt sich daran, daß auch sie Niederlassungen in Frankfurt eingerichtet haben. Das gilt für Sal. Oppenheim jr. & Cie. mit dem Stammsitz in Köln, Delbrück & Co., Köln, das Bankhaus Hermann Lampe KG, Bielefeld, Joh. Berenberg, Gossler & Co., Hamburg, und M.M. Warburg & Co. mit dem Stammsitz ebenfalls in Hamburg. Andere Privatbankhäuser sind mit Geschäftsstellen in Frankfurt vertreten, die im Vergleich zu Niederlassungen weniger juristische und geschäftliche Eigenständigkeit besitzen.

Ein guter Indikator dafür, wie dominierend der Finanzplatz Frankfurt nach dem Zweiten Weltkrieg in Deutschland wieder geworden war, ist auch die zunehmende Konzentration der Auslandsbanken am Standort Frankfurt, vor allem seitdem diese im Anschluß an die Währungsturbulenzen der zweiten Hälfte der sechziger Jahre, die 1973 in die endgültige Auflösung des Bretton-Woods-Systems fester Wechselkurse einmündeten, ihre Präsenz in der Bundesrepublik erheblich verstärkten. Darauf werde ich im Abschnitt über Innovationen zurückkommen.

Die Sogwirkung des Finanzplatzes Frankfurt blieb – generell gesprochen – auf Banken und die von diesen besonders in den letzten 20 Jahren vermehrt eingerichteten Kapitalanlagegesellschaften beschränkt. Von den 67 Kreditinstituten, die 1997 als Kapitalanlagegesellschaften statistisch erfaßt wurden, hatten 23, d.h. mehr als ein Drittel, ihren Sitz in Frankfurt.[33] Die Nähe zu den Zentralen der sie betreibenden Groß- und anderen in Frankfurt ansässigen Banken und die dominierende Stellung der Frankfurter Wertpapierbörse in Deutschland bieten hier die Erklärung, nicht die Nähe zur Notenbank. Denn Kapitalanlagegesellschaften benötigen den direkten Kontakt mit dem Geldmarkt nicht. Dagegen ist die Versicherungswirtschaft an anderen Finanzplätzen, wie Hamburg, Köln und München, weit stärker vertreten als in Frankfurt. Mit ihrem primär langfristigen Geschäft benötigen sie weder den unmittelbaren Geldmarkt- und Notenbankkontakt noch haben sie in der Vergangenheit in größerem Ausmaß ihre Mittel an der Aktienbörse anlegen dürfen. Zwar sind Großbanken an Versicherungsgesellschaften häufig mit größeren Aktienpaketen beteiligt. Aber das gilt auch umgekehrt, wie z.B. bei der gegenseitigen Beteiligung der Allianz Versicherung und der Dresdner Bank. Es existieren jedoch kaum Mehrheitsbeteiligungen. Anders als bei den Kapitalanlagegesellschaften sprechen auch die relativen Größenverhältnisse in der Kapitalausstattung und der Marktkapitalisierung für ein Verhältnis zwischen ähnlich starken Partnern und nicht – wie bei den Kapitalanlagegesellschaften – für ein Abhängigkeitsverhältnis von den Großbanken. Die Geschäftsfelder sind im übrigen zu unterschiedlich, als daß – selbst dann, wenn ein Abhängigkeitsverhältnis der Versicherungen von den Banken bestünde – die Expertise in Bankgeschäften der Führung eines Versicherungsunternehmens besonderen Nutzen stiften würde. Auch aus diesem Grunde ist die Konzentration der Versicherungswirtschaft am zentralen Bankplatz überflüssig.

Allerdings unterscheidet sich Frankfurt in diesem Punkte entscheidend von London und Paris. An jenen Finanzplätzen sind nicht nur Banken und Börsen, sondern ist auch die Versicherungswirtschaft konzentriert. Die Erklärung liegt darin, daß sowohl England als auch Frankreich traditionell zentralistisch organisierte Staaten waren mit der Folge, daß sich in den Hauptstädten gerade auch das nicht anderweitig standortgebundene Dienstleistungsgewerbe konzentrierte. In Deutschland dagegen gab es eine Tradition ursprünglich der Zersplitterung und nach der Gründung des Deutschen Reiches 1871 des föderativen Staatsaufbaus, in dem dezentrale Wirtschaftsstrukturen eine viel größere Rolle spielten. Die zentralistischen Tendenzen während der Weimarer Republik und besonders während des Dritten Reiches haben daran wenig ändern können, zumal die Besatzungsmächte in Westdeutschland auf Drängen der Amerikaner der Bundesrepublik erneut eine föderative politische Struktur verordneten. Zur wirtschaftlichen Dezentralisierung in Westdeutschland trug auch das Wegbrechen des Industrie- und Finanzzentrums Berlin bei mit der Folge, daß Berliner Unternehmen, wenn sie sich an neuen Standorten in Westdeutschland etablierten, in ganz unterschiedlichen Regionen tätig wurden. Das galt auch für die Versicherungswirtschaft.

Auch auf Verbände der Kreditwirtschaft übte Frankfurt als Finanzplatz keine Anziehungskraft aus, wohl aber Frankfurt als politische Hauptstadt, solange die Planungen und Aktionen der westlichen Besatzungsmächte noch darauf abgestellt waren. So etablierte sich als Vorläuferin des ab 1953 wieder unter seinem traditionellen Namen tätigen Deutschen Sparkassen- und Giroverbandes e.V. im Oktober 1947 die «Arbeitsgemeinschaft Deutscher Sparkassen- und Giroverbände und Girozentralen» mit einer Geschäftsstelle in Frankfurt. Nach der Gründung der Bundesrepublik mit Bonn als Hauptstadt konnte dieser Verband als Interessenvertretung des Sparkassensektors im politischen Raum auf die räumliche Nähe zu Regierung und Parlament nicht lange verzichten. 1951 verlegte er seinen Sitz von Frankfurt nach Bonn. Auch der Spitzenverband des privaten Bankgewerbes, der Bundesverband deutscher Banken e.V., ist nicht in Frankfurt zu Hause. Wie zahlreiche andere Spitzenverbände der gewerblichen Wirtschaft, die mit der Bundesregierung nach Berlin umziehen werden, ist er zwar nicht in Bonn, aber in unmittelbarer Nähe, in Köln, ansässig. Auch der Verband öffentlicher Banken und der Bundesverband der Deutschen Volksbanken und Raiffeisenbanken sind als Interessenvertretungen ihrer jeweiligen Mitglieder nicht in Frankfurt, sondern in Bonn tätig.

3. Handel und Gewerbe

Wie schon für das Deutsche Reich seit dem späten 19. Jahrhundert, steht auch für die Zeit nach der Gründung der Bundesrepublik zur genaueren Einschätzung der Entwicklung von Handel und Gewerbe in Frankfurt detailliertes Zahlenmaterial aus den mit den Volkszählungen jeweils verbundenen Zählungen der Arbeitsstätten und der darin Beschäftigten zur Verfügung.[34] Dieses Datenmaterial, das bis hinunter zur Ebene der kreisfreien Städte für die Jahre 1950, 1961, 1970 und 1987 aufgeschlüsselt ist, läßt sich einerseits unter dem Gesichtspunkt auswerten, wie sich die Beschäftigtenstruktur als Indikator für die Wirtschaftsstruktur in Frankfurt verändert hat. Andererseits läßt es den Vergleich Frankfurts mit anderen Finanzplätzen in der Bundesrepublik zu hinsichtlich der Frage, wie sich das Gewicht des Finanzsektors, gemessen an dessen Beschäftigtenanteil, in der jeweiligen Stadt verändert hat.

1950 waren von insgesamt 296403 Beschäftigten in Frankfurt nur 6931 im Geld-, Bank- und Börsenwesen tätig. Das waren gerade einmal 2,3%. Das Versicherungswesen war in Frankfurt mit 1291 Beschäftigten noch weit schwächer besetzt. Es machte nicht einmal 0,5% aus. Der Finanzplatz befand sich noch in einem embryonalen Zustand. Die Deutsche Bundespost und die Deutsche Bundesbahn mit ihren jeweiligen Hauptverwaltungen in Frankfurt sowie die öffentliche Verwaltung beschäftigten mit je rund 13000 Personen (4,4%) ein Vielfaches des Finanzsektors. Selbst im Bereich Gesundheit und Hygiene waren mit über 7000 mehr Personen beschäftigt als im Kreditgewerbe. Mit rund 60000 Beschäftigten war der Handelssektor von allen Wirtschaftsbranchen am stärksten vertreten, d.h. mit rund 20%. Das ebenfalls arbeitsintensive Baugewerbe kam auf gut die Hälfte davon. Im weniger arbeitsintensiven industriellen Sektor fanden im Stadtgebiet Frankfurt immerhin rund 36% Beschäftigung. Die Branchen mit mehr Beschäftigten als im Kreditgewerbe waren: die chemische Industrie mit knapp 18000 (6,1%), der Maschinenbau und die Elektrotechnik mit je rund 13500 (4,6%), das Bekleidungsgewerbe mit rund 10000 (3,4%) sowie der Straßenfahrzeugbau mit rund 8000 Personen (2,7%).

In den Wirtschaftswunderjahren der fünfziger Jahre wuchs mit der Einwohnerzahl der Stadt die Beschäftigung in Frankfurt wie in anderen Großstädten enorm an, und zwar um mehr als 50% auf 486496 Personen bei der Arbeitsstättenzählung 1961. In dieser Phase begann auch der Finanzsektor seinen Aufschwung; denn die Beschäftigung im Finanzsektor stieg noch erheblich stärker an, nämlich auf 18134 Personen (3,7% der Gesamtbeschäftigung) im Kreditsektor und auf 8059 Personen (1,7%) im Versicherungswesen. Auch die öffentliche Verwaltung wuchs überproportional auf gut

30000 Personen (6,2%), Bahn und Post allerdings schon unterproportional; sie beschäftigten nur noch 3,3 bzw. 3,9%. Die Beschäftigung im Gesundheitswesen war sogar absolut auf die Hälfte geschrumpft. Der Handelssektor blieb mit fast 95000 Personen dominant und hielt mit rund 20% seinen Anteil. Das Baugewerbe fiel relativ zurück auf 8,2%. Aber trotz der bekannten hohen Produktivitätsfortschritte im Industriesektor der Wirtschaftswunderzeit vergrößerte die chemische Industrie ihren Anteil an der Beschäftigung auf 6,7%, der Maschinenbau auf 6,3% und die Elektrotechnik sogar auf 6,7%. Das Bekleidungsgewerbe demgegenüber schrumpfte sogar absolut. Mit anderen Worten, das hohe Wirtschaftswachstum der Wirtschaftswunderzeit war auch in Frankfurt nicht nur mit hohem Beschäftigungswachstum allgemein verbunden, sondern auch mit einem Strukturwandel hin zu modernen Industriebranchen und zu Dienstleistungen, und zwar nicht nur des Kredit- und Versicherungssektors, sondern auch zu den davon und vom Handel separat erfaßten «Dienstleistungen von Unternehmen und Freien Berufen». Diese hatten 1950 nur einen Beschäftigtenanteil von 5,7% ausgemacht. Sie erreichten 1961 11,8%.

Bis zur nächsten Arbeitsstättenzählung 1970 verzeichnete Frankfurt ein stark abgeschwächtes Beschäftigtenwachstum auf 538473 Personen. Wahrscheinlich läßt sich dies darauf zurückführen, daß das Wirtschaftswachstum nur noch geringfügig über dem noch immer hohen Produktivitätswachstum lag. Demgegenüber wuchs die Beschäftigung im Kreditsektor um über 50% auf 28037 Personen (5,2% der Gesamtbeschäftigung) und im Versicherungsgewerbe fast genau so stark auf 12224 Personen (2,3%). Noch immer wuchs auch die öffentliche Verwaltung leicht überproportional auf einen Anteil von 6,8%. Aber damit war sie jetzt hinter den Finanzsektor zurückgefallen. Bahn und Post waren nicht nur relativ, sondern auch absolut geschrumpft und machten nur noch 2,6 bzw. 3,5% aus. Dafür zeigte sich bei dieser Zählung die enorm gestiegene Bedeutung des Frankfurter Flughafens mit über 14000 Beschäftigten (2,6%). Der Handelssektor stagnierte bei rund 95000 Personen, was jetzt nur noch 17,7% entsprach. Das Baugewerbe fiel auf einen Anteil von 7,5% zurück. Demgegenüber konnte die chemische Industrie ihren Anteil weiter steigern und kam jetzt ebenfalls auf 7,5%. Aber der Maschinenbau fiel auf 4,3% zurück, die Elektrotechnik allerdings nur auf 6,5%. Mit anderen Worten, die industrielle Expansion lief schon in den sechziger Jahren in Frankfurt aus, während die Beschäftigung im Dienstleistungssektor weiter stark expandierte, und das nicht nur im Finanzsektor. Die «Dienstleistungen von Unternehmen und Freien Berufen» erreichten 1970 einen Beschäftigtenanteil von 18,6%. Im Industriesektor waren 1970 nur noch 30% der Beschäftigten tätig gegenüber 36% 1950.

In der letzten, 1987 durchgeführten Arbeitsstättenzählung sind für die

Kreise und kreisfreien Städte nicht mehr die Beschäftigten, sondern unter Ausklammerung der tätigen Inhaber und ihrer mithelfenden Familienangehörigen nur die Arbeitnehmer angegeben.

Da die Beschäftigten in den hier betrachteten Wirtschaftsbranchen fast ausschließlich aus Arbeitnehmern bestanden, sind die 1987er Angaben durchaus mit denen der früheren Jahre vergleichbar. In Frankfurt wurden 1987 529271 Arbeitnehmer gezählt. 1970 waren es 497507 gewesen, d.h. trotz des abgeschwächten allgemeinen Wirtschaftswachstums in der Bundesrepublik und weltweit seit etwa 1973 gewann Frankfurt, im Gegensatz zu Städten wie Hamburg und Düsseldorf, noch Arbeitsplätze hinzu, freilich nicht so stark wie München. Auch in diesen städtischen Entwicklungen spiegelt sich der regionale Strukturwandel zugunsten Süddeutschlands.

Für den Kreditsektor in Frankfurt war auch die Periode 1970–1987 von einer starken Expansion der Beschäftigungen auf 40671 Personen geprägt. Dort waren 1987 7,7% aller Arbeitnehmer Frankfurts tätig. Ganz im Gegensatz dazu schrumpfte die Beschäftigtenzahl im Versicherungsgewerbe um mehr als ein Viertel auf nur noch 8872 Arbeitnehmer (1,7% der beschäftigten Arbeitnehmer). Der Frankfurter Platz spezialisierte sich mit dieser Entwicklung auf die Geld-, Bank- und Börsengeschäfte innerhalb des Finanzsektors. Die Weiterentwicklung des Versicherungswesens fand an anderen Finanzplätzen statt. Aber die öffentliche Verwaltung wuchs in Frankfurt noch immer stark überproportional, erreichte fast 11% und lag wieder höher als die Beschäftigtenzahl im Finanzsektor.

Der Handelssektor verkleinerte sich auf gut 71000 Arbeitnehmer. Das waren nur noch 13,5% der Gesamtbeschäftigung. Der Anteil des Baugewerbes war auf 4,3%, d.h. auf fast die Hälfte, geschrumpft, ein Spiegelbild des Auslaufens der großen Nachkriegsbaukonjunktur um 1973. Am stärksten zu Buche schlug das Schrumpfen des Industriesektors, einschließlich der zuvor genannten Industriebranchen. Dort hatte es in Frankfurt 1970 noch rund 155000 Arbeitsplätze gegeben. 1987 existierten nur noch rund 100000 (19% der Gesamtbeschäftigung). Dies wurde fast ausgeglichen durch die Zunahme der Arbeitsplätze bei den «Dienstleistungen von Unternehmen und Freien Berufen» von gut 61000 1970 auf 113500 1987. Auch außerhalb des Finanzsektors war also der Trend zur Dienstleistungsgesellschaft ungebrochen.

Die Bedeutung des Kreditsektors im Frankfurter Wirtschaftsleben hat auch nach 1987 weiter stark zugenommen. Die Landeszentralbank in Hessen erfaßte nach ihrer Methode für das Jahr 1987 46200 Beschäftigte bei Kreditinstituten in Frankfurt und kam damit auf 10,1% aller in der Stadt Beschäftigten. Für 1997 kam sie auf 57900 Beschäftigte in Frankfurter Kreditinstituten, was einem Anteil von 12,8% an der Gesamtbeschäftigung entsprach.[35] Im Vergleich mit dem oben genannten Anteil von 2,3%, der für Frankfurt für das

Tabelle 2: Beschäftigte/Arbeitnehmer im Finanzsektor an verschiedenen deutschen Finanzplätzen 1950, 1961, 1970 und 1987

	Frankfurt am Main	Hamburg	Düsseldorf	Köln	München	Stuttgart
1950						
Beschäftigte[1] gesamt	296403	606106	248005	277474	423221	278799
in Kreditinstituten u.ä.	6931	8213	4197	3331	8469	3821
im Versicherungsgewerbe	1291	4484	3068	5142	6712	4194
1961						
Beschäftigte gesamt	486496	1005530	415927	460627	656483	444153
in Kreditinstituten u.ä.	18134	17595	12086	8948	15328	9122
im Versicherungsgewerbe	8059	16985	7404	12095	14560	10550
1970						
Beschäftigte gesamt	538473	970721	432324	483230	729979	446766
in Kreditinstituten u.ä.	28037	24972	16073	11001	21672	11395
im Versicherungsgewerbe	12224	21481	8161	18866	20147	11965
1987						
Arbeitnehmer[2] gesamt	529271	871613	385256	457680	789159	416790
in Kreditinstituten u.ä.	40671	25686	18450	13404	27249	13147
im Versicherungsgewerbe	8872	21295	8480	19611	21610	12635

Quellen:

1950: Statistisches Bundesamt (Hg.), Statistik der Bundesrepublik Deutschland, Bd.46: Die nichtlandwirtschaftlichen Arbeitsstätten in den Ländern und deren Verwaltungsbezirken nach der Zählung vom 13.9.1950, Stuttgart 1953.

1961: Statistisches Bundesamt (Hg.), Unternehmen und Arbeitsstätten. Arbeitsstättenzählung vom 6.Juni 1961, Heft 3: Nichtlandwirtschaftliche Arbeitsstätten (örtliche Einheiten) und Beschäftigte in den Ländern und deren Verwaltungsbezirken, Stuttgart 1965.

1970: Statistisches Bundesamt (Hg.), Unternehmen und Arbeitsstätten. Arbeitsstättenzählung vom 27.Mai 1970, Heft 5: Nichtlandwirtschaftliche Arbeitsstätten (örtliche Einheiten), Beschäftigte, Lohn- und Gehaltsummen in den Ländern und Verwaltungsbezirken, Stuttgart 1973.

1987: Statistisches Bundesamt (Hg.), Unternehmen und Arbeitsstätten. Arbeitsstättenzählung vom 25.Mai 1987, Fachserie 2, Heft 6: Arbeitsstätten und Beschäftigung nach Kreisen, Stuttgart 1990.

[1] Beschäftigte sind Arbeitnehmer plus tätige Inhaber plus unbezahlt mithelfende Familienangehörige.

[2] 1987 wurden auf der Ebene der Kreise und kreisfreien Städte nicht mehr die Beschäftigten, sondern nur noch die Arbeitnehmer angegeben.

Jahr 1950 festgestellt wurde, und mit dem Anteil der Bankbeschäftigten an der Gesamtbeschäftigung im Bundesgebiet insgesamt im Jahr 1997 von 2,7%[36] zeigt sich die außerordentlich große Bedeutung, die der Kreditsektor als Teil des Finanzdienstleistungssektors in Frankfurt in der zweiten Hälfte des 20. Jahrhunderts gewonnen hat.

Die Entwicklung Frankfurts zum bedeutendsten Finanzplatz Deutschlands läßt sich anhand der Arbeitsstättenzählungen auch im Vergleich zu den konkurrierenden Städten der Bundesrepublik darstellen. Eine Übersicht darüber bietet Tabelle 2 mit den Beschäftigtenzahlen im Kreditsektor sowie im Versicherungsgewerbe.

1950 lag Frankfurt mit seinem Kreditsektor sowohl hinter München als auch hinter Hamburg zurück, allerdings deutlich vor den Konkurrenten Düsseldorf, Köln und Stuttgart. Im Versicherungsgewerbe zeigte Frankfurt mit Abstand die geringste Beschäftigung von allen verglichenen Städten. 1961 hatte Frankfurt beim Versicherungsgewerbe deutlich aufgeholt, ja Düsseldorf sogar leicht überholt. Im Kreditsektor hatten sich inzwischen die Rezentralisierung der Großbanken und andere Standortentscheidungen zugunsten von Frankfurt ausgewirkt. Die Stadt hatte sich an die Spitze gesetzt und Hamburg und München auf den zweiten und dritten Platz verwiesen. Ein noch deutlicheres Bild ergibt sich, wenn man die Zahlen in Relation zur jeweiligen Gesamtzahl der Beschäftigten setzt.

1970 hatte Frankfurt seinen Vorsprung im Kreditsektor gegenüber Hamburg, München und an vierter Stelle Düsseldorf, danach Stuttgart und Köln weiter ausgebaut. Aber Hamburg, München und Köln waren im Versicherungswesen noch immer bedeutend stärker als Frankfurt, während Stuttgart etwa gleichauf und Düsseldorf sogar zurücklag. 1987 war Frankfurt im Versicherungswesen etwa auf das Niveau von Düsseldorf zurückgefallen, während die anderen Städte ihre schon 1970 gezeigten Stärken in diesem Bereich hielten und ausbauten. Aber die Beschäftigtenzahl im Kreditsektor hatte in Frankfurt so zugenommen, daß die Stadt die Konkurrenz weit hinter sich lassen konnte. Interessant ist nur, daß jetzt, wie schon 1950, München auf Platz zwei und Hamburg auf Platz drei lag. Mit der zunehmenden Präsenz ausländischer Banken in Frankfurt dürfte sich der Abstand gegenüber den anderen Städten inzwischen weiter deutlich vergrößert haben.

4. Geldpolitik und Währungsstabilität

Wie bereits im Eingangskapitel zu diesem Buch ausgeführt, wird unter den Voraussetzungen, die ein internationales Finanzzentrum entstehen und gedeihen lassen, immer auch das Vorhandensein stabiler Währungsverhältnisse genannt. Für die Zeit nach dem Zweiten Weltkrieg ist es allerdings angezeigt, nicht von absoluter Stabilität der Währungsverhältnisse auszugehen, sondern nur von einer relativen Stabilität. Alle Länder der Welt haben nach 1945 eine tendenziell inflationäre Entwicklung erlebt, die stabileren unter ihnen in einer Form, die meist nicht über die einer «schleichenden Inflation» von weniger als 5–10% hinausging. Die Stabilitätskultur in den Ländern, die heute über die wichtigsten internationalen Finanzzentren verfügen, nämlich die USA, Großbritannien, Frankreich, die Schweiz, Japan und die Bundesrepublik, war in der zweiten Hälfte des 20. Jahrhunderts sehr unterschiedlich. Bis in die späten siebziger Jahre wiesen Großbritannien, Frankreich und Japan wesentlich höhere Inflationsraten auf als die USA und diese im Durchschnitt höhere als die Bundesrepublik und die Schweiz. Trotzdem sind New York und London bis heute die beiden wichtigsten Finanzplätze geblieben. Zürich und Paris haben sich trotz der unterschiedlichen Geldwertentwicklung in ihrer Bedeutung nicht auseinander entwickelt. Trotz der wesentlich geringeren Währungsstabilität Japans in den ersten drei Jahrzehnten nach 1945 ist Tokio heute ein mindestens ebenso bedeutendes Finanzzentrum wie Frankfurt am Main. Anscheinend kann ein geringeres Maß an Währungsstabilität durch andere Faktoren kompensiert werden, zu denen sicherlich auch das Angebot an Möglichkeiten gehört, sich gegen eine Währungsentwertung zu schützen, sei es z. B. durch Kurssicherungsgeschäfte, durch das Eskomptieren von Inflationserwartungen in höheren Zinssätzen auf liberalisierten Kapitalmärkten oder durch den Aufbau eines inländischen Finanzmarktes mit einem hohen Handelsanteil fremder stabiler Währungen sowie darin denominierter Geld- und Kapitalmarkttitel.

Nun ist Währung immer ein gesamtwirtschaftliches Phänomen, ein Finanzplatz demgegenüber ein regionales Phänomen innerhalb eines Währungsgebiets. Doch steht hinter jedem international bedeutenden Finanzplatz, der seine Attraktivität nicht nur aus seiner Sonderposition als Steueroase oder als Aufbewahrer von Fluchtgeldern bezieht, die Wirtschaftskraft, internationale Wettbewerbsfähigkeit, Währungs-, Wirtschafts-, Steuer- und Regulierungspolitik des ganzen Landes. New York wäre ohne die Wirtschaftskraft der Vereinigten Staaten als Ganzes und ohne den riesigen Währungsraum, den der Dollar bedient, nicht zum bedeutendsten internationalen Finanzplatz der Welt herangewachsen.

In gleicher Weise ist der Aufstieg Frankfurts in seine heutige Position als einer der führenden internationalen Finanzplätze Europas und der Welt eng verknüpft mit dem wirtschaftlichen Wiederaufstieg der Bundesrepublik Deutschland zur zweitgrößten Exportnation der Welt und zur führenden Wirtschaftsmacht in Europa sowie mit der Entwicklung der D-Mark zu einer der stabilsten Währungen der Welt. Insofern macht es Sinn, wenn es einige

Fachleute bevorzugen, vom «Finanzplatz Deutschland» statt von seinem führenden «Finanzplatz Frankfurt» zu reden.[37]

Die im Vergleich zu den anderen großen westeuropäischen Ländern, wie Großbritannien, Frankreich, Italien und Spanien, ja auch zu den USA, beeindruckende Stabilität der D-Mark in den letzten 50 Jahren muß an dieser Stelle mit Zahlen nicht weiter belegt werden.[38] Über die Gesamtperiode von 1950 bis 1995 wies die Bundesrepublik noch vor der Schweiz und Luxemburg mit 2,87% im Jahresdurchschnitt den geringsten Anstieg der Lebenshaltungskosten auf. Das hat ganz wesentlich dazu beigetragen, daß die D-Mark und der Finanzplatz Deutschland, die beide Anfang der fünfziger Jahre international keinerlei Rolle spielten, die heute erreichten starken Positionen im internationalen Rahmen einnehmen konnten. Denn Vertrauen in die langfristige Stabilität einer Währung ist einer der wesentlichsten Faktoren, wenn es um die internationale Nachfrage nach dieser Währung und der in ihr ausgedrückten Finanztitel geht. Die internationale Attraktivität der D-Mark und der darin ausgedrückten Finanzaktiva trug ihrerseits zur Stabilität in Deutschland insofern bei, als die D-Mark seit der zweiten Hälfte der fünfziger Jahre in Schüben, aber tendenziell stets unter Aufwertungsdruck stand und gegenüber anderen international bedeutenden Währungen, vor allem dem britischen Pfund und dem US-Dollar, aufgewertet wurde, sei es von der Bundesregierung in der Zeit der festen Wechselkurse mit den D-Mark-Aufwertungen 1961 und zwischen 1968 und 1973 oder sei es vom Markt in der Zeit der generell floatenden Wechselkurse danach.

Die besondere Stabilitätskultur der Bundesrepublik wird häufig als Ergebnis der zweimaligen totalen Währungszerrüttung in Deutschland im 20. Jahrhundert angesehen. Dagegen spricht einerseits, daß das zweitstabilste Industrieland, die Schweiz, vergleichbare Inflationserfahrungen nicht gemacht hatte, andererseits, daß zumindest in den frühen fünfziger Jahren, als der Grundstein für diese Stabilitätskultur gelegt wurde, die darauf gerichtete Notenbankpolitik von einem der Hauptverantwortlichen anders begründet wurde. Der Zentralbankrat (ZBR) der Bank deutscher Länder hielt auch nach der schnellen Überwindung der ersten und einzigen westdeutschen Zahlungsbilanzkrise in Defizitposition im Herbst und Winter 1950/51 den Fuß auf der kreditpolitischen Bremse bis weit in das Jahr 1952 hinein. Der ZBR begründete dies nicht nur mit der Notwendigkeit einer weiteren Inflationsbekämpfung, sondern mit der Absicht, die binnenwirtschaftliche Nachfrage niedrig zu halten, um einen Exportdruck zu erzeugen und die deutsche Industrie auf die Auslandsmärkte zu verweisen.[39] Der damalige Präsident des Direktoriums der Bank deutscher Länder, Wilhelm Vocke, brachte das Ziel jener rigorosen Stabilitätspolitik noch deutlicher auf den Punkt. Am 17. Mai 1951, nach den hohen Preissteigerungen des ersten Koreakriegsjahres, wies er vor einem interessierten Fachpublikum auf die entscheidende Motivation der Notenbank für ihre Politik der Preisstabilisierung folgendermaßen hin:

«Gewiß, die Preissteigerungen bei uns haben uns ernste Sorge gemacht – aber, wenn Sie sie mit dem ausländischen Preisniveau und mit den Preissteigerungen im Ausland vergleichen, so sehen Sie mit Befriedigung, daß wir ständig erheblich darunter bleiben. Und das ist unsere Chance, das ist entscheidend, für unsere Währung und besonders für unseren Export. Wir leben von der Steigerung unseres Exports, und dieser wieder von der relativen Niedrighaltung unseres Preis- und Lohnniveaus. ... Wie gesagt, unser hinter dem Ausland zurückbleibendes Preisniveau ist der zentrale Punkt unserer Bemühungen bei der Notenbank, und es ist ein Erfolg dieser Bemühungen.»[40]

Das war eine Art währungspolitischer Merkantilismus, der von Frankfurt aus zur Förderung der Wachstumschancen der westdeutschen Wirtschaft im internationalen Wettbewerb betrieben wurde. Zu seinen notwendigen Bedingungen gehörte freilich das Bretton-Woods-System fester Wechselkurse, welches verhinderte, daß der Stabilitätsvorsprung eines Landes durch Wechselkursanpassungen aufgezehrt wurde und so für die internationale Wettbewerbsposition keinen Vorteil bringen konnte.

Die Sicherung der Preisstabilität durch die Bank deutscher Länder und seit Juli 1957 durch die Bundesbank war aus dieser Sicht deshalb nicht nur ein wirtschaftspolitisches Ziel, sondern auch ein Instrument, mit dem sich das Erreichen anderer wirtschaftspolitischer Ziele, vor allem das Wirtschaftswachstum und die Vollbeschäftigung, fördern ließ, jedenfalls solange das Bretton-Woods-System fester Wechselkurse noch nicht zerfallen war und deshalb Produktionskostenvorteile im internationalen Wettbewerb bei zunehmender Liberalisierung des Außenhandels, multilateral im Rahmen des GATT und regional in der Europäischen Wirtschaftsgemeinschaft, relativ ungehindert zum Tragen kommen konnten. Der heftige Widerstand gegen D-Mark-Aufwertungen im Bretton-Woods-System, der bei entsprechenden Forderungen des Auslands nicht nur von der westdeutschen Industrie, sondern auch von der Bundesbank (außer 1968/69) und über weite Strecken von der Bundesregierung geleistet wurde, auch wenn diese 1961 und Ende der sechziger Jahre schließlich teilweise doch dem internationalen Druck nachgab und vergleichsweise bescheidene D-Mark-Aufwertungen zuließ, ist aus der Logik dieser Strategie des währungspolitischen Merkantilismus verständlich.[41]

Während in der Periode der grundsätzlich festen Wechselkurse die größere Preisstabilität in der Bundesrepublik im Vergleich zu den meisten Konkurrenzländern mit positiven Wirkungen auf das Wirtschaftswachstum und die Beschäftigung bis hin zu deutlichen Überhitzungserscheinungen auf dem

Arbeitsmarkt verbunden war, gab es diesen Zusammenhang in der Periode grundsätzlich flexibler Wechselkurse seit 1973 nicht mehr, weil Inflationsdifferenzen, zumindest langfristig entsprechend der Kaufkraftparitätentheorie, durch entsprechende Wechselkursänderungen neutralisiert wurden. Über alle konjunkturellen Zyklen hinweg hatten wir in Deutschland seitdem eine tendenziell steigende Arbeitslosigkeit und – wie in anderen Industrieländern auch – ein weit geringeres Wirtschaftswachstum als in den 25 Jahren zuvor. Die größere Preisstabilität in der Bundesrepublik im Vergleich zu den meisten Konkurrenzländern hatte nunmehr neben ihrem wirtschafts- und gesellschaftspolitischen Wert an sich auch noch eine weitere Funktion. Sie stärkte das Vertrauen des Auslands in die D-Mark und trug neben der im internationalen Wettbewerb sichtbaren Wirtschaftskraft Deutschlands entscheidend dazu bei, daß die D-Mark zu einer der international angesehensten und begehrtesten Währungen wurde. Dies war der Nährboden, auf dem der Finanzplatz Deutschland mit Frankfurt im Zentrum durch seine freilich verspäteten, aber nicht zu späten Innovationen, Deregulierungen und Modernisierungen zu seiner heutigen Bedeutung heranwachsen konnte.

1972 erwähnt der Jahresbericht des Internationalen Währungsfonds die D-Mark erstmals als Reservewährung. 1995 lag der D-Mark-Anteil an den offiziellen Weltwährungsreserven nach einer Schätzung der Bank für Internationalen Zahlungsausgleich bei rund 16%. Das war der zweite Platz hinter dem US-Dollar-Anteil von 61%, weit vor dem Anteil des Yen mit rund 8% und des Pfund Sterling mit rund 4%. Beim Bargeldumlauf im Ausland hat die D-Mark gegenüber dem Dollar noch stärker aufgeholt, während von den anderen Währungen nur die Japans und der Schweiz als Bargeld im Ausland eine gewisse Rolle zu spielen scheinen. Jedenfalls ist für die D-Mark der Anteil des im Ausland zirkulierenden Bargeldes auf 30–40% geschätzt worden, im Vergleich zu 50–70% für den US-Dollar. Auch bei den internationalen Finanzanlagen, d.h. bei der Währungszusammensetzung der Eurowährungseinlagen, der Auslandsanleihen, der Auslandsbankkredite und der langfristigen Verschuldung von Entwicklungsländern, lag die D-Mark 1995 mit 15,5% hinter dem US-Dollar mit 37,9% und vor dem Yen mit 12,4%. Die gleiche Rangfolge in etwa gleicher Proportion zeigt sich für D-Mark, US-Dollar und Yen bei den weltweiten Bruttoumsätzen an den Devisenmärkten 1995. Auch unter den Währungen, in denen der Welthandel fakturiert wird, belegt die D-Mark den zweiten Platz, nämlich 1992 mit rund 15%, hinter dem US-Dollar mit rund 48%. Dahinter folgen in diesem Fall der Französische Franc und das Pfund Sterling mit jeweils rund 6% und danach erst der Yen mit rund 5%. Im deutschen Außenhandel konnte die D-Mark-Fakturierung bei den Exporten in der ersten Hälfte der neunziger Jahre zu etwa 75%, bei den Importen zu gut 50% durchgesetzt werden.[42]

In diesen Zahlen schlägt sich das nieder, was für die Entwicklung Frankfurts zu einem führenden Finanzplatz in Europa und der Welt von essentieller Bedeutung war, nämlich das Vertrauen des Auslands in die Stabilität und damit die Fähigkeit der D-Mark, die Funktionen des Geldes als Transaktions- und Wertaufbewahrungsmittel sowie als Recheneinheit auch international übernehmen zu können, und zwar mit Ausnahme des US-Dollars besser als irgendeine andere Währung der Welt.

5. Innovationen und Spezialisierungen, Regulierungen und Steuern

Wie ein Phoenix aus der Asche hat sich der Finanzplatz Frankfurt in der Zeit seit dem Zweiten Weltkrieg von anfangs völliger Bedeutungslosigkeit bis heute zu einem der wichtigsten internationalen Finanzzentren der Welt entwickelt. Die Aufteilung Deutschlands in Besatzungszonen und Berlins in Sektoren nahm der deutschen Hauptstadt die Chance, auch nach dem Krieg die Rolle des führenden Finanzzentrums in Deutschland bzw. in der Bundes-

Die Außenfassade der Börse blieb im Zweiten Weltkrieg weitgehend erhalten. Am 14. September 1945 konnte die Frankfurter Wertpapierbörse ihre Tätigkeit im Keller des Gebäudes wieder aufnehmen

republik weiterzuspielen. Nach dem Kriegsende konkurrierten die wichtigsten westdeutschen Plätze um diese Rolle, nämlich Frankfurt, Hamburg, Köln, Düsseldorf und München. Zunächst ging es darum, Finanzgeschäfte überhaupt erst wieder in Gang zu bringen. Die angelsächsischen Besatzungsmächte hatten – anders als die Sowjets – im Bewußtsein der Bedeutung des Kreditsektors für das Wiederingangsetzen der daniederliegenden deutschen Wirtschaft sich schon vor dem Kriegsende darauf verständigt, Banken und Börsen in ihren Funktionen prinzipiell zu erhalten und weiterarbeiten zu lassen. Die Frankfurter Wertpapierbörse nahm im Getreidehandelssaal im Keller des zerstörten Börsengebäudes ihre Tätigkeit am 14. September 1945 wieder auf, nachdem die britische Besatzungsmacht die Wertpapierbörse in Hamburg schon seit dem 9. Juli 1945 und die amerikanische Besatzungsmacht die Börse in München schon seit August wieder hatten tätig sein lassen. Düsseldorf folgte erst am 15. April 1946.[43] In allen Fällen gab es jedoch zunächst nur den kontrollierten Freiverkehr. Der amtliche Handel wurde erst nach der Währungsreform wieder aufgenommen, in Frankfurt am 2. August 1948. Dort war die Veröffentlichung von Börsenkursen von der amerikanischen Militärregierung erst ab März 1946 erlaubt worden. Ein erstes «Börsen-Kursblatt» mit den festgestellten Kursen wurde am 16. Dezember 1946 veröffentlicht.

Die Börsenaufsicht, die 1934 von den Ländern auf das Reich übertragen worden war, wurde nach der Neukonstituierung der Länder, ebenso wie die Bankenaufsicht, wieder auf diese übertragen. Bis zur Währungsreform blieb allerdings der Wertpapierhandel der Kursstoppverordnung aus dem Jahr 1943 unterworfen, d.h. an den Börsen war eine freie Kursbildung nur bis zum jeweiligen Höchstkurs möglich. Wie auf den Gütermärkten, wo die Preisstopps aus der Zeit des Dritten Reiches ebenfalls in Kraft blieben, konnte oberhalb der Höchstgrenzen nur «schwarz» gehandelt werden. Je näher die Aussicht auf eine Währungsreform und damit auf bessere Wirtschafts- und Finanzbedingungen rückte, desto stärker stieg auch in Frankfurt bei knappem Wertpapierangebot die Nachfrage und wurde – weil die Höchstkurse überschritten wurden – schwarz befriedigt.[44]

Dadurch daß die nationalsozialistische Regierung den Wertpapiergiroverkehr Anfang 1943 bei der Reichsbank zentralisiert hatte, befanden sich am Ende des Krieges etwa 80% aller Wertpapiere in Deutschland im dortigen Girosammeldepot und damit unter der Kontrolle der sowjetischen Besatzungsmacht. Andere waren kriegsbedingt verlorengegangen oder geplündert worden. Jedenfalls kamen die Eigentümer nicht mehr an ihre Stücke heran. Und dort, wo sie verfügbar waren, stand die Frage der Rechtmäßigkeit des Wertpapierbesitzes im Raum. Die Börsen in Westdeutschland vereinbarten, daß Käufe und Verkäufe nur mit lieferbaren Stücken erfolgen und diese nur dann angenommen werden sollten, wenn nach einer Rechtmäßigkeitsprüfung eine Lieferbarkeitsbescheinigung in Form eines angelsächsischen «Affidavit», einer Art eidesstattlichen Versicherung, erteilt worden war. 1947 wurden auch amtlich entsprechende Richtlinien für die Erteilung dieser Bescheinigungen erlassen.

Das andere Problem der nicht mehr verfügbaren Stücke wurde erst nach der Gründung der Bundesrepublik geregelt. Zum 1. Oktober 1949 trat das Wertpapierbereinigungsgesetz in Kraft. Effektive Stücke ohne Lieferbarkeitsbescheinigung wurden für kraftlos erklärt. Jede Wertpapierart, die vor dem Kriegsende emittiert worden war, wurde durch eine Sammelurkunde ersetzt. An dieser konnten diejenigen Miteigentumsanteile erwerben, deren Stücke für kraftlos erklärt, verloren oder wegen der Lagerung im Girosammeldepot in Berlin-Ost nicht verfügbar waren. Dies mußte bei einem als Prüfstelle fungierenden Kreditinstitut beantragt werden. Fiel die Prüfung der Rechtmäßigkeit der Ansprüche positiv aus, so erhielt der Antragsteller im Umfang seiner früheren Wertpapieranteile «Neugirosammelanteile» als Miteigentum an der Sammelurkunde. Damit erhielt er einen Anspruch auf später neu zu druckende Stücke. Diese Anspruchsbescheinigungen mußten bei einer der Wertpapiersammelbanken eingeliefert werden, die nunmehr wieder dezentral und auf privatrechtlicher Grundlage an den Börsenplätzen entstanden. So wurde am 12. Juli 1949 der «Frankfurter Kassenverein Aktiengesellschaft» gegründet und im Hause der Frankfurter Bank tätig, die auch bis Ende 1942 diese Funktion wahrgenommen hatte.[45]

In den fünfziger Jahren ging es erst einmal darum, die inländische Nachfrage nach Kredit und Kapital in der explosionsartig wachsenden westdeutschen Wirtschaft zu befriedigen. Raum für internationale Geschäfte entwickelte sich zunächst nur in der Finanzierung des noch stärker wachsenden Außenhandels, darunter besonders der westdeutschen Exporte. Zu diesem Zweck gründete jeweils ein Konsortium von Banken, die in der Außenhandelsfinanzierung besonders engagiert waren, die beiden schon oben erwähnten Gesellschaften: 1952 die Ausfuhrkredit AG, 1959 die Privatdiskont-AG, beide mit Sitz in Frankfurt am Main.

Erst nachdem sich seit 1955 der Bund mit dem Auslaufen des Zweiten Kapitalmarktförderungsgesetzes aus der dirigistischen Lenkung von Kapitalmarktmitteln und Kapitalzinssätzen zurückgezogen hatte und die Konvertibilität der D-Mark seit 1955 de facto und seit Ende 1958 auch de jure wiederhergestellt war, bestand überhaupt die Möglichkeit, Frankfurt zu einem Finanzplatz nicht nur von nationaler, sondern auch von internationaler Bedeutung auszubauen. Im Mai 1956 wurde der Ankauf ausländischer Wertpapiere erlaubt. Dies brachte besonders für Frankfurt zusätzliche Umsätze. Die ersten ausländischen Wertpapiere, nämlich (nach einer Quelle 6, nach einer anderen 16) US-amerikanische Industrie-Aktien, wurden in Frankfurt seit dem 25. bzw. 26. September 1956 gehandelt, allerdings nur im Freiverkehr. Am 10. September 1957 wurde erstmals wieder seit 1930 eine Fremdwährungsanleihe auf dem deutschen Kapitalmarkt emittiert, und zwar eine Anleihe in US-Dollar der Petrofina in Brüssel. Erst am 22. Mai 1958 wurde die erste ausländische Aktie im amtlichen Handel der Frankfurter Börse notiert, und zwar die Philips-Aktie. 1960 waren es 23, und zwar von holländischen, italienischen, französischen, österreichischen, schwedischen, belgischen, amerikanischen und südafrikanischen Unternehmen. Als wenige Jahre später der Euromarkt zu blühen begann, ging die Internationalisierung des Börsengeschäfts in Frankfurt in rapidem Tempo weiter. Als die Zentralbanken der westlichen Welt sich 1968 auf die Spaltung des Goldmarktes (die Freigabe des Goldpreises für alle Zwecke außer im Verkehr des Währungsgoldes zwischen den Notenbanken zur offiziellen Goldparität) verständigten, wurde auch an der Frankfurter Börse der Handel mit Gold wieder aufgenommen. In den siebziger Jahren wuchs der Markt für D-Mark-Auslandsanleihen, die einen bedeutenden Teil der Euro-Anleihen ausmachten, enorm. Für die Frankfurter Börse war dies eine Quelle kräftiger Umsatzsteigerungen.[46]

Was Frankfurt bis ungefähr Mitte der fünfziger Jahre als Finanzplatz wachsen ließ, waren vor allem der Wiederaufbau der traditionellen Bank- und Börsengeschäfte und die Übernahme eines überproportionalen Teils der vor dem Krieg in Berlin getätigten Finanzgeschäfte. Innovationen und die Internationalisierung der Geschäfte waren zu diesem Zeitpunkt noch nicht die Haupttriebfeder des Wachstums der Finanzgeschäfte. Wolfgang Stützel hat einmal drei Arten von Strukturwandlungen im Wachstum des Finanzsektors unterschieden:[47] 1. Säkulare Strukturwandlungen. Sie entstehen aus dem langfristigen Wachstums- und Modernisierungsprozeß, d.h. aus Innovationen im technischen und organisatorischen Bereich. 2. Wirtschaftspolitik-bedingte Strukturwandlungen. Sie entstehen aus der Anpassung des Finanzsektors an Änderungen der institutionellen Rahmenbedingungen, die in der Regel der Gesetzgeber vornimmt. 3. Regenerationsbedingte Strukturwandlungen. Sie sind Ausdruck eines Normalisierungsprozesses nach großen Verwerfungen der Finanzstruktur, wie sie z. B. durch Krieg und Währungszusammenbruch entstehen. Sie zeigen sich in einer dramatischen Änderung sowohl der Struktur der Bankenlandschaft als auch der Bankgeschäfte. Diese werden in einem Regenerationsprozeß nach und nach wieder rückgängig gemacht.

Im Falle Frankfurts am Main legte nach dem Zweiten Weltkrieg zunächst die wirtschaftspolitische Entscheidung des Gesetzgebers, nämlich der beiden angelsächsischen Besatzungsmächte, über den Sitz der westdeutschen Notenbank den Grundstein, auf dem das regenerationsbedingte Wachstum der Finanzgeschäfte mit Schwerpunkt in Frankfurt stattfinden konnte, weil sich Kreditinstitute mit ihren Hauptsitzen von Berlin hierher verlagerten und weil

Neugründungen anstelle von früheren zentralen Einrichtungen in Berlin nach dem Zweiten Weltkrieg vor allem in Frankfurt erfolgten. Das traditionelle Hauptgeschäft des Finanzplatzes Frankfurt, die Anleiheemission und gegebenenfalls damit verbunden der Kapitalexport, existierte nach dem Zweiten Weltkrieg zunächst nicht mehr. Das Hauptgeschäft der in Frankfurt sich konzentrierenden Kreditinstitute bestand in den fünfziger Jahren vor allem in der Routine des Einlagen- und Kreditgeschäfts. Damit waren die kleineren Institute des Sparkassen- und Genossenschaftssektors und – soweit es Firmenkunden betraf – die Großbanken traditionell besser vertraut als die Privatbankhäuser. Hier liegt ein Grund dafür, daß auch die in Frankfurt ansässigen Privatbankhäuser in ihrer Geschäftsentwicklung in den fünfziger Jahren bis zur Rückkehr zur Konvertibilität der D-Mark und damit zum Wiederaufbau des deutschen Kapitalexportgeschäfts, also im «Wirtschaftswunder», relativ weniger wuchsen als die anderen genannten Sektoren des Bankgeschäfts. Vom Bankhaus B. Metzler seel. Sohn & Co. ist bekannt, daß sogar bis Ende der sechziger Jahre die bankgeschäftlichen Aktivitäten eingeschränkt blieben, weil der Wiederaufbau des eigenen Vermögens zur Verstärkung der Grundlage für das Bankgeschäft zunächst Priorität hatte.[48] Das Geschäftsvolumen der Privatbankiers insgesamt, das allerdings deren überproportional hohen Anteil bilanzunwirksamer Geschäfte (z.B. Vermögensverwaltung, Wertpapier- und Devisenhandel, Depotverwahrung) nicht erfaßt, wuchs von 1950 bis 1958 (jeweils Jahresende) nur auf das 2,6fache. Demgegenüber steigerten die Sparkassen ihr Geschäftsvolumen auf das 5fache, die Kreditgenossenschaften auf knapp das 4fache und die Großbanken auf das 3fache. Von allen Bankengruppen verzeichneten allerdings die Realkredit- und die Teilzahlungskreditinstitute die größten Zuwächse im Geschäftsvolumen, die erstgenannte Gruppe auf das 9,4fache, die letztgenannte auf das 9fache.[49] Die Erklärung liegt im ersten Fall im Bauboom der fünfziger Jahre, im zweiten Fall im Konsumboom der Wirtschaftswunderzeit.

Der Konsumentenkredit, den die Teilzahlungsbanken in den «Wirtschaftswunderjahren» bis zu einem Geschäftsvolumen von 2,4 Mrd. DM Ende 1958 (bei einem Volkseinkommen von 183 Mrd. DM 1958) zur Verfügung stellten, war eine wichtige Innovation auf dem deutschen Bankenmarkt, an der der Finanzplatz Frankfurt als Standort für solche Institute nicht nur direkten Anteil hatte, z.B. mit der Hessischen Kundenkredit GmbH und der WKV – Warenkreditverkehr GmbH,[50] sondern auch indirekten insofern, als die typische Refinanzierungsquelle der Teilzahlungsbanken der Markt für Interbankeinlagen und damit auch der Geldmarkt war, dessen Zentrum sich in Frankfurt befand und befindet.

Eine weitere wichtige Innovation für die Masse der privaten Haushalte fand Ende der fünfziger Jahre statt. Nach der bereits erwähnten vollständigen

Rezentralisierung der Großbanken (1957 Deutsche Bank und Dresdner Bank, jeweils mit Sitz in Frankfurt, 1958 Commerzbank mit Sitz in Düsseldorf, siehe Abschnitt VI 2) öffneten sie sich dem Mengenkundengeschäft mit privaten Haushalten und bauten dieses Angebot zu einer umfassenden Palette standardisierter Bankdienstleistungen für den typischen Bedarf von Arbeitnehmerhaushalten aus. Hermann J. Abs, Vorstandssprecher der Deutschen Bank, sah dies kritisch bis ablehnend, weil es das Image der Bank bei den traditionellen Großkunden beeinträchtigen könnte und die Ertragsmarge jedes einzelnen Geschäfts in dieser Kategorie gering sei. Dennoch stieg die Deutsche Bank in diesen Geschäftsbereich ein, als sie am 2. Mai 1959 den «Persönlichen Klein-Kredit» (PKK) einführte.[51] Wie bei den anderen beiden Großbanken betrieb sie bis dahin ihre Geschäftskontakte vor allem mit Firmenkunden, d.h. insbesondere mit großen Unternehmen, Konzernen und Institutionen. Daneben spielte das Geschäft mit Privatkunden nur eine marginale Rolle, war aber schon seit der Gründung der Bank vorhanden. Persönlichkeiten der betreuten Unternehmen sowie Privatpersonen mit überdurchschnittlichem Einkommen und Vermögen, z.B. Freiberufler und selbständige Kaufleute, waren schon seit der Gründung der Großbanken 1870/71 von diesen als Kunden betreut worden. Bei dieser vermögenden Privatkundschaft hatten die Großbanken zu den Anbietern in Konkurrenz gestanden, die die Pflege dieses Kundenkreises zu ihren Hauptgeschäftssparten zählten, nämlich zu den Privatbankiers, die in diesem Bereich auch noch nach dem Zweiten Weltkrieg führend blieben. In der Betreuung der vermögenden Privatkundschaft hatten die Großbanken jedoch mit den Privatbankhäusern gemeinsam, daß das angebotene Leistungsprogramm zwar breit, aber nicht standardisiert war. Der vermögende Kunde wünschte ja auch eine individuelle Betreuung. Im Unterschied zu den Großbanken standen die meisten Privatbankhäuser – ähnlich wie Abs, der ja selbst aus einem Privatbankhaus kommend (Teilhaber von Delbrück, Schickler & Co., Berlin) 1937 in den Vorstand der Deutschen Bank berufen worden war – der Öffnung für das Mengenkundengeschäft ablehnend gegenüber. Dazu kam das strukturelle Handicap, daß ihnen ein den Großbanken vergleichbares Filialnetz fehlte, das für den Ausbau eines standardisierten Mengenkundengeschäfts wohl unentbehrlich ist.

Die Innovation der Großbanken wurde in den sechziger Jahren ausgebaut. Seit 1962 wurde das «Persönliche Anschaffungs-Darlehn» (PAD) standardisiert bis zu 20000 DM und einer Laufzeit von fünf Jahren eingeführt. Nachdem die bargeldlose Lohnzahlung praktisch flächendeckend eingeführt war, kamen 1968 als standardisierte Produkte im Mengenkundengeschäft der «Persönliche Dispositionskredit» (PDK) und das «Persönliche Hypothekendarlehn» (PHD) und seit 1972 das «Persönliche Baudarlehn» (PBD) hinzu.[52] Im Passivgeschäft ging es den Großbanken neben der seit 1960 intensiviert betriebenen Ausweitung der bargeldlosen Lohn- und Gehaltszahlungen um die Einwerbung von Spareinlagen als Mengengeschäft. Bereits seit 1957 war die Deutsche Bank auf diesem Gebiet aktiv, indem sie Sparschränke für Vereine spendete sowie Spargutscheine zu Anlässen wie Geburt, Konfirmation/Erstkommunion, Schulabschluß, Hochzeit etc. verschenkte.[53]

Der Einstieg der Großbanken in das Mengenkundengeschäft, das sie mit ihren Filialen natürlich über die ganze Bundesrepublik betrieben, war insofern für die Entwicklung des Finanzplatzes Frankfurt speziell von Bedeutung, als die beiden führenden Großbanken mit Sitz und Zentrale in Frankfurt (die Commerzbank erst später) den kleineren jeweils unabhängigen Kreditinstituten des Sparkassen- und Genossenschaftsbankensektors in ihrer Spezialisierung auf das Kredit- und Einlagen-, gerade auch Spareinlagengeschäft mit mittelständischen und weniger bemittelten Haushalten Marktanteile abnahmen. Mit diesen Geschäften wurden selbstverständlich bei den Großbanken die der jeweiligen Zentrale in Frankfurt zur Verfügung stehenden Mittel verstärkt, die von dort in auch ganz anderen Geschäftsspartenals dem Mengenkundengeschäft eingesetzt worden sind. Wie stark die Mittel, die die Großbanken am Finanzplatz Frankfurt, seinem Geld- und Kapitalmarkt, seiner Börse und seinen grenzüberschreitenden Geschäftsfeldern einsetzen konnten, durch die Überwindung der Skepsis von Abs und anderen gegenüber dem Mengenkundengeschäft langfristig an Bedeutung gewonnen haben, geht auch daraus hervor, daß heute das Privatkundengeschäft z.B. bei der Deutschen Bank mit 60% aller Nichtbankengeschäfte weitaus wichtiger geworden ist als das traditionelle Firmenkundengeschäft. Im vereinigten Deutschland zählte die Deutsche Bank Mitte der neunziger Jahre 7 Mio. Privatpersonen zu ihren Kunden. Das waren fast 10% der Gesamtbevölkerung, die in der einen oder anderen Form Geschäftsbeziehungen zur Deutschen Bank unterhielten. Der Anteil der Deutschen Bank am Privatkundengeschäft aller Banken lag Mitte der neunziger Jahre bei 7% der Privatkunden, bei 5% ihrer Spareinlagen und bei 4% der Konsumentenkredite.[54]

Es ist bezeichnend für den noch weitgehend inländischen Wachstumsraum des Bankensektors in der Frühphase der Bundesrepublik, daß auch eine weitere Innovation darauf gerichtet war, für das inländische Bankgeschäft neue Kundenkreise und neue Wege zu erschließen, auf denen auch kleinere private Ersparnisse von traditionell nicht an der Wertpapierbörse engagierten Kunden auf direkterem Weg in den Kapitalmarkt geschleust und für Investitionen in Unternehmen und Immobilien verfügbar gemacht werden konnten. Dies waren die heute in voller Blüte stehenden Investmentgesellschaften. Schon 1949 wurde die erste Investmentgesellschaft (Kapitalanlagegesellschaft) gegründet.[55] Damit ließ sich die für den Kleinanleger wichtige Reduzierung des Anlagerisikos durch die Mischung von Aktien verschiedener Unternehmen, von Rentenwerten und Immobilienanlagen in Fonds erreichen. Die Aktivitäten auf diesem Gebiet nahmen jedoch erst in der zweiten Hälfte der fünfziger Jahre größere Dimensionen an. Bis dahin trugen die öffentlichen Haushalte nicht nur direkt zur volkswirtschaftlichen Ersparnisbildung in erheblichem Ausmaß[56] bei – der Bund unter anderem durch die Haushaltsüberschüsse, die er im sogenannten Juliusturm bei der Bank deutscher Länder bis zu einem Maximum von 7,5 Mrd. DM im September 1956 (4,8% des damaligen Volkseinkommens) festlegte –, sondern auch indirekt, indem der Bund die private Ersparnisbildung bei Bausparkassen und bei Kreditinstituten auf Sparkonten mit bestimmten Sperrfristen zunächst über Steuervergünstigungen sehr großzügig und erst ab 1959 über Sparprämien mit insgesamt geringeren Subventionswirkungen förderte.[57]

Nach längerer Vorbereitung wurde vom Bund das «Gesetz über Kapitalanlagegesellschaften» vom 16. April 1957 in Kraft gesetzt, mit dem die Pflichten der Investmentgesellschaften, gerade auch zum Schutz der kleinen und im Wertpapiergeschäft unerfahrenen Kunden solcher Gesellschaften kodifiziert wurden. Schon im Vorgriff darauf wurde im Mai 1956 unter Federführung der Deutsche Bank-Gruppe (Beteiligung 30%) in Hamburg mit einem Stammkapital von 1 Mio. DM die Deutsche Gesellschaft für Wertpapiersparen m.b.H. gegründet, mit der Abkürzung DWS, die bis heute als Markenzeichen für Fondsprodukte der Deutschen Bank AG einen guten Klang behalten hat. Die DWS verlegte ihren Sitz nach Frankfurt und nahm am 17. Dezember 1956 dort ihre Geschäftstätigkeit auf. Sie verkaufte seit diesem Tag über die am Konsortium beteiligten Banken und Privatbankiers Anteile im Wert von 100 DM an ihrem ersten DWS-Anlagefonds. Der Ausgabeabschlag betrug 2%. «Der Fonds enthält Wertpapiere namhafter inländischer Unternehmen. Die Aktien stammen von Gesellschaften verschiedener Branchen und sind nach dem Grundsatz der Risikomischung zusammengestellt. ... Die Inhaber der Anteile sind Eigentümer des Fondsvermögens und damit an Substanz und Ertrag führender deutscher Unternehmen beteiligt», hieß es in der Pressenotiz der DWS.[58] Zum Konsortium der DWS-Gründer gehörten neben den drei noch getrennten Teilen der Deutsche Bank-Gruppe sowie deren Tochterfirma Berliner Disconto Bank AG folgende Firmen: B. Metzler seel. Sohn & Co., Frankfurt/M.; Badische Bank, Karlsruhe; Delbrück, Schickler & Co., Hamburg; Conrad Hinrich Donner, Hamburg; Metallgesellschaft AG, Frankfurt/M.; Sal. Oppenheim jr. & Cie., Köln; Alwin Steffan, Frankfurt/M.; Brinckmann, Wirtz & Co., Hamburg; Deutsche Unionbank G.m.b.H., Frankfurt/M.; Georg Hauck & Sohn, Frankfurt/M.; Schröder Gebrüder & Co., Hamburg; August Thyssen-Bank AG, Berlin. Es ist auffallend, daß Hamburg noch mit ebenso vielen Firmen im Konsortium vertreten war wie Frankfurt. Die Zusammensetzung des Konsortiums läßt Schlüsse darauf zu, mit welchen

Privatbankhäusern und Firmen die Deutsche Bank-Gruppe zu kooperieren pflegte, ebenso wie das Fehlen anderer einschlägiger Privatbankhäuser, z.B. der Gebrüder Bethmann, auf weniger enge Kontakte mit der Deutsche Bank-Gruppe und der späteren Deutschen Bank hindeuten. Rückschlüsse auf das Engagement der Konsortialmitglieder in dieser Aktivität zur Förderung des Wertpapiersparens auch unter unerfahrenen und kleinen Sparern läßt die Zusammensetzung des fünfköpfigen Aufsichtsrates zu. Außer Johannes Semler, dem Vorsitzenden der Arbeitsgemeinschaft der Schutzvereinigungen für Wertpapierbesitz, München, als einfachem externen Mitglied gehörten dem Aufsichtsrat an: Franz Heinrich Ulrich von der Deutsche Bank-Gruppe als Vorsitzender, Karl Haus, Teilhaber des Bankhauses Sal. Oppenheim jr. & Cie., Köln, als stellvertretender Vorsitzender, Rudolf Brinckmann, Teilhaber von Brinckmann, Wirtz & Co., Hamburg, und Albert von Metzler, Teilhaber von B. Metzler seel. Sohn & Co., Frankfurt am Main. Die uns heute vertraute Blütezeit des Geschäfts mit Investmentfonds sollte jedoch erst 1982, dem Jahr des Amtsantritts der Regierung Kohl, einsetzen.

Einige Innovationen brachten auch die Kleine und Große Aktienrechtsreform von 1959 und 1965, die erste unter anderem die Erlaubnis für Aktiengesellschaften, eigene Aktien zu erwerben, um sie als Belegschaftsaktien an die Arbeitnehmer auszugeben sowie offene Rücklagen im Zuge einer Kapitalerhöhung zugunsten der Ausgabe von «Gratisaktien» aufzulösen. Mit der Großen Aktienrechtsreform von 1965 wurde vor allem das Konzernrecht zum Schutz der Minderheitsaktionäre weiterentwickelt und die Informationspflicht der Gesellschaften gegenüber den Aktionären ausgeweitet.

Ohne gesetzliche Regelung, aber im Wege einer freiwilligen Reform durch die acht deutschen Wertpapierbörsen selbst wurden im April 1967 der Übergang von der Prozent- zur auch im Ausland üblichen Stücknotierung der Aktien sowie die Herabsetzung ihres Mindestnennwerts von 100 auf 50 DM beschlossen. Vom 1. Juli 1968 an verpflichteten sich die Kreditinstitute, bei Kundenaufträgen für Aktiengeschäfte im amtlichen Handel auf ihr Selbsteintrittsrecht, d.h. Kompensationsgeschäfte innerhalb ihres Hauses, grundsätzlich zu verzichten und solche Aufträge über die Börsen abzuwickeln. Im März 1969 wurden die Aktiengesellschaften durch einen Aufruf ihrer Verbände und von Arbeitsgemeinschaften unter Federführung des Arbeitskreises zur Förderung der Aktie angehalten, auf freiwilliger Basis ihre jährlichen Geschäftsberichte durch Zwischenberichte zu ergänzen. 1969 führten die fünf größten deutschen Börsenplätze, nämlich Düsseldorf, Frankfurt, Hamburg, München und Stuttgart, in zwei Schritten die Veröffentlichung der Umsätze für 50 ausgesuchte Aktien ein. Die Frankfurter Wertpapierbörse hatte dies schon zu Beginn der sechziger Jahre angestrebt, war aber am hinhaltenden Widerstand der anderen Börsen zunächst gescheitert. Am 1. Juli 1970 wurde auch das seit 1931 bestehende Verbot des Terminhandels in Aktien gelockert, indem Optionsgeschäfte nach amerikanischem Vorbild, die das jeweilige Risiko auf den Optionspreis begrenzen, zunächst in 38 Aktien zugelassen wurden. Allerdings wurde in Deutschland, anders als in den USA, Großbritannien, den Niederlanden und Frankreich, kein Sekundärmarkt für Optionsscheine geschaffen, so daß das Umsatzvolumen im Optionsgeschäft in Deutschland sehr gering blieb. Erst seit 1983 wurde der Optionshandel in Deutschland so weit standardisiert und modernisiert, daß ein Sekundärmarkt entstand, der sich – wie das Optionsgeschäft überhaupt – auf Frankfurt konzentrierte. Die Entwicklung gipfelte zunächst in der Deutschen Terminbörse (DTB), die im Januar 1990 in Frankfurt den elektronischen Handel in Optionen auf deutsche Standardaktien aufnahm.[59] Zu den Gründungsmitgliedern gehörte auch das Bankhaus Metzler.

Während diese Schritte die Funktionsfähigkeit des Kapitalmarktes und seine Attraktivität auch für ausländisches Kapital zumindest tendenziell stärkten, belastete die 1965 eingeführte 25prozentige Kuponsteuer auf Zinsen festverzinslicher Wertpapiere im Besitz von Gebietsfremden den deutschen Rentenmarkt schwer. Sie war zur Abwehr von Devisenzuflüssen aus dem Ausland und des daraus entstehenden Drucks in Richtung einer Aufwertung der D-Mark eingeführt worden. Bis sie Mitte der achtziger Jahre abgeschafft wurde, stellte sie einen schweren Wettbewerbsnachteil für den Finanzplatz Deutschland bzw. Frankfurt dar und verstärkte die Aktivitäten, auch der deutschen Kreditinstitute, auf den Euromärkten an anderen Finanzplätzen, vor allem in Luxemburg und London. Entsprechend wirkten die relativ hohen Mindestreservesätze, die die Bundesbank den Kreditinstituten auferlegte, während Geldanlagen auf den Euromärkten mindestreservefrei waren. Erst seit den achtziger Jahren trug die Bundesbank dem Rechnung und hat die Mindestreservesätze im wesentlichen nur noch gesenkt, bis auf 2% und weniger seit Mitte der neunziger Jahre, während der Reservesatz für Sichteinlagen z.B. 1977 in der Spitze noch bei knapp 15% gelegen hatte.[60]

Die Bundesbank gab ihren Widerstand gegen die Liberalisierung und Modernisierung der Finanzmärkte in Deutschland erst in der zweiten Hälfte der achtziger Jahre auf, machte sich dann allerdings auch zum Motor dieser Entwicklung. In Finanzkreisen gilt eine Rede des Bundesbankpräsidenten Karl Otto Pöhl am 19. Juni 1989 an der Johann Wolfgang Goethe-Universität Frankfurt als bahnbrechend. Er stellte fest: «Der Handel in deutschen Aktien- und Rentenwerten findet zu einem erheblichen Teil in London statt. Diese Situation ist aus meiner Sicht unbefriedigend.» Er mahnte Reformen an, «damit der deutsche Finanzmarkt nicht weiter zurückfällt». Er bedauerte das Besitzstandsdenken der Regionalbörsen in der Bundesrepublik. «Was nicht in Frankfurt umgesetzt wird, wandert nach London oder Paris, nicht an andere deutsche Börsenplätze. Frankfurt ist der einzige Platz, der überhaupt eine Chance hat, ernsthaft als internationaler Platz in Frage zu kommen. Hier sind die nötigen Rahmenbedingungen zu setzen, und zwar rasch.»[61] Am 21. März 1991, als der Prozeß der Reformen für den Finanzplatz Deutschland bereits ein gutes Stück vorangekommen war, trug auch Friedrich von Metzler, damals Vorstandsvorsitzender der Frankfurter Wertpapierbörse und Sproß der Bankiersfamilie, die erstmals mit Johann Jeremias Metzler 1743 und seitdem fast ununterbrochen im Frankfurter Börsenvorstand vertreten gewesen war,[62] zur öffentlichen Diskussion des Reformkurses bei. Er mahnte an, bei den weiteren Reformschritten die Fehler zu vermeiden, die aus der Radikalität von Londons *Big Bang* entstanden seien, nämlich eine Überforderung der Marktteilnehmer. Zwar war es für ihn keine Frage: «Ob auf dem Parkett oder über den Bildschirm, der moderne Handel ist ohne EDV nicht wettbewerbsfähig. Die Zeit ist meines Erachtens nicht fern, da alle Mitglieder der Börse auch Teilnehmer an einem elektronischen Handelssystem sein werden.» Aber bei den Vorbereitungen für ein elektronisches Handelssystem in Frankfurt sei die Frage nach dem Miteinander von Präsenzbörse und Bildschirmhandel zu beantworten. «Wie bei jeder grundlegenden Reform besteht auch hier die Gefahr eines zu visionären Entwurfes am Reißbrett fernab vom Markt. Hiermit wächst auch die Gefahr von Friktionen und Verwerfungen bei der Umsetzung.» Banken und Makler seien zur Übernahme der mit Reformen verbundenen erheblichen Risiken nur bereit, wenn sich die Aussicht auf geschäftlichen Erfolg biete. «Vor diesem Hintergrund plädiere ich für eine evolutionäre Reform der Frankfurter Märkte zwischen Bewährtem und Neuem. Wir müssen durch moderne Markttechnik die Voraussetzungen schaffen, daß der Handel in seiner Entwicklung die Richtung nehmen kann, die allein der Wettbewerb ihm vorgibt. Die neue Marktorganisation muß deshalb von ihrer Anlage her offen und flexibel sein. Es macht keinen Sinn, wenn Reformkorrekturen, die immer wieder nötig sein werden, nur mit großer Mühe möglich sind.»[63]

Auf Initiative der Frankfurter Banken wurde – ebenfalls 1991 – die Fachhochschule für Bankwirtschaft unter der Trägerschaft der Bankakademie in Frankfurt gegründet. Mit dieser Innovation investierten die öffentliche Hand und die Banken gemeinsam in die Zukunft des Finanzplatzes Frankfurt, indem sie den hohen Anforderungen an die Qualität des Humankapitals im internationalen Wettbewerb der Finanzplätze in besonderer Weise Rechnung trugen.

Weniger zu den Innovationen, aber zu den Stärken Frankfurts gehörte auch seine Devisenbörse. Unter dem Dach der Frankfurter Börse fand hier das amtliche Devisenfixing statt. Die Devisenbörse wurde am 4. Mai 1953 mit der Aufnahme des Handels in einigen Währungen wiedereröffnet. Obwohl auch an vier anderen Börsenplätzen, nämlich Berlin, Düsseldorf, Hamburg und München, der Handel in Devisen reaktiviert wurde, stand Frankfurt immer und im Laufe der Jahrzehnte verstärkt im Mittelpunkt des Handels. Das wurde stets dann besonders sichtbar, wenn internationale Währungsturbulenzen riesige Devisenströme nach Deutschland in Gang setzten, wie z.B. in der Schlußphase des Systems fester Wechselkurse am Ende der sechziger und zu Beginn der siebziger Jahre. Die zentrale Stellung der Frankfurter Börse ergab sich auch daraus, daß die Bundesbank ihre Devisenmarktinterventionen nur hier vornahm.

Zu den Innovationen der Nachkriegszeit zählt auch die wachsende Präsenz ausländischer Banken in der Bundesrepublik allgemein und am Finanzplatz Frankfurt im besonderen. Der Banco di Sicilia war 1949 als erste ausländische Bank mit einer Repräsentanz vertreten. Dem folgten zwei Jahre später fünf weitere italienische Banken.[64] Schon 1947 bzw. 1952 eröffneten die Chase Manhattan Bank und die First National Citibank, beide mit Sitz in New York, als erste Auslandsbanken Niederlassungen in Frankfurt. Dies geschah vor allem mit Blick auf die Präsenz amerikanischer Militärs in Frankfurt und deren Nachfrage nach Bankdienstleistungen. Den amerikanischen Banken wurde unter devisenpolitischen Gesichtspunkten eine Speziallizenz erteilt, die ihnen nur eine beschränkte Geschäftstätigkeit erlaubte. Sie durften von inländischen Kunden keine Einlagen annehmen und mit ihnen keine Wertpapiergeschäfte tätigen. Auch in der Kreditgewährung an Inländer waren sie beschränkt. Als die Devisenvorschriften in den fünfziger Jahren immer mehr gelockert wurden, mußten für die Zweigstellen ausländischer Banken in der Bundesrepublik bis zum Inkrafttreten des Kreditwesengesetzes (KWG) am 1. Januar 1962 Übergangsvorschriften erlassen werden, die die Regelungen des Gesetzes teilweise schon vorwegnahmen.[65]

Das Kreditwesengesetz stand von Anfang an der Tätigkeit von Auslandsbanken in der Bundesrepublik aufgeschlossen gegenüber. Zwar ist die Aufnahme des Bankbetriebs grundsätzlich genehmigungspflichtig, aber in der Praxis wurde dies nie restriktiv gehandhabt. Auslandsbanken, die damals weniger häufig als selbständige Tochterunternehmen, sondern meist als unselbständige Zweigstellen betrieben wurden, wurden durch das KWG so gestellt, als seien sie rechtlich selbständig. Insoweit unterliegen sie den gleichen Bestimmungen wie inländische Kreditinstitute mit eigener Rechtspersönlichkeit. Sonderbestimmungen für Auslandsbanken im KWG, z.B. hinsichtlich der Berechnung des haftenden Eigenkapitals, sollen nur gewährleisten, daß sie weder besser noch schlechter gestellt sind als deutsche Kreditinstitute. Sie unterliegen grundsätzlich der deutschen Bankenaufsicht. Hinsichtlich der Genehmigungspflicht und der Bankenaufsicht gibt es inzwischen eine wichtige Ausnahme. Seit 1993 benötigen Banken mit Sitz in einem Mitgliedsland der EU für ihre Zweigstellen in anderen EU-Ländern keine zusätzlichen Banklizenzen, d.h. keine Genehmigung im Gastland, mehr, und ihre Filialen in den europäischen Gastländern unterliegen der Bankenaufsicht des Heimatlandes. Das ist die Verwirklichung des europäischen Binnenmarktes im Bankenbereich.

Der Bedeutungszuwachs des Finanzplatzes Deutschland einerseits und speziell Frankfurts andererseits läßt sich an der Zunahme der Auslandsbanken in den letzten Jahrzehnten erkennen. Unterschieden werden die rechtlich unselbständigen Zweigstellen ausländischer Banken von den Auslandstöchtern, die als rechtlich selbständige Kreditinstitute tätig sind und deren Kapital sich zu mehr als 50% in den Händen ausländischer Anteilseigner befindet, und zwar der eine Teil bei ausländischen Banken, der andere bei ausländischen Nichtbanken. Dazu kommen die Repräsentanzen ausländischer Banken. Sie dürfen keine Bankgeschäfte betreiben. Doch sind sie für ihre Mutterbanken vermittelnd tätig. 1960 soll es davon 31, 1971 76 und 1977 130 in der Bundesrepublik gegeben haben.[66] Nach Angaben der Bundesbank gab es 1980 162 Repräsentanzen. Ihre Zahl stieg bis 1995 fast kontinuierlich bis auf 198 und fiel in den anschließenden konjunkturschwachen Jahren wieder bis auf 173 im Jahr 1997 zurück. Ab dem Jahr 1989 verfügt die Bundesbank intern auch über Zahlen von in Deutschland ansässigen selbständigen Kreditinstituten im Mehrheitsbesitz ausländischer Nichtbanken. Sie stiegen im deutschen Vereinigungsboom von 38 im Jahr 1989 auf 49 in den beiden Jahren 1992 und 1993, um mit der nachlassenden Konjunktur dann wieder bis auf 39 im Jahr 1997 zurückzufallen. Zu den Zweigstellen ausländischer Banken in Deutschland gibt es für die Zeit vor 1970 nur wenige Angaben. Die Bundesbank hat intern 15 für das Jahr 1957 und 20 für 1967 erfaßt. Alle übrigen Zahlen, die sie regelmäßig veröffentlicht, sind in Tabelle 3 enthalten.

Aus den Zahlen der Tabelle 3 ist erkennbar, daß ausländische Banken ihre Zweigstellenpräsenz in Deutschland in den siebziger Jahren zahlenmäßig stärker ausgebaut haben als sowohl in den 20 Jahren davor als auch in den zwei Jahrzehnten danach. Allerdings läßt sich der Tabelle auch entnehmen, daß ausländische Banken ihre Verbindung mit dem Finanzplatz Deutschland seit 1985 zunehmend über Auslandstöchter statt über Zweigstellen herstellten. Das ist darauf zurückzuführen, daß die Bankengesetzgebung des Jahres 1985 das Bundesaufsichtsamt für das Kreditwesen ermächtigte, einer ausländischen Bank die Lizenz für die Gründung einer Zweigstelle in der Bundesrepublik zu verweigern, wenn deutsche Kreditinstitute in dem entsprechenden Land nicht ebenfalls eine Zweigstellengründung lizenzieren lassen können. Da diese Restriktion nicht für Auslandstöchter galt und diesen sogar der Einstieg in neue Geschäftsfelder erlaubt wurde, vor allem die Mitgliedschaft im Bundesanleihekonsortium und die Konsortialführung bei der Plazierung von

Tabelle 3: Auslandsbanken in Deutschland 1970 bis 1998

Jahresende	Unselbständige Zweigstellen ausländischer Banken	Selbständige Kreditinstitute im Mehrheitsbesitz ausländischer Banken	Summe: Auslandsbanken
1970	25	k. A.	k. A.
1971	29	k. A.	k. A.
1972	35	k. A.	k. A.
1973	42	k. A.	k. A.
1974	46	k. A.	k. A.
1975	49	k. A.	k. A.
1976	49	k. A.	k. A.
1977	51	k. A.	k. A.
1978	53	k. A.	k. A.
1979	56	k. A.	k. A.
1980	56	k. A.	k. A.
1981	56	k. A.	k. A.
1982	58	k. A.	k. A.
1983	58	k. A.	k. A.
1984	62	k. A.	k. A.
1985	63	42	105
1986	62	48	110
1987	59	51	110
1988	58	56	114
1989	60	65	125
1990	60	79	139
1991	60	83	143
1992	56	88	144
1993	57	89	146
1994	63	95	158
1995	69	88	157
1996	73	80	153
1997	77	76	153
Mai 1998	79	75	154

Quellen:
Deutsche Bundesbank, Bankenstatistik (= Statistisches Beiheft zum Monatsbericht der Bundesbank Juli 1972–1998, Reihe 1); Deutsche Bundesbank, Monatsberichte Juli 1986–1998.

D-Mark-Anleihen, war die Expansion über Auslandstöchter statt über Zweigstellen nicht nur ungehindert möglich, sondern auch attraktiv.[67]

In absoluten Zahlen stieg die Auslandspräsenz in den zehn Jahren ab 1985 zwar stärker als in den siebziger Jahren. Aber der relative Zuwachs an Auslandsbanken in jener Zehnjahresperiode ab 1985 blieb weit hinter dem relativen Zuwachs an Zweigstellen in den siebziger Jahren zurück.

Die steigende Zahl der Auslandsbanken, besonders der Auslandstöchter, in Deutschland seit 1985 läßt sich mit der entschieden vorangetriebenen Modernisierung des Finanzplatzes Deutschland etwa seit dieser Zeit recht gut erklären. Die Expansion der siebziger Jahre demgegenüber dürfte eine andere Ursache haben. Der Zerfall des Bretton-Woods-Systems fester Wechselkurse, die zunehmende Rolle der D-Mark auf dem Euromarkt, die Diversifizierung der Währungsportfolios im System flexibler Wechselkurse, die beginnende Nachfrage nach D-Mark als Reservewährung, die enorme Zunahme internationaler Kapitalbewegungen und andere Faktoren, in denen Globalisierungstendenzen sich damals ausdrückten, können die wachsende Präsenz von Zweigstellen ausländischer Banken in Deutschland in den siebziger Jahren am besten erklären.

In Frankfurt waren 1995 ausländische Kreditinstitute nicht nur mit 122 Repräsentanzen, sondern auch mit 137 Auslandsbanken vertreten, worin diejenigen im Mehrheitsbesitz ausländischer Nichtbanken eingeschlossen sind. Das waren etwa 75% aller in der Bundesrepublik vorhandenen Auslandsbanken.[68] Anfang der siebziger Jahre hatte der Anteil Frankfurts nur bei rund 50% gelegen, 1986 bei zwei Dritteln.[69] Die Konzentration der Aktivitäten der Auslandsbanken auf Frankfurt geht daraus deutlich hervor. Im ersten Vierteljahr 1998 lag die Anzahl der Auslandsbanken in Frankfurt erneut bei 137, aber die der Repräsentanzen war auf 97 gefallen.[70] Zusammen mit den Repräsentanzen liegt die Zahl der in Frankfurt vertretenen ausländischen Banken weit höher als die der deutschen Institute.

Einschließlich der Repräsentanzen war Ende 1997 Japan mit 29 Instituten in Frankfurt am stärksten vertreten, dicht gefolgt von den USA, die lange an der Spitze lagen, mit 26. Erst dahinter folgten EU-Länder: Frankreich mit 21, Großbritannien mit 17 und Italien mit 14 Bankinstituten. Bemerkenswert ist auch, daß die Türkei und Südkorea mit jeweils zwölf Instituten vertreten waren.[71]

Während das Geschäftsvolumen aller Auslandsbanken in Deutschland in den neunziger Jahren ungefähr 5% des Volumens aller in Deutschland tätigen Banken ausmachte, lag dieser Anteil in Frankfurt ungefähr doppelt so hoch. Die Bedeutung der Auslandsbanken geht jedoch noch darüber hinaus, da ein überproportionaler Teil ihrer Aktivitäten nicht bilanzwirksam ist. Das gilt vor allem für Zins- und Währungsswaps sowie für Devisen- und Zinstermingeschäfte. Der Handel in sogenannten Derivaten hat sich zu einer Domäne amerikanischer Banken in Frankfurt entwickelt. Auch im Emissionsgeschäft haben die Auslandsbanken bedeutende Marktanteile erreicht, besonders bei der Begebung von D-Mark-Auslandsanleihen und bei der Übernahme von Bundesanleihen. 1995 stellten die Auslandsbanken ungefähr die Hälfte der Mitglieder des Bundesanleihekonsortiums. Auch im Börsenhandel sind sie überdurchschnittlich aktiv. An der Frankfurter Wertpapierbörse stellten sie 1995 gut 50% der Teilnehmer und tätigten rund ein Drittel des gesamten Umsatzes, an der Deutschen Terminbörse sogar gut 50%.[72] Auch bei Fusionen und Aufkäufen (Mergers & Acquisitions) von Unternehmen, speziell bei grenzüberschreitenden Transaktionen, haben die Auslandsbanken eine besondere Stärke entwickelt. Und bei Privatisierungen sind ihre Verbindungen zu den großen internationalen Kapitalmärkten gefragt.

Im bilanzwirksamen Geschäft gibt es ebenfalls Besonderheiten, durch die sich die Auslandsbanken von den inländischen Kreditinstituten unterscheiden. Das inländische Kreditgeschäft spielt bei ihnen eine relativ geringere, das Auslandskreditgeschäft eine relativ größere Rolle als bei den einheimischen Banken. Auf der Passivseite ist das Einlagengeschäft relativ unterentwickelt. Es dominiert die Refinanzierung bei anderen Banken und bei der Bundesbank.

Die wachsende Präsenz der Auslandsbanken in Deutschland, speziell in Frankfurt, hatte auch mit den Änderungen des rechtlichen Rahmens zu tun, mit denen der Gesetzgeber dem Finanzplatz Deutschland und seinen Akteuren Spielräume für Modernisierungen eröffnete, durch die der Rückstand Frankfurts im internationalen Wettbewerb der Finanzplätze abgebaut und seine Attraktivität für Auslandsbanken gesteigert wurde.

In Kooperation mit der Kreditwirtschaft trugen die Bundesbank, die Bundesregierung und der Gesetzgeber schon in den achtziger Jahren und seit 1990 mit drei Finanzmarktförderungsgesetzen dazu bei, den Finanzplatz Deutschland im zunehmenden europäischen und internationalen Wettbewerb zu stärken. Wegen seiner unangefochtenen Dominanz innerhalb Deutschlands bedeutete dies praktisch die Förderung der internationalen Wettbewerbsfähigkeit des Finanzplatzes Frankfurt. Friedrich von Metzler, damals Vorsitzender des Vorstands der Frankfurter Wertpapierbörse AG, hat Frankfurts «Start aus der zweiten Reihe» und die bereits in Gang befindliche Aufholjagd gegenüber den vorgepreschten Modernisierern London und Paris mit den damals bereits erreichten und noch ausstehenden Reformschritten in einem Vortrag am 15. Januar 1991 treffend dargestellt.[73]

Bis 1985 hatte der Zentrale Kapitalmarktausschuß, der seit 1957 existierte und der aus Vertretern von Banken bestand, die eine Mitverantwortung für den Kapitalmarkt trugen, mit seinem Unterausschuß für D-Mark-Auslandsanleihen immer wieder regulierend in den Markt eingegriffen, auch mit Emissionsstopps. Nach einer Erklärung der Bundesbank hatte es damit seit dem 1. Mai 1985 offiziell ein Ende. Die Bundesbank erlaubte seitdem auch den Tochterinstituten ausländischer Banken, die Konsortialführung für die Plazierung von D-Mark-Auslandsanleihen zu übernehmen, allerdings nur, wenn das jeweilige Mutterland den Auslandstöchtern deutscher Banken reziproke Bedingungen biete. Der Kapitalmarkt in Deutschland wurde gleichzeitig auch insofern weiter dereguliert, als die Emission von Null-Kupon-Anleihen (*zero-bonds*) und Anleihen mit variablen Zinssätzen (*floating rate notes*) gestattet wurde. Auch Zins- und Währungsswaps in Verbindung mit D-Mark-Auslandsanleihen wurden von der Bundesbank für zulässig erklärt. Auslandsbanken konnten seitdem uneingeschränkt am Emissionsgeschäft in der Bundesrepublik teilnehmen. Eine Auswahl von ihnen wurde in das Bundesanleihekonsortium aufgenommen. Anfang 1990 gab es auch für deutsche Kreditinstitute einen wichtigen Liberalisierungsschritt. Diese durften nun von ihnen emittierte Anleihen in fremden Währungen, ECU oder in Sonderziehungsrechten nicht nur an ausländische, sondern unmittelbar auch an inländische Anleger verkaufen. Vorher war dies verboten gewesen.[74]

In den achtziger Jahren gingen wesentliche Anregungen für die Aktivitäten des Gesetzgebers nicht nur von dem zunehmenden internationalen Wettbewerbsdruck, sondern auch von den Bemühungen der EG-Kommission aus, die nationalen kapitalmarktrechtlichen Bestimmungen zu harmonisieren, damit bei Freiheit des Kapitalverkehrs in Europa auch ein einheitlicher europäischer Kapitalmarkt entstehen würde. Dabei ging es insbesondere um die Harmonisierung der Börsenzulassung und der Informationspflichten einer Aktiengesellschaft. Umgesetzt wurden diese Richtlinien in der Börsengesetznovelle von 1986, die allerdings gleichzeitig auch ein inländisches Problem mit dem Zugang zum Kapitalmarkt anging. Es hatte sich nämlich gezeigt, daß in Deutschland kleinere und mittlere Unternehmen die Wertpapierbörsen vergleichsweise wenig zur Finanzierung über Eigenkapital in Anspruch nahmen und daß damit auch zum Ausdruck kam, daß die Aufbringung von Risikokapital behindert war und durch die Verschärfung der Zulassungs- und Publizitätsvorschriften im amtlichen Handel entsprechend der EG-Richtlinie zusätzlich behindert werden würde. Dem trug die Börsengesetznovelle von 1986 dadurch Rechnung, daß unterhalb des amtlichen Handels und oberhalb des Freiverkehrs als neues Marktsegment der Geregelte Markt eingeführt wurde. Dort sind die Zugangsvoraussetzungen und Publizitätspflichten im Vergleich zum amtlichen Handel weniger streng. Und die Kursfestsetzung erfolgt nicht amtlich, sondern sie wird nur amtlich überwacht.[75] Das Problem der stärkeren Versorgung kleiner und mittlerer Unternehmen mit Eigen- statt Fremdkapital war allerdings trotz dieser Maßnahme und weiterer Fortschritte in späteren Jahren in Deutschland noch immer nicht befriedigend gelöst. Deshalb wurde im März 1997 ein weiteres Handelssegment an der Frankfurter Wertpapierbörse eingerichtet: der wie der Freiverkehr privatrechtlich organisierte Neue Markt. Damit soll jungen innovativen Unternehmen mit hohem Wachstumspotential, die nach den Kriterien der anderen Märkte, auch des Geregelten Marktes, für den Gang an die Börse noch nicht reif genug sind, für ihre Eigenkapitalbildung ein frühzeitiger Zugang zum Kapitalmarkt ermöglicht und Anlegern mit Wagniskapital die frühzeitige Beteiligung an einem solchen Unternehmen erleichtert werden. Die amerikanische Nasdaq-Börse galt dabei als Vorbild. An ihr wurden schon lange Aktien von Unternehmen plaziert und gehandelt, die eigentlich noch in den Kinderschuhen steckten.

Zu einer weiteren Börsengesetznovelle kam es 1989. Auch dabei ging es zum einen um die Anpassung des deutschen Rechts an eine EG-Richtlinie von 1987, mit der die gegenseitige Anerkennung der Börsenzulassungsprospekte in der Gemeinschaft verwirklicht wurde. Der zweite Hauptteil des Gesetzes machte die Computerisierung der deutschen Börsen rechtlich möglich. Auch im Hinblick auf die sich in Vorbereitung befindliche Deutsche Terminbörse (DTB) wurden das Inter-Banken Informationssystem (IBIS)[76] zur Verbesserung der Markttransparenz des außerbörslichen Wertpapierhandels der Banken untereinander und ein Wertpapier-Leihsystem – zunächst für die 30 im DAX (Deutscher Aktienindex) enthaltenen Aktien und seit August 1990 auch für Bundesanleihen und Bundesobligationen – von der Deutsche Kassenverein AG eingerichtet. Diese war Ende 1989 aus der Fusion der deutschen Wertpapiersammelbanken hervorgegangen. Der minutenweise errechnete DAX war 1988 an der Frankfurter Börse eingeführt worden. Der Deutsche Rentenindex (REX) folgte im Juni 1991. Ende November 1997 wurde an der Frankfurter Wertpapierbörse das vollelektronische Handelssystem XETRA (= Exchange Electronic Trading) eingeführt, in dem die Benchmark-Werte in Aktien und seit Oktober 1998 in Renten von 8:30 bis 17 Uhr gehandelt werden können. Nachdem Regionalbörsen vorgeprescht waren, wurde auch der Parketthandel in Frankfurt ab 1. Juli 1998 auf dieselbe Zeit ausgedehnt. Aber er wird schon deswegen an Bedeutung verlieren, weil der elektronische Handel erheblich kostengünstiger ist. Während 1997 ein typisches Parkettgeschäft über 100 000 DM noch 40 DM kostete, war es im IBIS-Handel für 15 DM zu haben. Im XETRA-Handel wird mit noch geringeren Kosten gerechnet.[77]

Ohne dem Frankfurter Börsengeschehen den öffentlich-rechtlichen Charakter zu nehmen, ließ der Börsenvorstand die Trägerschaft für die Wertpapierbörse am 1. Januar 1991 von der Industrie- und Handelskammer auf die Frankfurter Wertpapierbörse AG übergehen, die von in- und ausländischen Banken sowie Frankfurter Kurs- und Freimaklerunternehmen gegründet worden war, um die Mittel aufzubringen, die für die dringend notwendige Erweiterung und Modernisierung des Dienstleistungsangebots an der Börse erforderlich waren. So ließ sich durch die private Trägerschaft die Flexibilität gewinnen, die für einen erfolgreichen Wettbewerb mit anderen europäischen Börsenplätzen für notwendig gehalten wurde. Aber auch dies war nur ein Zwischenschritt zu einer weiteren Zentralisierung, zur Bündelung der Kräfte. Denn im Dezember 1992 wurde zum Jahresbeginn 1993 die Deutsche Börse AG gegründet. 81% ihres Aktienkapitals übernahmen in- und ausländische Banken, 9% amtliche und freie Makler und 10% die Regionalbörsen. Die neue AG übernahm die Trägerschaft der Frankfurter Wertpapierbörse und erwarb gleichzeitig sämtliche Anteile an der Deutschen Terminbörse GmbH und an der Deutschen Kassenverein AG, die zum 1. Oktober 1997 ihren Firmennamen in «Deutsche Börse Clearing AG» änderte. Damit war die Grundlage für ein wettbewerbsfähiges Angebot sämtlicher Börsendienstleistungen gelegt.[78] Nicht zuletzt durch diese Bündelung der Kräfte konnte Frankfurt im Wettbewerb mit den anderen europäischen Finanzplätzen erheblich an Boden gewinnen. So wurde ein Großteil des Terminhandels in Bundesanleihen (Bund-Future) von der Terminbörse in London LIFFE (= London International Financial Futures and Options Exchange), die schon seit September 1982 bestanden hatte,[79] an die erst 1990 geschaffene DTB nach Frankfurt zurückgeholt, allerdings erst, nachdem die Bundesbank mit Ablauf des Jahres 1996 die sogenannten Repos (Repurchase Agreements) auf Bundesanleihen in Deutschland aus der Mindestreservepflicht entlassen hatte.[80] Daraufhin hat in wenig mehr als einem Jahr die DTB ihren Anteil am gesamten Bund-Future-Handel von 30% auf rund 70% erhöht. Entscheidend dazu beigetragen hat die Strategie der *Remote Membership* (Mitgliedschaft aus der Distanz), besonders dadurch, daß in den USA DTB-Bildschirme aufgestellt wurden.[81]

Auch auf manche Auslandsaktivitäten deutscher Kreditinstitute wirkte der Abbau der Mindestreserven dahingehend, daß ins Ausland verlagerte Geschäfte nach Deutschland zurückgeholt wurden. So zeigte sich nach der drastischen Senkung der Mindestreservesätze in Deutschland auf nur noch 2% für Sichteinlagen zum 1. August 1995, daß Geschäfte von Luxemburg aus nicht mehr kostengünstiger abzuwickeln waren als in Frankfurt.[82]

Die Harmonisierungsschritte der EG zur Schaffung eines einheitlichen europäischen Kapitalmarktes gingen in der zweiten Hälfte der achtziger Jahre weiter. Als politisch durchsetzbar erwies sich jedoch nur eine Mindestharmonisierung. Strengere nationale Regelungen waren zugelassen und wurden gegenseitig anerkannt. Zu den EG-Richtlinien im Börsenrecht, die in nationales Recht umzusetzen waren, gehörten: die Investmentrichtlinie (1985), Transparenzrichtlinie (1988), Emissionsprospektrichtlinie (1989), Insiderhandelsrichtlinie (1989) und die Wertpapierdienstleistungsrichtlinie (1989).

Das Erste Finanzmarktförderungsgesetz datiert vom 22. Februar 1990. Mit ihm wurde die Investmentrichtlinie der EG von 1985 umgesetzt und das Recht der Investmentgesellschaften novelliert, d. h. es wurden das Gesetz über Kapitalanlagegesellschaften und das Auslandsinvestmentgesetz (AIG) geändert. Das AIG datierte aus dem Jahr 1969 und sollte vor Auswüchsen im Handel mit ausländischen Investmentanteilen schützen, nachdem durch den sogenannten IOS-Skandal für viele Bundesbürger große Verluste entstanden waren. Durch die Umsetzung der EG-Richtlinie wurde ein einheitlicher europäischer Standard zum Schutz der Anlagen in Wertpapieren sichergestellt. Seitdem können Investmentgesellschaften ihre Anteile grenzüberschreitend in den EG-Mitgliedsstaaten vertreiben. Das jeweilige Herkunftsland ist für die Aufsicht zuständig. Mit diesen Anpassungen wurde ein wichtiger Teil des europäischen Binnenmarktes im Bereich Finanzdienstleistungen verwirklicht.

Um im Wettbewerb des europäischen Binnenmarktes nicht schlechter gestellt zu sein als die Konkurrenten, wurden die Anlagemöglichkeiten der deutschen Wertpapierfonds bis zu dem nach der EG-Richtlinie zulässigen Umfang erheblich ausgeweitet. Besonders wichtig war, daß den Kapitalanlagegesellschaften erlaubt wurde, für das jeweilige Fondsvermögen Optionsgeschäfte und Finanzterminkontrakte abzuschließen. Das war auch für den Start der Deutschen Terminbörse von Bedeutung.

Schließlich stärkte das Erste Finanzmarktförderungsgesetz die internationale Wettbewerbsposition des Finanzplatzes Deutschland bzw. Frankfurt insofern, als es die 1881 mit dem Reichsstempelgesetz eingeführte Börsenumsatzsteuer und die seit 1922 existierende Gesellschaftssteuer beseitigte. Letztere hatte Kapitalgesellschaften gegenüber Personengesellschaften bei der Zuführung von Eigenkapital benachteiligt. Auch die Wechselsteuer, deren Anfänge bis ins 17. Jahrhundert zurückreichen, wurde abgeschafft.

Das Zweite Finanzmarktförderungsgesetz vom 26. Juli 1994 setzte die Maßnahmen zur Stärkung des Finanzplatzes Deutschland fort. Es beinhaltete das Wertpapierhandelsgesetz. In diesem Gesetzeswerk wurden drei der genannten EG-Richtlinien in deutsches Recht umgesetzt: Vorschriften darüber, welche Informationen bei Erwerb oder Veräußerung einer bedeutenden Beteiligung an einer börsennotierten Gesellschaft zu veröffentlichen sind (Transparenzrichtlinie), sowie die Insiderhandelsrichtlinie und die Wertpapierdienstleistungsrichtlinie. Der Wertpapierhandel ist seitdem bundesgesetzlich geregelt. Zuvor gab es nur eine Rechtsaufsicht der Bundesländer über die Börsen und deren Handelsregelungen. Zu den wichtigsten Neuerungen gehören die folgenden: Die Rechtsaufsicht der Bundesländer ist um eine Handelsaufsicht erweitert. Insidergeschäfte sind nun auch gesetzlich verboten. Bei Verstößen drohen hohe Geldbußen oder Haftstrafen bis zu fünf Jahren. Die

Vorschriften zur Ad-hoc-Publizität börsennotierter Gesellschaften wurden erweitert. Wertpapier-Dienstleistungsunternehmen müssen in ihrer Beratungstätigkeit im Kundeninteresse bestimmte Regeln einhalten, um den Kunden mit seiner meist geringeren Erfahrung vor Risiken zu bewahren, die er nicht übersieht. Aktionäre müssen das Über- und Unterschreiten von bestimmten Beteiligungsquoten an börsennotierten Unternehmen ab 5% offenlegen. Der Mindestnennwert von Aktien wurde auf 5 DM herabgesetzt. Es wurde zum 1. Januar 1995 ein Bundesaufsichtsamt für den Wertpapierhandel in Frankfurt geschaffen, das bei Insiderdelikten die Ermittlungen führt, die Einhaltung der Publizitätspflichten und der Regeln für Kundengeschäfte überwacht und dabei mit den zuständigen Stellen der anderen EU-Mitgliedsstaaten zusammenarbeitet. Auch die traditionelle Form der Börsenaufsicht als Selbstverwaltung wurde durch die Vorschrift ergänzt, daß jede Börse eine Handelsüberwachungsstelle zur Einhaltung der Börsenregeln und der Ordnungsmäßigkeit der Kursfestsetzung und der Preisbildung einzurichten hat. Auch wurde der Einfluß privater Anleger insofern verstärkt, als sie im Börsenrat vertreten sein müssen. Reine Geldmarktfonds wurden ab 1. August 1994 zugelassen. Es wurden neue Absicherungsmöglichkeiten im Bereich derivater Instrumente geschaffen, und Investmentgesellschaften wurde die Teilnahme an der Wertpapierleihe ermöglicht. Auch das noch immer aus dem Jahre 1896 bestehende Verbot des Terminhandels in Getreide und Getreidemühlenprodukten wurde aufgehoben, so daß der Warenterminhandel wieder aufgenommen werden konnte. Die Möglichkeiten für elektronische Handelssysteme auch an den Börsen selbst wurden erweitert. Es wurde die Änderung der Leitungsstruktur der Börse in Anlehnung an das Organisationsmodell der Aktiengesellschaft vorgesehen.

Die Attraktivität des Finanzplatzes Frankfurt im internationalen Wettbewerb wurde durch diese Neuregelungen insofern gestärkt, als einerseits störende Regulierungsvorschriften abgebaut wurden, andererseits dabei die Regeln an den europäischen Standard angepaßt und darüber hinaus international übliche Vorschriften, wie Strafen für Verstöße gegen das Verbot des Insiderhandels, eingeführt wurden. Auch der verbesserte Schutz der Anlegerinteressen stärkte das Vertrauen und erhöhte damit die Attraktivität des Finanzplatzes.

Auch die Bundesbank räumte seit 1994 weitere Positionen, mit denen sie einer Modernisierung des Finanzplatzes Deutschland bzw. Frankfurt in der absehbaren Währungsunion im Wege stand. Sie emittierte seit jenem Jahr unterjährige Geldmarktpapiere, die drei-, sechs- und neunmonatigen «Bulis» (= Bundesbank-Liquiditäts-U-Schätze), mit denen sie die Laufzeitlücke zwischen den achtwöchigen Wertpapierpensionsgeschäften und den kurzfristigen Schuldverschreibungen des Bundes zu schließen versuchte. Sie wollte damit

Frankfurt in allen Laufzeitsegmenten für internationale Geschäfte attraktiv machen, ohne dem Bund Gelegenheit zu geben, mit solch kurzfristigen Emissionen die Geldmengensteuerung der Bundesbank zu stören. Erst nachdem sie 1996 die Bulis hatte auslaufen lassen, ließ sie seit dem Sommer 1996 den Bund «Bubills» emittieren. Das sind unverzinsliche Schatzanweisungen mit einer Laufzeit von sechs Monaten. Die Bundesbank genehmigte gleichzeitig zweijährige Bundesschatzanweisungen, so daß seitdem Bundesschuldtitel in allen Laufzeitbereichen als mögliche Benchmark-Papiere für den Geld- und Kapitalmarkt der EWU zur Verfügung stehen und der Finanzplatz Frankfurt auch in dieser Hinsicht für den Wettbewerb mit Paris und London gerüstet ist.[83] Um die Zinsstrukturkurve noch kontinuierlicher zu machen, d.h. praktisch alle Laufzeitlücken zu schließen, ließ der Bund im Juli 1997 für bestimmte 10- und 30jährige Anleihen die Trennung von Zins- und Kapitalansprüchen und deren gesonderten Handel (Stripping) zu. Daß die getrennten Kapital- und Zinsansprüche nur in den Handel an der Frankfurter Wertpapierbörse eingeführt wurden, unterstreicht die zentrale Rolle Frankfurts für den Finanzplatz Deutschland.

Auch diese Modernisierungsmaßnahmen trugen zur Akzeptanz deutscher Staatsschuldtitel bei ausländischen Investoren und so zur Attraktivität des deutschen Kapitalmarkts für Auslandskapital bei. 1991 hielten Ausländer rund 38% des gesamten Umlaufs deutscher Staatsanleihen (Bonds), 1994 rund 40% und 1996 rund 46%.[84]

Mit dem Dritten Finanzmarktförderungsgesetz vom 6. März 1998, das zum 1. April 1998 in Kraft trat, wurde die bereits eingeschlagene Linie konsequent fortgesetzt und die Stärkung des Finanzplatzes Deutschland bzw. Frankfurt – gerade auch im Hinblick auf die bevorstehende Einführung des Euro – weiter vorangetrieben. Dazu wurden insbesondere das Börsen- und Wertpapierhandelsrecht, das Gesetz über Kapitalanlagegesellschaften und das Gesetz über Unternehmensbeteiligungsgesellschaften novelliert. Von den zahlreichen Gesetzesänderungen im einzelnen seien nur die folgenden erwähnt. Die Rechtsstellung des Anlegers aus der Haftung für fehlerhafte Information und Beratung bei der Anlage im Wertpapierbereich wurde verbessert, gleichzeitig auch die Verjährungsfrist von Haftungsansprüchen auf maximal drei Jahre verkürzt. Der Börsenzugang für in- und ausländische Emittenten wurde erleichtert, z.B. für junge Unternehmen, deren frühzeitiger Börsenzugang zum Geregelten Markt nicht mehr von einer bestimmten Mindestdauer ihres Bestehens abhängig ist. Für ausländische Emittenten ist die Anerkennung fremdsprachiger Prospekte nunmehr unter bestimmten Voraussetzungen möglich, ja sogar die prospektfreie Zulassung von Wertpapieren, wenn solche Papiere des Emittenten bereits seit drei Jahren in einem anderen EU-Mitgliedsstaat oder EWR-Vertragsstaat im amtlichen Handel notiert waren. Verschiedene Maßnahmen zielen auf die Steigerung der Wettbewerbsfähigkeit der deutschen Börsen, auch durch die Verbreiterung ihrer Finanzierungsbasis. Es wurde die Möglichkeit eröffnet, neue Entwicklungen bei der Emission von Wertpapieren ohne Gesetzesänderung zu berücksichtigen. Der Anlegerschutz wurde durch eine Verbesserung der wertpapierhandelsrechtlichen Aufsicht erhöht, z. B. auch dadurch, daß der Bußgeldrahmen im Verkaufsprospektgesetz von bisher maximal 100000 DM auf maximal 1 Mio. DM erhöht wurde. Ein ganzer Katalog von Deregulierungsmaßnahmen wurde beschlossen, darunter die ersatzlose Aufhebung und Außerkraftsetzung zahlreicher überholter Vorschriften auf dem Gebiet des Börsen- und Wertpapierhandels.

Von den Ergebnissen der Novellierung des Gesetzes über Kapitalanlagegesellschaften seien die folgenden genannt. Als neuer Fondstyp wurde das Altersvorsorge-Sondervermögen zugelassen. Damit wurde erstmals ein Fonds auf ein bestimmtes Ziel statt auf die Anlagegegenstände hin definiert und gesetzlich geregelt. Die Geschäftsmöglichkeiten für bereits zugelassene Investmentfondstypen wurden erheblich ausgeweitet, bei Wertpapierfonds z. B. wurde die Verwendung derivativer Finanzinstrumente, wie Zins- und Währungsswaps, erweitert. Auch der Anlegerschutz und das aufsichtsrechtliche Instrumentarium dazu wurden bei dieser Novellierung verbessert.

Diese Beispiele mögen genügen, um deutlich zu machen, wie radikal mit den Finanzmarktförderungsgesetzen alte Zöpfe abgeschnitten wurden und der Reformstau unter dem Druck des internationalen Wettbewerbs auf globalisierten Geld- und Kapitalmärkten abgebaut worden ist, freilich auch mit der Chance, Frankfurt in die Spitzenposition der europäischen Finanzplätze aufsteigen zu lassen. Das gilt besonders, seitdem die Staats- und Regierungschefs der zwölf EU-Staaten auf ihrem Gipfeltreffen am 29. Oktober 1993 in Brüssel entschieden haben, den Sitz der Europäischen Zentralbank nach Frankfurt zu legen. Es ist erstaunlich, daß angesichts des Reformstaus in anderen Bereichen der Gesetzgeber in Bonn in der Lage war, die Modernisierung des Finanzmarkts Deutschland bzw. Frankfurt fast geräuschlos und im breiten Konsens der Parteien entscheidend voranzubringen, und das mit der angekündigten Absicht, notwendige weitere Schritte auf diesem Weg auch in Zukunft zu tun.

Inzwischen ist auch die Bündelung der Kräfte und der Zentralisierungsprozeß auf europäischer Ebene weitergegangen. So hat der Crédit Lyonnais, Paris, die Bank für Gemeinwirtschaft in Frankfurt übernommen, von der er sich 1999 allerdings wieder trennen muß. Mit dem Kauf des Londoner Investmentbankhauses Morgan Grenfell durch die Deutsche Bank und Kleinwort Benson sowie RCM Global Investors durch die Dresdner Bank sind in den neunziger Jahren die typischen Investmentbankaktivitäten der beiden Frankfurter Großbanken an dem in diesem Geschäft noch immer führenden

Finanzplatz London entscheidend gestärkt worden. Im Juli 1998 überraschten die Vorsitzenden der London Stock Exchange und der Deutsche Börse AG die Öffentlichkeit und die Konkurrenz mit der Information, daß die beiden Partner in einer strategischen Allianz einen ersten Schritt in Richtung eines gesamteuropäischen Handelssystems unternommen hätten. Folgende Vereinbarungen wurden getroffen: 1. Bis zum Jahresanfang 1999 soll der Zugang der Marktteilnehmer zum jeweils anderen Markt ermöglicht werden. Geplant sind auch zentrale Orderbücher für britische und deutsche *Blue Chips* (erstklassige Standardaktien). 2. Es wird angestrebt, bis Mitte 1999 die *Rules and Regulations* der Deutschen Börse und der Londoner Stock Exchange einander anzugleichen. Gleichzeitig soll ein einheitlicher Zugang zu den elektronischen Handelssystemen XETRA und SETS (Stock Exchange Electronic Trading Service), dem Londoner Äquivalent zu XETRA, geschaffen werden. 3. Beide Partner beabsichtigen, ab Mitte 1999 ein gemeinsames Segment für europäische *Blue Chips* zu betreiben. Dieses Segment soll mit etwa 50% der Marktkapitalisierung der größten europäischen Aktien starten und laufend erweitert werden. 4. Beide Handelssysteme, XETRA und SETS, sollen auf mittlere Sicht zu einer gemeinsamen Handelsplattform zusammengeführt werden.[85]

Dritte Börsen werden ausdrücklich eingeladen, sich der Kooperation anzuschließen, um dem Ziel eines gesamteuropäischen Marktes näherzukommen. Die Terminbörse in London (LIFFE), die der DTB in ihren ersten Jahren an Umsätzen weit voraus war, fürchtet jetzt ein zunehmendes Abwandern von Aufträgen an die DTB, die im übrigen wegen des Vorsprungs im Computerhandel ihre Leistungen kostengünstiger als die LIFFE anbieten kann, und sieht sich selbst nach Kooperationspartnern um, z.B. in Paris bei der dortigen Terminbörse MATIF (Marché à terme international de France), die ihrerseits aber auch schon seit Jahren mit der DTB kooperiert, und in den USA.[86] Auf jeden Fall dürfte die Bündelung der Kräfte in Form weiterer oder erweiterter strategischer Allianzen auf absehbare Zeit weitergehen.

VII. Fazit

Frankfurt erfuhr als Finanzplatz in seiner Geschichte drei große Aufschwünge und einen dramatischen Abstieg. Der erste Aufschwung führte zu einer Hochblüte am Ende des 16. und zu Beginn des 17. Jahrhunderts. Der zweite fand gegen Ende des 18. und zu Beginn des 19. Jahrhunderts statt. Der dritte große Aufschwung fiel in die Zeit der Existenz der Bundesrepublik. Einen dramatischen relativen Niedergang machte der Finanzplatz Frankfurt in der Periode von 1866 bis 1945 durch, als Berlin sich zum Finanzplatz Nummer eins in Deutschland, auch für das Netz der internationalen Finanzbeziehungen, entwickelte.

Im Aufschwung wuchs jedesmal die relative Bedeutung des Finanzplatzes nicht nur im regionalen bzw. nationalen, sondern vor allem im internationalen Rahmen. Mit Zahlen kann dies nur für die jüngere Vergangenheit demonstriert werden. So stellte die Bank für Internationalen Zahlungsausgleich für April 1998 fest, daß Frankfurt mit 5% des Weltumsatzes an Devisen den fünften Rang aller großen Devisenhandelsplätze einnahm, und zwar hinter London (32%), New York (18%), Tokio (8%) und Singapur (7%). Seit der vorigen Erhebung im Jahr 1995 hatte Frankfurt sowohl Hongkong als auch Zürich überholt. Auch im Volumen des Wertpapierhandels lag die Deutsche Börse AG, Frankfurt, sowohl mit ihrem Kassamarkt, der Frankfurter Wertpapierbörse, als auch mit ihrem Terminmarkt DTB 1997 an fünfter Stelle aller Börsen der Welt, in Europa auf beiden Märkten nur hinter London. Ansonsten rangierten nur amerikanische Börsen vor Frankfurt und bei Aktienumsätzen die Tokioter.[1]

Im Verlauf der Jahrhunderte waren die Faktoren, die Frankfurt als Finanzplatz groß werden ließen, von unterschiedlichem Gewicht. Was sich allerdings wie ein roter Faden durch die ganze Erfolgsgeschichte zieht, das sind der hohe Stand des Know-how, mit anderen Worten: die hohe Qualität des Humankapitals der von Frankfurt aus in Geld- und Kreditgeschäften erfolgreich tätigen Personen, sowie deren Innovationsfähigkeit und -bereitschaft. Zu den Erfolgsbedingungen gehörte ein gesellschaftliches und politisches Umfeld, das zur Stabilität nicht nur der Währung, sondern auch der Rechtsordnung und der Institutionen beitrug und gleichzeitig offen war für Wettbewerb, für Innovationen und für die Zuwanderung hochqualifizierter Experten, d.h. für den Import von Humankapital. Zu den entscheidenden Voraussetzungen des Erfolgs in allen Jahrhunderten zählte auch das internationale Netzwerk, durch das die Sorten- bzw. Devisen- sowie die Geld- und Kapitalmärkte in Frankfurt mit den anderen großen Finanzplätzen Europas und der Welt verbunden waren und sind.

Der Finanzplatz Frankfurt in der Frühen Neuzeit wäre ohne die seit dem Mittelalter betriebenen Messegeschäfte nicht entstanden. Insofern waren die politischen Privilegien der deutschen Könige und Kaiser, die zusammen mit der geographisch und verkehrstechnisch günstigen Lage der Stadt die Messen in Frankfurt begründeten und zu internationaler Bedeutung anwachsen ließen, eine notwendige Bedingung für die Entwicklung des Finanzplatzes. Hinreichend war dies freilich nicht. Denn es gab eine ganze Reihe von Messeplätzen in Deutschland, einschließlich Leipzig als Hauptkonkurrent, aus denen nie ein Finanzplatz von der europa- und weltweiten Bedeutung wurde, die Frankfurt auszeichnete. Der Status einer autonomen Reichsstadt, den Frankfurt im Gegensatz zu Leipzig genoß, war insofern ein zentraler Faktor, als er das Eingehen der politischen Führung der Stadt auf die Bedürfnisse der Großkaufleute ermöglichte, die außer im Warenhandel in Geld- und Kreditgeschäften tätig wurden. Die den Rat der Stadt Frankfurt dominierenden Patrizierfamilien erkannten die Vorteile, die das Wachstum der Fernhandels-, Geld- und Kreditgeschäfte letztlich für alle Bewohner und Bürger bringen würde, auch für die Handwerker, die die Stadt lieber stärker vor Auslandskonkurrenz geschützt und gegen großzügige Zuwanderung abgeschottet gesehen hätten. In ähnlicher Weise, wie die politische Führung der Stadt die Messe- und die damit verbundenen Geld- und Kreditgeschäfte besonders förderte, hielten die Patrizierfamilien, zusammen mit dem auf den Kredit der Großkaufleute angewiesenen Kaiser in Wien, ihre schützende Hand über die jüdischen Einwohner der Stadt. Diese zogen wegen des ihnen erlaubten Zinsnehmens und ihrer Spezialisierung auf Geldgeschäfte den Unmut und Zorn der Handwerkerschicht auf sich, die sich in Krisenzeiten manchmal in Pogromen entluden.

Die erste Hochblüte des Finanzplatzes Frankfurt im späten 16. und frühen 17. Jahrhundert wäre trotz der förderlichen politischen und wirtschaftlichen Rahmenbedingungen in der Stadt nicht in der tatsächlich erfahrenen Form eingetreten, wenn es die Gegenreformation in Frankreich und Spanien nicht gegeben hätte und in diesem Zusammenhang die kriegerischen Auseinandersetzungen um die spanischen Niederlande nicht zum Verfall des damals bedeutendsten nordeuropäischen Finanzzentrums Antwerpen geführt hätten. Von jener, auch nach heutiger Definition wirklichen Großstadt (240000 Einwohner) flüchteten einige Tausend nach Frankfurt mit seinen damals nicht einmal 20000 Einwohnern, darunter auch ein Teil der welterfahrenen Kaufmannschaft mit modernsten Kenntnissen in Finanzgeschäften. An der Gründung der 1585 eingeführten regelmäßigen Kaufmannsversammlungen, der

Keimzelle der Frankfurter Börse, waren sie, zusammen mit zahlreichen in Frankfurt tätigen italienischen Kaufleuten, stärker beteiligt als die eingesessenen Frankfurter Kaufleute. Zu dem weltgeschichtlichen Vorgang der Gegenreformation mußten allerdings die Offenheit Frankfurts für die Zuwanderung und die relativ große Toleranz seiner Bürger auch gegenüber Andersgläubigen hinzutreten, damit die Stadt von dem Entwicklungsschub profitieren konnte, den die Eingewanderten mit ihrer Initiative in Gang setzten. Katholische Handelsstädte, wie Köln, Augsburg und Straßburg, hatten sich zu einer vergleichbar großen Offenheit und Toleranz nicht in der Lage gesehen.[2] Ihre Entwicklung als internationale Finanzplätze blieb auch deshalb hinter der von Frankfurt zurück.

Der zweite große Aufschwung des Finanzplatzes Frankfurt setzte im späten 18. Jahrhundert mit der Blüte des Staatsanleihegeschäfts ein. Im Zusammenhang mit dem fast unstillbaren Kredithunger der Fürstenstaaten entstand die Grundform der modernen gestückelten, an der Börse handelbaren Anleihe, die sogenannte Partialobligation (Teilschuldverschreibung). Damit ließ sich Kapital über das der Bankiers und reichen Schichten hinaus auch bei kleineren Anlegern und solchen, die während der Laufzeit des Kredits gegebenenfalls Liquidität benötigten, mobilisieren. Die Partialobligation wurde als Innovation in Frankfurt im Jahre 1778 zunächst vom 1748 gegründeten Bankhaus Gebrüder Bethmann eingeführt. Als Vorbild dienten Erfahrungen, die Bankiers in Amsterdam, dem damals noch führenden Finanzzentrum Europas, zuvor gesammelt hatten. Kurz nach Bethmanns Pioniertat beteiligte sich das 1674 gegründete Handelshaus B. Metzler seel. Sohn & Co. an der Verbreitung dieser Innovation in Frankfurt und verstärkte damit seine Aktivitäten im Bankgeschäft, die erst seit der zweiten Hälfte des 18. Jahrhunderts den Warenhandel an Bedeutung übertrafen. In Konsortien kooperierten zahlreiche andere Frankfurter Privatbankhäuser von Anfang an mit diesen Firmen. Zu Beginn des 19. Jahrhunderts stieg auch das Haus Rothschild von Frankfurt aus in das moderne Anleihegeschäft ein und entwickelte es mit seiner Präsenz an den wichtigsten Finanzplätzen Europas derartig dynamisch und erfolgreich, daß es in diesem Bereich im Verlauf des 19. Jahrhunderts nicht nur die Spitzenposition in Frankfurt, sondern eine führende Position in ganz Europa belegte.

Die Erfolge der Frankfurter Bankiers mit ihren weltweiten Anleihegeschäften enthielten zugleich den Keim des relativen Niedergangs für den Finanzplatz Frankfurt im letzten Drittel des 19. Jahrhunderts. Speziell das Bankhaus Rothschild machte seinen großen Einfluß in Frankfurt gegen Aktienbanken, den Handel mit Aktien überhaupt und damit gegen die Art von Industriefinanzierung geltend, die dem Finanzplatz Berlin zu seinem großen Bedeutungsgewinn verhalf. In Frankfurt galten diese Geschäfte als zu spekulativ.

Tatsächlich erlebte die Wertpapierbörse in Berlin schärfere Einbrüche in Krisenzeiten als die zunächst auf Anleihen fixierte Frankfurter Börse, obwohl auch dort z.B. der Ausfall von Anleihen amerikanischer Eisenbahngesellschaften erhebliche Verluste verursachte. Aber mit zunehmender Breite der Industrialisierung war die Dynamik der Entwicklung von dem in Frankfurt dominierenden Staatsanleihegeschäft auf die Industriefinanzierung durch Aktienemissionen übergegangen. Als gegen Ende des 19. Jahrhunderts Frankfurt sich endlich dem Aktiengeschäft vollständig öffnete, hatte ihm Berlin den Rang als führendes internationales Finanzzentrum Deutschlands längst abgelaufen. Ähnlich wie die Innovationsfreude der Frankfurter Bankiers bei der Einführung der Partialobligationen die zweite Hochblüte des Finanzplatzes Frankfurt herbeigeführt hatte, trug ihre Zurückhaltung gegenüber der Innovation Aktie im 19. Jahrhundert zu dem relativen Niedergang des Finanzplatzes Frankfurt gegenüber Berlin bei.

Dazu kamen andere, vor allem politische Faktoren. Die Gründung des Zollvereins, dem Frankfurt unter dem Druck der Verhältnisse erst mit mehr als zwei Jahren Verspätung beitrat, setzte in Deutschland eine weitgehende Standardisierung der Münzverhältnisse in Gang, die nicht nur zu Lasten des traditionell starken Geld- und Devisenwechselgeschäfts in Frankfurt ging, sondern auch zu einer Dominanz des preußischen Währungsstandards in ganz Deutschland führte. Damit rückte die Preußische Bank in Berlin allmählich in die Funktion einer Zentralbank für ganz Deutschland ein, während eine ähnliche Funktion der 1854 gegründeten Frankfurter Bank für den süddeutschen Raum schon in den 1860er Jahren an relativer Bedeutung verlor. Auch der Verlust des Status der Freien Stadt durch die Einverleibung Frankfurts in das preußische Staatsgebiet nach Preußens Sieg über Österreich 1866 schwächte die Entwicklungschancen des Finanzplatzes Frankfurt, soweit sie in seiner politischen Unabhängigkeit lagen. Durch die Gründung des Norddeutschen Bundes unter preußischer Führung 1867 rückte Berlin weiter ins Zentrum und Frankfurt, gleichsam abgeschnitten von seinem süddeutschen Einzugsgebiet, in eine Randlage. Als Folge davon wurde z.B. die Deutsche Bank 1870 nicht in Frankfurt, sondern in Berlin gegründet. Die Reichsgründung 1871 und der anschließende industrielle Gründerboom mit seiner gewaltigen Expansion des Aktienhandels an der Berliner Börse zogen verstärkt auch Teile von Frankfurts Hauptgeschäft nach Berlin, nämlich den Handel in Staats- und Auslandsanleihen. Schließlich führten die vollständige Währungsvereinheitlichung nach der Reichsgründung und die Umwandlung der Preußischen Bank in die Reichsbank am 1. Januar 1876 insofern zu einer relativen Schwächung Frankfurts, als nunmehr die für Banken und die Geldmärkte besonders wichtige Zentralbankfunktion explizit und für jedermann sichtbar von Berlin aus wahrgenommen wurde.

Aufgrund aller dieser Entwicklungen wurde Berlin als Standort für Banken in Deutschland und für Geld- und Kapitalmarktgeschäfte mit Deutschland von etwa 1866 bis 1945 dominierend und Frankfurt trotz seiner Tradition als einer der führenden europäischen Finanzplätze zweitrangig. Während die politischen Bedingungen, die Frankfurts Lage schwächten, von der Stadt und den dort aktiven Bankiers kaum zu beeinflussen waren, trugen jene selbst zur Beschneidung ihrer Wachstumsmöglichkeiten bei, indem sie sich und die Frankfurter Börse dem Großgeschäft mit der Emission und dem Handel von Aktien, der zentralen Finanzinnovation des 19. Jahrhunderts in Deutschland, bis gegen Ende des Jahrhunderts weitgehend verschlossen.

Ähnlich wie im Prozeß der wirtschaftlichen und politischen Vereinigung deutscher Staaten im 19. Jahrhundert der Standort zunächst der Preußischen und dann der Reichsbank als Notenbank in Berlin dem dortigen Finanzplatz zu seiner führenden Position vor Frankfurt verhalf, so sollte die Entwicklung nach 1945 in umgekehrter Richtung zugunsten Frankfurts verlaufen und den dritten großen Aufschwung dieser Stadt als Finanzplatz einleiten. Die Teilung Deutschlands führte dazu, daß die Westalliierten Frankfurt mit Hauptstadtfunktionen für den Bereich ihrer drei Zonen, der späteren Bundesrepublik, ausstatteten. In diesem Zusammenhang fiel Anfang 1948 auch die Entscheidung der angelsächsischen Besatzungsmächte, die in Vorbereitung der Währungsreform zu gründende Bank deutscher Länder nicht in Hamburg, dem bedeutendsten deutschen Finanzplatz in der unmittelbaren Nachkriegszeit, sondern in Frankfurt anzusiedeln. Damit war auch der Grundstein dafür gelegt, daß Großbanken ihre Zentralen in den fünfziger Jahren in Frankfurt wiederaufbauten und daß die Devisen-, Wertpapier- und schließlich Terminbörse in Frankfurt alle anderen Börsen der Bundesrepublik, sogar in ihrem Gesamtvolumen, weit überholten. Frankfurt konnte sich wieder zu einer internationalen Finanzmetropole entwickeln. Der Prozeß wurde gefördert durch die Stabilhaltung der D-Mark-Währung, durch die in der wirtschaftlichen Wiederaufbauphase bis 1973 insgesamt sehr erfolgreiche Wachstumspolitik und durch das Offenhalten der Bundesrepublik nicht nur für den Außenhandel, sondern auch für den internationalen Geld- und Kapitalverkehr. In der zweiten Hälfte der achtziger und in den neunziger Jahren trugen die Bundesbank und der Gesetzgeber in Bonn durch weitreichende Reformen zugunsten des Finanzdienstleistungssektors in Deutschland, unter anderem mit Deregulierungsmaßnahmen und Steuererleichterungen, zu einer noch größeren Stärke des Finanzplatzes Frankfurt im weltweiten Wettbewerb bei.

Freilich spielten auch nach der Gründung der Bank deutscher Länder politische Entwicklungen jenseits des deutschen Einflusses eine Rolle für den Wiederaufstieg Frankfurts. Hätten sich die vier Siegermächte schon etwa Mitte der fünfziger Jahre und nicht erst 1990 auf die deutsche Einheit verständigt, wäre nicht nur die Hauptstadtfunktion vom Provisorium Bonn nach Berlin zurückgewandert, sondern wahrscheinlich auch die noch nicht voll in Frankfurt verankerte Banken- und Börsenwelt, einschließlich der Notenbank mit ihrer damals noch kaum vorhandenen internationalen Ausstrahlung. Demgegenüber waren 1990 die Finanzstrukturen in Frankfurt schon zu fest verankert, und die Bundesbank mit ihrer internationalen Reputation als politisch unabhängiger Garant der Währungsstabilität, nicht nur in der Bundesrepublik, sondern darüber hinaus in weiten Teilen Westeuropas, war schon zu tief am Finanzplatz Frankfurt verwurzelt, als daß man sie und die daran hängende Finanzwelt gefahrlos wieder von Frankfurt nach Berlin hätte umziehen lassen können. Im Gegenteil: Im Wettbewerb um den Sitz der Europäischen Zentralbank war die Reputation des Finanzplatzes Frankfurt so groß, daß die Entscheidung zugunsten der Stadt am Main ausfiel. In diesem Sinne hat Frankfurt der lang anhaltenden Teilung Deutschlands viel zu verdanken. Berlin demgegenüber wird die verlustreichen Folgen dieser Teilung für seinen Finanzdienstleistungssektor und damit für seine Wirtschafts- und Steuerkraft trotz der vollzogenen deutschen Einheit noch lange zu ertragen haben.

Als Quintessenz der Bedingungen für den Erfolg eines internationalen Finanzplatzes ergibt sich aus dem Studium der Geschichte folgendes. Ein hochwertiges Humankapital, vor allem Unternehmerpersönlichkeiten, die die Geschäftsrisiken und -chancen richtig einschätzen können, sowie die Bereitschaft zu Innovationen ist von seiten der Banker einzubringen. Die politischen Entscheidungsträger haben ihre Beiträge vor allem in folgenden Bereichen zu leisten: Sie müssen die Arbeits-, Waren- und Finanzmärkte für internationalen Wettbewerb offenhalten und dürfen Regulierungsvorschriften nur insoweit erlassen, als sie zum Vertrauen in die Märkte und in die Finanzinstitutionen beitragen. Sie dürfen Innovationen keine Hindernisse in den Weg legen und müssen auf eine prohibitive Besteuerung verzichten. Und nicht zuletzt müssen sie für eine Institution mit Zentralbankfunktionen sorgen, die einerseits in Krisenzeiten als *lender of last resort* die Liquidität der anderen Banken sichert und andererseits die Währung stabil hält.

Aufbruch ins 21. Jahrhundert

1. Frankfurt auf dem Weg an die europäische Spitze?

So schnell kann sich die Stimmung wenden. Nach einer Umfrage des amerikanischen Wirtschaftssenders CNBC vom Sommer 1997 wird Frankfurt im Jahr 2005 London als europäisches Finanzzentrum abgelöst haben. 39% der befragten europäischen Wirtschaftsexperten geben Frankfurt die größten Chancen, die Finanzhauptstadt Europas zu werden. Diese Ansicht teilt auch die Mehrheit der britischen Banker. 36% sehen Frankfurt vorne, und nur 29% setzen auf die Londoner City. Demoskopische Ergebnisse kann man nicht für bare Münze nehmen. Doch ist der Stimmungsumschwung zugunsten von Frankfurt bemerkenswert.

Ende der achtziger Jahre spielte Frankfurt im Konzert der europäischen Finanzzentren nur die zweite Geige und produzierte hörbare Mißtöne. Bei den wichtigsten Wettbewerbsfaktoren Börsenstruktur, Markttransparenz, Transaktionskosten, Produktvielfalt, Innovation und Deregulierung erteilten internationale Banker Frankfurt regelmäßig schlechtere Noten als den Konkurrenten London und Paris. Das Investment-Banking der deutschen Banken steckte im internationalen Vergleich in den Kinderschuhen, so daß Frankfurt schlichtweg die kritische Masse von internationalen Kapitalmarktexperten und Portfoliomanagern fehlte. Nicht zuletzt daher war die Anlagestruktur einheimischer institutioneller und Privathaushalte stark rentenlastig und kaum international diversifiziert. Die Bilanzierung deutscher Unternehmen erschien internationalen Investoren ebensowenig vertrauenswürdig wie die Rechtsaufsicht an den Börsen.[1]

Angesichts dieser Mängelliste ging die Furcht um, Frankfurt werde dauerhaft den Anschluß an London und Paris verlieren. Seit dem *Big Bang* Mitte der achtziger Jahre übte London eine immer größere Sogwirkung auf den Handel in deutschen *Blue Chips* aus. Bis zu 20% der Umsätze in Werten wie Siemens, Daimler-Benz oder Deutsche Bank flossen über den Kanal in die City. Zeitgleich etablierte sich die Londoner LIFFE als Marktführerin beim Bund-Future, dem wichtigsten Derivateprodukt auf D-Mark-Basis. Auch Paris modernisierte seine Märkte schneller als Frankfurt. 1986 eröffnete die Terminbörse MATIF und stieg schnell zu einer Marktführerin in Europa auf. Im gleichen Jahr stellte die Kassabörse den Handel vom Parkett auf Computer um. Selbst die Schweizer Terminbörse Soffex ging vor der deutschen Terminbörse DTB an den Markt. So erschien die Vorstellung, Frankfurt könne um eine führende Stellung in Europa konkurrieren, wenig realistisch.

Zum Ende des 20. Jahrhunderts hat Frankfurt nach einer Aufholjagd über die letzten zehn Jahre die Chance, die europäische Drehscheibe im globalen Geschäft zu werden. Die deutschen Banken haben im Investment-Banking und im Asset Management ihre Marktposition ausgebaut, so die Deutsche Bank durch den Kauf von Morgan Grenfell oder die Dresdner Bank durch die Übernahmen von Kleinwort Benson und RCM Global Investors. Mittlerweile gehören beide Banken zu den besten europäischen Aktienhäusern. Viele Frankfurter Banken haben erhebliche Anstrengungen unternommen, um ihr Geschäft an die Bedürfnisse internationaler Kunden anzupassen. Die Aktienberatung von B. Metzler seel. Sohn & Co. betreibt heute in größerem Maße ihr Geschäft mit ausländischen institutionellen Investoren. Um eine Marktposition als ein führendes deutsches Aktienhaus zu erobern, hat Metzler in den letzten Jahren sein Serviceangebot von Grund auf überarbeitet. Nicht zuletzt haben amerikanische Investmentbanken wie Goldman Sachs, Merrill Lynch und Morgan Stanley ihre Präsenz in Frankfurt verstärkt. Der gestiegene Wettbewerbsdruck, neue Marktsegmente und Kunden zu erobern, könnte ein wesentlicher Treiber sein, das vielfach noch nicht ausgeschöpfte Potential des deutschen Kapitalmarktes zu erschließen.

Der Prozeß der EU-weiten Harmonisierung der Kapitalmarktgesetzgebung hat zudem das Deregulierungsdefizit in Deutschland reduziert. Die Mindeststandards der Richtlinien haben jeweils die Zielgröße für die Deregulierung gesetzt. Kein Land kann sich auf Dauer restriktivere Gesetze leisten, ohne das Wachstum der eigenen Finanzplätze zu beschränken. Das Anschwellen des Volumens der Luxemburger Publikumsfonds nach 1990 veranschaulicht diesen Zusammenhang. Während Luxemburg weitgehend die Mindeststandards der entsprechenden EG-Richtlinie übernahm, lockerte der deutsche Gesetzgeber die gesetzlichen Anlagevorschriften weit weniger. Begründet wurde dies mit dem Schutz privater Anleger. In Wirklichkeit wurde nur eine Verlagerung von Arbeitsplätzen nach Luxemburg erreicht. Die Mobilität von Kapital und professionellen Mitarbeitern hat den Freiraum des Gesetzgebers für nationale Sonderwege auf ein Minimum eingeengt.

Die Finanzmarktförderungsgesetze der jüngsten Zeit haben die deutschen Märkte von den größten Zwängen befreit.[2] Sie haben gleichzeitig eine Börsenaufsicht installiert, die internationalen Maßstäben entspricht. Auch die Bundesbank hat ihren Beitrag zu einer Modernisierung des Finanzplatzes Deutschland geleistet. Etwa durch die Liberalisierung der Vorschriften bei der Begebung von Auslandsanleihen, durch die Beseitigung der Hemmnisse für einen Onshore-D-Mark-Repo-Markt und durch die Abschaffung des Bundesanleihekonsortiums zugunsten eines Tenderverfahrens. Es ist unbestreitbar ein Verdienst der Stabilitätspolitik der Bundesbank und der damaligen Bundesregierung unter Bundeskanzler Helmut Kohl, daß Frankfurt gegen eine harte internationale Konkurrenz den Zuschlag bei der Entscheidung über den Sitz der Europäischen Zentralbank erhalten hat.

Den größten Sprung hat der Finanzplatz Frankfurt jedoch bei der Qualität und Effizienz der Märkte vollzogen. Ohne Übertreibung kann man heute feststellen, daß Frankfurt über die modernste Marktorganisation und Börsenstruktur in Europa, vielleicht sogar weltweit, verfügt.

2. Reformstau an den deutschen Börsen Ende der achtziger Jahre

Ende der achtziger Jahre waren die deutschen Börsen von einer Führungsrolle in Europa noch weit entfernt. Während sich die Kapitalmärkte globalisierten, folgte die Diskussion um den Finanzplatz Deutschland häufig dem Drehbuch eines Heimatfilms. Obwohl sich das Geschäft zusehends nach London verlagerte, stritt man darum, ob die dominante Stellung der Frankfurter Wertpapierbörse gegenüber den Regionalbörsen wünschenswert sei. Dieser Streit hatte im übrigen eine lange Tradition. Als 1896 das Börsengesetz verfaßt wurde, wandten sich die beiden Frankfurter Bankiers Baer und Metzler gegen eine Vereinheitlichung der Notierungsusancen. Sie befürchteten, dies könnte einer Verlagerung des Handels von Frankfurt nach Berlin Vorschub leisten.[3] Eine regionale Struktur des deutschen Börsenwesens ist zwar im Börsengesetz verankert, dennoch war Ende der achtziger Jahre eine Konzentration des Marktgeschehens bereits unübersehbar. Über zwei Drittel der Wertpapierumsätze entfielen auf die Frankfurter Wertpapierbörse. Frankreich und Großbritannien hatten den Prozeß der nationalen Konsolidierung zu diesem Zeitpunkt bereits abgeschlossen. Die regionalen Börsen waren in einer zentralen Marktorganisation aufgegangen und hatten Aufgaben wie die Betreuung spezieller Marktsegmente, die Werbung für eine Aktienanlage bei Privatanlegern und die Börsenzulassung regionaler Unternehmen übernommen. Die Regionalbörsen in Deutschland beharrten jedoch auf ihrer Eigenständigkeit, insbesondere bei der Kursfeststellung für die liquiden Standardwerte. Als Rechtfertigung für die Vielfalt der Börsenplätze wurden Anlegerschutz und freier Wettbewerb bemüht. Aus der Perspektive internationaler Investoren lief diese Formel jedoch auf intransparente Märkte, überhöhte Transaktionskosten und die Zersplitterung von Liquidität hinaus. Viele internationale Händler und Anleger schlugen daher lieber einen Bogen um die deutschen Börsen.

Die Verfechter der Börsenvielfalt sahen einfach darüber hinweg, daß keine Börse eine Handelsplattform anzubieten hatte, die internationalen Ansprüchen genügte. Nüchtern betrachtet, hatten die Träger der Börsen weder die

Managementfähigkeiten noch die Finanzkraft, um eine moderne Handelsplattform bis zur Marktreife zu entwickeln. Die Entwicklungszeiten und Kosten der notwendigen EDV-Projekte lagen weit jenseits der Planungen. Die Qualität der Systeme entsprach nicht den Anforderungen der Marktteilnehmer. Wie wenig zeitgemäß auch Mitglieder des Börsenvorstandes der Frankfurter Wertpapierbörse dachten, zeigt die immer wieder geäußerte Erleichterung, nicht für das Börsenrechenzentrum verantwortlich zu sein. Daß im Fall eines Ausfalls des Rechenzentrums auch der Handel auf dem Parkett zum Erliegen gekommen wäre, wurde geflissentlich nicht zur Kenntnis genommen. Die Entwicklung des ersten deutschen Bildschirmhandelssystems IBIS nahmen die Banken denn auch selbst in dic Hand. Die Gründung der Teminbörse DTB war ebenfalls ein Projekt der Banken, das vor allem Rolf-E. Breuer, der heutige Sprecher der Deutschen Bank, weitsichtig vorantrieb. Dennoch erwog die kleinste deutsche Börse in Bremen zeitweise ernsthaft, als Konkurrenzprodukt zu IBIS ein eigenes elektronisches Handelssystem einzuführen.

In das Gerangel der Börsen griff der damalige Bundesbankpräsident Karl Otto Pöhl ein und stellte fest, daß, was nicht in Frankfurt umgesetzt werde, nach London oder Paris wandere und nicht an andere deutsche Börsenplätze. Frankfurt, so Pöhl in einer Rede an der Universität in Frankfurt, sei der einzige Platz, der überhaupt eine Chance habe, ernsthaft als internationaler Platz in Frage zu kommen. Frankfurt durchschlug den gordischen Knoten, indem es eine duale Handelsplattform aus Parkett und Computer sowie die Gründung der Deutsche Börse AG durchsetzte.

3. Frankfurt setzt auf eine duale Handelsplattform

Erfolgreiche Börsen folgen einem einfachen Prinzip. Sie bringen das Liquiditätspotential möglichst vieler Investoren an einem zentralen Markt zusammen. In den letzten 15 Jahren hat die digitale Informationstechnologie eine Börsenrevolution ausgelöst, indem sie die Kosten für den Zugang zu zentralen Märkten drastisch reduziert hat. Investoren und Intermediäre können heute unabhängig von ihrem physischen Standort ihr Liquiditätspotential an alle großen Börsen der Welt lenken.

Mit welcher Wucht die neue Informationstechnologie die traditionellen Börsen traf, zeigt das Beispiel London. Mit dem *Big Bang* wurde in London zum einen die Trennung von Dealer und Broker zugunsten von Market Makern abgeschafft. Damit war die Liquidität in einzelnen Werten nicht mehr bei wenigen Dealern konzentriert. Statt dessen konkurrierten Market Maker mit parallelen Preisofferten. Zeitgleich eröffnete die London Stock Exchange ein modernisiertes Parkett und das Bildschirmsystem SEAQ. Obwohl SEAQ auf einfachster Informationstechnologie beruhte, nämlich Preisinformationen auf Bildschirm und Geschäftsabschluß per Telefon, verließen die Händler binnen weniger Wochen das gerade renovierte Parkett und betrieben den Handel von ihren Banken- und Brokerbüros aus. In einem System konkurrierender Market Maker bot SEAQ einfach eine höhere Transparenz und das Telefon einen schnelleren Zugang zu den besten Preisangeboten als das Parkett. Auch in den USA erzielt die Computerbörse Nasdaq seit Anfang der achtziger Jahre höhere Wachstumsraten als die weltweit größte Börse, die New York Stock Exchange. Auf die 200-Jahr-Feiern der NYSE 1992 antwortete die Nasdaq denn auch über die Medien mit der Botschaft «The stock exchange for the next 100 years».

Die Entwicklungen in London und den USA beschleunigten auch die Diskussion um die Handelsplattform der Zukunft. In Deutschland waren es vor allem einige Banken, die auf die Ablösung des Parketthandels drängten. Das von Banken 1989 entwickelte Bildschirmsystem IBIS war denn auch dem Londoner SEAQ nicht unähnlich. Allerdings trocknete in London die Liquidität in Werten mit geringerer Marktkapitalisierung zunehmend aus. Nachdenklich mußte auch stimmen, daß Paris nach der Umstellung auf Computer Marktanteile an SEAQ verloren hatte. Zeitweise wurden zwischen 30% und 40% der Umsätze in Werten wie Alcatel, Total oder PSA in London abgewickelt. Als ein wissenschaftliches Gutachten der Frankfurter Wertpapierbörse 1992 empfahl, durch einen radikalen Schnitt ein elektronisches Handelssystem einzuführen, hatte sich daher in den Köpfen der Reformer im Präsidium der Frankfurter Wertpapierbörse die Idee einer dualen Handelsplattform längst durchgesetzt.

Die Grundidee des Konzeptes ist eine evolutionäre Umstellung auf den Computer. Die Erfahrung anderer Börsen hatte gezeigt, daß die Folgen von Brüchen in der Marktstruktur für die Liquidität nicht vorhersehbar waren. An Terminbörsen, deren Produkte von den Börsen konzipiert werden und damit ein Höchstmaß an Standardisierung aufweisen sowie jeweils auf hochliquiden *underlyings* aufsetzen, sind elektronische Systeme eindeutig überlegen. Kassamärkte brauchen dagegen eine besonders flexible Marktstruktur mit differenzierten Mechanismen der Preisfindung, da die dort gehandelten Produkte weit weniger homogen sind und eine völlig unterschiedliche natürliche Liquidität besitzen. Anfang der neunziger Jahre verfügte weltweit keine Börse über ein Computersystem, das eine solche hybride Marktstruktur abbilden konnte.[4]

Frankfurt implementierte die duale Handelsplattform durch zwei Schachzüge. Das elektronische Orderrouting-System BOSS-CUBE, das 1992 eingeführt wurde, ermöglichte die Teilnahme am Parketthandel ohne die Notwendigkeit einer physischen Präsenz. Kurz vorher hatte die Frankfurter Wertpapierbörse das Bildschirmhandelssystem IBIS unter ihr Dach geholt. Durch die Kombination des Auktionsprinzips des Parketts und des angebotsgetriebenen IBIS bot die Börse damit den Marktteilnehmern parallele Mechanismen der Preisfindung. Eine Fragmentierung der Liquidität wurde durch die Vernetzung beider Plattformen vermieden, etwa durch die Installation von IBIS-Bildschirmen in den Maklerschranken auf dem Parkett. Anders als in London wurde durch die Vernetzung die Falle einer höheren Marktintransparenz ebenso vermieden wie die Verteilung der Liquidität auf die Handelsbücher von Market Makern. Dadurch fand ein Exodus aus dem Börsensaal, wie ihn London erlebt hatte, nicht statt. Mit dem dualen Marktmodell hat sich Frankfurt wieder als unangefochtener Marktführer für den Handel in deutschen Aktien positionieren können. Dabei hat der Computerhandel sukzessive an Gewicht gewonnen und die Konsolidierung der deutschen Börsenlandschaft beschleunigt. Der Anteil der regionalen Parkettbörsen am Aktienhandelsvolumen sank seit 1992 von rund 40% auf 10%. 1997 löste schließlich das Computersystem XETRA den Pionier IBIS ab. Die Idee des dualen Systems hat jedoch auch nach Einführung von XETRA überlebt: Der Parketthandel geht weiter. Ob das Parkett langfristig überlebensfähig ist, wird die Zukunft zeigen. Im Sinne der erfolgreichen Strategie einer dualen Handelsplattform sollten darüber jedoch alleine der Markt und der internationale Wettbewerb entscheiden. Denn: Der Liquiditätstransfer vom Parkett auf XETRA ist in einem ersten Schritt vor allem für die rund fünfzig Werte mit der größten Liquidität gelungen. Aktien mit geringerer Marktkapitalisierung werden nach wie vor teilweise oder sogar ganz über das Parkett gehandelt.

Die Technologierevolution der Börse ist noch nicht zum Stillstand gekommen.[5] Die Börse der Zukunft ist ein Netzwerk, das Liquidität global sammelt, kanalisiert und zusammenführt. Die Kinderkrankheiten der ersten Computerbörsen, die immer wieder mit langen Antwortzeiten, Übertragungsfehlern und unzureichender Systemstabilität zu kämpfen hatten, sind weitgehend überwunden. In Zukunft werden eine gesteigerte Leistungsfähigkeit und eine höhere Sicherheit den globalen Wertpapierhandel über das Internet zu einer noch kostengünstigeren Alternative werden lassen. 1997 gelangten über 20% der Nasdaq-Umsätze über das Internet an die Börse, wovon wiederum ein Fünftel von Marktteilnehmern außerhalb der USA stammte. Mit dem Fortschritt der Netzwerktechnologie sinken die Marktzutrittsbarrieren für neue Anbieter. In den USA haben private Börsensysteme wie Instinet oder B-Trade schon heute einen Marktanteil von 10%. Als Folge der zunehmenden Konkurrenz durch elektronische Börsensysteme halbierte sich der Preis für einen Sitz an Chicagos Terminbörsen CBOT und CME in den letzten Jahren nahezu. Der Fortschritt der Informationstechnologie und die weitere

Globalisierung der Kapitalmärkte werden die Spielregeln des Börsenwettbewerbs noch weiter verändern. Und gerade im Wettbewerb effizienter Börsen gilt das Prinzip «The winner takes it all»: Der Anteil der Düsseldorfer Parkettbörse am Aktienhandel schrumpfte seit Mitte der achtziger Jahre von gut 30% auf heute 4%. Um für dieses Endspiel der Börsen gerüstet zu sein, investiert Nasdaq zusammen mit dem Telekommunikationsriesen WorldCom/MCI 600 Mio. US-Dollar in ein neues elektronisches Netzwerk. In Europa ist die Deutsche Börse AG die einzige Börse, die über die organisatorische Schlagkraft verfügt, im globalen Wettbewerb entscheidende Akzente zu setzen.

4. Motor des Finanzplatzes: die Deutsche Börse AG

Die Gründung der Deutsche Börse AG 1992 war nicht nur ein Quantensprung für den Finanzplatz Frankfurt, sondern hat die gesamte europäische Börsenlandschaft nachhaltig verändert. Als erstes Unternehmen der Welt führte die Deutsche Börse AG Kassa- und Terminmärkte, Clearing und Settlement sowie die Informationstechnologie eines führenden Börsenplatzes organisatorisch zusammen. Die neue Struktur eröffnete schlagartig die Per-

Das Parkett der Frankfurter Börse am Tag der ersten Notierung des DAX in Euro am 4. Januar 1999. Fotografie: W. Eilmes/FAZ

spektive, die gesamte Wertschöpfungskette von Information über Handel bis zum Settlement für alle Produkte auf einer geschlossenen Technologieplattform anzubieten. In London oder New York, wo Handelsplattform und Settlementsysteme von verschiedenen Institutionen verantwortet werden, ist bis heute eine marktgerechte Abstimmung beider Wertschöpfungskomponenten nicht gänzlich gelungen. Mehrere Anläufe der Londoner, die veralteten Settlementsysteme zu modernisieren, hatten lange Zeit nur einen begrenzten Erfolg. Das Anfang der neunziger Jahre gescheiterte Projekt Taurus kostete die Briten alleine 400 Mio. Pfund. Neben der organisatorischen Trennung von Börse und Abwicklung kam erschwerend die Entscheidung der London Stock Exchange hinzu, Entwicklung und Betrieb der EDV-Systeme komplett fremd zu beziehen und damit eine Kernkompetenz aus der Hand zu geben.

Die Mannschaft um den Vorstandschef, Werner G. Seifert, hat den Rohdiamanten Deutsche Börse AG zu einem funkelnden Edelstein geschliffen. Das Handelssystem XETRA setzt Maßstäbe bei den Transaktionskosten. Die Börse erweiterte ihr Produkt- und Dienstleistungsangebot um neue Marktsegmente wie den Neuen Markt für junge Wachstumsunternehmen. Ein logischer nächster Schritt könnte eine Integration des Clearing für Kassa- und Terminmarkt sein.[6]

Vor allem das Tempo, das die Deutsche Börse AG bei der Internationalisierung vorlegt, hat die Konkurrenz verblüfft. Die Vorteile der Informationstechnologie ermöglichten den Frankfurter Brokern in London und Chicago den Zugang zur DTB. 1997 gründeten DTB und Soffex die europäische Derivatebörse EUREX, die binnen weniger Monate dem lanjährigen Marktführer LIFFE den Handel mit dem Bund-Future vollständig abnahm. Viele Marktteilnehmer in Frankfurt, London und Paris sehen EUREX in der kritischen Phase der Einführung des Euro im Wettlauf um die europäischen Benchmark-Kontrakte eindeutig vorne. Dies ist auch ein Erfolg einer für eine europäische Börse einmaligen Marketingoffensive von EUREX. Wer hätte sich vor wenigen Jahren vorstellen können, auf einem Flug von Frankfurt nach Zürich ein Erfrischungstuch überreicht zu bekommen, auf dessen Verpackung sich eine Börse den Reisenden als die EURopean EXchange in Erinnerung ruft. Und schon ist der Zeitpunkt nicht mehr weit, an dem die Benchmark-Produkte der Derivatebörsen über globale Netzwerke rund um die Uhr gehandelt werden. Sowohl EUREX als auch LIFFE und MATIF arbeiten an transatlantischen Kooperationen mit Chicagos Börsen CBOT und CME. Durch die Strategie, ihre Produkte und Handelsplattform in den USA offensiv zu vermarkten, ist EUREX für viele amerikanische Marktteilnehmer und Börsen der interessanteste Kooperationspartner geworden. Ein Londoner Broker kommentiert zutreffend: «Der Wettbewerb der Börsen ist ein Wettlauf um kritische Masse von Markteilnehmern und deren Liquidität. Die Strategie von EUREX ist wie aus einem Lehrbuch über den Wettbewerb um kritische Masse: aggressives Marketing, um die Wahrnehmung der Marktteilnehmer zu beeinflussen, und massive Anreize, um am System teilzunehmen. Als EUREX seine Bildschirme in Chicago quasi kostenlos aufstellte, waren dort viele Broker überzeugt, EUREX sei Marktführer beim europäischen Drei-Monats-Kontrakt (EURIBOR), obwohl das Volumen von EUREX gleichsam bei Null lag.»

Im Sommer 1998 haben die London Stock Exchange und die Deutsche Börse AG mit der Ankündigung einer Allianz für den Kassahandel einer Euroliga einen weiteren Paradigmenwechsel vollzogen. Für alle Marktteilnehmer sichtbar, nahm London Abschied von seinem Ziel, im Alleingang die europäische Leitbörse zu werden. Lange Zeit hatten Londoner Entscheidungsträger ihren Gesprächspartnern von anderen Plätzen höflich, aber unmißverständlich mitgeteilt, London brauche keine Kooperationspartner. Zwischenzeitlich hat Frankfurt den Platz London technologisch hinter sich gelassen. Da Großbritannien zudem nicht von Beginn an Teilnehmer an der europäischen Währungsunion ist, spürt man in der City die Gefahr, ins Abseits zu geraten. Die Kooperation der London Stock Exchange mit der Deutsche Börse AG ist denn auch keine Liebesheirat, sondern die Entscheidung, auf einen vorbeirauschenden Zug zu springen.

Obwohl noch lange nicht Realität, trifft alleine die Ankündigung von London und Frankfurt, eine paneuropäische Aktienbörse zu schaffen, bei den Marktteilnehmern den richtigen Nerv. Asset Manager stellen ihren Investmentansatz von einer Länderallokation auf eine europaweite Sektorallokation um. Und in ihrem Gefolge bieten Broker europaweites Research und eine europaweite Auftragsdurchführung an. Damit steigt das Bedürfnis nach einheitlichen Handelsregeln, einer einheitlichen Handelsplattform und einheitlichen Abwicklungssystemen. Da mit London und Frankfurt die beiden größten Börsen gemeinsame Sache machen, war eine mögliche Gegenallianz der anderen europäischen Börsen in den Augen der Marktteilnehmer von Anfang an nicht glaubwürdig. Nachdem im November 1998 die meisten anderen europäischen Börsen sich der britisch-deutschen Allianz angeschlossen haben, hegt mancher Händler in London, Frankfurt oder auch Paris nun die Befürchtung, Interessenvielfalt und nationale Egoismen könnten den Integrationsprozeß verzögern. Und wie die deutschen Regionalbörsen in den achtziger Jahren macht so manche europäische Börse keinen Hehl aus ihrer Absicht, die Integration dort zum Stehen zu bringen, wo man die Eigenständigkeit bedroht glaubt.

Es besteht jedoch kein Zweifel, daß die Konsolidierung der europäischen Börsenlandschaft schnell voranschreiten wird. Auf lange Sicht ist die heutige Vielzahl von Kassa- und Derivatebörsen aus eigener Kraft nicht lebensfähig.

Die Deutsche Börse AG hat gegenwärtig die beste Ausgangssituation, einer der Gewinner in diesem Endspiel der europäischen Börsen zu sein. So hat die Terminbörse in Helsinki beschlossen, mit der EUREX zusammenzuarbeiten. Und künftig wird der Wiener Aktienhandel über das System XETRA abgewickelt.

Die Vision einer European Exchange AG mit Sitz in Frankfurt reicht weit in die Zukunft, entspricht aber der Logik der Technologierevolution und der Globalisierung der Kapitalmärkte. Die Deutsche Börse AG hat die besten Möglichkeiten, um diese Vision mit Leben in die Wirklichkeit umzusetzen. Viele Marktteilnehmer, auch in London, sind heute überzeugt, daß XETRA das Handelssystem einer paneuropäischen Aktienbörse der Zukunft sein wird. Struktur und Strategie der Deutsche Börse AG sind in Europa und weltweit ein Vorbild. Stockholm, Amsterdam und Australien haben ihre Börsen privatisiert und Kassa- und Terminmärkte organisatorisch integriert. In Paris hat die Société des Bourses Françaises die Trägerschaft des MATIF übernommen. Selbst die Nasdaq folgte dem deutschen Beispiel und hat die Amex an sich gebunden, um das Produktangebot auf Derivate ausweiten zu können. In nur knapp zehn Jahren sind die Frankfurter Wertpapierbörse AG und ihre Nachfolgerin, die Deutsche Börse AG, von einem möglichen Opfer zum wichtigsten Akteur der Konsolidierung der europäischen Börsenlandschaft geworden.

5. Die Schätze des Finanzplatzes heben

So paradox es klingen mag: Die Wege einer erfolgreichen Deutsche Börse AG und des Finanzplatzes Frankfurt könnten sich trennen. Paul Achleitner, Partner der amerikanischen Investmentbank Goldman Sachs & Co., bringt es auf den Punkt: «Ein Szenario ist denkbar, in dem Management und Systeme einer europäischen Börse in Frankfurt zu Hause sind, während die Händler aus London heraus agieren.» Für Achleitner wird sich der zentrale Finanzplatz der europäischen Zeitzone an dem Ort etablieren, wo Investmentbanker und Asset Manager arbeiten *wollen*. Gerd Häusler, Mitglied des Vorstandes der Dresdner Bank und als früheres Mitglied des Bundesbankdirektoriums langjähriger Wegbegleiter der Finanzplatzreformen, ergänzt: «Der zentrale europäische Finanzplatz kann nur in einem Land beheimatet sein, dessen Volkswirtschaft über ein großes Kapitalmarktpotential verfügt *und* dieses Potential nutzt.»

Es ist kein Geheimnis, daß die deutsche Volkswirtschaft das größte Kapitalmarktpotential in Europa aufweist. Und zwei Zahlen verdeutlichen, wie wenig dieses Potential ausgeschöpft ist. Die Marktkapitalisierung an den deutschen Börsen betrug 1996 knapp 30% des Bruttosozialproduktes. Der

Vergleichswert in Großbritannien lag bei über 130%. Schätzungen zufolge könnte das deutsche Bruttosozialprodukt um mehr als eine halbe Milliarde DM am Tag höher liegen, hätte der deutsche Kapitalmarkt einen Entwicklungsstand wie in den USA oder Großbritannien erreicht. Das bedeutet vor allem, daß eine Nutzung der Potentiale des deutschen Kapitalmarktes riesige Wachstumsenergien freisetzen und so die dringend notwendigen positiven Impulse für den Arbeitsmarkt liefern würde.[7] Um aber zu den hochentwickelten Kapitalmärkten aufzuschließen, muß Deutschland mit zwei Vorurteilen aufräumen.

Erstes Vorurteil: Die privaten Haushalte können das Risiko für ihre Altersvorsorge nicht tragen. Es gibt hierzulande noch immer einen breiten Konsens, daß Altersvorsorgesysteme, die auf starken betrieblichen und privaten Säulen beruhen, für den Einzelnen ein zu hohes Risiko bedeuten. In Deutschland werden fast drei Viertel der Rentnereinkommen aus öffentlichen Transferzahlungen gespeist, in Großbritannien oder in den USA nur etwa die Hälfte. Der übrige Teil stammt aus Betriebsrenten, privater Altersvorsorge und dem Einkommen aus gespartem Vermögen. Das Vermögen betrieblicher Pensionsfonds beträgt in Großbritannien, in den Niederlanden und in der Schweiz jeweils über 80% des Bruttoinlandsproduktes. In Deutschland liegt der Wert bei nicht einmal 6%.

Tatsache ist: Es gibt keine Altersvorsorge ohne Risiko. Das heutige Rentensystem bürdet der großen Mehrheit der Versicherten allerdings höhere Risiken auf als z.B. ein privater Vorsorgeplan auf Basis einer langfristigen Aktienanlage. In den USA wächst das Vermögen der steuerlich geförderten privaten Altersvorsorge jährlich um rund 11%, wovon gut 8% auf die Verzinsung des eingezahlten Kapitals entfallen. Die Rendite der Beiträge zur gesetzlichen Rentenversicherung ist weit niedriger und angesichts der demographischen Veränderungen in Deutschland höchst unsicher. Es würde das individuelle Risiko kalkulierbarer machen und in der Summe reduzieren, wenn die Attraktivität betrieblicher und privater Altersvorsorge durch entsprechende gesetzliche und steuerliche Rahmenbedingungen erhöht würde. Eine Grundrente muß natürlich auch in Zukunft kollektiv finanziert werden. Für kleinere Unternehmen wären die Belastungen eines betrieblichen Vorsorgeplans beherrschbar, wenn anstelle von Leistungszusagen Beitragszusagen erteilt würden. Eine entsprechende Flexibilisierung der Pensionspläne haben z.B. die Tarifpartner in den Niederlanden vereinbart. Auch in Italien und Spanien sind durch Gesetzesreformen beitragsbezogene Altersvorsorgemodelle implementiert worden.

Der Umbau der Altersvorsorge würde dem Klagen über die fehlende Aktienkultur in Deutschland schlagartig ein Ende bereiten. Es ist empirisch erwiesen, daß die Aktie langfristig anderen Anlagealternativen überlegen ist.

Der deutsche Anleger handelt jedoch in gewissem Sinne rational, wenn er sein Aktieninvestment limitiert. Ein nicht unerheblicher Teil seines Einkommens, das für eine langfristige Anlage in Aktien zur Verfügung stände, fließt ja in die Transferleistungen der staatlichen Versicherungssysteme. Eine Förderung betrieblicher und privater Altersvorsorgepläne würde im Zusammenspiel mit liberalen Anlagevorschriften dieses Kapital dem Aktienmarkt zuführen. Britische Pensionsfonds halten z.B. eine Aktienquote von nahezu 80%. In Zukunft eröffnet das Euroland zudem neue Anlagemöglichkeiten ohne die Risiken von Wechselkursschwankungen und volkswirtschaftlichen Divergenzen, so daß die momentane Enge des deutschen Aktienmarktes die notwendige Diversifikation der Anlagen nicht mehr behindert. Der Finanzplatz Frankfurt würde vor allem durch das Wachstum professionell verwalteter Vermögen profitieren und so einen erheblichen Wettbewerbsnachteil gegenüber London wettmachen. Neben einer höheren Marktliquidität würden durch einen Umbau der Alterssicherung nicht zuletzt neue Arbeitsplätze in Frankfurt geschaffen. Der größte Vorteil wäre allerdings, daß die Renten der großen Mehrheit dauerhaft auf sichereren Füßen stünden.

Zweites Vorurteil: Eine kapitalmarktorientierte Unternehmensführung vernichtet Arbeitsplätze. In Deutschland wird *shareholder value* landläufig als «Gier nach Beute» diskreditiert, die internationale Anleger auf der Jagd nach den besten Schnäppchen rund um den Globus treibt. Eine Unternehmenspolitik mit dem Ziel einer Steigerung des Aktienwertes, so die vorherrschende Meinung, bedeute Rationalisierung zugunsten der Rendite der Aktionäre und zu Lasten von Arbeitnehmern.

Tatsache ist: Rationalisierungen zum Zweck von Rentabilitätssteigerungen sind nur ein kurzfristiger Hebel des Wertmanagements. Eine langfristige Wertschaffung erzielen vor allem Unternehmen, die durch innovative Produkte oder den Mut, neue Marktsegmente und Absatzgebiete in anderen Ländern zu erobern, dauerhaft wachsen. Unternehmen wie Microsoft, MLP, Warner-Lambert, Walters Kluwer und Nokia haben ihre Aktienkurse in den letzten Jahren vor allem deshalb gesteigert, weil sie jährliche Wachstumsraten von 25% und mehr erreicht haben. Es ist im übrigen ein Irrtum, daß nur junge Unternehmen hohe Wachstumsraten vorlegen können. Daimler-Benz hat nach einer notwendigen Phase der Rationalisierung durch eine Produktoffensive den Pkw-Absatz aus eigener Kraft nahezu verdoppelt. Erst dieser Erfolg hat die Fusion mit Chrysler ermöglicht, mit dem die Stuttgarter zu einem neuen Wachstumssprung ansetzen. Erfolgreiche, schnell wachsende Unternehmen schaffen auf Dauer sichere Arbeitsplätze. Ein steigender Aktienkurs ist in diesem Zusammenhang kein Ziel an sich, sondern ein wichtiger Indikator, ob die Investoren den eingeschlagenen Weg als plausibel und erfolgversprechend bewerten. Als Grundlage für seine Empfehlungen analysiert das Aktienresearch von Metzler daher nicht nur die Finanzgrößen, sondern vor allem die Strategie von Unternehmen und die Fähigkeit, die Strategie erfolgreich umzusetzen. Unternehmen, die unter permanenten Spannungen zwischen den Tarifpartnern leiden, oder Unternehmen, die regelmäßig wertvolle Mitarbeiter verlieren, fehlt häufig diese Fähigkeit. Wenn wertorientierte Unternehmensführung richtig verstanden wird, gibt es keinen grundsätzlichen Konflikt zwischen den Interessen der Kapitalgeber und der Arbeitnehmer.[8]

Wenn sich die Idee einer wertorientierten Unternehmensführung durchsetzte, wäre die Wirkung auf den Finanzplatz Frankfurt erheblich. Internationale Investoren würden verstärkt nach Anlagechancen in Deutschland suchen. Wagniskapital für junge, innovative Unternehmen müßte nicht durch konzertierte Aktionen oder runde Tische administriert werden. Der Erfolg des Neuen Marktes belegt dies anschaulich. Mittelständische Unternehmen, die in neue Märkte und Produkte investieren, könnten sich über Aktien- und Anleihemärkte das notwendige Kapital beschaffen. Der gesamte Kapitalmarkt würde an Breite und Tiefe gewinnen und das Geschäftsfeld des Corporate Finance in Deutschland endgültig aus seinem Dornröschenschlaf erwachen.

Ob die Corporate-Finance-Experten und die professionellen Asset Manager dann auch die Frankfurter City bevölkern, bleibt fraglich. Manche Experten sind aus Erfahrung skeptisch, ob diese hochqualifizierten Banker tatsächlich in Frankfurt leben und arbeiten *wollen*.

Fest steht, daß die Nähe zu den deutschen Kunden eine höhere Präsenz vor Ort erfordern wird. Auch die Europäische Zentralbank wird, so sehen es führende Banker wie Rolf-E. Breuer, eine große Anziehungskraft ausüben, der sich vor allem Zins- und Devisenspezialisten schwer werden entziehen können. Nur wenn Frankfurt solche Spezialisten für sich gewinnt, kann es die Innovationsführerschaft bei Finanzprodukten übernehmen, die gegenwärtig London noch unbestritten innehat. Die Banken können in Vorleistung treten und ihre Corporate-Finance- und Händlerteams in Frankfurt verstärken. Gerade amerikanische Häuser gehen in jüngster Zeit in diese Richtung. Das Wachstum Frankfurts geht daher bislang keineswegs zu Lasten Londons. Frankfurt wird eher als Brückenkopf in das Euroland und nach Kontinentaleuropa gesehen und profitiert dabei nicht zuletzt von seiner zentralen Lage und einer wettbewerbsfähigen Infrastruktur wie etwa dem Flughafen.

London hat aber nach wie vor große strukturelle Vorteile: ein größeres Angebot hochbezahlter Arbeitsplätze – ein Umstand, der gerade für wanderfreudige Investmentbanker einen großen Charme hat –, eine tiefverwurzelte Investmentbanking-Kultur, eine dichte internationale *financial community* auf sprichwörtlich engstem Raum in der City und ein breites Angebot von internationalen Ausbildungseinrichtungen.

Das größte Handikap Frankfurts ist jedoch die hohe Einkommensbesteuerung. Und nicht nur im Finanzsektor schreckt die Steuerlast Experten ab. So steuert Procter & Gamble sein Osteuropageschäft seit einiger Zeit aus steuerlichen Gründen aus Brüssel statt wie früher aus dem Rhein-Main-Gebiet, obwohl doch eigentlich Frankfurt mit seinem Flughafen das Tor nach Osteuropa sein sollte. Die Standortentscheidung von Procter & Gamble, die rund 100 Arbeitsplätze für hochqualifizierte internationale Manager gekostet hat, ist kein Einzelbeispiel für eine Tendenz, Zukunftsjobs aus Deutschland zu verlagern oder dort gar nicht erst anzusiedeln, weil die Steuerlast für die Mitarbeiter zu hoch ist. Unternehmen wie Motorola, Samsung oder Mitsubishi Motors haben in letzter Zeit aus den gleichen Überlegungen heraus Funktionen aus Deutschland nach London, Brüssel oder Rotterdam verlagert. Gerade Investmentbanker haben Übung darin, Steuervorteile genau zu kalkulieren, und verhalten sich bei ihren Standortentscheidungen ebenso mobil wie das Kapital, das sie täglich um den Globus steuern. Eine echte Steuerreform, die den Spitzensteuersatz unter 40% drückt, und die Harmonisierung der Einkommensbesteuerung in der EU könnten also Wunder bewirken. Für Investmentbanker deutscher Herkunft mit jungen Familien bietet Frankfurt zudem eine höhere Lebensqualität als London. Und das Entwicklungspotential des deutschen Kapitalmarktes ist ohnehin für jeden Investmentbanker hochattraktiv. So müßte der Fiskus den Finanzplatz nicht einmal besonders steuerlich fördern und etwa wie Dänemark für ausländische Experten zeitlich befristete Steuerfenster einrichten.

Frankfurt kann jedoch nicht alleine auf eine Wanderung von London an den Main bauen. Die Ausbildung einer eigenen neuen Generation von hochspezialisierten Bankern ist vielmehr ein zentraler Faktor für ein weiteres Wachstum des Finanzplatzes. Eine noch größere Herausforderung für die Banken wird sein, diese neue Generation in Frankfurt zu halten, vor allem dann, wenn die Steuernachteile nicht schnell aufgehoben werden. Die Banken können ihren Beitrag leisten und attraktive Vergütungssysteme schaffen, die Mitarbeiter an den langfristigen Unternehmenserfolg binden. Investmentbanken, die wie Metzler auf am Unternehmenserfolg direkt beteiligten Partnerschaften basieren, tragen diesem Anspruch besonders Rechnung.

Die Analyse führt zu drei Schlußfolgerungen: Um das große Potential des Kapitalmarktes auszuschöpfen, braucht Deutschland den Umbau der Alterssicherungssysteme und eine größere Kapitalmarktorientierung der Unternehmensführung. Ohne eine echte Steuerreform hat der Platz London einen Wettbewerbsvorteil, den Frankfurt nur schwer ausgleichen kann. Und: Frankfurt braucht als Voraussetzung für die Ausbildung einer neuen Generation von spezialisierten Bankern eine Hochschule für Finanzen von internationalem Rang.

6. Frankfurts Weg an die europäische Spitze ist nicht sicher

Die momentane Schwäche Londons ist kein Anlaß zur Euphorie. Die City hat eine zu große volkswirtschaftliche Bedeutung, als daß die Briten den Anspruch, das Finanzzentrums Europas zu sein, widerstandslos aufgeben würden. Der Anteil des Finanzsektors am britischen Bruttoinlandsprodukt beträgt über 25 %, und in London sind dort über 300000 Menschen beschäftigt. London hat darüber hinaus gegenüber Frankfurt in wichtigen Bereichen nach wie vor deutliche Punktvorteile und wird alles daran setzen, verlorenes Terrain zurückzuholen. Intime Kenner beider Plätze wie Leonhard Fischer, Mitglied des Vorstandes der Dresdner Bank, sind sich sicher, daß das große Potential des deutschen Kapitalmarktes Frankfurt hohe Wachstumsraten bescheren wird, die jene von London übertreffen werden. Die Deutsche Börse AG schickt sich an, der Nukleus einer European Exchange AG zu werden. Und kaum ein Banker scheint Zweifel daran zu hegen, daß Frankfurt zumindest in Kontinentaleuropa unangefochten die Führungsrolle einnehmen wird. Dennoch ist ein Szenario nicht auszuschließen, in dem Frankfurt bei den Dienstleistungen der Marktinfrastruktur und in Commodity-Produkten der führende Standort ist, während Wachstumsfelder wie Corporate Finance und Asset Management aus London heraus bedient werden.

Die Börsenreform Anfang der neunziger Jahre konnte von einem begrenzten Kreis von Bankern und Politikern vorangetrieben werden. Der Erfolg des Unternehmens Deutsche Börse AG liegt in den Händen des verantwortlichen Managements. Die grundsätzlichen Reformen, die in nächster Zeit für den Weg des Finanzplatzes Frankfurt an die europäische Spitze einzuleiten sind, sind dagegen ein Test für die Innovationsfähigkeit der deutschen Gesellschaft. Hoffnung macht, daß die Globalisierung den Anpassungsdruck weiter erhöhen wird. Die Erfahrungen der ausgehenden neunziger Jahre und die weitverbreiteten Vorurteile gegen den Finanzsektor könnten dagegen eher skeptisch stimmen.

Ein Finanzplatz ist keine Privatveranstaltung von Bankern. Eine Führungsstellung Frankfurts in Europa ist kein Selbstzweck. Vielmehr werden Phasen des schnellen Wirtschaftswachstums und der Schaffung neuer Arbeitsplätze immer von einigen wenigen dynamischen Industrien ermöglicht, so etwa lange Zeit vom Automobil- und Maschinenbau oder aktuell von der Kommunikations- und Informationstechnologie oder Biotechnik. Im Finanzsektor, der gegenwärtig eine Periode fundamentaler Umwälzungen mit globalen Fusionen durchlebt, bietet das Investmentbanking gerade auch in Deutschland ein ungeahntes Wachstumspotential. Der strategische Wert des Investmentbanking für die gesamte deutsche Wirtschaft benötigt die breite, gesellschaftliche und politische Akzeptanz, die auf der Insel traditionell vorhanden ist. Noch mehr als in der Vergangenheit wird der Erfolg der deutschen Wirtschaft mit dem Entwicklungsstand des Finanzsektors verbunden sein. Ein europäisches Finanzzentrum Frankfurt, wo anstatt wie heute 60000 morgen über 100000 oder 150000 Menschen an hochspezialisierten Aufgaben arbeiten, könnte das Symbol für eine erneuerte deutsche Wirtschaft werden. Wird dieser strategische Wert des Finanzplatzes erkannt, steht den angesprochenen Reformen im Grunde nichts im Wege: Frankfurt könnte dann den Weg an die Spitze Europas erfolgreich meistern. Wenn nicht, wird der Aufbruch ins 21. Jahrhundert als eine Periode der verpaßten Chancen in die Geschichte des Finanzplatzes Frankfurt eingehen.

Chronik des Finanzplatzes Frankfurt am Main

794	Erste urkundliche Erwähnung Frankfurts.
815–822	Aufbau einer repräsentativen Pfalzanlage durch Ludwig den Frommen.
852	Frankfurt wird neben Regensburg zum Hauptsitz des ostfränkischen Reiches.
Um 1140	Am Rande des Domhügels wird der Saalhof (Burganlage) errichtet. Auf dem Pfalzgelände entsteht eine Kaufmanns- und Handwerkersiedlung.
1147	Erste urkundlich bezeugte Königswahl in Frankfurt. Frankfurt verdankt dem staufischen Herrschergeschlecht den Aufstieg zum Wahlort der deutschen Könige.
1150	Erstmalige urkundliche Erwähnung der Frankfurter Messe (Herbstmesse).
1219	Erstmalige Erwähnung des Frankfurter Bürgerverbandes in einer Königsurkunde.
1220	Einsetzung des ersten königlichen Schultheißen durch Kaiser Friedrich II.
1240	Privilegierung der Frankfurter Messe durch Kaiser Friedrich II. Hierin wird der bereits 1227 erhaltene königliche Geleitschutz für Messebesucher erneuert.
1241	Ein überliefertes Steuerverzeichnis weist Frankfurt als wirtschaftskräftigste Königsstadt im deutschen Reich aus.
1266	Erste Erwähnung der Ratsherren.
1297	Erstes aufgezeichnetes Stadtrecht.
1311	Frankfurt erhält die bürgerliche Selbstverwaltung. Zwei aus dem Rat gewählte Bürgermeister übernehmen schrittweise die administrativen Funktionen des Stadtschultheißen.
1320	Festsetzung einer Stadtsteuer.
1329	Frankfurter Bürger erhalten Zollfreiheit im ganzen Reich.
1330	Kaiser Ludwig der Bayer erlaubt Frankfurt die Abhaltung einer zweiten Messe (Frühjahrsmesse). Mit dem Untergang der Champagnemessen übernimmt Frankfurt deren Funktion.

1349	Vernichtung der jüdischen Gemeinde in Frankfurt durch Pogrom.
1356	In der «Goldenen Bulle» bestätigt Kaiser Karl IV. Frankfurt als Stätte der deutschen Königswahl.
1366	Aufstand der Zünfte gegen die patrizische Ratsoligarchie wird blutig niedergeschlagen.
1372	Die Stadt übernimmt das Schultheißenamt und verstärkt ihre Reichsunmittelbarkeit und Selbstverwaltung.
1389	Die Niederlage Frankfurts bei Kronberg führt kurzfristig zu einer stärkeren Beteiligung der Handwerker in den Ratsgremien. Kontributionszahlungen schwächen für zwei Jahrzehnte den städtischen Finanzhaushalt.
1402	Gründung einer städtischen Wechselbank.
1418	König Sigismund richtet auch in Frankfurt eine Reichsmünze ein.
1462	Die Frankfurter Juden werden in das Ghetto (Judengasse) umgesiedelt.
1478	Erste Buchhändler auf der Frankfurter Messe.
Seit 1530	In der zweiten Hälfte des 16. Jahrhunderts entwickelt sich Frankfurt zum wichtigsten Druckereizentrum Deutschlands.
1533	In Frankfurt wird offiziell die Reformation eingeführt.
Seit 1554	Protestantische Glaubensflüchtlinge aus den Spanischen Niederlanden lassen sich in Frankfurt nieder.
1555	Verleihung eines kaiserlichen Privilegs zur unabhängigen Ausprägung für alle Gold- und Silbermünzen an Frankfurt.
1562	Mit der Wahl und Krönung Kaiser Maximilians II. wird Frankfurt anstelle von Aachen auch zur Krönungsstadt des «Heiligen Römischen Reiches Deutscher Nation».
1564	Der erste Frankfurter Bücherkatalog (Messekatalog) erscheint.
1576	Soldaten in spanischen Diensten, denen Philipp II. den Sold schuldig blieb, plündern die reiche niederländische Seestadt Antorf (Antwerpen), mit der Frankfurt enge Handels- und Finanzbeziehungen pflegt. Aus der geplünderten Stadt flüchten Kaufleute nach Frankfurt.
1585	Im Freiheitskampf der Niederlande gegen die katholische spanische Herrschaft Philipps II. wird Antwerpen von den Spaniern erobert. Erneut kommen von dort Kaufleute mit modernsten Finanzkenntnissen nach Frankfurt und

	spielen eine wichtige Rolle in der Gründungsphase der Börse.
1585	Versammlung Frankfurter Kaufleute zur Kursfestsetzung, damit Einrichtung der Wechselwährung und Begründung der Börse.
Seit 1585	Erster Höhepunkt in Frankfurts Geschichte nicht nur als Handels-, sondern auch als Finanzplatz. Die beiden jährlichen Messen sind Zahlungsort und -termin für finanzielle Transaktionen über ganz Europa.
1612–1616	Zwischen dem von Patriziern beherrschten Rat und der Bürgerschaft (Handwerker und Kaufleute) entzündet sich ein Verfassungskonflikt. Durch kaiserlichen Beschluß wird der Konflikt zugunsten des Rates beigelegt. Die Bürgerschaft verliert viele ihrer politischen Mitbestimmungsrechte.
1623	Frankfurter Münzordnung vom 23. Oktober 1623. Beendigung der Geldverschlechterung nach der «Kipper- und Wipperzeit», die mit Beginn des Dreißigjährigen Krieges 1618 eingesetzt hatte.
1631–1635	Schwedische Garnisonen unter der Führung von Gustav Adolf von Schweden besetzen Frankfurt. Die Messen fallen teilweise aus. In der Stadt erliegen über 50% der Bevölkerung der Pest.
1620/1635/1639	Verbot des Indossaments, durch das Wechsel transferierbar werden.
1666	Wechselordnung, Einführung des Indossaments.
1674	Benjamin Metzler gründet in Frankfurt eine Tuchhandlung, aus der sich das Bankhaus B. Metzler seel. Sohn & Co. im 18. Jahrhundert entwickelt.
1685	Durch die Aufhebung des Edikts von Nantes kommt es in den folgenden Jahren in Frankfurt zu einem Zustrom von 70000 hugenottischen Glaubensflüchtlingen, von denen allerdings nur ganz wenige ein Niederlassungsrecht erhalten. Sie tragen zu einem gewerblichen Aufschwung bei. Eine neue Maklerordnung wird eingeführt.
1707	Anerkennung der Börsenvorsteher als Vertretung der Kaufleute. Vorläufer der Handelskammer.
1708–1732	Die Verfassungs- und Finanzverhältnisse in Frankfurt werden von kaiserlichen Kommissionen überprüft mit dem Ergebnis, daß zukünftig Bürgerausschüsse die Finanz- und Verwaltungstätigkeit des Rates kontrollieren.

1730–1740	Blütezeit der Frankfurter Presse.
1736	Umstellung der Wechselzahlung auf «Karolinen».
1739	Eine neue Wechselordnung mit Maklerordnung wird eingeführt.
1748	Das Bankhaus Gebrüder Bethmann wird in Frankfurt gegründet.
1753	Vertrag zwischen Bayern und Österreich über die Einführung des Konventionsfußes (20-Gulden-Fuß).
1759–1763	Im Siebenjährigen Krieg besetzen französische Truppen vier Jahre lang Frankfurt.
1766	Mit dem Frankfurter Edikt zur Einführung des 20- bzw. 24-Gulden-Fußes kommt es zur Eingliederung Frankfurts in den süddeutschen Währungsraum.
1768	Erste Emission einer Anleihe in Partialobligationen (Teilschuldverschreibungen) durch das Frankfurter Bankhaus Goll & Söhne in Amsterdam.
1778	Die erste österreichische Staatsanleihe wird durch das Bankhaus Gebrüder Bethmann vermittelt. Beginn des Handels mit Staatsobligationen in Frankfurt («Fondsbörse»).
1790	Die Notenbankpläne von Friedrich Metzler werden abgelehnt.
1792	Franz II. ist der letzte deutsche Kaiser, der in Frankfurt gewählt und gekrönt wird. Frankfurt wird 1792, 1796, 1800 und 1806 von den Franzosen besetzt.
1799	Neue Maklerordnung wird eingeführt.
1806	Mit der Auflösung des «Heiligen Römischen Reiches Deutscher Nation» verliert Frankfurt seine Reichsunmittelbarkeit. Das Stadtregiment übernimmt bis 1813 der Fürstprimas Karl Theodor von Dalberg.
1808	Gründung der Handelskammer zu Frankfurt am Main.
1810	Mayer Amschel Rothschild gründet M. A. Rothschild & Söhne in Frankfurt. Zuvor war er als Hoffaktor nicht nur am kleinen Hessen-Hanauischen Hof, sondern auch beim Johanniterorden, beim Fürsten von Thurn und Taxis, ja sogar beim Kaiser in Wien tätig gewesen.
1813	Die alliierten Truppen (Preußen, Rußland, Österreich) vertreiben Dalberg aus Frankfurt. Die von Dalberg eingeführte Verfassung wird außer Kraft gesetzt.
1815	Frankfurt wird zum Sitzungsort des auf dem Wiener Kongreß geschaffenen Deutschen Bundes mit seinem ein-

zigen Organ, der Bundesversammlung. Den Vorsitz übernimmt Österreich.

1826/1830/1837 Wegen der akuten Zahlungsmittelknappheit in den Krisenjahren 1826 und 1830 und mangels einer privaten Notenbank emittiert das Rechnei- und Rentenamt (Finanzressort) der Stadt jeweils für einige Monate sogenannte Rechneischeine, d.h. Staatspapiergeld. 1837 werden sie erneut emittiert und andauernd in Umlauf gehalten.

1836 Frankfurt tritt dem Deutschen Zollverein bei, der seit Jahresbeginn 1834 existiert. Kurzfristiger Aufschwung der Frankfurter Messe, nachdem diese gegenüber der Leipziger Messe zurückgefallen war.

1838 Der Dresdner Münzvertrag standardisiert die Münzverhältnisse unter den Mitgliedern des Deutschen Zollvereins.

1848/49 In Frankfurt tagt das erste frei gewählte gesamtdeutsche Parlament, das die Grundrechte und eine Reichsverfassung für Deutschland verabschiedet. Der preußische König Friedrich Wilhelm IV. lehnt die ihm angetragene Krone ab und bringt damit die Revolution von 1848 zum Scheitern.

1848–1856 In der Krise von 1848 wird das umlaufende Volumen der sogenannten Rechneischeine erheblich erhöht und der Standard für ihre Deckung gesenkt. Sie werden Anfang 1856 durch Banknoten der Frankfurter Bank ersetzt und aus dem Verkehr gezogen.

1853 Mit Unterstützung der Gebrüder Bethmann und gegen den Widerstand der Rothschilds wird die Darmstädter Bank für Handel und Industrie auf Initiative von Kölner Bankiers als Aktiengesellschaft mit Sitz in Darmstadt nach dem Modell des französischen Crédit Mobilier gegründet.

1853 In Frankfurt wird die Frankfurter Vereins-Kasse als erste dortige Aktienbank gegründet.

1854 Gründung der Frankfurter Bank als Aktiengesellschaft mit Notenausgaberecht.

1856 Zunächst unter dem Namen Frankfurter Handelszeitung wird die heutige Frankfurter Allgemeine Zeitung mit ihrem ausführlichen Wirtschafts- und Börsenteil gegründet.

1862 Auf Initiative der Bankhäuser Gebrüder Bethmann und Erlanger wird die Frankfurter Hypothekenbank als

	Aktienbank gegründet. Sie ist die erste reine Hypothekenbank in Deutschland.
1866	Annexion Frankfurts durch Preußen und Eingliederung in die Provinz Hessen-Nassau. Wiesbaden wird zum Verwaltungssitz.
1871–1875	Vereinheitlichung des Geldwesens im Deutschen Reich mit Einführung der Mark und dem Übergang vom Silber- zum Goldstandard. In Frankfurt und im süddeutschen Raum verliert die Guldenwährung ihre regionale Bedeutung.
1877	Eingemeindung Bornheims und anderer Vorstädte, in denen sich bereits Industriebetriebe angesiedelt haben. Frankfurt entwickelt sich unter Oberbürgermeister Adickes zu einer modernen Industrie- und Handelsstadt.
1881	Das Reich führt sogenannte Stempelabgaben sowohl auf die Emission als auch auf den Handel von Wertpapieren an den Börsen ein. 1894 und 1900 werden die Sätze drastisch erhöht, was zur Beschleunigung der Konzentration im Bankensektor beiträgt.
1896	Auf Reichsebene wird das Börsengesetz verabschiedet, das u.a. bestimmte Regeln für alle deutschen Börsen vorschreibt, eine Börsenaufsicht durch Staatskommissare der Länder einführt und den Terminhandel in Getreide- und Mühlenfabrikaten sowie in Aktien von Bergwerks- und Fabrikunternehmungen verbietet.
1901	M. A. Rothschild & Söhne wird von der Disconto-Gesellschaft, Berlin, übernommen.
1914–1918	Arbeitskräftemangel und Hungerkrisen, ausgelöst durch den Ersten Weltkrieg, bringen die Frankfurter Wirtschaft fast zum Erliegen.
1926	Der Flughafen Frankfurt wird am Rebstock eröffnet.
1929	Beginn der Weltwirtschaftskrise.
1929	Die Commerz- und Privatbank, Berlin, übernimmt die Mitteldeutsche Creditbank, Frankfurt/M.
1931	Bankenkrise mit Zusammenbruch der DANAT-Bank, die von der Dresdner Bank übernommen wird. Das Reich stützt die Berliner Großbanken durch Kapitalbeteiligungen.
1933	Nach den Kommunalwahlen vom 13. März übernehmen die Nationalsozialisten die Regierungsmacht in Frankfurt.
1934	Mit dem Reichsgesetz über das Kreditwesen beginnt in Deutschland die staatliche Bankenregulierung im moder-

nen Stil (Bankenaufsicht, Meldepflicht für Großkredite, Liquiditätsvorschriften).

1936–1945 Durch Lohn- und Preisstopp zurückgestaute Inflation, die aus defizitfinanzierten Rüstungsausgaben vor und während des Zweiten Weltkriegs entsteht.

1943/44 Große Teile der Frankfurter Innenstadt werden durch Bombenangriffe zerstört.

1945 Im März besetzen amerikanische Truppen die Stadt.

1945 Mitte September nimmt die Frankfurter Wertpapierbörse den nicht-amtlichen Handel wieder auf, nachdem die Hamburger dies bereits in der ersten Julihälfte und die Münchener schon im August getan hatten. Der amtliche Handel wird erst nach der Währungsreform wieder eröffnet.

1946 Mit dem «Bürgereinsatz» beginnt die Enttrümmerung Frankfurts.

1947–48 Die drei Berliner Filialgroßbanken werden in Westdeutschland bis auf die Ebene der Länder dezentralisiert. In Hessen sind seit 1947 die Deutsche Bank unter dem Namen Hessische Bank, die Commerzbank als Mitteldeutsche Creditbank und die Dresdner Bank als Rhein-Main-Bank mit jeweils einer Zentrale in Frankfurt vertreten.

1947–1949 Frankfurt ist zunächst Sitz der Verwaltungen des Vereinigten Wirtschaftsgebietes der amerikanischen und britischen (Bizone) und später der französischen Zone (Trizone).

1948 Die Amerikaner bestehen – entgegen anderen Forderungen der britischen und deutschen Seite – auf Frankfurt als Sitz der Bank deutscher Länder, die im März 1948 errichtet wird. Über sie wird die Währungsreform abgewickelt, die am 20. Juni 1948 mit der Einführung der D-Mark beginnt.

Die Gründung der Kreditanstalt für Wiederaufbau mit Sitz in Frankfurt wird von den Westalliierten beschlossen. Anfang 1949 nimmt sie unter der Leitung von Hermann J. Abs ihre Tätigkeit als Schaltstelle für die Vergabe von Marshallplangeldern auf.

1949 Bonn und nicht Frankfurt wird Hauptstadt der Bundesrepublik. Frankfurt baut auf seiner Tradition als Handels- und Wirtschaftsstadt wieder auf.

In der zweiten Septemberhälfte wird die D-Mark um

20,6% abgewertet, nachdem London eine Pfundabwertung um 30,5% beschlossen hatte.

Zum 1. Oktober tritt das Wertpapierbereinigungsgesetz in Kraft, auf dessen Grundlage im Krieg untergegangene bzw. die nicht mehr verfügbaren Wertpapiere durch neue Anteilscheine für die Eigentümer ersetzt werden.

1952 Den Großbanken wird eine Teilrezentralisierung erlaubt. Sie dürfen mit jeweils nur noch drei Nachfolgebanken auf dem Gebiet der Bundesrepublik geschäftlich tätig sein: im norddeutschen Bankbezirk, in Nordrhein-Westfalen und im süddeutschen Bankbezirk, wo sie sich für Frankfurt als Sitz entscheiden, mit Ausnahme der Deutschen Bank, die auf Druck der bayerischen Regierung zunächst München als Hauptsitz akzeptiert.

1952 Ein Konsortium von 32 Banken gründet die Ausfuhrkredit AG (AKA) mit Sitz in Frankfurt am Main.

1957 Die Großbanken dürfen wieder als einheitliche Institute unter ihrem alten Namen in der ganzen Bundesrepublik tätig sein. Die Deutsche Bank und die Dresdner Bank wählen Frankfurt als Hauptsitz, die Commerzbank geht zunächst nach Düsseldorf.

1957 Am 10. September wird erstmals seit 1930 wieder eine Fremdwährungsanleihe auf dem deutschen Kapitalmarkt emittiert.

1958 Am 22. Mai wird erstmals wieder eine ausländische Aktie im amtlichen Handel der Frankfurter Wertpapierbörse notiert, nachdem seit Ende September 1956 schon US-amerikanische Industrieaktien im dortigen Freiverkehr gehandelt worden waren.

1958 Zum Jahresende geht die D-Mark, zusammen mit den anderen Währungen der Europäischen Zahlungsunion (EZU) offiziell zur Konvertibilität über, nachdem sie diese Eigenschaft de facto schon Mitte der fünfziger Jahre erreicht hatte.

1959 Ein Konsortium von 85 Banken gründet die Privatdiskont AG mit Sitz in Frankfurt am Main.

1959 Neben den anderen beiden Großbanken steigt auch die Deutsche Bank in das Mengenkundengeschäft ein, d.h. Geschäfte mit jedermann statt hauptsächlich mit Firmenkunden.

1961 Anfang März wird die D-Mark um 5% aufgewertet.

1965	In der Großen Aktienrechtsreform wird das Konzernrecht zum Schutz der Minderheitsaktionäre weiterentwickelt und die Informationspflicht der Gesellschaften gegenüber den Aktionären ausgeweitet. Zuvor hat die Kleine Aktienrechtsreform von 1959 u.a. die Voraussetzungen für die Ausgabe von Belegschaftsaktien an die Arbeitnehmer und von «Gratisaktien» an die Aktionäre geschaffen.
1967	Herabsetzung des Mindestnennwerts der Aktien von 100 auf 50 DM und Übergang von der Prozent- zur Stücknotierung.
1968	Spaltung des Goldmarktes, d.h. Freigabe des Goldpreises für alle Zwecke außer im Verkehr des Währungsgoldes zwischen den Notenbanken zur offiziellen Goldparität. Daraufhin wird auch an der Frankfurter Börse der Handel mit Gold wieder aufgenommen.
1968–1973	Bis zum offiziellen Ende des Bretton-Woods-Systems fester Wechselkurse im Frühjahr 1973 steht die D-Mark durch spekulative Kapitalzuflüsse mehrfach unter erheblichem Anpassungsdruck und muß wiederholt aufgewertet werden.
1970	Fusion der Berliner Handels-Gesellschaft, die als verlagertes Institut 1952 ihre Geschäftstätigkeit in Frankfurt am Main aufgenommen hatte, mit der Frankfurter Bank zur Berliner Handels- und Frankfurter Bank (BHF-Bank).
1982	Das traditionsreiche Frankfurter Privatbankhaus Gebrüder Bethmann wird von der Bayerischen Vereinsbank übernommen.
1983	Erst jetzt werden Optionsgeschäfte auf Aktien, die in der Bundesrepublik seit Mitte 1970 grundsätzlich wieder zugelassen waren, so weit standardisiert und modernisiert, daß ein Sekundärmarkt entsteht. Dieser konzentriert sich auf Frankfurt.
1985	Unter dem Druck der internationalen Konkurrenz fördern seit etwa diesem Jahr der Gesetzgeber und die Bundesbank die Liberalisierung und Modernisierung der Finanzmärkte in Deutschland.
1990	Erstes Finanzmarktförderungsgesetz, das das Gesetz über Kapitalanlagegesellschaften novelliert und die Börsenumsatzsteuer zum 1. Januar 1991 sowie die Gesellschafts- und Wechselsteuer ein Jahr später abschafft.

1991 Umwandlung der Frankfurter Börse in eine Aktiengesellschaft. Start der Deutschen Terminbörse (DTB). Zunächst werden dort Optionen auf 14 deutsche Aktien gehandelt.

1992 Umwandlung der Frankfurter Wertpapierbörse AG in die Deutsche Börse AG. Die Deutsche Börse AG führt als erstes Unternehmen der Welt Kassa- und Terminmärkte, Clearing und Settlement sowie die Informationstechnologie eines Börsenplatzes organisatorisch zusammen.

1993 Banken mit Sitz in einem Mitgliedsland der EU benötigen für ihre Zweigstellen in anderen EU-Ländern keine zusätzliche Banklizenz mehr. Ihre Filialen in den Gastländern unterliegen der Bankenaufsicht des Heimatlandes.

1993 Auf ihrem Gipfeltreffen am 29. Oktober in Brüssel bestimmen die zwölf EU-Staaten Frankfurt am Main zum Sitz der Europäischen Zentralbank.

1994 Zweites Finanzmarktförderungsgesetz. U.a. werden Publizitätspflichten erweitert, Insidergeschäfte gesetzlich verboten, reine Geldmarktfonds zugelassen und die Handelsmöglichkeiten in Derivaten erweitert.

1997 Einführung des Neuen Marktes an der Deutsche Börse AG, um zukunftsträchtigen jungen Unternehmen Aktienemissionen als Finanzierungsquelle zu erschließen.

1998 Drittes Finanzmarktförderungsgesetz. Insbesondere werden, auch im Hinblick auf die Einführung des Euro, das Börsen- und Wertpapierhandelsrecht sowie die Gesetze über Kapitalanlage- und Unternehmensbeteiligungsgesellschaften novelliert. Als neuer Fondstyp wird das Altersvorsorge-Sondervermögen zugelassen.

1999 Am 1. Januar übernimmt die Europäische Zentralbank in Frankfurt die Steuerung der Geldpolitik für die europäische Gemeinschaftswährung Euro, die nach einer Übergangszeit von drei Jahren die nationalen Währungen ganz ablösen soll.

Anhang

Abkürzungsverzeichnis

ABC	Allied Bank Commission
AIG	Auslandsinvestmentgesetz
AKA	Ausfuhrkredit Gesellschaft m.b.H.
Amex	American Stock Exchange
Bd.	Band
BDI	Bundesverband der Deutschen Industrie
BHF-Bank	Berliner Handels- und Frankfurter Bank AG
BOSS-CUBE	Börsen-Order-Service-System/Computerunterstütztes Börsenhandels- und Entscheidungssystem
Bubills	Unverzinsliche Schatzanweisungen des Bundes
Bulis	Bundesbank-Liquiditäts-U-Schätze
CBOT	Chicago Board of Trade
CME	Chicago Mercantile Exchange
CNBC	Cable National Broadcasting Center, Fort Lee
DAX	Deutscher Aktienindex
DGZ	Deutsche Girozentrale/Deutsche Kommunalbank
DM/D-Mark	Deutsche Mark
DTB	Deutsche Terminbörse G.m.b.H
DWS	Deutsche Gesellschaft für Wertpapiersparen m.b.H.
ECU	European Currency Unit
EDV	Elektronische Datenverarbeitung
EG	Europäische Gemeinschaft
EU	Europäische Union
EUREX	European Exchange
EURIBOR	Euro Interbank Offered Rate
EWG	Europäische Wirtschaftsgemeinschaft
EWR	Europäischer Währungsraum
EWS	Europäisches Währungssystem
EZU	Europäische Zahlungsunion
f.	und folgende Seite
ff.	und folgende Seiten
FIBOR	Frankfurt Interbank Offered Rate
GATT	General Agreement on Tariffs and Trade (Allgemeines Zoll- und Handelsabkommen)
H.	Heft
Hg.	Herausgeber
hg.	herausgegeben
IBIS	Inter-Banken Informationssystem/Integriertes Börsenhandels- und Informationssystem
IOS	Investors Overseas Services Management Ltd., Montreal
KfW	Kreditanstalt für Wiederaufbau

KWG	Kreditwesengesetz
LIFFE	London International Financial Futures and Options Exchange
MATIF	Marché à terme international de France
Mio.	Million(en)
Mrd.	Milliarde(n)
Nasdaq	National Association of Securities Dealer Automated Question System
ND	Neudruck
N.F.	Neue Folge
NYSE	New York Stock Exchange
OEEC	Organization for European Economic Cooperation
OMGUS	Office of Military Government for Germany, United States
PAD	Persönliches Anschaffungs-Darlehn
PBD	Persönliches Baudarlehn
PDK	Persönlicher Dispositionskredit
PHD	Persönliches Hypothekendarlehn
PKK	Persönlicher Klein-Kredit
PSA	Peugeot S.A.
REX	Deutscher Rentenindex
S.	Seite
SEAQ	Stock Exchange Automated Quotation System
SETS	Stock Exchange Electronic Trading Service
Soffex	Swiss Options- und Financial Futures Exchange
vgl.	vergleiche
XETRA	Exchange Electronic Trading
ZBR	Zentralbankrat

Anmerkungen

I. Was ist ein Finanzplatz? Warum und wo entsteht er?

1 Roberts, Introduction, S. XIII.
2 Für die neuere theoretische Literatur zur Wettbewerbsfähigkeit von Finanzplätzen vgl.: Pulm, Wettbewerbsfähigkeit des Finanzplatzes Frankfurt, besonders S. 31–118.
3 Kindleberger, The Formation of Financial Centers, S. 7.
4 Z.B. Obst/Hintner, Geld-, Bank- und Börsenwesen, S. 1077–1080.
5 Büschgen, Bankbetriebslehre, S. 19.
6 Duncan u.a., Metropolis and Region, S. 106.
7 Lösch, Die räumliche Ordnung der Wirtschaft, S. 329–333.
8 Ebd., S. 334–336.
9 McKenzie, The Metropolitan Community, S. 60.
10 Daß nach diesem Maßstab der Großhandelssektor noch stärker konzentriert war als der Finanzsektor, dürfte zum einen damit zusammenhängen, daß Spareinlagen weniger konzentriert sind als die Gesamteinlagen im Bankensektor, zum anderen damit, daß der Gesetzgeber in den USA bis vor kurzem gegen die Konzentration des Bankwesens gearbeitet hat.
11 Duncan u.a., Metropolis and Region, S. 106–108.
12 Florence, Economic Efficiency in the Metropolis S. 110ff., zitiert nach: Duncan u.a., Metropolis and Region, S. 87.
13 Tobin, Financial Intermediaries, S. 38.
14 Häuser u.a., Frankfurts Wettbewerbslage, S. 6–9. Obst/Hintner, Geld-, Bank- und Börsenwesen, S. 1077.
15 Kindleberger, World Economic Primacy, S. 27f.
16 Parker, Europe, America and the Wider World, Bd. 2, S. 235.
17 Gras, An Introduction to Economic History, S. 187–269.
18 Kindleberger, The Formation of Financial Centers, S. 8.
19 Ebd, S. 9.
20 Wenn man die Entwicklung im späten Mittelalter und der Frühen Neuzeit betrachtet, muß man die Reihenfolge wohl umdrehen. Kindleberger hatte offenbar nur die Entwicklung vom 18. bis zum 20. Jahrhundert im Auge.
21 Zum folgenden: Robbins/Terleckyj, Money Metropolis, S. 33–44.
22 Davis, Concepts and Typologies, S. 1–27.

II. Die frühe Entwicklung zum Handels- und Finanzzentrum bis 1648

1 Fried, 794 – Karl der Große, S. 26. Kramer, Frankfurt Chronik, S. 12f.

2 Lübbecke, Fünfhundert Jahre Buch, S. 29.

3 Da die fränkischen Könige keine Steuern erhoben, waren sie darauf angewiesen, daß ihre Kammergüter, auch «Meierhöfe» genannt, so gut bewirtschaftet wurden, daß daraus genügend Einnahmen für die Haushaltswirtschaft des Königshofes entstanden. Horne, Geschichte von Frankfurt am Main, S. 14.

4 Orth, Frankfurt am Main im Früh- und Hochmittelalter, S. 23–25, 31 und Ennen, Europäische Stadt des Mittelalters, S. 48.

5 Orth, Frankfurt am Main im Früh- und Hochmittelalter, S. 31.

6 Schindling, Wachstum und Wandel, S. 212–219.

7 Erst im 12. Jahrhundert änderte sich dies wieder. Unter anderem wurde Frankfurt zu dem üblichen Ort, an dem sich die Fürsten zur Wahl des Königs versammelten. Damit wurde Frankfurts Position als unmittelbare Reichsstadt, die in dem Bau der Pfalz angelegt war, gestärkt.

8 Orth, Frankfurt am Main im Früh- und Hochmittelalter, S. 25–27.

9 Kramer, Frankfurt Chronik, 25.

10 Fried, Frankfurter Messe, S. 1.

11 Schneidmüller, Frankfurter Messen, S. 70.

12 Kramer, Frankfurt Chronik, S. 47.

13 Kriegk, Frankfurter Bürgerzwiste, S. 298.

14 Haver, Am Straßenkreuz Europas, S. 22.

15 Kramer, Frankfurt Chronik, S. 28. Ausführlich: Backhaus, Jehudas Jammer.

16 Rothmann, Frankfurter Messen, S. 347. Kramer, Frankfurt Chronik, S. 53.

17 Dazu: Sombart, Kapitalismus, Bd. 2, S. 40–46.

18 Wescher, Großkaufleute, S. 8.

19 Sieveking, Handlungsbücher, zitiert in: Wescher, Großkaufleute, S. 21. Insbesondere deutsche Ritter schlossen im 14. Jahrhundert Soldverträge mit den italienischen Städten, deren Kriege sie führten.

20 Simonsfeld, Der Fondaco dei Tedeschi, Bd. 2, 9.

21 Schulte, Geschichte des mittelalterlichen Handels, Bd. 1, S. 351–356.

22 Wescher, Großkaufleute, S. 19. Nübling, Handelswege des Mittelalters, S. 36. Zu Firmen und Kaufleuten in Venedig ausführlich auch: Simonsfeld, Der Fondaco dei Tedeschi, Bd. 2, z.B. zu Frankfurter Firmen S. 67–69, 188–189.

23 Haver, Am Straßenkreuz Europas, S. 22f.

24 Wescher, Großkaufleute, S. 77.

25 Bothe, Frankfurts Wirtschaftsleben, S. 196.

26 Schulte, Geschichte des mittelalterlichen Handels, Bd. 1, S. 300. Bothe, Geschichte, S. 63, berichtet, daß jüdische Geldverleiher den Bürgern Frankfurts, die sogar einen Vorzugszins genossen, 43% Jahreszins abnahmen.

27 Wescher, Großkaufleute, S. 12.

28 Wescher, Großkaufleute, S. 9. Die hohen Gewinne sind natürlich auch ein Indiz für die hohen Risiken des damaligen Handels- und Kreditgeschäfts.

29 Landes, Thoughts on Economic Hegemony, S. 166.

30 Zu den Hauptgegenständen des Handels deutscher Kaufleute mit Venedig ausführlich: Simonsfeld, Der Fondaco dei Tedeschi, Bd. 2, S. 103–106. Zu den Handelsgegenständen mit dem übrigen Italien: Schulte, Geschichte des mittelalterlichen Handels, Bd. 1, S. 112–151, 692–719. Zu den Gegenständen des Levantehandels allgemein und ausführlich: Heyd, Geschichte des Levantehandels, Bd. 2, S. 543–699.

31 Bei relativer Knappheit an Zahlungsmitteln entsteht eine Tendenz zu fallenden Preisen. Bei einem gegebenem Zinssatz ist dann die Realverzinsung höher als der Nominalzins. Selbst eine Kreditforderung ohne Zins beinhaltet dann einen realen Zinsertrag.

32 Dieser Abschnitt basiert auf: Schulte, Geschichte des mittelalterlichen Handels, Bd. 1, S. 344–350. Nübling, Handelswege des Mittelalters, S. 29f. Thomas, Champagnemessen, S. 26. Inama-Sternegg, Wirtschaftsgeschichte des Mittelalters, Bd. 2, S. 280f.

33 Faulkner, Geschichte der amerikanischen Wirtschaft, S. 41f.

34 Kindleberger, World Economic Primacy, S. 68–73.

35 Wescher, Großkaufleute, S. 18.

36 Kindleberger, Economic and Financial Crises, S. 16f.

37 Wescher, Großkaufleute, S. 18–20, 23.

38 Klein u. a., Deutsche Bankengeschichte, S. 101, 114.

39 Lerner, Auswirkungen der Türkenkriege, S. 166.

40 Klein u. a., Deutsche Bankengeschichte, S. 112. Brandt, Die Fugger, S. 57.

41 Wescher, Großkaufleute, S. 17, 27. Höfler, Betrachtungen über die Ursachen.

42 Klein u. a., Deutsche Bankengeschichte, S. 77.

43 Wescher, Großkaufleute, S. 27.

44 Lerner, Das tätige Frankfurt, S. 20.

45 Kramer, Frankfurt Chronik, S. 130.

46 Elliott, Europe Divided, S. 255.

47 Israel, Dutch Republic and Hispanic World 1606–1661.

48 Elliott, Europe Divided, S. 262.

49 Cameron, European Reformation, S. 379.

50 Braudel, Sozialgeschichte, Bd. 2: Handel, S. 204.

51 Elliott, Europe Divided, S. 53–61 (auch mit Daten zu den Silberimporten).

52 Van der Wee, Growth of the Antwerp Market, Bd. 2, S. 143–267. Israel, Dutch Primacy, S. 1-11.

53 Anhaltspunkte dafür gibt es in der Darstellung der Bevölkerungsentwicklung von Hamburg einerseits und Frankfurt am Main andererseits bei: Mauersberg, Wirtschafts- und Sozialgeschichte, S. 35, 50.

54 Zu seinen Rechten und Pflichten: Orth, Frankfurt am Main im Früh- und Hochmittelalter, S. 36. Schalles-Fischer, Pfalz und Fiskus in Frankfurt, S. 465. Bund, Frankfurt am Main im Spätmittelalter, S. 79.

55 Roth, Stadt und Bürgertum, S. 56f.

56 Bund, Frankfurt am Main im Spätmittelalter, S. 84. Moraw, Reichsstadt, Reich und Königtum, S. 394.

57 Bund, Frankfurt am Main im Spätmittelalter, S. 82.

58 Böhme, Frankfurt und Hamburg, S. 40.

59 Koch, Grundlagen bürgerlicher Herrschaft, S. 8.

60 Böhme, Frankfurt und Hamburg, S. 31.

61 Böhme, Frankfurt und Hamburg, S. 36.
62 Orth, Frankfurt am Main im Früh- und Hochmittelalter, S. 48.
63 Bund, Frankfurt am Main im Spätmittelalter, S. 111 f.
64 Koch, Grundlagen bürgerlicher Herrschaft, S. 9.
65 Bund, Frankfurt am Main im Spätmittelalter, S. 91–95.
66 Bund, Frankfurt am Main im Spätmittelalter, S. 100f. Böhme, Frankfurt und Hamburg, S. 54.
67 Näheres dazu im Abschnitt III1 dieses Buches.
68 Koch, Grundlagen bürgerlicher Herrschaft, S. 11.
69 Bothe, Frankfurter Patriziervermögen, S. 86. Dort sind auch die Namen der 52 reichsten Patrizierfamilien verzeichnet.
70 Koch, Grundlagen bürgerlicher Herrschaft, S. 10. Aubin, Mainz und Frankfurt, S. 492.
71 Wescher, Großkaufleute, S. 11.
72 Vgl. dazu die Vermögensübersichten bei: Bothe, Entwicklung der direkten Besteuerung. Bücher, Bevölkerung von Frankfurt am Main.
73 Bund, Frankfurt am Main im Spätmittelalter, S. 68.
74 Vgl. dazu den städtischen Vergleich: Schlunk, Stadt ohne Bürger?, S. 189–243.
75 Bund, Frankfurt am Main im Spätmittelalter, S. 61.
76 Dazu: Karpf, Kleine Geschichte der Zuwanderung, S. 49–67.
77 Schindling, Wachstum und Wandel, S. 205.
78 Soliday, Community in Conflict, S. 33 f.
79 Schindling, Wachstum und Wandel, S. 224–228.
80 Karpf, Kleine Geschichte der Zuwanderung, S. 53.
81 Ebd., S. 49f.
82 Ebd., S. 38. Schindling, Wachstum und Wandel, S. 209.
83 Bund, Frankfurt am Main im Spätmittelalter, S. 131 f.
84 Kirchholtes, Jüdische Privatbanken, S. 8.
85 Dazu: Schnee, Hoffinanz, S. 315–320. Dietz, Frankfurter Handelsgeschichte, Bd. 2, S. 1–9.
86 Koch, Grundlagen bürgerlicher Herrschaft, S. 15 f.
87 Dazu: Mauersberg, Wirtschafts- und Sozialgeschichte, S. 236.
88 Zur Bedeutung des Frankfurter Bürgerrechts: Bund, Frankfurt am Main im Spätmittelalter, S. 73–75.
89 Bund, Frankfurt am Main im Spätmittelalter, S. 55.
90 Fischer, Frankfurt und Mainz, besonders S. 62. Orth, Frankfurt am Main im Früh- und Hochmittelalter, S. 22.
91 Orth, Frankfurt am Main im Früh- und Hochmittelalter, S. 33–37. Man schätzt den Einzugsbereich des Marktes (Messe) nach 1074 auf ungefähr 100 km.
92 Bund, Frankfurt am Main im Spätmittelalter, S. 56, der auf die weitgespannten Handelsbeziehungen Frankfurts hinweist.
93 Ebd., S. 54f. Thomas, Champagnemessen, S. 26.
94 Kramer, Frankfurt Chronik, S. 49. Siehe auch: Aubin, Mainz und Frankfurt, S. 485–497.
95 Siehe Abschnitt II3 dieses Buches.
96 Kuske, Kölner Handelsbeziehungen, S. 304. Auch: Irsigler, Köln und die Frankfurter Messen, S. 341–377.
97 Blockmans, Das westeuropäische Messenetz, S. 37–50.

98 Bei Bund, Frankfurt am Main im Spätmittelalter, S. 58, findet sich eine Auflistung der in Frankfurt gehandelten Waren. Vgl.: Rothmann, Messestadt, S. 69–108.
99 Wescher, Großkaufleute, S. 11.
100 Ehrenberg, Zeitalter der Fugger, Bd. 2, S. 243.
101 Dietz, Frankfurter Handelsgeschichte, Bd. 1, S. 51.
102 Krämer, Zweimal im Jahr, S. 159–166.
103 Vgl. dazu allgemein Dietz, Frankfurter Handelsgeschichte, Bd. 1, und die Beiträge in: Koch, Brücke, Bd. 2, S. 122–252. Zur Palette der gehandelten Waren neuerdings ausführlich: Rothmann, Frankfurter Messen, S. 137–167.
104 Zu den privilegierten Frankfurter Juden an den Fürstenhöfen: Dietz, Stammbuch der Frankfurter Juden, S. 396.
105 Haver, Am Straßenkreuz Europas, S. 37–39.
106 Lübbecke, Fünfhundert Jahre Buch, S. 36–38.
107 Lerner, Auswirkungen der Türkenkriege, S. 161. Kramer, Frankfurt Chronik, S. 72.
108 Lübbecke, Fünfhundert Jahre Buch, S. 272f.
109 Haver, Am Straßenkreuz Europas, S. 28–30.
110 Lübbecke, Fünfhundert Jahre Buch, S. 30.
111 James Westfall Thomson in der Einleitung zu: Estienne, Frankfort Book Fair, S. 25.
112 Ebd., S. 14.
113 Zu den Ursachen dieses Übergangs im einzelnen und zu dem Beitrag, den eine nicht förderliche Politik in Frankfurt dazu leistete, siehe J.W. Thomson in der Einleitung zu: Estienne, Frankfort Book Fair, S. 99–123.
114 Bund, Frankfurt am Main im Spätmittelalter, S. 61.
115 Zu den Motiven siehe die Abschnitte II3 und III1 dieses Buches.
116 Orth, Frankfurt am Main im Früh- und Hochmittelalter, S. 35, 45f. Detailhandel war den Juden verboten.
117 Vgl. dazu auch die Abschnitte II3 und III1 dieses Buches.
118 Klötzer, Reichsstadt und Merkantilismus, S. 35–155.
119 Haver, Am Straßenkreuz Europas, S. 39f.
120 Ebd., S. 44f. Schindling, Wachstum und Wandel, S. 243.
121 Dietz, Frankfurter Handelsgeschichte, Bd. 3, S. 19f.
122 Zum folgenden: Sprenger, Geld der Deutschen, S. 77–91. Rittmann, Deutsche Geldgeschichte, S. 107–256. Zu Frankfurt: Dietz, Frankfurter Handelsgeschichte, Bd. 3, S. 179–195, sofern nicht anders angemerkt.
123 Joseph/Fellner, Münzen von Frankfurt am Main, S. 5, 8, 15. Zu Frankfurt als Münzprägestätte im späten Mittelalter neuerdings ausführlich: Rothmann, Frankfurter Messen, S. 198–267.
124 Klein u.a., Deutsche Bankengeschichte, S. 84f.
125 Dazu zählten «Turnosen, Englisch und Heller». Vgl. Dietz, Frankfurter Handelsgeschichte, Bd. 3, S. 182, 185–189. Auch zum folgenden.
126 Art. «Münzwesen», in: Achterberg/Lanz, Enzyklopädisches Lexikon, Bd. 2, S. 1233–1242, hier 1238. Heß/Klose, Vom Taler zum Dollar, S. 36f.
127 Ein Reichsabschied war der Beschluß, der am Ende eines Reichstags, der Versammlung von Kaiser und Reichsständen, dem Kurfürstenkollegium, dem Fürstenkollegium und der Städtebank gefaßt wurde. Ein Reichstag wurde von Fall zu Fall einberufen, seit 1663 tagte der Reichstag permanent. Zur Reichsverfassung: Aretin, Das Reich, S. 20–26.
128 Sprenger, Geld der Deutschen, S. 109.

129 Handelskammer zu Frankfurt am Main, Geschichte, S. 45. Hirsch, Münz-Archiv, Bd. 3, S. 103–105. Dietz, Frankfurter Handelsgeschichte, Bd. 3, S. 190f.
130 Dietz, Frankfurter Handelsgeschichte, Bd. 3, S. 191, 222. Handelskammer zu Frankfurt am Main, Geschichte, S. 43–59. Die Eingabe der Kaufleute von 1585 ebd. S. 8f. Zu Amsterdam: Klein u.a., Deutsche Bankengeschichte, S. 163–166. Beispiele anderer Wechselwährungen bei Metz, Geld, Währung und Preisentwicklung, S. 157–199.
131 Dietz, Frankfurter Handelsgeschichte, Bd. 3, S. 193, 195. Elon, Founder, S. 30. Rothmann, Frankfurter Messen, S. 346–354.
132 Der Silbergehalt wurde auf ein Achtel einer Kölnischen Mark (= 233,89 Gramm) festgesetzt.
133 Dietz, Frankfurter Handelsgeschichte, Bd. 3, S. 188f., 191.
134 Ebd., Bd. 3, S. 190.
135 Redlich, Deutsche Inflation. K. Schneider, Kipper- und Wipperinflation.
136 Dietz, Frankfurter Handelsgeschichte, Bd. 3, S. 194. Vgl. Lersner, Der Weitberühmten Freyen Reichs-, Wahl- und Handels-Stadt Franckfurt, S. 444.
137 Zu Frankfurt: Dietz, Frankfurter Handelsgeschichte, Bd. 3, S. 194. Das Edikt bei Lersner, Der Weit-berühmten Freyen Reichs-, Wahl- und Handels-Stadt Franckfurt, S. 444–449. Zur Kursentwicklung Tabellen bei Rittmann, Deutsche Geldgeschichte, S. 1020f. Brübach, Reichsmessen, S. 216f.
138 Dietz, Frankfurter Handelsgeschichte, Bd. 3, 195–197. Klein u.a., Deutsche Bankengeschichte, S. 76. F.-W. Henning, Handbuch, Bd. 1, S. 707.
139 Wescher, Großkaufleute, S. 23.
140 Klein u.a., Deutsche Bankengeschichte, S. 84–88. Dietz, Frankfurter Handelsgeschichte, Bd. 3, S. 197–200. Speyer, Die ältesten Credit- und Wechselbanken in Frankfurt.
141 Rothmann, Frankfurter Messen, S. 283. Er sieht den Grund in Änderungen der königlichen Münzpolitik in Frankfurt, die dem Geldwechselgeschäft der Stadt Gewinne entzogen.
142 Bothe, Beiträge zur Wirtschafts- und Sozialgeschichte, S. 36.
143 Dietz, Frankfurter Handelsgeschichte, Bd. 3, S. 247–249. J. Schneider, Indossament, S. 187f.
144 Klein u.a., Deutsche Bankengeschichte, S. 149. Zur Gründung von Girobanken ebd., S. 156–192.
145 F.-W. Henning, Handbuch, Bd. 1, S. 707.
146 Dazu neuerdings ausführlich: Rothmann, Frankfurter Messen, S. 423–478.
147 Dietz, Frankfurter Handelsgeschichte, Bd. 3, S. 204–207, 249. Klein u.a., Deutsche Bankengeschichte, S. 78f.
148 Dietz, Frankfurter Handelsgeschichte, Bd. 3, S. 249–253. Klein u.a., Deutsche Bankengeschichte, S. 71–74.
149 Dietz, Frankfurter Handelsgeschichte, Bd. 3, S. 208–211. Eine Übersicht über die Schulden der Stadt in: Bothe, Beiträge zur Wirtschafts- und Sozialgeschichte, S. 113–116.
150 Dietz, Frankfurter Handelsgeschichte, Bd. 3, S. 238–247.
151 Simon, Der Wechsel, S. 58, zitiert bei Klein u.a., Deutsche Bankengeschichte, S. 39. Dietz, Frankfurter Handelsgeschichte, Bd. 3, S. 200–204.
152 Rothmann, Frankfurter Messen, S. 480, 482–487.
153 Denzel, La Practica della Cambiatura, S. 84–100. Zeitgenössische Erläuterungen

und Anleitungen zum Wechselgeschäft boten die Kaufmannshandbücher, z.B. Kruse, Contorist, S. 12f.
154 Kruse, Contorist, S. 16. Dietz, Frankfurter Handelsgeschichte, Bd. 3, S. 236f.
155 Lammel, Frankfurter Wechselrecht, S. 103f. Roover, L'évolution de la lettre de Change, S. 43f. J. Schneider, Indossament.
156 Lammel, Frankfurter Wechselrecht, S. 105.
157 Dietz, Frankfurter Handelsgeschichte, Bd. 3, S. 200–204. Lammel, Frankfurter Wechselrecht, S. 105.
158 Klein u.a., Deutsche Bankengeschichte, S. 37–39.
159 Kruse, Contorist, S. 16, 22. Dietz, Frankfurter Handelsgeschichte, Bd. 3, S. 237f.
160 Lammel, Frankfurter Wechselrecht, S. 101–118, 104. Roover, L'évolution de la lettre de Change, S. 44f. Denzel, La Practica della Cambiatura, S. 79f.
161 Klein u.a., Deutsche Bankengeschichte, S. 67f.
162 Kindleberger, Economic and Financial Crises, S. 7f.
163 Dies wird von Vertretern der sogenannten Real Bills Doctrine behauptet, die sich in den letzten 25 Jahren unter den Angebotstheoretikern finden. Z.B. Sargent/ Wallace, Real Bills Doctrine.
164 Lammel, Frankfurter Wechselrecht, S. 106. Handelskammer zu Frankfurt am Main, Geschichte, S. 59–63. Ein Beispiel, die Annahme von Wechseln betreffend, auch bei Dietz, Frankfurter Handelsgeschichte, Bd. 3, S. 222f.
165 Lammel, Frankfurter Wechselrecht, S. 106. Auf die innovative Rolle der geflüchteten Großkaufleute aus Antwerpen weist auch hin: Forstmann, Frankfurt – europäisches Finanzzentrum, S. 102.
166 Lammel, Frankfurter Wechselrecht, S. 107. Dietz, Frankfurter Handelsgeschichte, Bd. 3, S. 233. Zu gebräuchlichen Wechselfristen: Zerres, Wechselplätze, S. 56. Eine Auflistung der Wechselbedingungen – und damit auch des Uso zu späteren Zeitpunkten: Bohn, Wohlerfahrener Kaufmann.
167 Lammel, Frankfurter Wechselrecht, S. 107f. Dietz, Frankfurter Handelsgeschichte, Bd. 3, S. 234–236.
168 J. Schneider, Indossament, S. 189–192.
169 Dietz, Frankfurter Handelsgeschichte, Bd. 3, S. 233–236. Lammel, Frankfurter Wechselrecht, S. 107f. Klein u.a., Deutsche Bankengeschichte, S. 67f.
170 Walter, Geld- und Wechselbörsen, S. 20f.
171 Dietz, Frankfurter Handelsgeschichte, Bd. 3, S. 213f. Baehring, Börsen-Zeiten, S. 26f. Walter, Geld- und Wechselbörsen, S. 43–68.
172 Dietz, Frankfurter Handelsgeschichte, Bd. 3, S. 214–220. Baehring, Börsen-Zeiten, S. 41–45.
173 Baehring, Börsen-Zeiten, S. 47f. Zerres, Wechselplätze, S. 71–73.
174 Dietz, Frankfurter Handelsgeschichte, Bd. 3, S. 230f. Baehring, Börsen-Zeiten, S. 47–51. Zerres, Wechselplätze, S. 80–83. Der Kurszettel ist in Dietz und Zerres zitiert.
175 Dietz, Frankfurter Handelsgeschichte, Bd. 3, S. 232. Walter, Geld- und Wechselbörsen, S. 51.
176 Dietz, Frankfurter Handelsgeschichte, Bd. 3, S. 216–218, 231.

III. Im Merkantilismus 1648–1806

1 Franz, Finanzplatz Frankfurt, S. 56.
2 Ullmann, Frankfurter Kapitalmarkt, S. 75–80. Auch für das folgende.
3 Böhme, Stadtregiment, S. 85. Bothe, Geschichte, S. 590.
4 Mauersberg, Wirtschafts- und Sozialgeschichte, S. 107.
5 Duchhardt, Frankfurt am Main im 18. Jahrhundert, S. 269f.
6 So konnten zum Beispiel die jüdischen Tuchhändler außerhalb der Judengasse Kammern und Gewölbe erwerben. Dazu: Koch, Grundlagen bürgerlicher Herrschaft, S. 19. Karpf, Kleine Geschichte der Zuwanderung, S. 81f.
7 Koch, Grundlagen bürgerlicher Herrschaft, S. 24–28.
8 Ebd., S. 272–298.
9 Böhme, Stadtregiment, S. 89. Roth, Stadt und Bürgertum, S. 134f.
10 Mauersberg, Wirtschafts- und Sozialgeschichte, S. 262.
11 Schindling, Wachstum und Wandel, S. 209f. Soliday, Community in Conflict, S. 35.
12 Karpf, Kleine Geschichte der Zuwanderung, S. 81.
13 Roth, Stadt und Bürgertum, S. 47.
14 Duchhardt, Frankfurt am Main im 18. Jahrhundert, S. 273.
15 Roth, Stadt und Bürgertum, S. 109.
16 Handelskammer zu Frankfurt am Main, Geschichte, S. 19f.
17 Roth, Stadt und Bürgertum, S. 61.
18 Ebd., S. 114, 117.
19 David, Club der Milliardäre, S. 85.
20 Voelcker, Geschichte der Familie Metzler, S. 151. Lutz, Firma und Familie, S. 268.
21 Roth, Stadt und Bürgertum, S. 54. Weitere Informationen zu Berufsgruppen siehe im folgenden III. 2.
22 Lutz, Firma und Familie, S. 274 (zu Friedrich Metzler) und S. 281 (zu Johann Wilhelm Metzler).
23 Dies und das folgende nach: Roth, Stadt und Bürgertum, S. 62–71.
24 Vgl. auch: Koch, Grundlagen bürgerlicher Herrschaft, S. 76–86.
25 Roth, Stadt und Bürgertum, S. 73, schätzt den Anteil der Bürger an der Gesamteinwohnerzahl für 1823 auf 50%.
26 Mauersberg, Wirtschafts- und Sozialgeschichte, S. 138.
27 Das Edikt von Nantes wurde 1598 von König Heinrich IV. von Frankreich erlassen, um den Kampf der reformierten Franzosen (Hugenotten) um bürgerliche und konfessionelle Gleichberechtigung zu beenden. Um die Hugenotten in den Staat zu integrieren und ihre gewerblichen Fähigkeiten und Handelskontakte nutzen zu können, wurden ihnen Glaubensfreiheit, der Zugang zu Staatsämtern und das Recht auf eigene Bildungseinrichtungen zugesichert. Ludwig XIV. hob das Edikt 1685 aufgrund seines absoluten Herrschaftsanspruchs und seiner religiösen Unduldsamkeit auf. Obwohl die reformierten Untertanen seit 1598 königstreu geworden waren, wurden sie zusammen mit der oppositionellen Bewegung, die sich gegen die absolutistische Machtausübung Ludwigs richtete, verfolgt. Vgl. dazu: Stubenvoll, Hugenottenstädte, S. 22–27. Karpf, Kleine Geschichte der Zuwanderung, S. 83.

28 Duchhardt, Frankfurt am Main im 18. Jahrhundert, S. 261 f.
29 Mauersberg, Wirtschafts- und Sozialgeschichte, S. 184.
30 Duchhardt, Frankfurt am Main im 18. Jahrhundert, S. 273.
31 Die jüdische Gemeinde stellte 1825 10% der Einwohner Frankfurts. Vgl. Roth, Stadt und Bürgertum, S. 92.
32 Duchhardt, Frankfurt am Main im 18. Jahrhundert, S. 269.
33 Zur Bedeutung der Hoffaktoren allgemein: Schnee, Hoffinanz, Bd. 2.
34 Duchhardt, Frankfurt am Main im 18. Jahrhundert, S. 269.
35 Roth, Stadt und Bürgertum, S. 53–56. Mauersberg, Wirtschafts- und Sozialgeschichte, S. 189.
36 Racine, Messen in Italien, S. 169.
37 Mauersberg, Wirtschafts- und Sozialgeschichte, S. 292–324.
38 Blaich, Epoche des Merkantilismus, S. 80–83.
39 De Vries, Economy of Europe 1600–1750, bes. S. 16–21, 25–29.
40 Becker, Messeeinkäufe für die Hofhaltung, S. 328–337. Zur politischen Funktion einer aufwendigen Hofhaltung: Kruedener, Rolle des Hofes im Absolutismus.
41 Treue, Normale Zeiten, S. 14f.
42 Dietz, Frankfurter Handelsgeschichte, Bd. 1, S. 309–328.
43 Dietz, Frankfurter Handelsgeschichte, Bd. 4,1, S. 167.
44 Kaufhold, Deutschland 1650–1850, S. 581. Mauersberg, Wirtschafts- und Sozialgeschichte, S. 292–324, besonders S. 305.
45 Dietz, Frankfurter Handelsgeschichte, Bd. 4,2, S. 422, und Bd. 1, S. 87f.
46 Treue, Normale Zeiten, S. 16.
47 Haver, Am Straßenkreuz Europas, S. 50. Dietz, Frankfurter Handelsgeschichte, Bd. 1, S. 95.
48 Braudel, Sozialgeschichte, Bd. 2: Handel, S. 201.
49 Blaschke, Übergang von der Warenmesse, S. 263–280.
50 Brübach, Reichsmessen, S. 120. Beyer, Leipzig und Frankfurt am Main, S. 62–86. Möller, Messe- und Ausstellungswesen, S. 88. Dietz, Frankfurter Handelsgeschichte, Bd. 1, S. 92–96. Zur Entwicklung der Einnahmen aus dem Zoll- und Wegegeld, der Besucherzahlen und der gehandelten Waren auf der Frankfurter Messe: Dietz, Frankfurter Handelsgeschichte, Bd. 1, S. 88, 94.
51 Dietz, Frankfurter Handelsgeschichte, Bd. 1, S. 91.
52 Dietz, Frankfurter Handelsgeschichte, Bd. 1, S. 89. Als Beispiele seien hier nur die Namen Bethmann, Metzler, Goll, Ohlenschlager und de Neufville genannt.
53 Voelcker, Geschichte der Familie Metzler, S. 151. Lutz, Firma und Familie, S. 268.
54 Lutz, Firma und Familie, S. 267.
55 Zur Entwicklung der Post- und Botendienste ausführlich: Mauersberg, Wirtschafts- und Sozialgeschichte, S. 396–423.
56 Roth, Stadt und Bürgertum, S. 54. Handelskammer zu Frankfurt am Main, Geschichte, S. 1180.
57 Lutz, Firma und Familie, S. 272.
58 Zu den Vermögensverhältnissen der Frankfurter Kaufleute: Roth, Stadt und Bürgertum, S. 57.
59 Zur allgemeinen Situation der Juden in Frankfurt im 18. Jahrhundert: Duchhardt, Frankfurt am Main im 18. Jahrhundert, S. 269.
60 Roth, Stadt und Bürgertum, S. 145.

61 Ebd., S. 62.
62 Dazu: Klötzer, Reichsstadt und Merkantilismus, S. 135–155.
63 Treue, Normale Zeiten, S. 21–23.
64 Lutz, Firma und Familie, S. 275–278. Voelcker, Geschichte der Familie Metzler, S. 177–181.
65 Zur folgenden Darstellung, sofern nicht anders angemerkt: Sprenger, Geld der Deutschen, S. 124–155. Rittmann, Deutsche Geldgeschichte, S. 258–400. Zu Frankfurt: Handelskammer zu Frankfurt am Main, Geschichte, S. 42–59.
66 Der Vertrag ist enthalten in: Hirsch, Münz-Archiv, Bd. 5, S. 24.
67 Dietz, Frankfurter Handelsgeschichte, Bd. 3, S. 277f.
68 Leipziger Rezeß in: Hirsch, Münz-Archiv, Bd. 5, S. 260–264; das Frankfurter Edikt: ebd. S. 293–295; das Reichsgesetz: ebd. S. 368f.
69 Rittmann, Deutsche Geldgeschichte, S. 344–346. Verordnung in: Hirsch, Münz-Archiv, Bd. 8, S. 521–525.
70 Dietz, Frankfurter Handelsgeschichte, Bd. 3, S. 276f.
71 Mehr dazu im folgenden Kapitel III4.
72 Anders: Heyn, Banking, Entrepreneurship, S. 17, der den Nutzen der Wechselzahlung als gering einschätzt.
73 Das erste Papiergeld in Europa wurde 1661 von der Stockholmer Bank herausgegeben. 1694 wurde die Bank of England mit dem Privileg der Notenausgabe gegründet. Klein u.a., Deutsche Bankengeschichte, S. 192–198.
74 So Sprenger, Geld der Deutschen, S. 151.
75 Sprenger, Geld der Deutschen, S. 150–154. Zu einzelnen Banken: Klein u.a., Deutsche Bankengeschichte, S. 192–245.
76 Voelcker, Geschichte der Familie Metzler, S. 156. Zum Metzler-Projekt siehe auch: Historisches Archiv der Stadt Offenbach, Bestand Bankhaus Metzler 66: «Entwurf von Bedingungen für die Errichtung eines Bankgeschäftes».
77 K. Schneider, Frankfurter Rechneischeine, S. 79–95.
78 Kaufhold, Übergang zu Fonds- und Wechselbörsen, S. 106. Klein u.a., Deutsche Bankengeschichte, S. 149.
79 Zum Indossament Denzel, La Practica della Cambiatura, S. 100–110.
80 Lammel, Frankfurter Wechselrecht, S. 110.
81 Brübach, Reichsmessen, S. 174f.
82 Klein u.a., Deutsche Bankengeschichte, S. 39.
83 Zu den Verhandlungen und zum Inhalt: Dietz, Frankfurter Handelsgeschichte, Bd. 3, S. 272–276. Lammel, Frankfurter Wechselrecht, S. 108–111.
84 Ausführlich in: Handelskammer zu Frankfurt am Main, Geschichte, S. 47–55. Siehe auch: Dietz, Frankfurter Handelsgeschichte, Bd. 3, S. 275. Sein Urteil wird z.B. von Baehring, Börsen-Zeiten, S. 50, übernommen.
85 Brübach, Reichsmessen, S. 177–181.
86 Baehring, Börsen-Zeiten, S. 50–52.
87 Handelskammer zu Frankfurt am Main, Geschichte, S. 16–24. Dietz, Frankfurter Handelsgeschichte, Bd. 4, S. 155. Baehring, Börsen-Zeiten, S. 51f.
88 Baehring, Börsen-Zeiten, S. 54f. Kaufhold, Übergang zu Fonds- und Wechselbörsen, S. 107.
89 Kaufhold, Übergang zu Fonds- und Wechselbörsen, S. 107.
90 Handelskammer zu Frankfurt am Main, Geschichte, S. 33–35. Baehring, Börsen-Zeiten, S. 56.

91 Baehring, Börsen-Zeiten, S. 55 f. Zu Varrentrapp: Jacobi, Entwicklung des Frankfurter Zeitungswesens.
92 Ullmann, Staatsschulden, Teil 2, S. 528.
93 Zur Entwicklung der Kreditgewährung aus Frankfurt an staatliche Stellen vor und nach der Einführung der Partialobligationen vgl. exemplarisch: Franz, Finanzplatz Frankfurt, S. 43–62.
94 Klein u.a., Deutsche Bankengeschichte, S. 143. Kaufhold, Übergang zu Fonds- und Wechselbörsen, S. 85.
95 Kruedener, Rolle des Hofes im Absolutismus, S. 11–17.
96 Klein, Geschäfte Frankfurter Bankhäuser, S. 31. Kaufhold, Übergang zu Fonds- und Wechselbörsen, S. 82 f. Baehring, Börsen-Zeiten, S. 59 f.
97 Kaufhold, Übergang zu Fonds- und Wechselbörsen, S. 94.
98 Dazu: Klein, Geschäfte Frankfurter Bankhäuser, S. 31–53.
99 Die Urkunde «Wir Friedrich August, von Gottes Gnaden, Herzog zu Sachsen ...», Dresden, 18.10.1778, befindet sich heute im Historical Collections Department der Baker Library (Kress Library) der Universität Harvard, Cambridge, Mass.
100 Eine Übersicht über die Anleihen im Anhang bei Dietz, Frankfurter Handelsgeschichte, Bd. 4, S. 753–779. Zu den Anleihegeschäften der Bethmanns auch: Handelskammer zu Frankfurt am Main, Geschichte, S. 1091–1095. Baehring, Börsen-Zeiten, S. 58–61.
101 Elon, Founder, S. 78.
102 Dietz, Frankfurter Handelsgeschichte, Bd. 4, S. 627. Bethmann, Bankiers sind auch Menschen, S. 90.
103 Dietz, Frankfurter Handelsgeschichte, Bd. 4, S. 620. Baehring, Börsen-Zeiten, S. 61.
104 Dietz, Frankfurter Handelsgeschichte, Bd. 4, S. 620.
105 Klein u.a., Deutsche Bankengeschichte, S. 254.
106 Dietz, Frankfurter Handelsgeschichte, Bd. 4, S. 629 f.
107 Ebd., Bd. 4, S. 657 f. Voelcker, Geschichte der Familie Metzler, S. 152–156, mit einer Übersicht über weitere Anleihen des Bankhauses. Handelskammer zu Frankfurt am Main, Geschichte, S. 1095 f. Siehe auch: Lutz, Firma und Familie, S. 272 f.
108 Klein u.a., Deutsche Bankengeschichte, S. 259. Elon, Founder, S. 116.
109 Ullmann, Frankfurter Kapitalmarkt, S. 82–86.
110 Zu dem geschäftlichen und persönlichen Verhältnis zwischen M.A. Rothschild und dem hessischen Landgrafen ausführlich: Elon, Founder, S. 63–75, 84–90, 101–106, 112–120, 125–136, 143–153.
111 Achterberg, Bankplatz, S. 133 f.
112 Handelskammer zu Frankfurt am Main, Geschichte, S. 1095–1097. Baehring, Börsen-Zeiten, S. 66.
113 Handelskammer zu Frankfurt am Main, Geschichte, S. 1101 f. Baehring, Börsen-Zeiten, S. 66.
114 Kaufhold, Übergang zu Fonds- und Wechselbörsen, S. 101 f.
115 Zellfelder, Kundennetz des Bankhauses Bethmann. Buist, Hope & Co., S. 251, 257, 264, 610.

IV. Der mißlungene Übergang zum Industriezeitalter 1806–1866

1 Forstmann, Simon Moritz von Bethmann, S. 95.
2 Roth, Stadt und Bürgertum, S. 189.
3 Ebd., S. 190. Koch, Grundlagen bürgerlicher Herrschaft, S. 29–31.
4 Roth, Stadt und Bürgertum, S. 191 f.
5 Koch, Grundlagen bürgerlicher Herrschaft, S. 31. Siehe auch Abschnitt III1 dieses Buches.
6 Koch, Grundlagen bürgerlicher Herrschaft, S. 79.
7 Roth, Stadt und Bürgertum, S. 194f.
8 Ebd., S. 216.
9 Ebd., S. 188.
10 Ebd., S. 214.
11 Zum Zusammenhang von Bürgertum und Vereinswesen: Nipperdey, Verein als soziale Struktur, S. 174–205.
12 Roth, Stadt und Bürgertum, S. 223.
13 Ebd., S. 228.
14 Koch, Grundlagen bürgerlicher Herrschaft, S. 79.
15 Roth, Stadt und Bürgertum, S. 230.
16 Die Ursachen werden im Abschnitt III2 dargestellt.
17 Roth, Stadt und Bürgertum, S. 232.
18 Ebd., S. 231.
19 Handelskammer zu Frankfurt am Main, Geschichte, S. 117–133.
20 Zitat bei: Böhme, Frankfurt und Hamburg, S. 136.
21 Roth, Stadt und Bürgertum, S. 372–380, besonders S. 378.
22 Ebd., S. 354.
23 Ebd., S. 471–481.
24 Ebd., S. 327. Allgemein zur Diskussion der Zollvereinsfrage in Frankfurt: Stage, Frankfurt am Main im Zollverein.
25 Roth, Stadt und Bürgertum, S. 282 und 279. Hier findet sich eine Tabelle der verschiedenen in Frankfurt ansässigen Gewerbebetriebe zwischen 1797 und 1844. Tabak-, Leder-, Likör- und Essigfabriken dominierten 1844.
26 Roth, Stadt und Bürgertum, S. 293.
27 Ebd., S. 259.
28 Böhme, Frankfurt und Hamburg, S. 141. Elon, Founder, S. 140.
29 Arenz, Beeinflussung des Frankfurter Handels, S. 11. Statistisch etwas ungenauere Zahlen für die Zeit zwischen 1777 und 1868: Böhme, Frankfurt und Hamburg, S. 164.
30 Blaschke, Übergang von der Warenmesse, S. 265.
31 Böhme, Frankfurt und Hamburg, S. 141–195, der anhand der Einfuhrzölle die Entwicklung statistisch untermauert. Klötzer, Frankfurt am Main, S. 329.
32 Böhme, Frankfurt und Hamburg, S. 144.
33 Zitiert nach: Ebd., S. 145.
34 Zu der Diskussion um den Beitritt zum Preußischen Zollverein vgl.: Handelskammer zu Frankfurt am Main, Geschichte, S. 331–394.

35 Mittlerweile waren 1830 von den 139 Handelshäusern in Frankfurt nur noch 39 gegen den Zollanschluß, doch das waren die einflußreichsten. Zur Diskussion um den Beitritt zum Zollverein: Stage, Frankfurt am Main im Zollverein, S. 9–18. Roth, Stadt und Bürgertum, S. 372f. Böhme, Frankfurt und Hamburg, S. 141–195.

36 Bei Böhme, Frankfurt und Hamburg, S. 161–166, wird auch die Kritik an der Haltung der Bankiers thematisiert.

37 Mauersberg, Wirtschafts- und Sozialgeschichte, S. 347.

38 Böhme, Frankfurt und Hamburg, S. 177.

39 Ebd., S. 180.

40 Zahlen zu den Wareneinfuhren: Ebd., S. 182–187.

41 Dazu: Brake, Eisenbahnen in Hessen, S. 255 (hier Auflistung der transportierten Güter) und 259–288. (allgemeine Auswirkungen auf die Wirtschaftsentwicklung in Hessen).

42 Roth, Stadt und Bürgertum, S. 267.

43 Liste der Fabrikgründungen in Frankfurt zwischen 1797–1844: Ebd., S. 279.

44 Hardach, Wirtschaftspolitik in Hessen, S. 211.

45 Roth, Stadt und Bürgertum, S. 288–295. Hier auch Graphiken und Tabellen.

46 Ebd., S. 295–308. Bethmann, Bankiers sind auch Menschen, S. 186.

47 Handelskammer zu Frankfurt am Main, Geschichte, S. 1130–1134. Zu den amerikanischen Anleihen: Verlag der Frankfurter Zeitung, Geschichte, S. 108–115.

48 Schultz, Geldgeschichte, S. 12.

49 Jaeger, Münzprägungen, Bd. 2, S. 58. Kellenbenz, Zahlungsmittel, Maße und Gewichte, S. 935.

50 Sartorius von Waltershausen, Wirtschaftsgeschichte, S. 29.

51 Jaeger, Münzprägungen, Bd. 2, S. 58.

52 Joseph/Fellner, Münzen von Frankfurt am Main, S. 404–411.

53 Jaeger, Münzprägungen, Bd. 2, S. 80f.

54 Winterwerb, Frankfurter Bank, S. 28.

55 Klüber, Muenzwesen in Teutschland, S. 3. Zitiert nach: Schultz, Geldgeschichte, S. 13. Schon vorher war der Münzwirrwarr im Deutschen Bund beklagt worden von: Lips, Deutsche Bundes-Muenze.

56 Dumke, Political Economy of German Economic Unification, S. 24–42.

57 Hamburg und Bremen blieben dem Zollverein auf Dauer fern und schlossen sich erst 1888 dem Zollgebiet des Deutschen Reiches an.

58 Rittmann, Deutsche Geldgeschichte, S. 530.

59 Krull, Deutsche Kaufmannschaft, S. 126f. K. Schneider, Überlegungen zur Einführung, S. 225–245.

60 Rittmann, Deutsche Geldgeschichte, S. 536. Vgl. auch Joseph/Fellner, Münzen von Frankfurt am Main, S. 17f.

61 Jaeger, Münzprägungen, Bd. 2, S. 61–71.

62 Holtfrerich, Monetary Unification Process, S. 224.

63 Joseph/Fellner, Münzen von Frankfurt am Main, S. 449–461.

64 Dem lag die Schrift von Adolf Soetbeer, «Goldwährung und deutsche Münzverhältnisse», zugrunde. Vgl. Krull, Deutsche Kaufmannschaft, S. 128. Zur Währungsfrage in Frankfurt allgemein: K. Schneider, Überlegungen zur Einführung, S. 225–245.

65 Beide Zitate nach: Krull, Deutsche Kaufmannschaft, S. 129.

66 Helfferich, Geschichte der deutschen Geldreform, S. 136.
67 Zur Emission von Banknoten- und Staatspapiergeld in Deutschland in den 1850er und 1860er Jahren: Sprenger, Währungswesen und Währungspolitik, S. 73–75.
68 Auch zum folgenden: K. Schneider, Frankfurter Rechneischeine, S. 79–95.
69 Winterwerb, Frankfurter Bank, S. 93.
70 Born, Geld und Banken, S. 32. Eine Zeitreihe zum Notenumlauf der Frankfurter Bank in: Winterwerb, Frankfurter Bank, S. 195–197.
71 Handelskammer zu Frankfurt am Main, Geschichte, S. 1102–1104.
72 Baehring, Börsen-Zeiten, S. 76.
73 Forstmann, Simon Moritz von Bethmann, S. 255–266.
74 Elon, Founder, S. 155–157, 166, 170.
75 Zu den Rothschilds neu: Ferguson, World's Banker. Siehe auch: Heuberger, Rothschilds. Schnee, Rothschild. Corti, Aufstieg des Hauses Rothschild. Cowles, The Rothschilds. Gille, Histoire de la Maison Rothschild.
76 Zu den Auslandsniederlassungen der Bethmanns und Metzlers: Henninger, Johann Jakob von Bethmann.
77 Die Anleihen und Emissionen der Rothschilds in: Achterberg, Bankplatz, S. 151–163.
78 Dietz, Bürgerbuch, zitiert in: Handelskammer zu Frankfurt am Main, Geschichte, S. 1106. Wormser, Frankfurter Börse, S. 16.
79 Handelskammer zu Frankfurt am Main, Geschichte, S. 1115. Eine Übersicht über Frankfurter Emissionen in: Achterberg, Bankplatz, S. 138–147.
80 Abgedruckt in: Baehring, Börsen-Zeiten, S. 92f. Vgl. Handelskammer zu Frankfurt am Main, Geschichte, S. 1116–1118. Wormser, Frankfurter Börse, S. 17–23.
81 Wormser, Frankfurter Börse, S. 15. Heyn, Private Banking, S. 267.
82 M. Pohl, Kapitalexport, S. 37.
83 Zum folgenden: Heyn, Private Banking, S. 273–275. Handelskammer zu Frankfurt am Main, Geschichte, S. 1140–1142. Verschiedene Artikel in: Frankfurt am Main – USA, S. 216–232.
84 Achterberg, Bankplatz, S. 140.
85 M. Pohl, Kapitalexport, S. 39, mit Zahlen.
86 Jungmann-Stadler, Gründung der Bayerischen Hypotheken- und Wechselbank, S. 912f. und 916f.
87 Handelskammer zu Frankfurt am Main, Geschichte, S. 1116. Heyn, Private Banking, S. 266–283.
88 Handelskammer zu Frankfurt am Main, Geschichte, S. 1116f., 1130–1134. Wormser, Frankfurter Börse, S. 18f. Heyn, Private Banking, S. 266–283.
89 Einen kurzen Abriß des Versicherungswesens in Frankfurt vom 19. Jahrhundert bis 1954 bietet: Lerner, Das tätige Frankfurt, S. 111–118.
90 Verlag der Frankfurter Zeitung, Geschichte, S. 13.
91 Verlag der Frankfurter Zeitung, Geschichte, S. 19.
92 Der Aktionär, zitiert in: Heyn, Private Banking, S. 271f.
93 Handelskammer zu Frankfurt am Main, Geschichte, S. 1109f.
94 Ebd., S. 1111f.
95 Ebd., S. 1091.
96 Ausführlich dazu: Lerner, Hundert Jahre Frankfurter Getreide- und Produktenbörse.
97 Historisches Archiv der Stadt Offenbach, Bestand Bankhaus Metzler 66: «Entwurf

von Bedingungen für die Errichtung eines Bankgeschäftes». Voelcker, Geschichte der Familie Metzler, S. 156. Auf den dort folgenden Seiten sind die vorgeschlagenen Bedingungen wiedergegeben.

98 Winterwerb, Frankfurter Bank, S. 27. Zum vorhergehenden und folgenden auch S. 13, 28–31.

99 Jackel, Frankfurter Bank, S. 5.

100 M. Pohl, Konzentration, S. 51–61, auch zum folgenden.

101 Winterwerb, Frankfurter Bank, S. 32. Baehring, Börsen-Zeiten, S. 97.

102 Hecht, Bankwesen, S. 161.

103 Born, Geld und Banken, S. 151f. M. Pohl, Konzentration, S. 67–72. Tilly, Rhineland, S. 113–115.

104 Hecht, Bankwesen, S. 162.

105 Ihr offizieller Name lautete: Landgräflich Hessische concessionierte Landesbank in Homburg vor der Höhe. Vgl. Fengler, Geschichte, S. 77.

106 Handelskammer zu Frankfurt am Main, Geschichte, S. 1132f. M. Pohl u.a., Deutsche Bankengeschichte, Bd. 2, S. 182–185. Baehring, Börsen-Zeiten, S. 96–101. Achterberg, Bankplatz, S. 102.

107 M. Pohl, Konzentration, S. 71.

108 Winterwerb, Frankfurter Bank, S. 33.

109 Zur Frankfurter Bank: Fengler, Geschichte, S. 40f. Baehring, Börsen-Zeiten, S. 97–99. Siehe auch die Übersicht zum Notenumlauf in: Rittmann, Deutsche Geldgeschichte, S. 1064.

110 Baehring, Börsen-Zeiten, S. 99.

111 Born, Geld und Banken, S. 30.

112 Heß/Klose, Vom Taler zum Dollar, S. 171.

113 Fengler, Geschichte, S. 89. M. Pohl, Konzentration, S. 75f.

114 Riesser, Großbanken, S. 67–69.

115 Ebd., S. 68, enthält jährliche Daten zu den Umsätzen in Meiningen im Vergleich zu Frankfurt von 1858 bis 1869.

116 Handelskammer zu Frankfurt am Main, Geschichte, S. 1138–1140. Siehe auch: Kirchholtes, Jüdische Privatbanken, S. 25.

117 Einen knappen Überblick zu ihrer Geschichte bietet: Lerner, Das tätige Frankfurt, S. 95f.

118 M. Pohl u.a., Deutsche Bankengeschichte, Bd. 2, S. 301–303. Born, Geld und Banken, S. 195.

119 Handelskammer zu Frankfurt am Main, Geschichte, S. 1142f. Heyn, Private Banking, S. 276.

120 Heyn, Private Banking, S. 276.

121 Baehring, Börsen-Zeiten, S. 83f.

122 Handelskammer zu Frankfurt am Main, Geschichte, S. 1113f. Baehring, Börsen-Zeiten, S. 80, 95.

123 Handelskammer zu Frankfurt am Main, Geschichte, S. 1124–1130. Baehring, Börsen-Zeiten, S. 85–88.

124 Wormser, Frankfurter Börse, S. 19f.

V. Das Intermezzo des Finanzzentrums Berlin 1866–1945

1 Zur politischen Selbstverwaltung seit 1816: Abschnitt IV1 in diesem Buch. Zur Einführung des preußischen Gemeindeverfassungsgesetzes vom 25. März 1867: Roth, Stadt und Bürgertum, S. 490–501.

2 Lutz, Firma und Familie, S. 284f. Voelcker, Geschichte der Familie Metzler, S. 301f.

3 Hardach, Wirtschaftspolitik in Hessen, S. 213f.

4 Dazu ausführlich: Roth, Stadt und Bürgertum, S. 490–501. Generell: Kropat, Frankfurt.

5 Zum Verhältnis von Magistrat und Stadtverordnetenversammlung: S. Wolf, Liberalismus, S. 109–117. Roth, Stadt und Bürgertum, S. 494.

6 Die genauen Wahlrechtsbedingungen sind aufgeführt bei: Roth, Stadt und Bürgertum, S. 491.

7 Maly, Macht der Honoratioren, S. 11.

8 Hardach zeigt in seiner Analyse der wirtschaftspolitischen Verhältnisse in Hessen zwischen 1866 und 1945, daß es gegenüber der Regierung in Berlin nur wenig Handlungsspielraum gab, was natürlich die Verhältnisse in Frankfurt einbezieht. Hardach, Wirtschaftspolitik in Hessen, S. 235.

9 Roth, Stadt und Bürgertum, S. 495f. (Graphik 25: Magistrat) und S. 499f. (Graphik 26: Stadtverordnetenversammlung).

10 S. Wolf, Liberalismus, S. 35–50.

11 Ebd., S. 29.

12 Roth, Stadt und Bürgertum, S. 527f. Mosse, German-Jewish Economic Elite, besonders S. 93–133.

13 Lerner, Das tätige Frankfurt, S. 76f.

14 Mosse, German-Jewish Economic Elite, S. 318f. Forstmann, Frankfurt in wilhelminischer Zeit, S. 416.

15 H. Henning, Soziales Verhalten, S. 251, 258–261.

16 Roth, Stadt und Bürgertum, S. 621.

17 Ebd., S. 633f.

18 Forstmann, Frankfurt in wilhelminischer Zeit, S. 388.

19 Rebentisch, Landmann. Frankfurter Oberbürgermeister, S. 255–259.

20 Ebd., S. 162–165.

21 Ebd., S. 155–173. Zusammenfassend: S. 255–257.

22 Rebentisch, Frankfurt 1918–1945, S. 492–499.

23 Rebentisch, Frankfurt in der NS-Zeit, S. 267.

24 Zu diesem Absatz: Kropat, Frankfurt, S. 92–98.

25 Achterberg, Fünfzig Jahre, S. 19f. und 180, Anm. 6.

26 Kropat, Frankfurt, S. 112–123. Forstmann, Frankfurt in wilhelminischer Zeit, S. 399–407.

27 Rebentisch, Industrialisierung, S. 94.

28 Achterberg, Fünfzig Jahre, S. 29.

29 Siehe dazu die Liste der Eingemeindungen bei: Rebentisch, Industrialisierung, S. 99.

30 Bundesbahndirektion, Abfahrt, S. 46f.

31 Achterberg, Fünfzig Jahre, S. 82.
32 Rebentisch, Frankfurt 1918–1945, S. 496.
33 Leider liegen für den Untersuchungszeitpunkt 1933 nur die gemeinsamen Zahlen (Banken, Börsen und Versicherungen) vor.
34 Barth, Hochfinanz, S. 15 f.
35 Borchardt, Währung und Wirtschaft, S. 9.
36 Fengler, Geschichte, S. 22.
37 Sprenger, Währungswesen und Währungspolitik, S. 77.
38 Fengler, Geschichte, S. 40.
39 Zu den weiteren Einschränkungen: Winterwerb, Frankfurter Bank, S. 110.
40 Winterwerb, Frankfurter Bank, Tabellen, S. 195–222.
41 Achterberg, Bankplatz, S. 105.
42 Zitiert nach: Winterwerb, Frankfurter Bank, S. 92 f.
43 Zitiert nach: Ebd., S. 94 f. Für den folgenden Satz: S. 90.
44 Deutsche Bundesbank, Papiergeld, S. 37 f.
45 Schultz, Geldgeschichte, S. 34–37.
46 Handelskammer zu Frankfurt am Main, Geschichte, S. 849 f.
47 Ebd., S. 850–874.
48 Rittmann, Deutsche Geldgeschichte, S. 747.
49 Handelskammer zu Frankfurt am Main, Geschichte, S. 857.
50 Zitiert in: Eynern, Reichsbank, S. 3, Anm. 1. Dahlberg, Währungs- und Kreditpolitik, S. 24.
51 Rittmann, Deutsche Geldgeschichte, S. 768.
52 Handelskammer zu Frankfurt am Main, Geschichte, S. 858.
53 Ebd., S. 866.
54 Ich teile die Ansicht, daß es wichtiger ist, staatliche Einrichtungen und Betriebe dem Wettbewerb auszusetzen als sie zu privatisieren. Vgl. Holtfrerich, Kommunalisierung – Privatisierung, S. 50.
55 Zum Barvorrat wurden gezählt: kursfähiges Geld aller Metalle, Reichskassenscheine, Noten anderer deutscher Notenbanken, Barrengold und ausländische Goldmünzen, das Pfund Feingold zu 1392 Mark bewertet. Vgl. Rittmann, Deutsche Geldgeschichte, S. 803.
56 Born, Geld und Banken, S. 34.
57 Die Daten finden sich in: Rittmann, Deutsche Geldgeschichte, S. 1065 f.
58 Handelskammer zu Frankfurt am Main, Geschichte, S. 869.
59 Ebd., S. 870.
60 Winterwerb, Frankfurter Bank, S. 144 f.
61 Handelskammer zu Frankfurt am Main, Geschichte, S. 872 f.
62 Winterwerb, Frankfurter Bank, S. 146 f.
63 Ebd., S. 219 f.
64 Hoffmann/Grumbach/Hesse, Wachstum der deutschen Wirtschaft, S. 599–601. Dies sind geschätzte Daten zum Preisindex des Nettosozialprodukts zu Marktpreisen.
65 Grumbach, Statistische Untersuchungen, S. 92.
66 Zur großen deutschen Inflation vgl.: Holtfrerich, Inflation 1914–1923. Feldman, Great Disorder.
67 Vergleichszahlen dazu in: Holtfrerich, Entwicklung der deutschen Bankenstruktur, S. 21.

68 Die Vergleichszahlen aus: Deutsche Bundesbank, Geld- und Bankwesen in Zahlen, S. 78, 86, 102.
69 Ausschuß zur Untersuchung der Erzeugungs- und Absatzbedingungen der deutschen Wirtschaft, Bankkredit, S. 5.
70 Treue, Normale Zeiten, S. 55. Die Daten beruhen auf den Angaben in: Deutsche Bundesbank, Geld- und Bankwesen in Zahlen, S. 122.
71 Stützel, Banken, Kapital und Kredit, S. 527.
72 Deutsche Bundesbank, Geld- und Bankwesen in Zahlen, S. 74–120.
73 Borchardt, Handel, S. 854.
74 Die quantitativen Angaben für diesen und den vorigen Absatz beruhen auf: Deutsche Bundesbank, Geld- und Bankwesen in Zahlen, S. 74–120.
75 Wilhelm Röpke im Vorwort zu: Stützel, Zins, Kredit und Produktion, S. X.
76 Die «Metallurgische Forschungsgesellschaft mbH», deren Kapital von der Wirtschaft aufgebracht wurde, war ausschließlich zu dem Zweck gegründet worden, Wechsel von Auftragnehmern der Reichsregierung, mit denen das Reich seine Lieferanten bezahlte, mit der notwendigen zweiten Unterschrift zu versehen, damit sie reichsbankfähig wurden. Vgl. Stucken, Geld- und Kreditpolitik, S. 149f. und (zu den Arbeitsbeschaffungswechseln) 122f.
77 Gall u.a., Deutsche Bank, S. 330.
78 Die Finanzierung dieses Krieges durch staatliche Kreditaufnahme lief übrigens schon weitgehend über Berliner statt Frankfurter Banken und schwächte insofern den Finanzplatz Frankfurt auf seinem traditionell stärksten Gebiet relativ; vgl. Treue, Finanzierung, S. 1-14.
79 Tilly, Verkehrs- und Nachrichtenwesen, S. 591.
80 Holtfrerich, Eigenkapitalausstattung, S. 15–29.
81 Delbrück, Aufzeichnungen, S. 175, zitiert nach: Gall u.a., Deutsche Bank, S. 4. Bei Gall Weiteres zu den an der Gründung beteiligten Bankiers und zum Gründungsvorgang noch nach dem alten Konzessionierungsrecht.
82 Born, Geld und Banken, S. 159f.
83 Ebd., S. 157, 162.
84 M. Pohl, Konzentration, S. 138. Dort und S. 132 auch für das folgende.
85 So Wormser, Frankfurter Börse, S. 26, unter Vernachlässigung der Frankfurter Privatbankhäuser.
86 Meyen, 120 Jahre Dresdner Bank, S. 31f.
87 M. Pohl, Konzentration, S. 129.
88 Ebd., Konzentration, S. 118f.
89 Wallich, Konzentration, S. 38.
90 Wormser, Frankfurter Börse, S. 26.
91 Riesser, Großbanken, S. 489–495, 516f.
92 M. Pohl, Konzentration, S. 704f., präsentiert eine Liste solcher Übernahmen.
93 Baehring, Börsen-Zeiten, S. 152.
94 Wormser, Frankfurter Börse, S. 50. In Frankfurt schrumpfte die Zahl der Privatbankhäuser um die Jahrhundertwende stärker als in anderen deutschen Großstädten; vgl. Treue, Privatbankier, S. 225–238.
95 M. Pohl u.a., Deutsche Bankengeschichte, Bd. 2, S. 262.
96 Tilly, Verkehrs- und Nachrichtenwesen, S. 591. Walter, Jüdische Bankiers, S. 93.
97 Deutsche Bundesbank, Geld- und Bankwesen in Zahlen, S. 118, 122.

98 Zitiert nach Kropat, Frankfurt, S. 92.
99 Ebd., S. 107.
100 Achterberg, Bankplatz, S. 138–147, listet die Auslandsemissionen an der Frankfurter Börse von 1797 bis 1873 einzeln auf.
101 Ebd., S. 33.
102 Handelskammer zu Frankfurt am Main, Geschichte, S. 1155.
103 Kropat, Frankfurt, S. 112.
104 Baehring, Börsen-Zeiten, S. 119.
105 Kropat, Frankfurt, S. 139.
106 Handelskammer zu Frankfurt am Main, Geschichte, S. 1153f.
107 Zitiert nach: Ebd., S. 1162.
108 Ebd., S. 1157.
109 Ebd., S. 1164, 1166.
110 Ebd., S. 1162.
111 Hertner, Deutsches Kapital, S. 1-28.
112 Wormser, Frankfurter Börse, S. 29.
113 Ebd., S. 51f.
114 Zitiert nach: Donaubauer, Privatbankiers, S. 190.
115 Wormser, Frankfurter Börse, S. 76–79.
116 Baehring, Börsen-Zeiten, S. 123.
117 Handelskammer zu Frankfurt am Main, Geschichte, S. 887–894. Gerlach, Wirkungen der Börsensteuergesetzgebung, S. 461–520.
118 Wallich, Konzentration, S. 86.
119 Klarmann, Gestaltungsmöglichkeiten, S. 40–42. Donaubauer, Privatbankiers, S. 61.
120 Historisches Archiv der Stadt Offenbach, Bestand Bankhaus Metzler 285, Schreiben des Reichsbank Direktoriums Berlin an Albert Metzler betr. Berufung als Sachverständigen in die Kommission zur Untersuchung der Börsenverhältnisse vom 4. Juni 1892.
121 Von 1880 bis 1912 gehörte er der Stadtverordnetenversammlung in Frankfurt an. Als Mitglied der Nationalliberalen Partei vertrat er Frankfurt von 1885 bis 1893 im Preußischen Abgeordnetenhaus. Später wurde er auf Lebenszeit in das Preußische Herrenhaus berufen. Lutz, Firma und Familie, S. 286.
122 Lehmann, Risiken des Börsenhandels, S. 88. – Zur Entstehung des Börsengesetzes detailliert: Meier, Entstehung des Börsengesetzes vom 22. Juni 1896.
123 Riesser, Großbanken, S. 505f. Wallich, Konzentration, S. 87–89. Born, Geld und Banken, S. 327f.
124 Lehmann, Risiken des Börsenhandels, S. 88.
125 Ebd., S. 91f.
126 Merkt, Entwicklung, S. 70f.
127 Gömmel, Entstehung, S. 184.
128 Ebd.
129 Baehring, Börsen-Zeiten, S. 140.
130 Ebd., S. 155. Zur Rangfolge der Börsen: S. 158f.
131 F.-W. Henning, Börsenkrisen, S. 228, 234.
132 Baehring, Börsen-Zeiten, S. 167.
133 Ebd., S. 172.
134 Holtfrerich, Inflation 1914–1923, S. 124.

135 Baehring, Börsen-Zeiten, S. 174.
136 Winterwerb, Frankfurter Bank, S. 179 f.
137 Merkt, Entwicklung, S. 100.
138 Ohne Autor, Frankfurter Kassenverein.
139 Winterwerb, Frankfurter Bank, S. 180 f.
140 F.-W. Henning, Börsenkrisen, S. 253.
141 So Baehring, Börsen-Zeiten, S. 191. Alsheimer, Krise, S. 98.
142 Zum Fall FAVAG: Achterberg, Fünfzig Jahre, S. 74. Gall u. a., Deutsche Bank, S. 267, 274–276.
143 Vgl. Tabelle 1.
144 Achterberg, Frankfurter Wertpapierbörse, S. 21.
145 Alsheimer, Krise, S. 93–103.
146 M. Pohl, Konzentration, S. 349.
147 Born, Geld und Banken, S. 495, 500.
148 Achterberg, Frankfurter Wertpapierbörse, S. 22.
149 Wixforth/Ziegler, The Niche, S. 113–118.
150 Wixforth/Ziegler, Deutsche Privatbanken, S. 205–235. Auch zum vorher und nachfolgend Gesagten.
151 Dies und weitere Details zu Frankfurt in: Kirchholtes, Jüdische Privatbanken, S. 72–76, bes. 73. Siehe auch: David, Club der Milliardäre, S. 76, 143. Der Berliner Hauptsitz von Dreyfus wurde von dem Münchener Privatbankhaus Merck, Finck & Co. übernommen. Kopper, Marktwirtschaft, S. 258. Zur Zahlstellenfunktion: Brief Dreyfus & Co., Berlin, an B. Metzler seel. Sohn & Co. vom 18. Mai 1937, im Besitz des Bankhauses Metzler.
152 Information aus dem Bankhaus Metzler. Vgl. auch: Kopper, Marktwirtschaft, S. 272, und Lutz, Firma und Familie, S. 287.
153 Nach Angaben von Friedrich von Metzler aus dem Bankhaus B. Metzler seel. Sohn & Co., Frankfurt/M.
154 Industrie- und Handelskammer Frankfurt am Main, Internationaler Finanzplatz, S. 10.
155 Baehring, Börsen-Zeiten, S. 196. Zum folgenden: S. 198.
156 Diese Formulierung ist eine Anspielung auf die Propagandaschrift «Händler und Helden», mit der Werner Sombart im Ersten Weltkrieg die Briten als Krämerseelen gegenüber den Deutschen mit ihrer Heldenseele diffamieren wollte.

VI. Frankfurt redivivus 1945–1999

1 Dieser Abschnitt basiert auf: Gall u. a., Deutsche Bank, S. 422, 454 f., 466.
2 Zu diesem Abschnitt: Ebd., S. 435–453, 469.
3 Dazu: Wolff, Währungsreform.
4 Die damalige Vereinbarung erhielt die Registriernummer des «Bipartite Board» der Bizone: BIB/P(47)77/2.
5 Public Record Office, Kew, England, FO 1046/680 (Control Commission for Germany/British Element, Finance Division, «Bank deutscher Länder, Oct. 1947 – Febr. 1948»), «Meeting [über einen Gesetzentwurf der Finance Division zur Gründung einer westdeutschen Notenbank] with the Sub-Committee of the Special Committee of the Wirtschaftsrat, Held at 9.30 A.M. on Friday, 30th January,

1948», S. 1: «The Germans were anxious to have the name of the Bank changed to something like – ‹Central Bank Deutsche Länder› – but they would be prepared, if necessary, to surrender the word ‹Central›. ... They also referred to the difficulties involved in siting the Bank in Frankfurt.» Mit dem ersten Anliegen sollten die deutschen Vertreter (Ludwig Erhard, Ernst Hülse, Wilhelm Vocke, Otto Pfleiderer, Richard Merton, Otto Veit und Hermann Tepe) Erfolg haben, mit dem zweiten nicht.

6 Vgl. Public Record Office, Kew, England, FO 1046/680. Dort sind verschiedene Gesetzentwürfe enthalten.

7 Bank of England Archive, London, OV 34/90, Reichsbankleitstelle Hamburg, 6. November 1947: «Domicile of the central note-issuing bank for the Western Zones».

8 Siehe verschiedene seiner Memoranden und Briefe in: Bank of England Archive, London, OV 34/90.

9 Das Memorandum ist zu finden in: Public Record Office, Kew, England, FO 1046/680. In: Institut für Zeitgeschichte, München, OMGUS-Akten, ABC/10/1, Fiche 1. Sowie in: Bank of England Archive, London, OV 34/90. Dort ist in Gunstons Handschrift die Autorenschaft von Holgate vermerkt.

10 Public Record Office, Kew, England, FO 1046/680, «Record concerning the Munich Discussion on January 9th and 10th, 1948» von Wilhelm Vocke, S. 5, Punkt 16.

11 Public Record Office, Kew, England, FO 1046/680.

12 Public Record Office, Kew, England, FO 1046/680, Brief K. Anderson an R.E. Greensmith, Senior Finance Officer, HQ Land NorthRhine/Westphalia, vom 26. Januar 1948.

13 National Archives, Washington, D.C., RG 260 (OMGUS), Financial Advisor, Financial Institutions Branch, Records relating to Insurance and Central Bank Policies, Box 59, Folder: Laender U.B. -(Bizonal), Joint Banking Board and Bizonal Budget. Memorandum vom 2. Januar 1948 «Subject: Comments on Proposed Legislation Establishing a Laender Union Bank».

14 Koerfer, Kampf, S. 117.

15 Bundesarchiv, Kabinettsprotokolle, Bd. 9, S. 19. Der Vorgang ist auch dargestellt in: Holtfrerich, Geldpolitik, S. 395.

16 Flughafen Frankfurt Main AG, 50 Jahre Flughafen, S. 49f.

17 Moog, Frankfurt am Main, S. 16–21, Zitat: S. 17.

18 Zu dieser Sicht der Wirtschaftswunderzeit neuerdings: Lindlar, Das mißverstandene Wirtschaftswunder.

19 Daten dazu und zu anderen Aspekten der internationalen Rolle der D-Mark in Abschnitt VI4 dieses Buches.

20 Der Gesetzgeber hatte damit aber weder beabsichtigt, der Bundesbank die alleinige Verantwortung für die Preisstabilität zu überlassen, noch hatte er sie damit aus der Pflicht entlassen, ihre Geldpolitik auch mit Rücksicht auf die anderen wirtschaftspolitischen Ziele, insbesondere Wachstum und Beschäftigung, zu gestalten. Ausführlicher dazu: Holtfrerich, Geldpolitik, S. 357.

21 Büschgen, Bankbetriebslehre, 4. Aufl., S. 81. M. Pohl, Entwicklung nach 1945, S. 255.

22 Moog, Frankfurt am Main, S. 17.

23 Klötzer, Frankfurter Biographie, Bd. 1, S. 10; Bd. 2, S. 78, 104f. Achterberg, Albert Oeser, S. 94f.

24 Das Tauziehen um diesen Gesetzentwurf zwischen der deutschen Seite und den Alliierten, zwischen der amerikanischen und der britischen Seite, innerhalb der Bundesregierung sowie zwischen dieser und den Landesregierungen, zwischen den Bankvertretern und den Politikern etc. ist ausführlich behandelt in: Gall u.a., Deutsche Bank, S. 495–525.
25 M. Pohl, Entwicklung nach 1945, S. 238. H. Wolf, Dreier-Lösung, S. 40f.
26 Gall u.a., Deutsche Bank, S. 523.
27 M. Pohl, Entwicklung nach 1945, S. 243.
28 Pohl/Schneider, Die Rentenbank.
29 Deutsche Bundesbank, Markt für deutsche Bundeswertpapiere, S. 37.
30 M. Pohl, Entwicklung nach 1945, S. 250f. Dort befindet sich auch eine Übersicht über die Konzernverflechtung der privaten Hypothekenbanken 1981.
31 Eine jährliche Liste der Insolvenzen von Privatbankiers und Regionalbanken von 1950 bis 1982 bietet: M. Pohl, Konzentration, S. 464–469.
32 Zahlen aus: Deutsche Bundesbank, Geld- und Bankwesen in Zahlen, S. 172. Deutsche Bundesbank, 50 Jahre Deutsche Mark. Monetäre Statistiken.
33 Für die Anzahl der Kapitalanlagegesellschaften in der Bundesrepublik: Deutsche Bundesbank, 50 Jahre Deutsche Mark. Monetäre Statistiken. Für deren Anzahl in Frankfurt: Industrie- und Handelskammer Frankfurt am Main, Broschüre: «Deutsche Kreditinstitute in Frankfurt am Main» (Stand 31. 12. 1997).
34 Detaillierte Quellenangaben finden sich unter Tabelle 2.
35 Landeszentralbank in Hessen, Vierteljahreszahlen 1998.
36 Ebd.
37 Das gilt z.B. für den Aktionskreis Finanzplatz e.V., der im Hause der Frankfurter Börse (Börsenplatz 7–11) tätig ist, mit Fotos der Bankhochhäuser der Frankfurter Innenstadt wirbt, seine Publikationen aber unter den Obertitel «Finanzplatz Deutschland» stellt. Diese enthalten nützliche Informationen, z.B. zum Volumen der Finanzgeschäfte im internationalen Vergleich. Darüber hinaus haben sie werbenden Charakter, um besonders Ausländer auf die großen Entwicklungsmöglichkeiten der Finanzaktivitäten in Deutschland/Frankfurt hinzuweisen und für ein Engagement am hiesigen Finanzplatz zu gewinnen.
38 Eine Tabelle, in der 23 Industrieländer nach der mittleren Inflationsrate der Konsumentenpreise sowohl für die einzelnen Jahrzehnte als auch für den Gesamtzeitraum von 1950 bis 1995 geordnet sind, findet sich in: Frenkel/Goldstein, Internationale Rolle der D-Mark, S. 734.
39 Vgl. Holtfrerich, Geldpolitik, S. 383.
40 Vortrag auf der 1. Kreditpolitischen Tagung der «Zeitschrift für das gesamte Kreditwesen» am 17. Mai 1951, abgedruckt in: Vocke, Gesundes Geld, S. 56.
41 Daß auch die Fiskalpolitik des Bundes, besonders in der ersten Hälfte der fünfziger Jahre mit dem Aufbau des sogenannten Juliusturms, einen erheblichen Beitrag zur Stabilitätspolitik und damit zum währungspolitischen Merkantilismus leistete, habe ich an anderer Stelle dargestellt. Vgl. Holtfrerich, Geldpolitik, S. 384f.
42 Alle Daten nach Frenkel/Goldstein, Internationale Rolle der D-Mark, S. 733–759. Dort sind die Quellen im Detail angegeben.
43 Merkt, Entwicklung, S. 106.
44 Baehring, Börsen-Zeiten, S. 201.
45 Ohne Autor, Frankfurter Kassenverein, S. 20–22.

46 Achterberg, Frankfurter Wertpapierbörse, S. 44. Rudolph, Effekten- und Wertpapierbörsen, S. 302. M. Pohl, Entwicklung nach 1945, S. 258f.
47 Stützel, Banken, Kapital und Kredit, S. 527.
48 Baehring u. a., Finanzzentrum Frankfurt, S. 82.
49 Deutsche Bundesbank, Geld- und Bankwesen in Zahlen, S. 166–188.
50 Achterberg, Bankplatz, S. 137. Allgemein: Hobbensiefken, Teilzahlungsbanken.
51 Gall u. a., Deutsche Bank, S. 770.
52 M. Pohl, Entwicklung nach 1945, S. 239.
53 Gall u. a., Deutsche Bank, S. 770.
54 Ebd.
55 M. Pohl, Entwicklung nach 1945, S. 256.
56 In der gesamten Periode von der Währungsreform bis 1960 belief sich der Beitrag, den der Staatssektor in der Bundesrepublik zur volkswirtschaftlichen Nettosparquote leistete, auf 44%. Vgl. Stolper/Roskamp, Planning a Free Economy, S. 388.
57 Holtfrerich, Geldpolitik, S. 385.
58 Historisches Archiv der Stadt Offenbach, Bestand Bankhaus Metzler 438.
59 Rudolph, Effekten- und Wertpapierbörsen, S. 311f., 315f., 325–327, 342–344.
60 Franke, Notenbank und Finanzmärkte, S. 289–293.
61 Vervielfältigtes Manuskript der Rede, S. 3, 7.
62 Voelcker, Geschichte der Familie Metzler, S. 64. Sowie Information aus dem Bankhaus Metzler. Als sich Albert von Metzler am 8. 1. 1968 als Vorstandsvorsitzender der Frankfurter Börse verabschiedete, nahm er vor Pressevertretern zu der damals diskutierten, vergleichsweise bescheidenen Börsenreform Stellung. Er setzte sich u. a. für den Fortbestand der Regionalbörsen ein und schlug ein Börsenaufsichtsamt nach dem Vorbild der Securities and Exchange Commission (SEC) in den USA vor. Vgl. Text der Rede im Bankhaus Metzler, S. 7. Ohne Autor, Für ein Börsenaufsichtsamt.
63 Vervielfältigtes Manuskript der Rede: «Begrüßung anläßlich des Vortrages von Bundesbankpräsident Karl Otto Pöhl in der Frankfurter Wertpapierbörse am 21. März 1991».
64 Industrie- und Handelskammer Frankfurt am Main, Internationaler Finanzplatz, S. 34.
65 Ohne Autor, Zweigstellen ausländischer Banken, S. 21, Anm. 2.
66 Nach Informationen von Carsten Hartkopf, Doktorand an der FU Berlin zum Thema: Auslandsbanken in Deutschland.
67 Götz/Müller, Frankfurt, S. 73f. Dieser Artikel war bereits im Jahr 1990 in einer Broschüre erschienen, die vom Institut für Kapitalmarktforschung, Frankfurt/M., herausgegeben worden war.
68 Zur Statistik der ausländischen Bankenpräsenz in Frankfurt: Landeszentralbank in Hessen, Vierteljahreszahlen 1998. Zum Anteil Frankfurts 1995: Landeszentralbank in Hessen (Hg.), Frankfurter Finanzmarkt-Bericht, Nr. 22 (November 1995), S. 2.
69 Ohne Autor, Auslandsbanken, S. 34.
70 Landeszentralbank in Hessen, Vierteljahreszahlen 1998.
71 Industrie- und Handelskammer Frankfurt am Main, Broschüre: «Auslandsbanken in Frankfurt am Main» (Stand: 31. 12. 1997).
72 Landeszentralbank in Hessen (Hg.), Frankfurter Finanzmarkt-Bericht, Nr. 22 (November 1995), S. 4.
73 Metzler, Europäischer Finanzplatz Frankfurt, S. 155–173.

74 Rudolph, Effekten- und Wertpapierbörsen, S. 329f.
75 Merkt, Entwicklung, S. 126.
76 1991 wurde es zum «Integrierten Börsenhandels- und Informationssystem» (IBIS) für die Frankfurter Wertpapierbörse ausgebaut.
77 Mattern u.a., Aktie, Arbeit, Aufschwung, S. 74.
78 Seifert, Deutsche Börse AG, S. 212f.
79 Honeygold, Internationale Finanzmärkte, S. 271–278, listet die Börsen in Nordamerika, Europa, Ostasien, Australien und Neuseeland auf, auf denen teils Jahre, teils Jahrzehnte vor der Schaffung der DTB Futures und Optionen gehandelt wurden. Dies ist ein eindrucksvoller Beleg für die Rückständigkeit, die der Finanzplatz Deutschland bzw. Frankfurt Ende der achtziger Jahre noch aufwies.
80 Mattern u.a., Aktie, Arbeit, Aufschwung, S. 78f.
81 Bundesverband deutscher Banken, Banken 1998, S. 58.
82 Information aus dem Bankhaus B. Metzler seel. Sohn & Co., Frankfurt/M.
83 Wadhwa, Finanzplatz Deutschland, S. XI, 96f., 130f.
84 Ebd., S. 93. Deutsche Bundesbank, Markt für deutsche Bundeswertpapiere, S. 12. Jeweils nach Statistiken der Bundesbank.
85 Ohne Autor, Börsenallianz zwischen Frankfurt und London.
86 Ohne Autor, LIFFE alone, S. 76.

VII. Fazit

1 Deutsche Börse AG, Geschäftsbericht 1997, S. 6. Deutsche Börse, Fact Book 1997, S. 127, 129.
2 Baehring, Börsen-Zeiten, S. 42; zu den Einwohnerzahlen: S. 40.

Aufbruch ins 21. Jahrhundert

1 Dazu: Engels/Thießen, Die Chancen Frankfurts, S. 255–279.
2 Dazu: Mattern u.a., Aktie, Arbeit, Aufschwung, S. 84–86.
3 Meier, Entstehung des Börsengesetzes vom 22. Juni 1896, S. 147f.
4 Dazu: Marquardt, Financial Markets Performance.
5 Dazu: Evans/Wurster, Die Informationsrevolution, S. 37–54.
6 Dazu: Seifert, Die Deutsche Börse AG, S. 209–234. Francioni, Nationaler Effektenmarkt.
7 Dazu: Mattern u.a., Aktie, Arbeit, Aufschwung, S. 17–43.
8 Dazu: Wetzker u.a., Gebt uns das Risiko zurück, S. 153–164.

Verzeichnis der benutzten Archive

Bank of England Archive, London, Bestand OV 34
Historisches Archiv der Stadt Offenbach, Bestand Bankhaus B. Metzler seel. Sohn & Co. und Familie von Metzler
Institut für Zeitgeschichte, München, OMGUS-Akten
National Archives, Washington, D.C., RG 260 (OMGUS)
Public Record Office, Kew, England, Bestand FO 1046

Literaturverzeichnis

Achterberg, Erich, Der Bankplatz Frankfurt am Main. Eine Chronik, Frankfurt/M. 1955

Achterberg, Erich, 1908–1958. Weitere fünfzig Jahre Industrie- und Handelskammer Frankfurt am Main, Frankfurt/M. 1960

Achterberg, Erich, Fünf Jahrzehnte Frankfurter Wertpapierbörse, Frankfurt/M. [2]1962

Achterberg, Erich, Albert Oeser. Aus seinem Leben und hinterlassenen Schriften, Frankfurt/M. 1978

Achterberg, Erich/Karl Lanz (Hg.), Enzyklopädisches Lexikon für das Geld-, Bank- und Börsenwesen, 2 Bde., Frankfurt/M. [3]1967–68

Alsheimer, Herbert, «Die Krise der Frankfurter Versicherungs-Aktiengesellschaft – Anlaß zur Einführung der aktienrechtlichen Prüfung im Deutschen Reich», in: Ders., Wirtschaftsstandort Frankfurt am Main. Streiflichter aus der Geschichte, Obertshausen 1990, S. 93–103

Andernacht, Dietrich, «Handelszentrum Europas. Privilegien und Einzugsgebiet der Frankfurter Messe im Mittelalter», in: Frankfurt. Lebendige Stadt, H. 3, 1960, S. 14–19

Arenz, Hugo, Die Beeinflussung des Frankfurter Handels durch die Kontinentalsperre von 1806 bis 1813, Mayen 1932

Aretin, Karl Otmar von, Das Reich. Friedensordnung und europäisches Gleichgewicht 1648–1806, Stuttgart 1992

Aubin, Hermann, «Mainz und Frankfurt. Vergleich zweier Städteschicksale», in: Ders., Grundlagen und Perspektiven geschichtlicher Kulturraumforschung und Kulturmorphologie, Bonn 1965, S. 485–497

Ausschuß zur Untersuchung der Erzeugungs- und Absatzbedingungen der deutschen Wirtschaft (Hg.), Der Bankkredit, Berlin 1930

Backhaus, Fritz (Hg.), «Und groß war bei der Tochter Jehudas Jammer und Klage ...». Die Ermordung der Frankfurter Juden im Jahre 1241, Sigmaringen 1995

Baehring, Bernd, Börsen-Zeiten. Frankfurt in vier Jahrhunderten zwischen Antwerpen, Wien, New York und Berlin, hg. vom Vorstand der Frankfurter Wertpapierbörse aus Anlaß des 400-jährigen Jubiläums am 9. Sept. 1985, Frankfurt/M. 1985
Baehring, Bernd u. a., Finanzzentrum Frankfurt, Düsseldorf 1987
Bank für Internationalen Zahlungsausgleich (BIZ), Basel, Jahresberichte
Barth, Boris, Die deutsche Hochfinanz und die Imperialismen. Banken und Außenpolitik vor 1914, Stuttgart 1995
Becker, Horst, «Messeeinkäufe für die Hofhaltung des hessischen Landgrafen Moritz», in: Rainer Koch (Hg.), Brücke zwischen den Völkern – Zur Geschichte der Frankfurter Messe, Bd. 2, Frankfurt/M. 1991, S. 328–339
Bethmann, Johann Philipp Freiherr von (Hg.), Bankiers sind auch Menschen. 225 Jahre Bankhaus Gebrüder Bethmann, Frankfurt/M. 1973
Beyer, Peter, «Leipzig und Frankfurt am Main. Leipzigs Aufstieg zur ersten deutschen Messestadt», in: Jahrbuch für Regionalgeschichte 2 (1967), S. 62–86
Blaich, Fritz, Die Epoche des Merkantilismus, Wiesbaden 1973
Blaschke, Karlheinz, «Der Übergang von der Warenmesse zur Mustermesse im 19. Jahrhundert», in: Rainer Koch (Hg.), Brücke zwischen den Völkern – Zur Geschichte der Frankfurter Messe, Bd. 1, Frankfurt/M. 1991, S. 263–280
Blockmans, Wim, «Das westeuropäische Messenetz im 14. und 15. Jahrhundert», in: Rainer Koch (Hg.), Brücke zwischen den Völkern – Zur Geschichte der Frankfurter Messe, Bd. 1, Frankfurt/M. 1991, S. 37–50
Böhme, Helmut, Frankfurt und Hamburg. Des deutschen Reiches Silber- und Goldloch und die allerenglischste Stadt des Kontinents, Frankfurt/M. 1968
Böhme, Helmut, «Stadtregiment, Repräsentativverfassung und Wirtschaftskonjunktur in Frankfurt am Main und Hamburg im 19. Jahrhundert», in: Esslinger Studien 15 (1969), S. 75–146
Bohn, Gottfried Christian, Wohlerfahrener Kaufmann, viel vermehrte und verbesserte Aufl., Hamburg 1763
Borchardt, Knut, «Handel, Kreditwesen, Versicherung, Verkehr 1914–1970», in: Hermann Aubin/Wolfgang Zorn (Hg.), Handbuch der deutschen Wirtschafts- und Sozialgeschichte, Bd. 2, Stuttgart 1976, S. 845–875
Borchardt, Knut, «Währung und Wirtschaft», in: Deutsche Bundesbank (Hg.), Währung und Wirtschaft in Deutschland 1876–1975, Frankfurt/M. 1976, S. 3–55
Born, Karl Erich, Geld und Banken im 19. und 20. Jahrhundert, Stuttgart 1977
Bothe, Friedrich, Beiträge zur Wirtschafts- und Sozialgeschichte der Reichsstadt Frankfurt, Leipzig 1906
Bothe, Friedrich, Die Entwicklung der direkten Besteuerung in der Reichsstadt Frankfurt bis zur Revolution 1612–1614, Leipzig 1906
Bothe, Friedrich, Frankfurter Patriziervermögen im 16. Jahrhundert, Berlin 1908
Bothe, Friedrich, Geschichte der Stadt Frankfurt am Main, Frankfurt/M. 1913
Bothe, Friedrich, «Frankfurts Wirtschaftsleben im Mittelalter», in: Zeitschrift für die gesamte Staatswissenschaft 93 (1932), S. 193–219
Brake, Ludwig, Die ersten Eisenbahnen in Hessen. Eisenbahnpolitik und Eisenbahnbau in Frankfurt, Hessen-Darmstadt, Kurhessen und Nassau bis 1866, Wiesbaden 1991
Brandt, Otto H., Die Fugger. Geschichte eines deutschen Handelshauses, Jena 1928
Braudel, Fernand, Sozialgeschichte des 15.–18. Jahrhunderts, Bd. 2: Der Handel, München 1986

Brübach, Nils, Die Reichsmessen von Frankfurt am Main, Leipzig und Braunschweig (14.-18. Jahrhundert), Stuttgart 1994

Bücher, Karl, Die Bevölkerung von Frankfurt am Main im XIV. und XV. Jahrhundert. Socialistische Studien, Tübingen 1866

Buist, Marten G., At Spes Non Fracta. Hope & Co. 1770–1815. Merchant Bankers and Diplomats at Work, Den Haag 1974

Bund, Konrad, «Frankfurt am Main im Spätmittelalter 1311–1519», in: Frankfurt am Main. Die Geschichte der Stadt in neun Beiträgen, hg. von der Frankfurter Historischen Kommission, Sigmaringen 1991, S. 53–149

Bundesarchiv (Hg.), Die Kabinettsprotokolle der Bundesregierung, Bd. 9, Boppard am Rhein 1997

Bundesbahndirektion Frankfurt am Main (Hg.), Abfahrt 1888 – 100 Jahre Hauptbahnhof Frankfurt am Main – Ankunft 1988, Frankfurt/M. 1988

Bundesverband deutscher Banken (Hg.), Banken 1998. Fakten, Meinungen, Perspektiven, Köln 1998

Büschgen, Hans E., Bankbetriebslehre. Bankgeschäfte und Bankmanagement, Wiesbaden [4]1993

Cameron, Euan, The European Reformation, Oxford 1991

Corti, Egon Caesar Conte, Der Aufstieg des Hauses Rothschild, Wien 1953

Cowles, Virginia, The Rothschilds. A Family of Fortune, London 1973

Dahlberg, Rudolf, Deutsche Währungs- und Kreditpolitik 1923–1926, Berlin 1926

Darmstaedter, Paul, Das Großherzogtum Frankfurt. Ein Kulturbild aus der Rheinbundzeit, Frankfurt/M. 1901

David, Fred, Im Club der Milliardäre: die geheime Welt der Privatbankiers, Hamburg 1998

Davis, Philip, «Concepts and Typologies», in: Richard Roberts (Hg.), International Financial Centres. Concepts, Development and Dynamics, Aldershot 1994, S. 1–27

De Vries, Jan, Economy of Europe in an Age of Crisis 1600–1750, Cambridge 1976

Delbrück, Adelbert, Aufzeichnungen unseres Vaters Adelbert Delbrück. Für die Enkel und Urenkel gedruckt, Leipzig 1922

Denzel, Markus A., La Practica della Cambiatura. Europäischer Zahlungsverkehr vom 14. bis zum 17. Jahrhundert, Stuttgart 1994

Deutsche Börse, Fact Book 1997. Zahlen zur Deutschen Börse, Frankfurt/M. 1998

Deutsche Börse AG, Geschäftsbericht 1997, Frankfurt/M. 1998

Deutsche Bundesbank (Hg.), Das Papiergeld im Deutschen Reich 1871–1948, Frankfurt/M. 1966

Deutsche Bundesbank (Hg.), Deutsches Geld- und Bankwesen in Zahlen 1876–1975, Frankfurt/M. 1976

Deutsche Bundesbank (Hg.), Der Markt für deutsche Bundeswertpapiere, Frankfurt/M. [2]1998

Deutsche Bundesbank (Hg.), Fünfzig Jahre Deutsche Mark. Notenbank und Währung in Deutschland seit 1948, München 1998

Deutsche Bundesbank (Hg.), 50 Jahre Deutsche Mark. Monetäre Statistiken 1948–1997, München 1998 (CD-ROM)

Dietz, Alexander, Frankfurter Handelsgeschichte, 4 Bde., Frankfurt/M. 1910–1925 (ND Glashütten 1970–1972)
Dietz, Alexander, Stammbuch der Frankfurter Juden, Frankfurt/M. 1911
Dilcher, Gerhard, «Zum Bürgerbegriff im späteren Mittelalter. Versuch einer Typologie am Beispiel von Frankfurt am Main», in: Josef Fleckenstein/Karl Stackmann (Hg.), Über Bürger, Stadt und städtische Literatur im Spätmittelalter, Göttingen 1980
Donaubauer, Klaus A., Privatbankiers und Bankenkonzentration in Deutschland von der Mitte des 19. Jahrhunderts bis 1932, Frankfurt/M. 1988
Duchhardt, Heinz, «Frankfurt am Main im 18. Jahrhundert», in: Frankfurt am Main. Die Geschichte der Stadt in neun Beiträgen, hg. von der Frankfurter Historischen Kommission, Sigmaringen 1991, S. 261–302
Dumke, Rolf H., The Political Economy of German Economic Unification: Tariffs, Trade and Politics of the Zollverein Era, Ph.D. Diss. Univ. of Wisconsin-Madison 1976
Duncan, Otis D. u. a., Metropolis and Region, Baltimore, MD 1960

Ehrenberg, Richard, Das Zeitalter der Fugger. Geld, Kapital und Kreditverkehr im 16. Jahrhundert, Bd. 2, Jena 1896
Elliott, John H., Europe Divided 1559–1598, London 1968
Elon, Amos, Founder. A Portrait of the First Rothschild and His Time, New York 1996
Engels, Wolfram/Friedrich Thießen, «Die Chancen Frankfurts im Vergleich zu den großen Finanzplätzen der Welt», in: Landesbank Hessen-Thüringen (Hg.): Finanzplatz Frankfurt, Frankfurt/M. 1994, S. 255–279
Ennen, Edith (Hg.), Die europäische Stadt des Mittelalters, Göttingen [3]1979
Estienne, Henri, The Frankfort Book Fair, ND Amsterdam 1969
Evans, Philip B./Thomas S. Wurster, «Die Informationsrevolution: Alte Geschäfte vergehen, neue entstehen», in: John Seely Brown/Bolko von Oetinger (Hg.), Ergebnis Innovation, München 1998, S. 37–54
Eynern, Gert von, Die Reichsbank. Die Probleme des deutschen Zentralnoteninstituts in geschichtlicher Darstellung, Jena 1928

Faulkner, Harold U., Geschichte der amerikanischen Wirtschaft, Düsseldorf 1957
Feldman, Gerald D., The Great Disorder. Politics, Economics, and Society in the German Inflation 1914–1924, New York 1993
Fengler, Heinz, Geschichte der deutschen Notenbanken vor Einführung der Mark-Währung, Regenstauf 1992
Ferguson, Niall, The World's Banker. A History of the House of Rothschild, London 1998
Fischer, Joachim, «Frankfurt und die Bürgerunruhen in Mainz 1332–1462», in: Archiv für Frankfurts Geschichte und Kunst 46 (1958), S. 1–131
Florence, P. Sargant, «Economic Efficiency in the Metropolis», in: Robert Moore Fisher (Hg.), The Metropolis in Modern Life, Garden City, NY 1955, S. 85–124
Flughafen Frankfurt Main AG (Hg.), 1936–1986. 50 Jahre Flughafen Frankfurt. Geschichte eines europäischen Flughafens, Frankfurt/M. 1986
Forstmann, Wilfried, Simon Moritz von Bethmann. Bankier, Diplomat und politischer Beobachter 1768–1826, Frankfurt/M. 1973
Forstmann, Wilfried, «Frankfurt am Main in wilhelminischer Zeit 1866–1918», in:

Frankfurt am Main. Die Geschichte der Stadt in neun Beiträgen, hg. von der Frankfurter Historischen Kommission, Sigmaringen 1991, S. 349–422
Forstmann, Wilfried, «Frankfurt am Main – Ein europäisches Finanzzentrum. Aspekte zu Banken und Bankpolitik in Frankfurt am Main im 18. und 19. Jahrhundert», in: Johannes Heil/Bernd Wecker (Hg.), Shylock? Zinsverbot und Geldverleih in jüdischer und christlicher Tradition, München 1997, S. 101–112
Francioni, Reto, «Vom nationalen Effektenmarkt zur europäischen Börsenintegration», in: Euro-Beilage der Neuen Zürcher Zeitung vom 30. Juni 1998, S. B 10f.
Franke, Günter, «Notenbank und Finanzmärkte», in: Deutsche Bundesbank (Hg.), Fünfzig Jahre Deutsche Mark. Notenbank und Währung in Deutschland seit 1948, München 1998, S. 257–306
Franz, Eckhart G., «Der Finanzplatz Frankfurt und die Hof- und Staatsfinanzen der Hessischen Fürstenstaaten», in: Blätter für deutsche Landesgeschichte 125 (1989), S. 43–62
Frenkel, Jacob A./Morris Goldstein, «Die internationale Rolle der Deutschen Mark», in: Deutsche Bundesbank (Hg.), Fünfzig Jahre Deutsche Mark. Notenbank und Währung in Deutschland seit 1948, München 1998, S. 723–771
Fried, Johannes (Hg.), Die Frankfurter Messe. Besucher und Bewunderer. Literarische Zeugnisse aus ihren ersten acht Jahrhunderten, Frankfurt/M. 1990
Fried, Johannes (Hg.), 794 – Karl der Große in Frankfurt am Main: ein König bei der Arbeit, Sigmaringen 1994

Gall, Lothar u.a., Die Deutsche Bank 1870–1995, München 1995
Gerlach, Wilhelm, «Die Wirkungen der deutschen Börsensteuergesetzgebung», in: Zeitschrift für die gesamte Staatswissenschaft 61 (1905), S. 461–520
Gille, Bertrand, Histoire de la Maison Rothschild, 2 Bde., Genf 1967
Gömmel, Rainer, «Entstehung und Entwicklung der Effektenbörse im 19. Jahrhundert bis 1914», in: Hans Pohl (Hg.), Deutsche Börsengeschichte, Frankfurt/M. 1992, S. 135–207
Götz, Ralf-Joachim/Johannes Müller, «Frankfurt – A Banking and Financial Services Centre», in: Richard Roberts (Hg.), International Financial Centres of Europe, North America and Asia, Aldershot 1994, S. 68–113
Gras, Norman S.B., An Introduction to Economic History, New York 1922
Grumbach, Franz, Statistische Untersuchungen über die Entwicklung der Einkommensverteilung in Deutschland, Diss. Münster 1957

Handelskammer zu Frankfurt am Main (Hg.), Geschichte der Handelskammer zu Frankfurt am Main (1707–1908). Beiträge zur Frankfurter Handelsgeschichte, Frankfurt/M. 1908
Hardach, Gerd, «Wirtschaftspolitik und wirtschaftliche Entwicklung in Hessen 1866 bis 1945», in: Hessisches Jahrbuch für Landesgeschichte 43 (1993), S. 205–235
Häuser, Karl u.a., Frankfurts Wettbewerbslage als europäisches Finanzzentrum, hg. vom Institut für Kapitalmarktforschung, Frankfurt/M. 1990
Haver, Ursula, Am Straßenkreuz Europas. Frankfurter Messen und Ausstellungen in Vergangenheit und Gegenwart. Festschrift zum 50jährigen Bestehen der Messe- und Ausstellungs-Gesellschaft mbH Frankfurt am Main am 22. November 1957, Frankfurt/M. 1957
Hecht, Felix, Bankwesen und Bankpolitik in den süddeutschen Staaten 1819–1875, Jena 1880

Helfferich, Karl, Geschichte der deutschen Geldreform, Leipzig 1898
Henning, Friedrich-Wilhelm, Handbuch der Wirtschafts- und Sozialgeschichte Deutschlands, Bd. 1: Deutsche Wirtschafts- und Sozialgeschichte im Mittelalter und der frühen Neuzeit, Paderborn 1991
Henning, Friedrich-Wilhelm, «Börsenkrisen und Börsengesetzgebung von 1914 bis 1945 in Deutschland», in: Hans Pohl (Hg.), Deutsche Börsengeschichte, Frankfurt/M. 1992, S. 211–290
Henning, Hansjoachim, «Soziales Verhalten jüdischer Unternehmer in Frankfurt und Köln zwischen 1860 und 1933», in: Werner E. Mosse/Hans Pohl (Hg.), Jüdische Unternehmer in Deutschland im 19. und 20. Jahrhundert, Stuttgart 1992, S. 247–270
Henninger, Wolfgang, Johann Jakob von Bethmann 1717–1792. Kaufmann, Reeder und kaiserlicher Konsul in Bordeaux, Bochum 1993
Hertner, Peter, «Deutsches Kapital im italienischen Bankensektor und die Deutsch-Italienischen Finanzbeziehungen in der zweiten Hälfte des 19. Jahrhunderts», in: Bankhistorisches Archiv 3 (1977), H. 2, S. 1-28
Heß, Wolfgang/Dietrich Klose, Vom Taler zum Dollar 1486–1986, München 1986
Heuberger, Georg, Die Rothschilds. Eine europäische Familie, 2 Bde., Sigmaringen 1994
Heyd, Wilhelm, Geschichte des Levantehandels im Mittelalter, Bd. 2, Stuttgart 1879, ND Hildesheim 1971
Heyn, Udo, «Banking, Entrepreneurship and Industrialization. The ‹Paradox› of Frankfurt am Main», in: Bankarchiv 2 (1976), S. 14–46
Heyn, Udo, Private Banking and Industrialization. The Case of Frankfurt am Main, 1825–1875, New York 1981
Hirsch, Johann Christoph, Des Teutschen Reichs Münz-Archiv, 9 Bde., Nürnberg 1756–1758 (ND München 1977)
Hobbensiefken, Günter, Aufbau, Entwicklung und Funktion der westdeutschen Teilzahlungsbanken nach der Währungsreform, Diss. Wilhelmshaven-Rüstersiel 1958
Hoffmann, Walther G./Franz Grumbach/Helmut Hesse, Das Wachstum der deutschen Wirtschaft seit der Mitte des 19. Jahrhunderts, Berlin 1965
Höfler, Constantin, Betrachtungen über die Ursachen, welche im Laufe des sechzehnten und siebenzehnten Jahrhunderts den Verfall des deutschen Handels herbeiführten, München 1842
Holtfrerich, Carl-Ludwig, Die deutsche Inflation 1914–1923. Ursachen und Folgen in internationaler Perspektive, Berlin 1980
Holtfrerich, Carl-Ludwig, «Die Eigenkapitalausstattung deutscher Kreditinstitute 1871–1945», in: Bankhistorisches Archiv, 5. Beiheft: Das Eigenkapital der Kreditinstitute als historisches und aktuelles Problem, 1981, S. 15–29
Holtfrerich, Carl-Ludwig, «Zur Entwicklung der deutschen Bankenstruktur», in: Deutscher Sparkassen- und Giroverband (Hg.), Standortbestimmung. Entwicklungslinien der deutschen Kreditwirtschaft, Stuttgart 1984, S. 13–42
Holtfrerich, Carl-Ludwig, «The Monetary Unification Process in Nineteenth-Century Germany: Relevance and Lessons for Europe Today», in: Marcello De Cecco/Alberto Giovannini (Hg.), A European Central Bank? Perspectives on Monetary Unification After Ten Years of the EMS, Cambridge 1989, S. 216–241
Holtfrerich, Carl-Ludwig, «Kommunalisierung – Privatisierung», in: Manfred Pohl (Hg.), Privatisierung – Kommunalisierung, Frankfurt/M. 1996, S. 17–52
Holtfrerich, Carl-Ludwig, «Geldpolitik bei festen Wechselkursen (1948–1970)», in:

Deutsche Bundesbank (Hg.), Fünfzig Jahre Deutsche Mark. Notenbank und Währung in Deutschland seit 1948, München 1998, S. 347–438
Honeygold, Derek, Internationale Finanzmärkte, Landsberg 1989
Horne, Anton, Geschichte von Frankfurt am Main in gedrängter Darstellung, Frankfurt/M. [3]1893

Inama-Sternegg, Karl Theodor von, Deutsche Wirtschaftsgeschichte in den letzten Jahrhunderten des Mittelalters, Bd. 2, Leipzig 1901
Industrie- und Handelskammer Frankfurt am Main, Frankfurt am Main – Internationaler Finanzplatz, Frankfurt/M. 1994
Industrie- und Handelskammer Frankfurt am Main, Broschüre: «Auslandsbanken in Frankfurt am Main» (Stand: 31. 12. 1997)
Industrie- und Handelskammer Frankfurt am Main, Broschüre: «Deutsche Kreditinstitute in Frankfurt am Main» (Stand: 31. 12. 1997)
Irsigler, Franz, «Köln, die Frankfurter Messen und die Handelsbeziehungen mit Oberdeutschland im 15. Jahrhundert», in: Köln, das Reich und Europa. Abhandlungen über weiträumige Verflechtungen der Stadt Köln in Politik, Recht und Wirtschaft im Mittelalter, Köln 1971, S. 341–429.
Israel, Jonathan I., The Dutch Republic and the Hispanic World 1606–1661, Oxford 1982
Israel, Jonathan I., Dutch Primacy in World Trade, 1585–1740, Oxford 1989

Jackel, Kurt, Gründung und Entwicklung der Frankfurter Bank von 1854–1900, Leipzig 1905
Jacobi, Heinrich, Die Entwicklung des Frankfurter Zeitungswesens (bis 1850), Diss. Frankfurt/M. 1926
Jaeger, Kurt, Die Münzprägungen der deutschen Staaten vom Ausgang des alten Reiches bis zur Einführung der Reichswährung (Anfang des 19. Jahrhunderts bis 1871/1873), Bd. 2: Baden, Frankfurt, Kurhessen, Hessen-Darmstadt, Hessen-Homburg, Basel [2]1969
Joseph, Paul/Eduard Fellner, Die Münzen von Frankfurt am Main. Nebst einer münzgeschichtlichen Einleitung und mehreren Anhängen, Frankfurt/M. 1896
Jungmann-Stadler, Franziska, «Die Gründung der Bayerischen Hypotheken- und Wechselbank 1834/35», in: Zeitschrift für bayerische Landesgeschichte 60 (1997), S. 889–924

Karpf, Ernst, «Und mache es denen hiernächst Ankommenden nicht so schwer ...» Kleine Geschichte der Zuwanderung nach Frankfurt am Main, Frankfurt/M. 1993
Kaufhold, Karl Heinrich, «Der Übergang zu Fonds- und Wechselbörsen vom ausgehenden 17. Jahrhundert bis zum ausgehenden 18. Jahrhundert», in: Hans Pohl (Hg.), Deutsche Börsengeschichte, Frankfurt/M. 1992, S. 77–132
Kaufhold, Karl Heinrich, «Deutschland 1650–1850», in: Ilja Mieck (Hg.), Europäische Wirtschafts- und Sozialgeschichte von der Mitte des 17. Jahrhunderts bis zur Mitte des 19. Jahrhunderts (= Handbuch der europäischen Wirtschafts- und Sozialgeschichte, Bd. 4), Stuttgart 1993, S. 523–588
Kellenbenz, Hermann, «Zahlungsmittel, Maße und Gewichte seit 1800», in: Hermann Aubin/Wolfgang Zorn (Hg.), Handbuch der deutschen Wirtschafts- und Sozialgeschichte, Bd. 2: Das 19. und 20. Jahrhundert, Stuttgart 1976, S. 934–958

Kindleberger, Charles P., The Formation of Financial Centers: A Study in Comparative Economic History, Princeton, New Jersey 1974
Kindleberger, Charles P., World Economic Primacy: 1500–1990, New York 1996
Kindleberger, Charles P., Economic and Financial Crises and Transformations in Sixteenth-Century Europe (= Essays in International Finance 208), Princeton, New Jersey 1998
Kirchholtes, Hans-Dieter, Jüdische Privatbanken in Frankfurt am Main, Frankfurt/M. 1969
Klarmann, Norbert G., «Unternehmerische Gestaltungsmöglichkeiten des Privatbankiers im 19. Jahrhundert – dargestellt am Beispiel des Hauses von Erlanger & Söhne», in: Hanns Hubert Hofmann (Hg.), Bankherren und Bankiers. Büdinger Vorträge 1976, Limburg/Lahn 1978, S. 27–44
Klein, Ernst, «Die Geschäfte Frankfurter Bankhäuser des 18. Jh. mit den Fürsten von Nassau-Saarbrücken», in: Bankarchiv 3 (1977), S. 31–53
Klein, Ernst u.a. (Hg.), Deutsche Bankengeschichte, hg. i.A. des Instituts für bankhistorische Forschung, Bd. 1: Von den Anfängen bis zum Ende des alten Reichs (1806), Frankfurt/M. 1982
Klein, Thomas, «Hessen, Nassau, Frankfurt unter dem preußischen Adler 1867 bis 1933», in: Uwe Schultz (Hg.), Die Geschichte Hessens, Stuttgart ²1989, S. 204–216
Klötzer, Wolfgang, «Reichsstadt und Merkantilismus. Über die angebliche Industriefeindlichkeit von Frankfurt am Main», in: Volker Press (Hg.), Städtewesen und Merkantilismus in Mitteleuropa, Köln 1983, S. 135–155
Klötzer, Wolfgang, «Frankfurt am Main von der Französischen Revolution bis zur preußischen Okkupation 1789–1866», in: Frankfurt am Main. Die Geschichte der Stadt in neun Beiträgen, hg. von der Frankfurter Historischen Kommission, Sigmaringen 1991, S. 303–348
Klötzer, Wolfgang (Hg.), Frankfurter Biographie. Personengeschichtliches Lexikon, 2 Bde. Frankfurt/M. 1994 und 1996
Klüber, Johann Ludwig, Das Muenzwesen in Teutschland nach seinem jetzigen Zustand mit Grundzuegen zu einem Muenzverein Teutscher Bundesstaaten, Stuttgart 1828
Koch, Rainer, Grundlagen bürgerlicher Herrschaft. Verfassungs- und sozialgeschichtliche Studien zur bürgerlichen Gesellschaft in Frankfurt am Main (1612–1866), Wiesbaden 1983
Koch, Rainer (Hg.), Brücke zwischen den Völkern. Zur Geschichte der Frankfurter Messe, 3 Bde., Frankfurt/M. 1991
Koerfer, Daniel, Kampf ums Kanzleramt: Erhard und Adenauer, Stuttgart 1987
Kopper, Christopher, Zwischen Marktwirtschaft und Dirigismus: Bankenpolitik im «Dritten Reich» 1933–1939, Bonn 1995
Kracauer, Isidor, Geschichte der Juden in Frankfurt am Main 1150–1824, 2 Bde., Frankfurt/M. 1925/27 (ND Frankfurt/M. ohne Jahr)
Krämer, Leoni, «Zweimal im Jahr – Zum Clearing nach Frankfurt», in: Rainer Koch (Hg.), Brücke zwischen den Völkern – Zur Geschichte der Frankfurter Messe, Bd. 1, Frankfurt/M. 1991, S. 159–166
Kramer, Waldemar (Hg.), Frankfurt Chronik, Frankfurt/M. ²1977
Kriegk, Georg Ludwig, Frankfurter Bürgerzwiste und Zustände im Mittelalter, Frankfurt/M. 1862 (ND Glashütten 1970)
Kropat, Wolf-Arno, Frankfurt zwischen Provinzialismus und Nationalismus. Die Ein-

gliederung der «Freien Stadt» in den preußischen Staat (1866–1871), Frankfurt/M. 1971
Kruedener, Jürgen von, Die Rolle des Hofes im Absolutismus, Stuttgart 1973
Krull, Christian, «Die deutsche Kaufmannschaft und das Problem der Münz- und Währungseinheit (1765–1865–1962)», in: Finanzarchiv 23 (1963/64), S. 124–131
Kruse, Jürgen Elert, Allgemeiner und besonders Hamburgischer Contorist, welcher die Wechsel-Vorfälle zu Hamburg, und an anderen, in alphabetischer Ordnung folgenden Oertern [...] zum Gegenstande hat [...], Hamburg ²1782
Kuske, Bruno, «Die Kölner Handelsbeziehungen im 15. Jahrhundert», in: Vierteljahrschrift für Social- und Wirtschaftsgeschichte 7 (1909), S. 296–308

Lammel, Siegbert, «Frankfurter Wechselrecht im Wandel der Zeiten», in: Archiv für Frankfurts Geschichte und Kunst 62 (1993), S. 101–118
Landes, David S., «Some Thoughts on Economic Hegemony: Europe in the Nineteenth-Century World Economy», in: Carl-Ludwig Holtfrerich (Hg.), Interactions in the World Economy. Perspectives from International Economic History, New York 1989, S. 153–167
Landeszentralbank in Hessen (Hg.), Frankfurter Finanzmarkt-Bericht, Nr. 22 (November 1995)
Landeszentralbank in Hessen (Hg.), Vierteljahreszahlen 1998
Lehmann, Karin, «Über Risiken des Börsenhandels und Nebenwirkungen eines Gesetzes – zur Börsenreform von 1896», in: Wolfram Fischer/Uwe Müller/Frank Zschaler (Hg.), Wirtschaft im Umbruch. Festschrift für Lothar Baar zum 65. Geburtstag, St. Katharinen 1997, S. 81–92
Lerner, Franz (Hg.), Das tätige Frankfurt im Wirtschaftsleben dreier Jahrhunderte (1648–1955), Frankfurt/M. 1955
Lerner, Franz, Hundert Jahre Frankfurter Getreide- und Produktenbörse 1862–1962, Frankfurt/M. 1962
Lerner, Franz, «Die Auswirkungen der Türkenkriege auf die Reichsstadt Frankfurt am Main», in: Othmar Pickl (Hg.), Die wirtschaftlichen Auswirkungen der Türkenkriege, Graz 1971, S. 159–175
Lersner, Achillis Augustus von, Der Weit-berühmten Freyen Reichs-, Wahl- und Handels-Stadt Franckfurt am Mayn Chronica, oder Ordentliche Beschreibung der Stadt Franckfurt Herkunft und Aufnehmen [...], Frankfurt/M. 1706
Lindlar, Ludger, Das mißverstandene Wirtschaftswunder. Westdeutschland und die westeuropäische Nachkriegsprosperität, Tübingen 1997
Lips, Alexander, Die Deutsche Bundes-Muenze oder über Einheit der Muenze, des Maases und Gewichts in Deutschland und über ein allgemeines Weltgeld und Weltmaas überhaupt ein Versuch, die Wünsche des deutschen Volkes in Hinsicht auf diese Gegenstände laut auszusprechen, Marburg 1822
Lösch, August, Die räumliche Ordnung der Wirtschaft, Stuttgart ³1962
Lübbecke, Fried, Fünfhundert Jahre Buch und Druck in Frankfurt am Main, Frankfurt/M. 1948
Lutz, Bernd, «Firma und Familie als gesellschaftlicher und wirtschaftlicher Funktionsverbund – Geschichte und Entwicklung der Familie und Firma B. Metzler seel. Sohn & Co. 1674 bis 1974», in: Alfred Grosser u. a., Wirtschaft, Gesellschaft, Geschichte, Stuttgart 1974, S. 264–289

Maly, Karl, Die Macht der Honoratioren. Geschichte der Frankfurter Stadtverordnetenversammlung, Bd. 1: 1867–1900, Frankfurt/M. 1992
Marquardt, Dirk Steffen, Financial Markets Performance, Bern 1998
Mattern, Frank u.a., Aktie, Arbeit, Aufschwung. Wie der Finanzplatz Wirtschaft und Gesellschaft wieder in Schwung bringt, Frankfurt/M. 1997
Mauersberg, Hans, Wirtschafts- und Sozialgeschichte zentraleuropäischer Städte in neuerer Zeit. Dargestellt an den Beispielen von Basel, Frankfurt am Main, Hamburg, Hannover und München, Göttingen 1960
McKenzie, R.D., The Metropolitan Community, New York 1933
Meier, Johann Christian, Die Entstehung des Börsengesetzes vom 22. Juni 1896, St. Katharinen 1992
Meinert, Helmut, Die Eingliederung der niederländischen Glaubensflüchtlinge in die Frankfurter Bürgerschaft 1554–1596. Auszüge aus den Frankfurter Ratsprotokollen, Frankfurt/M. 1981
Merkt, Hanno, «Zur Entwicklung des deutschen Börsenrechts von den Anfängen bis zum Zweiten Finanzmarktförderungsgesetz», in: Klaus J. Hopt/Bernd Rudolph/Harald Baum (Hg.), Börsenreform. Eine ökonomische, rechtsvergleichende und rechtspolitische Untersuchung, Stuttgart 1997, S. 17–141
Metz, Rainer, Geld, Währung und Preisentwicklung. Der Niederrheinraum im europäischen Vergleich: 1350–1800, Frankfurt/M. 1990
Metzler, Friedrich von, «Europäischer Finanzplatz Frankfurt», in: Walter A. Eberstadt u.a., Deutschland als Finanzplatz. Analysen und Perspektiven, Frankfurt/M. 1992, S. 155–173
Meyen, Hans G., 120 Jahre Dresdner Bank. Unternehmens-Chronik 1872 bis 1992, Frankfurt/M. 1992
Meyn, Matthias, Die Reichsstadt Frankfurt vor dem Bürgeraufstand von 1612 bis 1614. Struktur und Krise, Frankfurt/M. 1980
Möller, Holger, Das deutsche Messe- und Ausstellungswesen. Standortstruktur und räumliche Entwicklung seit dem 19. Jahrhundert, Trier 1989
Moog, Hans-Jürgen, «Frankfurt am Main – Finanzplatz im Aufwind», in: Bernd Baehring u.a., Finanzzentrum Frankfurt, Düsseldorf 1987, S. 16–21
Moraw, Peter, «Reichsstadt, Reich und Königtum im späten Mittelalter», in: Zeitschrift für historische Forschung 6 (1979), S. 385–424
Mosse, Werner Eugen, The German-Jewish Economic Elite 1820–1935. A Socio-cultural Profile, Oxford 1989

Nipperdey, Thomas, «Verein als soziale Struktur in Deutschland im späten 18. und frühen 19. Jahrhundert», in: Ders., Gesellschaft, Kultur, Theorie, Göttingen 1976, S. 174–205
Nübling, Eugen, Die Handelswege des Mittelalters. Ein Beitrag zur Frage der deutschen Weltpolitik, Ulm 1901

o. A., Frankfurter Kassenverein. Überblick über seine Geschichte und Funktionen. Hg. anläßlich der Vollendung des 70. Lebensjahres von Herrn Gustav Eberle am 29. Mai 1963, Frankfurt/M. 1963 (Ein Exemplar befindet sich im Historischen Archiv der Stadt Offenbach, Bestand Bankhaus Metzler 447m)
o. A., «Für ein Börsenaufsichtsamt. Von Metzler schlägt eine Reform-Kommission vor», in: Frankfurter Allgemeine Zeitung, 10. Januar 1968

o. A., «Die Zweigstellen ausländischer Banken in der Bundesrepublik», in: Monatsberichte der Deutschen Bundesbank, April 1972, S. 21–32
o. A., «Die Auslandsbanken – eine neue Untergruppe der Bankenstatistik», in: Monatsberichte der Deutschen Bundesbank, Januar 1987, S. 32–37
o. A., Frankfurt am Main – USA. Influence and Change – Wechselbeziehungen, Frankfurt/M. 1995
o. A., «Börsenallianz zwischen Frankfurt und London stärkt Finanzplatz», in: Finanzplatz-News, Nr. 7 (Juli/August 1998)
o. A., «LIFFE alone», in: Economist, 25. Juli 1998, S. 76
Obst/Hintner, Geld-, Bank- und Börsenwesen, Stuttgart [39]1993
Orth, Elsbet, «Frankfurt am Main im Früh- und Hochmittelalter», in: Frankfurt am Main. Die Geschichte der Stadt in neun Beiträgen, hg. von der Frankfurter Historischen Kommission, Sigmaringen 1991, S. 9–52
Orth, Johann Philipp, Ausführliche Abhandlung von den berühmten zwoen Reichsmessen so in der Reichsstadt Franckfurt jährlich abgehalten werden, Frankfurt/M. 1765

Parker, William N., Europe, America and the Wider World. Essays on the Economic History of Western Capitalism, Bd. 2: America and the Wider World, Cambridge 1991
Pohl, Hans (Hg.), Deutsche Börsengeschichte, Frankfurt/M. 1992
Pohl, Manfred, Deutscher Kapitalexport im 19. Jahrhundert. Emissionen, Banken, Anleger bis 1914, Frankfurt/M. 1977
Pohl, Manfred u. a. (Hg.), Deutsche Bankengeschichte, hg. i.A. des Instituts für bankhistorische Forschung, Bd. 2: 1806–1914, Frankfurt/M. 1982
Pohl, Manfred, Konzentration im deutschen Bankwesen (1848–1980), Frankfurt/M. 1982
Pohl, Manfred, «Die Entwicklung des privaten Bankwesens nach 1945», in: Deutsche Bankengeschichte, hg. i.A. des Instituts für bankhistorische Forschung, Bd. 3: Vom Ersten Weltkrieg bis zur Gegenwart, Frankfurt/M. 1983, S. 205–276
Pohl, Manfred/Andrea H. Schneider, Die Rentenbank, Von der Rentenmark zur Förderung der Landwirtschaft, 1923–1949–1999, München 1999
Pulm, Jürgen, Die Wettbewerbsfähigkeit des Finanzplatzes Frankfurt im internationalen Vergleich, Frankfurt/M. 1993

Racine, Pierre, «Die Messen in Italien im 16. Jahrhundert – die Wechselmessen von Piacenza», in: Rainer Koch (Hg.), Brücke zwischen den Völkern – Zur Geschichte der Frankfurter Messe, Bd. 1, Frankfurt/M. 1991, S. 155–170
Rebentisch, Dieter, Ludwig Landmann. Frankfurter Oberbürgermeister der Weimarer Republik, Wiesbaden 1975
Rebentisch, Dieter, «Frankfurt in der NS-Zeit», in: Archiv für Frankfurts Geschichte und Kunst 103 (1980), S. 243–267
Rebentisch, Dieter, «Industrialisierung, Bevölkerungswachstum und Eingemeindungen. Das Beispiel Frankfurt am Main 1870–1914», in: Jürgen Reulecke (Hg.), Die deutsche Stadt im Industriezeitalter, Göttingen [2]1980, S. 90–113
Rebentisch, Dieter, «Frankfurt am Main in der Weimarer Republik und im Dritten Reich 1918–1945», in: Frankfurt am Main. Die Geschichte der Stadt in neun Beiträgen, hg. von der Frankfurter Historischen Kommission, Sigmaringen 1991, S. 423–519

Redlich, Fritz, Die deutsche Inflation des frühen 17. Jahrhunderts in der zeitgenössischen Literatur: Die Kipper und Wipper, Köln 1972
Riesser, Jakob, Die deutschen Großbanken und ihre Konzentration im Zusammenhang mit der Entwicklung der Gesamtwirtschaft in Deutschland, Jena [4]1912
Rittmann, Herbert, Deutsche Geldgeschichte 1484–1914, München 1975
Robbins, Sidney M./Nestor E. Terleckyj, Money Metropolis. A Locational Study of Financial Activities in the New York Region, Cambridge, Mass. 1960
Roberts, Richard, «Introduction», in: Ders. (Hg.), International Financial Centres. Concepts, Development and Dynamics, Aldershot 1994, S. XIII–XXII
Roover, Raymond de, L'évolution de la lettre de Change du XIVe au XVIIIe siècle, Paris 1953
Roth, Ralf, Stadt und Bürgertum in Frankfurt am Main. Ein besonderer Weg von der ständischen zur modernen Bürgergesellschaft 1760–1914, München 1996
Rothmann, Michael, «Messestadt», in: Lothar Gall (Hg.), FFM 1200: Traditionen und Perspektiven einer Stadt, Sigmaringen 1994, S. 69–108
Rothmann, Michael, Die Frankfurter Messen im Mittelalter, Stuttgart 1998
Rudolph, Bernd, «Effekten- und Wertpapierbörsen, Finanztermin- und Devisenbörsen seit 1945», in: Hans Pohl (Hg.), Deutsche Börsengeschichte, Frankfurt/M. 1992, S. 293–375

Sargent, Thomas J./Neil Wallace, The Real Bills Doctrine versus the Quantity Theory: a Reconsideration (= Staff Report No. 64, Federal Reserve Bank of Minneapolis, Research Department), Minneapolis 1981
Sartorius von Waltershausen, August, Deutsche Wirtschaftsgeschichte 1815–1914, Jena 1920
Schalles-Fischer, Maria, Pfalz und Fiskus in Frankfurt. Eine Untersuchung zur Verfassungsgeschichte des fränkisch-deutschen Königtums, Göttingen 1969
Schembs, Hans-Otto, «Weither suchen die Völker sie auf». Die Geschichte der Frankfurter Messe, Frankfurt/M. 1985
Schindling, Anton, «Wachstum und Wandel vom Konfessionellen Zeitalter bis zum Zeitalter Ludwigs XIV. Frankfurt am Main 1555–1685», in: Frankfurt am Main. Die Geschichte der Stadt in neun Beiträgen, hg. von der Frankfurter Historischen Kommission, Sigmaringen 1991, S. 205–260
Schlunk, Andreas, «Stadt ohne Bürger? Eine Untersuchung über die Führungsschichten der Städte Nürnberg, Altenburg und Frankfurt um die Mitte des 13. Jahrhunderts», in: Uwe Bestmann u. a. (Hg.), Hochfinanz, Wirtschaftsräume, Innovationen, Bd. 1, Trier 1987, S. 189–243
Schnee, Heinrich, Die Hoffinanz und der moderne Staat. Geschichte und System der Hoffaktoren an deutschen Fürstenhöfen im Zeitalter des Absolutismus, Bd. 2: Die Institution des Hoffaktorentums in Hannover und Braunschweig, Sachsen und Anhalt, Mecklenburg, Hessen-Kassel und Hanau, Berlin 1954
Schnee, Heinrich, Rothschild. Geschichte einer Finanzdynastie (= Persönlichkeit und Geschichte 23), Göttingen 1961
Schneider, Jürgen, «Hat das Indossament zum Niedergang der Wechselmessen im 17. und 18. Jahrhundert beigetragen?», in: Michael North (Hg.), Geldumlauf, Währungssysteme und Zahlungsverkehr in Nordwesteuropa 1300–1800, Köln 1989, S. 183–193
Schneider, Konrad, Frankfurt und die Kipper- und Wipperinflation der Jahre 1619–1623, Frankfurt/M. 1990

Schneider, Konrad, «Die Frankfurter Rechneischeine», in: Bankarchiv 16 (1990), S. 79–95
Schneider, Konrad, «Überlegungen zur Einführung der Doppel- und der Goldwährung in Frankfurt am Main im 19. Jahrhundert», in: Hessisches Jahrbuch für Landesgeschichte 41 (1991), S. 225–245
Schneidmüller, Bernd, «Die Frankfurter Messen des Mittelalters – wirtschaftliche Entwicklung, herrschaftliche Privilegierung, regionale Konkurrenz», in: Rainer Koch (Hg.), Brücke zwischen den Völkern. Zur Geschichte der Frankfurter Messe, Bd. 1, Frankfurt/M. 1991, S. 67–84
Schulte, Aloys, Geschichte des mittelalterlichen Handels und Verkehrs zwischen Westdeutschland und Italien mit Ausschluß von Venedig, Bd. 1, [1]1900 (ND Berlin 1966)
Schultz, Bruno, Kleine deutsche Geldgeschichte des 19. und 20. Jahrhunderts, Berlin 1976
Schultz, Helga, Handwerker, Kaufleute, Bankiers. Wirtschaftsgeschichte Europas 1500–1800, Frankfurt/M. 1997
Schwind, Fred, Frankfurt vom frühen Mittelalter bis zur Mitte des 17. Jahrhunderts, Marburg 1984
Seifert, Werner G., «Die Deutsche Börse AG auf dem Weg zum Dienstleister rund um das Wertpapier», in: Landesbank Hessen-Thüringen (Hg.), Finanzplatz Frankfurt, Frankfurt/M. 1994, S. 209–234
Sieveking, Heinrich, Die Handlungsbücher der Medici. Sitzungsberichte der philosophisch-historischen Klasse der kaiserlichen Akademie der Wissenschaften, Bd. 151,5, Wien 1906
Simon, Volker A., Der Wechsel als Träger des internationalen Zahlungsverkehrs in den Finanzzentren Südwestdeutschlands und der Schweiz, Stuttgart 1974
Simonsfeld, Henry, Der Fondaco dei Tedeschi in Venedig und die deutsch-venezianischen Handelsbeziehungen, Bd. 2, Stuttgart 1887
Soetbeer, Adolf, «Goldwährung und deutsche Münzverhältnisse», Anlage zu einem Rundschreiben des bleibenden Ausschusses des Deutschen Handelstages betreffend die Herbeiführung einer neuen Vereins-Goldmünze statt der «Kronen» (Besonderer Abdruck aus dem III. und IV. Band der «Volkswirtschaftlichen Vierteljahrsschrift», Berlin, Januar 1864)
Soliday, Gerald L., A Community in Conflict. Frankfurt Society in the 17th and Early 18th Century, Hanover, New Hampshire 1974
Sombart, Werner, Der moderne Kapitalismus, Bd. 2, Erster Halbband, München [2]1917
Speyer, Otto, Die ältesten Credit- und Wechselbanken in Frankfurt am Main 1402 und 1403, nebst einem Überblick über die Geschichte des mittelalterlichen Zinsverbots in populärer Darstellung. Mit einem Abdruck der Bank-Concessionsurkunden von 1403 und der Schuldurkunde über die Frankfurter Stadtanleihe von 1368, sowie anderen Urkunden, Frankfurt/M. 1883
Sprenger, Bernd, Währungswesen und Währungspolitik in Deutschland von 1834 bis 1875, Köln 1981
Sprenger, Bernd, Das Geld der Deutschen. Geldgeschichte Deutschlands von den Anfängen bis zur Gegenwart, Paderborn 1991
Stage, Detlef, Frankfurt am Main im Zollverein. Die Handelspolitik und die öffentliche Meinung der Freien Stadt Frankfurt in den Jahren 1836 bis 1866, Frankfurt/M. 1971

Stolper, Wolfgang F./Karl W. Roskamp, «Planning a Free Economy: Germany 1945–1960», in: Zeitschrift für die gesamte Staatswissenschaft 135 (1979), S. 374–404
Stubenvoll, Willi, Die deutschen Hugenottenstädte, Frankfurt/M. 1990
Stucken, Rudolf, Deutsche Geld- und Kreditpolitik 1914–1963, Tübingen ³1964
Stützel, Wolfgang (Hg.), Zins, Kredit und Produktion. (Aufsätze von Wilhelm Lautenbach), Tübingen 1952
Stützel, Wolfgang, «Banken, Kapital und Kredit in der zweiten Hälfte des 20. Jahrhunderts», in: Fritz Neumark (Hg.), Strukturwandlungen einer wachsenden Wirtschaft, Bd. 2, Berlin 1964, S. 527–575

Thomas, Heinz, «Die Champagnemessen», in: Rainer Koch (Hg.), Brücke zwischen den Völkern – Zur Geschichte der Frankfurter Messe, Bd. 1, Frankfurt/M. 1991, S. 13–36
Tilly, Richard H., Financial Institutions and Industrialization in the Rhineland 1815–1870, Madison, Wisconsin 1966
Tilly, Richard H., «Verkehrs- und Nachrichtenwesen, Handel, Geld-, Kredit- und Versicherungswesen 1850–1914», in: Hermann Aubin/Wolfgang Zorn (Hg.), Handbuch der deutschen Wirtschafts- und Sozialgeschichte, Bd. 2, Stuttgart 1976, S. 563–596
Tobin, James, «Financial Intermediaries», in: John Eatwell/Murray Milgate/Peter Newman (Hg.), The New Palgrave: Finance, London 1989, S. 38
Treue, Wilhelm, «Der Privatbankier an der Wende vom 19. zum 20. Jahrhundert», in: Tradition 15 (1970), S. 225–238
Treue, Wilhelm, «Normale Zeiten gibt es nicht. 200 Jahre Bankengeschichte», in: Johann Philipp Freiherr von Bethmann (Hg.), Bankiers sind auch Menschen. 225 Jahre Bankhaus Gebrüder Bethmann, Frankfurt/M. 1973, S. 11–76
Treue, Wilhelm, «Die Finanzierung der Kriege 1864–1871 durch die deutschen Länder», in: Vierteljahrschrift für Sozial- und Wirtschaftsgeschichte 75 (1988), S. 1–14

Ullmann, Hans-Peter, Staatsschulden und Reformpolitik. Die Entstehung moderner öffentlicher Schulden in Bayern und Baden 1780–1820, 2 Teile, Göttingen 1986
Ullmann, Hans-Peter, «Der Frankfurter Kapitalmarkt um 1800: Entstehung, Struktur und Wirken einer modernen Finanzierungsinstitution», in: Vierteljahrschrift für Sozial- und Wirtschaftsgeschichte 77 (1990), S. 75–92

Valentin, Veit, Frankfurt in der Revolution von 1848/49, Frankfurt/M. 1908
Van der Wee, Herman, The Growth of the Antwerp Market and the European Economy (fourteenth to sixteenth centuries), Bd. 2: Interpretation, Den Haag 1963
Verlag der Frankfurter Zeitung (Hg.), Geschichte der Frankfurter Zeitung 1856 bis 1906, Frankfurt/M. 1906
Vocke, Wilhelm, Gesundes Geld. Gesammelte Reden und Aufsätze zur Währungspolitik, Frankfurt/M. ²1956
Voelcker, Heinrich, Geschichte der Familie Metzler und des Bankhauses B. Metzler seel. Sohn & Co zu Frankfurt a. M. 1674–1924, Frankfurt/M. 1924
Voigt, Fritz, Die volkswirtschaftliche Bedeutung des Verkehrssystems, Berlin 1960

Wadhwa, Sylvia, Finanzplatz Deutschland, London 1996

Wallich, Paul, Die Konzentration im Deutschen Bankwesen. Ein Beitrag zur Geschichte der gegenwärtigen Wirtschaftsorganisation, Stuttgart 1905
Walter, Rolf, «Geld- und Wechselbörsen vom Spätmittelalter bis zur Mitte des 17. Jahrhunderts», in: Hans Pohl (Hg.), Deutsche Börsengeschichte, Frankfurt/M. 1992, S. 15–76
Walter, Rolf, «Jüdische Bankiers in Deutschland bis 1932», in: Werner E. Mosse/Hans Pohl (Hg.), Jüdische Unternehmer in Deutschland im 19. und 20. Jahrhundert, Stuttgart 1992, S. 78–99
Wescher, Paul, Großkaufleute der Renaissance. In Biographien und Bildnissen, Frankfurt/M. 1950
Wetzker, Konrad u. a., Gebt uns das Risiko zurück, München 1998
Winterwerb, Rudolf, Die Frankfurter Bank 1854–1929, Frankfurt/M. 1929
Wixforth, Harald/Dieter Ziegler, «The Niche in the Universal Banking System: the Role and Significance of Private Bankers within German Industry, 1900–1933», in: Financial History Review 1 (1994), S. 99–119
Wixforth, Harald/Dieter Ziegler, «Deutsche Privatbanken und Privatbankiers im 20. Jahrhundert», in: Geschichte und Gesellschaft 23 (1997), S. 205–235
Wolf, Herbert, «Die Dreier-Lösung. Marginalien zum Niederlassungsgesetz von 1952», in: Bankhistorisches Archiv 19 (1993), S. 26–42
Wolf, Siegbert, Liberalismus in Frankfurt am Main. Vom Ende der Freien Stadt bis zum Ersten Weltkrieg (1866–1914), Frankfurt/M. 1987
Wolff, Michael W., Die Währungsreform in Berlin 1948/49, Berlin 1991
Wormser, Otto, Die Frankfurter Börse, ihre Besonderheiten und ihre Bedeutung, Tübingen 1919

Zellfelder, Friedrich, Das Kundennetz des Bankhauses Gebrüder Bethmann (1738–1816), Stuttgart 1994
Zerres, Michael Peter, Die Wechselplätze. Eine Untersuchung der Organisation und Technik des interregionalen Zahlungsverkehrs Deutschlands in der ersten Hälfte des 19. Jahrhunderts, Frankfurt/M. 1977

Bildnachweis

B. Metzler seel. Sohn & Co. KGaA (z. T. Stadtarchiv Offenbach, Bestand Metzler): S. 87, 96, 99, 101, 109, 114f., 116, 117, 120, 131, 152, 161, 163, 181, 187, 234; Tafelabb. 3, 11, 12, 15, 16, 17, 19, 20, 24, 25, 27, 28
Bethmann, Freiherr Moritz von: Tafelabb. 13
Deutsche Bundesbank, Frankfurt am Main: S. 242
Eilmes, Wolfgang, Frankfurter Allgemeine Zeitung: S. 303
Europäische Zentralbank, Frankfurt am Main: Tafelabb. 33
Germanisches Nationalmuseum, Nürnberg: Tafelabb. 5
Guildhall Library, London: Tafelabb. 2
Historisches Museum, Frankfurt am Main: S. 63, 106, 164, 165; Tafelabb. 6, 8
Institut für Stadtgeschichte, Frankfurt am Main: S. 33, 49, 53, 58, 72, 91, 108, 124, 147, 149, 159, 169, 174, 178, 183, 199, 225, 228, 229, 231, 233, 244, 267; Tafelabb. 4, 7, 9, 10, 14, 18, 21, 22, 23, 26, 29, 30, 31
Koch, Sven Arved: S. 209
Spindler, Wilhelm: S. 236
Städelsches Kunstinstitut und Städtische Galerie, Frankfurt am Main: S. 172; Tafelabb. 1
Stadtvermessungsamt, Frankfurt am Main: Tafelabb. 32

Autor und Verlag haben sich bemüht, die Inhaber der Rechte an den Bildern ausfindig zu machen. Sie erklären sich bereit, begründete Ansprüche hier nicht genannter Rechtsinhaber abzugelten.

Register

Buchanzeige